本书出版得到

国家重点文物保护专项补助经费

资　助

海岱考古

（第十三辑）

山东省文物考古研究院　编

科学出版社

北京

内 容 简 介

《海岱考古》是山东省文物考古研究院主编的关于海岱地区考古学文化研究的集资料性与学术性为一体的系列考古学文集。此丛书集中发表了山东省文物调查和考古发掘的简报与报告，有重点地刊载了本地区考古学研究的论文。

第十三辑收录了12篇发掘、调查、分析鉴定报告和9篇研究论文，为山东地区考古学文化体系的完善增添了新的材料。

本书适合于从事人类学、考古学、历史学等方面的专家、学者以及大专院校相关专业师生参考、阅读。

图书在版编目（CIP）数据

海岱考古. 第十三辑 / 山东省文物考古研究院编. —北京：科学出版社，2020.11

ISBN 978-7-03-066774-8

Ⅰ. ①海… Ⅱ. ①山… Ⅲ. ①考古–山东–丛刊 Ⅳ. ①K872.52-53

中国版本图书馆CIP数据核字（2020）第220569号

责任编辑：雷　英 / 责任校对：邹慧卿
责任印制：肖　兴 / 封面设计：张　放

科学出版社 出版
北京东黄城根北街16号
邮政编码：100717
http://www.sciencep.com

中国科学院印刷厂 印刷

科学出版社发行　各地新华书店经销

*

2020年11月第　一　版　开本：797×1092　1/16
2020年11月第一次印刷　印张：31 3/4　插页：46
字数：883 000

定价：350.00元

（如有印装质量问题，我社负责调换）

目　　录

诸城前寨遗址出土大汶口文化玉器

诸城市博物馆

前寨遗址，位于诸城市枳沟镇前寨村西部，潍河北岸台地上，东距市区约20千米。遗址东部现压于村民房下，西、北两边紧临一条古河道。整个遗址坐落于一低丘南坡下部，地势呈东北—西南走向，附近地貌为低矮丘陵，属泰沂山脉东部边缘。潍河由西向东流经遗址南边，形成高于周围的河边台地。遗址东西长260、南北宽250米，面积约6.5万平方米。文化层厚1～2米，文化堆积分3层：下层为大汶口文化晚期遗存，中层属龙山文化，上层系岳石文化和商周遗存。

20世纪70年代，该遗址曾出土带有图像符号“”的陶大口尊残片，引起史学界及考古学界的关注[1]。1980年秋，北京大学历史系考古专业78级学生，对遗址进行发掘，清理大汶口文化晚期墓葬近百座。遗址及墓葬中出土彩陶贯耳壶、陶甗、精美玉器等数百件器物。尤其是大汶口文化墓葬中出土的玉璇玑、玉璧、玉锥形器和玉镯等，造型别致，制作精美，为研究半岛地区史前文化提供了重要的实物资料。现将这批玉器简报如下。

玉璇玑　4件。平面近圆形、扁平状，中心稍厚，边缘较薄，中央有圆孔，孔壁斜直或平直，通体磨光，制作精致，璇玑外缘有三个形状相同且均向同一方向旋转的锯齿状凹或凸脊。Z750（M3：1），呈淡绿色。直径4.3、孔径2.1、厚0.4厘米（图一，1；图版一，1）。Z752（M44：5），呈鸡骨白色。直径4.7、孔径1.9、厚0.4厘米（图一，2；图版一，2）。Z755（M46：9），呈鸡骨白色，一面土沁痕迹明显。直径5.3、孔径1.8、厚0.5厘米（图一，3；图版一，3）。Z759（M75：49），呈绿色。直径6.7、孔径2.8、厚0.6厘米（图一，4；图版一，4）。

玉镯　4件。平面圆形，镯体板状，周壁厚薄不均，内壁平直，通体磨光，制作精致。Z765（M84：5），呈黑色。通高1.6、外径7.8、内径6、厚0.8～0.9厘米（图二，1；图版一，5）。Z766（M16：4），呈鸡骨白色。镯壁外侧刻有四个长方形浅浮雕装饰，装饰间隔外壁两端凹陷。高3.8、外径7、内径5.8、厚0.5～0.7厘米（图二，2；图版一，6）。Z767（M2：1），呈青色，外壁弧形。通高3.6、外径6.9、内径5.7、厚0.6厘米（图

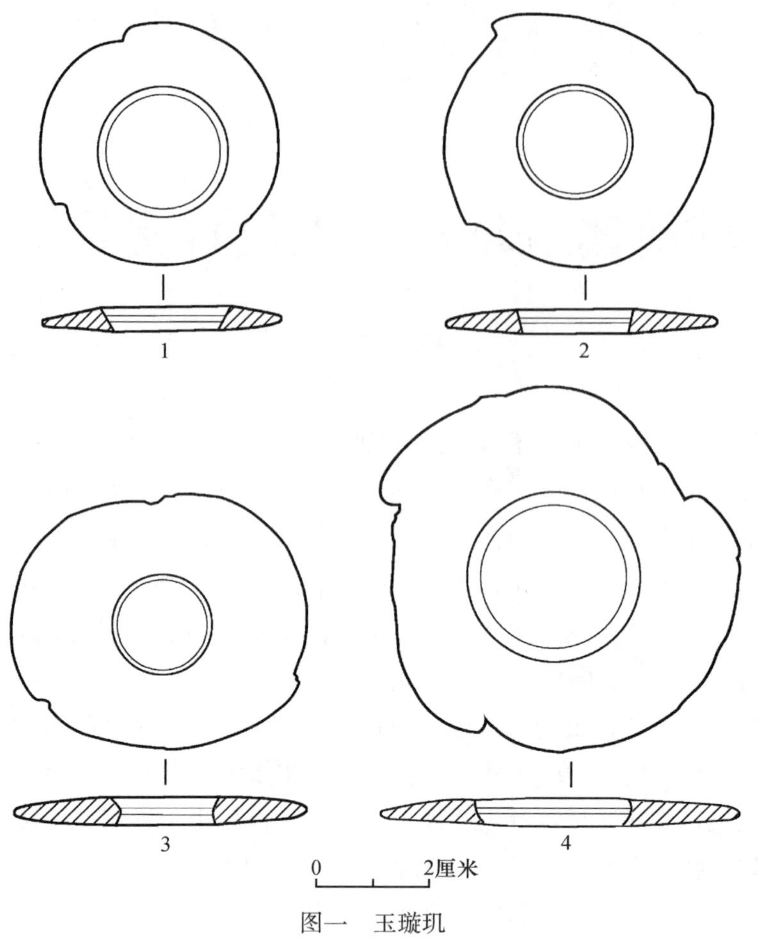

图一　玉璇玑

1. M3：1　2. M44：5　3. M46：9　4. M75：49

二，3；图版二，1）。Z768（M44：6），呈墨绿色，外壁周饰四组阴刻直线纹，每组两道。通高4.5、外径7.5、内径5.9、厚0.7～0.8厘米（图二，4；图版二，2）。

玉环　9件。平面圆形或椭圆形、不规则圆形，扁平状，中心稍厚，边缘较薄，周边经打磨圆滑，中心一单面钻圆孔或不规则圆孔，孔壁斜直，通体磨光，制作精致。Z746（M52：1），呈白色。直径4.6、孔径2、厚0.4厘米（图三，1；图版二，3）。Z748（M86：10），呈淡绿色。直径4.3、孔径1.5、厚0.5厘米（图三，2；图版二，4）。Z749（M46：10），呈黑色。直径4.6、孔径2.2、厚0.3厘米（图三，3；图版二，5）。Z751（M25：4），呈白色。直径4.4、孔径1.9、厚0.4厘米（图三，4；图版三，1）。Z753（M26：12），呈绿色。直径3.8、孔径1.6、厚0.4厘米（图三，5；图版三，2）。Z754（M13：7），呈绿色，由淡绿色玉石制成，表面土沁痕迹明显。直径4.8、孔径2.2、厚0.3厘米（图三，6；图版三，3）。Z756（M75：50），呈白色。直径4.7、

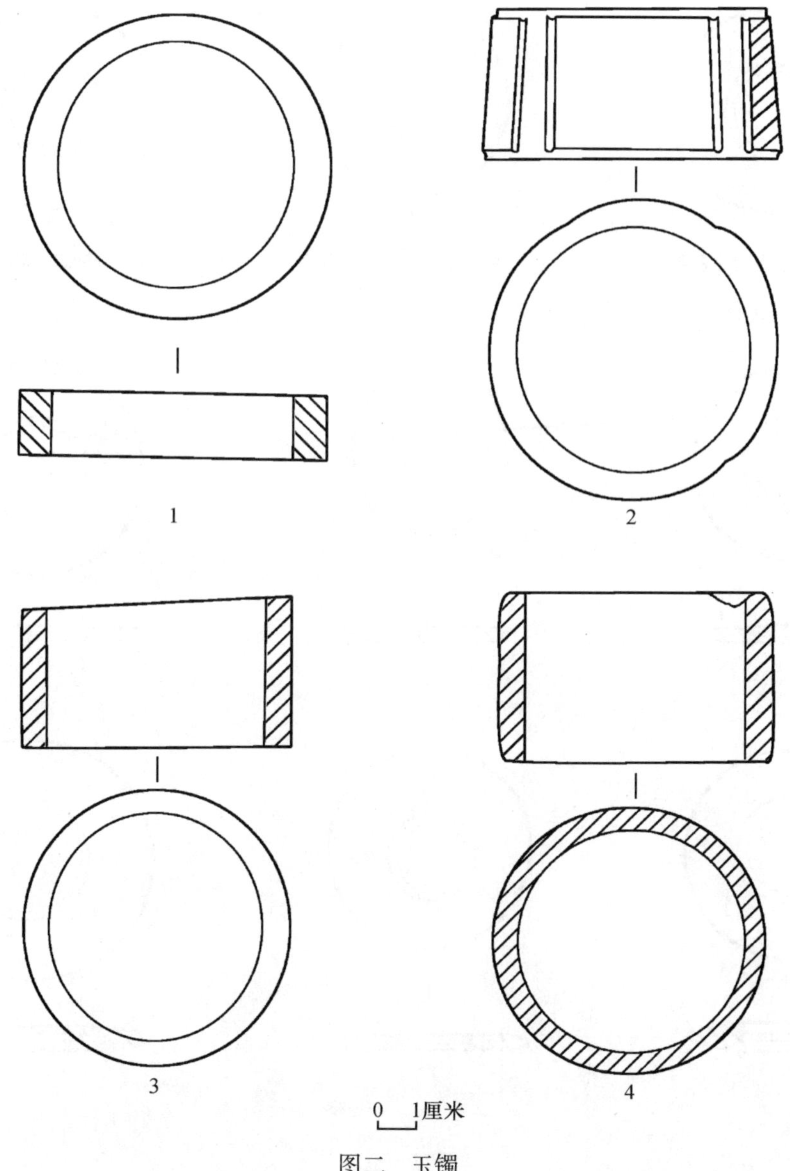

图二 玉镯

1. M84∶5 2. M16∶4 3. M2∶1 4. M44∶6

孔径2.1、厚0.7厘米（图三，7；图版三，4）。Z757（M47∶1），呈绿色。直径4.5、孔径1.7、厚0.4厘米（图三，8；图版三，5）。Z758（M25∶5），呈白色，由白石琢磨而成。直径5.6、孔径2.5、厚0.6厘米（图三，9；图版三，6）。

玉锥形器 6件。长方柱体，尖部锋利或较钝，器形规整，做工细腻，通体磨光。Z795（M18∶3），呈白色，尾部有圆柱形细突榫。长8.4、宽1、厚0.9厘米（图四，1；图版四，1）。Z796（M60∶17），呈半透明状青色，尾部双面钻一孔。长5.7、

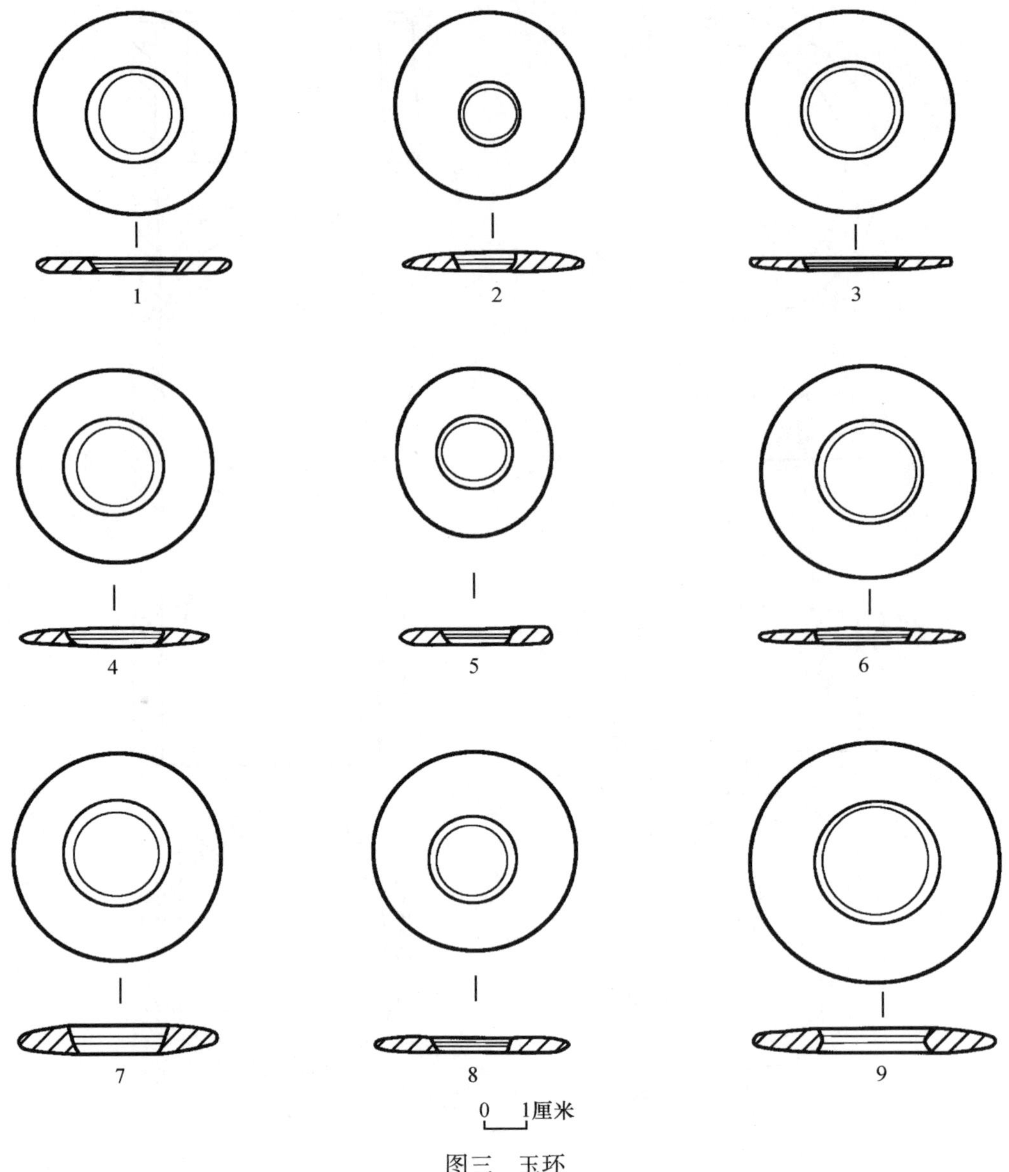

图三　玉环

1. M52：1　2. M86：10　3. M46：10　4. M25：4　5. M26：12　6. M13：7　7. M75：50　8. M47：1　9. M25：5

宽0.9、厚0.8厘米（图四，2；图版四，2）。Z797（M89：1），呈青白色，尾部有圆柱形细突榫。高7.6、边长0.8厘米（图四，3；图版四，3）。Z798（M56：1），呈乳白色，尾部有椭圆柱形细突榫。长5.7、宽5.1、厚0.6厘米（图四，4；图版四，4）。Z799（M86：11），呈灰绿色，尾部双面钻一孔。高6.3、边长0.8厘米（图四，5；图版四，5）。Z800（M46：8），呈灰色，尾部扁平，双面钻一孔。长6.1、宽0.8、厚0.7

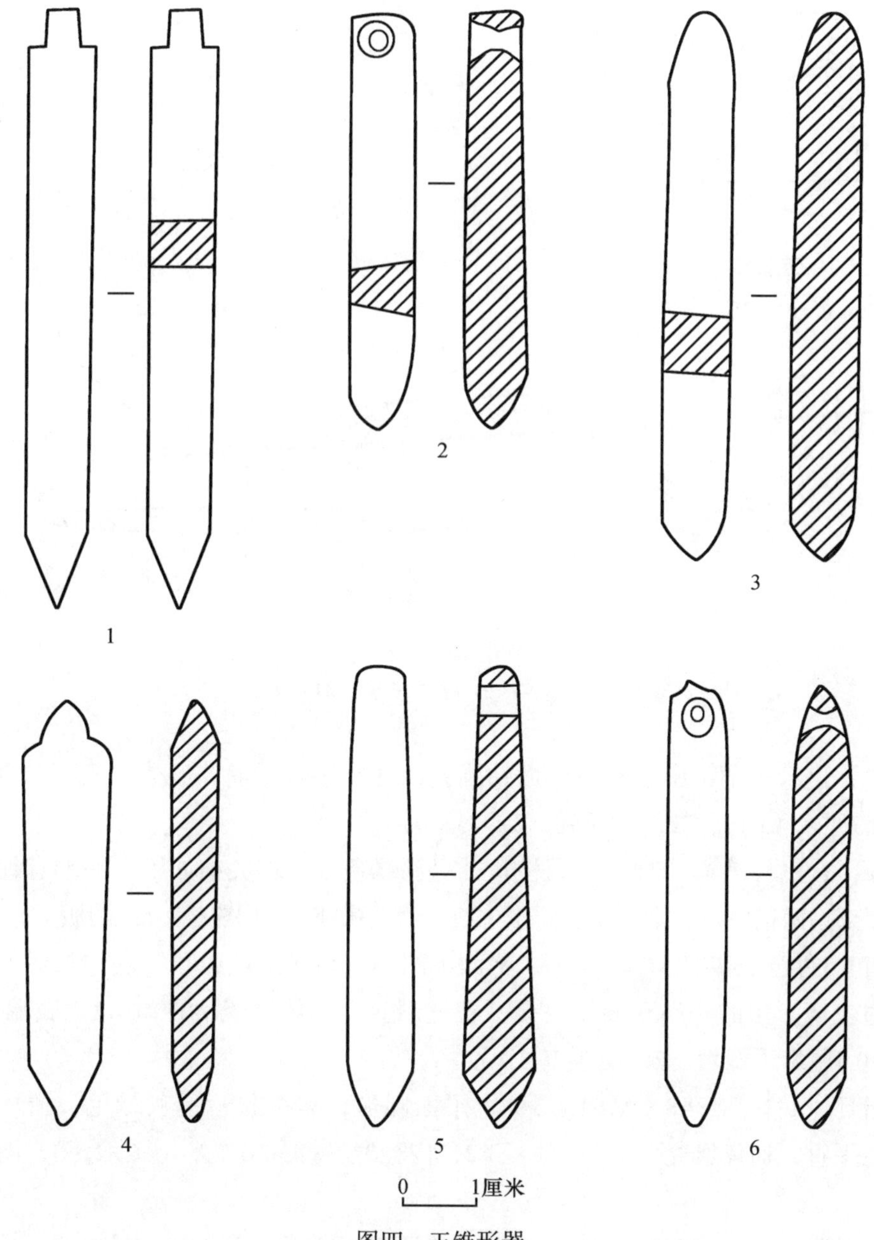

图四 玉锥形器

1. M18∶3 2. M60∶17 3. M89∶1 4. M56∶1 5. M86∶11 6. M46∶8

厘米（图四，6；图版四，6）。

玉筒 1件。Z769（M60∶21），圆筒形，呈豆青色，琢磨制成，亚腰状，筒壁厚薄均匀，内外壁呈弧形，通体磨光。通高4.6、底口径7.4、底内口径6、上口径7、上内口径5.8、厚0.6～0.7厘米（图五，1；图版五，1）。

玉璧 1件。Z760（M13∶6），圆形、扁平状，呈青色，由青玉石琢磨而成。器

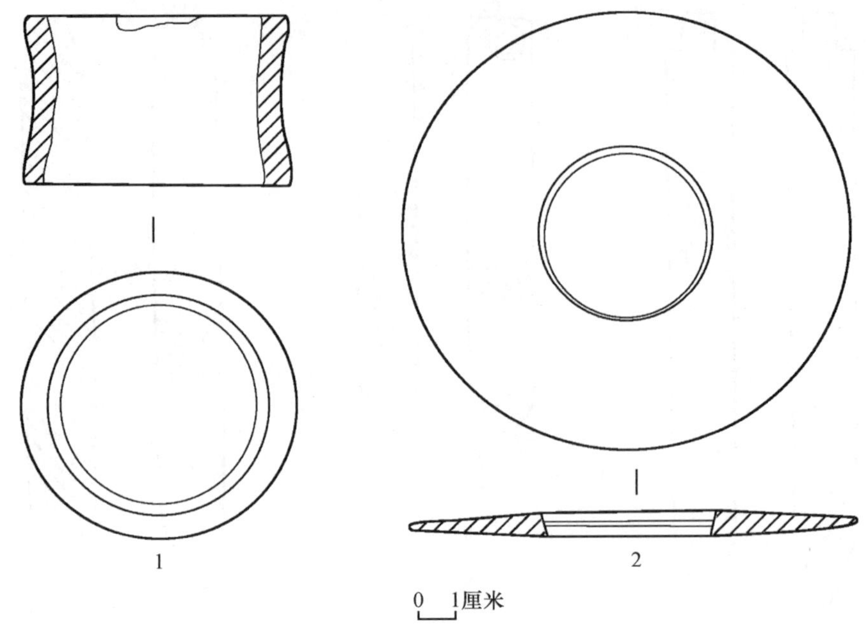

图五　其他玉器
1. 玉筒（M60：21）　2. 玉璧（M13：6）

中心稍厚，边缘较薄，中心有一单面钻圆孔，孔壁平直，通体磨光。直径11.9、孔径4.3、厚0.7厘米（图五，2；图版五，2）。

玉笄　1件。Z794（TM），圆柱状，呈深绿色，一端尖细如锥，一端有细突榫，尾部及腰部刻两道直纹，通体磨光。长12.1、直径0.7厘米（图六，1；图版五，3）。

玉璜　1件。Z847（M20：1），平面半圆形，呈浅灰色，顶、底均弧形，底边稍厚，顶边较薄，顶的一端双面钻一孔，孔壁斜直，通体磨光。顶端4.2、底端2.1、宽10.6、厚0.4厘米（图六，2；图版五，4）。

玉指环　1件。Z848（M61：3），平面圆形，扁平状，呈灰绿色，指环外壁弧形，内孔平直，通体磨光。高1、外径3.2、内径2、壁厚0.6厘米（图六，3；图版五，5）。

玉方形器　1件。Z747（M26：13），平面近正方形，薄板状，呈青色，用河南玉制成，中心有一椭圆形单面钻孔，孔壁平直，通体磨光。长5.6、宽5.6、孔径1.9、厚0.3厘米（图六，4；图版五，6）。

玉管　18件。平面椭圆形，整体鼓状，两端平截，内孔贯通，中部腹径大于两端，通体磨光。Z813（M86：20），呈灰绿色。长1.8、最大直径1.3厘米（图七，1）。Z814（M75：48），呈灰绿色。长1.2、最大直径0.9厘米（图七，2）。Z821（M16：13），呈鸡骨白色。长1.5、直径1.3厘米（图七，3；图版六，1）。Z822

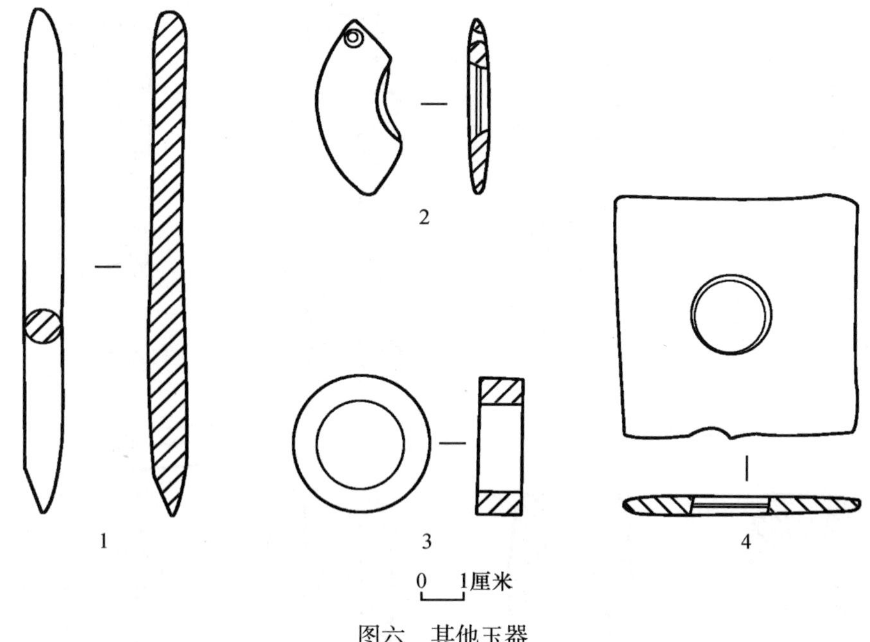

图六 其他玉器

1. 玉笄（TM） 2. 玉璜（M20：1） 3. 玉指环（M61：3） 4. 玉方形器（M26：13）

（M9：6），呈鸡骨白色。长1.8、最大直径1.6厘米（图七，4；图版六，2）。Z823（M27：4），呈鸡骨白色。一端留有使用时的缺口。长1.6、最大直径1.2厘米（图七，5；图版六，3）。Z824（M60：19），呈鸡骨白色。长2.1、最大直径1.6厘米（图七，6）。Z825（M60：18），呈鸡骨白色。长2.3、最大直径1.5厘米（图七，7）。Z826（M54：12），呈鸡骨白色。长1.9、最大直径1.5厘米（图七，8；图版六，4）。Z827（M47：37），呈鸡骨白色。长1.4、最大直径1.3厘米（图七，9）。Z828（M60：13），呈鸡骨白色。长1.7、最大直径1.6厘米（图七，10；图版六，5）。Z829（M60：22），呈鸡骨白色。长1.8、最大直径1.3厘米（图七，11）。Z830（M45：3），呈鸡骨白色。长1.6、最大直径1.3厘米（图七，12；图版六，6）。Z831（M75：47），呈鸡骨白色。长1.7、最大直径0.8厘米（图八，1；图版六，7）。Z832（M86：19），呈淡青色。长1.5、最大直径1.2厘米（图八，2）。Z833（M15：3），呈淡青色。长1.5、最大直径0.9厘米（图八，3；图版六，8）。Z834（M15：4），呈淡黑色。长1.9、最大直径1.1厘米（图八，4；图版六，9）。Z835（M15：5），呈淡青色。长1.7、最大直径1.2厘米（图八，5）。Z815（M3：10），呈青白色。长1.2、最大直径1厘米（图八，6）。

玉坠饰 17件。平面长方形、正方形、梯形、圆形、桃形和不规则形状，整体片状，双面钻一孔，孔壁斜直，通体磨光。Z842（M31：9），呈灰绿色，整体厚薄不

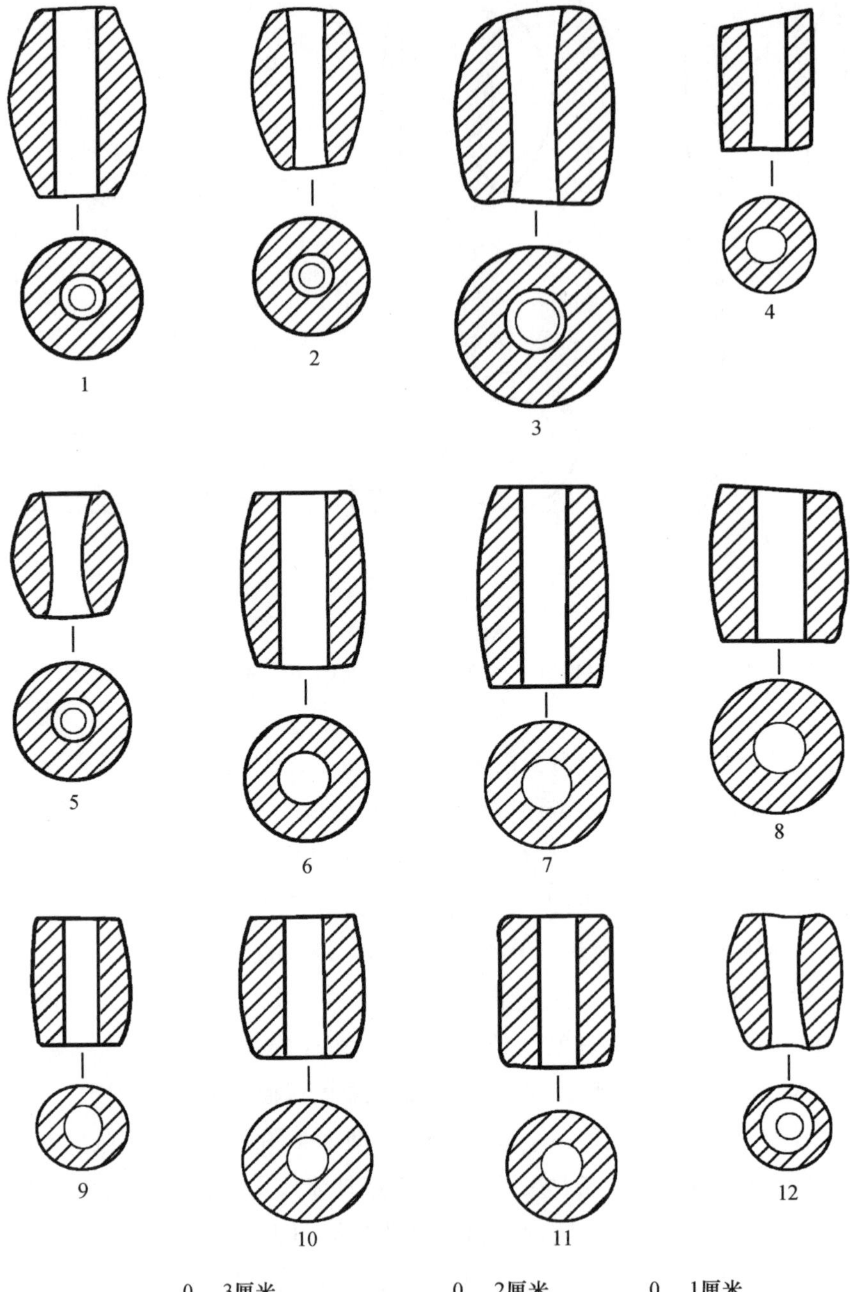

图七　玉佩饰——玉管

1. M86：20　2. M75：48　3. M16：13　4. M9：6　5. M27：4　6. M60：19　7. M60：18　8. M54：12　9. M47：37　10. M60：13　11. M60：22　12. M45：3

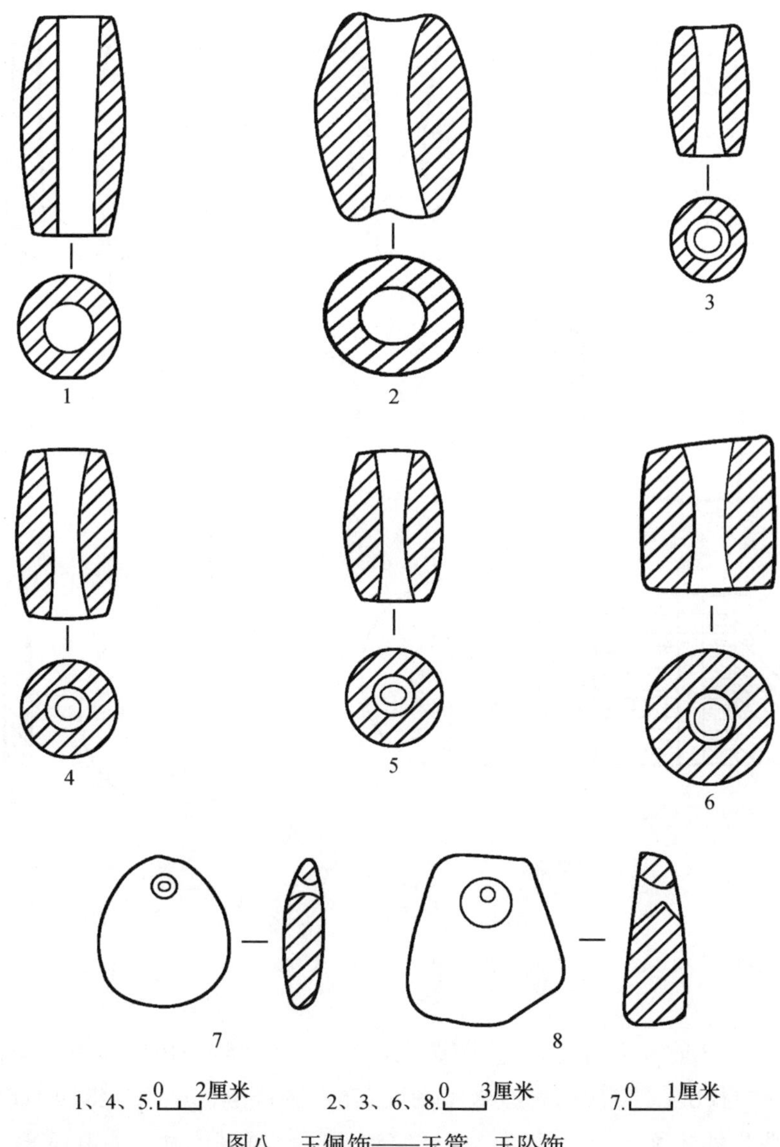

图八 玉佩饰——玉管、玉坠饰

1～6. 玉管（M75：47、M86：19、M15：3、M15：4、M15：5、M3：10） 7、8. 玉坠饰（M31：9、M22：8）

均，一侧经磨制较薄，另一侧简单加工略厚。高3.5、宽3、厚0.7厘米（图八，7；图版八，1）。Z843（M22：8），呈淡绿色，半透明，底部呈弧形。高2、宽1.8、厚0.8厘米（图八，8；图版七，1）。Z849（M18：1），呈鸡骨白色，整体两长边平直，两短边斜直。长2.1、宽1.7、厚0.4厘米（图九，1；图版七，2）。Z851（M21：1），呈深绿色，上下两边平直，侧边弧形。长1.4、宽1、厚0.3厘米（图九，2；图版七，3）。Z853（M18：11），呈灰白色，顶边有凹陷，底边平直，两侧边弧形。长2.1、宽1.1、厚0.4厘米（图九，3；图版七，4）。Z854（M19：2），呈绿色，整体四边平直。长

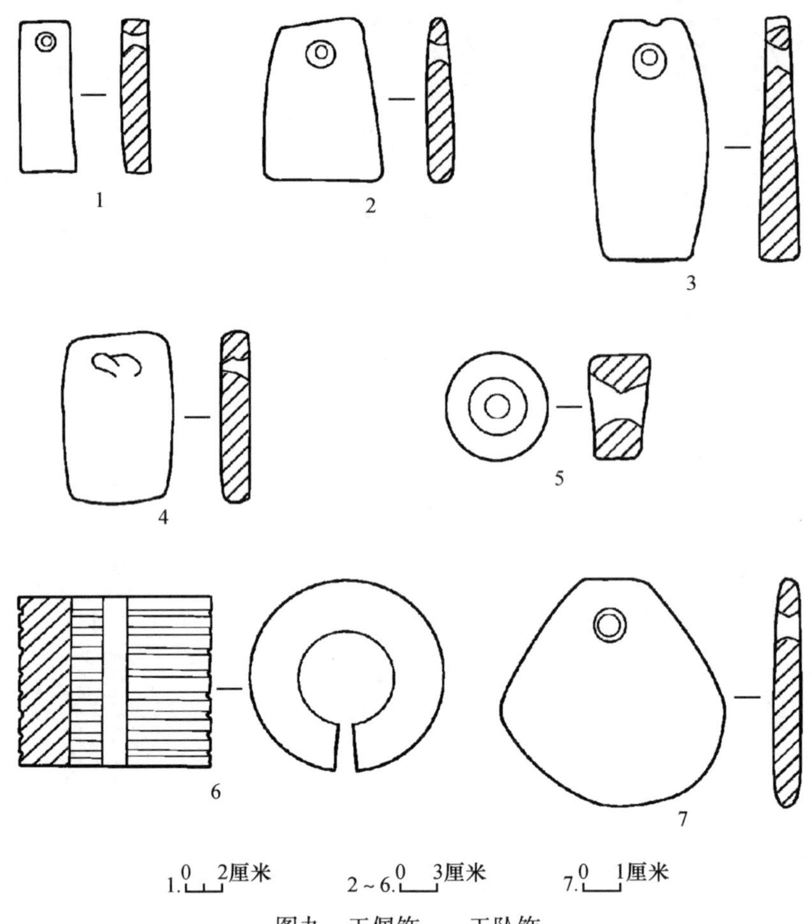

图九　玉佩饰——玉坠饰

1. M18：1　2. M21：1　3. M18：11　4. M19：2　5. M61：4　6. T1①：1　7. M60：1

1.5、宽0.9、厚0.3厘米（图九，4；图版七，5）。Z855（M61：4），呈深灰色。高1.5、直径1、内径0.3、壁厚0.35厘米（图九，5；图版七，6）。Z819（T1①：1），呈淡青色。器物外侧饰八道凹弦纹，内壁平滑，一侧刻开一缺口，孔圆形。长1.5、直径1.7、孔径0.8厘米（图九，6；图版七，7）。Z836（M60：1），呈灰绿色，下端有一黑线，把整体分出一小部分。高5.8、宽5.7、厚0.6厘米（图九，7；图版八，2）。Z837（M20：3），呈灰绿色，顶边及底边平直，一腰边略弧。高3.7、上宽2.5、下宽4.4、厚0.5厘米（图一〇，1；图版八，3）。Z838（M75：13），呈青色，器物一边有俏色，三边薄有刃。高4.8、底边长7.7、厚0.6厘米（图一〇，2；图版八，4）。Z839（M54：11），呈青色，一端有土沁。高4.8、宽5.1、厚0.5厘米（图一〇，3；图版八，5）。Z840（M16：3），呈淡绿色，周边弧形，底边平直。高4.5、底宽5.7、厚0.3厘米（图一〇，4；图版八，6）。Z841（M80：11），呈灰白色，面有土沁。直径

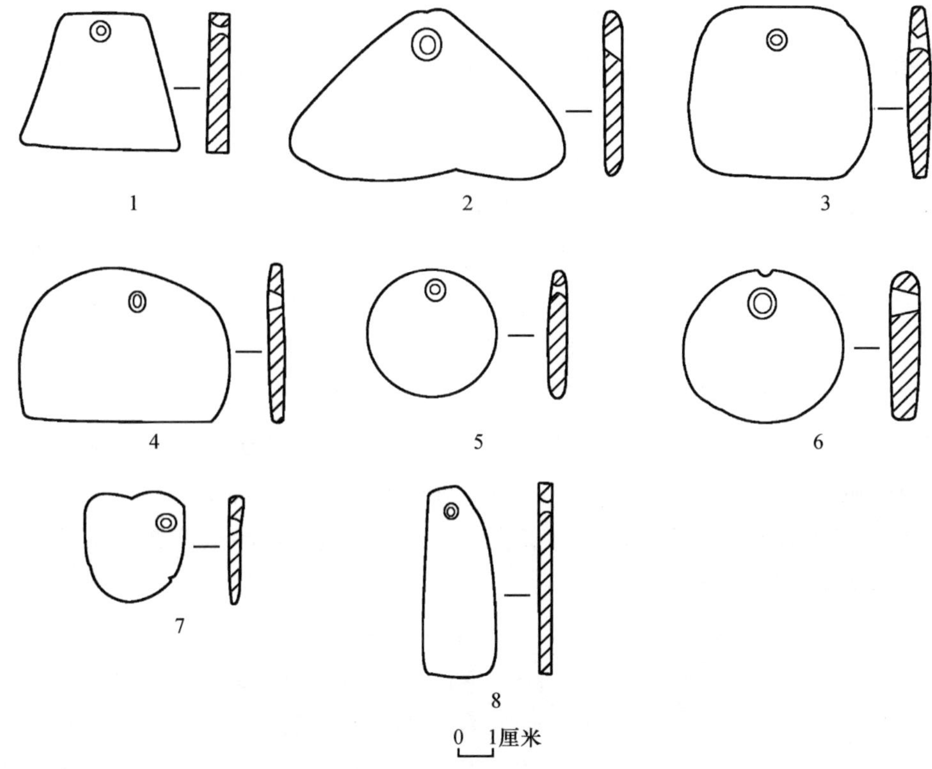

图一〇 玉佩饰——玉坠饰

1. M20：3 2. M75：13 3. M54：11 4. M16：3 5. M80：11 6. M44：4 7. M88：8 8. M68：2

3.5、厚0.4厘米（图一〇，5；图版八，7）。Z844（M44：4），呈鸡骨白色，双面土沁严重。直径4.5、厚0.3厘米（图一〇，6；图版八，8）。Z845（M88：8），呈灰白色，器身中部有断裂痕迹，似是原物的一部分，经打磨后继续使用。长2.8、宽2.8、厚0.3厘米（图一〇，7；图版八，9）。Z846（M68：2），呈灰绿色，器物两长边一边斜直、一边弧形，两短边一边平直、一边斜直，近孔处边呈弧形。长5.3、宽1.9、厚0.3厘米（图一〇，8；图版七，8）。

诸城前寨遗址出土的玉器具有典型的大汶口文化特点，多为玉环、玉珠、玉坠、玉佩饰等装饰器物，颜色有墨绿色、翠绿色、淡青色、鸡骨白色、白色带黑斑，素面，没有复杂的纹饰，但是制作精美，具有向龙山文化过渡的特点。有礼仪用玉，包括玉璇玑、玉镯、玉琮、玉璧、玉璜等。选材上不仅有绿松石、碧玉等，还有墨玉、青玉、白玉、河南玉等，显现出与南方史前文化相似的特点。诸城前寨遗址作为南北文化交流的中间环节，以独特的材质、造型展现了南方文化的北渐和影响[2]。

前寨遗址中出土6件玉锥形器、1件玉笄。锥形器为大汶口文化和良渚文化共有器类，其基本形制为尖头，尾部有榫状短铤。器身断面以圆形和方形最多，也有三角形、长方形、菱形、椭圆形和多边形等。质料则以玉、石为主，也有骨、角、牙质者。此类器物在考古报告中名称甚杂，有锥、笄、矛、镞形器、坠等多种称谓。良渚文化早期开始出现锥形器，中、晚期甚为流行，见于张陵山（3件）、越城（1件）、马桥（4件）、福泉山（35件）、反山（73件）、瑶山（58件）等遗址，质料均为玉，尾部穿孔者居多[3]。锥形器在大汶口文化中出现于中期阶段，延续到晚期，至龙山文化时期已基本绝迹。出土地点遍及大汶口文化的分布区，如花厅（28件）、野店（32件）、大汶口（30件）、陵阳河（22件）、三里河（20件）、尚庄（2件）、西夏侯（6件）、呈子（2件）等遗址均有发现。质料以石、玉为主，尾部多不穿孔。

玉琮是良渚文化最具有代表性的器类，有圆筒形和外方内圆的方柱形两类。玉琮始见于良渚文化早期，中、晚期得到充分发展。前寨遗址出土的两件玉镯表面简单刻画，具有琮的样式，其中有一件玉镯Z768（M44：6）和玉璇玑Z752（M44：5）同时出土，这是一个比较特殊的组合。前寨遗址玉镯和良渚文化的玉琮之间应存有内在联系，可能均为用于宗教活动的礼器[4]。

绘　图：李言君　孙忠磊　高　鹏
摄　影：孙忠磊　高　鹏
执　笔：张　健　郇晓东　袁传申　韩　岗

注　释

[1] 任日新：《山东诸城县前寨遗址调查》，《文物》1974年1期。

[2] 张美玲：《山东地区出土新石器时代玉器研究——以大汶口文化和龙山文化玉器为中心》，烟台大学研究生学位论文，2013年。

[3] 栾丰实：《海岱地区考古研究》，山东大学出版社，1997年，137、138页。

[4] 同[3]。

临沭县东盘遗址发掘报告

山东省文物考古研究院
临沭县文物保护管理所

一、概　　况

东盘遗址位于临沭县朱仓乡东盘中村西北约800米，东距县城8千米。遗址地处演武山、冠山东南麓的山前平地，属河边台地，东盘河自西向东流经遗址南部，河床下切对遗址有一定程度的破坏（图一）。遗址东西150、南北120米，面积约18000平方米，地势中部高，向北、向南倾斜，文化堆积一般厚1～1.5米，局部深度达3.5米，包含北辛、大汶口、龙山、周代文化遗存。遗址于1983年第二次文物普查时发现，1985年9月被公布为县级文物保护单位，2003年10月公布为市级文物保护单位。

2008年10月，为配合青（青州）临（临沭）高速公路建设，山东省文物考古研究所对遗址进行专题调查、复查。2009年4月进行勘探，同年9～11月对遗址进行发掘。发掘领队为山东省文物考古研究所刘延常，参与发掘的单位和人员有：临沂市考古研

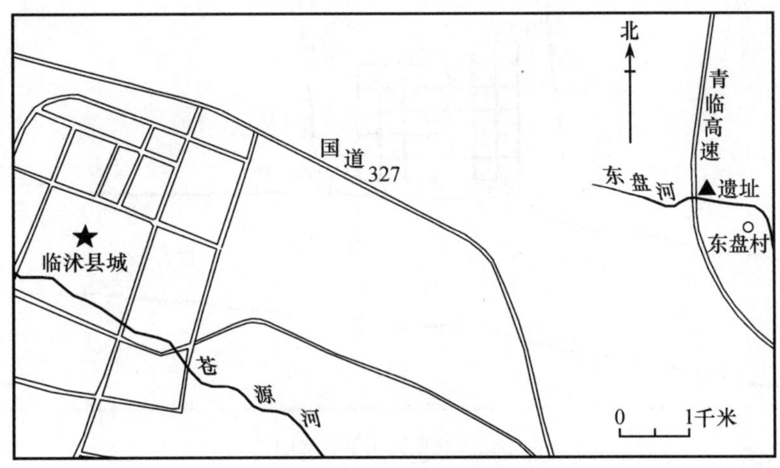

图一　遗址位置示意图

究所宋岩泉，临沂银雀山汉墓竹简博物馆李建，临沭县文物保护管理所李钰、王绪波、李善超，莒南县文物管理所刘云阳、孙运波，蒙阴县文物管理所苏建军，山东大学研究生唐宁、王绍东、吕凯、王育茜、徐倩倩。

发掘采用探方法，布5米×5米探方37个（图版九，1），以遗址西南角为基点，将全部的发掘区域放在第一象限，以TS××W××给探方编号，例如探方TS05W17，表示此探方在整个遗址范围内为从南向北第5个、从西向东第17个探方（图二）。后因发掘需要在TS09W18、TS09W19、TS09W21以北进行扩方，在发掘区西南扩方5个，分别为TS04W17、TS04W18、TS04W19、TS04W20、TS04W21，总发掘面积1077平方米。

经发掘表明，遗址延续使用时间长，发现北辛至汉代遗存。清理的主要遗迹有灰坑174个、墓葬13个、房址42个、窑1个、井2个、沟3条（图三；图版九，2）。出土遗物丰富，主要有陶、石、骨、角、铜、木等各类文物350余件。

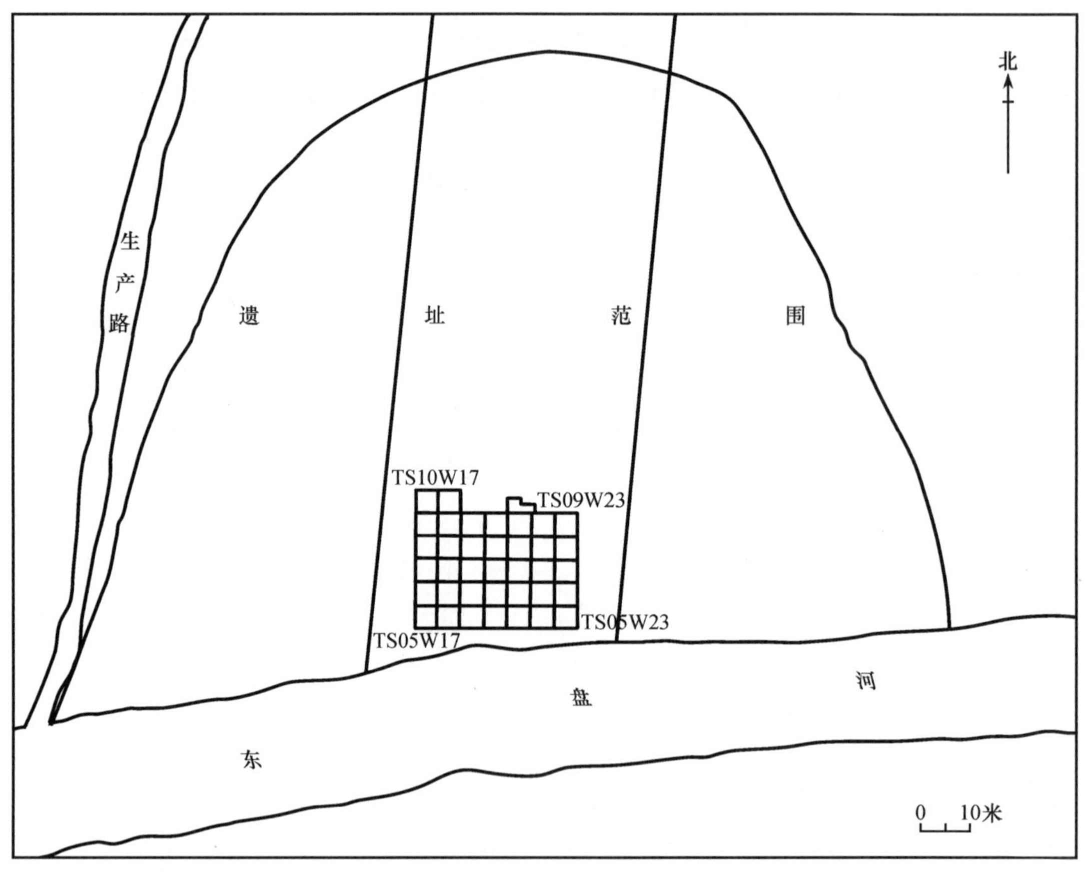

图二　探方布方示意图

二、地层堆积

遗址发掘前地表为农田，中部隆起，自西向东、自北向南地势渐低，堆积厚度也是自西向东、自北向南渐薄。现以TS05W17～TS05W23南壁（图四）、TS08W17～TS08W23北壁（图五）、TS04W17～TS10W17东壁剖面（图六）为例来说明发掘区的堆积情况。

第1层，耕土层。浅灰褐色，疏松，包含大量陶片、植物根茎、塑料薄膜等，厚0.2～0.35米，在整个发掘区中均有分布。大量的灰坑、房址、墓葬等遗迹开口于此层下。以发掘区东部贯穿发掘区南北的G1为界，G1以东堆积简单，遗迹较少，有春秋的窑、汉代的水井等；G1以西堆积丰富，遗迹较多，叠压打破关系复杂，有大量龙山的灰坑、房址、墓葬等遗迹。

第2层，北辛层。深红褐色或红褐色砂土，疏松。包含较多红烧土块、大量陶片等，厚0.1～0.3米。主要分布在发掘区的中部及西部。西部较薄，为红褐色土、含砂量大、杂质较少；中部稍厚，为暗红褐色黏土，含较多的红烧土颗粒、红烧土块。

2层下即为生土。

下文将按照时代对发掘的遗迹遗物分别进行介绍。

三、北辛文化遗存

（一）遗迹

均为灰坑，共13个（图七）。大多开口于第1层下，个别开口于房屋垫土等遗迹下。根据平面形状可分为圆形、椭圆形、不规则形，其中圆形1个、椭圆形6个、不规则形6个。直径多在2米以上，个别直径可达4米。填土多为红褐色土，也有褐色土，包含大量的红烧土块、自然石块、石器、陶片等。红烧土多呈大块状或颗粒状，部分烧土内可见植物根茎、叶脉痕迹。

1. 椭圆形

6个。

H160　位于TS07W21东部，开口于第1层下，被F6打破，打破H165、H169。直壁，平底，长2.3、宽1.84、深0.08～0.22米。填深褐色土，致密，包含物主要为陶片，以夹砂褐陶为主，可辨器形有陶鼎、罐等（图八；图版一〇，1）。

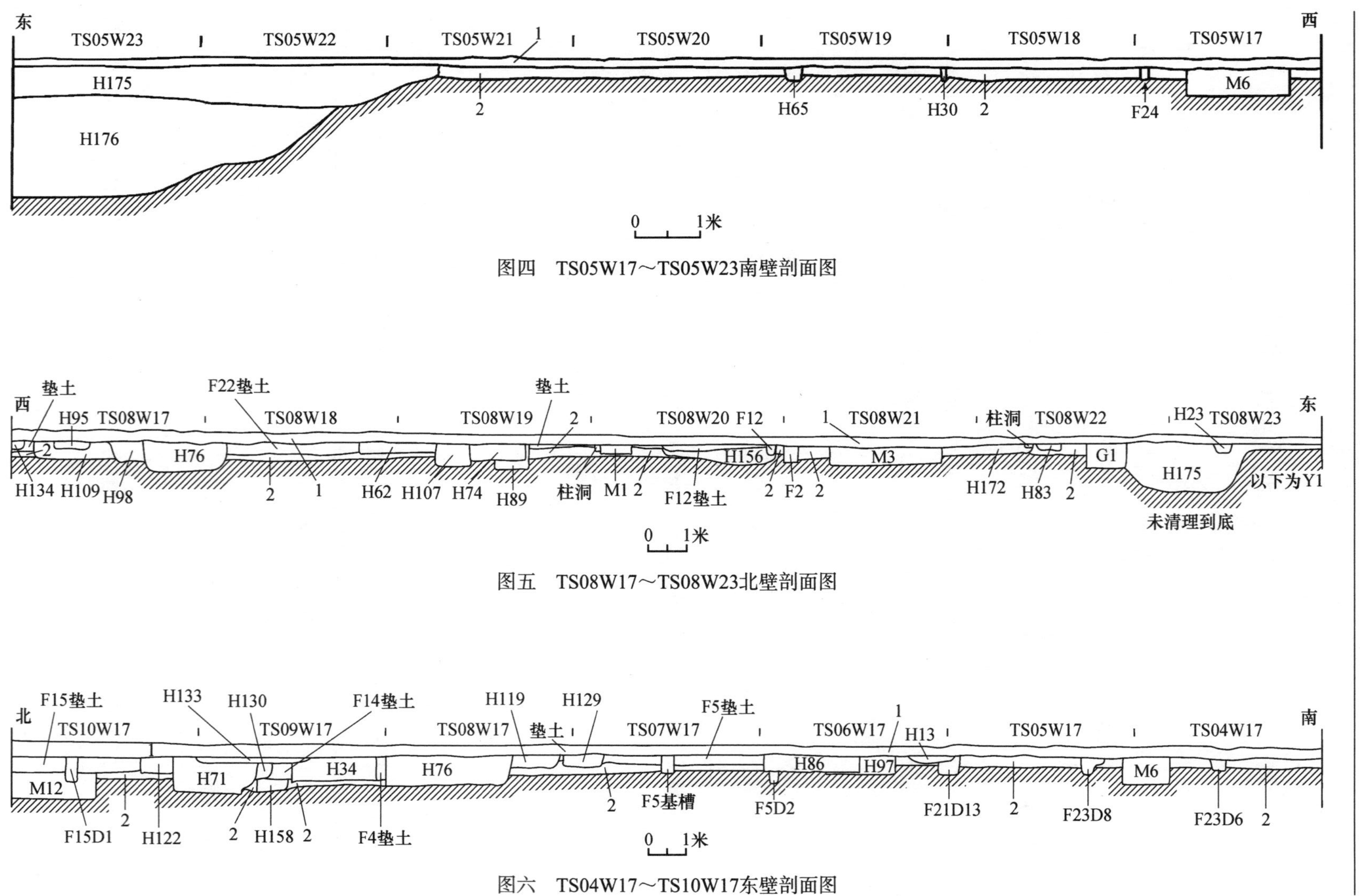

图四　TS05W17～TS05W23南壁剖面图

图五　TS08W17～TS08W23北壁剖面图

图六　TS04W17～TS10W17东壁剖面图

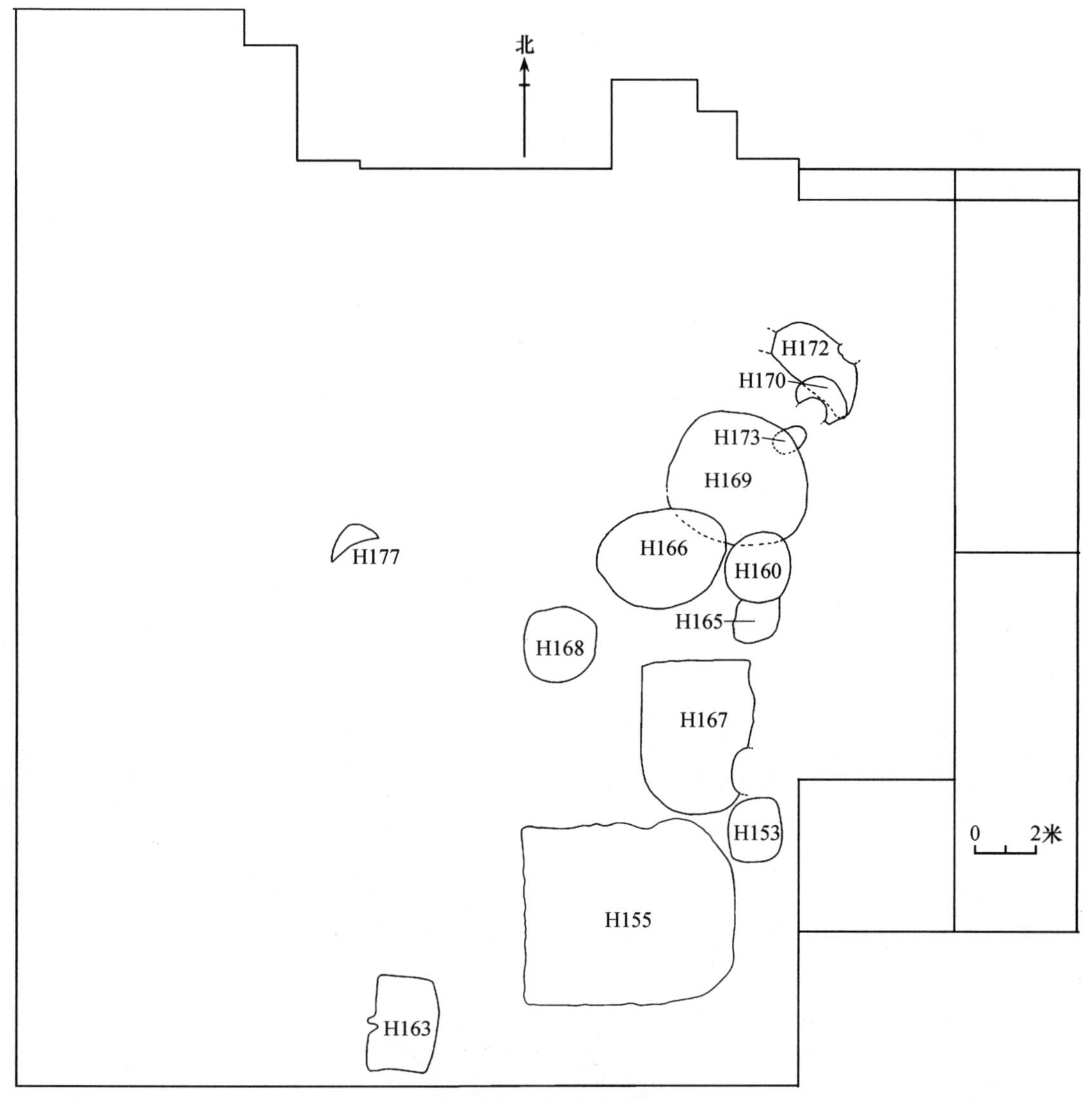

图七 北辛文化遗迹分布图

H166 位于TS07W21中西部、延伸到TS07W20中一部分。开口于第1层下，被F6打破，打破H169。直壁，平底，长3.2、宽3、深0.28米。填土深褐色，夹杂烧土颗粒，较疏松。包含的陶片以夹砂褐陶为主，可辨器形有陶鼎、釜等（图九；图版一〇，2）。

H168 位于TS06W20北部，在TS07W20内有少量分布。开口于第1层下，被H40、F19打破。直壁、四壁规整、底略不平，南北长2.4、东西宽2、深0.35米。填灰褐色土，疏松，包含物主要为夹砂红褐陶陶片，可辨器形有陶鼎等（图一〇；图版一〇，3）。

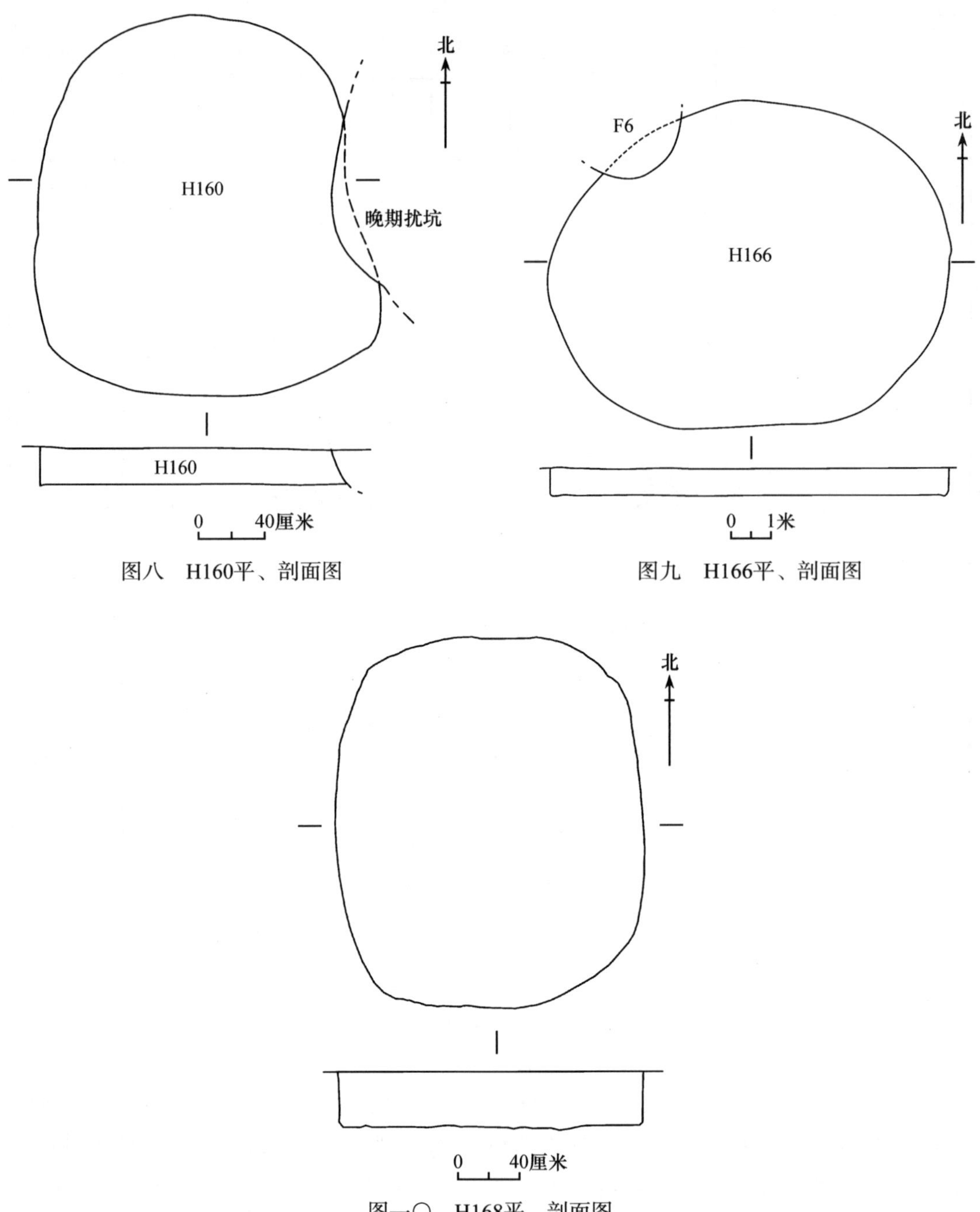

图八　H160平、剖面图

图九　H166平、剖面图

图一〇　H168平、剖面图

2. 圆形

1个。

H169 位于TS07W21北部，延伸到TS07W21、TS08W21中。开口于第1层下，被H160、H166打破。直壁、稍内收，平底。直径4.1～4.2、深0.28米。填红褐色土，含大量的红烧土块、石块等，包含物主要为陶片（图一一）。

3. 不规则形

6个。

H155 位于TS05W20和TS05W21南部，少部分在TS04W20、 TS04W21中。开口于第1层下，被H1、H2、H5、H60、H118、H154及F3打破。平面形状不规则，略呈长方形，东北略向外凸。东西最长处7.5、西壁宽6.5、东壁宽6、深0.2米。填黄褐色黏砂土，包含大量红烧土块及陶片，少量石块等。出土陶片以夹粗砂红陶为主，纹饰有刻划纹、附加堆纹、几何纹等，可辨器形有陶釜、鼎、罐等（图一二）。

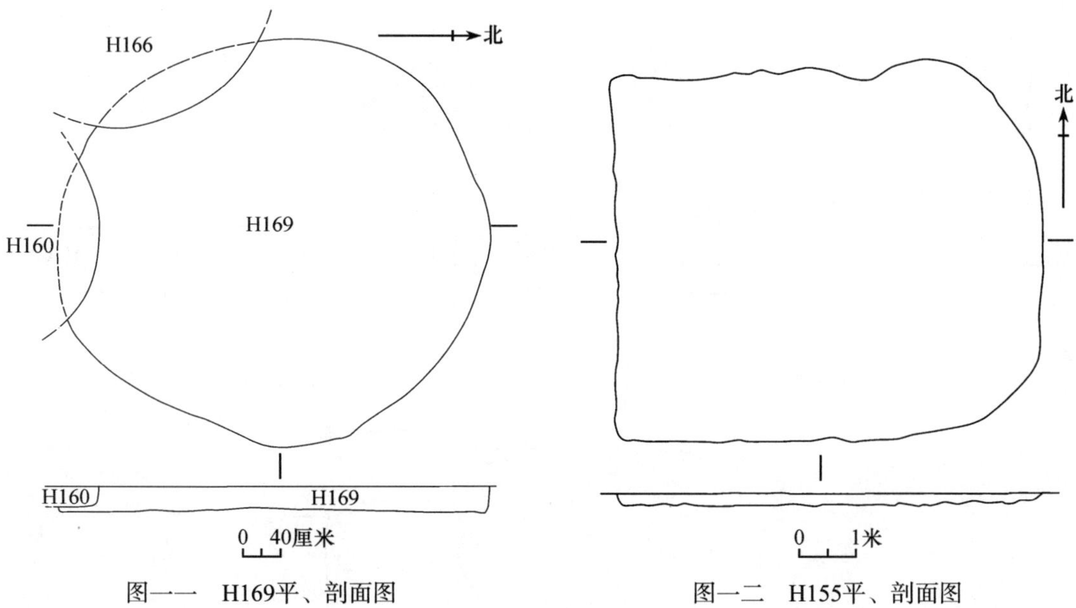

图一一 H169平、剖面图 图一二 H155平、剖面图

H163 位于TS04W19中部偏南，开口于第1层下，被H72和两个柱洞打破。平面形状不规则，略呈长方形，边缘不规则，斜壁内收，底较平。南北最长3.1、东西最宽2.4、深0.05～0.2米。填红褐色粉砂土，夹杂大量红烧土。包含大量陶片、石块等（图一三）。

H165 位于TS07W21东南部，延伸到TS06W21少部分。开口于第1层下，被

H160、H145打破，斜壁内收，平底，最长1.5、最宽1.45、深0.28米。填深褐色黏砂土，较致密，包含陶片、烧土颗粒。陶片以夹砂褐陶为主，可辨器形有陶鼎等（图一四；图版一〇，4）。

H167　大部分位于TS06W21，TS05W21中也有少量分布。开口于第1层下，被H27、H28、H44、H125、H126、F8打破。略呈长方形，南部外凸，周壁不规整，底不平，南北最长6.5、东西宽3.5、深0.2米。填红褐色粉砂土，较致密（图一五）。

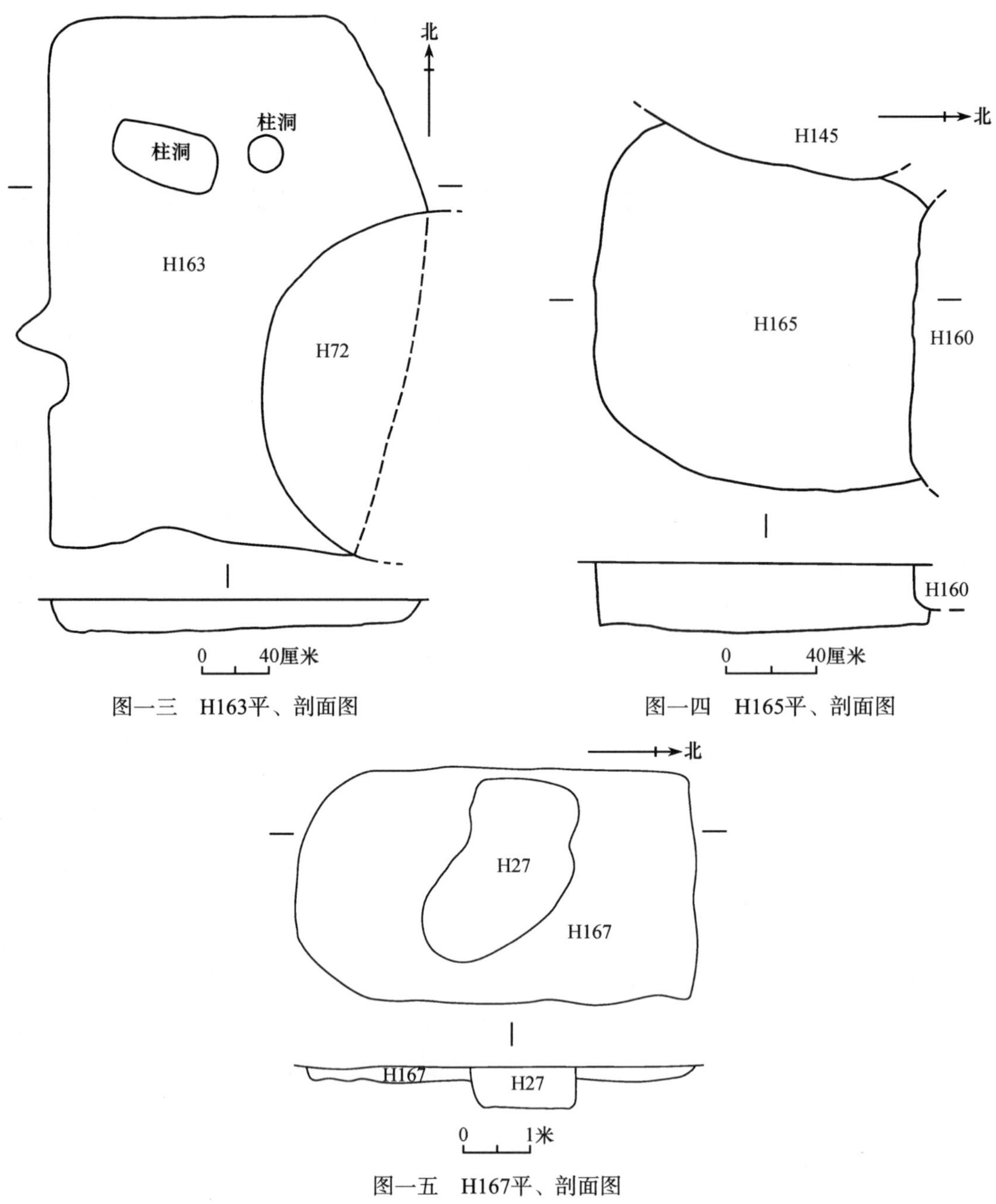

图一三　H163平、剖面图

图一四　H165平、剖面图

图一五　H167平、剖面图

（二）遗物

遗物较少，主要为陶片，可复原陶器少。少量石器，另有1件骨器。

1. 陶器

火候较低，其中夹砂红陶占98%以上，多为夹粗砂，泥质陶较少。陶色多红陶、颜色不匀。可辨器形有釜、鼎、小口双耳壶、钵等，还有少量纺轮、圆陶片。其中以鼎的数量与形制最多，有窄折沿釜形鼎、直口直壁釜形鼎等，鼎足多呈扁圆和圆锥状，又以较粗长者为多；釜的数量较少，有翻卷沿、胎较薄者，亦有叠沿、厚胎者。器表以素面为主，装饰多见划纹、绳纹、泥饼、戳印纹、压印的条状纹饰、堆纹等；纹饰装饰多施在器物口沿、颈、肩等部位，纹饰简单。制法以手制为主，包括泥条盘筑、泥片贴塑和直接捏制等（图版一一，1～3）。

鼎　1件。另有鼎腹部残陶片1件、鼎足1件。H155：2，夹砂红褐陶。外壁为红褐色、内壁灰褐色。器形不甚规整。尖圆唇、小卷沿，深腹，圜底，侧装扁三角形足、残断。腹部最大径偏上，最大径处有戳印纹，沿下有连续成组分布的刻划纹。口径13.2、残高23.8厘米（图一六，1；图版一一，4）。

鼎腹残片　1件。出土于H160，器壁较厚，夹砂红褐陶，口沿下有锥刺纹，上腹部有斜线纹，残高7厘米。

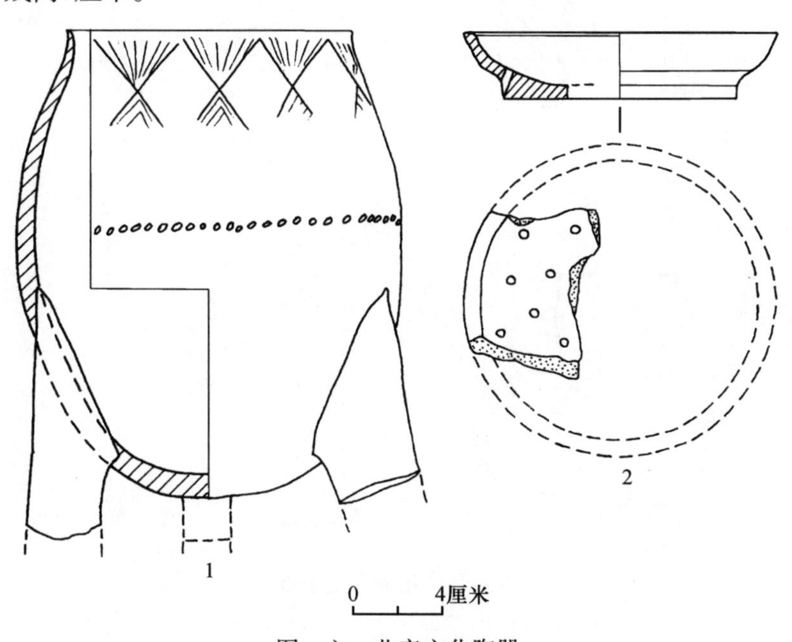

图一六　北辛文化陶器

1. 陶鼎（H155：2）　2. 陶箅（H155：1）

另有鼎足1件，H144③：1，夹砂红陶，器体较大，厚重近拐状。截面略呈圆角长方形，下部残缺。残高6.9、残宽5厘米（图一七，1）。

箅　1件。H155：1，夹砂褐陶。残，整体浅盘形，尖唇，窄沿略内斜，弧腹，假圈足平底，器身分布不甚规则的圆孔。复原口径14.4、底径10.8、高3厘米（图一六，2）。

釜口沿　1件。H3②：5，夹砂红陶，微卷沿，口沿外侧有斜向平行刻划纹。残高5厘米（图一七，4）。

拍　1件。H169：1，夹砂红陶，不规整，制作较为粗糙。上下皆残，残高6、残宽5.7厘米（图一七，3）。

钵　1件。TS04W13②：1，泥质红陶。方唇、敛口，斜壁内收，底残。复原口径17.2、残高11.2厘米（图一七，5）。

陀螺　1件。TS05W17②：2，泥质黄褐陶，近圆锥体，器形稍不规整，表面稍不平整。高3.9、直径2.6～2.7厘米（图一七，2）。

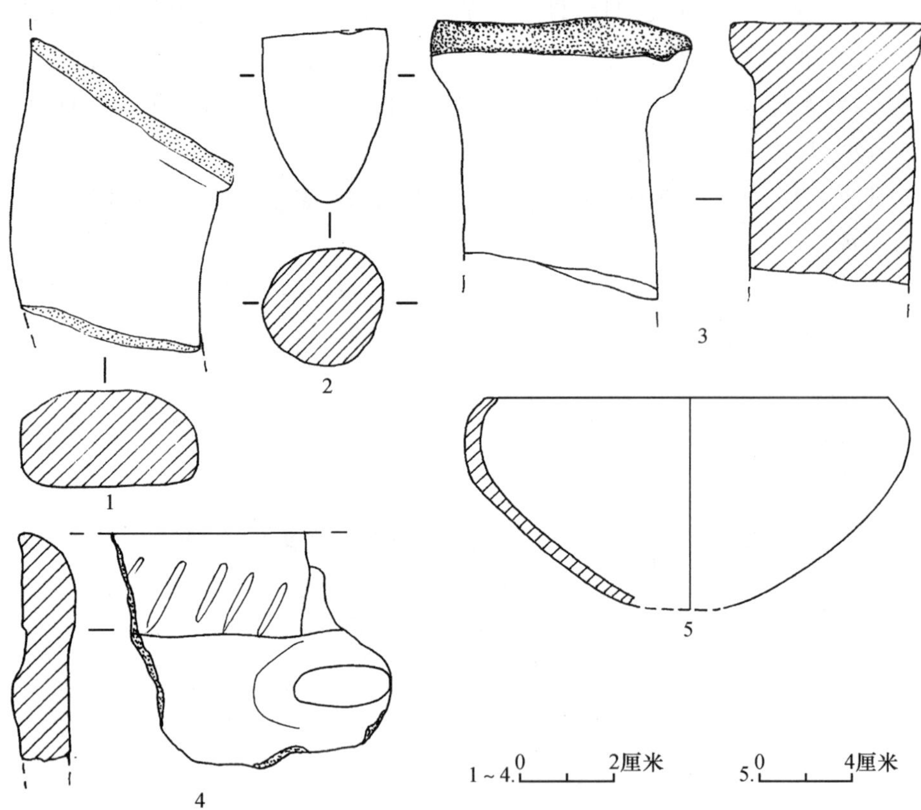

图一七　北辛文化陶器

1. 鼎足（H144③：1）　2. 陀螺（TS05W17②：2）　3. 拍（H169：1）　4. 釜口沿（H3②：5）　5. 钵（TS04W13②：1）

纺轮　5件。4件夹砂陶，1件泥质陶，制作多不规整，形状不规则、厚薄不均。圆孔位置略偏，多有残缺。H144③：3，夹砂红陶。器身布满不规则的圆点戳印纹。残长7.2、残宽3、孔径0.9厘米（图一八，1）。H166：2，夹砂黄褐陶，残存一半，中间厚边缘薄。最大径5.8、孔径0.5、厚0.9～1.1厘米（图一八，2）。TS06W19②：1，夹砂红褐陶。制作较为粗糙，略呈圆饼形，一边残缺。直径5.2～5.4、厚0.7～0.8厘米（图一八，3）。H165：1，夹粗砂红陶，表面粗糙。中心位置稍偏有一圆孔，正面有从

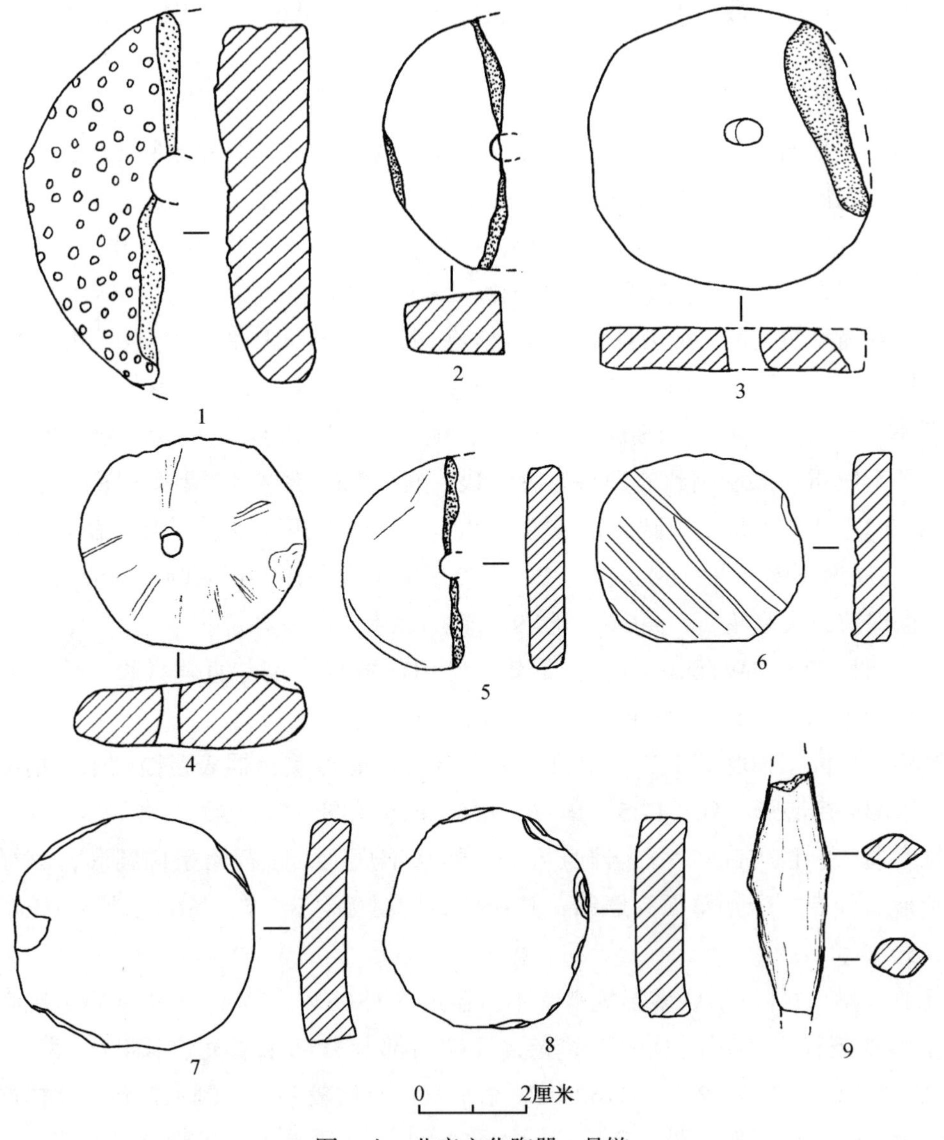

图一八　北辛文化陶器、骨镞

1～5. 陶纺轮（H144③：3、H166：2、TS06W19②：1、H165：1、TS07W17①：1）　6～8. 圆陶片（TS09W21②：3、TS08W21②：1、TS09W21②：4）　9. 骨镞（H155：3）

圆孔发散的细线纹。直径4～4.3、厚1.2～1.4厘米（图一八，4）。TS07W17①：1，泥质褐陶，陶色不均，一面灰褐、一面黄褐，仅存一半，上有数道划纹。最大径为3.9、孔径为0.5厘米（图一八，5）。

圆陶片　3件。均为夹砂黄褐陶，形状不规则。TS09W21②：4，略呈椭圆形，正面微鼓，边缘不整齐。长径4.2、短径3.9、厚0.9厘米（图一八，8）。TS08W21②：1，正面微鼓、厚薄不均。直径4.4～4.6、厚0.8～1.1厘米（图一八，7）。TS09W21②：3，略呈圆角方形，正面有数道不规则弦纹。直径3.6～3.9、厚0.6厘米（图一八，6）。

2. 石器

12件，主要有斧、锤、刀、磨棒等，石锤的数量较多。石斧的制作较为精致，多通体磨光；石锤、磨棒打制成型之后，稍加磨制，略显粗糙。

斧　2件。TS05W20：1，器体残缺，圆角梯形，平顶，两面稍圆鼓，弧刃，上端有两面对钻圆孔。高10.9、残宽5.5、厚1.2～2.9厘米（图一九，1）。TS09W21②：2，微弧顶，剖面呈纺锤形，弧刃部稍有残缺。高19、宽7.6、厚6.8厘米（图一九，2）。

石锤　4件。形制皆不同。H22：3，厚重。上下皆残，截面呈❤形。残长7.2、最宽6.6厘米（图二〇，1）。TS04W19①：2，横剖面接近圆形，纵剖面接近钟形。近圆柱体。器形厚重，磨制精致。顶端略有残缺，残高7.5、最宽5.7厘米（图一九，3）。TS08W19①：1，形状不规则，正视为半月形，侧视近四分之一圆形，表面粗糙。长7.9、高4.2厘米（图一九，6）。采：2，大致呈圆角长方体，正面圆鼓，应为敲击使用面。背面保留石头原始面。高6.6、宽4.9、厚4.5厘米（图一九，4）。

刀　1件。TS09W18②：1，器形较小，刃部磨损严重。直背直刃，使用痕迹明显。残长6.5、残宽2.2、厚0.6厘米（图一九，5）。

磨棒　1件。TS09W21②：1，残。器形较大，较厚重，器表粗糙，未见精细磨制痕迹。横剖面呈心形。残长12.5、宽8.6、厚5.1厘米（图二〇，6）。

打磨器　1件。H166：1，器身粗糙，形状不规则，正视略呈椭圆形，侧视呈圆角三角形。仅有一个平整面为磨制，其余各面均粗糙。长7.7、高6.6、厚4.4厘米（图二〇，5）。

其他石器　3件。形状多不规整，不辨器形。TS05W17②：1，正视略呈桃心形，剖面呈不规则梯形，正面及侧面磨光，顶端后部及背部未磨光。长4.1、宽4.4、厚0.9～2.7厘米（图二〇，3）。H160：1，扁平状，石质较差，磨制不精致。残损严重，长9.4、宽4.8、厚2厘米（图二〇，2）。H177：1，扁平片状，平面略呈椭圆形。表面粗糙，保留原始的平面。高12、宽6.4、厚为1.8厘米（图二〇，4）。

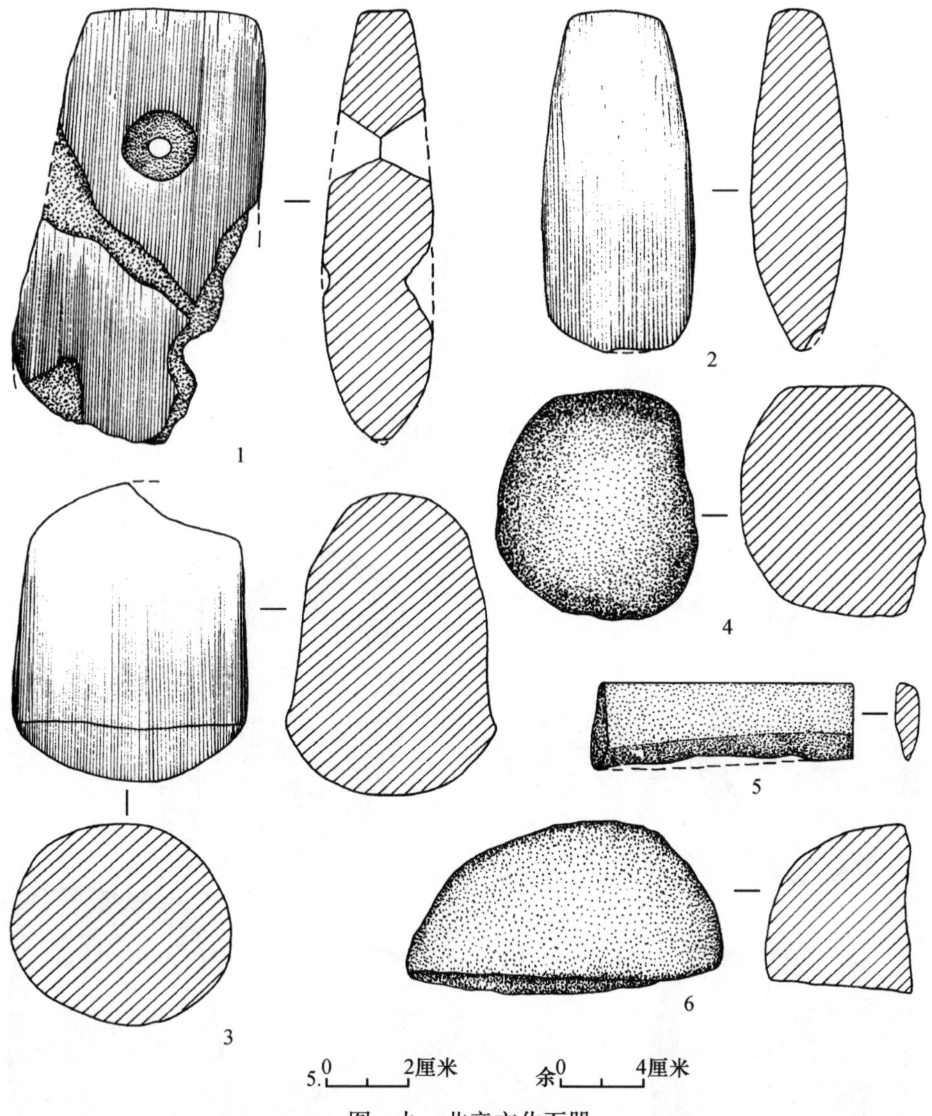

图一九　北辛文化石器

1、2. 石斧（TS05W20：1、TS09W21②：2）　3、4、6. 石锤（TS04W19①：2、采：2、TS08W19①：1）
5. 石刀（TS09W18②：1）

3. 骨器

骨镞　1件。H155：3，不甚规整。上下残断，前锋部分磨制较好，铤部分保留利器刮削的痕迹，残长4.6、宽1.5、厚0.5～0.7厘米（图一八，9）。

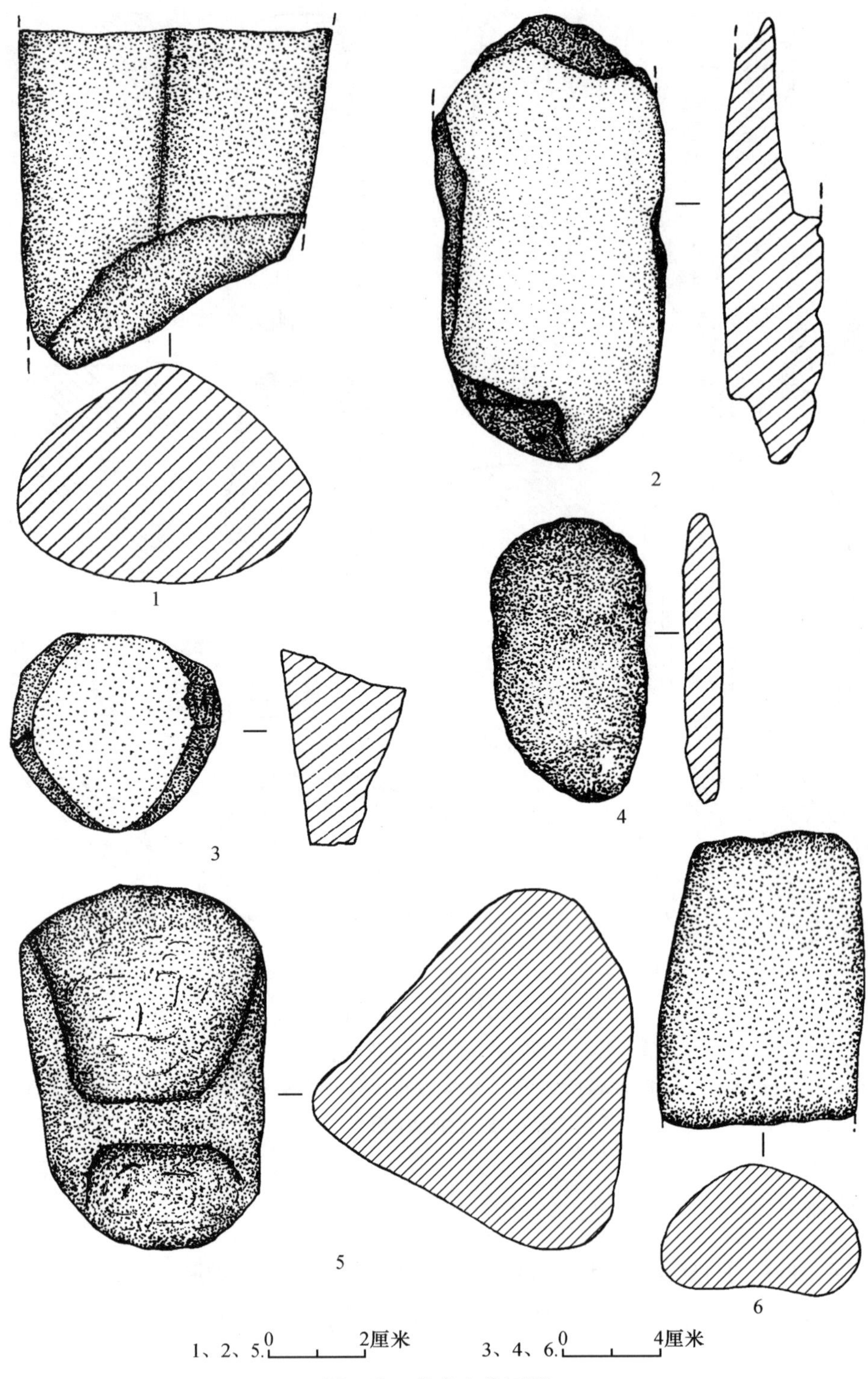

图二〇　北辛文化石器

1. 石锤（H22：3）　2～4. 其他石器（H160：1、TS05W17②：1、H177：1）　5. 打磨器（H166：1）
6. 磨棒（TS09W21②：1）

四、龙山文化遗存

龙山文化遗存最为丰富，共发现房址42座、灰坑148个、墓葬13座（图二一），出土陶器、石器、骨器等遗物共计300余件。

（一）遗迹

1. 房址

共发掘42座（图二二），保存状况一般，均为地面式建筑，居住面不存，仅保留地基部分，余基槽或柱洞。房址以东西向长方形为主，少数为方形，方向除个别向南外绝大部分略偏西南，与当地正午太阳照射方向相对。以单间建筑为主，1座双间。建筑面积在10平方米以下的房址有18座，10～20平方米的有12座，20平方米的有4座，30平方米的1座。

建造方法较为一致，先平整地面，铺垫土，在此基础上挖槽栽柱或直接栽柱，基槽一般宽20～30厘米，内多密布柱洞；直接栽柱的柱洞直径比较粗，埋藏深，多数柱坑中间或底部有柱芯；有的柱洞底部有石头或陶片柱础，个别柱础用碎陶片砸实、非常坚硬（图版一二，2）。有些柱洞在基槽开口时并未发现，而是基槽向下清理一些或者清理到底后才开口，开口于基槽填土下，填土与基槽内的填土基本一致。推测是在房子废弃后，把基槽挖开抽走柱子，又重新把基槽填满土造成的，如F5、F7、F14、F20等。少数房址保留部分垫土，保存状况差距较大，往往几座房址坐落在同一垫土之上。一些房址因破坏严重，仅存少量柱洞，无法复原形状。

F1　位于TS06W20内，第1层下开口。东西长方形，门道位于南侧偏东位置。东西长3.3、南北宽2.7米。基槽式建筑，基槽宽0.3～0.4、深0.2米，西南部最宽，基槽内的填黄褐色土，局部见灰褐、黑灰色土，致密。基槽内包含少量陶片，均为泥质黑陶，较细碎（图二三；图版一二，1）。基槽内发现19个柱洞。填灰褐色土，较疏松，见少量炭屑和陶片。开口圆形或椭圆形，直壁或斜壁，有的内底略凹。大小差距大，直径0.1～0.3、深0.06～0.24米。拐角处柱洞稍大，其余较小。北侧、东侧柱洞多、排列紧密，西侧、南侧柱洞排列较为稀疏。垫土发现两块，均残存少量：东部一块呈圆弧形；西南部有一小块，形状不规整，灰褐色土，均较疏松，包含少量陶片，以泥质素面黑陶为主。

F2　位于TS09W21中南部、TS08W21中北部。开口于第1层下，被F12的垫土、M3打破，打破F25、H132，北偏东5°。呈长方形，南北长4.4、东西宽4.2米。基槽式建

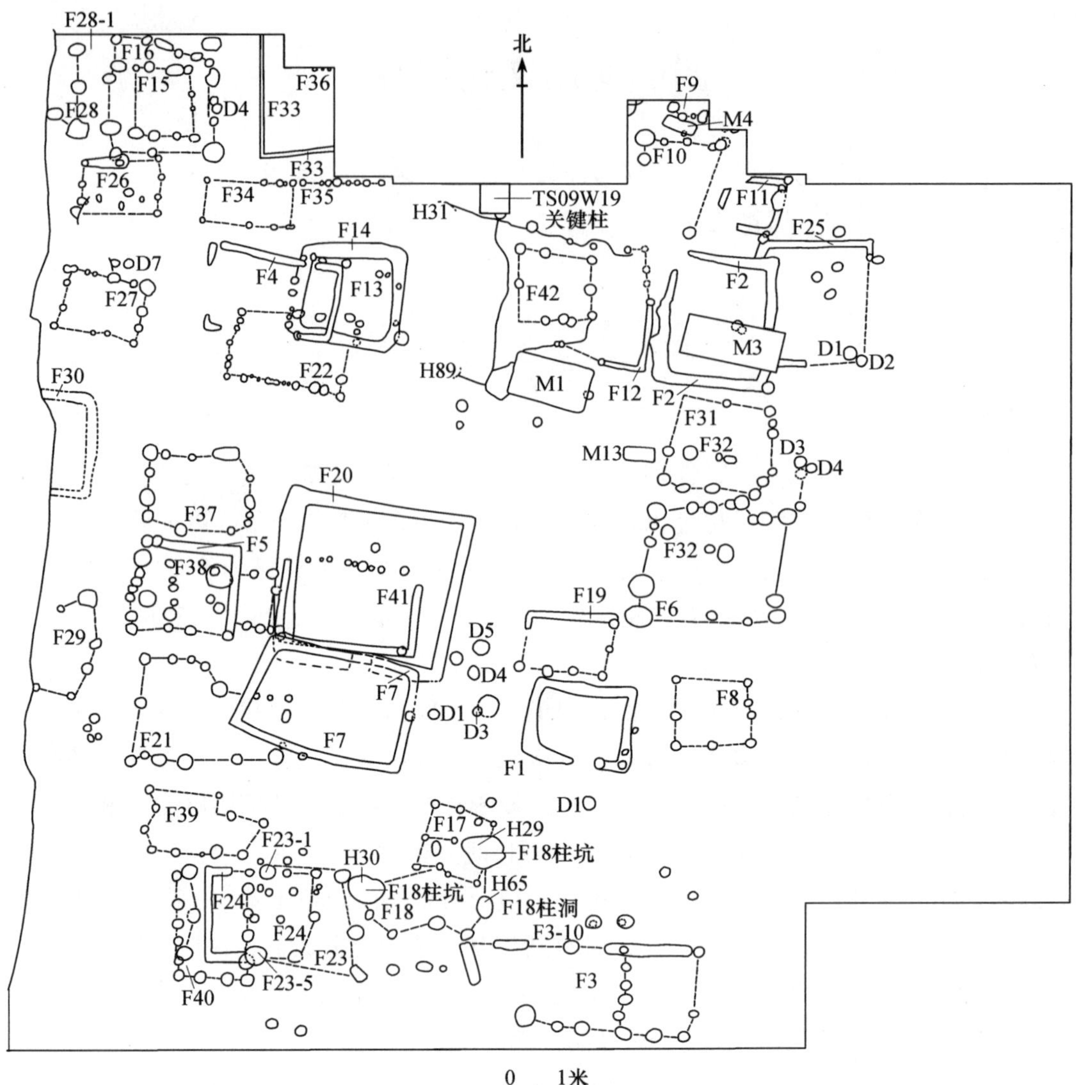

图二二　龙山房址总平面图

筑，基槽内发现31个柱洞，门道位于西北角（图二四；图版一二，3）。

基槽：西侧基槽长4.2、宽0.5、深0.36～0.24米，填灰褐色土，夹黄色生土、红烧土颗粒，疏松。南侧基槽长4.4、宽0.35～0.5、深0.28～0.36米，填灰褐色土，夹炭屑、红烧土颗粒，致密。东侧基槽被打破而分为南北两部分，北侧长2.35、宽0.35、深0.16～0.46米，南部残长0.75、宽0.35、深0.25米，填红褐色土，夹炭屑、红烧土颗粒，致密。北侧基槽残长2.2、宽0.2～0.4、深0.34～0.4米，填红褐色土，夹炭屑。

柱洞：共31个，圆形或椭圆形，直径0.13～0.5、深0.1～0.7米。填灰黑色或灰褐色土，夹红烧土颗粒、炭屑。西侧基槽内的柱洞较大，东部、南部、北部基槽内柱洞

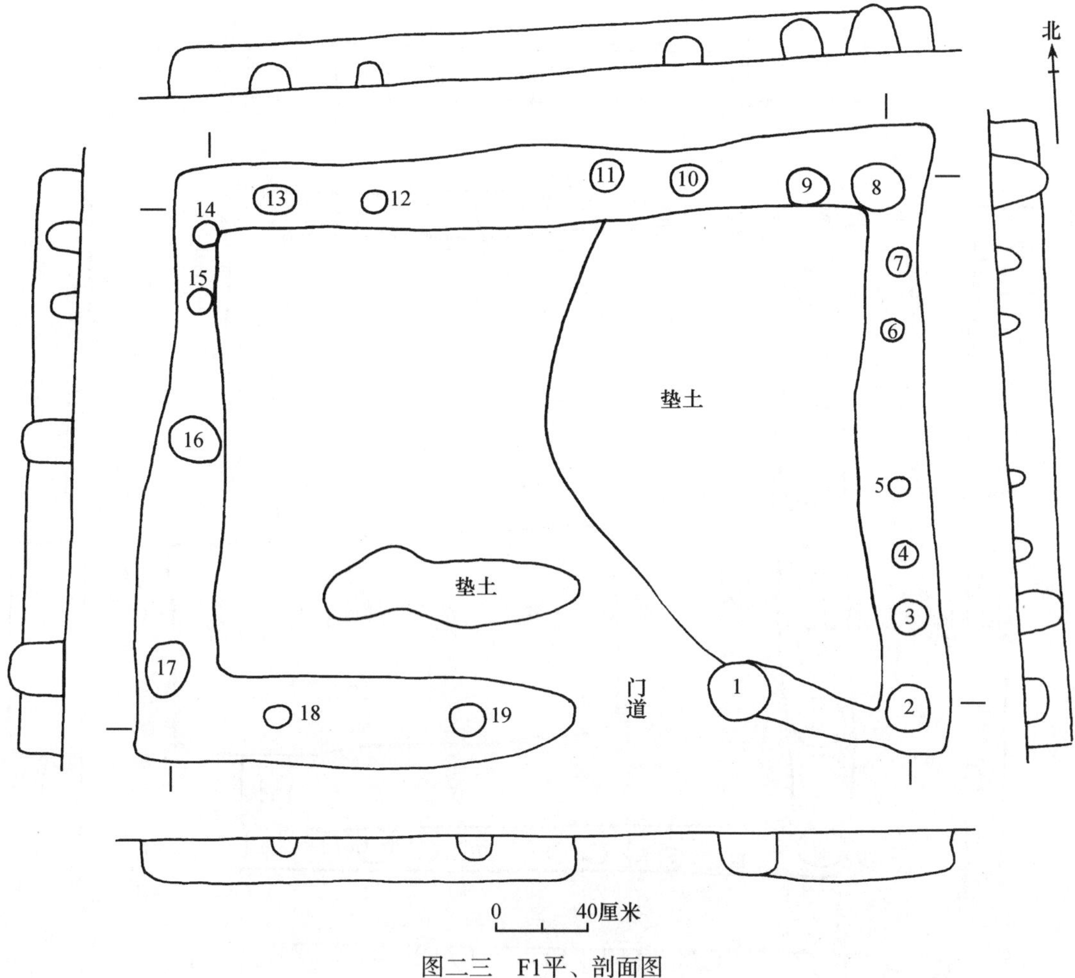

图二三　F1平、剖面图

多有残留的柱芯。柱芯内的填土和上部基槽内的填土有差别，柱芯内的填土一般是灰色、夹黄色生土颗粒，疏松。而基槽内的填土包含较多黄色生土，较为致密。

F3　位于TS04W19、TS04W20和TS04W21三个探方内，开口在第1层下，被H72和M9打破，打破H53。平面近长方形，东西长8.4、南北宽3.8米。由3段基槽和14个柱洞组成，为带隔墙的东西两间，隔墙处残留一排柱洞，西隔间稍大，东间较小（图二五；图版一三，1、4）。

基槽：东墙和北墙残存两段基槽，在发掘之初未识别出来，分别编号为H59及H52。H59为西间西墙基槽，长条形，南北长1.6、东西0.3～0.4米。斜壁内收，底部南北长1.5、东西宽0.15～0.25、深0.2～0.3米。H52为西间北墙基槽，长条形，弧壁，圜底，东西长1.1、南北宽0.35～0.4、深0.2～0.65米。填灰褐色粉砂土。东间北墙基槽：长条形斜壁内收，开口东西长2.9、南北宽0.3～0.4米，底部东西长2.8、南北宽

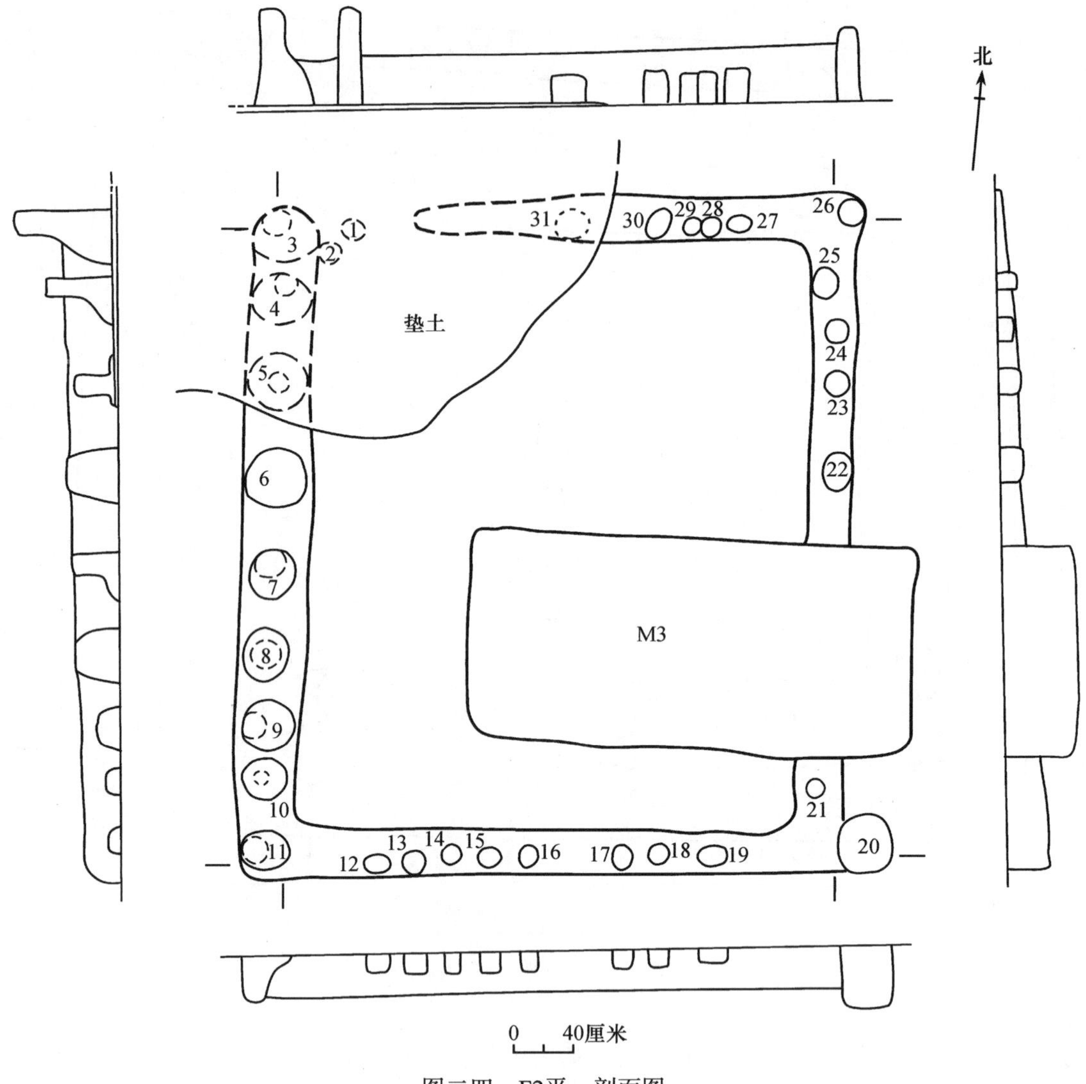

图二四　F2平、剖面图

0.15～0.25、深0.15～0.6米。填灰褐色粉砂土。

柱洞：填灰褐色或浅灰褐色粉砂土。南侧柱洞大而排列稀疏，隔墙的柱洞小且密；北侧及东侧的柱洞保留的较少。D1～D6：南侧柱洞，开口圆形或椭圆形，直径0.3～0.7、深0.25～0.65米，均为斜壁内收。在D1发现少量陶片及石器。D7～D8：东侧柱洞，圆形或椭圆形，直径0.25～0.3、深0.32～0.4米，直壁。包含少量陶片。D9～D10：北侧柱洞，D9斜壁内收，口径0.3、底径0.25、深0.65米。D10斜壁内收，口径0.5、底径0.1、深0.45米。D11～D14：隔墙柱洞。与D9、D4南北一列分布。直径0.3～0.4、底径0.15～0.2米，均斜壁内收。

F4　位于TS09W18南部。开口于第1层下，被H33、H38、H58、H61、H76打破，

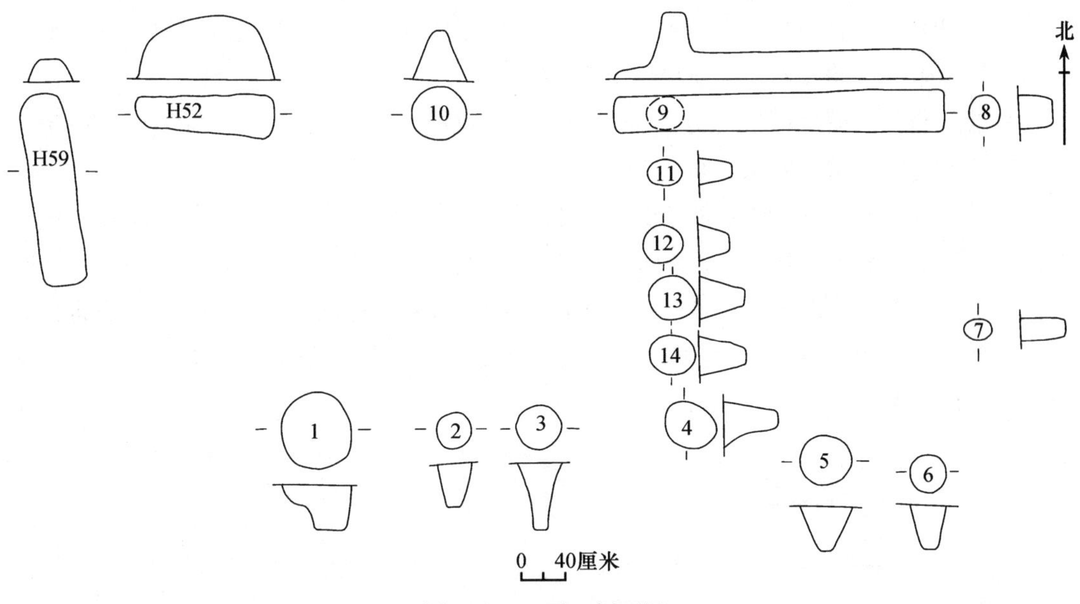

图二五　F3平、剖面图

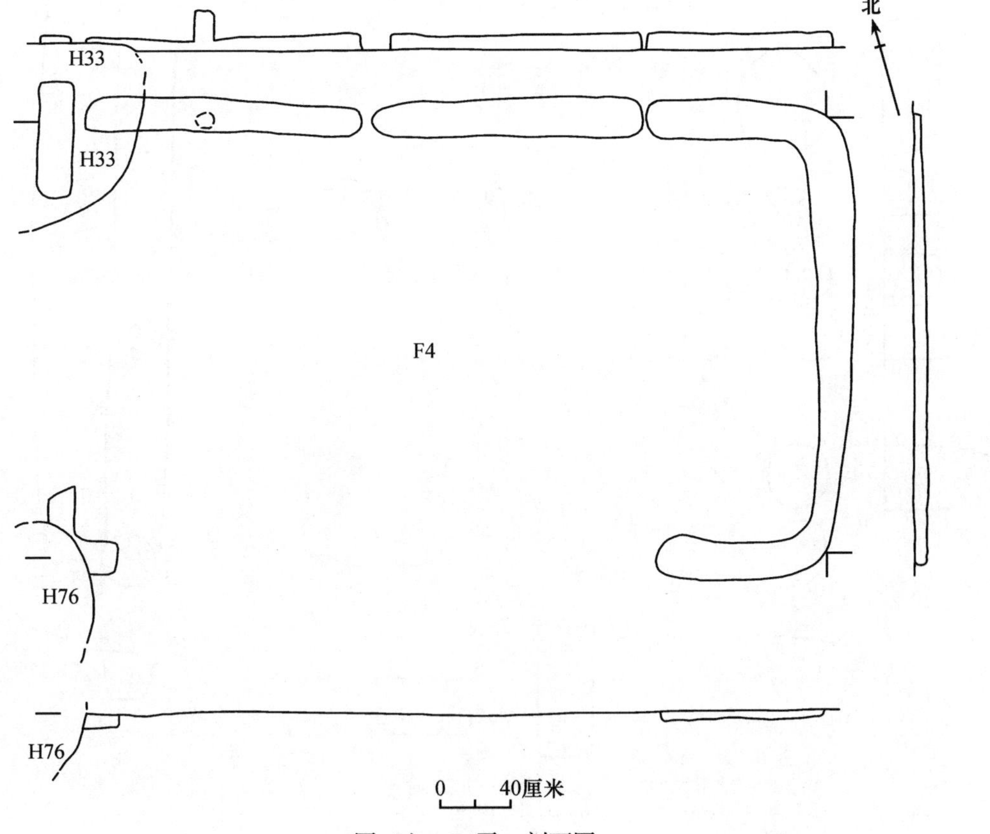

图二六　F4平、剖面图

打破F13、F14，方向100°。长方形，东西长4.2、南北宽2.3米。基槽式建筑，由基槽、柱洞、垫土组成（图二六；图版一三，2～4）。

基槽：西侧、南侧缺失部分，宽窄不一，均较浅。宽0.16～0.24、深0.04～0.1米，填灰褐色黏土，致密，夹杂少量碎陶片。

柱洞：仅发现1个，位于北基槽偏西部。圆形、直壁，直径0.12、深0.18米，填灰褐色粉砂黏土，疏松。垫土残存少量，填黄褐色土，较致密。

F5　位于TS07W17东南部。开口于第1层下，被H86打破。方向185°。平面长方形，东西长3.8、南北长3.3米。基槽式建筑，由25个柱洞、2条基槽组成（图二七；图版一四，1、2）。

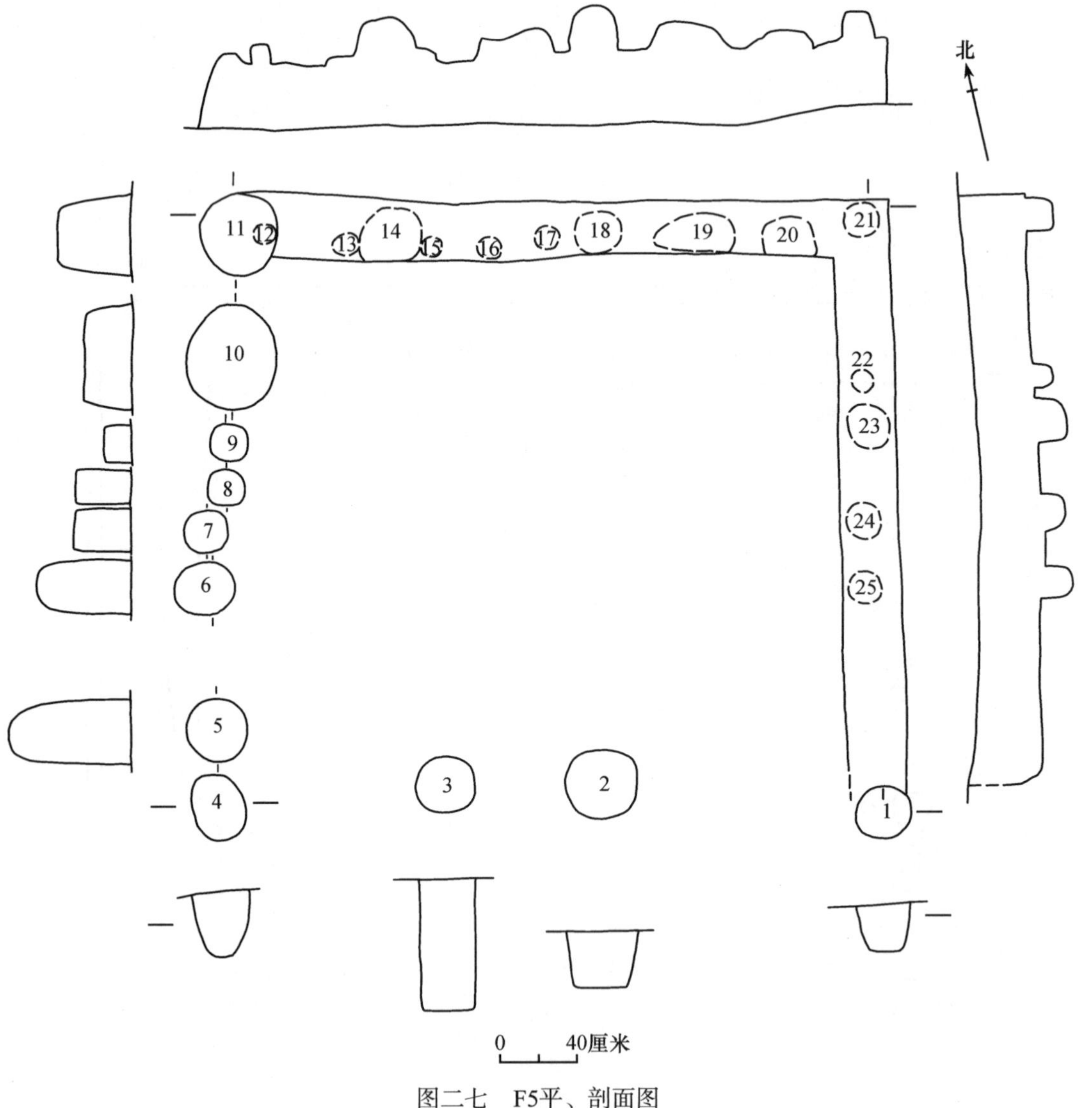

图二七　F5平、剖面图

北侧由基槽和柱洞组成。基槽直壁，底不平，长3.4、宽0.3～0.36、深0.36米。柱洞在基槽下开口，大小、深度差异大，直径0.1～0.42、深0.08～0.26米。斜壁内收、底不平或直壁平底，填灰褐色夹杂烧土颗粒，疏松，包含物有陶片。

东侧由基槽和柱洞组成，基槽长3.02、宽0.3、深0.34～0.36米，直壁，平底。柱洞均较小，在基槽下开口，斜壁内收或直壁，平底或圜底。基槽和柱洞填灰褐色，疏松，含少量陶片。

南侧仅存4个柱洞，柱洞较大，圆形或椭圆形，直径0.28～0.36、深0.26～0.3米，直壁或斜壁，平底或圜底，填灰褐色夹绿砂土或灰淤土，个别包含少量陶片。

西侧由6个柱洞组成，柱洞大小、深度差异较大。直径0.24～0.58、深0.12～0.64米，直壁或斜壁内收，平底，填灰褐土或深灰褐土，包含物主要是少量陶片和烧土颗粒。

根据基槽和柱洞的分布情况，门道应在南墙。

F7　位于TS05W18、TS05W19、TS06W18 、TS06W19中。第1层下开口，被H8、H9、H12、H15打破，打破F20、F21、H174。长方形，东西长5.7、南北宽3.55米。基槽式建筑，西南角、东墙北段基槽部分被破坏外，其余基槽均保留，残留36个柱洞。房内地面上残留少量垫土，厚0.05米（图二八；图版一五，1、3）。

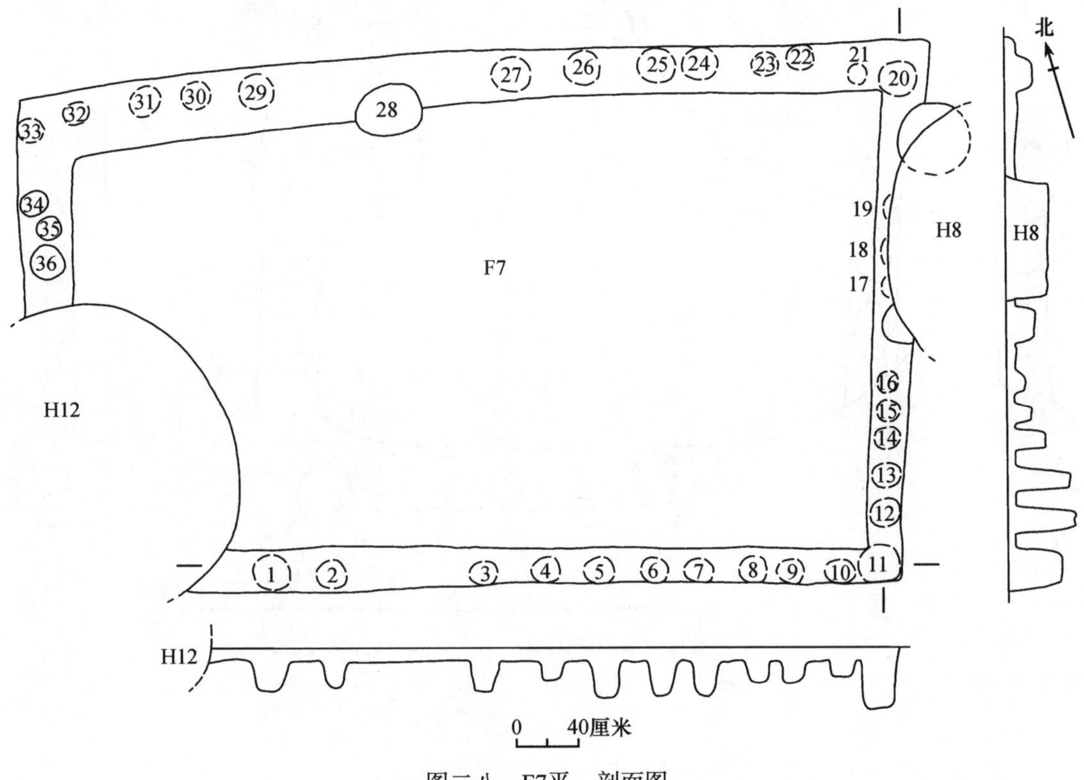

图二八　F7平、剖面图

基槽：均为长条形，填浅灰褐色夹黄褐色粉砂土。南墙基槽：西段被H12破坏，东西残长4.9、南北宽0.25～0.3、深0.04米。东墙基槽：北段被H8破坏，南北长3.55、东西宽0.2～0.35、深0.04米。北墙基槽：保留基本完好，东西长5.7、南北宽0.3～0.45、深0.08～0.16米；西墙基槽：被H12破坏部分，南北残长1.4、东西宽0.3～0.35、深0.04米。

柱洞：共36个，除D28、D34、D35、D36之外，在基槽填土下开口。圆形或椭圆形，斜壁内收。口径0.1～0.35、深0.08～0.4米，除个别角柱及基槽中端的柱洞稍大外，其余柱洞大小较均匀，直径0.12～0.2米，分布紧密、间距差异不大。填浅灰褐色土为主，夹杂黄色生土粒，有的柱洞内包含少量陶片。D11位于东北角，在底部有陶盆的残片作为柱础，斜置于柱洞内（图版一五，2）。门道可能位于南侧D2、D3之间。

F11　位于TS09W21西北部，被H11、H115、F10打破。东西长1.8、南北宽1.44米，面积2.88平方米。长方形基槽式建筑，由基槽和15个柱洞组成（图二九；图版

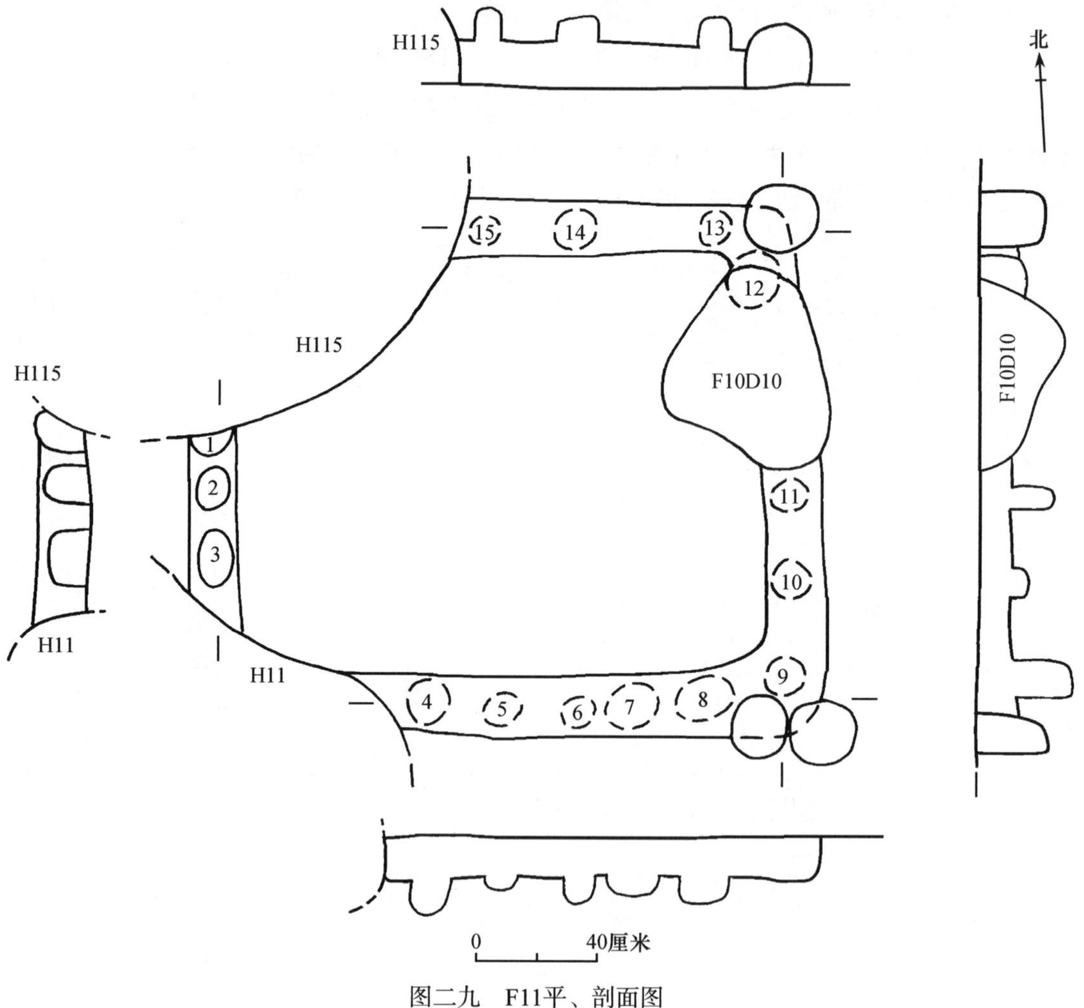

图二九　F11平、剖面图

一六，1）。

基槽：除西北角、西南角被打破外，其余均有保留。东部基槽长1.6、宽0.2、深0.1～0.12米。西部基槽被H115、H11打破，残长0.6、宽0.16米。北部基槽残长1.08、宽0.18～0.2米。南部基槽残长1.5、宽0.2～0.22米。基槽内填灰褐色土，夹炭屑、黄色生土、红烧土颗粒，疏松。

柱洞：现存15个，其中北、西基槽残存各3个，东侧4个，南侧5个。除D1～D3之外，均在基槽填土下开口，开口为圆形或椭圆形，直壁圜底。直径0.12～0.3、深0.06～0.15米，填灰色粉砂土或黑灰色粉砂土，夹炭屑，较为疏松。

F12　位于TS09W20中部。开口第1层下，被M1、H35、H74、H88、H89打破，垫土打破第2层，呈南北长、东西短的长方形，南北长4、东西宽3.4米。由垫土、基槽、柱洞组成，门道位于南部（图三〇；图版一六，2）。

基槽：现仅存东南角拐角1段，南北1.8、东西1.4、宽0.25、深0.3米。填黄色黏土，土质致密，包含物极少，仅见少量烧土颗粒。

柱洞：共发现10个。除东北角柱外，东面柱洞3个，南面3个，北面3个。开口均为圆形，直壁或斜壁，平底，直径0.21～0.28、深0.12～0.42米。填灰褐色土或浅灰褐色土，均较疏松，含烧土、炭粒等。

垫土：共发现4块，填土各不相同。

建造方法：F12的建造是先根据地形铺设垫土，尤其注意于土质较软处铺土踩踏使其结实。再在垫土上面根据不同部位，挖基槽或者栽柱子，建造木骨泥墙之房屋。

F13　位于TS09W18南部。第1层下开口，被F4、H61打破，打破F14。方向95°。长方形，东西长3.1、南北宽2.24米。未见基槽，仅发现16个柱洞（图三一；图版一七，1；见图版一三，4）。

柱洞开口圆形或椭圆形，直壁平底。直径0.16～0.3、深0.1～0.44米。填黄褐色土，疏松。F13的垫土利用早期F14的垫土，黄褐色土夹杂大量黄色生土，致密。

F14　位于TS09W18南部，部分延伸至探方外。第1层下开口，被F4、F13、H36、H61、H62、H69打破，方向100°。长方形，东西长2.6～2.74、南北长2.9～3米。基槽式建筑，由基槽和柱洞组成（图三二；图版一七，2；见图版一三，4）。

基槽四面均有保留，东侧因被破坏残缺严重。宽0.4～0.54、深0.06～0.3米，填黄褐色土、夹杂大量黄色生土块，少量陶片、石块等，基槽内出土石锛3件。柱洞保留20个，除东基槽外，其余三面基槽均发现柱洞，开口于基槽底部。柱洞开口圆形或椭圆形，均直壁平底，直径0.12～0.2、深0.1～0.3米，填土均为红褐色砂土，疏松。柱洞均较小且分布密。垫土为黄褐色，夹杂大量黄色生土块，少量陶片，致密。

F14的基槽较宽，且形状稍不规整，东基槽向东南方向倾斜。柱洞开口于基槽下，

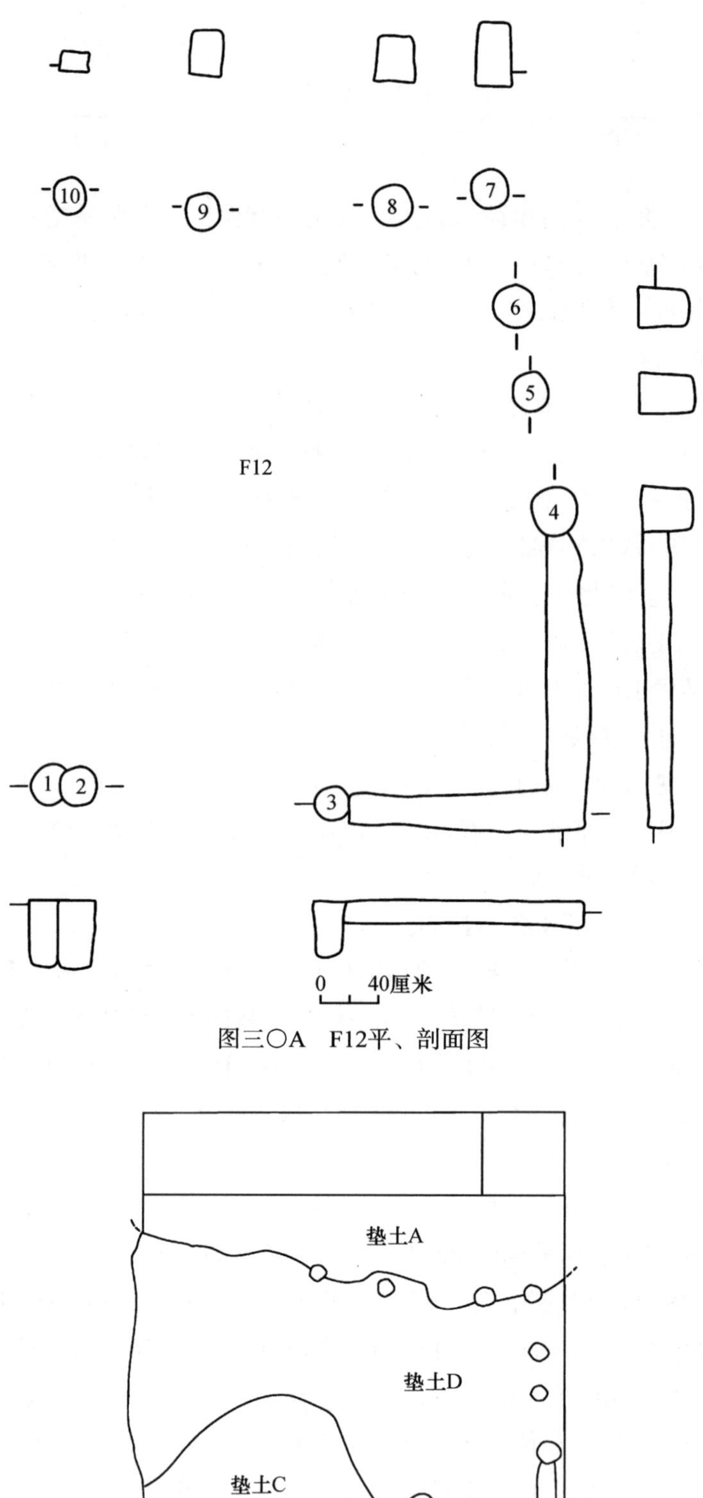

图三〇A　F12平、剖面图

图三〇B　F12垫土分布示意图

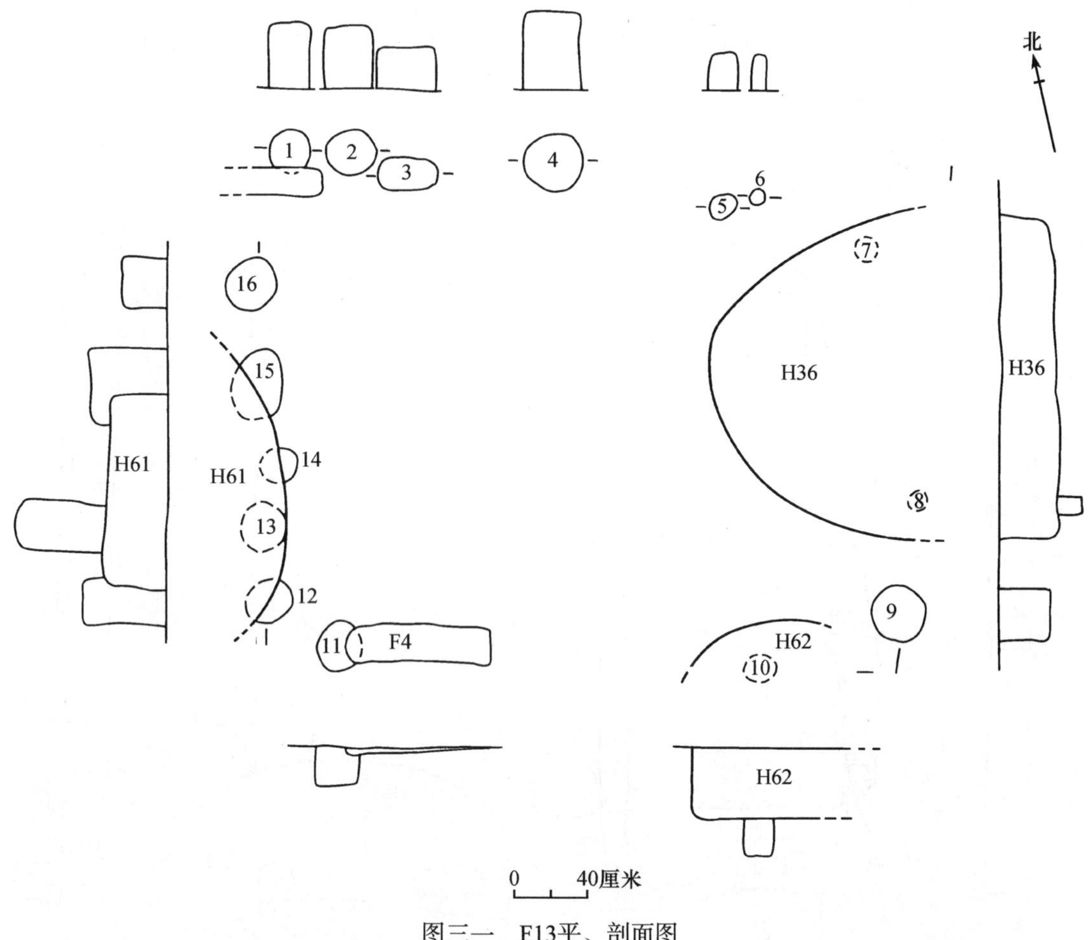

图三一　F13平、剖面图

柱洞内的填土与基槽内的填土并不一致。推测F14在废弃后经过两次房屋建造活动：第一次将柱子拔出，柱洞填满；第二次是将基槽填满并重新铺垫。

F20　位于TS07W19，延伸至TS07W18、TS06W18、TS07W19一部分。开口于第1层下，被H20、H22、F41、H47、H68、H73、H80、H85、H128打破，打破H174。长方形，长6、宽5.7米。基槽式建筑，由基槽和柱洞组成。门道位于南侧（图三三）。

基槽：保存较好，均填灰褐色土夹杂黄土块，较疏松，包含少量的陶片。北侧基槽长5.7、宽0.4～0.54、深0.2～0.4米。东侧基槽长6.1、宽0.3、深0.26～0.42米。西侧基槽长5.7、宽0.3～0.6、深0.22～0.6米。南侧基槽分两段，被门道隔开。门道位于南侧基槽居中位置，长0.65、宽0.6米。西侧基槽内出土完整的双孔石刀。

柱洞：28个，均为基槽下开口，填灰褐色或浅灰褐色，较疏松。4个角柱稍大且较深，直径0.18～0.26、深0.2～0.54米，填土含有大量砂土粒。其余柱洞大小较为均匀，多为圆形，少量椭圆形，直径0.12～0.26、深0.12～0.3米。直壁或稍内收，圜底或平

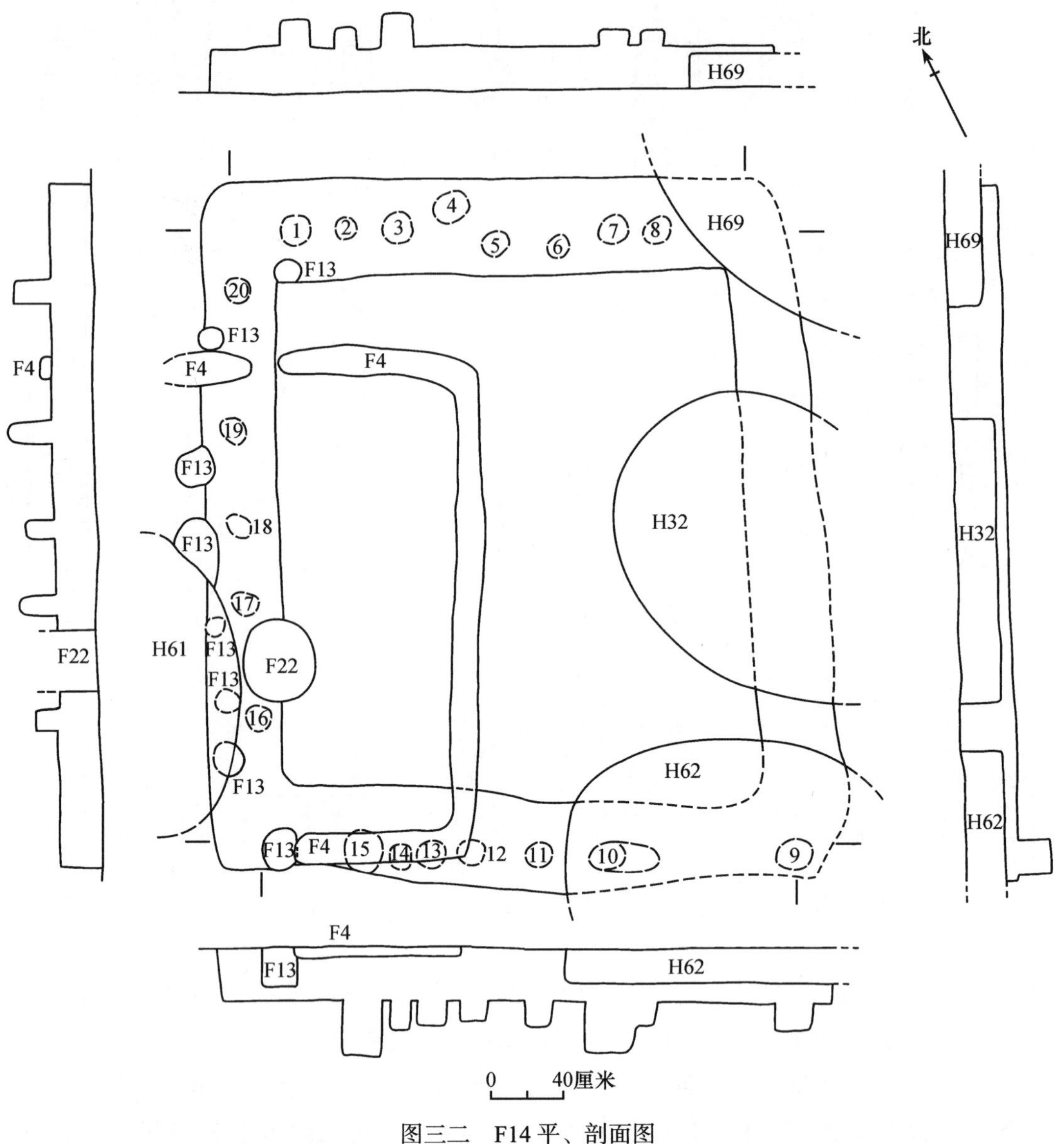

图三二　F14平、剖面图

底，南侧、东侧的柱洞排列规律。

F22　位于TS08W18北部，第1层下开口，被H32、H61、H76打破，方向100°。长方形，东西长3.24、南北宽2.34米（图三四；图版一八，1）。

未见基槽，共发现柱洞23个，大小不一，排列疏密程度也有较大差别。西侧、南侧柱洞稍小、排列较密，北侧、东侧柱洞大而稀疏。开口圆形或椭圆形，直径0.1～0.42、深0.12～0.38米。少量柱洞存在彼此相连的情况。填土大部分为黄褐色，少量灰褐色，疏松，包含少量陶片。残存少量垫土，为灰褐色粉砂黏土，较疏松，厚

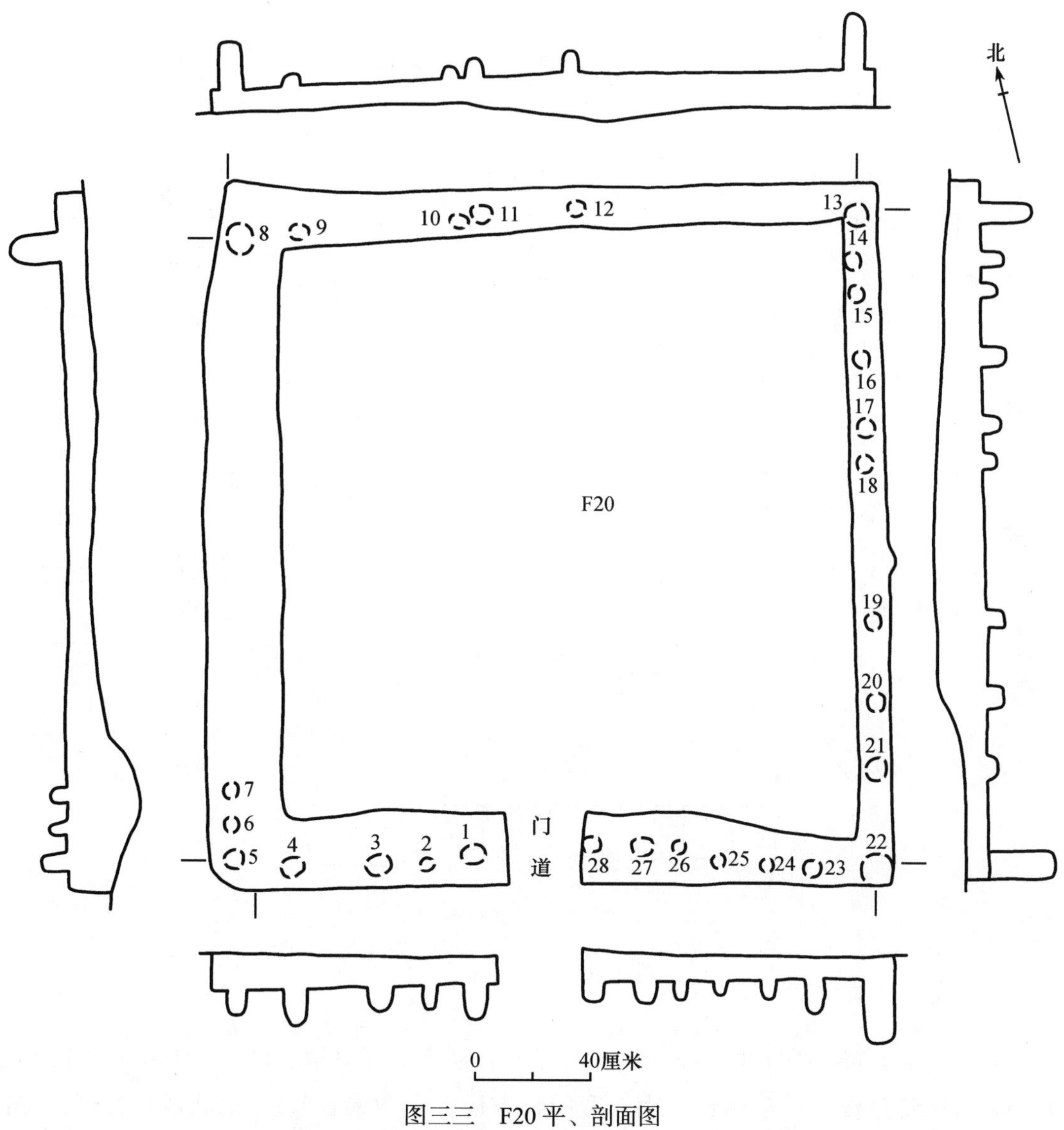

图三三 F20平、剖面图

0.2～0.35米。

F24 位于TS05W18中部，向南延伸至TS04W18，西至TS04W17、TS05W17。开口于第1层下，被F23、J2打破。长方形，长4.05、宽3.5米。基槽式建筑，由基槽和柱洞组成（图三五；图版一八，2）。西侧为基槽，南、北两侧保留少量基槽，其余部分均只保留柱洞。

基槽宽0.35、深0.1米，填黄褐色。基槽内的柱洞在基槽底部开口，小而浅，斜壁圜底，直径0.1～0.16、深0.07～0.12米。其余的柱洞较大、稍深，斜壁平底，直径0.22～0.39、深0.26～0.40米，填浅灰褐色或灰褐色土。

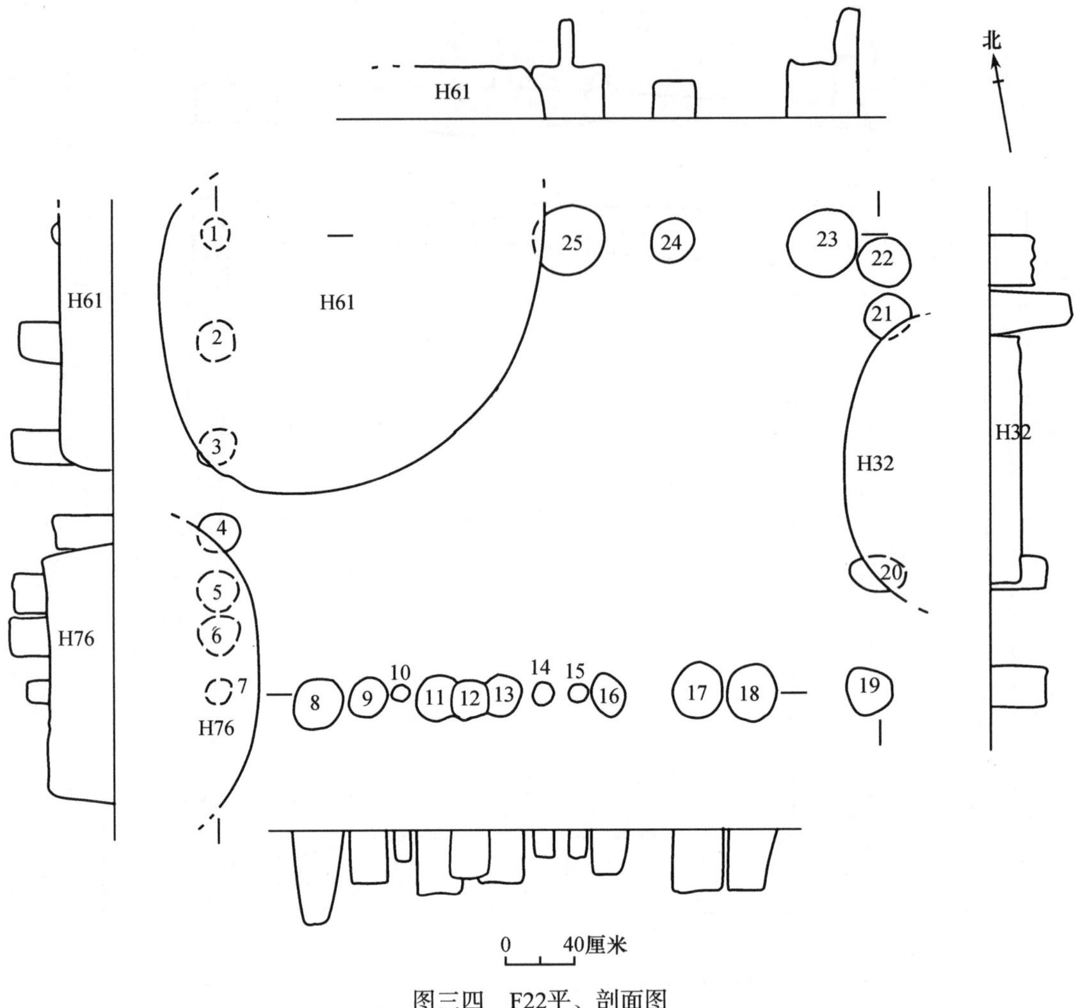

图三四　F22平、剖面图

F27　位于TS09W17的西南部。开口于第1层下，被H34、H96、H106、H110、H151、H152打破。呈东西长、南北宽的长方形，东西最长3.3、南北最宽2.5米（图三六；图版一八，3）。门道可能位于南侧D6～D7之间。

由14个柱洞（坑）组成，柱洞（坑）大小不等，深度差异较大。西南角和东北角为柱坑，开口长椭圆形，柱坑底部为柱洞。除北侧两个直径0.15米的柱洞外，其余柱洞均较大，直径0.25～0.55米，深在0.08～0.35米之间。均填灰褐色土，大部分土质疏松。个别柱洞填土黄褐色，填土经夯实。

F30　位于TS08W17西南部。开口于第1层下，被H16、H101、H103等多个遗迹打破，方向为103°。整个西半部完全被破坏，现存部分南北长2.9、东西宽为2.3米。基槽式建筑（图三七；图版一九，1）。

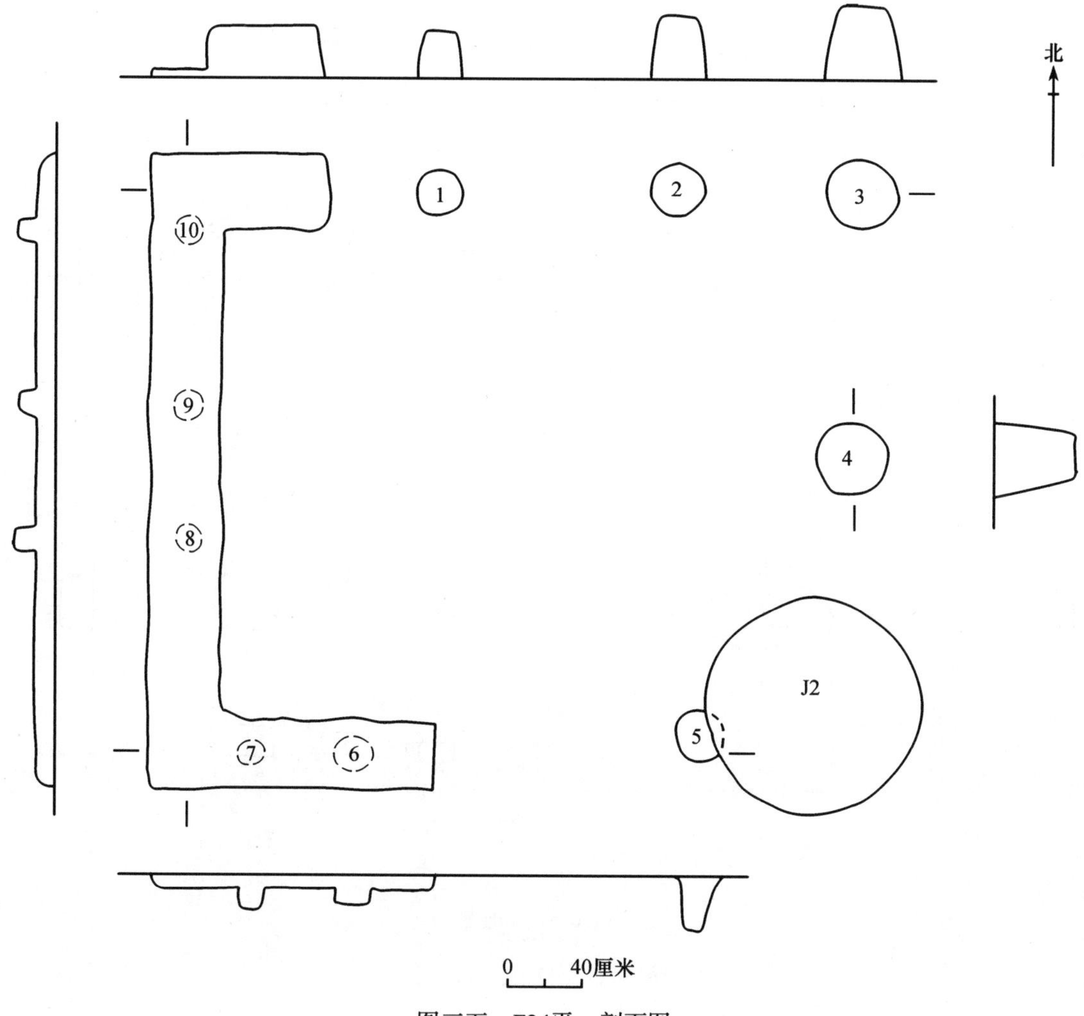

图三五 F24平、剖面图

基槽宽0.28～0.36、深0.04～0.6米。填黄褐色土，疏松，包含少量陶片。基槽内残余柱洞19个，在基槽底部开口，排列均匀，开口均为圆形，直径0.12～0.22、深0.08～0.22米，填黄褐色土，疏松。残存少量垫土，为灰褐色粉砂土，夹杂大量水锈。

F41 位于TS06W18北部，延伸到TS06W19 、TS07W18、 TS07W19。开口在第1层下，被F7、H22、H54、H73、H85，打破F20。略呈梯形，长5.05、最宽2.5米。由基槽和柱洞组成。北墙均为柱洞，其余三面均由基槽组成（图三八；图版一九，2）。东、西墙基槽长度稍有差异，北侧残存柱洞的方向有倾斜。基槽和柱洞内填土均为浅灰褐色。

南侧基槽：长5.05、宽0.2～0.3、0.15～0.25米。柱洞10个，均斜壁内收，口径0.1～0.2、深0.12～0.6米。东侧基槽：长2.5、宽0.25～0.3、深0.16～0.2米，包含少量

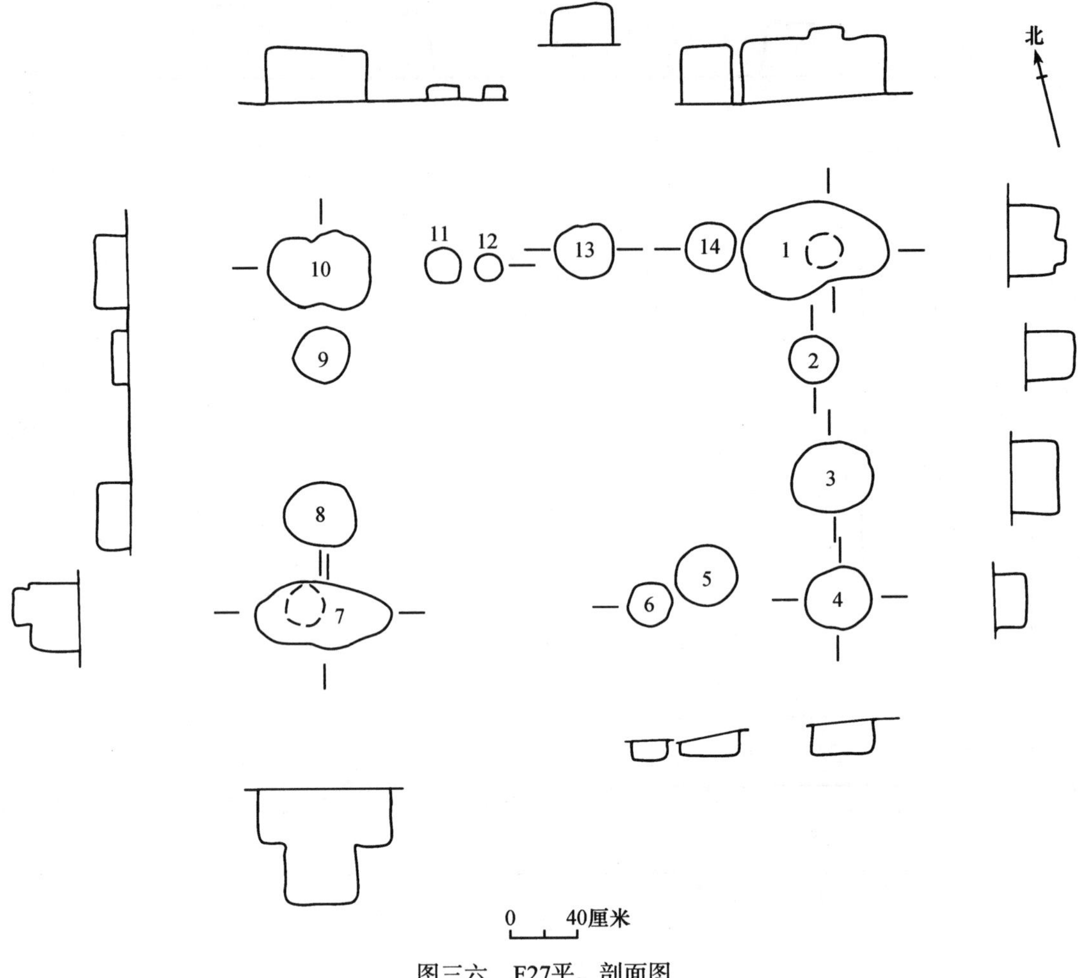

图三六　F27平、剖面图

陶片。柱洞5个，D2开口呈长椭圆形，南北长0.52、东西宽0.32、深0.3米。另外3个柱洞集中分布，口径均为0.12、深0.1～0.15米。西侧基槽：斜壁内收，南北长1.9、宽0.15～0.25、深0.18～0.3米。柱洞2个，均斜壁内收，口径0.14～0.15、深0.1～0.16米。北侧未发现基槽，残存8个柱洞，大小柱洞交错分布。口径0.14～0.25、深0.08～0.28米。除北侧柱洞外，其余柱洞均在基槽底部开口。四角均有角柱，角柱与其他柱洞相比较深、稍大，个别柱洞有陶片。

2. 墓葬

龙山文化墓葬13座（图三九），其中成人墓6座，儿童墓7座。成人墓中有中型墓1座，小型墓5座。均长方形土坑竖穴，头向东，墓葬方向在93°到115°之间。一般长2、宽1米多，1座3米以上；葬具多一棺，1座为一棺一椁；人骨保存较好，多仰身直肢；

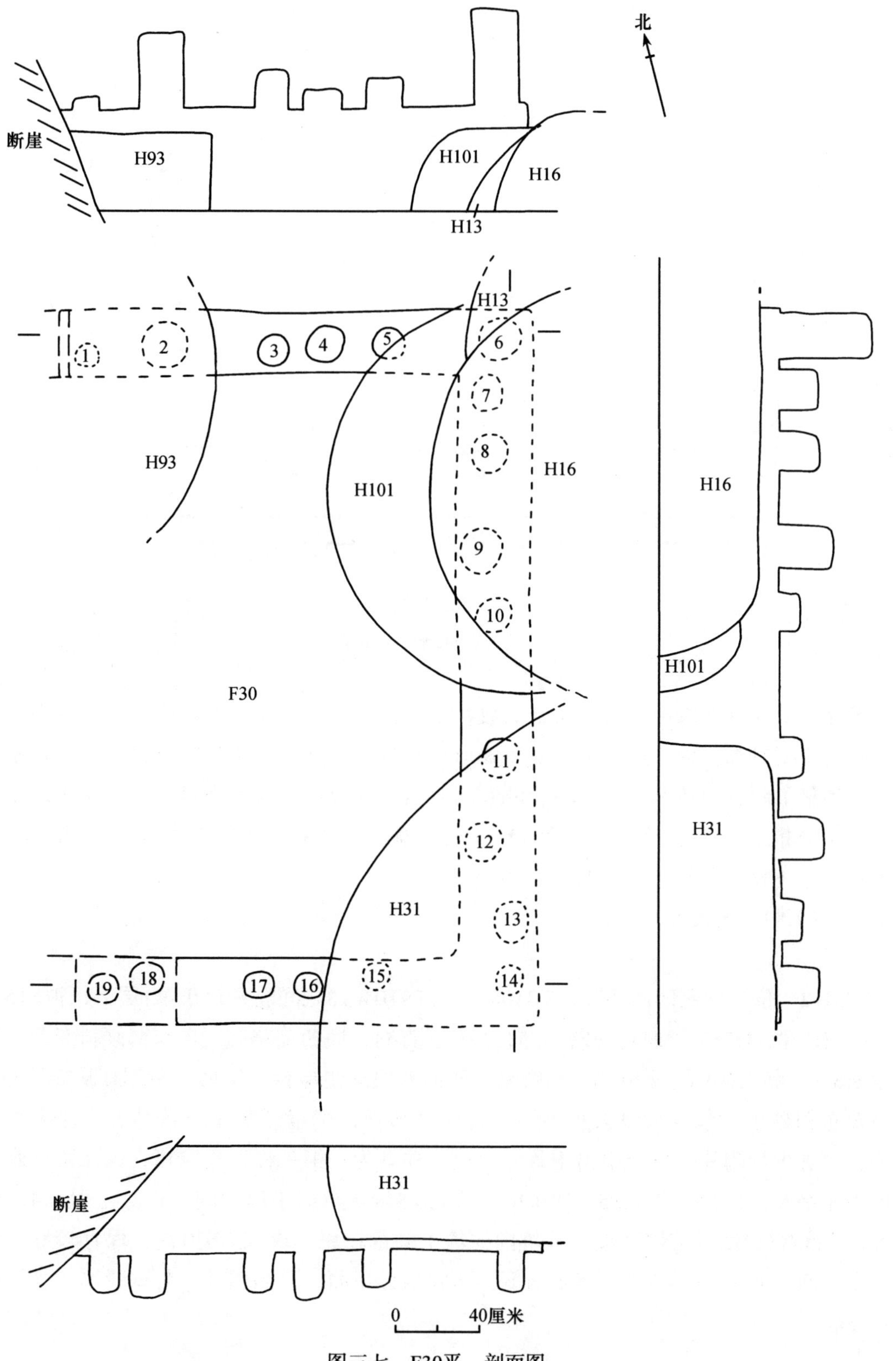

图三七　F30平、剖面图

北
断崖
H93
H101
H16
H13
H13
1
2
3
4
5
6
7
8
9
10
11
12
13
14
15
16
17
18
19
H93
H101
H16
F30
H31
H16
H101
H31
H31
断崖
0 40厘米

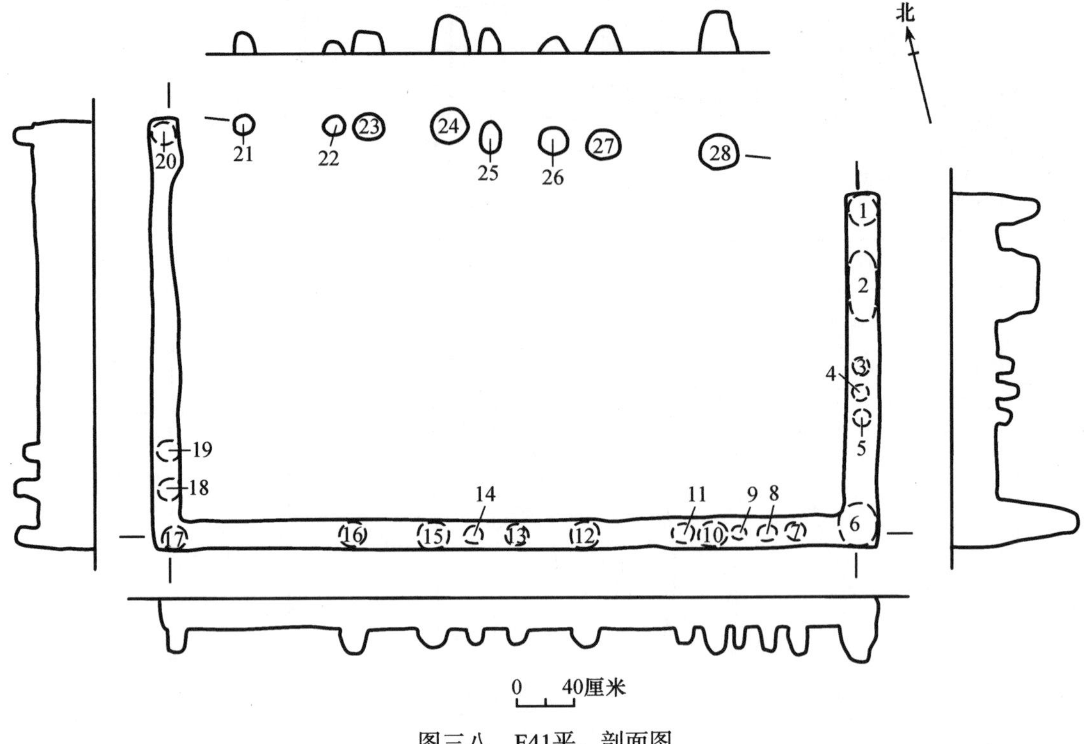

图三八　F41平、剖面图

随葬品主要放置在脚端，有二层台的放在二层台上；有的在腰部右侧放置小陶罐。随葬陶器主要有鬶、鼎、罐、豆、盆、觯形杯和蛋壳陶高柄杯（均未复原）等。有随葬獐牙和猪下颌骨的情况，有1座墓葬随葬9对猪下颌骨。儿童墓多紧邻房址埋葬，无葬具，无随葬品，墓坑小而浅，长0.95～1.45、宽0.3～0.5米，深度在0.08～0.4米之间。人骨保存一般，仰身直肢，推测年龄1～3岁。

（1）中型成人墓

1座。

M12　位于发掘区西北部，TS10W17与TS10W18之间。开口于第1层下，被F15、F16、H120、H133、M11打破，方向为93°。直壁，底西部略高、向东部倾斜变低。东西长3.2、南北宽1.6、深0.77～0.97米，四面有熟土二层台（图四〇A；图版二〇）。填黄色粗砂土，包含大量大小不一的石块、砂砾，少量黑灰土及黄黏土块，极为疏松，包含少量陶片，填土中出土骨镞一枚。葬具为一棺一椁，均腐朽，仅保留痕迹。椁为亚字形，长2.8、宽0.85、厚0.15、残高0.3米。棺居于椁中间，长2.1、宽0.4、厚0.07、残高0.2米。棺椁坍塌，墓坑内的填土颜色较深。成人人骨1具，保存较好，头向东，面向北，两手平放于躯干两侧，两腿稍显扭曲，骨骼粗壮、骨壁较厚，骨架长1.82米。

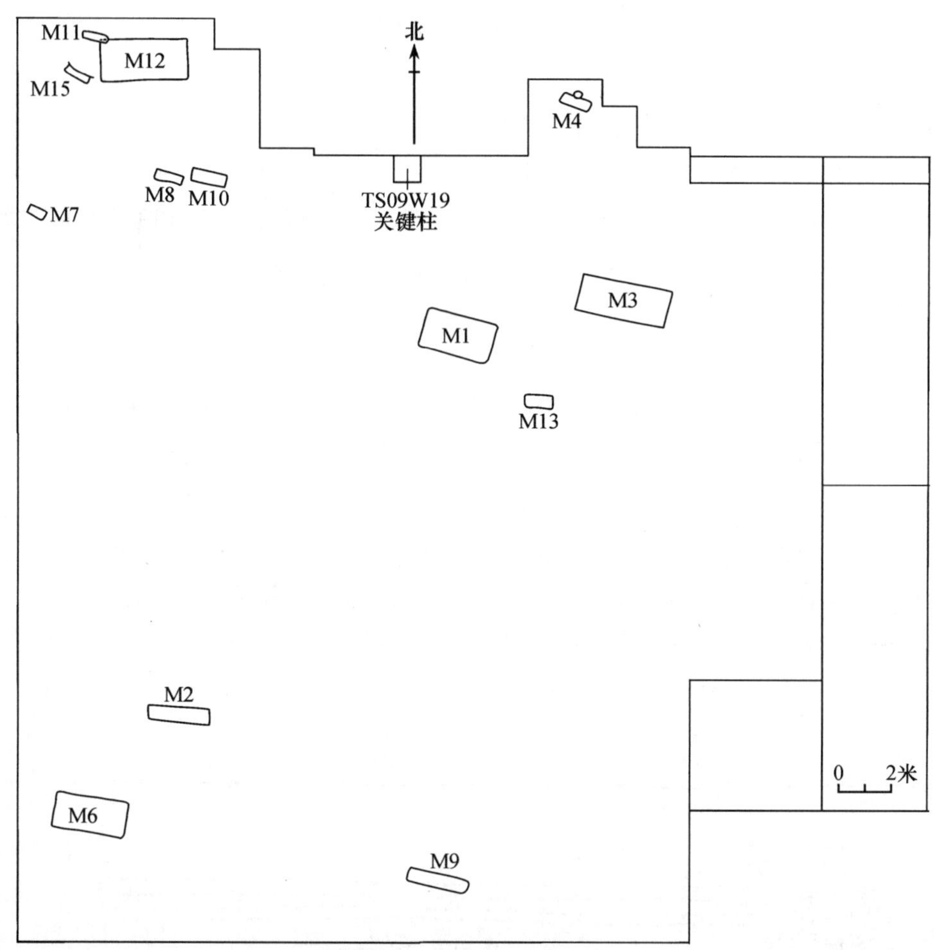

图三九 龙山文化墓葬平面图

随葬陶器13件，其中陶杯7件（图版二〇，4），蛋壳陶杯1件（未复原），豆、盆、罐、鬶、鼎各1件（图四〇B；图版二〇，2），猪下颌骨9对，獐牙1个。獐牙发现于墓主人盆骨处，夹砂陶罐发现于墓主人小腿之间，其余器物及猪下颌骨均放于西侧二层台上。由于棺椁坍塌，随葬品破碎且滑向墓室中。9对猪下颌骨均保存较好，分属不同的年龄阶段的个体（图版二〇，3）。

（2）小型成人墓

5座。

M1　位于TS08W20西北部，部分位于TS08W19的隔梁内。开口于第1层下，打破F12的垫土，方向106°。平面为圆角长方形，直壁，平底，长2.75、宽1.44、深0.35米（图四一；图版二一，1）。填深灰褐色粉砂土，未见分层，较致密，包含物有陶片、石块、炭屑、烧土颗粒等。棺腐朽、仅存痕迹，棺长2.3、宽0.76米。成人人骨1具，保存较好。头向东，面向北，仰身直肢，人骨长1.64米。

未见随葬品。

M2　位于TS05W18西北部。开口于第1层下，打破H63，方向100°。直壁，平底，长2.2、宽0.64、深0.46米（图四二A；图版二一，2）。填灰褐色粉砂土，未见分层，较致密，包含陶片、石块、红烧土颗粒等。棺已腐朽，仅存痕迹。棺长2.04、宽0.44米。成人人骨1具，保存较好，头向东，仰身直肢，骨架长1.63米。

随葬品放于脚端，有陶盖罐、豆、鬶（未复原）、杯、蛋壳陶杯（未复原）、盆等（图四二B；图版二一，3）。

M3　位于TS08W21与TS09W21的交界处。开口于第1层下，被H26打破，打破F25、F2，方向100°。圆角长方形，直壁，平底，长3.3、宽1.44、深0.48米（图四三；图版二二，1）。填红褐色土，未分层，较致密，包含物有陶片、石块、炭屑、烧土颗粒等。棺已腐朽，仅存痕迹，棺长2.5、宽0.74米。成人人骨1具，保存较好，由于土质原因，骨色偏红。头向偏东，面向南，骨架长1.8米。人骨下肢压1个陶罐，左手有1个獐牙。

M6　位于TS04W17的东北部，开口于第1层下，墓向100°。长3.2、宽1.9、深0.7米。四面均有熟土二层台，头部宽0.44、脚部0.34、左端宽0.57、右端0.45米（图四四）。

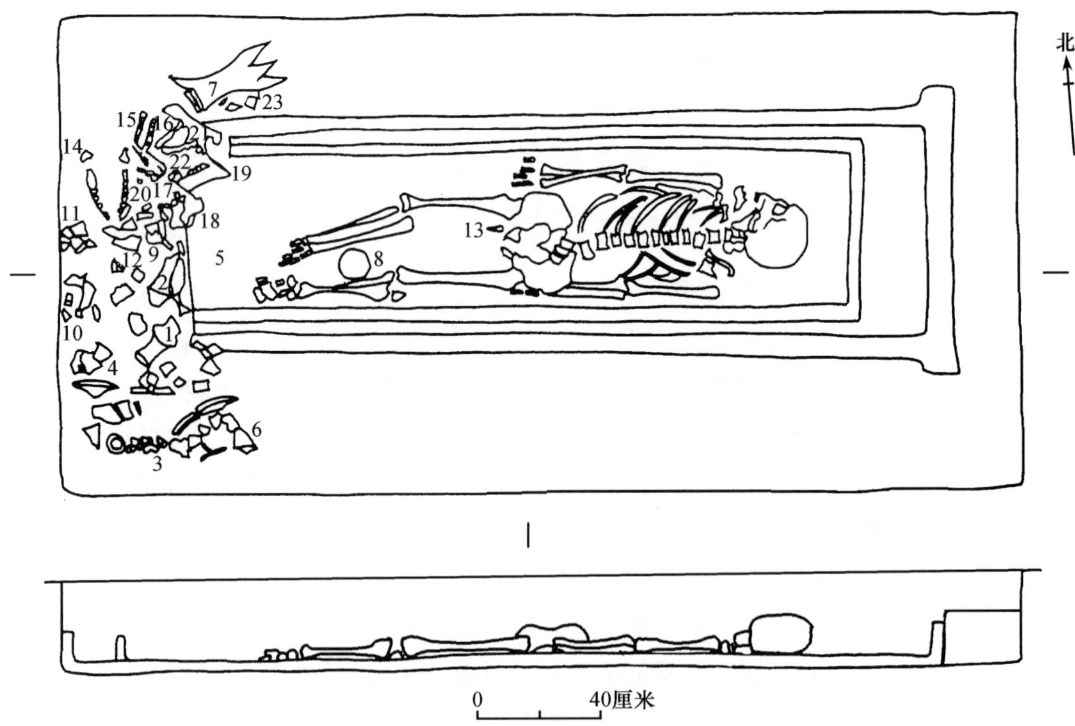

图四〇A　M12平、剖面图

1～4、10～12. 陶杯　5. 陶豆　6. 陶盆　7. 陶鬶　8. 陶罐　9. 陶鼎　13. 獐牙　14～22. 猪下颌骨　23. 蛋壳陶杯

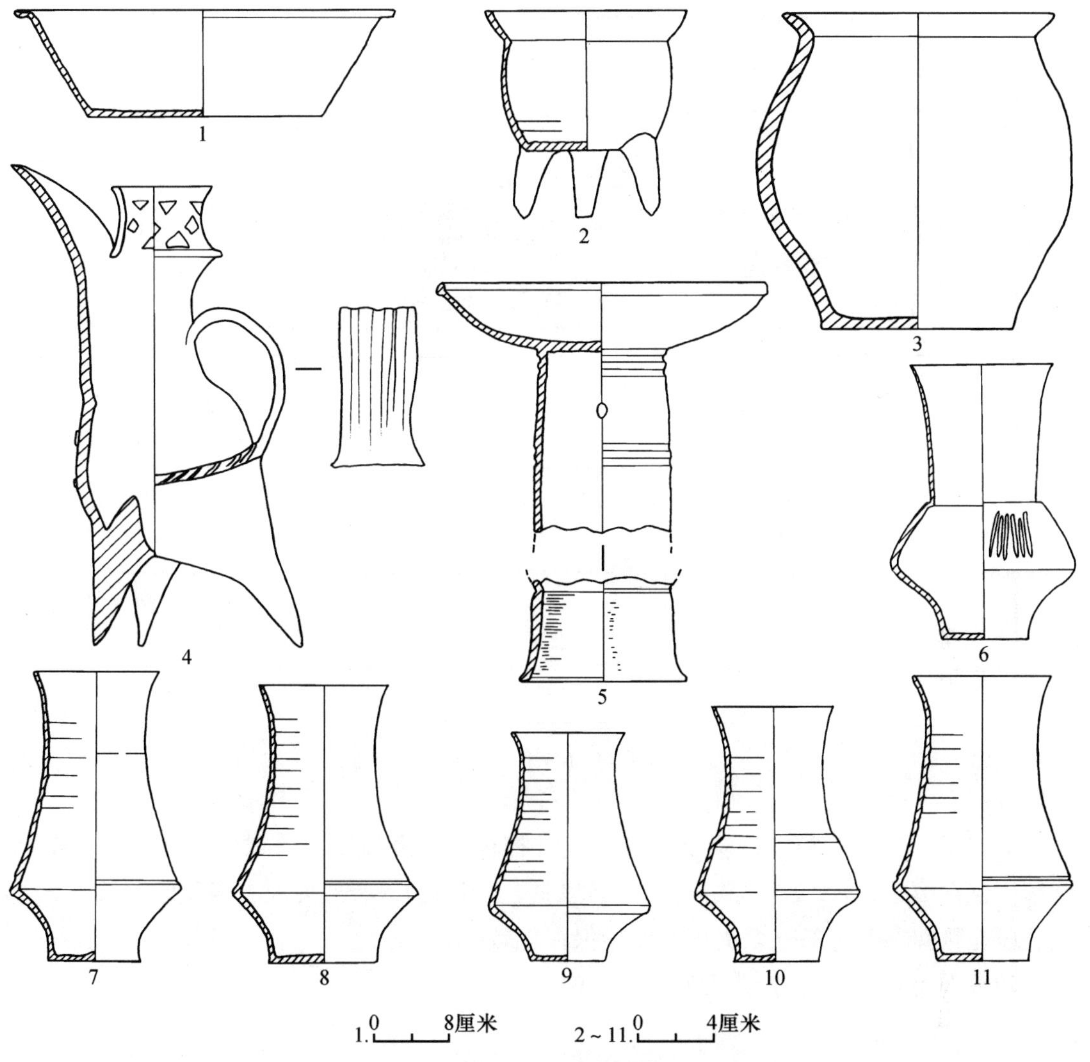

图四〇B　M12随葬器物

1. 陶盆（M12：6）　2. 陶鼎（M12：9）　3. 陶罐（M12：8）　4. 陶鬶（M12：7）　5. 陶豆（M12：6）
6～11. 陶杯（M12：1、M12：3、M12：4、M12：12、M12：2、M12：11）

填土未见分层，灰褐色花土，较致密，包含物有少量陶片、红烧土颗粒。棺腐朽，只可见痕迹，棺长2.18、宽0.4米。成人人骨1具，保存情况一般。头向东，面向南，仰身直肢，人骨长1.65米。

随葬陶器5件，分别为陶鬶、匜形盆、杯、罐、蛋壳陶杯各1件（部分未复原），除陶罐位于腰部，其余位于脚端二层台上。

M9　位于TS04W20西北部，开口于第1层下，打破F3，方向100°。直壁，平底。东西长2.4、南北宽0.6、深0.3米（图四五；图版二二，2）。填灰褐、黄褐及灰黑色

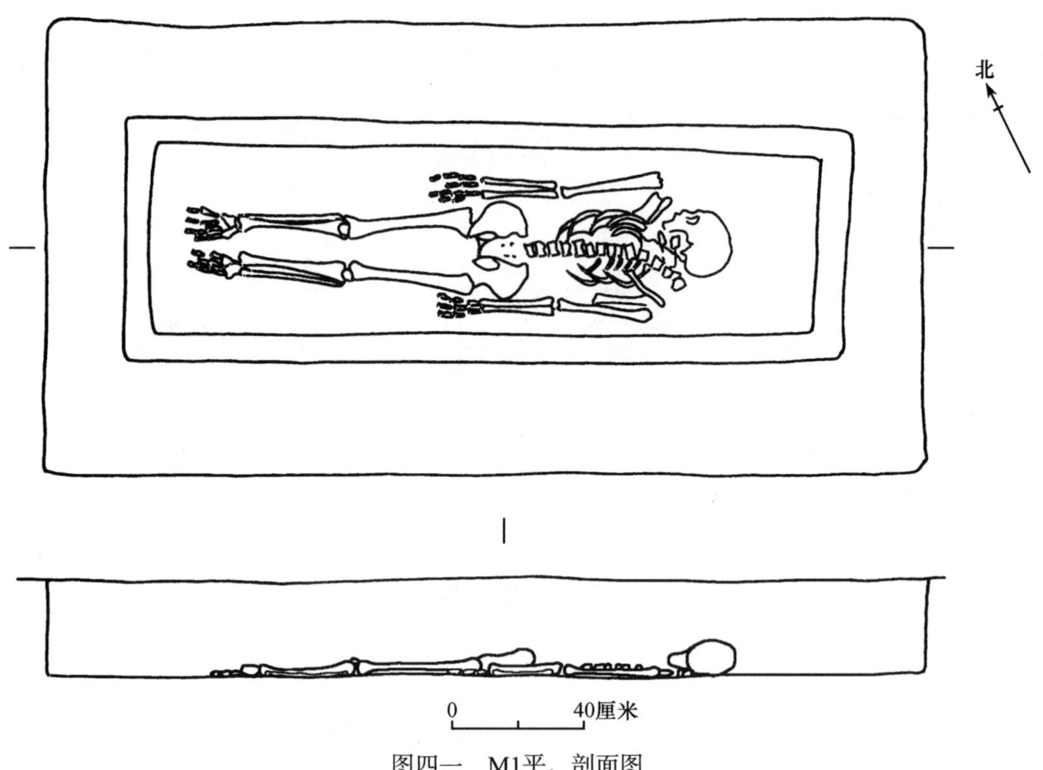

图四一　M1平、剖面图

土，夹少量石块、炭粒、红烧土颗粒，包含物较少，陶片以泥质素面黑陶为主。棺已腐朽，仅存痕迹，长2.2、宽0.45米。人骨1具，总长近1.8米，头骨、四肢保存较好。左上肢压在腰间，躯干部分多腐朽，肋骨保存也较差。

随葬陶盖罐1个，放置在骨架腰间左侧。

（3）儿童墓

7座。

M4　位于TS10W21中西部。开口于第1层下，被F9打破，打破H112，方向112°。平面略呈圆角长方形，直壁，平底。口部长1.12、宽0.4、底部长1.05、宽0.4、深0.32米（图四六；图版二三，1）。填黑灰色土，夹大量砂粒，疏松，包含有少量陶片、烧土粒、炭屑等。骨架1具，除指骨、趾骨保存较差外，其余保存较好，骨色偏红，头向东面向北，仰身直肢，人骨长0.95米。

M5　位于TS10W17的北部居中位置，开口于第1层下，被H133打破，方向115°。长方形，北壁被打破，直壁，平底。长1.1、残宽0.26、深0.15米（图四七；图版二三，2）。填土不分层，为黄褐色带灰土块，较致密，含少量陶片。骨骼1具，除趾骨、指骨等细小部位未能保留下来，其余部分均保存较好，头盖骨因为挤压裂为几块。头向东、面向北，仰身直肢，人骨长0.88米。

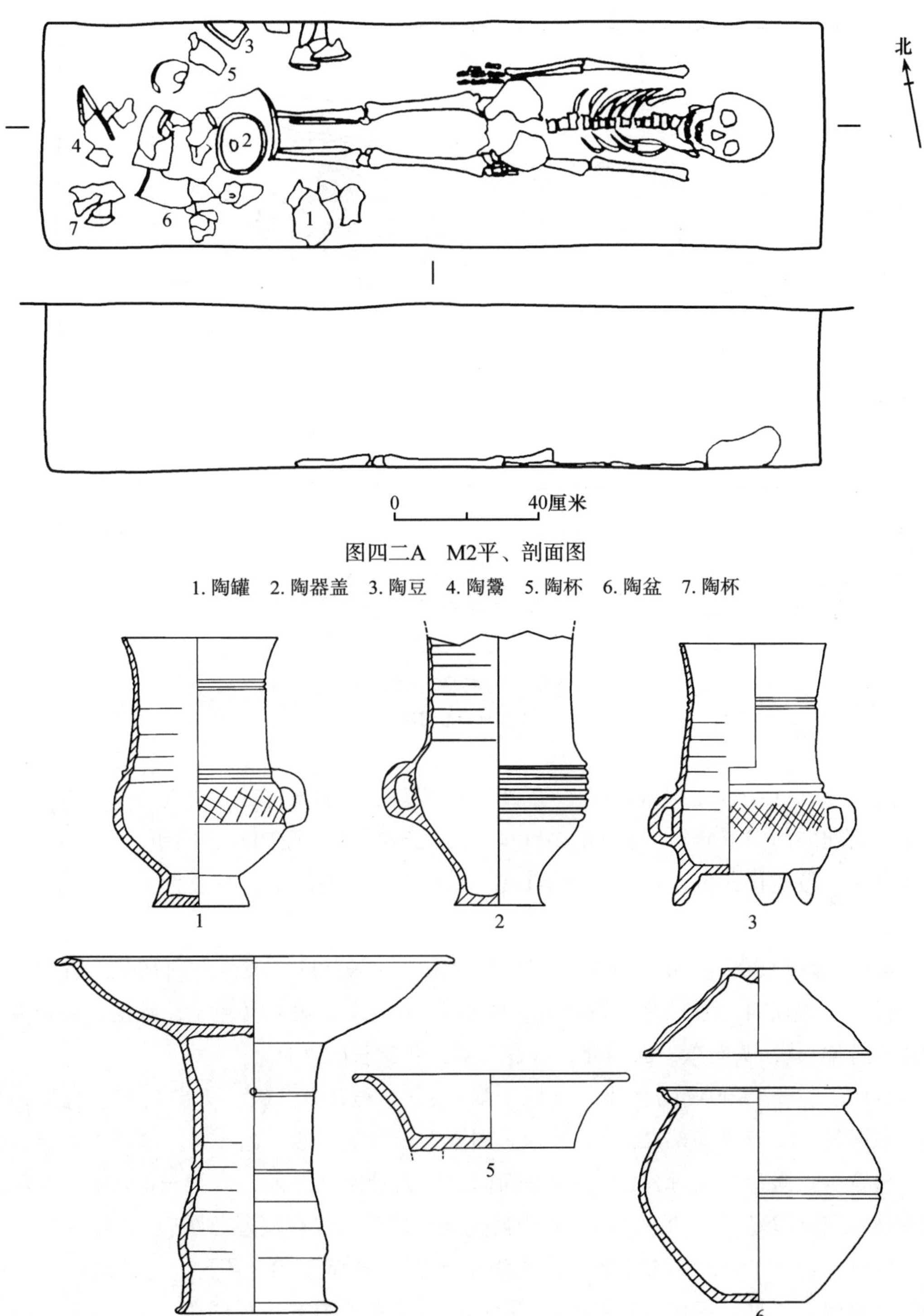

图四二A　M2平、剖面图

1. 陶罐　2. 陶器盖　3. 陶豆　4. 陶鬶　5. 陶杯　6. 陶盆　7. 陶杯

图四二B　M2随葬器物

1～3. 陶杯（M2：7-2、M2：5、M2：7-1）　4. 陶豆（M2：3）　5. 陶盆（M2：6）　6. 陶罐、盖（M2：1、M2：2）

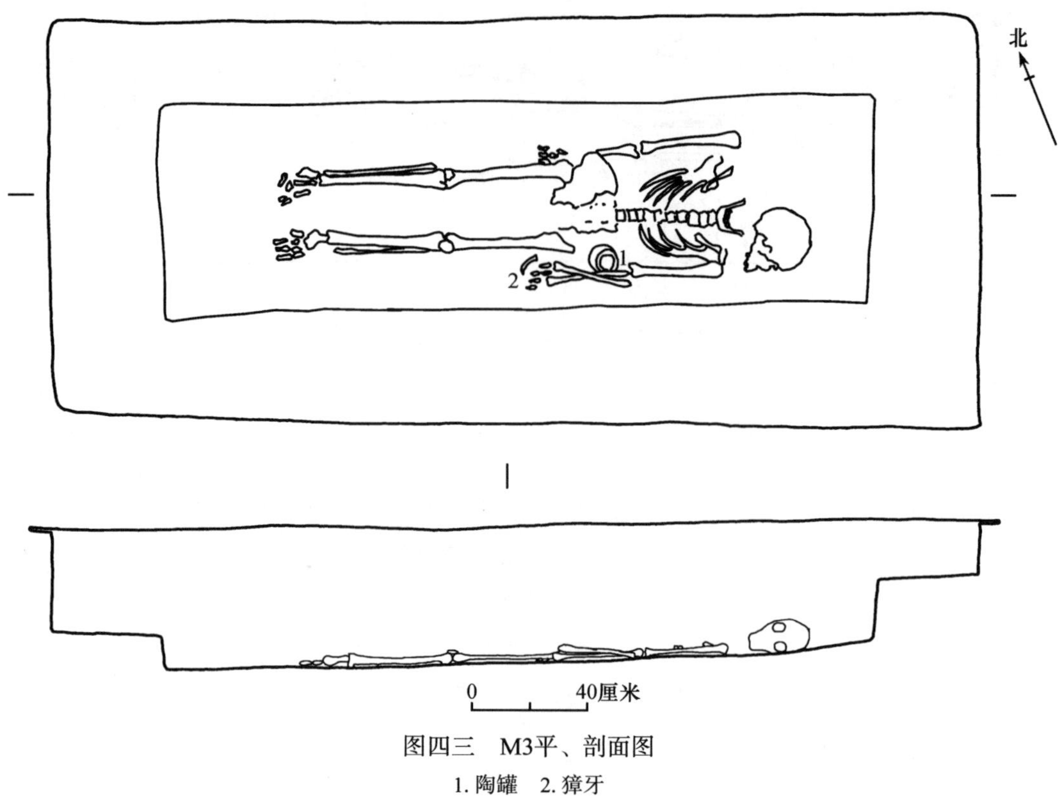

图四三　M3平、剖面图
1. 陶罐　2. 獐牙

M7　位于TS09W17中部偏西，开口于第1层下，被H96打破，方向100°。直壁，底不平，由北向南向下倾斜。长0.8、宽0.4、深0.2～0.4米（图四八；图版二三，3）。填灰褐色土，较疏松，包含物少。骨架1具，仰身直肢，头向东，下肢骨不全，残存骨架长0.63米。

M8　位于TS09W18西北部，开口于第1层下，被H33打破，方向100°。直壁，平底，长1.1、宽0.34、深0.1米（图四九；图版二四，1）。填灰褐色土，致密，夹杂少量陶片。骨架1具，头向东、面向北，保存一般，骨架长0.87米。

M10　位于TS09W18北部，开口于第1层下，被H33打破，方向102°。直壁，平底，东西长1.4、南北宽0.42、深0.25米（图五〇；图版二四，2、3）。填黄褐色土，疏松，包含少量陶片。人骨1具，头向东面向北，人骨保存一般，骨架长0.86米。在西北角发现不完整陶罐1件、贝壳1件。其中贝壳保存较差，仅存痕迹（图版二四，3）。

M11　位于TS10W17以北，被北隔梁所压。开口于第1层下，打破M12，方向101°。直壁，平底。长0.95、宽0.3、深0.08～0.2米（图五一；图版二五，1）。填土以灰褐色为主，夹杂黑灰土、黄色生土块，较疏松，填土中包含少量的陶片以及小石块，陶片大部分零碎，无法辨认器形。人骨1具，长0.7米，大部分保存较好，手指脚趾

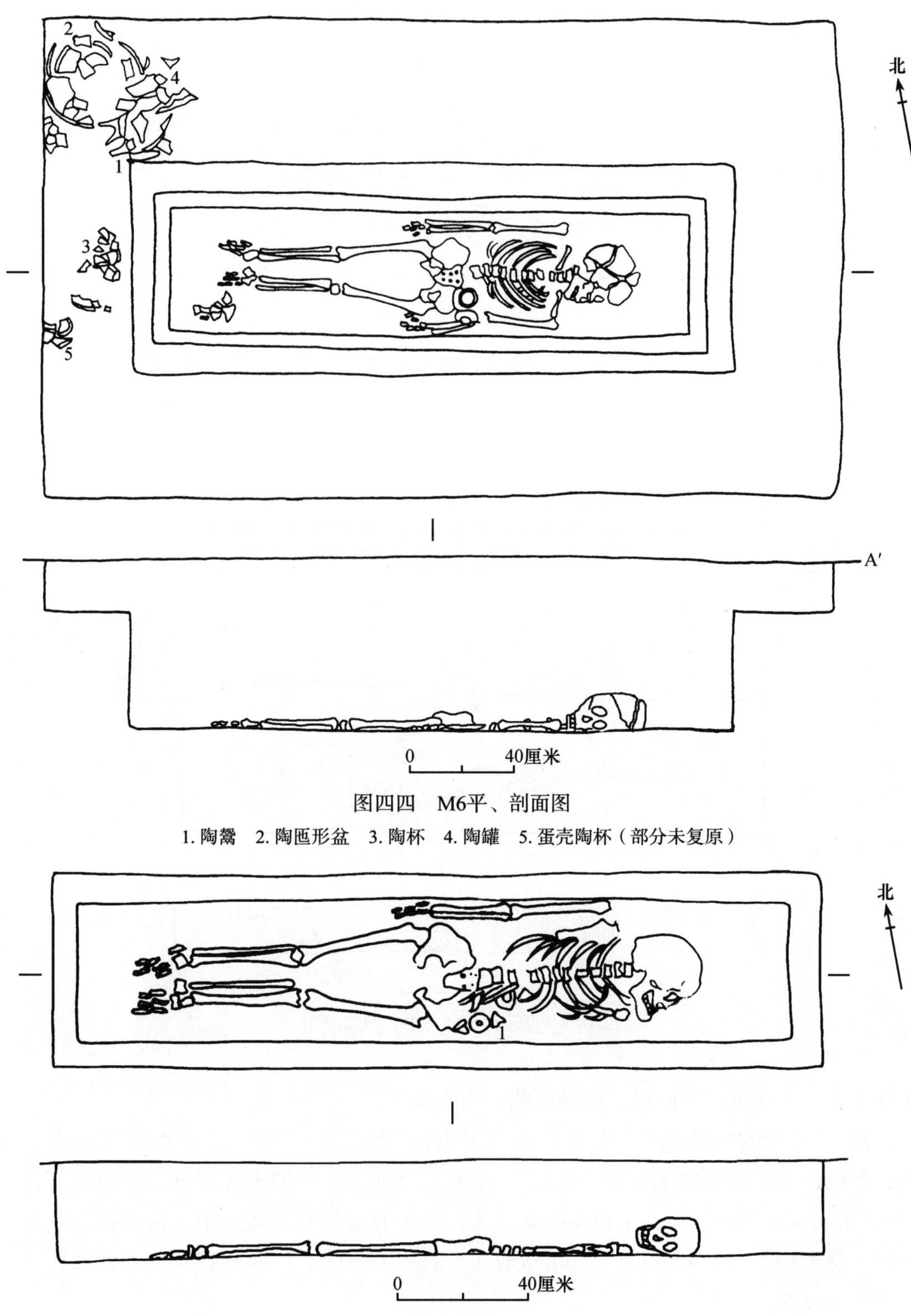

图四四　M6平、剖面图

1. 陶鬶　2. 陶匜形盆　3. 陶杯　4. 陶罐　5. 蛋壳陶杯（部分未复原）

图四五　M9平、剖面图

1. 陶盖罐

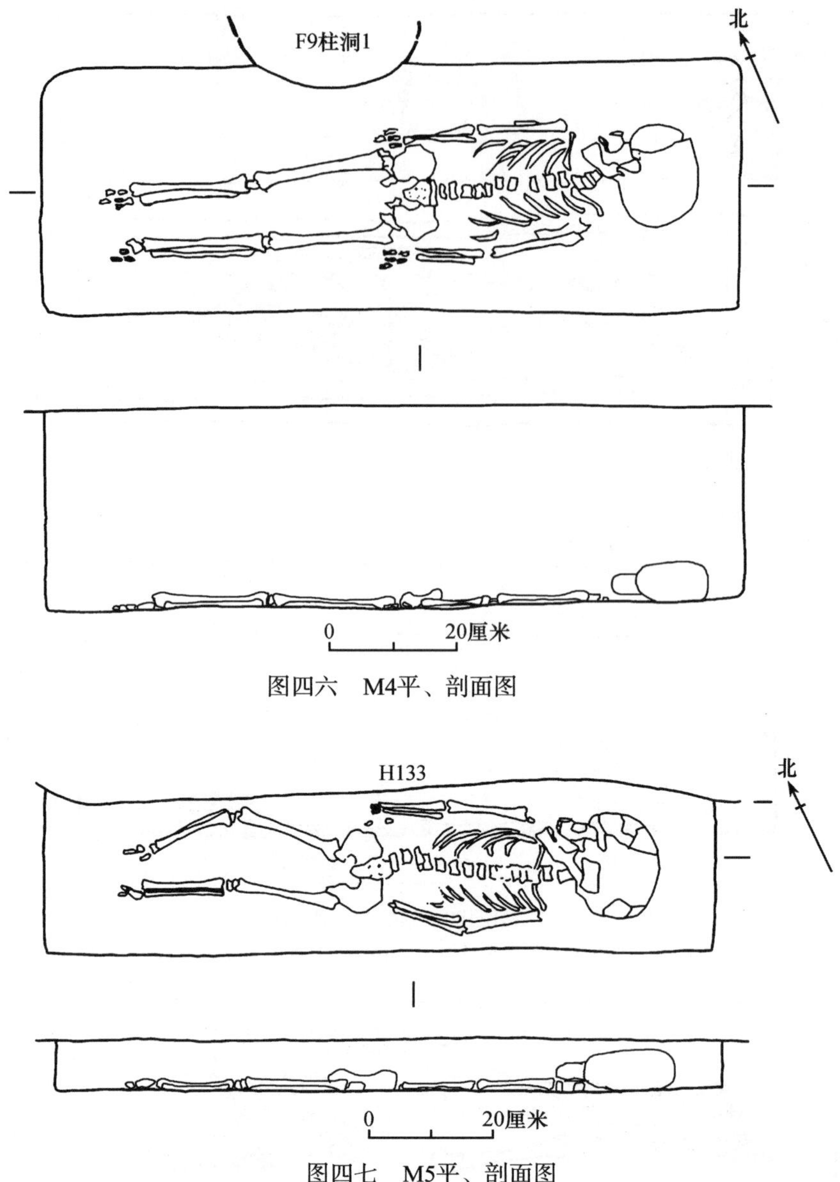

图四六　M4平、剖面图

图四七　M5平、剖面图

保存不佳。头向东、面向南，仰身直肢，头骨破碎。

M13　位于TS08W20东南部，开口于第1层下，方向96°。长方形竖穴土坑，直壁，平底，由东部略向下倾斜。长1.23、宽0.5、深0.21～0.23米（图五二；图版二五，2）。填土未见明显分层，土色为灰褐花土，含黄黏土颗粒，较致密，包含物有陶片、石块、烧土颗粒等。人骨1具，长0.75米。头向东，面向上，仰身直肢，未见指骨、趾骨，头骨破碎。

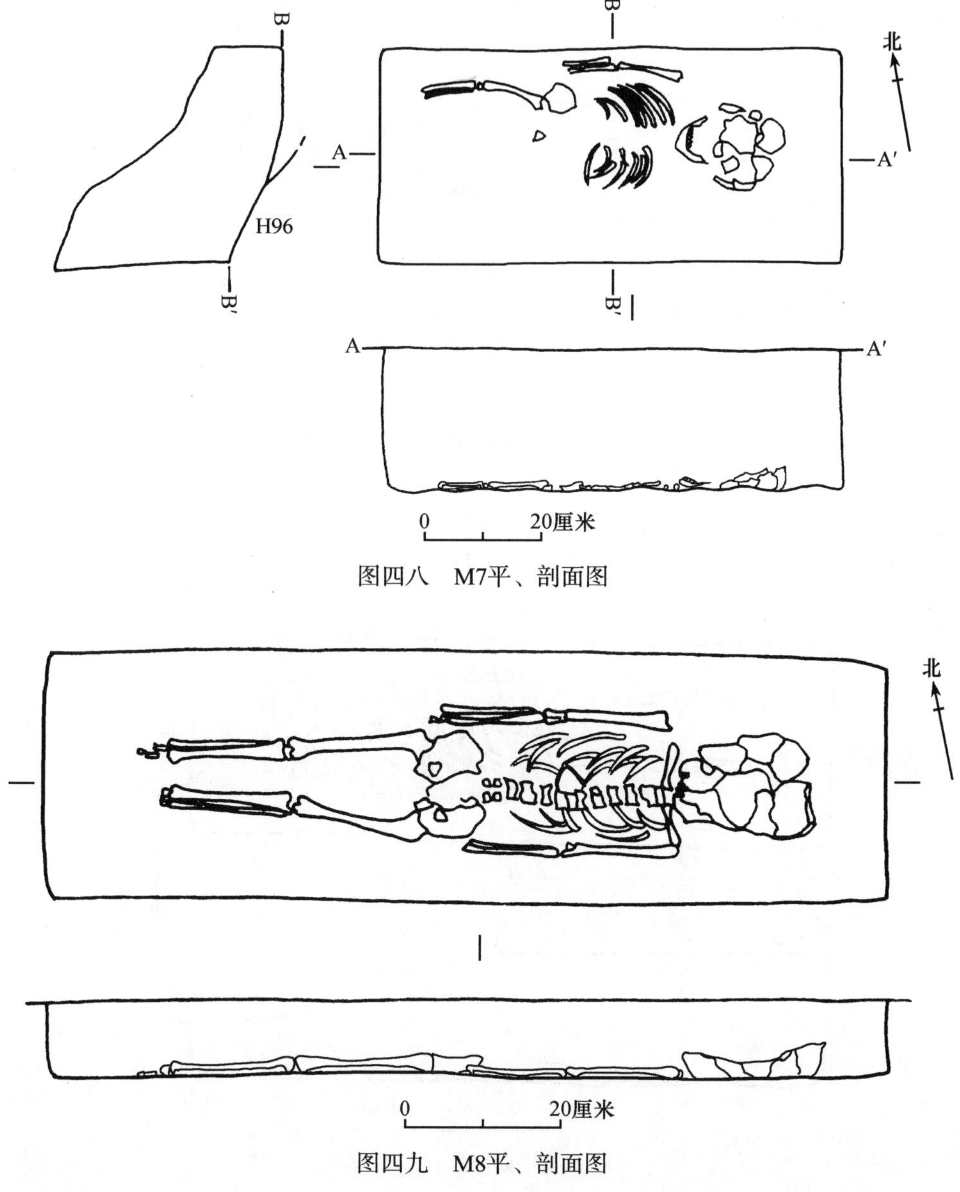

图四八　M7平、剖面图

图四九　M8平、剖面图

3. 灰坑

数量较多，共148个。以不规则形最多，椭圆形、圆形次之，少量圆角方形。部分灰坑形状规整，直壁或斜壁，少量袋状坑，底部平整，有的还经过专门处理；此类灰坑原应是窖穴、后被废弃用于堆放生活垃圾。一部分壁、底皆不规整的，较为随意的灰坑，原应是取土坑。椭圆形灰坑长径多在1.5米以上、个别达4米，短径一般在1～2米之间，深度差距很大，在十几厘米到1米之间；圆形灰坑直径多在1米以上。灰坑内填

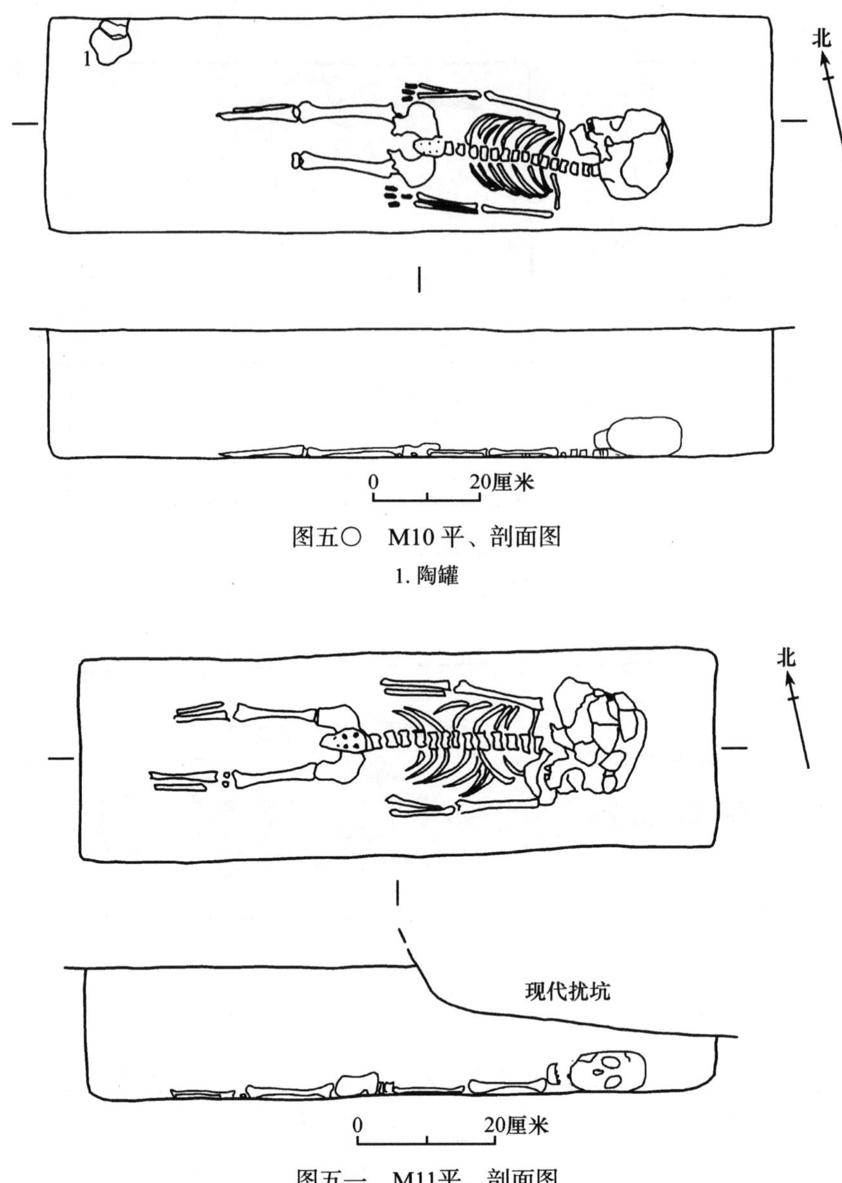

图五〇　M10平、剖面图
1. 陶罐

图五一　M11平、剖面图

土多草木灰土、烧土，较为疏松，出土较多的兽骨和大量陶片，部分底部有数量较多的陶器，一些灰坑中包含少量北辛文化的陶片。灰坑之间、灰坑与房址之间叠压打破关系均较复杂，反映出遗址使用时间较长及多次的生产活动。

（1）圆形

开口圆形或者近圆形，壁、底一般较为规整。又可分直壁筒形、袋状、斜壁坑。

H3　位于TS06W20西北角，部分在TS06W19。开口于第1层下，打破第2层。直壁，平底，口径2.1、深0.35米（图五三A；图版二六，1）。填土分为2层：第1层厚0.2

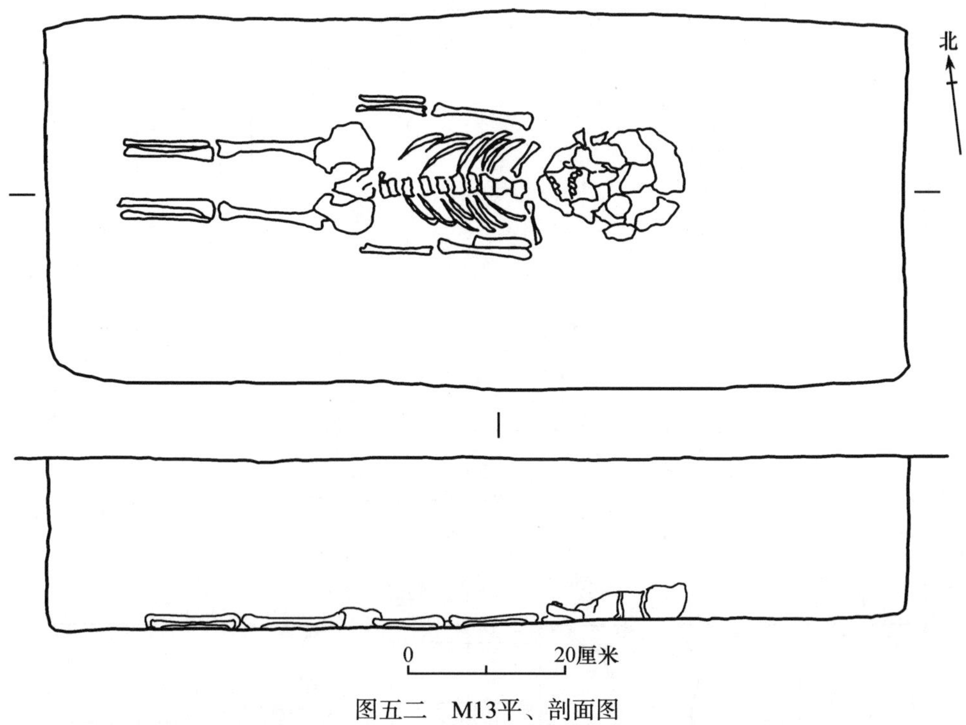

图五二 M13平、剖面图

米，填黑灰土，包含大量陶片、炭屑，少量动物骨骼、石块等，陶片以泥质素面黑陶为主，可辨器形有陶鼎、罐、圈足盘、盆等。第2层厚0.15米，为白色草木灰土，包含陶片较多，以泥质素面黑陶为主，包含少量北辛陶片（图五三B）。原应为窖穴，后废弃成为垃圾坑。

H16 位于TS08W17西南部，开口于第1层下，打破H31、H91、H101、H113、H119。袋状坑，坑壁加工较好，平底，中部略凹。口径1.7～1.9、底部最大径2.1、深约0.65米。填土分为3层：第1层为黄褐色水锈土，疏松；第2层为深灰褐色土，包含大量的草木灰、白灰等；第3层填土与第2层相似，颜色稍浅。每层均包含大量的陶片，多为夹砂素面黑陶，少量泥质黑陶片，可辨器形有陶鼎、盆、罐等。出土陶器盖、陶盆、石斧、石锛等（图五四）。应当原为窖穴，废弃后堆放生活垃圾。

H20 位于TS07W19东北部以及TS08W19东南部。开口在第1层下，打破F20、H47。直壁、底不平、南高北低，直径2.4、深0.2～0.4米。填土分为两层，均较疏松。第1层深灰褐色土，含烧土颗粒、石块、炭屑等。第2层灰褐色土，包含白灰、水锈、烧土颗粒、石块、陶片、动物骨骼等。出土有陶鼎、盆、罐等（图五五；图版二六，2）。应当原为窖穴，废弃后堆放生活垃圾。

H37 位于TS07W20中西部，开口于第1层下，打破H64。斜壁，平底，最长径1.8、短径1.56、深0.15～0.2米。填深灰色土，疏松，包含物有陶片、红烧土颗粒，陶

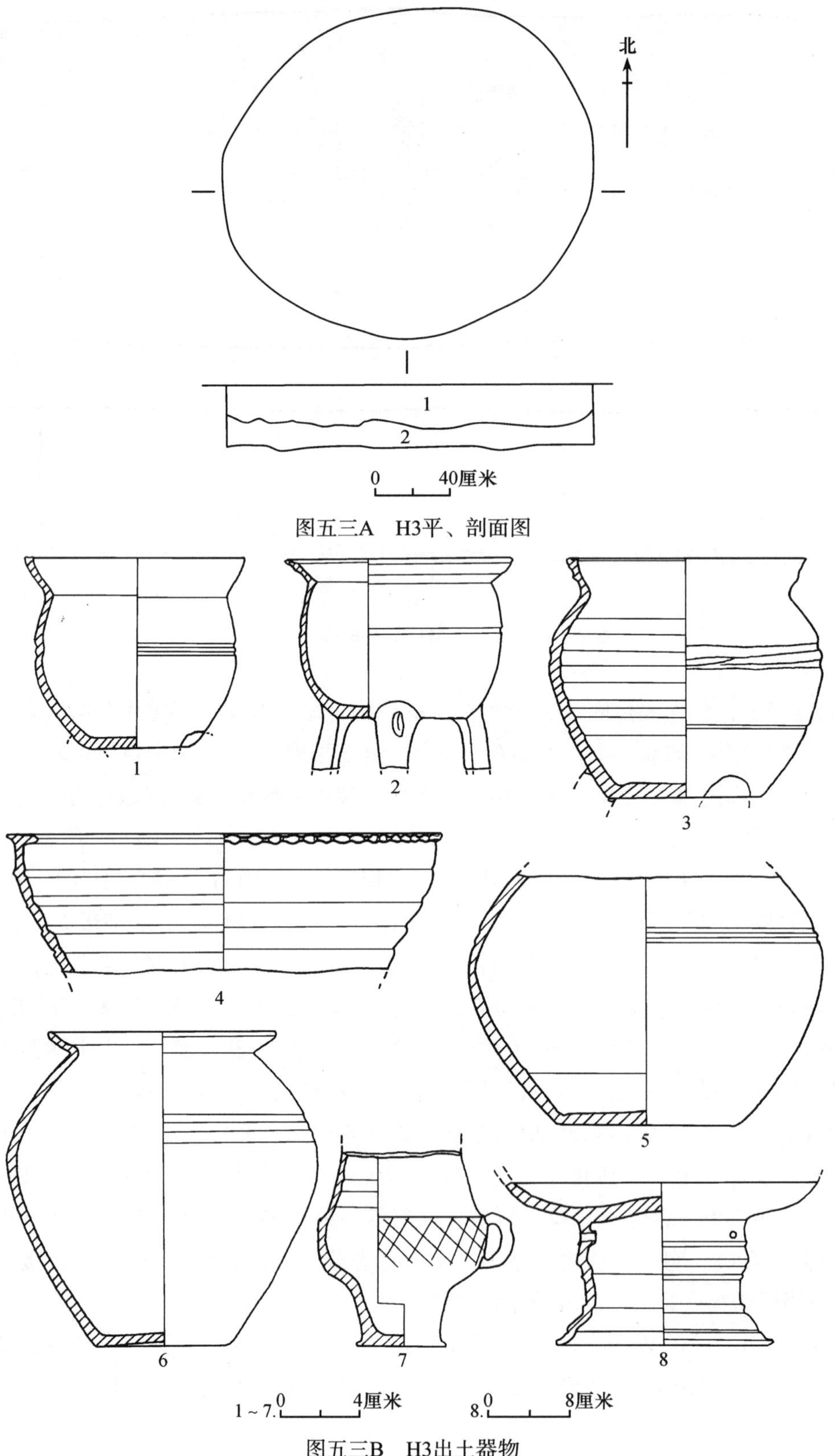

图五三A　H3平、剖面图

图五三B　H3出土器物

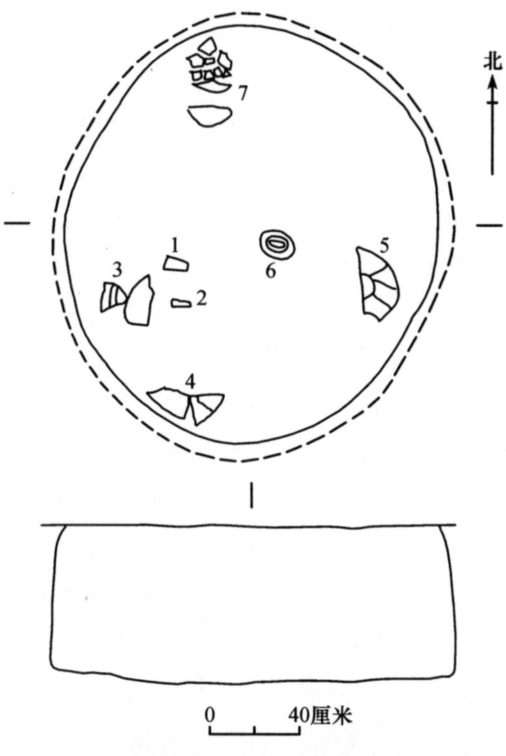

图五四 H16平、剖面图

1. 石斧 2. 石锛 3. 陶匜形盆 4、6、7. 陶器盖 5. 陶纺轮

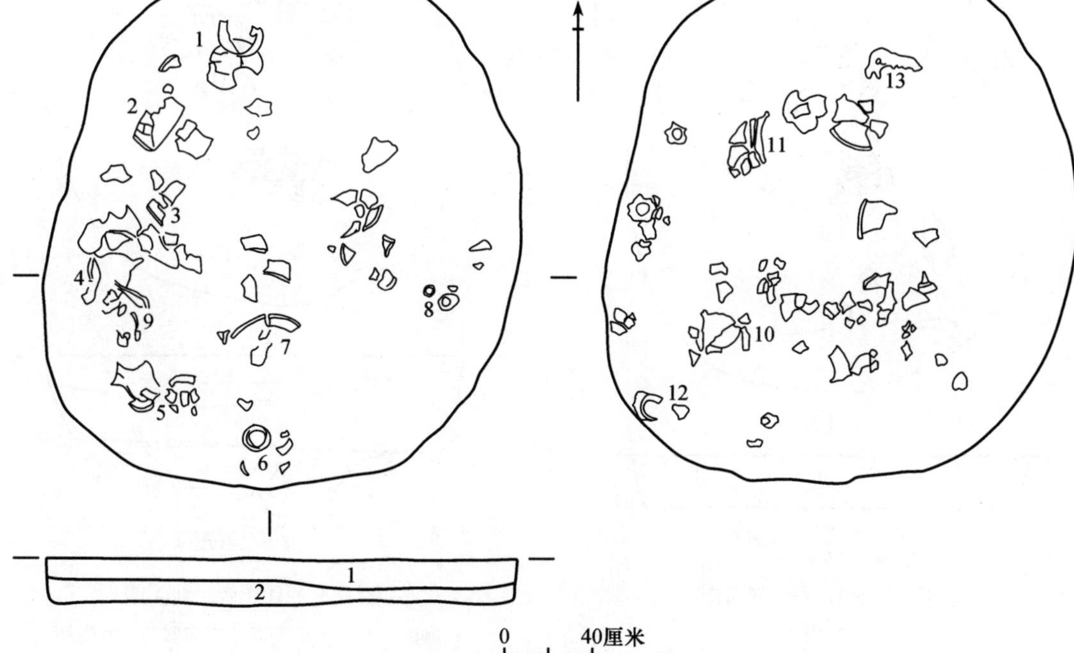

图五五 H20平、剖面图（上左：1层；上右：2层）

1、12. 陶罐 2、3、7、9、11. 陶盆 4、6. 陶鼎 5、8. 陶杯 10. 陶鼎 13. 猪下颌骨

片以夹砂陶为主，可辨器形有陶罐、盆、鼎、器盖、杯等，出土陶杯2件（图五六；图版二六，3）。应当原为窖穴，废弃后堆放生活垃圾。

H71　位于TS09W17的东北部，开口于第1层下，被H33打破，打破H122。直壁，底不平，壁、底有加工的痕迹。直径2.48～2.56、深0.51～0.98米。填土分为3层：第1层为黄褐色土，致密，厚0.12～0.36米。包含陶片较多，可辨器形有陶匜形盆、鼎等；第2层灰褐色土，疏松。厚0.1～0.3米，包含大量陶片，可辨器形有陶鼎等；第3层灰黑色土，较疏松，含大量草木灰，厚0.2～0.6米，出土大量陶片。出土有陶罐、器盖、杯等（图五七；图版二六，4）。应当原为窖穴，废弃后堆放生活垃圾。

H115　位于TS10W21东南部，东部被隔梁所压。开口于第1层下，被F10的两个柱洞打破，打破F11。斜壁，圜底，直径1.64～1.65、最深0.82米。填土可以分为5层：第1层厚0～0.32米，灰土夹杂黄色生土、绿锈色土、烧土、炭屑，疏松；第2层厚0.08～0.22米，黑色粉砂黏土，夹红烧土颗粒以及大量炭屑，疏松；第3层厚0.06～0.13米，红褐色黏土，夹红色砂土、炭粒，稍致密；第4层厚0.08～0.12米，青灰色土，夹绿锈，土质细腻，较疏松；第5层厚0.1～0.16米，黑色炭灰土，夹红色粉砂，偶见白色灰烬，疏松。堆积为明显的倾倒灰烬形成的堆积。每一层均包含大量陶片（图五八；图版二七，1）。

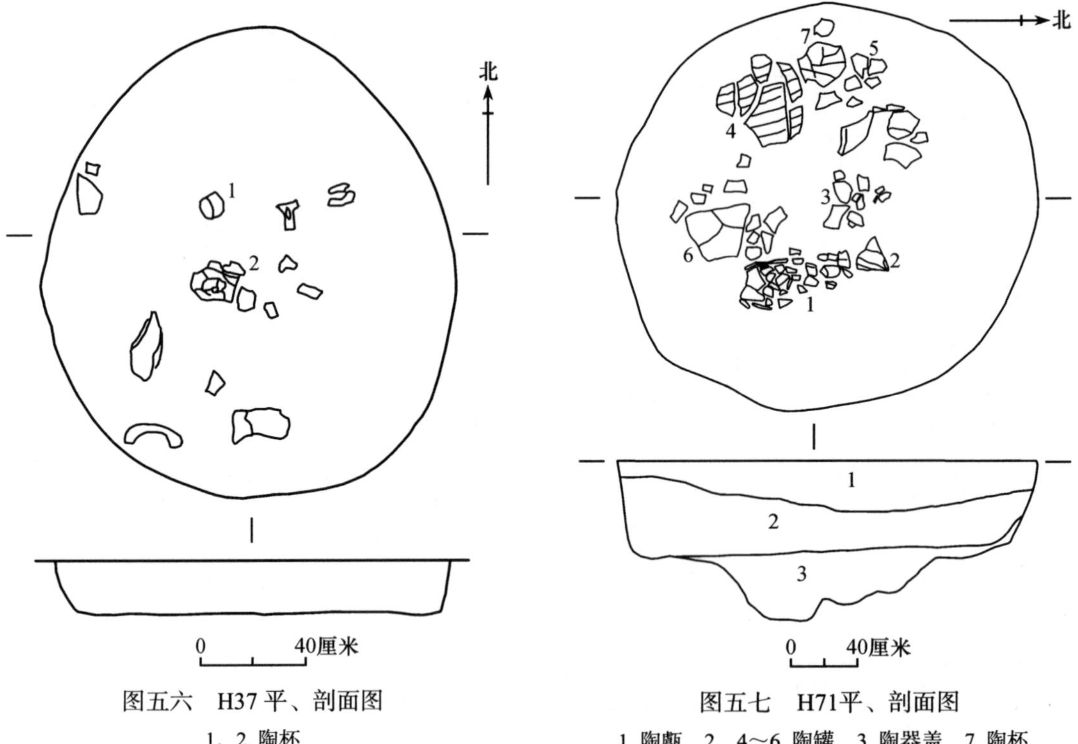

图五六　H37平、剖面图
1、2. 陶杯

图五七　H71平、剖面图
1. 陶甗　2、4～6. 陶罐　3. 陶器盖　7. 陶杯

（2）椭圆形

多斜壁、圜底或平底，底部不甚规整。

H4　位于TS07W20中部，开口于第1层下，打破H7。斜壁，平底，长2.36、宽1.68、深0.28～0.3米。填土分为两层：第1层厚0.2米，浅灰褐砂土，疏松。第2层厚0.1～0.16米，深灰色黏砂土，较致密。两层均包含陶片、草木灰、红烧土颗粒、小石粒，陶片以夹砂陶为主，可辨器形有陶罐、盆、甗等。出土石器2件，陶盆1件（图五九）。

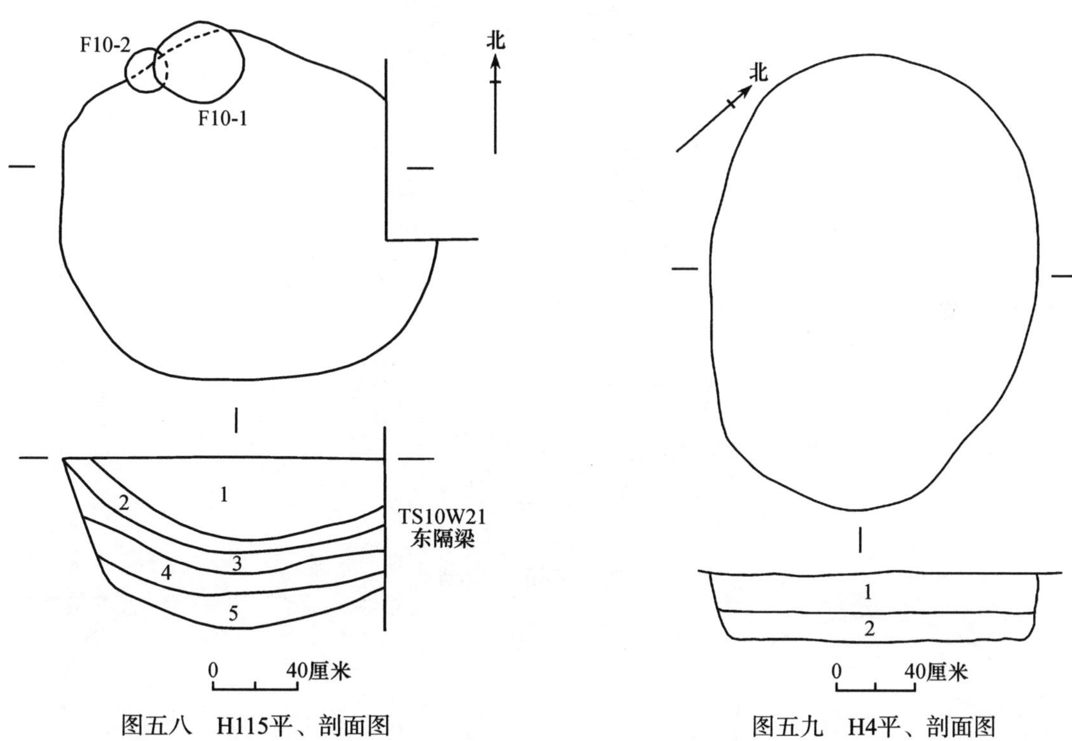

图五八　H115平、剖面图　　图五九　H4平、剖面图

H6　位于TS09W21中西部，开口于第1层下，打破H132。平面形状略不规整，斜壁，坡状底。南北长1.86、东西最宽0.9、深0.26米。填黑灰土，夹炭屑，含大量陶片、兽骨等。出土有陶鬶、罐、器盖各1件（图六〇；图版二七，2）。

H7　位于TS07W20东北部，开口于第1层下，被H4打破。斜壁，坡状底，长2.2、宽1.4、深0.1～0.28米。填灰褐色黏土，疏松。包含物有陶片、红烧土颗粒等。出土有陶匜形盆、罐、小陶龟各1件（图六一）。

H22　位于TS07W18西北角，开口于第1层下，打破H54、F20、F41。斜壁，底不平，长1.85、宽1.4、深0.26～0.32米。填深灰色土，疏松，包含陶片、红烧土颗粒等。出土陶盆、器盖各1件，石斧1件（图六二）。

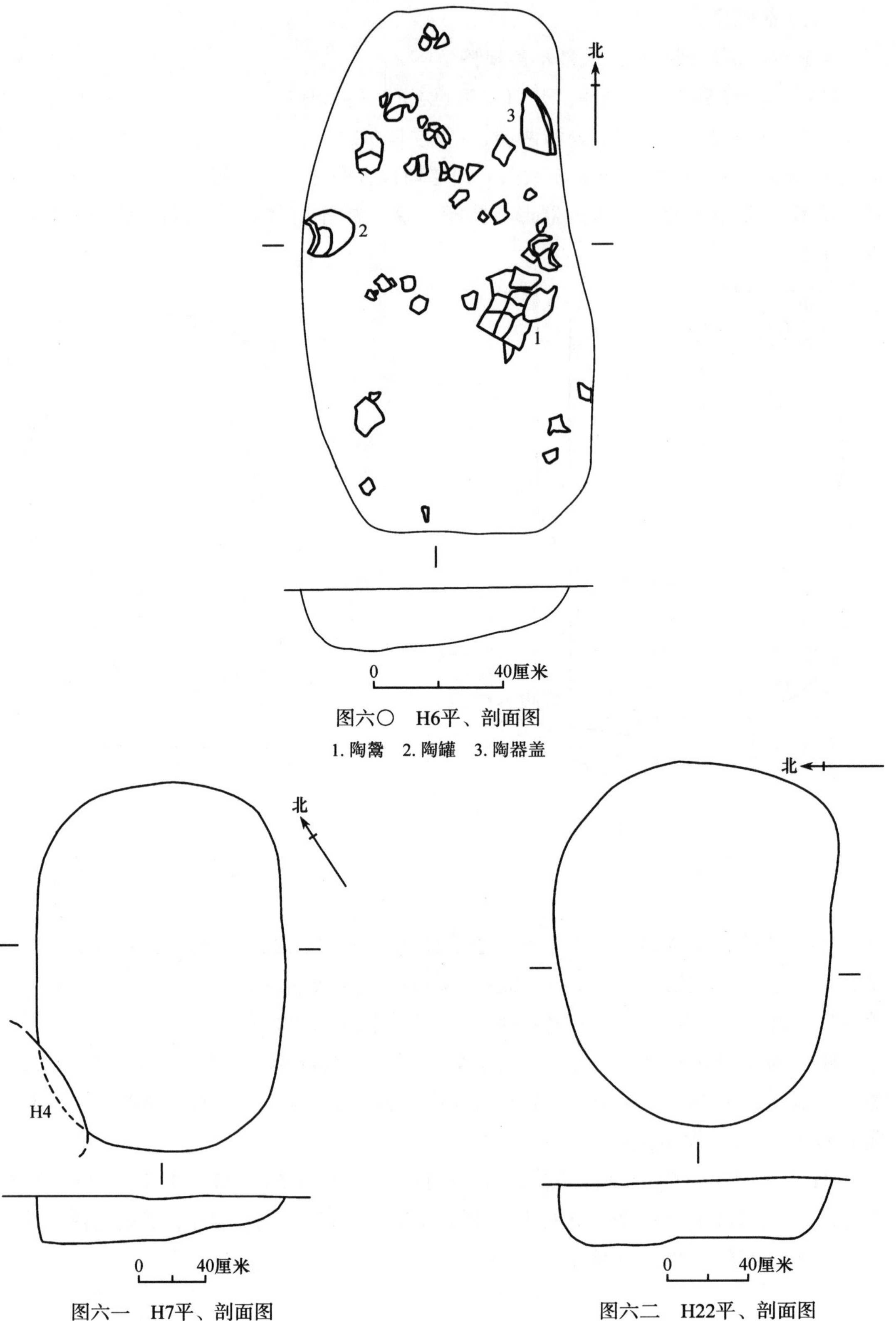

图六〇　H6平、剖面图
1. 陶鬶　2. 陶罐　3. 陶器盖

图六一　H7平、剖面图

图六二　H22平、剖面图

H26　位于TS08W21与TS09W21之间。开口于第1层下，打破M3。平面形状不规整，直壁，平底，长2.01、最宽1.24、深0.46米。填土共分为3层：第1层厚0.08米，黑色土，疏松，夹炭屑，出土有陶觯形杯、豆、盆各1件；第2层厚0.06米，黄色土夹炭屑，较致密，出土有陶觯形杯1件；第3层厚0.26米，灰细砂土，疏松（图六三；图版二七，3）。

H31　位于TS07W17的西北部，开口于第1层下，被H16打破，打破H82。斜壁内收，平底，长3.7、宽2.8、深0.68米。填土分为两层：第1层厚0.2～0.3米，黄褐色土，夹杂红烧土颗粒，较致密。包含物主要为陶片；第2层厚0.34～0.5米，灰褐色土，较疏松，包含物有陶片、兽骨等。出土有陶盆、器盖各1件，石刀2件（图六四）。

H73　位于TS07W19的西半部，开口于第1层下，被H47以及两个柱坑打破，打破H85。斜壁，底不平，长2.78、宽1.8、深1.1米。填土分为两层：第1层厚0.42米，深灰色土，疏松。包含物有陶片、红烧土粒，出土有陶器盖；第2层厚0.74米。灰褐色土夹杂黄土颗粒，疏松，包含物有陶片、红烧土颗粒。出土有陶杯、匜形盆、鼎、罐，石镞1件（图六五）。

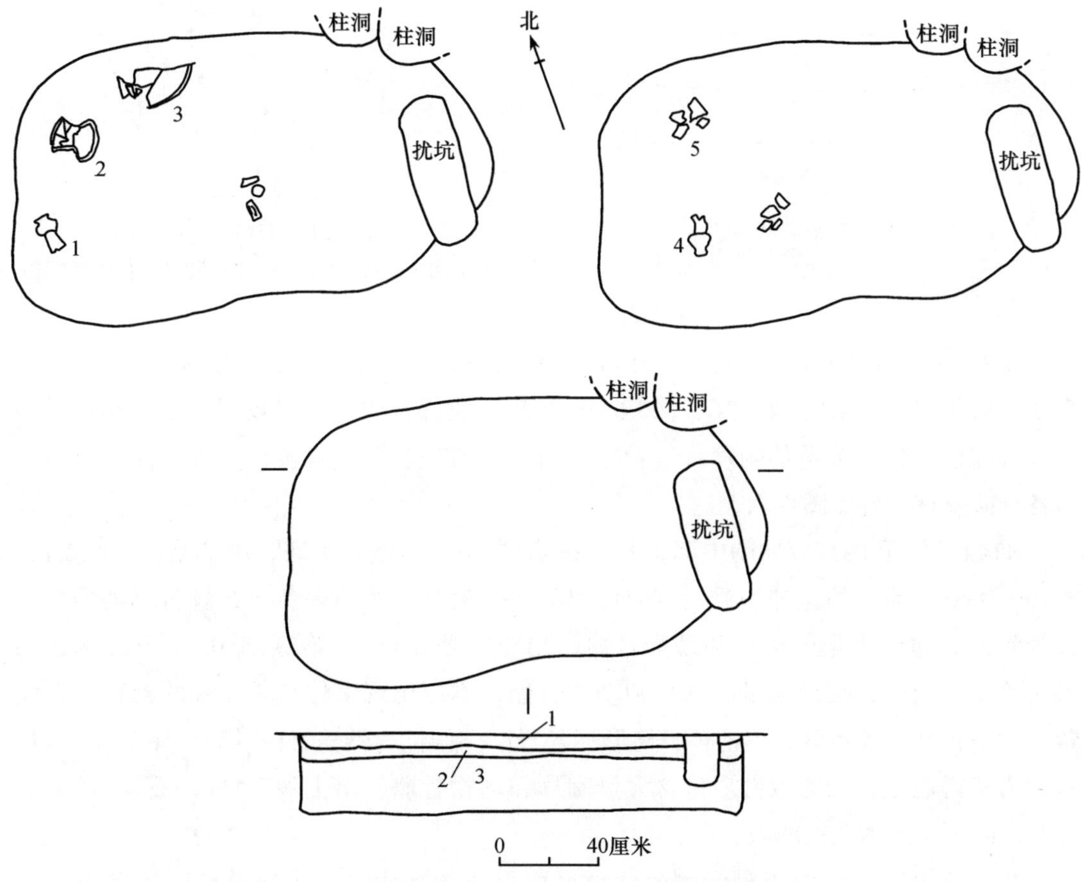

图六三　H26平、剖面图（上左：1层；上右：2层；下：3层）
1、4. 陶觯形杯　2. 陶豆　3. 陶盒　5. 陶杯

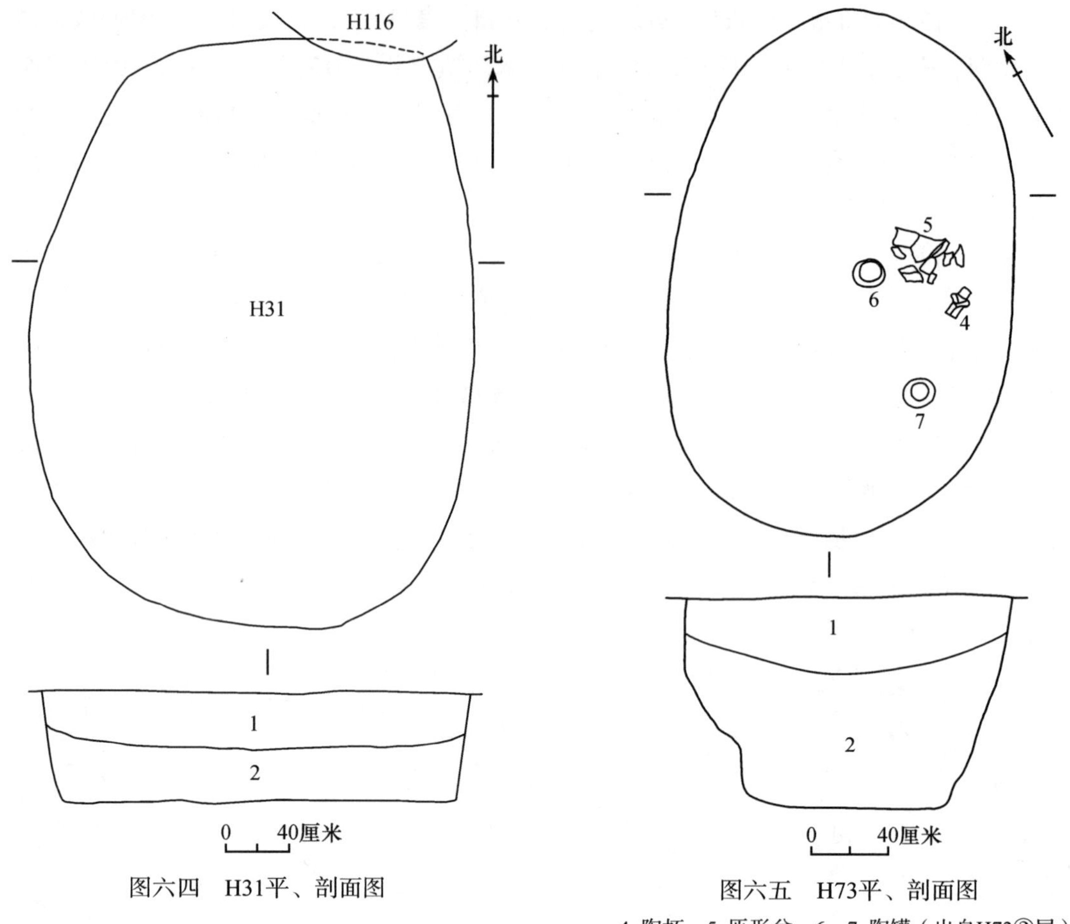

图六四　H31平、剖面图

图六五　H73平、剖面图
4. 陶杯　5. 匜形盆　6、7. 陶罐（出自H73②层）

H76　位于TS08W17东北部，开口于第1层下，打破H98、H106、H111、H109。直壁、底不平，长4.1、宽2.36、深0.6～0.76米，北部较浅、南部较深。填灰褐色粉砂土，较疏松。包含大量的陶片、兽骨等。出土陶器盖、罐、盆各1件，杯2件，石镞、刀各1件，石锛2件（图六六）。

H144　位于TS10W18的中部，开口在第1层下。直壁，平底，中部略凹，长2.1、宽1.6、深0.44米。填土分为3层：第1层厚0.2～0.35米，为黄褐色土，颜色不甚均匀，较为致密，包含大量的陶片和动物骨骼，出土陶器盖1件；第2层厚0.12～0.2米，为黑灰色土，疏松，夹杂大量的陶片和动物骨骼，本层出现多件较为完整的器物，有陶鬶、大平底盆、环足盆、单把杯、筒形杯各1件，罐4件，器盖2件；第3层厚0.04～0.12米，为灰褐色土，较为致密。包含大量陶片和动物骨骼，出土陶盅1件，石锛1件。底为黄色砂土（图六七；图版二七，4）。

此灰坑第2、3层应当是倾倒生活垃圾而形成的堆积，灰土较疏松，包含较多陶

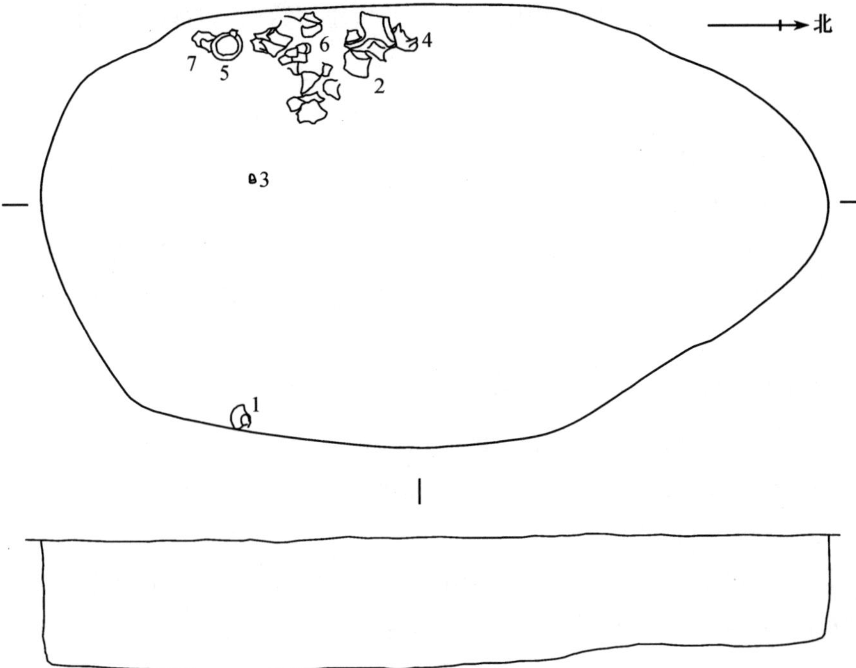

图六六　H76平、剖面图

1. 陶环足盆　2. 陶器盖　3. 石锛　4. 陶鬶　5、7. 陶杯　6. 陶罐

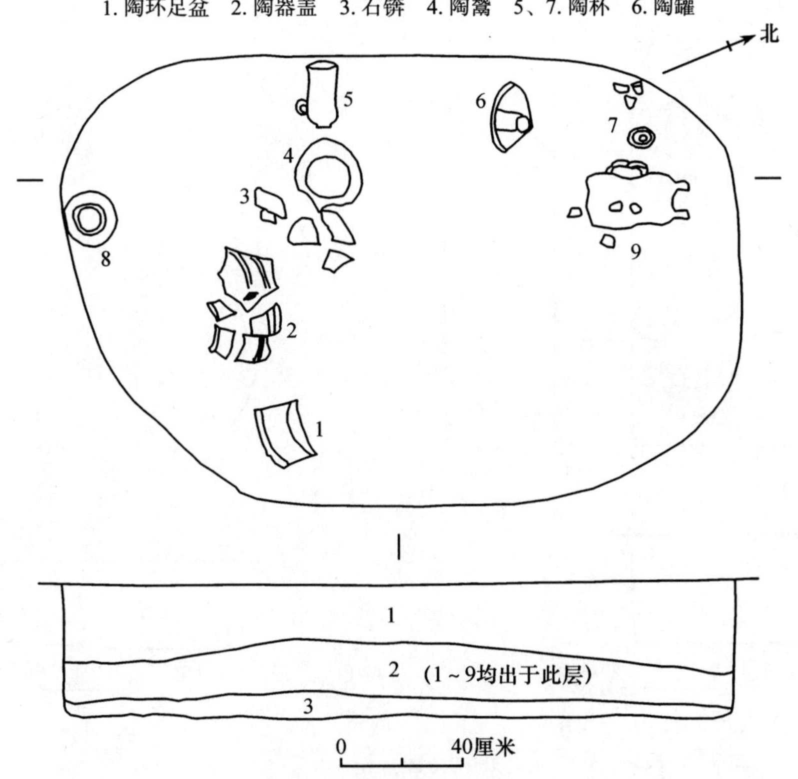

图六七　H144平、剖面图

1. 陶平底盆　2、3、6、7. 陶罐　4. 陶环足盆　5. 陶单把杯　8. 陶器盖　9. 陶鬶

片、兽骨等；而第1层应当是H144周围在进行平整地面活动的时候有意铺垫而成，黄褐色土较致密，包含物较少。

（3）（长）方形

多原本为窖穴，后废弃而用以倾倒生活垃圾。

H9 位于TS06W18北部偏东，开口于第1层下。圆角长方形，直壁、平底。长2、宽0.8、深0.4米。填深灰褐色粉砂黏土，较疏松，包含物有石块及少量陶片，陶片以黑色夹砂陶为主。出土有陶匜形盆2件，罐形鼎1件，罐1件，器盖3件，杯1件（图六八；图版二八，1）。

H34 位于TS09W17的东南部，开口于第1层下，被H33打破。圆角方形、东侧略外凸，直壁，平底，坑底、壁均有加工的痕迹。长为2.6、宽2.15、深0.96米。填黄褐色土，疏松，出土大量陶片，可辨器形有鸟喙鼎足、匜形盆等。出土陶罐形鼎1件，砺石2件（图六九；图版二八，2）。

H79 位于TS09W17西北部，开口于第1层下。圆角方形，平底，直壁，壁、底均较规整、有加工的痕迹。长2.1、宽1.6、深0.6米（图七〇；图版二八，3）。填土分为

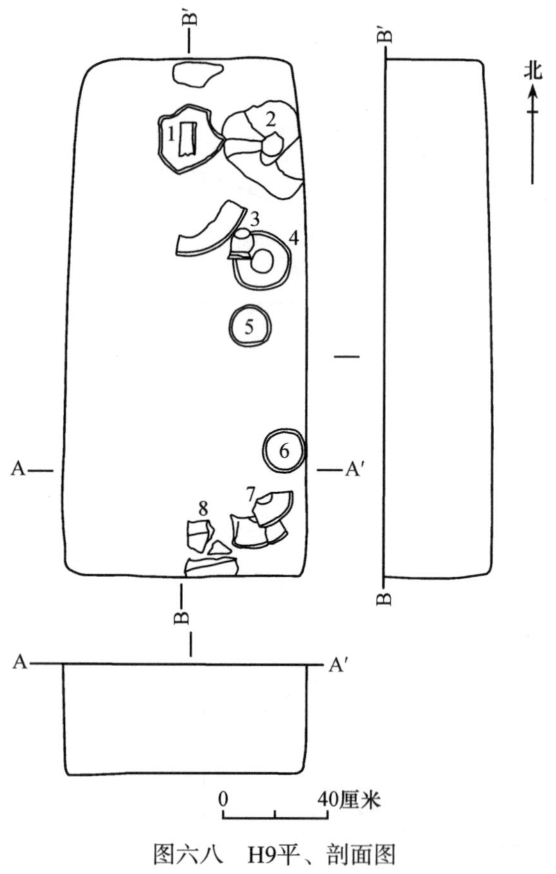

图六八 H9平、剖面图

1、2. 陶匜形盆 3. 陶鼎 4. 陶罐 5～7. 陶器盖 8. 陶杯

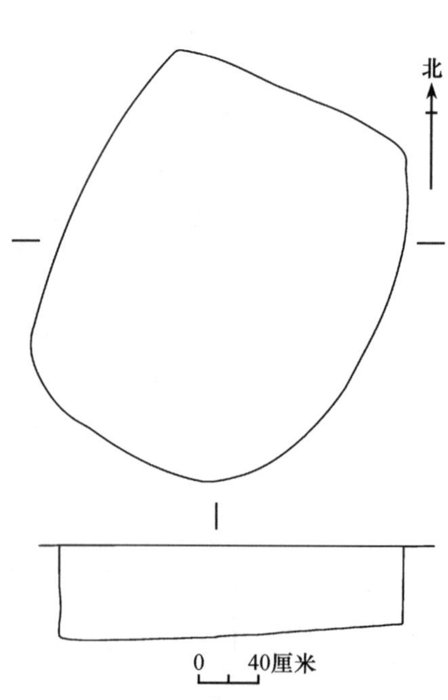

图六九 H34平、剖面图

三层，各层均包含大量陶片（图版二九，1）：第1层厚0.3米，灰褐色土，疏松；第2层厚0.16米，灰褐色土，疏松，包含大量炭屑、红烧土和草木灰；第3层厚0.3～0.6米，灰黑色，疏松。含大量草木灰、红烧土（图版二九，2～4）。出土有陶匜形盆、器盖、鼎、盒、石镞等。现场发掘时器物未按照分层编号，在资料整理时，将器物按分层分别编号（图七〇B）。

图七〇A　H79平、剖面图（上左：2层；上右：3层；下：1层）

1、6、7、14. 陶盆　2、5. 陶器盖　3、4、12. 陶鼎　11、15、18、19. 陶罐　13. 陶鬶　16. 陶甗　17. 陶盒

（部分未复原）

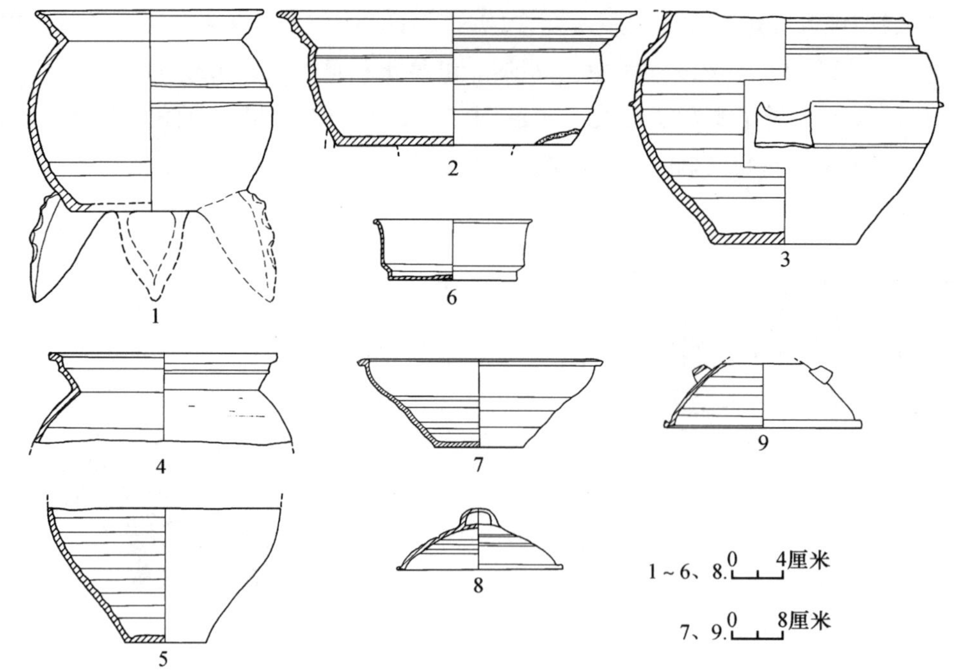

图七〇B　H79出土器物

1、2、4. 陶鼎（H79③：3、H79③：11、H79①：1）　3. 陶匜形盆（H79③：7）　5. 陶罐（H79③：4）　6. 陶盒（H79③：10）　7. 陶盆（H79③：1）　8、9. 陶器盖（H79③：2、H79③：5）

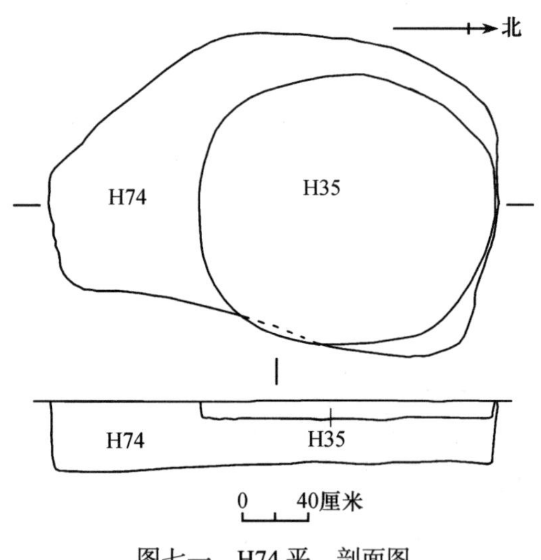

图七一　H74平、剖面图

（4）不规则形

包含部分柱坑，开口形状不规则，壁、底等未专门加工，底部有一个或数个小柱洞；有一些灰坑是因为被其他遗迹打破严重而形状不规则；还有一些是取土坑，形状较为随意。

H74　位于TS08W19北部以及TS09W19南部，开口于第1层下，被H35打破，打破H88、H89、H107、H149。北部近圆角方形、南部近椭圆形且略窄，直壁，底部较平，长2.7、最宽1.9、最深0.42米。填浅灰褐色粉砂土，疏松，包含物有陶片、石块、烧土块、炭屑等，含较多黑灰。出土陶器盖、陶盒、石镞等（图七一）。

H88　位于TS09W19东北部，开口于第1层下，被H69、H74、H81、H89打破，打破H131。斜壁内收，底不平，长2.8、宽2.36、深0.2～0.34米。填土分为四层，每层厚度较为均匀，在0.1～0.14米之间，各层包含大量陶片、石块、烧土、炭屑等：第1层灰褐色粉砂土，较疏松，出土陶器盖、罐、鼎、甗等；第2层深灰褐色粉砂黏土，较致密，出土陶匜形盆、杯等；第3层为黄褐色粉砂黏土，较致密；第4层为深灰褐色粉砂黏土、较致密（图七二；图版二八，4）。

H96　位于TS09W17的西部，开口于第1层下，打破H110、F27、M7。西部被断崖打破，斜壁，底不平，坑底有加工的痕迹，长2.94、宽2.08、深0.52米。填土分为4层：第1层厚0.02～0.15米，黄褐色土，致密；第2层厚0.05～0.25米，灰褐色土，较疏松；第3层厚0.1～0.15米，灰褐色土，较致密；第4层厚0.08～0.15米，灰褐色土，疏松。每一层均出土大量陶片（图七三）。

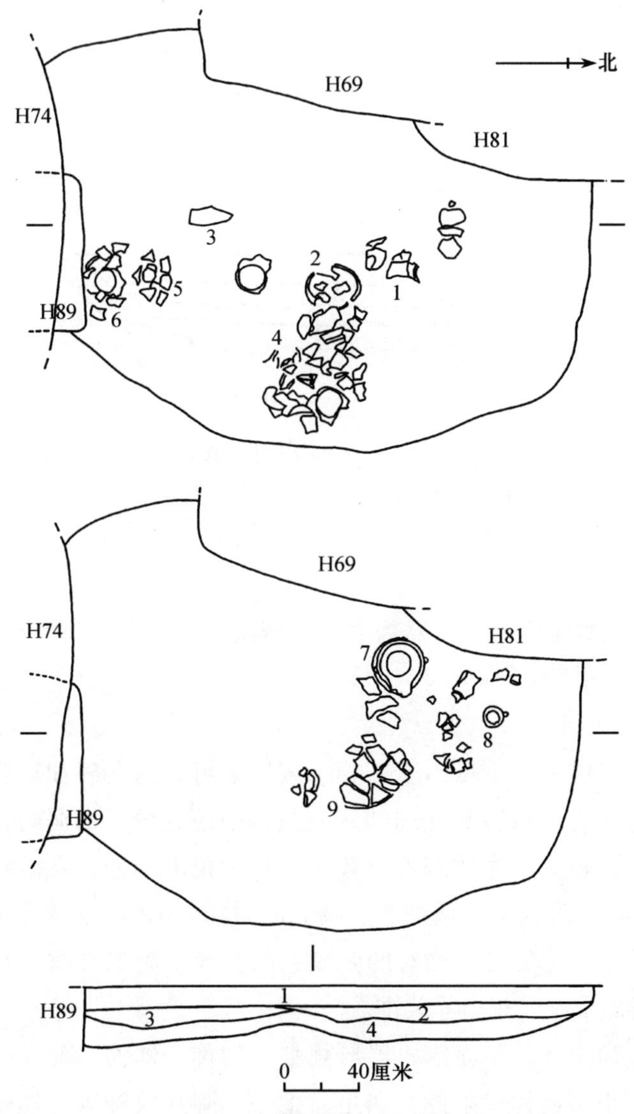

图七二　H88平、剖面图（上：1层；下：2层）

1、6. 陶器盖　2. 陶罐　3. 陶鼎　4. 陶甗　5. 陶鬶　7. 陶匜形盆　8. 陶杯　9. 陶盆

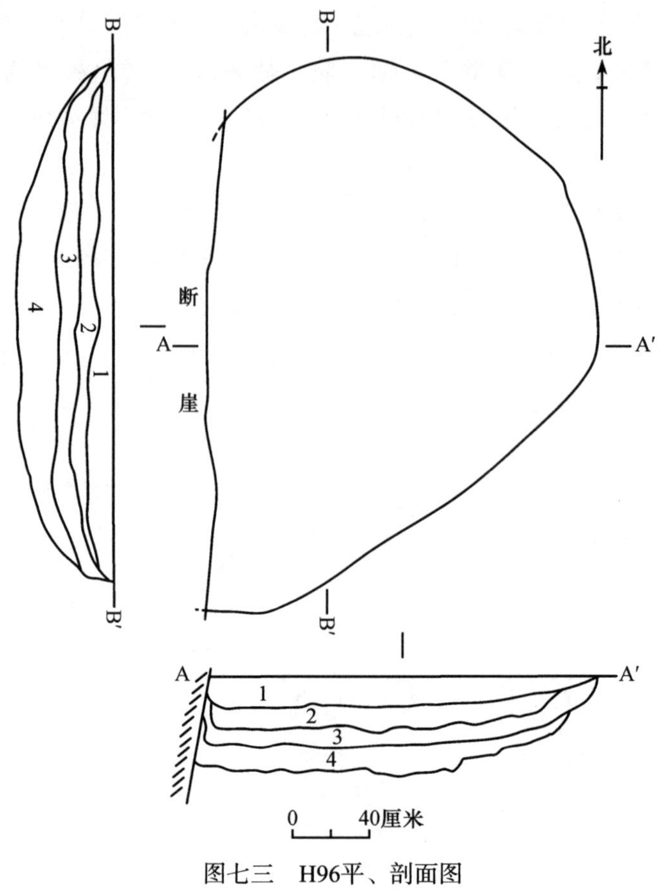

图七三　H96平、剖面图

（二）遗物

龙山文化出土遗物丰富，以陶器为主，石器次之，还有部分骨器。

1. 陶器

大部分出土于灰坑中，少量出于墓葬。按质地可分为夹砂和泥质陶两大类，少量夹云母陶。夹砂陶分为夹粗砂和夹细砂，泥质陶中还有少量细泥陶，用来制作薄胎黑陶。其中夹砂陶占比较大，泥质陶占比较小。从颜色上划分，夹砂陶分黑陶、灰陶、灰褐陶、褐陶、红陶、红褐陶、黄褐、白陶。泥质陶分黑陶、灰陶、红陶、红褐陶。

器表以素面为主，常见的纹饰有凹弦纹、凸弦纹、附加堆纹、竹节纹、镂孔、篮纹，少量泥饼、附加堆纹、花边等装饰。

绝大多数陶器为拉坯轮制而成，器形规整、匀称。器物底部、内壁等部位多见轮制痕迹，仅有个别小型器物或附件，如足、把手、附加纹饰等为捏塑成型。匜形盆等器物先拉坯成型后再使其口部变形的工艺。

主要器形有甗、鬶、鼎、罐、盆、圈足盘、豆、杯、蛋壳陶高柄杯（未复原）、器盖、纺轮和网坠等，鼎、罐、盆、杯、器盖的数量最多。鼎多罐形鼎，多凿形足、少量鸟喙形足；少量盆形鼎，多鸟喙状足。盆以匜形盆、大平底盆最多，另有圈足盆、环足盆、瓦足盆等；杯以觯形杯最多，另有单把罐形杯、筒形杯等；器盖以夹砂覆碗式最多，部分浅盘状有纽的泥质陶器盖、制作精致，内外壁磨光。以下分器类进行介绍。

鼎　27件。根据器形整体形态差异分为两型。

A型　15件。罐形鼎，以夹砂黑陶为主，少量泥质陶和夹砂褐陶。根据器形演变可分为三式。

Ⅰ式：12件。器形较小，折沿、多沿面内凹，鼓腹，口径略大于鼎腹高，凿形足，有的足根有按窝。H108①：2，唇面有凹槽、折沿较宽，三足皆残断。口径12.8、底径6.8、残高13厘米（图七四，1）。H108①：1，尖唇、折沿较宽，口沿稍残，两足残断。口径12、通高12.6厘米（图七四，2）。M12：9，泥质黑陶。圆唇、折沿略内凹。三凿形足，足尖有刃、高度略有差别。器形规整，外壁及口沿内侧均磨光，外观黑亮。口径10.6、腹径9.2、底径6.4、通高11.2厘米（图七四，3；图版三〇，1）。H3②：1，夹砂陶，陶色不均，上腹部及口沿呈黑色，下腹部及三足呈现褐、红褐色。尖圆唇、宽折沿、沿面有凸棱，扁圆腹。足跟部有按窝，三足均残断。口径11.4、残高10.6厘米（图七四，4；图版三〇，5）。H3①：5，泥质灰陶，唇面有凹槽，宽折沿，最大径处有两道弦纹。口径11.2、底径5.4、通高9.8厘米（图七四，5）。H3①：3，方唇、唇面有浅凹槽。上腹部有两道不规则凹弦纹，下腹部饰一周凹弦纹。口径12、底径7.6、通高12.2厘米（图七四，6）。H88：3，鼎身夹砂黑陶，三足呈褐色。尖唇、唇内斜，腹微鼓。腹部最大径处有三道弦纹。三凿形足残断、足跟部有不甚明显的按窝。口径15、底径9、残高14厘米（图七四，7）。H20：4，鼎身夹砂黑陶，口沿及足呈褐色。尖圆唇、折沿、沿面一周极细的凸棱、圆鼓腹、小平底、内底不平。凿形足、足跟有按窝、足尖正面亦有浅凹槽。口径13.6、底径7、通高15厘米（图七四，8；图版三〇，2）。H88：2，圆唇、折沿、沿面有一周凹槽。上腹部有一组三道凹弦纹。口径18、底径10.4、高16厘米（图七四，9）。H108②：1，器形稍不规整。圆唇、折沿、沿内侧有一周凸棱，外沿微鼓。扁圆腹，上腹部饰一周凹弦纹。口径16.2、腹径15.6、底径9.4、残高13厘米（图七四，10）。H20：10，圆唇、宽折沿、沿面有凸棱，扁圆腹较浅，平底、内底不平。腹部最大径以上部位饰两周凹弦纹，下腹部饰一周凹弦纹。三足均残断、足跟部有按窝。口径15.6、底径8.6、残高14.1厘米（图七四，11；图版三〇，3）。H3②：3，圆唇，宽折沿外鼓，上腹部有两周宽浅凹槽。口径15、残

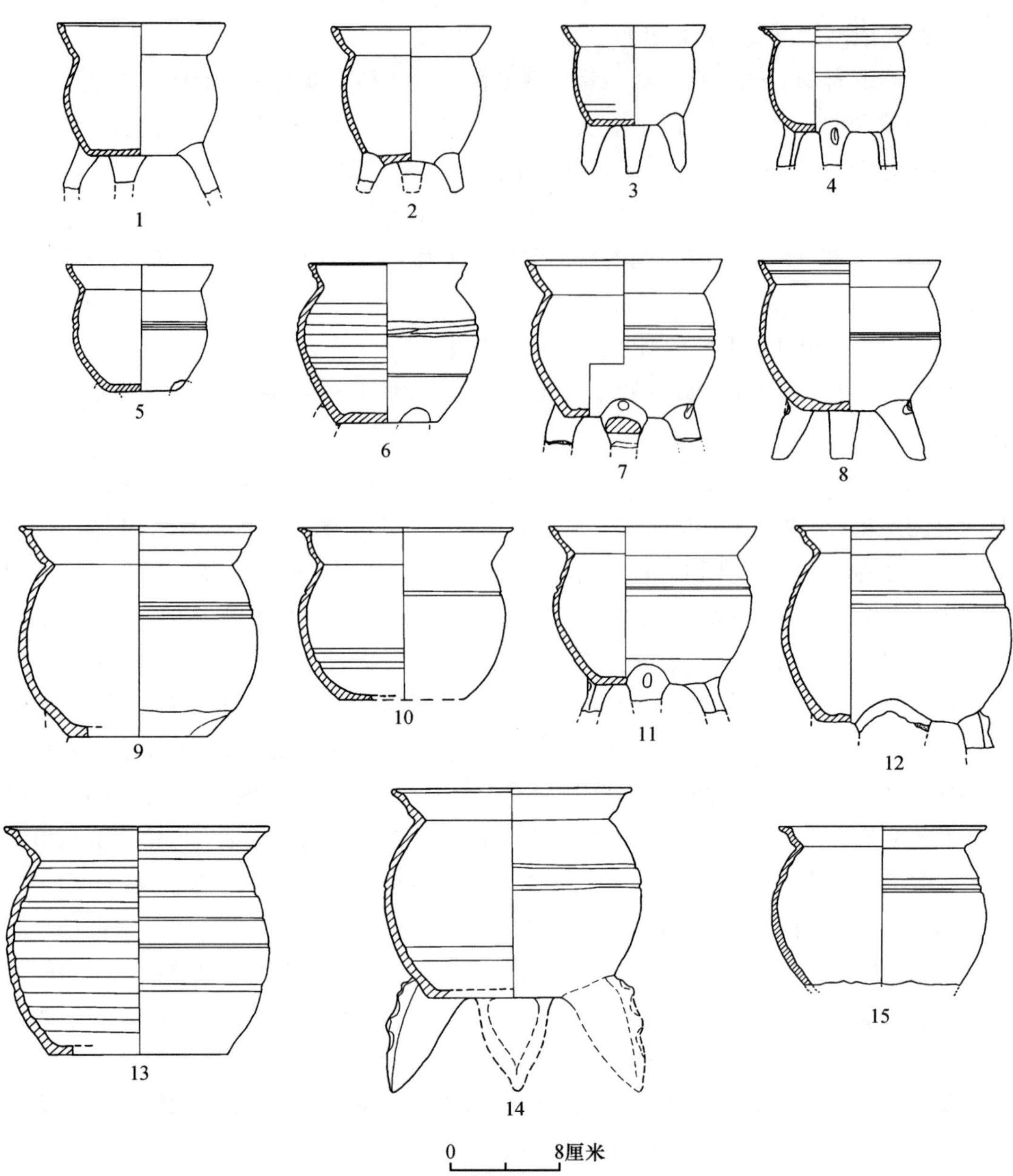

图七四　龙山文化A型陶鼎

1～11、15. Ⅰ式（H108①：2、H108①：1、M12：9、H3②：1、H3①：5、H3①：3、H88：3、H20：4、H88：2、H108②：1、H20：10、H3②：3）　12. Ⅱ式（H34：2）　13、14. Ⅲ式（H117②：1、H79③：3）

高12.1厘米（图七四，15）。

Ⅱ式：1件。鼓腹明显，铲形足，足面中间饰一道竖向附加堆纹。H34：2，夹砂黑陶、三足呈褐色，器形稍不规整。圆唇、折沿，沿内侧有一周凸棱、沿外侧有一周凸起。扁圆腹、平底，腹径大于口径，腹部最大径以上部位饰两周浅凹弦纹，三铲形足残断。口径15.6、宽17.2、残高17厘米（图七四，12）。

Ⅲ式：2件。器型较大，鸟喙形鼎足。H79③：3，夹砂褐陶，外表陶质不均，呈现黑褐色、红褐色。圆唇、折沿，沿内侧有凸棱而外鼓，扁圆腹、最大径偏上、大平底。腹上部有两道不规则的凹弦纹。口径19.8、通高23.2厘米（图七四，14）。H117②：1，器形不甚规整。圆唇、宽折沿、沿面有凸棱，深扁圆腹，口沿外侧有凸棱，器身均有不甚规整凹弦纹。口径与腹径相同。口径20、底径13.6、高17.4厘米（图七四，13）。

B型　12件。盆形鼎，多为夹砂黑陶，1件夹砂褐陶，1件泥质灰陶。根据口部差异分三亚型。

Ba型　7件。宽折沿外撇，可分为三式。由折沿较宽逐渐演变为双腹。

Ⅰ式：2件。宽折沿、深腹、近直壁。腹部外壁饰不规则篮纹。TS07W20柱洞：1，方唇，沿内侧上部饰一道凸棱。口径27.2、残高10厘米（图七五，1）。H60：1，夹砂褐陶。圆唇、折沿、沿面有一周极细的凸棱，腹部下端略内收，底及三足残缺，外壁篮纹不甚清晰。复原口径12.4、残高8.8厘米（图七五，6）。

Ⅱ式：2件。H60：3，泥质灰陶，制作较为精致。圆唇、折沿、沿面下凹，平底，三凿形足，根部有摁窝。口沿内侧、内壁、底内部可见制作时留下的凸棱纹，除底部较明显外，其余均不明显，口沿及腹部内外壁均磨光。口径17.6、底径8.2、通高13.4厘米（图七五，3；图版三〇，4）。H103：1，敛口、尖圆唇、上腹较浅稍鼓，下腹较鼓，底及三足残缺。复原口径17.6、残高9.6厘米（图七五，4）。

Ⅲ式：3件。H20：6，尖圆唇、窄折沿稍内斜，上腹斜直，下腹稍鼓。外壁磨光，上腹部饰凸弦纹一道，下腹部饰对称附加堆纹，三足残失。口径15.2、底径8.4、残高8.2厘米（图七五，5）。H9：3，圆唇、平折沿、鼓腹、大平底，内底凸起。颈部外鼓、有一周浅凹弦纹，腹部最大径处有一道凹弦纹。外壁磨光。三足残，仅存痕迹。口径13、底径7、高7.3厘米（图七五，7；图版三〇，6）。H79③：11，圆唇、平沿。上腹较浅、内壁凹外壁略鼓，有两道凸棱；下腹较深、鼓腹，外壁有两道凸棱。三足残缺，从残存痕迹看，应是鬼脸足。复原口径28、底径17.6、高10.6厘米（图七五，2）。

Bb型　4件。敛口，平沿，沿外侧有一周附加堆纹，外壁呈台阶状。H82：1，圆唇，斜腹。复原口径21.2、残高7.4厘米（图七六，4）。H3①：1，圆唇上腹部稍鼓。

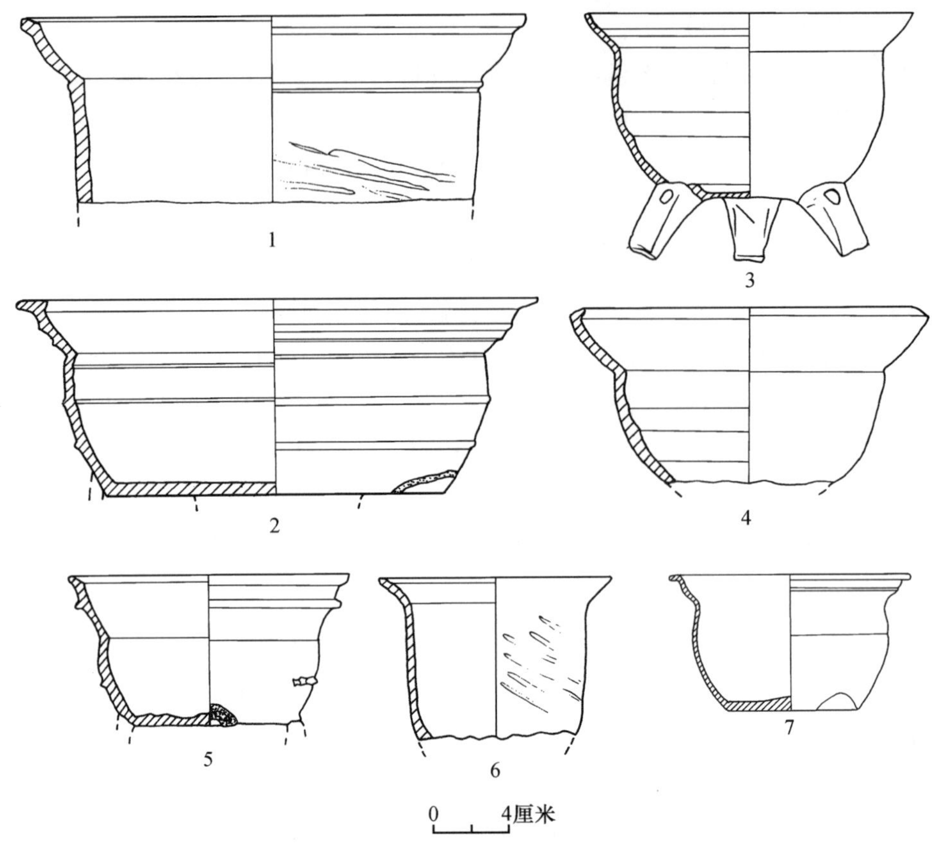

图七五　龙山文化Ba型陶鼎

1、6. Ⅰ式（TS07W20柱洞：1、H60：1）　2、5、7. Ⅲ式（H79③：11、H20：6、H9：3）

3、4. Ⅱ式（H60：3、H103：1）

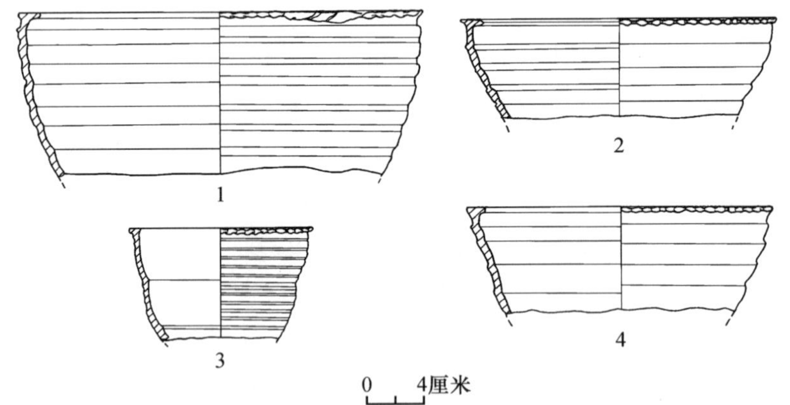

图七六　龙山文化Bb型陶鼎

1. H109②：1　2. H3①：1　3. H73①：1　4. H82：1

复原口径22、残高7厘米（图七六，2）。H73①：1，方唇、窄平沿。口径13、残高8厘米（图七六，3）。H109②：1，圆唇。复原口径28.4、残高11.6厘米（图七六，1）。

Bc型　1件。H86：3，夹砂黑陶，外壁局部及足呈褐色。器形较大，圆唇、浅弧腹、平底，三凿形足、足正面有附加堆纹，口沿下与足对应处也各有一横向附加堆纹，器身及一足残缺。复原口径44.6、底径25、通高21厘米。

鼎足　6件，分为五式。

Ⅰ式：1件。H138：1，夹砂红褐陶。铲形，扁平，略有残缺。残高8.5、宽5.9厘米（图七七，1）。

Ⅱ式：1件。H83：1，夹砂褐陶。铲形，正面中间饰一道竖向附加堆纹。残高9、

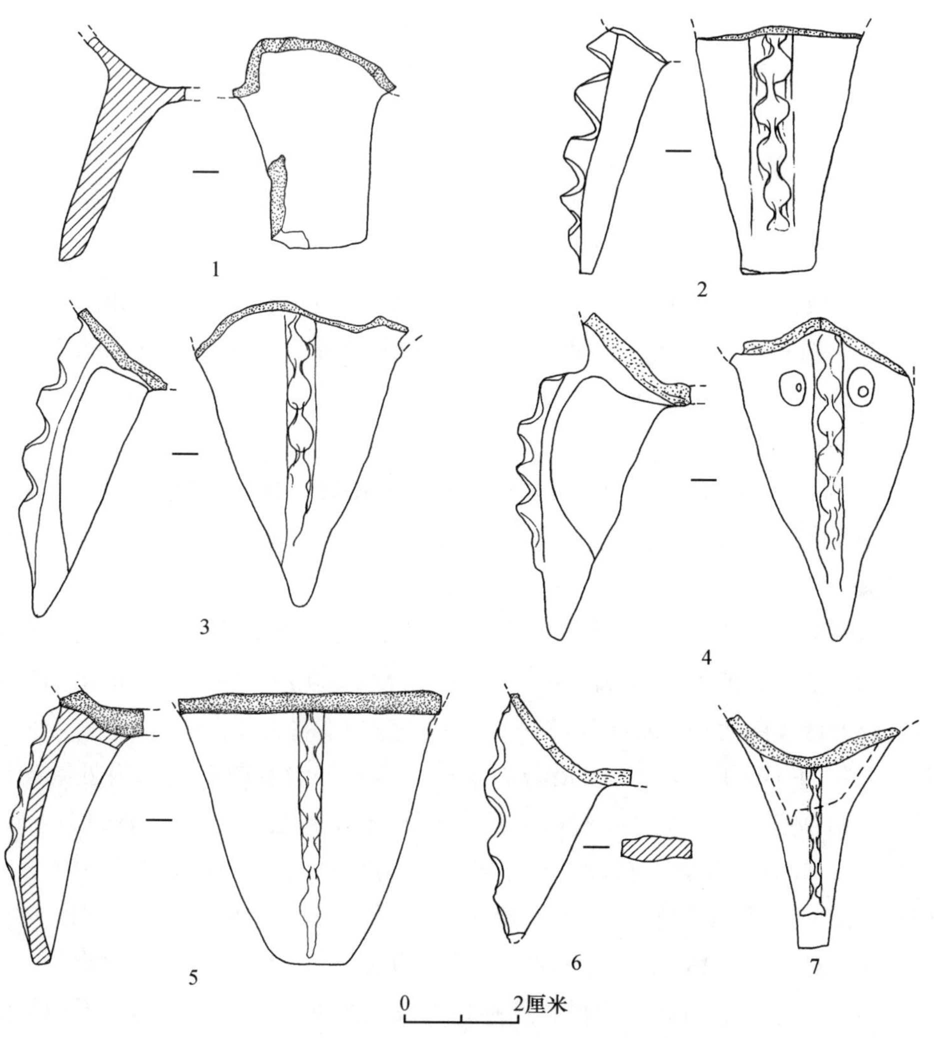

图七七　龙山文化陶鼎足、甗足

1～6. 鼎足（H138：1、H83：1、H79③：12、H79③：14、H76①：1、TS04W21F3D1：1）　7. 甗足（采：5）

宽6米（图七七，2）。

Ⅲ式：2件。H79③：14，夹砂红褐陶。鸟喙形，正面一道附加堆纹，上部两侧各有一孔。残高11.7、宽6.7厘米（图七七，4）。H79③：12，鸟喙形，未见穿孔，正面一道附加堆纹。残高11.2、宽7.6厘米（图七七，3）。

Ⅳ式：1件。H76①：1，鸟喙形，正面鼓起，背面带凹槽，正面有附加堆纹。残高9.9、宽9.4厘米（图七七，5）。

Ⅴ式：1件。TS04W21F3D1：1，夹砂褐陶。侧装三角形足，正面饰规则的按窝。残高8.7、宽5.3厘米（图七七，6）。

鬶　5件。长颈长流，扁圆腹，三实心尖足。可以分为三式。

Ⅰ式：1件。M12：7，夹砂夹云母红陶。器身局部褐色、黑色。长流，双层口，细长颈，扁圆腹，颈腹分界明显，实足跟内带尖状突起。带状把手，把手上有三道凹槽。口部有三角形镂孔，腹部饰一周附加堆纹，与把手相对的一侧有一泥钉。通高26.4、通宽15.6厘米（图七八，1；图版三一，1、2）。

Ⅱ式：2件。H6：1，夹细砂黄褐陶。器体较粗。粗短颈，深腹，颈腹分界明显，三足细高，绳索状把手，腹部有泥饼，流稍缺，口部近流部位内壁可见瓦状凹槽。残高29、通宽19.6厘米（图七八，3；图版三一，3）。H144②：9，夹砂白陶。流残，圆唇、卷沿、粗长颈，颈腹分界明显，三足内侧有浅窝。三实足较高。绳索状把手。腹部有泥饼装饰。颈部内壁有瓦状浅槽。残高30.4、通宽17.6厘米（图七八，4；图版三一，4）。

Ⅲ式：2件。TS05W17①：1，夹砂黄褐陶。粗矮，长流，粗颈，扁圆腹，底近平。宽扁形把手。器身有两道凸棱，上腹部饰附加堆纹。把手相对的一侧有圆饼形装饰。通高30.3、通宽19厘米（图七八，5；图版三一，5）。采：3，夹砂陶，器身颜色不均，呈现灰褐及红褐色。短流，粗颈，扁圆腹，颈腹分界明显。三实足，实足跟内带尖状突起。宽带装把手，横截面呈“U”形，外翻呈花边，腹部饰一周附加堆纹。通高23、宽16厘米（图七八，2；图版三一，6）。

甗　4件。H107①：2，甗口沿，夹细砂黑陶，外壁及内壁近口沿处磨光。斜方唇，卷沿、沿面有凹槽。复原口径43.6、残高6厘米（图七九，1）。H88①：4，夹砂黑陶。圆唇、折沿、沿面有凸棱。口沿及腰下均有斜向的小附加堆纹，从分布位置看，应是一周3个。腰上和腰下各饰两道凹弦纹，下部的一组弦纹不甚规则。内壁可见较多的瓦状凹槽。口径19.4、残高24厘米（图七九，3）。H83：2，甗口沿，夹砂黑皮褐陶，斜方唇、卷沿、沿面有凹槽，仅存口沿及上腹部。残存部分饰上下两组弦纹，每组两道。口径43.6、残高16厘米（图七九，2）。H71：1，夹砂黑陶，仅存鬲部，整体厚重。上腹部饰两道凹弦纹，内壁可见清晰的轮制痕迹，从制作痕迹看，三足应为

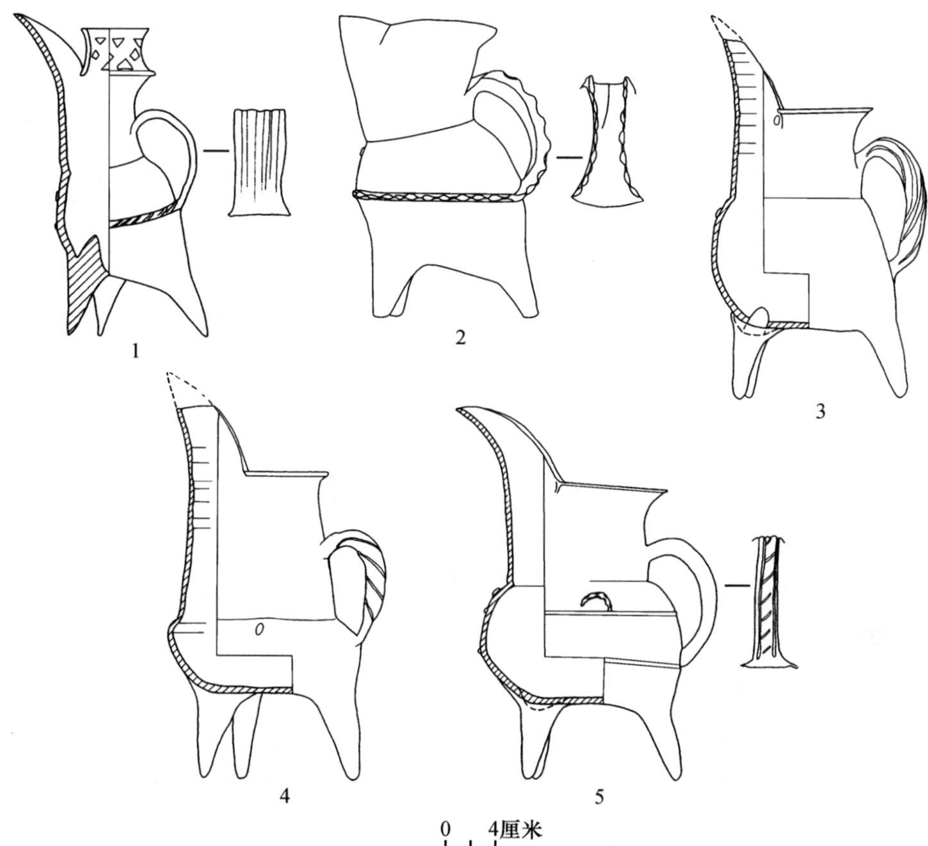

图七八　龙山文化陶鬶

1. Ⅰ式（M12：7）　2、5. Ⅲ式（采：3、TS05W17①：1）　3、4. Ⅱ式（H6：1、H144②：9）

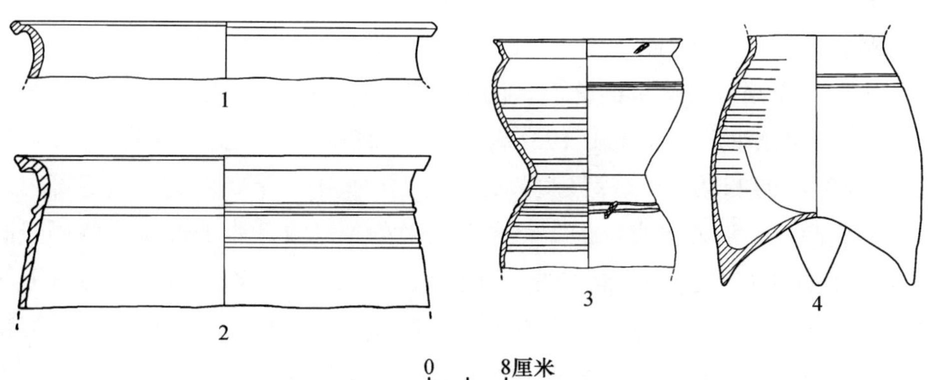

图七九　龙山文化陶甗

1. H107①：2　2. H83：2　3. H88①：4　4. H71：1

分制之后再与腹部粘接在一起。残高26.2、最宽22.4厘米（图七九，4）。

甗足　采：5，夹砂黑陶。足尖扁平状，内有指压痕迹，正面饰一道竖向附加堆纹。残高6.5、残宽6.3厘米（图七七，7）。

罐　25件。多为夹砂黑陶，少量夹砂褐、灰褐陶及泥质陶。根据形制差异可分为三型。

A型　14件。多圆唇、折沿、鼓腹、平底。个别带盖。M12：8，深鼓腹，下腹曲收。制作不规整，上腹部稍加抹光，下腹部粗糙。口径7.4、底径5.3、最大腹径8.6、高8.6厘米（图八〇，1；图版三二，1）。H7：3，泥质褐陶，陶色不均，局部呈黑褐色。器体矮扁，沿面有凹槽，圆鼓腹，下腹内曲，小平底，内底不平。沿下现存两个小孔，根据残存情况，推测原应为3个小孔。口径8、底径4.8、高8.6厘米（图八〇，2；图版三二，5）。M3：1，夹砂灰陶。深鼓腹、底稍内凹。折沿处内壁形成一道凸棱，上腹部饰两道凹弦纹。口径7.4、底径4.2、通高9.4厘米（图八〇，3；图版三二，2）。M6：1，盖罐，制作稍粗糙。罐：尖唇、卷沿、沿面有凸棱，深鼓腹。上腹部有两道凹弦纹。口径6.8、底径2.8、通高7.5厘米。盖：方唇、唇面有浅凹槽、腹稍鼓、平顶。口径6.8、盖顶径3.4、高3厘米（图八〇，4）。M9：1，盖罐。夹砂灰陶，器形较小。罐：沿面内斜、有一周凸棱，深腹、下腹内曲。腹部最大径偏上，腹上部有两道凹弦纹。口径8、底径4、通高8.8厘米。盖：圆唇、折沿内斜，腹稍鼓，平顶。口径8.4、底径3.6、高3.6厘米（图八〇，5；图版三二，3）。H73②：3，深腹，内底不平。口径11.2、底径5.8、高12厘米（图八〇，7）。M2：1，沿面有凸棱，鼓腹，腹部最大径居中，最大径处饰两道凹弦纹。口径10.4、底径4.4、高11厘米（图八〇，8；图版三二，6）。H36：2，口沿残，深鼓腹，最大腹径偏上，上腹部饰一道弦纹。残高12.4、最大径12.8、底径5.2厘米（图八〇，6）。H20：9，夹砂褐陶，器表颜色不均。器形较大、稍不规则。口略呈椭圆形。圆唇、折沿，鼓腹，下腹内曲。口沿外壁饰一周凸棱，外壁见细密的弦纹。长径19、短径17.5、底径9.4、通高23厘米（图八一，1；图版三二，4）。H144②：8，深鼓腹，腹部最大径偏上，下腹斜直，近底部内曲。沿内侧有一周细凸棱，沿外侧有一周宽凸棱和一对附加堆纹。腹上部位饰两周浅凹槽。口径16.4、腹径23.2、底径9、高22厘米（图八一，2）。H3①：1，沿面略下凹，肩部略鼓，下腹斜直，底稍内凹，肩部有两周浅凹槽。口径11.6、底径6.8、通高16厘米（图八一，3；图版三三，1）。H6：2，夹砂褐陶。稍变形。尖圆唇、折沿、沿面略下凹，长深鼓腹。上腹部有两道宽浅凹槽，下腹部有两道凸棱。口径10.4、底径6、通高15.8厘米（图八一，4）。H78：1，折沿内凹，深鼓腹。复原口径12.8、腹部最大径14.4、底径5.6、高15厘米（图八一，5；图版三三，3）。H3②：1，夹砂黑陶，器表颜色不均，局部呈褐色。上腹部有两道浅凹槽。制作稍不规整。口径10、底径5.8、通高

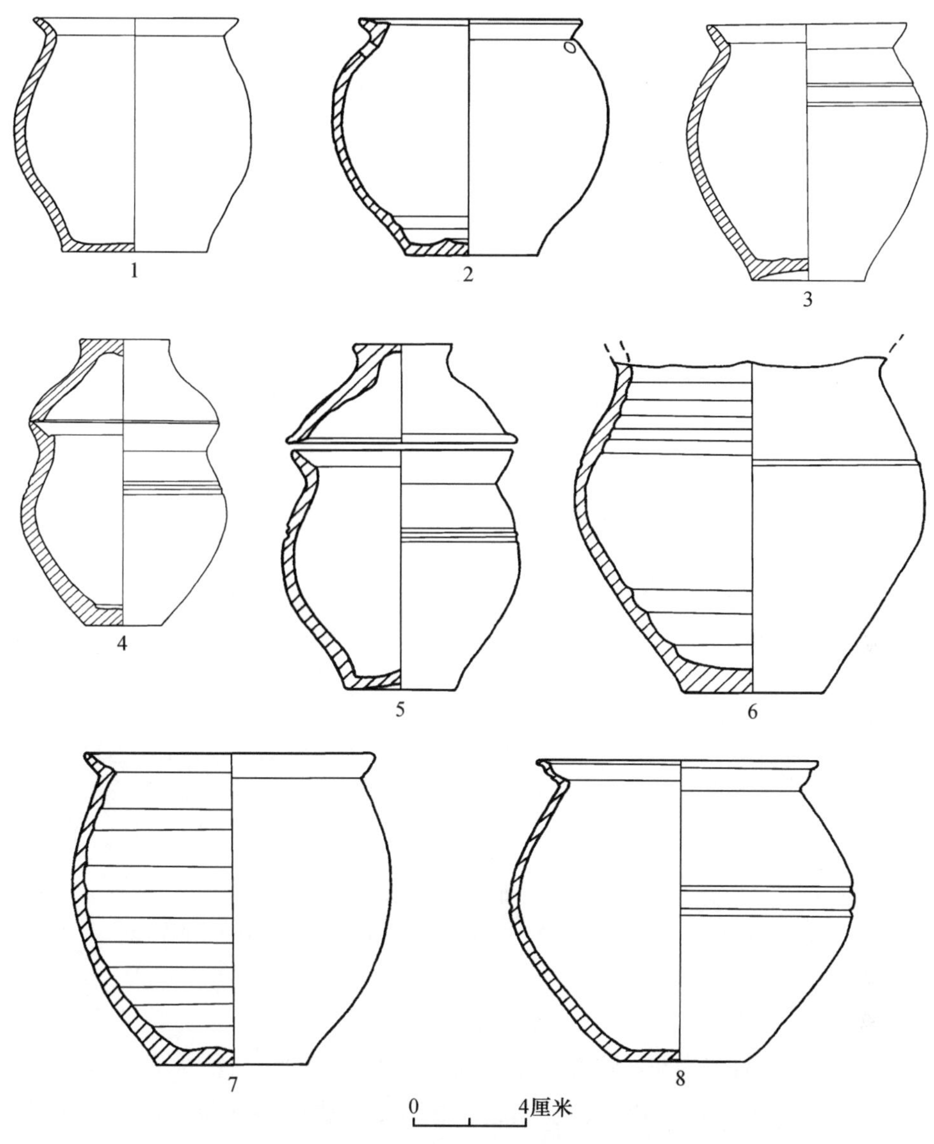

图八〇　龙山文化A型陶罐

1. M12∶8　2. H7∶3　3. M3∶1　4. M6∶1　5. M9∶1　6. H36∶2　7. H73②∶3　8. M2∶1

10厘米（图版三三，2）。

B型　1件，高领圆腹罐。H144②：2，夹砂灰陶。尖圆唇，略敞口，溜肩，圆鼓腹，下腹及底部残缺。肩部及腹部饰四道间距不等的凹弦纹，肩部弦纹处两小环耳。自上而下器壁渐厚。复原口径14.8、残高18.8厘米（图八二，1）。

C型　1件。匜形罐。H76②：5，圆唇，微敞口，束颈，鼓腹，平底。口部对称内凹呈流状，口部一侧稍有残缺。口径6.2～8、底径6、高9厘米（图八二，2）。

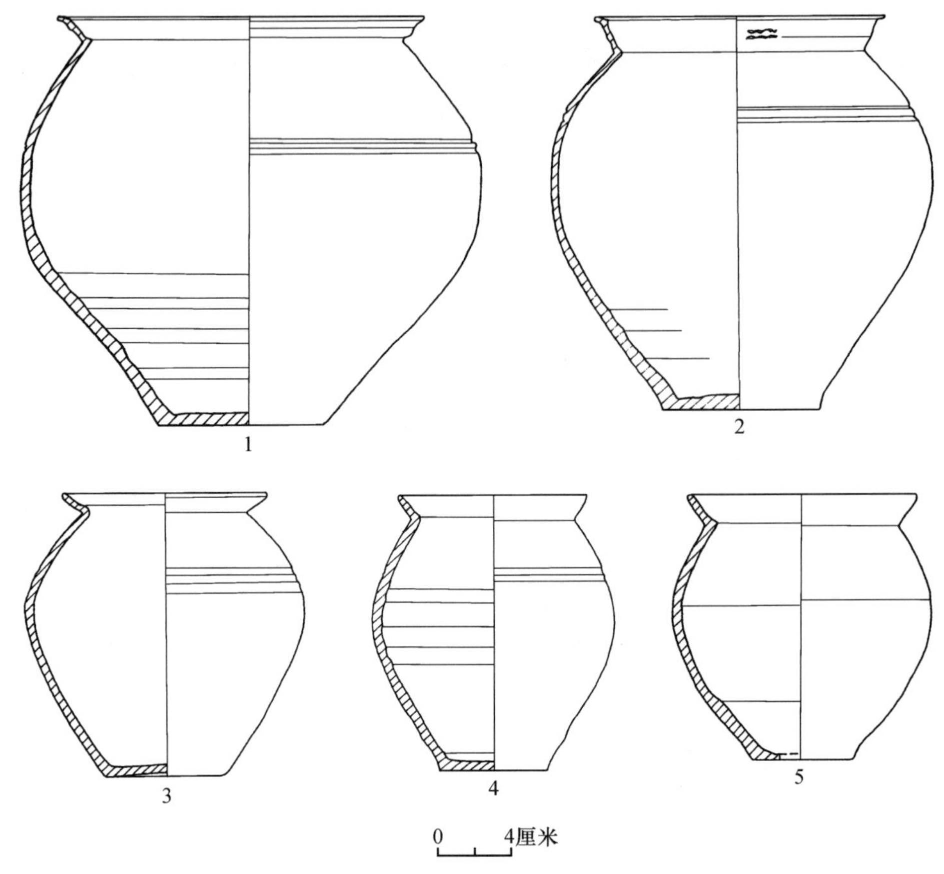

图八一　龙山文化A型陶罐

1. H20：9　2. H144②：8　3. H3①：1　4. H6：2　5. H78：1

其他罐　9件。多夹砂黑陶，残缺严重。采：4，罐口沿。夹砂红褐陶，胎灰黑色。方唇、卷沿、沿面内凹。唇面、沿外都有凸棱。复原口径29.6、残高8厘米（图八三，1）。H3②：4，口部残缺，扁圆腹，腹部最大径以上部位有两周凹弦纹。残高12.6、底径9、通宽17.8厘米（图八三，2）。H55：1，泥质黑皮红褐陶。素面，斜直腹，平底。仅残存下腹部及底部。底径13.4、残高7.8厘米（图八三，3）。H46：1，残高4.5、底径6.7厘米（图八三，5）。H86①：1，夹砂褐陶，近底部内收。底径3.6、残高6.4厘米（图八三，4）。H56①：1，腹部斜直稍内收。底径11.2、残高8.4厘米（图八三，6）。H79③：4，深鼓腹，下腹内曲，小平底。残高10.8、底径6.4厘米（图八三，7）。F37：1，内底呈褐色，深直腹。残高14.4、底径10.6厘米（图八三，8）。H71③：1，制作较为粗糙，外壁有不规则篮纹，腹壁斜直，小平底。底径11.6、残高15厘米（图八三，9）。

陶壶　1件。H20：5，泥质黑陶。圆唇，敞口，扁圆鼓腹，平底。外壁磨光，内外

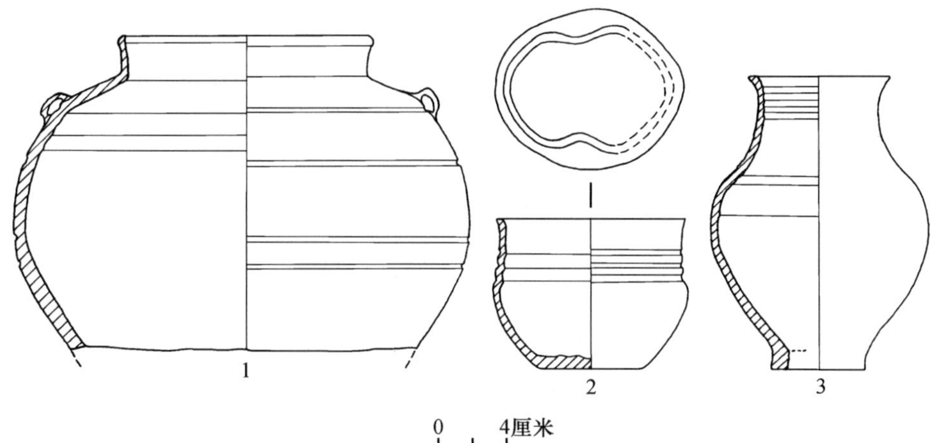

图八二 龙山文化陶器

1. B型陶罐（H144②：2） 2. C型陶罐（H76②：5） 3. 陶壶（H20：5）

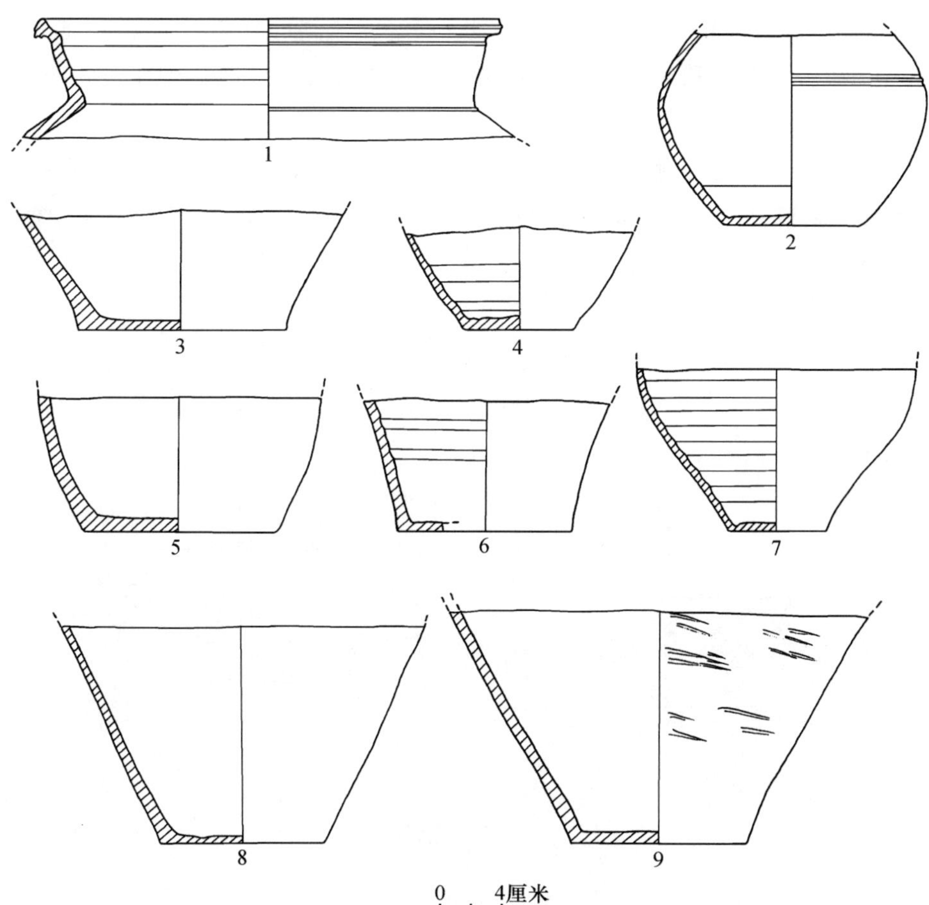

图八三 龙山文化陶罐

1. 采：4 2. H3②：4 3. H55：1 4. H86①：1 5. H46：1 6. H56①：1 7. H79③：4 8. F37：1 9. H71③：1

沿均可见细密弦纹，内壁可见凸棱，越向下壁越厚。口径8.4、高17.6厘米（图八二，3）。

大平底盆　5件。敞口大平底。多泥质陶，制作较为规整，内外壁磨光，有的内底也磨光。根据型式变化可以分为五式。

Ⅰ式：1件。宽沿平折，斜壁，腹较深。M12：6，泥质黑陶。圆唇、平沿、沿面略内凹。口径51、底径35、高11.8厘米（图八四，1；图版三三，4）。

Ⅱ式：1件。宽沿平折，腹较浅。H26①：3，夹细砂黑陶。沿面略凹，斜直腹略内曲，壁较厚。口径27.6、底径15.6、高8厘米（图八四，4；图版三三，5）。

Ⅲ式：1件。圆唇，卷沿，腹稍内曲，腹较浅。H96④：4，泥质黑陶。斜壁内收，从腹部到底部壁渐厚。内壁可见一道不甚明显的凸棱。口径28、底径18、高9.4厘米（图八四，5）。

Ⅳ式：1件。卷沿，腹壁内曲，腹较深，平底。H4：3，泥质褐陶。尖圆唇，外壁见细密的弦纹，底内缘有一周凹槽。口径32、底径24、高11厘米（图八四，6））。

Ⅴ式：1件。卷沿，腹壁内曲，平底内凹。H144②：1，泥质黑陶。外壁有两个不甚明显的凸棱。口径31.6、底径19.6、高8.8厘米（图八四，7）。

鼓腹盆　2件。深腹、腹部微鼓，小平底。H151：1，泥质黑陶，仅存口沿及上腹部。圆唇、斜折沿，沿面一周极细的凹槽，内壁磨光，自上而下壁渐厚。复原口径39.6、残高8.4厘米（图八四，2）。H79③：1，夹砂黑陶。圆唇、折沿，斜深腹、上腹微鼓、下腹内曲。口径44、底径14.6、高14厘米（图八四，3）。

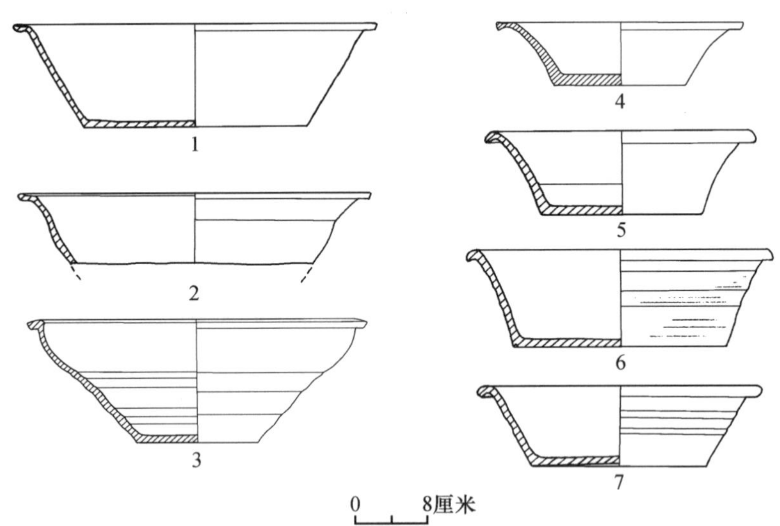

图八四　龙山文化陶盆

1. Ⅰ式大平底盆（M12：6）　2、3.鼓腹盆（H151：1、H79③：1）　4. Ⅱ式大平底盆（H26①：3）　5. Ⅲ式大平底盆（H96④：4）　6. Ⅳ式大平底盆（H4：3）　7. Ⅴ式大平底盆（H144②：1）

匜形盆　8件。均夹砂黑陶，分两型。

A型　3件。圆唇、敛口，斜壁，浅腹，下腹内曲不明显，小平底，口径与底径差距大。H9：2，一侧有椭圆状短流。沿下饰附加堆纹。口径32～34.5、底径12、通高13.4厘米（图八五，1；图版三三，6）。H16：3，口径36.8、底径14.3、高13.4厘米（图八五，3；图版三四，1）。H152①：1，复原口径29、底径13.2、高8.8厘米（图八五，2）。

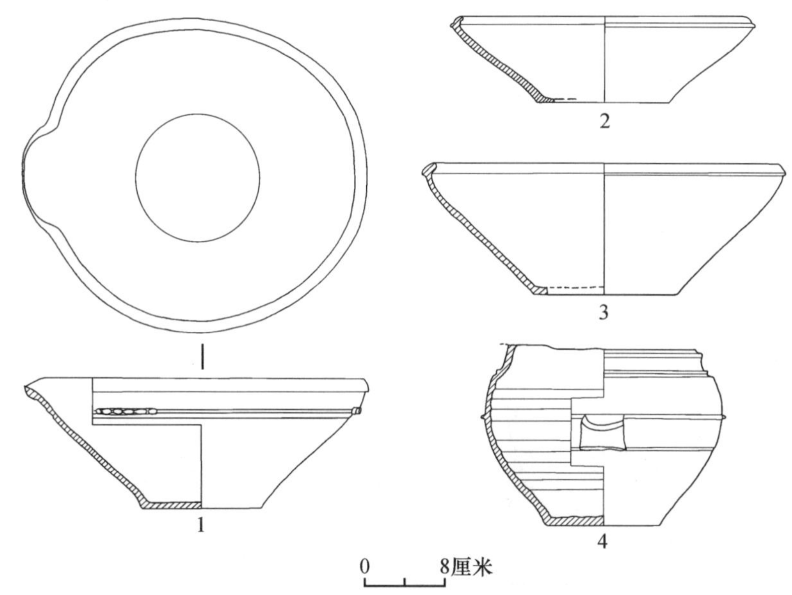

图八五　龙山文化陶匜形盆
1～3. A型（H9：2、H152①：1、H16：3）　4. B型（H79③：7）

B型　5件。圆唇、多敛口、深鼓腹，口部一侧有一短流，口径与底径差距不大。H7：2，上腹稍鼓，下腹内曲不明显。流略上翘，流两侧饰两个小泥丁。沿下、上腹部各饰一周凸棱。腹部饰附加堆纹和绳索状桥形纽，腹中部有两道凹弦纹。口径24.4～26.8、底径13、通高18厘米（图八六，1）。H9：1，短流，短束颈，深鼓腹、下腹稍内曲。沿外一周凸棱，腹部饰有横耳一对，已残缺、仅存痕迹。腹两侧饰附加堆纹一对。口径20～22.8、底径12.8、通高16厘米（图八六，2；图版三四，5）。H107：2，敞口，沿外有一周宽凸棱，颈、腹结合部饰两周凸棱，下腹部饰一周凸棱，腹部饰附加堆纹，流残。口径20.5、底径13.6、残高17.6厘米（图八六，3；图版三四，4）。H79③：7，流残。短颈，深鼓腹。沿下及颈腹结合部均有一周凸棱，腹部饰一对宽环耳。内壁见较为规律状的瓦状浅槽。残宽24.2、底径11.2、残高19.8厘米（图八五，4；图版三四，2）。H88：7，流稍残，圆唇，微侈口，束颈，腹较浅，上腹微鼓，下腹内曲。上腹部饰一对附加堆纹（图八六，4；图版三四，3）。

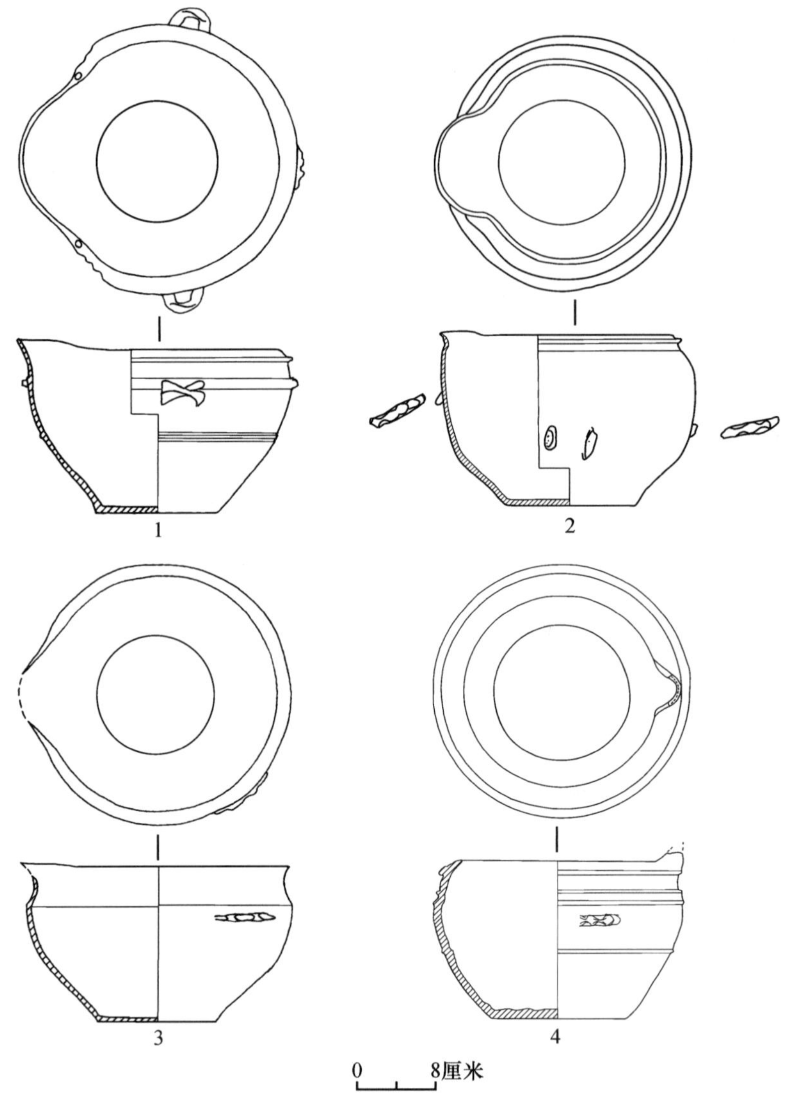

图八六　龙山文化B型陶匜形盆

1. H7：2　2. H9：1　3. H107：2　4. H88：7

环足盆　8件。多泥质黑陶。圆唇、卷沿，大敞口，斜直腹或稍内曲。平底带三足，足的形制稍有差异。多素面，少数外壁带有交叉刻划纹，内外壁多磨光、外壁底不磨光。根据器形变化可分为四式。

Ⅰ式：1件。腹较深，腹壁内曲，器形厚重。口径、底径差距较大。H3①：9，器形不规整，口略呈椭圆形，口部较短的两侧较高，平底。腹中部饰三道不规则弦纹，下有交叉刻划纹。口径32.6～33.4、底径19.2、通高18.6厘米（图八七，1；图版三四，6）。

Ⅱ式：4件。腹变浅，口径、底径差距变小。器壁较薄。M2：6，足残，仅存痕迹

（图版三五，3）。H21②：3，内底下凹，三足底残缺。腹下部饰一周弦纹，弦纹下不甚规则的刻划纹。口径33.6、底径22.8、残高9.6厘米（图八七，2）。H31②：3，底下凹，三足及底残缺。腹中部饰有一周凹弦纹，下有不规则的交叉刻划纹。口径33.6、底径23.8、残高9.2厘米（图八七，3）。H144②：4，内壁黑色，外壁局部褐色。平底，原三环形足残断后磨平二次使用。内外部磨光，见细密的弦纹，内底有一周浅凹槽。口径24、底径17.2、残高9.4厘米，三残足高1厘米（图八七，4）。

Ⅲ式：2件。斜直腹，底渐大，口径、底径的差距变小。TS05W17①：3，泥质灰黑陶。三环足为绳索状，足底部磨平。内底有三周弦纹。口径26、通高8.4厘米（图

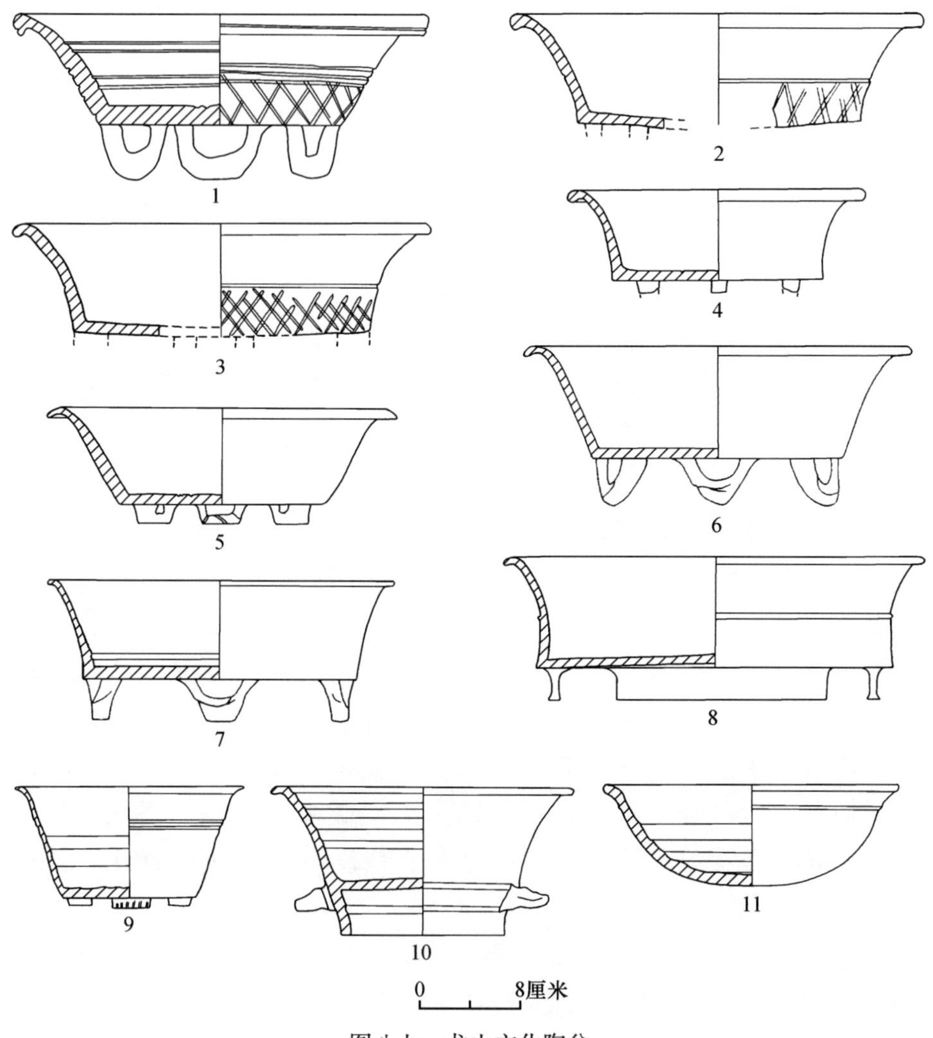

图八七　龙山文化陶盆

1. Ⅰ式环足盆（H3①：9）　2～4. Ⅱ式环足盆（H21②：3、H31②：3、H144②：4）　5、6. Ⅲ式环足盆（TS05W17①：3、H106：1）　7. Ⅳ式环足盆（H76②：8）　8、9. 瓦足盆（H36：1、H28②：1）　10. 圈足盆（H22：1）　11. 圜底盆（H77：2）

八七，5；图版三五，1）。H106：1，绳索状环足。口径31.4、底径19.6、通高13厘米（图八七，6；图版三五，2）。

Ⅳ式：1件。制作精致。口径、底径差距小。器壁变薄。H76②：8，足呈绳索状。口径28、底径22、通高11.4厘米（图八七，7）。

瓦足盆　2件。均泥质黑陶，器形有差异。H36：1，制作精致，器形规整。卷沿，敞口，腹壁内曲，浅腹，大平底稍内凹，三个大瓦形足。内外壁均磨光，腹部饰一周凹弦纹。复原口径34、底径26.8、通高11.6厘米（图八七，8；图版三五，4）。H28②：1，尖圆唇、卷沿，敞口，斜直腹，平底，内底不平，三矮足、足侧面有竖向平行浅凹槽。腹部饰两道浅凹槽。三足残断后磨平二次使用。口径18.4、底径10.6、通高9.6厘米（图八七，9；图版三五，5）。

圈足盆　1件。H22：1，泥质黑陶。制作较规整，圆唇、卷沿，斜壁稍内曲，平底微鼓，矮圈足，圈足靠上部饰环状对称双耳。内壁见清晰规整的轮制痕迹。圈足原较高，残断之后磨平继续使用。口径24.4、圈足径13.2、高12厘米（图八七，10）。

圜底盆　1件。H77：2，泥质灰黑陶。圆唇、卷沿，弧腹收成圜底。外壁磨光，内壁可见不甚规律的凸弦纹。复原口径24、通高8.2厘米（图八七，11）。

豆　4件。均为泥质黑陶，制作精致。分二式。

Ⅰ式：1件。豆盘折腹，较深。H44：2，内壁呈灰色。圆唇，敞口，折腹、上腹内曲，圜底，柄较细、有穿孔，底座残失。器壁较薄，盘内外壁及柄外壁磨光，外壁见细密的弦纹。口径17.6、残高12厘米（图八八，2）。

Ⅱ式：3件。豆盘弧壁，圜底近平，柄较高。M12：5，圆唇，敛口，弧腹，圜底近平，粗柄，中部略鼓。盘内外壁均磨光、圈足近底部内外壁磨光。器物内外壁均可见细密的弦纹。柄部分残缺。口径17.6、残高13.6厘米（图八八，3；图版三五，6）。M2：3，圆唇、折沿内斜，浅盘、圜底近平。柄较粗较高，下部稍鼓，自上而下分布着数道凸棱。盘内外壁及柄外壁磨光，柄部偏上饰三个圆形小孔。口径20.4、圈足径8.2、高18.4厘米（图八八，1；图版三六，1）。H36：4，圆唇，平折沿，浅腹、圜底，粗柄，柄部有一周凸棱。口径15.6、圈足径9.3、通高12.5厘米（图版三六，2）。

圈足盘　6件。均泥质黑陶。器形厚重，制作精致。盘内外壁均磨光、圈足外壁磨光。可以分为三式。

Ⅰ式：2件。浅盘，喇叭形高圈足。器形较小。H26①：2，圆唇、宽折沿，平底，圈足有三个镂孔。盘内壁呈黑色、圈足外壁呈褐色。口径17.6、足径11.2、通高12.4厘米（图八九，1；图版三六，3）。F5柱坑：1，仅存盘部分。器形较大，圆唇、卷沿较平。内外壁磨光。口径36、残高7厘米（图八九，2）。

Ⅱ式：1件。盘稍深，壁较厚。H36②：3，方唇、唇面有浅凹槽，折沿、沿面有两

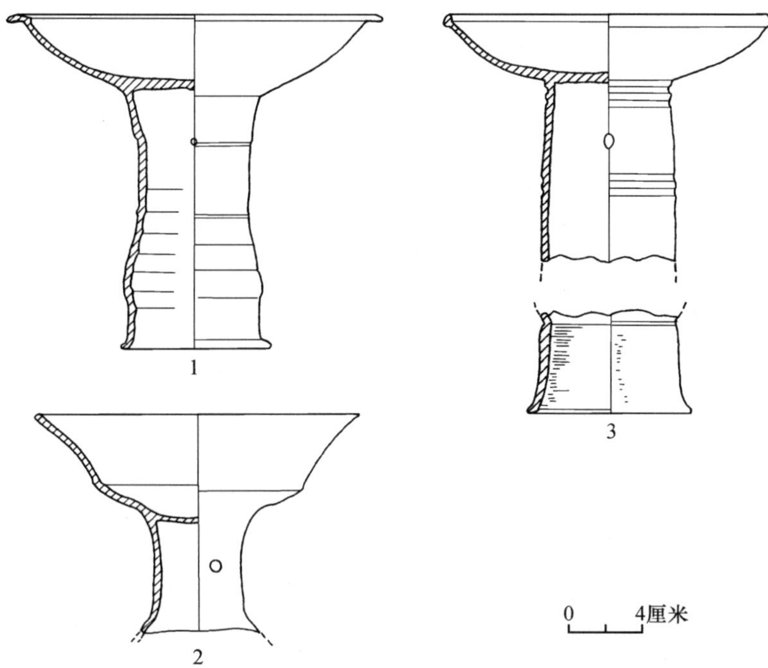

图八八 龙山文化陶豆

1、3. Ⅱ式（M2：3、M12：5） 2. Ⅰ式（H44：2）

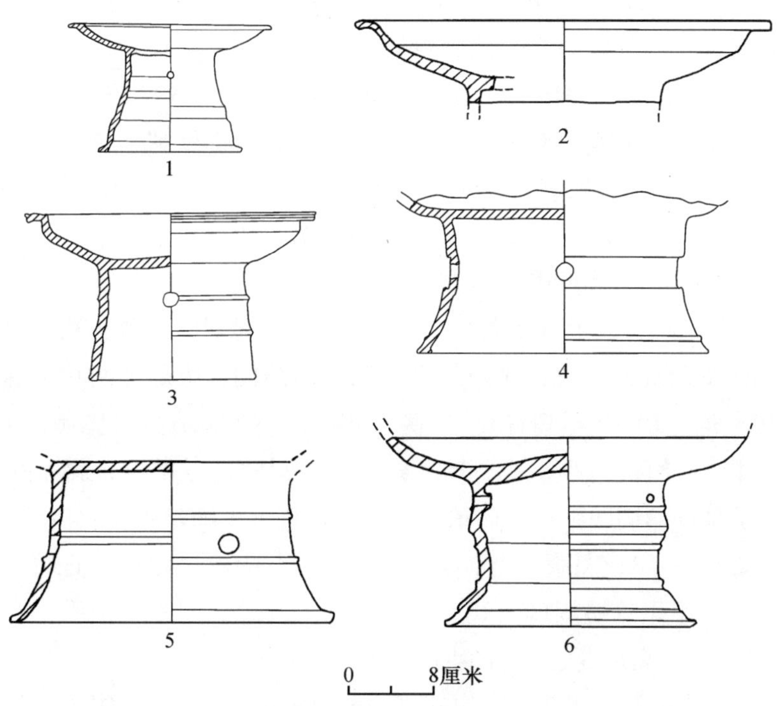

图八九 龙山文化陶圈足盘

1、2. Ⅰ式（H26①：2、F5柱坑：1） 3. Ⅱ式（H36②：3） 4～6. Ⅲ式（H108：2、H76②：9、H3①：4）

道浅凹槽，盘内底稍凸起，喇叭形粗圈足。圈足饰镂孔和三道凸棱。圈足残断之后磨平二次使用。口径25、圈足径14.2、高14.4厘米（图八九，3；图版三六，4）。

Ⅲ式：3件。均仅存圈足部分。器形厚重，圈足多凸棱及镂孔装饰。H108：2，圈足中部饰一周宽浅凹槽，饰4个镂孔，近底部一周凸棱。底径25、残高12.6、壁厚0.6～1厘米（图八九，4）。H76②：9，圈足中部饰3个镂孔，外壁饰两周凸棱，内壁凸棱不明显。圈足径28、残高14厘米（图八九，5）。H3①：4，弧壁，盘底凸起，圈足较粗。圈足饰4周凸棱，最下部饰一周浅凹槽。圈足饰3个形状、大小不同的镂孔，从内向外戳成，位置不规律。残高16.4、通宽31、圈足径21.8厘米（图八九，6）。

杯　24件。多为泥质黑陶，少量泥质灰陶、夹细砂黑陶。外壁除近底部以外均磨光，口部内壁磨光。可分为两型。

A型　11件。带把手或一侧有环耳。多下腹部内收呈假圈足状。可以分为四亚型。

Aa型　7件。敞口，粗束颈，鼓腹，小平底，腹部一侧有一环耳。M2：7-2，圆唇，颈部饰两周凹弦纹，颈腹结合部饰一周凸棱，腹部见网状刻划纹。口径8、高13.6厘米（图九〇，7；图版三六，5）。H37：2，尖唇，颈、腹分界处呈台阶状，下腹内收呈平底、底缘外凸。颈、肩结合部饰一周凸棱，绳索状把手，腹部饰网状划纹。口径7、底径4.6、高14厘米（图九〇，6；图版三六，6）。H65：1，尖圆唇，长颈、颈腹分界处有台阶、腹较深，下腹部内收成小平底。下腹饰一环形耳。颈及上腹部磨光，底可见轮制痕迹，颈腹间有红色颜料痕迹。口径6.8、底径4.9、通高14.8厘米（图九〇，4；图版三七，1）。H96②：2，夹细砂黑陶。口、颈缺失。腹部饰网状刻划纹。底径为4、残高7.2厘米（图九〇，1）。M2：5，口部残缺，颈部饰一周凸棱，腹部饰6周凹弦纹。底径4.4、残高17.6厘米（图九〇，5）。H3①：2，口、颈残。腹部饰网状刻划纹。残高9.8厘米（图九〇，3）。H88：12，外壁略呈灰色。口沿残缺，颈、腹分界明显。底径4.6、残高9.5厘米（图九〇，2）。

Ab型　1件。双耳，三舌状足。M2：7-1，圆唇，敞口，束颈较粗，鼓腹，平底。外壁抹光，颈部饰两周凹弦纹，颈腹结合部饰一周凸棱，腹部饰网状刻划纹，一对环形耳。口径7.8、通宽10.6、器高11.8、通高13.4厘米（图九一，1；图版三七，4）。

Ac型　2件。近筒形，小平底。H144②：5，圆唇，微敞口，斜直腹，下腹稍内曲，平底。腹上部饰两周凹弦纹，内壁见凸棱，外壁可见细密弦纹。口径9、底径5.2、高15.2厘米（图九一，3；图版三七，3）。H37：1，尖唇，敞口，直腹，下腹内曲成平底。外壁磨光，沿下饰一周凹弦纹，器身饰三周凸棱，绳索状把手，底可见轮制痕迹。口径10、底径8、高19.6厘米（图九一，4；图版三七，2）。

Ad型　1件。扁鼓腹，宽把手。H76②：4，圆唇，敞口，下腹内曲，平底。口、颈、肩部磨光，颈部饰两周浅凹槽，颈、腹结合部饰一周凸棱和一周凹弦纹。宽带状

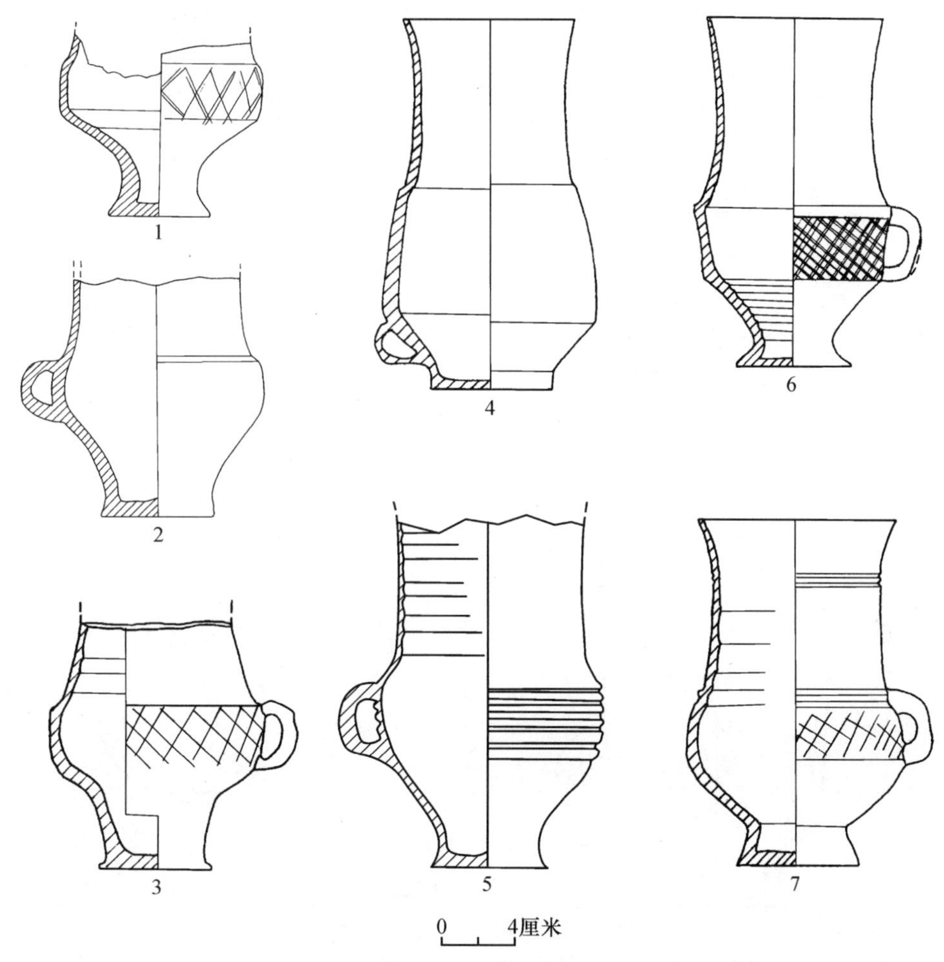

图九〇 龙山文化Aa型陶杯

1. H96②：2 2. H88：12 3. H3①：2 4. H65：1 5. M2：5 6. H37：2 7. M2：7-2

把手、截面呈“U”形，连接于口沿和腹部。口径8.4、底径6.4、杯高10.6、通高11.5厘米（图九一，2；图版三七，5、6）。

B型 12件。觯形杯。绝大部分为泥质黑陶，少量夹细砂黑陶。器形均较规整、制作精致。器壁较薄，尖唇或圆唇，敞口，长颈，折腹，下腹内曲。底部多呈假圈足状，底缘外凸，平底或内底凸起。口、颈、上腹部均磨光而成黑亮色，下腹部未磨光而略呈灰色。颈部内壁可见制作而成的宽凸棱。器身多弦纹装饰。分为两亚型。

Ba型 5件。粗长颈，鼓腹，颈腹分界明显、分界处多有台阶或者凸棱。H26②：1，尖唇，下腹稍内曲，平底、底缘略外凸。颈部饰4周凹弦纹，颈、腹结合部饰一周凸棱。口沿稍残。口径11、最大腹径10.4、底径5.6、通高16厘米（图九二，1；图版三八，1）。M12：1，尖唇，颈、肩结合部饰一周凸棱，下腹内曲明显。腹部饰成

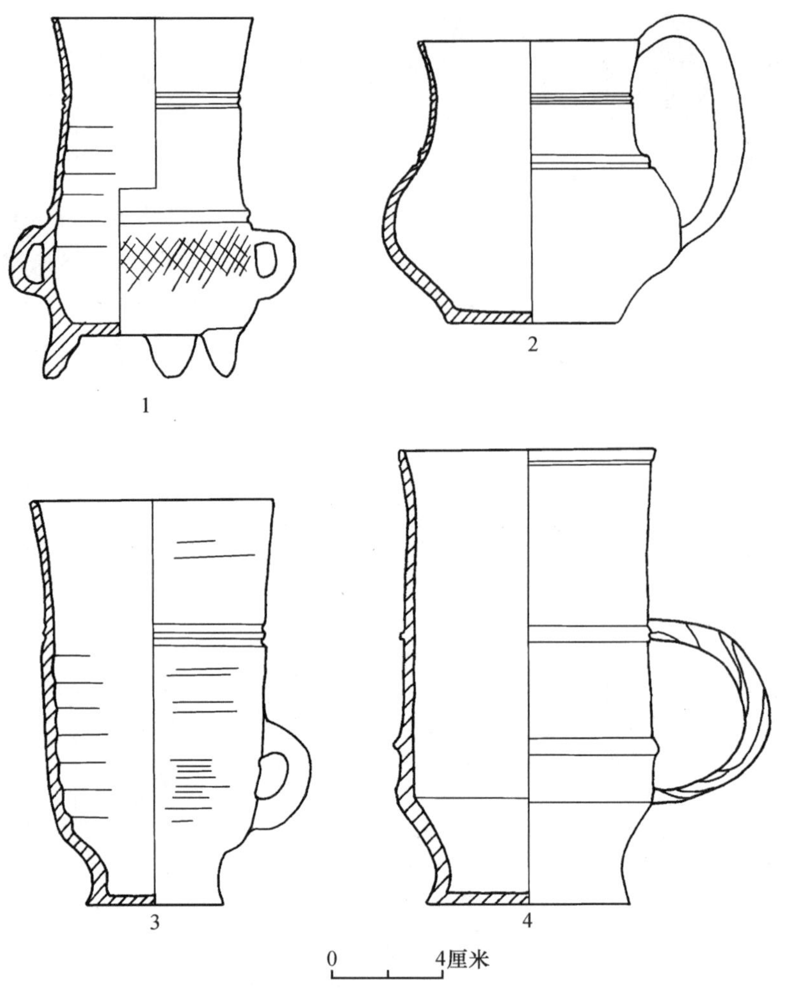

图九一　龙山文化陶杯

1. Ab型（M2：7-1）　2. Ad型（H76②：4）　3、4. Ac型（H144②：5、H37：1）

组竖压印浅凹槽纹。口径7.8、底径4.8、通高15厘米（图九二，5；图版三八，2）。H26②：2，圆唇、窄沿，直颈。颈腹分界处饰一周凸棱。口径8.6、底径4.6、通高12厘米（图九二，6；图版三八，3）。M10：1，夹细砂黑陶。口部残缺，颈腹分界处有台阶状凸棱。底径4.2、残高10厘米（图九二，2）。TS09W21①：3，仅存下腹部及底，平底。底径4.8、残高8厘米（图九二，3）。

Bb型　7件。细体觯形杯。器形修长、制作精致。细长颈、多颈腹相连，下腹内收成小平底。口部、颈部在内壁可见制作而成的凸棱痕迹。M12：2，圆唇，颈腹分界处、折腹处一周凸棱，内底稍不平。口径6.6、底径4.3、高13.8厘米（图九三，4；图版三八，4）。M12：4，圆唇，折腹靠上部饰一周凹弦纹。口径7.8、底径5、高15.4厘米（图九三，7；图版三八，5）。M12：11，尖唇。折腹靠上部位饰一周凹弦纹。口径

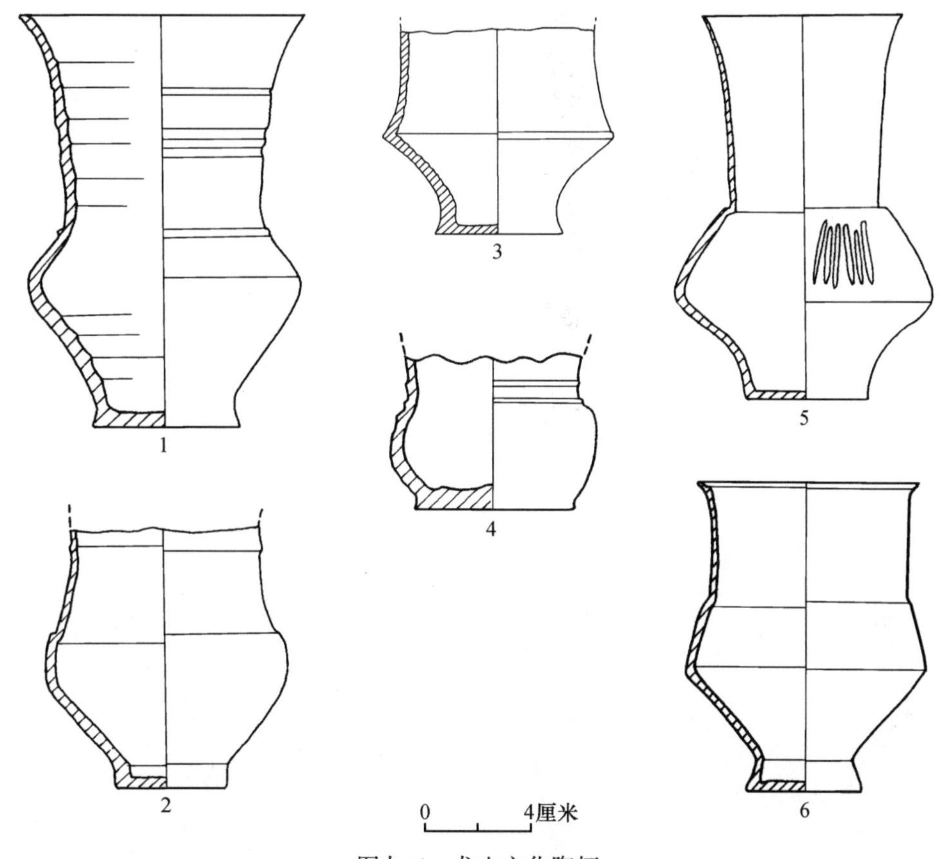

图九二　龙山文化陶杯

1～3、5、6. Ba型（H26②：1、M10：1、TS09W21①：3、M12：1、H26②：2）　4. 其他杯（H171②：3）

6.8、底径5.6、高14.8厘米（图九三，2；图版三八，6）。M12：12，圆唇，折腹处饰一周宽凸棱。口径6、底径4、高12.4厘米（图九三，1；图版三九，1）。M12：13，圆唇，折腹以上部位饰一周凹弦纹，内底凸起。口径6.8、底径5、高15.6厘米（图九三，3；图版三九，2）。H73②：4，口较小，尖唇。上腹部饰两周凹弦纹。口径4.4、底径4.4、高16厘米（图九三，6；图版三九，3）。M12：10，平底内凹。颈部饰一周凸棱，腹部饰一周凹弦纹。口径7、底径4.8、高19.2厘米（图九三，5；图版三九，4）。

其他杯　1件。H171②：3，器形较小。泥质黑皮陶，胎呈红色，残存颈部以下部位，颈腹分界明显，圆鼓腹，平底，内底不平。颈腹分界处饰一周凸棱。底径6、残高6厘米（图九二，4）。

盒　1件。H79③：10，制作精致。泥质褐陶，器身颜色不均，局部呈红褐及灰褐色。圆唇、卷沿，近直壁，大平底、底略内凹，底部可见清晰的轮制痕迹。内外壁均磨光。口径12.4、底径10、通高4.8厘米（图九四，5；图版三九，5）。

陶箅　6件。可分为两型。

图九三　龙山文化Bb型陶杯

1. M12：12　2. M12：11　3. M12：13　4. M12：2　5. M12：10　6. H73②：4　7. M12：4

A型　3件。浅腹碗状，箆孔为圆形镂孔、多不太规整。器形均较小。H143①：1，夹砂黄褐陶。不规则碗形，尖唇、腹内曲、平底，泥条状捉手位于碗底。器底及底缘外周有26个戳孔，分布不规律，均从内向外戳成。边缘稍残缺。孔径0.2～0.3、箅口径8.4、高2.1～2.5厘米（图九四，1）。TS07W20：1，夹砂红陶。圆唇，腹稍鼓，平底，器身有多个不规则小孔。口径8.4，高2.4厘米（图九四，4）。H51：1，夹砂黑陶。尖圆唇，斜直腹，平底。底面及外缘部分有穿孔。口径11、底径5.6、高2.5厘米（图九四，2）。

B型　3件。圆形或半圆形浅盘状，箆孔为长条形镂孔。均夹砂黑陶，器形较大，残缺严重。可分为两亚型。

Ba型　圆形箆。1件。H89：1，尖唇、斜沿，浅盘状，箅底中间稍厚，边缘较薄。箅孔为不规则长方形孔。复原口径17.6、底径14.8、高2.3、厚1.1～1.8厘米（图九四，3）。

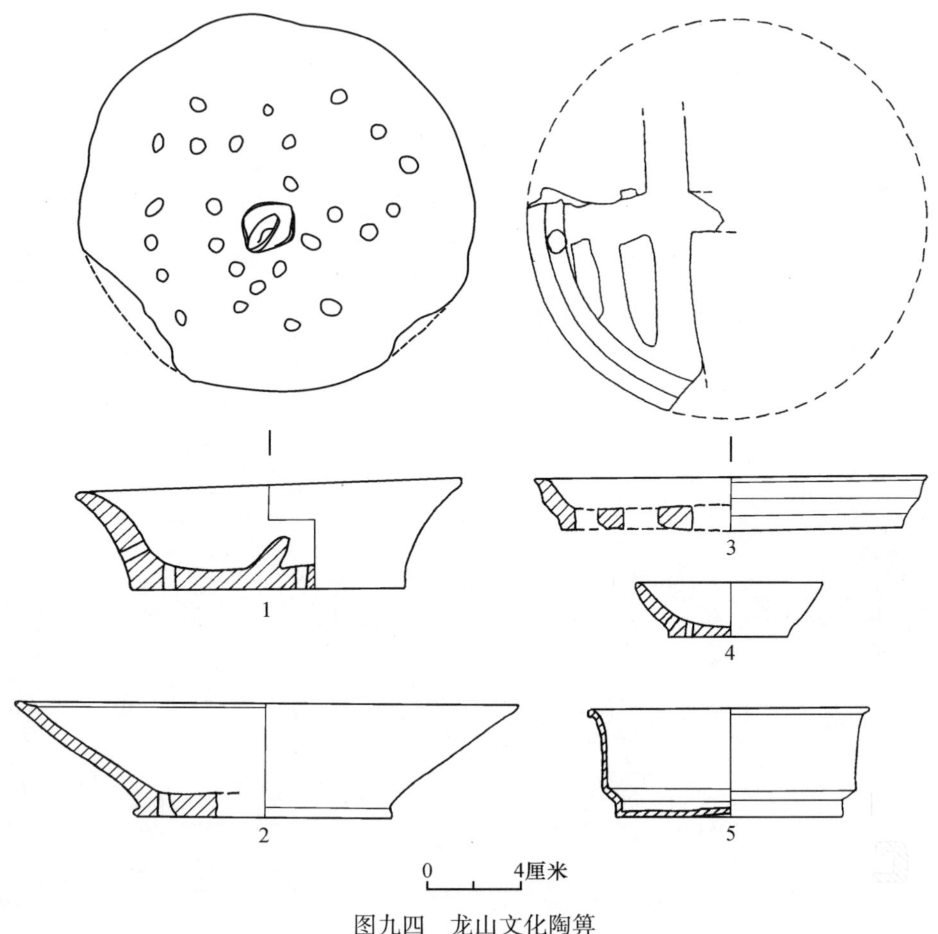

图九四　龙山文化陶箅

1、2、4. A型（H143①：1、H51：1、TS07W20：1）　3. Ba型（H89：1）　5. 陶盒（H79③：10）

Bb型　半圆形篦。2件。圆唇，宽卷沿、平底。H16①：11，复原直径35.6、通高2.3厘米（图九五，1）。H107①：1，底有长条形、椭圆形、圆形等形状篦孔。复原直径58、高2.9厘米（图九五，2）。

器座　2件。器形厚重，呈中空的圆圈状。H42：2，夹砂灰陶。厚圆唇向内，顶面平，腹微鼓。顶面有多重细凸棱，器身有多个圆孔。口径40、残高5、厚1～1.3厘米（图九五，3）。TS05W17①：2，夹砂黄褐陶。腹部微鼓。上表面平整光滑，下表面粗糙不平。残长15、高4、复原直径48厘米（图九五，4）。

器盖　共50件。数量较多。根据整体形态不同分三型。

A型　36件。覆碗形，多夹砂黑陶，少量夹砂灰黑陶、泥质黑陶。多鼓腹，少量斜直腹。根据整体形态不同分三亚型。

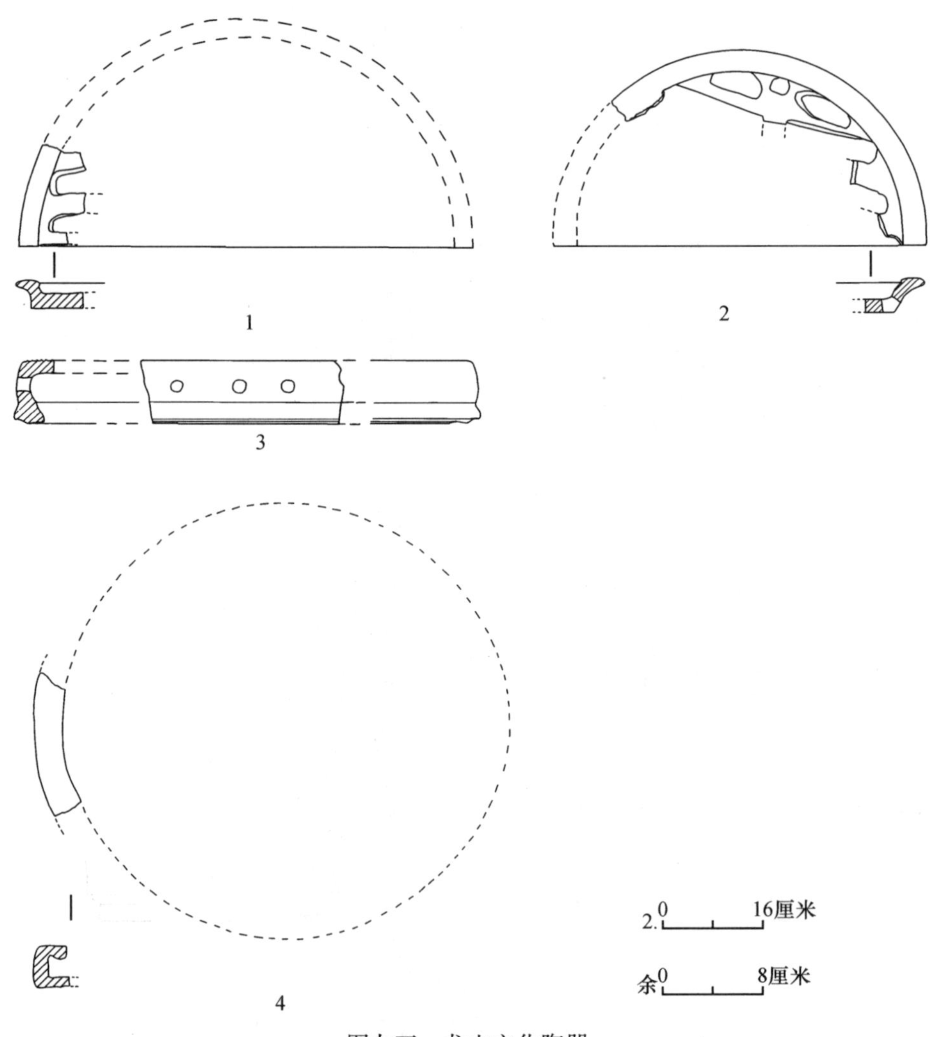

图九五　龙山文化陶器

1、2. Bb型陶箅（H16①：11、H107①：1）　3、4. 器座（H42：2、TS05W17①：2）

Aa型 17件。器形较小，口径与顶径差距大。多尖唇，小平顶，内壁多可见轮制痕迹。有的顶部有捉手。H144②：6，圆唇、窄折沿。口径13.2、顶径3.2、通高5.2厘米（图九六，1；图版四〇，1）。M2：2，尖圆唇、平折沿，近斜直腹，内底凸起。外壁不平，有凸棱。口径11.6、顶径3.7、高4.4厘米（图九六，5）。H88：1，沿面略内斜，平顶略不平整，内底略凹。口径7.4、顶径2.9、通高3.4厘米（图九六，3）。H96②：3，夹砂灰黑陶。尖圆唇，沿面有凹槽。口径11.8、顶径2.6、通高4.6厘米（图九六，2）。H107：5，尖圆唇。口径14.4、顶径4.8、通高5.6厘米（图九六，9）。H39②：2，夹砂红褐陶。尖圆唇、折沿。内、外壁均见凸棱。口径12.8、顶径4.4、通高5.6厘米（图九六，7）。H40：1，尖唇、窄折沿。外壁见细密不规则弦纹。口径13、顶径4.4、通高5.6厘米（图九六，8）。H102①：2，尖唇、折沿。外壁有磨光痕迹，见细密弦纹，盖顶见轮制痕迹。口径13.2、顶径4、通高5厘米（图九六，4）。H144①：1，夹砂灰陶。尖圆唇。口径16.6、底径3.2、通高5.4厘米（图九六，6）。H144②：11，尖唇、折沿。内外壁均可见凸棱。口径11.6、顶径4、通高5.4厘米（图九七，2）。H107：7，夹砂灰黑陶。圆唇、沿面略凹。口径17.6、顶径3.8、通高4.5厘米（图九七，3）。H39②：1，器形较大。圆唇、折沿。外壁磨光，腹部近顶处饰一周凸棱。口径30、顶径6.8、通高8.6厘米（图九七，7）。H109：1，泥质黑陶。圆唇，斜直腹壁。外壁磨光，腹中部饰两周凹弦纹，顶上两条不甚规则的附加堆纹为捉手。口

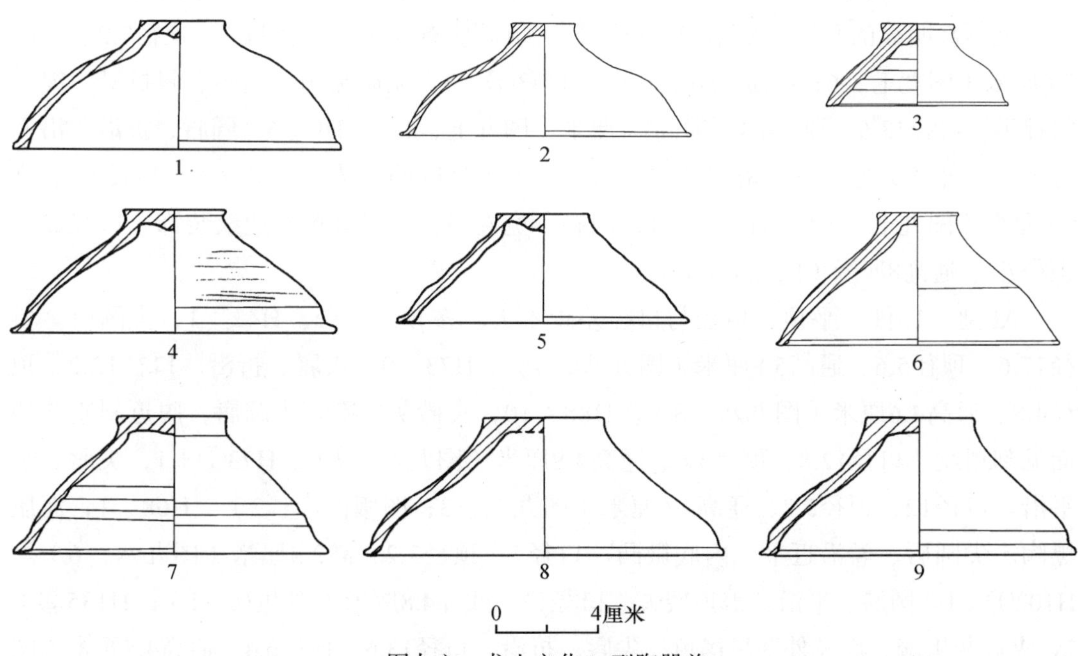

图九六 龙山文化Aa型陶器盖

1. H144②：6 2. H96②：3 3. H88：1 4. H102①：2 5. M2：2 6. H144①：1 7. H39②：2 8. H40：1 9. H107：5

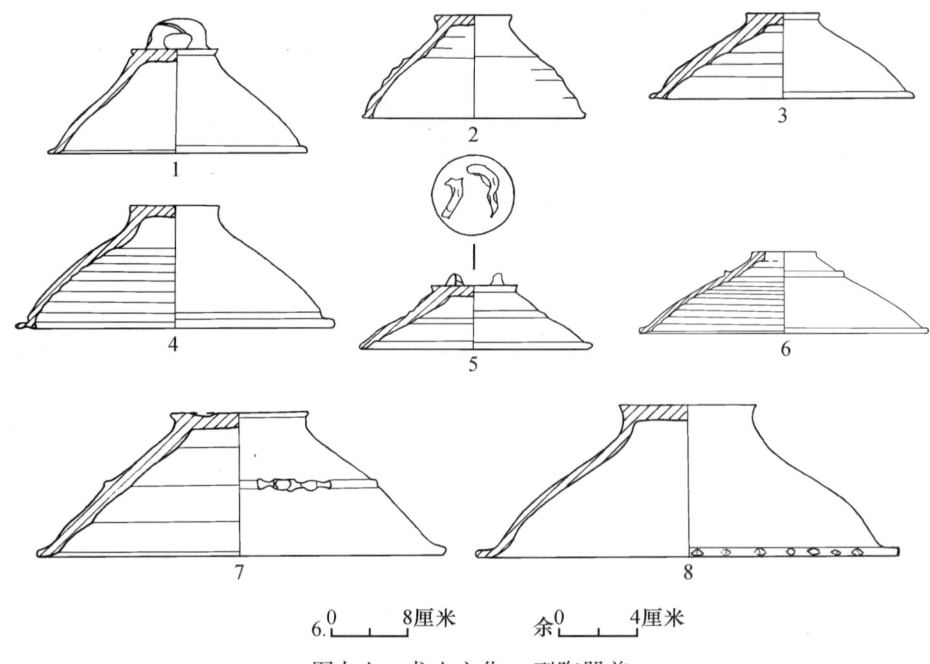

图九七　龙山文化Aa型陶器盖

1. H143①：3　2. H144②：11　3. H107：7　4. H9：6　5. H109：1　6. H107：8　7. H39②：1　8. H76②：1

径12、顶径4.4、高3.4厘米（图九七，5）。H107：8，圆唇、折沿，外壁饰附加堆纹，内壁见不甚明显的凸棱。根据残缺痕迹，盖顶原应有捉手。口径21.2、顶径7.2、通高7.6厘米（图九七，6；图版三九，6）。H143①：3，泥质黑陶。圆唇、斜折沿。绳索状捉手。口径13.6、顶径4.4、通高7.1厘米（图九七，1）。H9：6，圆唇、折沿，沿面有凹槽。外壁磨光，见细密的弦纹，内壁可见不规则的凸棱。口径16.8、顶径4.8、高6.4厘米（图九七，4）。H76②：1，圆唇、宽卷沿。口沿处饰花边纹装饰。口径22、顶径7.2、通高8厘米（图九七，8）。

Ab型　13件。平顶，顶径与口径差距不大。多顶缘外凸。H42：1，尖圆唇。口径17.6、顶径5.6、通高5.8厘米（图九八，4）。H73：9，尖唇、折沿。口径12.2、顶径4.8、通高4.6厘米（图九八，8）。H88：10，夹砂灰黑陶。尖圆唇，腹近斜直。顶面见刻划纹。口径12.8、顶径4.6、通高4.8厘米（图九八，7）。H73①：1，尖唇、窄平沿。口径12、顶径5.2、通高4.6厘米（图九八，3；图版四〇，2）。H68：1，泥质黑陶。尖圆唇、卷沿近平，内底微凸。口径7、顶径3.2、高2.4厘米（图九八，6）。H102①：1。圆唇、平沿。盖顶残失。口径12、残高4.8厘米（图九八，1）。H135②：2，夹砂灰黑陶，底及外壁呈褐色。尖唇、折沿。口径13.6、顶径6.4、通高4.8厘米（图九八，5；图版四〇，3）。H9：7，沿面、唇面有凹槽，内底微凸。外壁磨光，内壁见不规则凸棱。口径19.6、底径8、通高6.2厘米（图九八，2）。H55：2，夹砂灰陶。

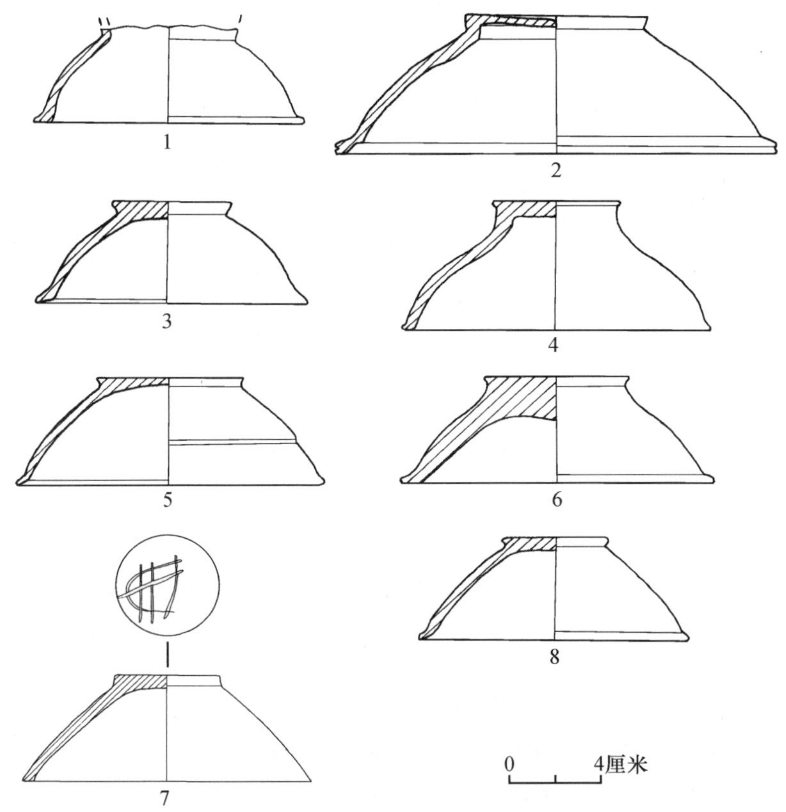

图九八　龙山文化Ab型陶器盖

1. H102①：1　2. H9：7　3. H73①：1　4. H42：1　5. H135②：2　6. H68：1　7. H88：10　8. H73：9

烧制有变形现象。圆唇、平沿，顶稍残、顶见轮制切割痕迹。口径17、顶径7.6、通高5.8厘米（图九九，4）。H22：2，夹砂灰黑陶。圆唇、窄平沿，顶有绳索状把手。口径22.4、顶径7.6、通高10厘米（图九九，3）。H68：4，圆唇、折沿、沿面有宽凹槽。口径21.6、顶径8、通高7.4厘米（图九九，5）。H29：1，夹细砂黑陶。器形较大，圆唇、平沿、沿内侧稍折。口径34.8、顶径13.4、通高11厘米（图九九，1）。H133②：1，夹砂灰黑陶。圆唇、折沿，顶稍有残缺。口径25.2、通高10.4厘米（图九九，2）。

Ac型　6件。与Aa、Ab型相比，整体造型显高。口径与底径差距较小。H110：3，夹砂灰陶。尖圆唇、卷沿，平顶边缘微凸。顶部有一穿孔。口径12.2、顶径6、通高5.5厘米（图一〇〇，3）。H111：1，器形不规则。尖唇、窄斜沿，腹斜直。腹部饰一周不甚明显的凸棱。口径11.6、顶径5.6、通高6厘米（图一〇〇，2）。H71③：1，夹砂红陶。尖圆唇、窄平沿。内外壁见制作而成的瓦状凹槽。复原口径20.4、底径7.2、通高9厘米（图一〇〇，6）。H16：4，泥质黑陶。尖圆唇、窄沿略内凹、沿下有一周不甚明显的凸棱平顶。外壁磨光，绳索状捉手。口径13.6、通高9.2厘米（图一〇〇，

5；图版四〇，4）。H81：1，圆唇，敛口，斜壁。内外壁磨光。复原口径32.8、底径12.8、13.6厘米（图一〇〇，1；图版四〇，5）。H83：6，尖圆唇、折沿，弧壁，顶有圆形捉手。器身三组附加堆纹，两周凸弦纹。口径16.8、顶径7.6、高6厘米（图一〇〇，4）。

B型　13件。覆盘形。根据形态不同分为四亚型。

Ba型　4件。器形较小。多泥质灰陶。尖唇，斜腹，多平顶。H109：2，平沿，弧

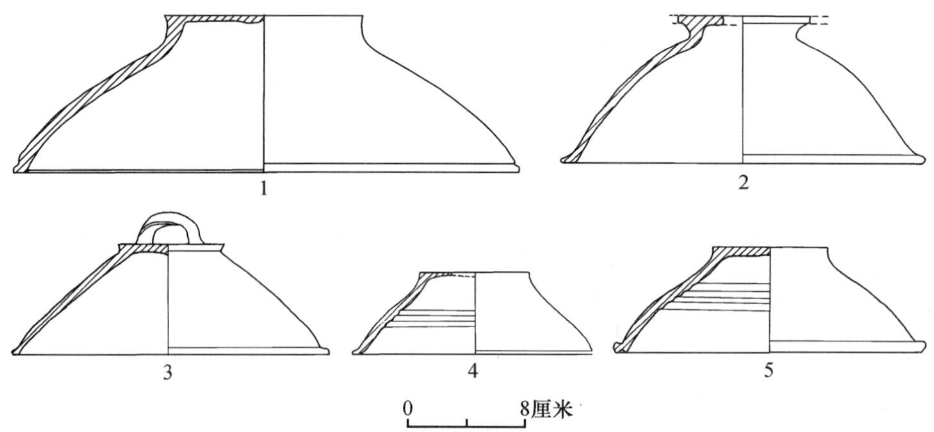

图九九　龙山文化Ab型陶器盖

1. H29：1　2. H133②：1　3. H22：2　4. H55：2　5. H68：4

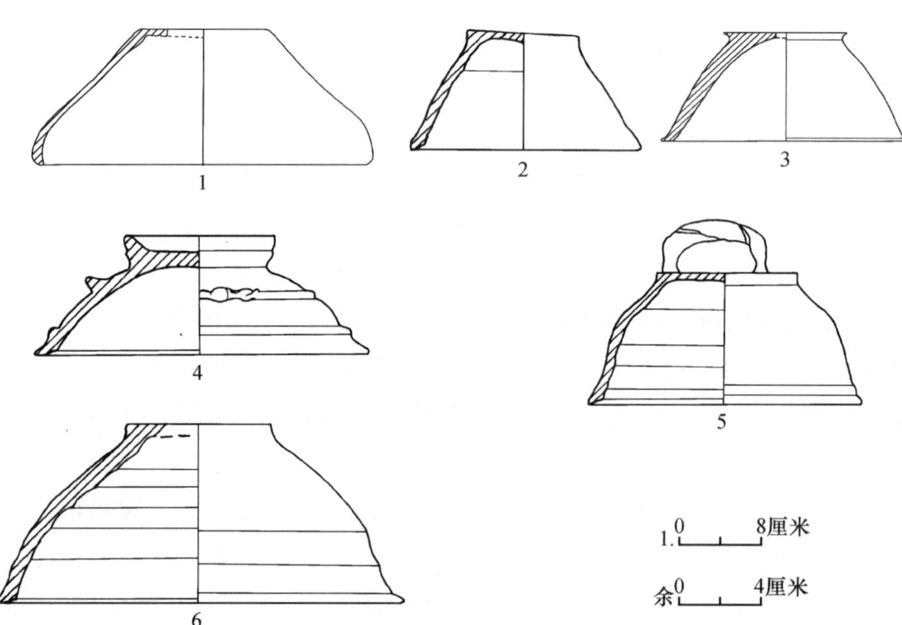

图一〇〇　龙山文化Ac型陶器盖

1. H81：1　2. H111：1　3. H110：3　4. H83：6　5. H16：4　6. H71③：1

顶，条状纽形捉手。口径4、通高2.1厘米（图一〇一，4）。H14②：2，夹砂灰陶。制作不规整，手捏而成。口径3.6、顶径2.8、通高1.6厘米（图一〇一，5）。H79③：18，口径3、顶径2.2、通高1.2厘米（图一〇一，6）。H31②：5，口径4、顶径2.4、通高1.1厘米（图一〇一，7）。

Bb型 1件。H68：2，泥质灰陶。方唇、唇面有凹槽，折沿、沿面内斜，壁微鼓，近顶部内收，平顶。顶面有圆形乳钉，边缘饰一周凹弦纹。口径19.6、顶径11.2、通高4.5厘米（图一〇一，1）。

Bc型 1件。H74：1，夹砂褐陶，外壁局部呈黑色。圆唇，腹稍鼓、平底下凹。

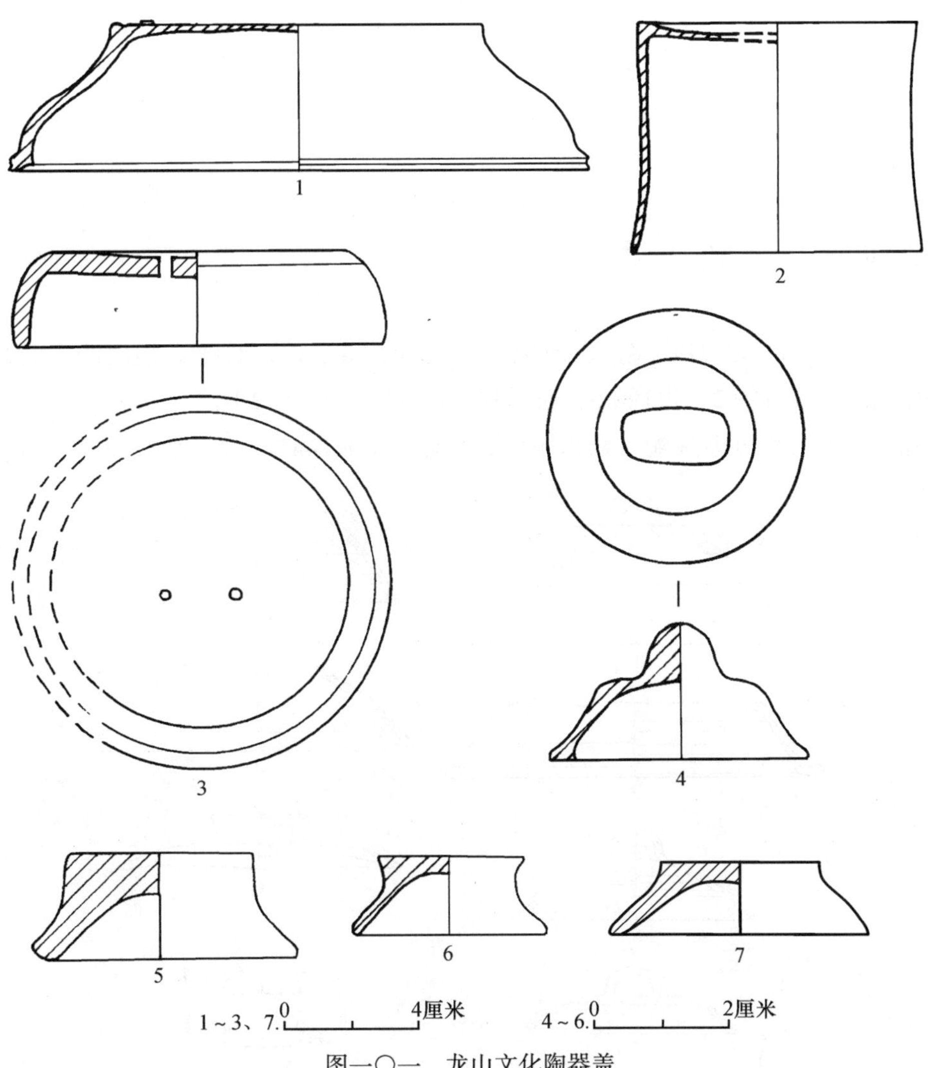

图一〇一 龙山文化陶器盖

1. Bb型（H68：2） 2. C型（H9：8） 3. Bc型（H74：1） 4～7. Ba型（H109：2、H14②：2、H79③：18、H31②：5）

顶上有两小圆孔。口径11.2、顶径8.8、通高3厘米（图一〇一，3；图版四〇，6）。

Bd型　7件。浅腹，弧壁，弧顶。多泥质陶，制作精致，外壁磨光、有的内壁也磨光。H9：5，泥质黑陶。圆唇、沿面有凹槽，顶面有环形纽，略残缺。内外壁均磨光，器身可见细密的弦纹。口径11、残高3.5厘米（图一〇二，7；图版四一，1）。H71②：1，泥质褐陶，器表颜色不均，呈现黑、褐等颜色。圆唇、窄平沿，腹圜收呈平底，桥形纽。腹部饰两道凸棱和附加堆纹。内壁未磨光，有不规则弦纹。口径22.4、通高8厘米（图一〇二，1；图版四一，2）。H79③：2，泥质褐陶，局部黑色。圆唇、折沿、沿面有凹槽。外壁饰三周凹弦纹，桥形纽。口径13、通高4.8厘米（图一〇二，5）。H129：1，泥质黑陶。顶残失。口径17.6、残高4厘米（图一〇二，4）。H58：3，泥质黑陶。喇叭形捉手。捉手直径5.2、残高3厘米（图一〇二，6）。H79③：5，夹砂褐陶，器形较大。局部呈黑、灰色。圆唇、卷沿、沿面有凹槽，接近盖顶处有对称贯耳。盖顶残损，内壁见不规则凸棱。复原口径31.2、残高10厘米（图一〇二，2）。H7：1，泥质灰褐陶，外壁局部红褐色和灰褐色。圆唇、近平沿，斜直腹，近顶部弧收。顶残缺。外壁一道细凸棱，内壁数周弦纹。复原口径20.2、残高4厘米（图一〇二，3）。

C型　1件。筒形。H9：8，泥质黑陶。圆唇、微敞口，直壁，顶内凹。磨光，内壁有轮制痕迹。口径9.2、顶径8.6、通高7厘米（图一〇一，2）。

陶盅　2件。均夹砂灰陶。器形不规整，较小。H144③：2，平底内凹。口残，底

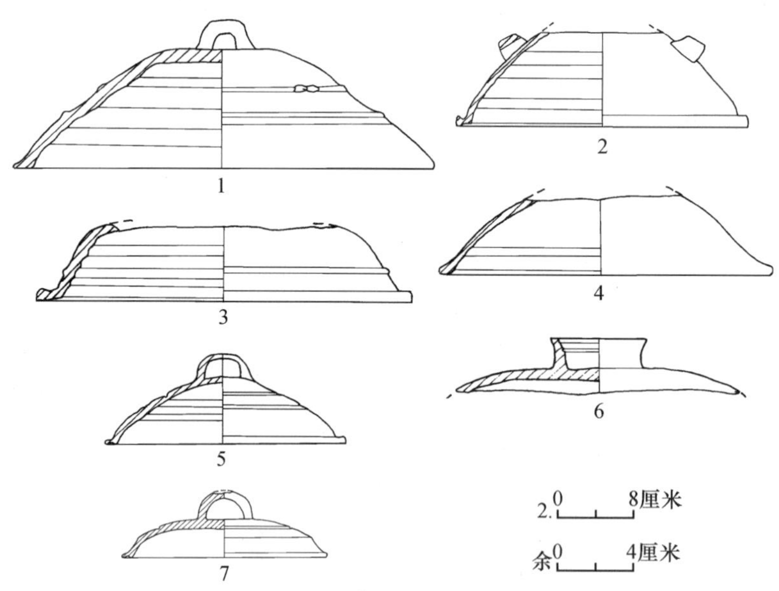

图一〇二　龙山文化Bd型陶器盖

1. H71②：1　2. H79③：5　3. H7：1　4. H129：1　5. H79③：2　6. H58：3　7. H9：5

径2.8、残高3.2厘米（图一〇三，3）。TS06W18①：2，长径2.6、短径2.4、高1.4厘米（图一〇三，4）。

陶铃　2件。外壁磨光，内壁未磨光。H11③：3，泥质灰陶。合瓦形，形状稍不规则。顶部两个穿孔，侧面各两个穿孔。通高5.4、通宽10.6厘米（图一〇三，1；图版四一，3）。H72：1，泥质黄褐陶。残损严重。顶部残存一穿孔，侧面两个穿孔。残长2.6、残宽2.9、残高2.3厘米（图一〇三，2）。

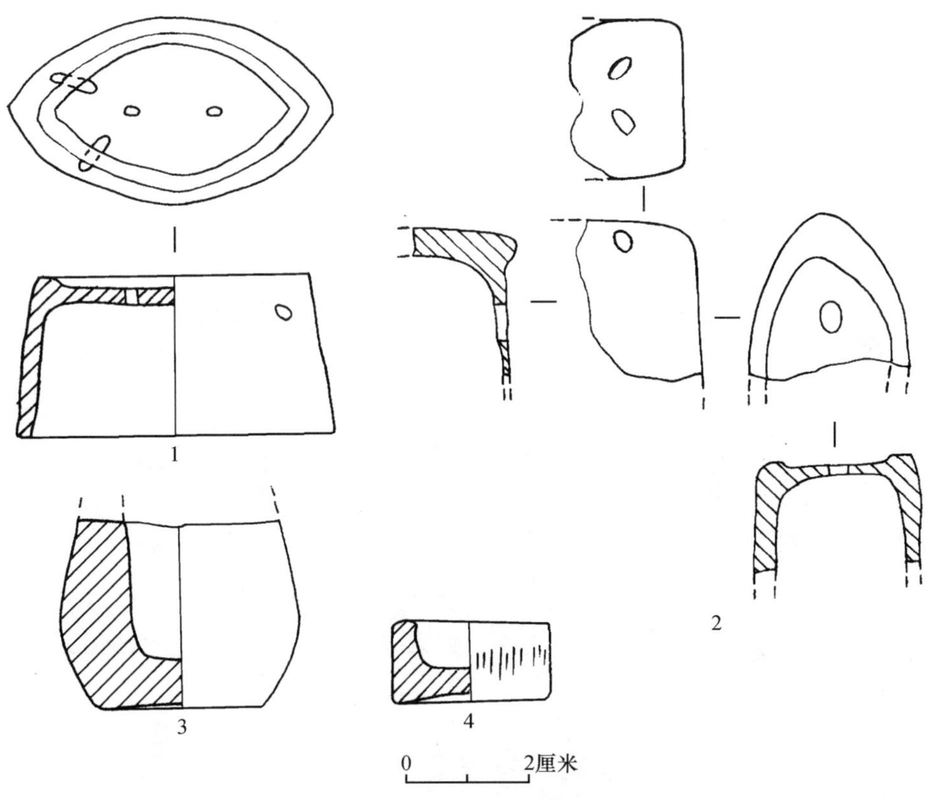

图一〇三　龙山文化陶器

1、2. 陶铃（H11③：3、H72：1）　3、4. 陶盅（H144③：2、TS06W18①：2）

陶纺轮　9件。多泥质灰陶或黑陶，少量夹细砂灰陶，制作规整。可以分为三型。

A型　2件。较薄，器形均稍不规整。H39①：1，泥质褐陶。略呈椭圆形，居中位置有两面对穿的穿孔，边缘有两个对称豁口。直径3.2～3.6、厚0.4厘米（图一〇四，1）。TS06W19①：2，泥质灰陶。居中有圆孔。直径4.8、孔径0.4、厚0.5厘米（图一〇四，2）。

B型　4件。器形规整，较厚。个别圆孔边缘略凸。H142：11，泥质灰陶。表面磨光。直径2.6～2.8、孔径1、厚1.4厘米（图一〇四，3）。H73①：1，泥质灰陶。仅存一半。直径4.2、孔径0.6、厚1.2厘米（图一〇四，5）。H31②：7，夹细砂灰陶。

截面呈梯形。穿孔上粗下细，孔周缘有隆起。上直径3.9、下直径为4.6、厚1.4、孔径0.3～0.6厘米（图一〇四，4）。TS09W21①：1，夹砂红褐陶。截面呈梯形。中间的孔一边稍凸出于纺轮平面。直径4.3、孔径0.5厘米（图一〇四，6）。

C型　3件。均泥质黑陶，制作精致。背面平，正面略鼓。多正面磨光、背面未磨光且可见轮制痕迹。H68：3，通体磨光。直径5.6、孔径0.5、厚0.4～0.8厘米（图一〇四，7）。H58：2，一角稍残。正面近边缘处有一周浅凹槽。直径5、孔径0.3、厚

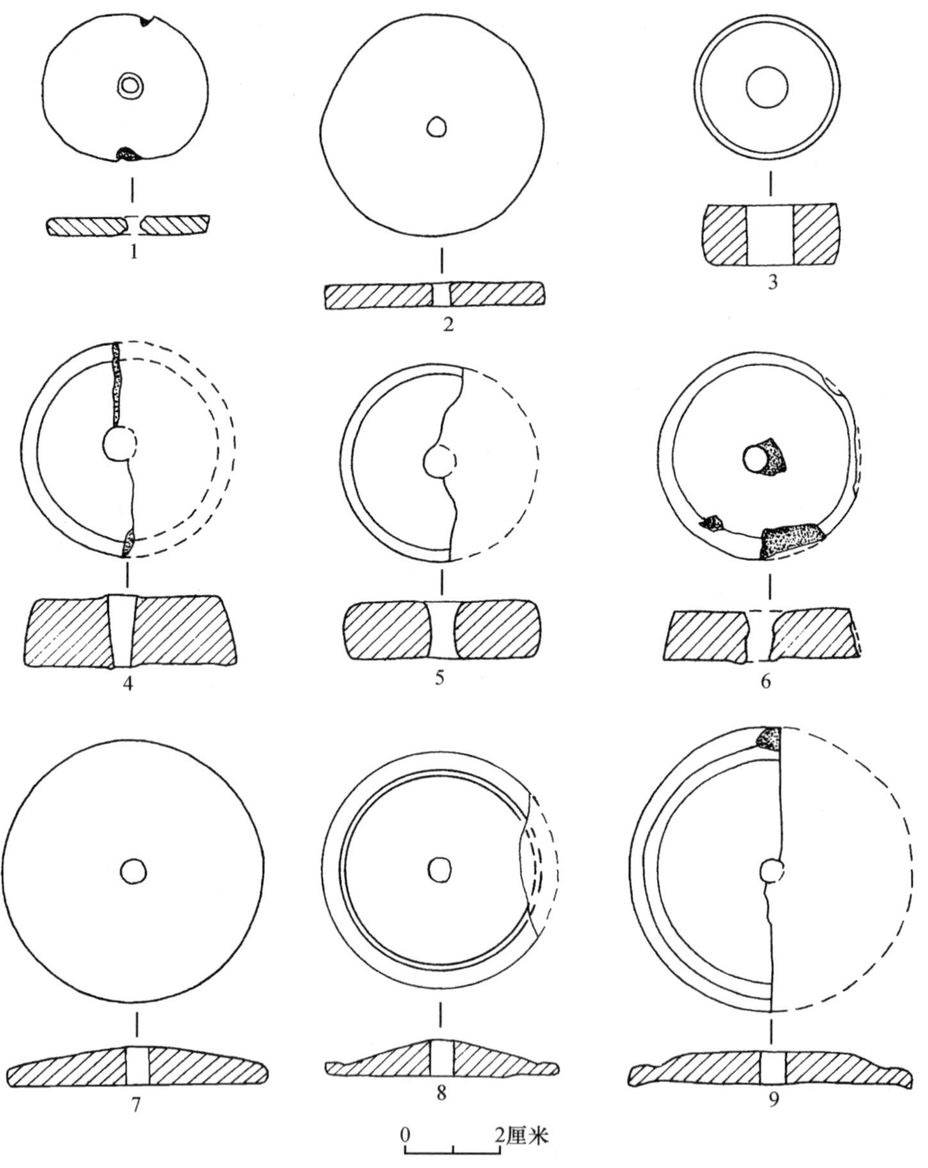

图一〇四　龙山文化陶纺轮

1、2. A型（H39①：1、TS06W19①：2）　3～6. B型（H142：11、H31②：7、H73①：1、TS09W21①：1）
7～9. C型（H68：3、H58：2、H16：7）

0.3～0.8厘米（图一〇四，8）。H16：7，正面边缘有一周宽浅凹槽。直径为6、孔径0.5厘米（图一〇四，9）。

圆陶片　12件。均由陶片改制，可分两型。

A型　3件。均泥质黑陶，形状不规则。一面或两面有钻孔痕迹。H71：9，正面有三道细凸棱，背面有一孔，琢而未透。直径3.1～3.3、最厚处0.9厘米（图一〇五，1）。H96③：3，不规则圆形，器身正反两面有三孔但均未透，正面一孔、反面两孔。正面磨光，有两道弦纹。直径3.5～3.7、厚0.7厘米（图一〇五，2）。F22：1，中间稍偏有一圆孔，未穿透。直径3.2～3.6、厚0.6厘米（图一〇五，3）。

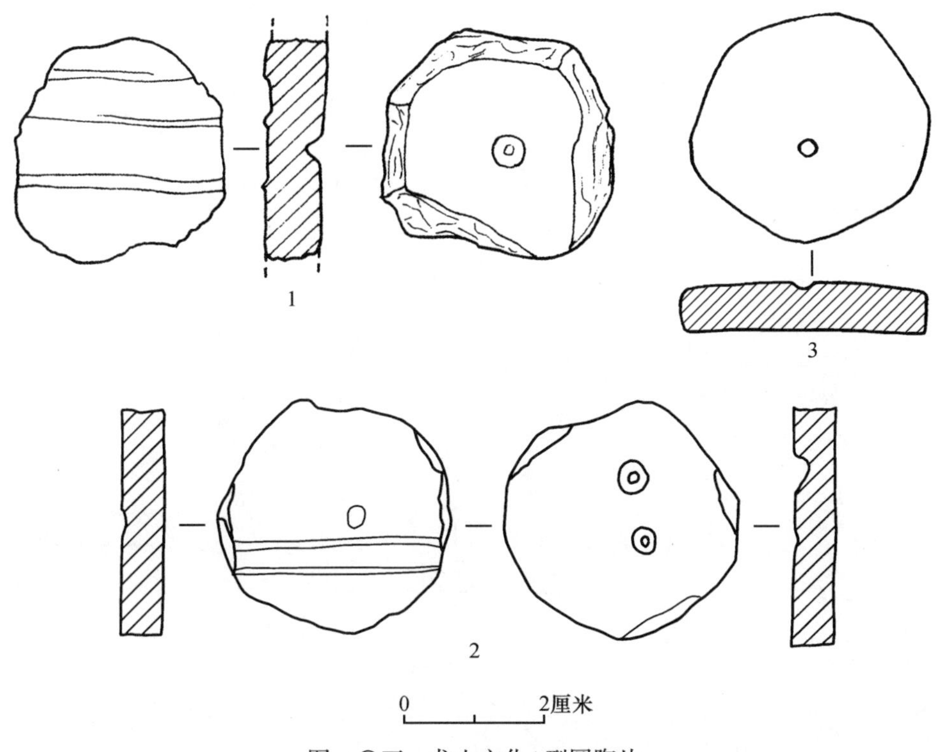

图一〇五　龙山文化A型圆陶片

1. H71：9　2. H96③：3　3. F22：1

B型　9件。多泥质陶。未见钻孔，多不太规整。H96①：1，泥质黑陶。为杯底稍加工磨制而成，边缘磨平。正面略凸、背面略凹。直径4.4、厚0.3～0.5厘米（图一〇六，2）。F5：2，泥质黑陶。形状不规整，可见细密的弦纹，背面呈灰白色。直径4.5～4.9、厚0.5厘米（图一〇六，3）。H11③：2，夹砂黑陶。直径4.6～4.9、厚0.5厘米（图一〇六，5）。H117：1，泥质灰陶。正面见粗凸棱且有三条斜向压划纹。直径6.5～7、厚0.5～0.9厘米（图一〇六，7）。H96③：1，泥质灰陶。呈七边形。表面磨光呈黑色，正面饰数周不规则弦纹，边缘磨制痕迹明显。直径3.4、厚0.4～0.5厘米

（图一〇六，4）。H108③：1，泥质黑陶。杯底改制，正面居中有一个小凸起，背面稍内凹、有轮制痕迹，边缘磨制。上、下直径分别为4、4.6、厚0.5厘米（图一〇六，1）。H120：3，夹细砂夹云母灰陶。见细微弦纹痕迹。直径4、厚0.5～0.8厘米（图一〇六，6）。H61：1，泥质黑陶。直径4.5～4.8、厚0.6厘米（图一〇六，8）。H120：1，泥质灰陶，截面呈弧形。直径4.3、厚1厘米（图一〇六，9）。

陶镞　2件。TS04W17①：1，夹砂灰陶。纺锤形，横截面椭圆形。长5.9、最厚1

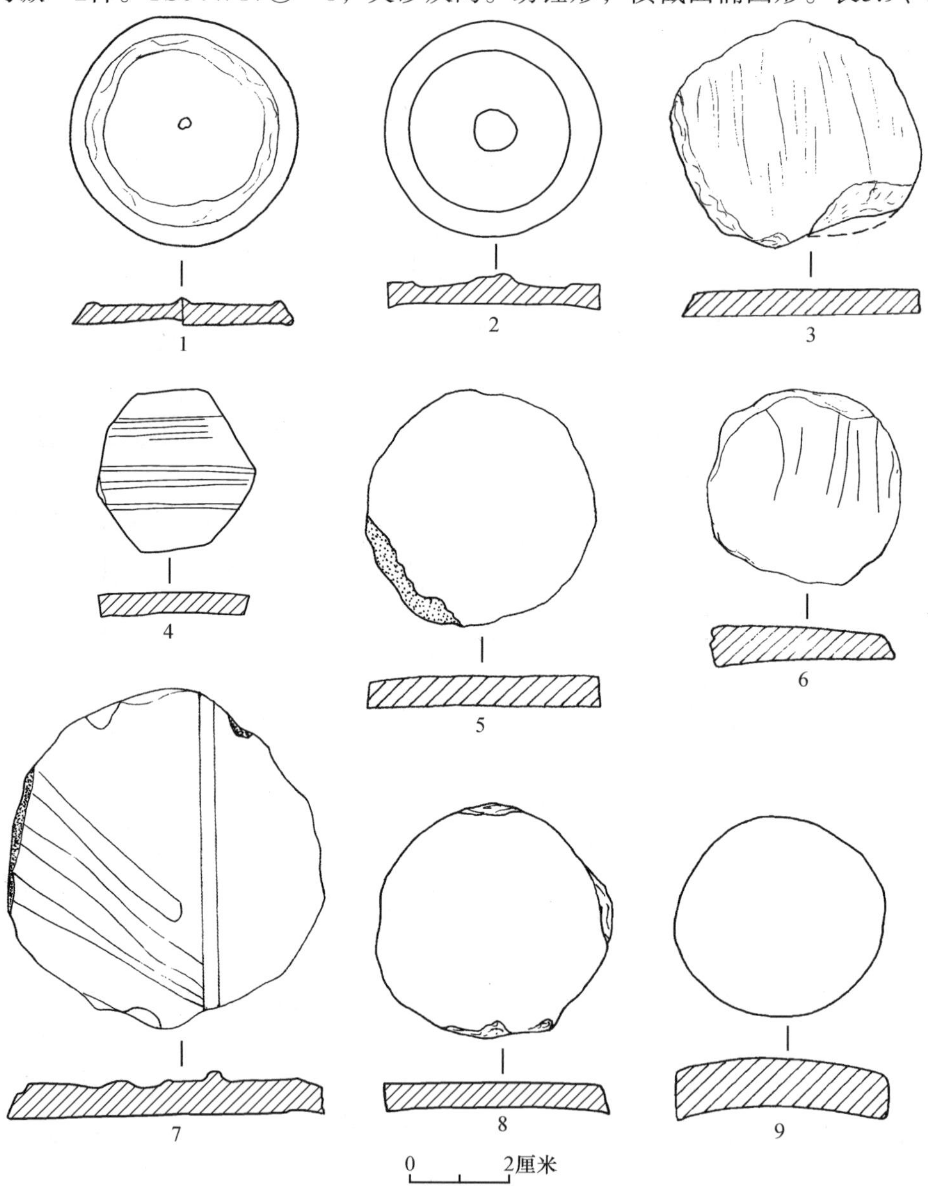

图一〇六　龙山文化B型圆陶片

1. H108③：1　2. H96①：1　3. F5：2　4. H96③：1　5. H11③：2　6. H120：3　7. H117：1　8. H61：1　9. H120：1

厘米（图一〇七，3）。H74：3，泥质灰陶。器形规整，铤部残。残长6.4、宽1.6厘米（图一〇七，4）。

陶网坠　1件。H120：2，夹砂红陶。器身一周浅凹槽，另有两道纵向的凹槽。器身稍残。长4.4、宽2.3、厚0.5～1.5厘米（图一〇七，1；图版四一，4）。

陶拍　1件。采：1，夹粗砂灰陶，外表褐色。器身粗糙，一端稍残，中间呈圆柱状、两端圆饼状。长8.1、宽5.3厘米（图一〇七，5；图版四一，5）。

方块形陶器　1件。H142：3，夹砂黑陶，1面稍不平整，其余5面均平整光滑。边长2.2、厚1.1～1.2厘米（图一〇七，2）。

陶龟　1件。H7：4，泥质黑陶。整体呈龟壳状，制作精致，保存较差，周边均有残缺。背部磨光，背部有类似龟壳纹饰的刻划纹。残长4.9、宽3.9、厚0.3厘米（图一〇七，6；图版四一，6）。

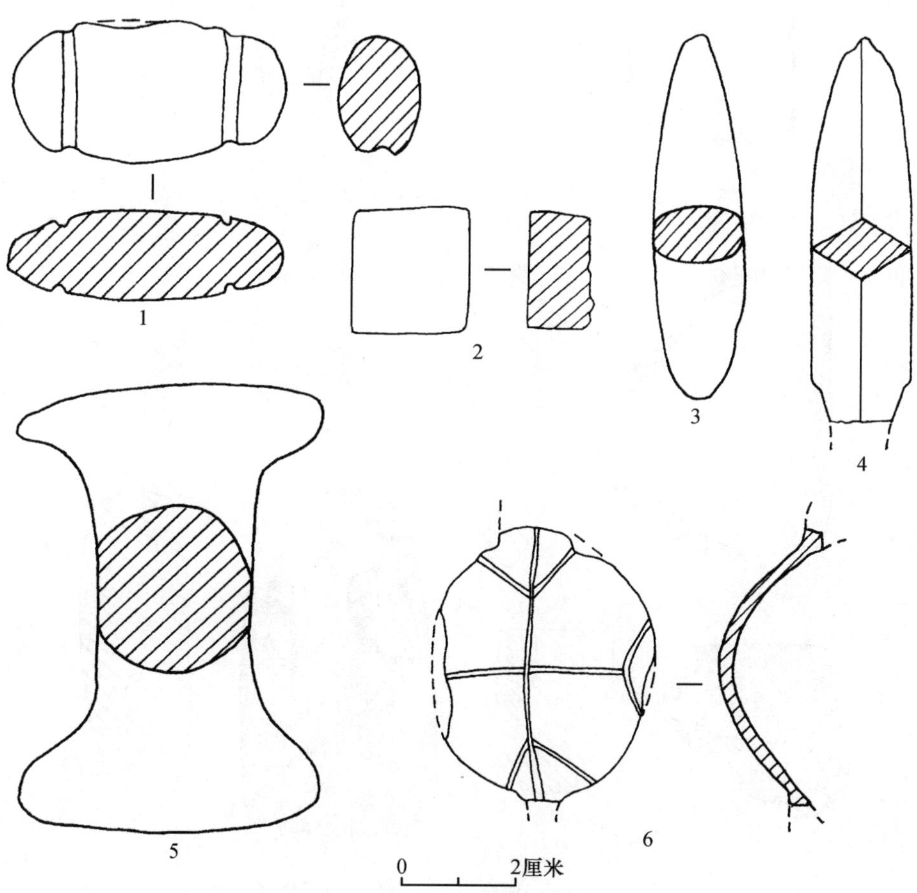

图一〇七　龙山文化陶器

1. 陶网坠（H120：2）　2. 方块形陶器（H142：3）　3、4. 陶镞（TS04W17①：1、H74：3）　5. 陶拍（采：1）　6. 陶龟（H7：4）

2. 石器

石器62件，器类有斧、锛、凿、锤、刀、镞、矛、纺轮等，以锛、镞、刀的数量最多。石质较好，大多数制作精致，通体磨光，使用痕迹明显；少量石器保留切割面未加磨制，也有少量半成品。多数残缺严重。

石斧　6件。H16：2，正面略鼓，刃部不明显，器体上端残，右侧形状完整，左侧切割断裂，未加磨制。残长7、残宽3.3、最宽2厘米（图一〇八，2）。H58：4，体形短小，顶端平，从中部偏下斜收成两面刃，刃部及右半部残。残高4.9、残宽5.2、最

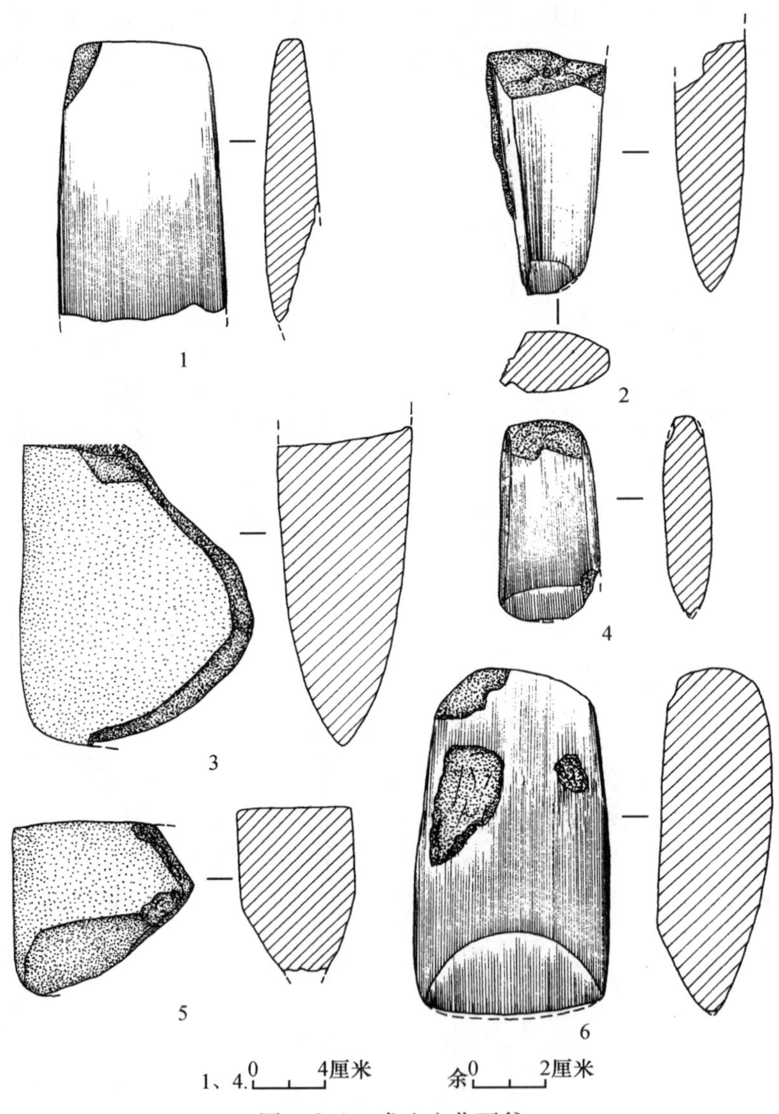

图一〇八　龙山文化石斧

1. F14：4　2. H16：2　3. H102②：3　4. TS06W18①：1　5. H58：4　6. H16：1

厚3.2厘米（图一〇八，5）。TS06W18①：1，平顶，两面微凸，单面刃，顶及刃部有缺损。残长11.3、最宽5.4、最厚2.6厘米（图一〇八，4）。H102②：3，形制较大，大部分残缺。残长8.9、残宽6.6、最厚3.7厘米（图一〇八，3）。H16：1，弧顶，背面微鼓，单面刃，刃部呈弧形。顶部和正面有崩残，刃部有使用痕迹。长9.8、宽5.4、厚3.3厘米（图一〇八，6；图版四二，1）。F14：4，平顶，正面微鼓，刃部缺失。残高7.9、最宽4.8厘米（图一〇八，1）。

石锛　8件。多器形规整，磨制精细。根据刃部的差异分为二型。

A型　3件。直刃。F14：3，弧顶，背面略鼓，正面保留少量原始面，其余磨光。器身有崩残。长9、宽6.3、厚2.2厘米（图一〇九，3）。H3①：10，顶向后倾斜，正面、背面均略。器身有崩残，刃部有使用磨损痕迹。高5.3、最宽4.3、最厚2厘米（图一〇九，1；图版四二，2）。H76②：12，平顶，背面微鼓。顶部有残缺、刃部有崩残。除顶面稍粗糙外，其余均磨光。长5.9、宽4.1、厚1.7厘米（图一〇九，2）。

B型　3件。弧刃。H74：2，平顶，刃部有残缺，器表有崩残。高为9.8、最宽4.3、最厚处3.6厘米（图一〇九，7）。TS06W19①：1，平顶，正面平而背面稍鼓。部分磨光，部分保留原始平面，刃部使用痕迹明显。崩残严重。残高9.6、宽4.2、厚2.9厘米（图一〇九，8）。H142：9，背略鼓，残损严重。残高9.8、宽3.9、最厚2.7厘米（图一〇九，4）。

其他石锛　2件。残损严重。H77：1，残长7.3、残宽3.5、最厚2.8厘米（图一〇九，5）。H142：10，残长8.6、宽5.9、现存最厚2.3厘米（图一〇九，6）。

石铲　3件。均残缺严重。H96④：2，厚薄均匀，两面均较平整，未见磨制痕迹。残长6、宽4、厚0.5厘米（图一一〇，1）。H71：10，弧刃，残损严重。残长4.9、残宽5.2、最厚处1.2厘米（图一一〇，2）。H152④：1，残长4.7、宽4.1、厚0.8厘米（图一一〇，3）。

石刀　10件。均扁平状，厚薄均匀，多单面刃，器身多有孔。多通体磨制，残缺不全。H76②：2，现存形状呈直角梯形，表面粗糙、仅刃部有磨制现象。残长12.7、宽7.6、厚1.8厘米（图一一一，4）。TS10W17①：1，器身上部有两对钻穿孔。残长9.4、宽5.4、厚1厘米（图一一一，2）。H110：2，正面微鼓。残长6.6、宽3.4～6、厚1.2厘米（图一一一，1）。H31②：8，两面弧刃。残长9、残宽5.5、厚1.1厘米（图一一一，3）。H31②：2，整体圆角长方形。中部偏上有2对钻孔，双面钻。略有残缺。残长13.2、宽4.2、厚1.3厘米（图一一一，9）。F20：1，正面略鼓，刃部有使用痕迹。器身上部有2对钻孔，双面钻。略有崩残。长10.9、宽4.1、厚0.6、孔径0.5～1.1厘米（图一一一，8）。H63：2，器身一个穿孔，双面钻。残长3.7、宽5、厚0.7厘米（图一一一，5）。TS10W17①：2，自上而下渐薄，器身上部有两穿孔，单面钻，

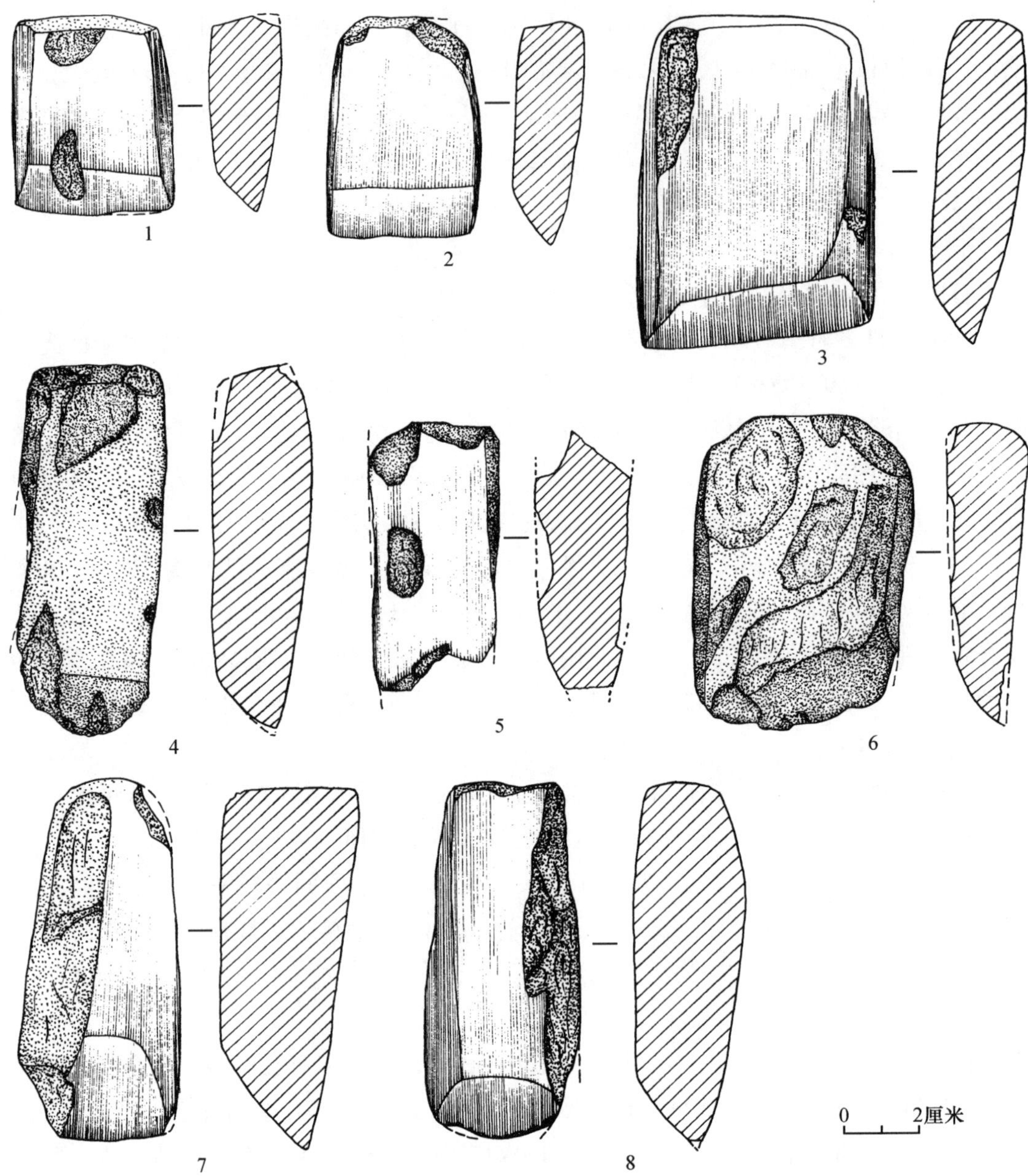

图一〇九 龙山文化石锛

1～3. A型（H3①：10、H76②：12、F14：3） 4、7、8. B型（H142：9、H74：2、TS06W19①：1）
5、6. 其他（H77：1、H142：10）

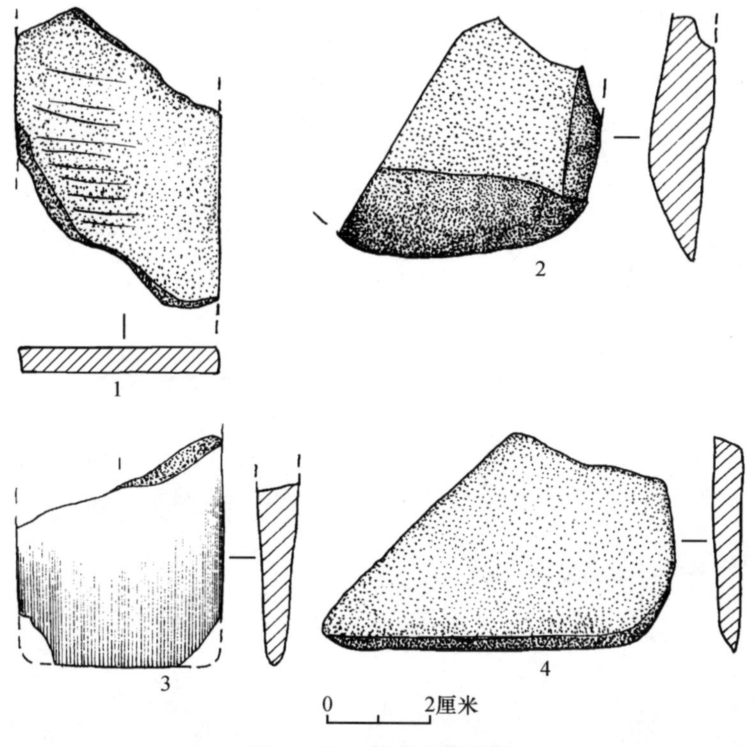

图一一〇　龙山文化石器

1～3. 石铲（H96④：2、H71：10、H152④：1）　4. 石刀（F7③：1）

其中一个未穿透。刃部还有一单面钻孔。残长6.8、宽4、最厚处0.8厘米（图一一一，7）。TS04W18①：1，残长3.3～3.5、宽4.4、厚0.4～0.6厘米（图一一一，6）。F7③：1，残长7、宽4.4、厚0.6厘米（图一一〇，4）。

石凿　4件。器形较小。均单面刃，制作精细，通体磨光。H144③：1，平顶，表面崩残。长3.8、宽2.1、厚0.5厘米（图一一二，1）。H12：1，平顶，正面略鼓。刃部残断，有少量崩残。残长3.7、宽1.5、厚1.8～1.1厘米（图一一二，2）。TS05W17①：4，刃部有崩残。残长2.9、宽1.8、厚1～1.3厘米（图一一二，3）。F3：1，残长5.1、宽2.2、厚0.8厘米（图一一二，5）。

石纺轮　1件。H110：1，稍不规整，截面呈梯形，居中有一钻孔。磨制精细。背面有红色颜料痕迹。直径4.3～4.7、孔径0.6、厚0.7厘米（图一一二，6）。

石镰　2件。磨制精细，残缺严重。H135：37，形状不规则，顶部至刃部渐薄。残长5、残宽5.2、厚0.2～1.2厘米（图一一二，4）。H8：2，剖面呈三角形。残长2.6、残宽2.1、最厚0.6厘米（图一一二，7）。

石镞　10件。根据器形差异可以分三型。

A型　8件，镞身呈“柳叶”状，镞身剖面绝大多数为菱形。多器形规整，制作精

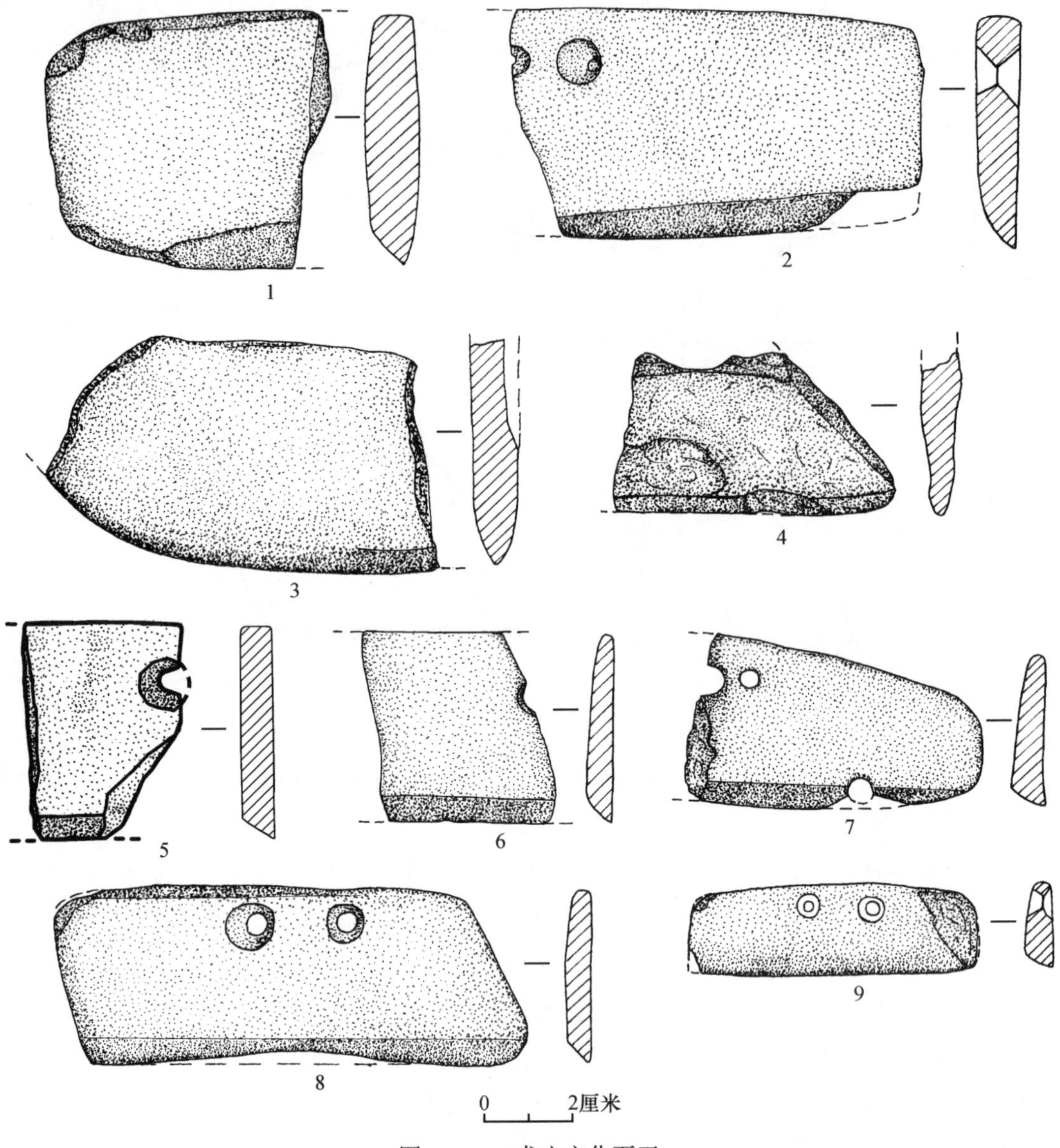

图一一一　龙山文化石刀

1. H110：2　2. TS10W17①：1　3. H31②：8　4. H76②：2　5. H63：2　6.TS04W18①：1　7. TS10W17①：2　8. F20：1　9. H31②：2

致，镞身多磨光。多有残缺。H31①：1，器形较大，刃部有崩残。镞身大而宽、铤粗短。铤部截面为椭圆形。通体磨光。长9、宽1.8、厚1厘米（图一一三，6；图版四二，3）。H109：3，镞身截面呈三角形。铤部未磨光。残长6.6、宽1.7、最厚0.9厘米（图一一三，1）。H74：4，短铤。长6.8、宽1.5、厚0.8厘米（图一一三，2）。H20：14，尖端残缺、铤部短小。残长5.7、宽2、厚1厘米（图一一三，3）。H22：3，镞身背面

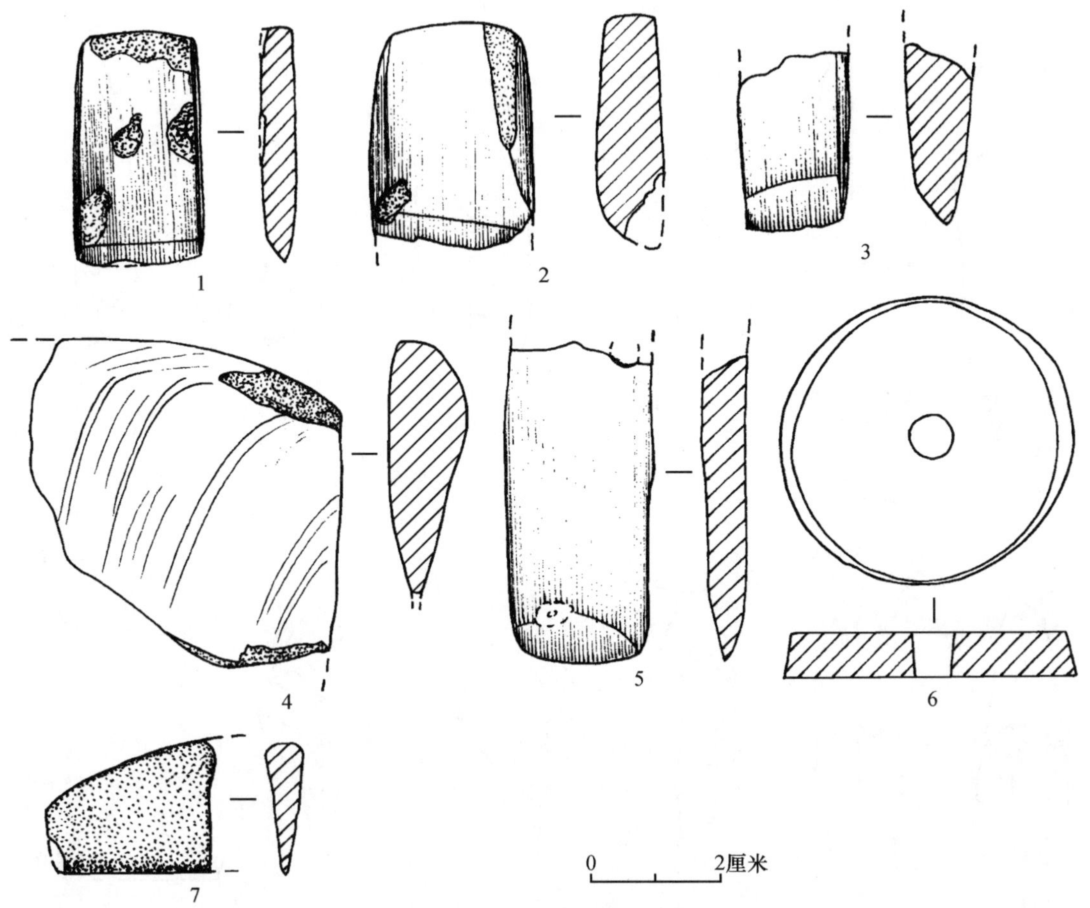

图一一二　龙山文化石器

1～3、5. 石凿（H144③：1、H12：1、TS05W17①：4、F3：1）　4、7.石镰（H135：37、H8：2）　6.石纺轮（H110：1）

残缺，铤部截面为椭圆形，残长5.5、宽1.7、厚0.6厘米（图一一三，4）。H4：2，残损严重。残长6.6、残宽1.8、厚0.9厘米（图一一三，5）。H32：1，正面脊线不明显，背脊较明显。残缺严重。残长3.8、最宽1.4厘米（图一一三，7）。H31②：6，刃部有崩残，铤部缺失。残长3.8、残宽1.2、厚0.5厘米（图一一三，8）。

B型　1件。H73②：3，镞身宽短。脊线明显，镞身截面呈菱形，前锋锋利，镞身及铤保留切割的形状、稍加磨制。长3.8、最宽2、厚0.6厘米（图一一三，10）。

C型　1件。H39②：4，镞身呈三角形。整体粗短，镞身宽扁、背面稍凸，横剖面略呈圆角方形，扁圆铤。磨制不精，稍残。残长4.1、宽1.5、厚0.4厘米（图一一三，9）。

石矛　4件。可分为两型。

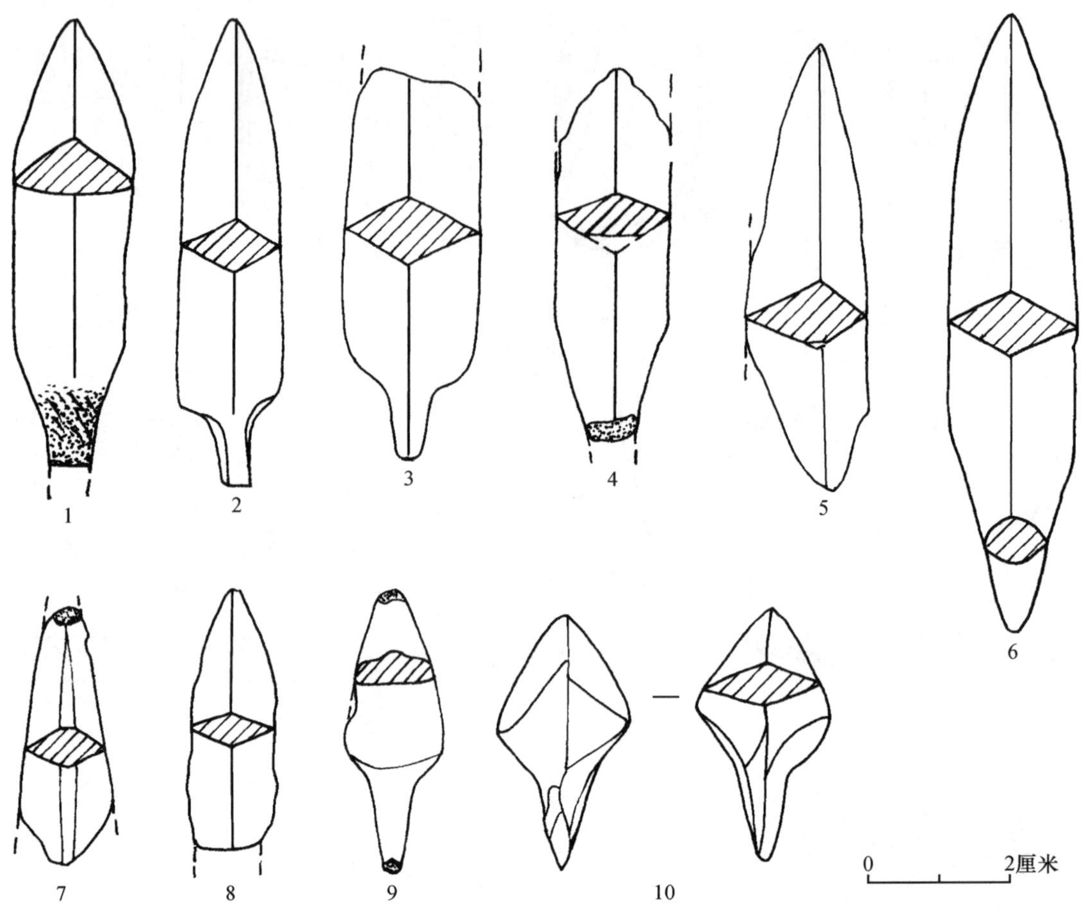

图一一三　龙山文化石镞

1～8. A型（H109：3、H74：4、H20：14、H22：3、H4：2、H31①：1、H32：1、H31②：6）

9. C型（H39②：4）　10. B型（H73②：3）

A型　3件。多器形不规整，器身呈多面体，各面均较平整但并未磨光。H45：1，长10.3、宽4.9、最厚1.7厘米（图一一四，1）。H2：2，残长9.8、宽3、最厚1.2厘米（图一一四，2）。H43①：1，长9.4、最宽4.2、最厚2.8厘米（图一一四，3）。

B型　1件。制作规整，磨制精细。TS07W19①：1，正面脊线明显，背面略鼓，截面略呈三角形。左右不对称，两边缘一边出锋较小，一边出锋较大。器身有两穿孔，均位于出锋较大的一侧近边缘位置。上下各一，上孔完整、两面对穿，下孔残存一半。通体磨光。器身残高5.2、宽2.3、上孔径0.3～0.5、下孔径0.7厘米（图一一四，4）。

其他石器　14件。形状多不规则、残缺严重，不辨器形。H31②：4，截面呈等腰梯形，只一面磨制，其余各面未加磨制，未见刃部。长10.6、宽6.8、厚4厘米（图

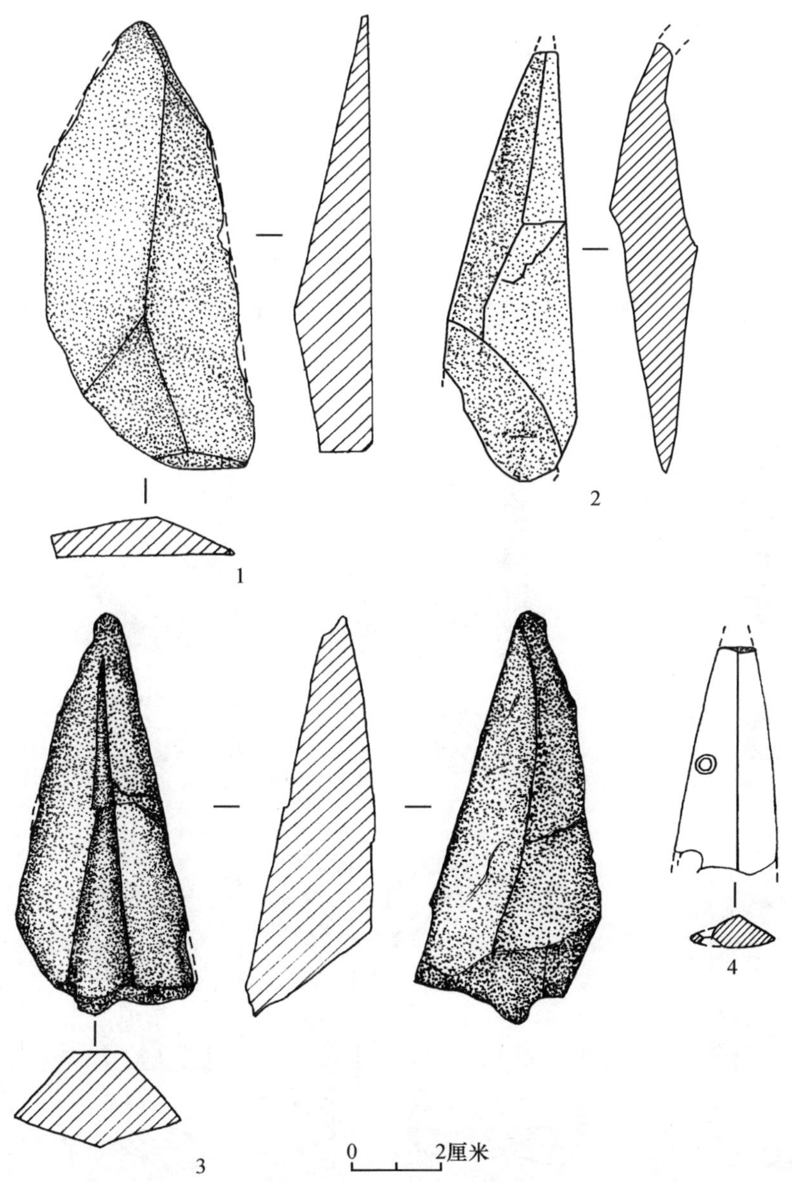

图一一四 龙山文化石矛

1～3. A型（H45：1、H2：2、H43①：1） 4. B型（TS07W19①：1）

一一五，1）。H76②：3，截面略呈平行四边形，刃部较薄。器体粗糙，未经打磨。长11.6、宽4.6、厚2.9厘米（图一一五，2）。F14：1，器身粗糙，横截面呈长方形。长11.5、宽8、厚4.3厘米（图一一五，3）。H143②：2，长条形，横截面呈不甚规则的四边形。长5.6、宽2.1、厚0.8厘米（图一一五，4）。H34：3，上、下皆残。截面略呈方形。长7.8、宽4.、厚2.8厘米（图一一五，5）。F4D6：1，有刃。左上角斜面加工较好，右上角形成台面。出于柱洞，应是在石器残损后，作柱础二次使用。长7.2、宽5.9、厚1.4～1.5厘米（图一一五，6）。H63：1，上、下均残，截面呈菱形。残长5、残宽3.3、最厚1.1厘米（图一一五，7）。H74：5，通体呈灰白色，长条形。上下均残断，截面近直角梯形。残长4.5、宽1.2厘米（图一一五，8）。H24：1，残长3.9、宽4.2、厚3.5厘米（图一一五，9）。H42：3，仅存片状，正面磨光。残长6.1、残宽4.5、厚0.9厘米（图一一六，1）。H43①：2，形状不规则，刃部锋利，保留打制痕迹。长4.6、宽3、厚1.4厘米（图一一六，2）。H43①：3，片状，正面稍鼓。未磨制，保留原始面。残长4.6、宽3.6、厚1厘米（图一一六，3）。TS05W19①：3，圆形。正面鼓

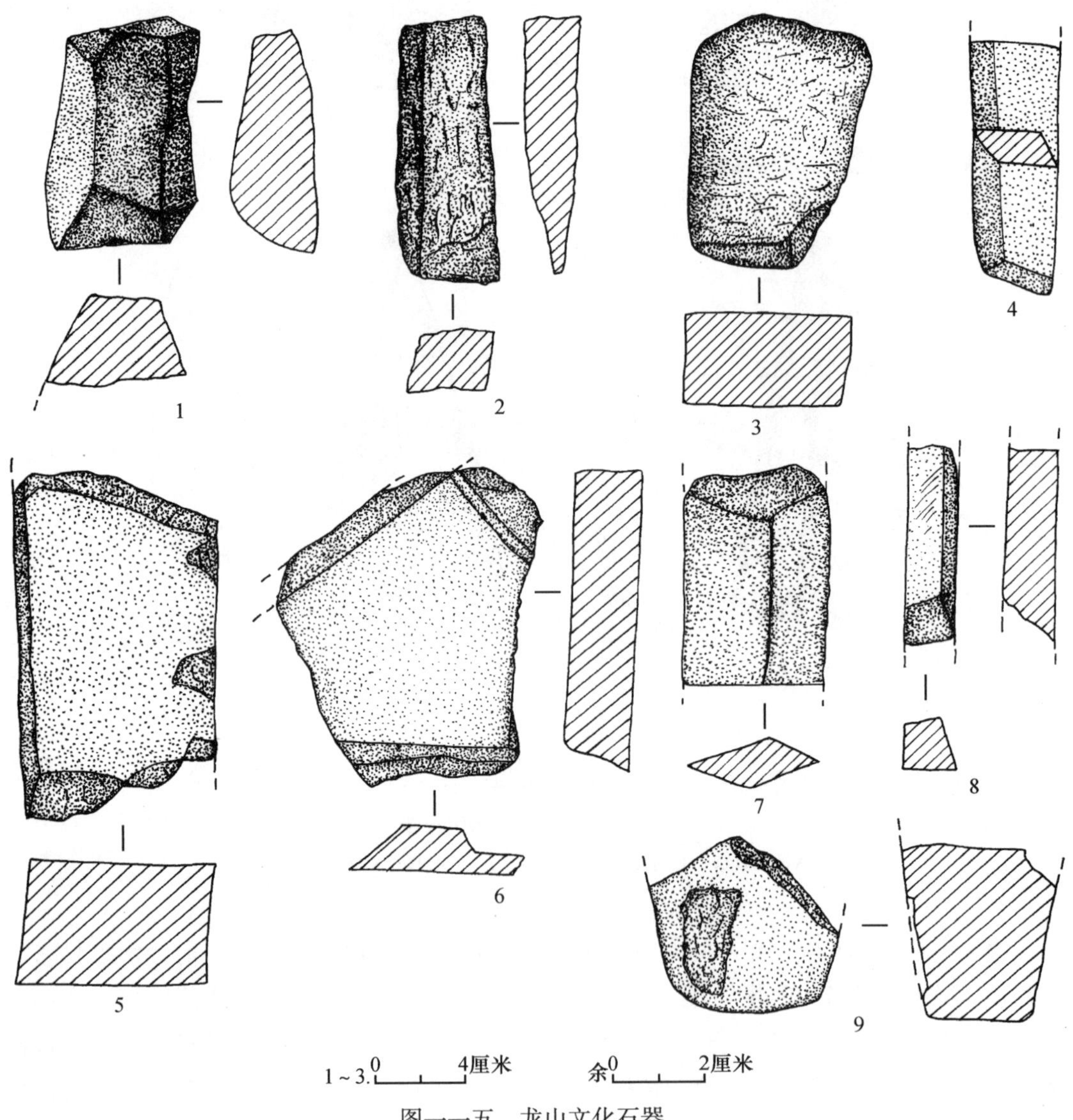

图一一五　龙山文化石器

1. H31②：4　2. H76②：3　3. F14：1　4.H143②：2　5. H34：3　6. F4D6：1　7. H63：1　8. H74：5　9. H24：1

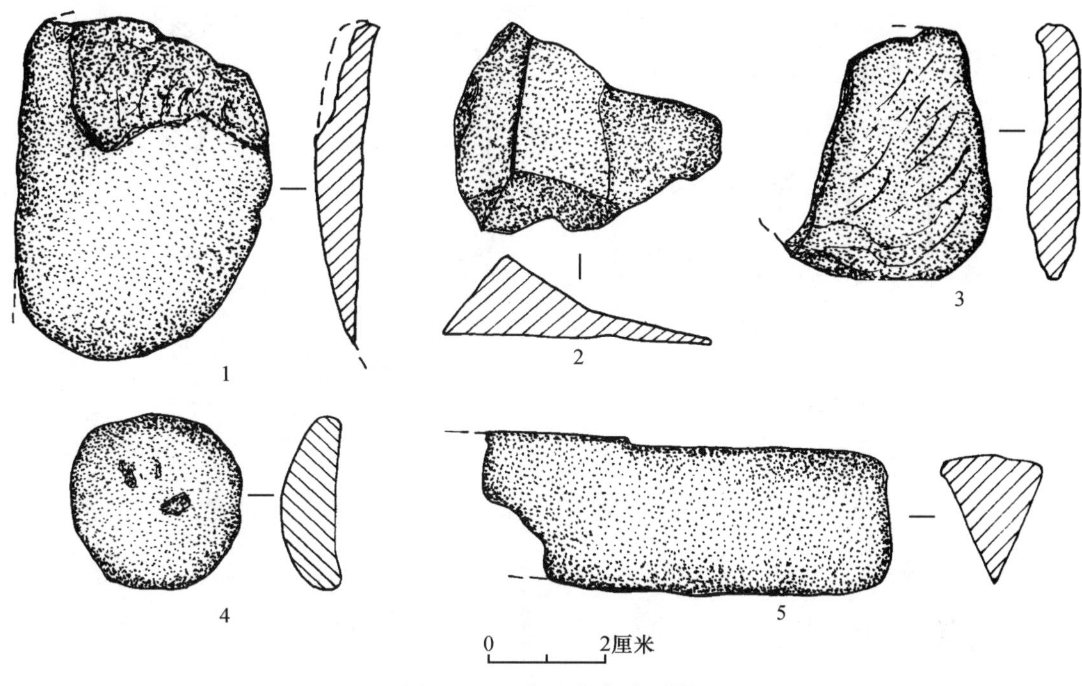

图一一六　龙山文化残石器

1. H42：3　2. H43①：2　3. H43①：3　4. TS05W19①：3　5. H34：4

起，背面微凹。磨制粗糙。直径3～3.1、最厚1厘米（图一一六，4）。H34：4，长条形，截面呈三角形，顶部微鼓。残长7、宽2.7、厚1.8厘米（图一一六，5）。

3. 玉器

3件。

玉凿　1件。TS06W17①：1，青绿色，弧顶，正面微鼓，单面刃，正面有裂纹，背面不平整。器身部分磨光。长5.2、宽2.9、厚0.8厘米（图一一七，1；图版四二，4）。

玉坠　2件。H11③：1，器体较小。通体青色，扁平铲状。弧顶，正、反面微鼓。上部居中带一个对钻穿孔。通体磨光。长2.1、宽2.6、厚0.3～0.5厘米（图一一七，2；图版四二，6）。H143②：1，青绿色，有沁色。橄榄形饰件。上部有穿孔，横截面为圆角方形，器身有小裂纹。长1.7、宽0.7、厚0.6厘米（图一一七，3；图版四二，5）。

4. 骨角器

骨角器共30件，骨器25件、牙器4件（含獐牙2件）、角器1件。大部分磨制较精，主要有镞、铲、锥、针等，镞的数量最多。

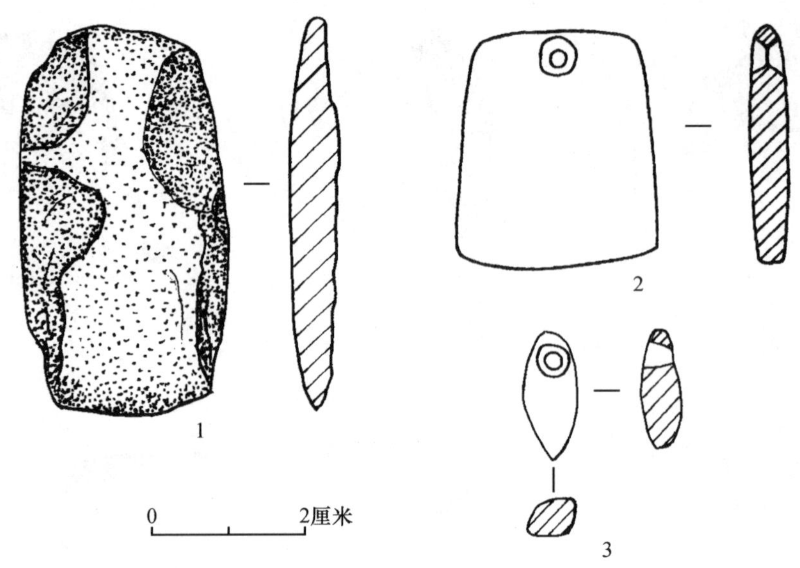

图一一七　龙山文化玉器

1. 玉凿（TS06W17①：1）　2、3. 玉坠（H11③：1、H143②：1）

镞　14件。多数为骨镞，1件角镞和1件牙镞。大部分通体磨制，少量未见磨光，有的通体烧过。

骨镞　12件。可以分为五型。

A型　4件。镞身呈柱体，横截面为圆形或近圆形。M12填土：1，前锋残，粗铤。器体局部可见不规律的刮削痕迹。满布水锈。残长6.6、宽1.4厘米（图一一八，2）。H8：3，通体黑色，磨制精细。锋圆钝，镞身截面为椭圆形，铤尖而短，截面为圆形。长6.2、宽0.8、厚0.6厘米（图一一八，3）。H79③：17，镞身截面呈椭圆形，铤部截面呈圆形。上下皆残。残长4.3、宽1.3、厚1厘米（图一一八，4）。H90②：1，器形较小，短铤。长2.9厘米（图一一八，8）。

B型　3件。镞身扁平短小，截面为椭圆形。H4：1，器形较小。镞身宽扁。短铤，截面呈半圆形。正面磨制，背面保留骨腔原始面。长4.6、宽1.3、厚0.6厘米（图一一八，5）。H96②：1，磨制粗糙，整体粗短，铤部较圆钝，铤与镞身分界不明显。长4.7、厚0.9厘米（图一一八，6）。H152②：1，镞身较长，短铤。长5.9、最宽1.4、最厚0.9厘米（图一一八，10）。

C型　2件。镞身截面呈方形。H53：2，通体黑灰色。铤部截面呈圆形。上下皆残。残长3.7、宽1.2厘米（图一一八，7）。H132②：1，扁体，镞身较长。镞身及铤部横剖面呈圆角长方形，除前锋及两侧磨制外，其余部分保留原面。长7.5、宽1.4、厚0.8厘米（图一一八，1）。

D型　2件。背面保留骨腔壁，镞身扁平修长。H71②：1，上下端皆残，镞身

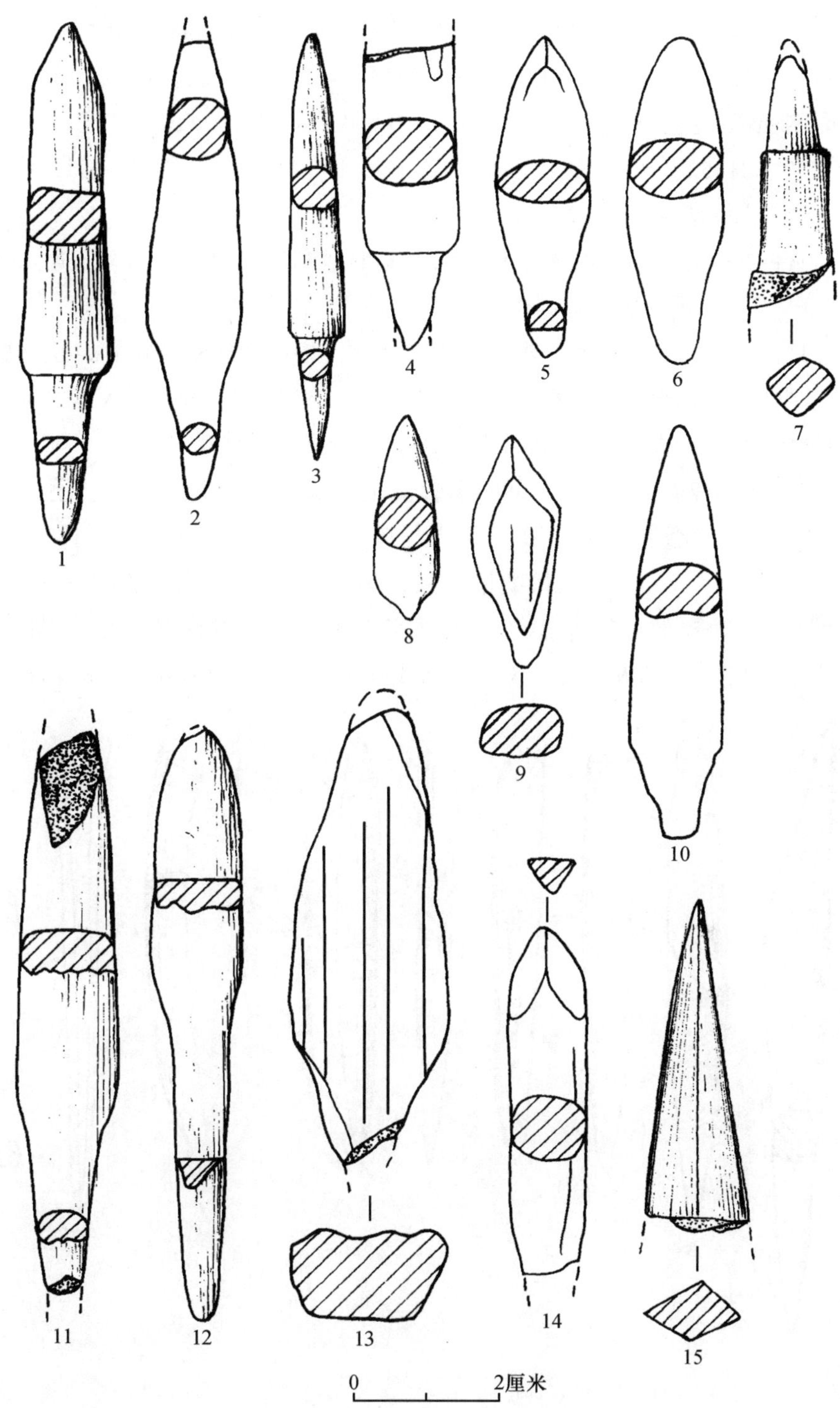

图一一八 龙山文化骨角牙器

1、7. C型骨镞（H132②：1、H53：2） 2～4、8. A型骨镞（M12填土：1、H8：3、H79③：17、H90②：1） 5、6、10. B型骨镞（H4：1、H96②：1、H152②：1） 9. E型骨镞（H152②：2） 11、12. D型骨镞（H71②：1、H82：1） 13.角镞（H70①：1） 14. 牙镞（H76①：1） 15. 骨矛（H53：1）

长，带长铤。正面磨制较好，背面未磨制。残长8.1、最宽1.4、厚0.4～0.7厘米（图一一八，11）。H82：1，通体黑色。顶端略有残缺，镞身宽扁，铤较长。正面磨制较好，背面磨制粗糙。残长8.5、宽1.3、厚0.4～0.5厘米（图一一八，12）。

E型　1件。H152②：2，铤不明显，器形较小。扁平正面磨制，背面保留原状。长3.3、宽1.2、厚0.8厘米（图一一八，9）。

牙镞　1件。H76①：1，通体磨制，镞身截面呈圆形，前锋剖面为三角形。前锋稍残。残长4.9、宽1.1、厚0.9厘米（图一一八，14）。

角镞　1件。H70①：1，器形较大，残缺严重。中间起脊呈凸棱状，正面磨光，背面未磨光。制作较为粗糙。残长6.5、残宽2.2、最厚1.3厘米（图一一八，13）。

锥　11件，其中10件骨锥，1件牙锥。多磨制较好，制作精细。

骨锥　10件。H2：1，分上、下两部分。上端保留切割痕迹，形状不甚规则，一侧保留切割面，一侧磨制成半圆形。下端磨制较好，截面为圆形。通长7.7厘米（图一一九，1）。H33：3，上部尖状细长，截面为圆形。长7.4厘米（图一一九，2）。H14②：1，截面为梯形，保存较差，器身有较多裂纹，背面有崩残。残长5.7厘米（图一一九，3）。TS06W19①：3，上端残缺。残长5、直径0.5厘米（图一一九，

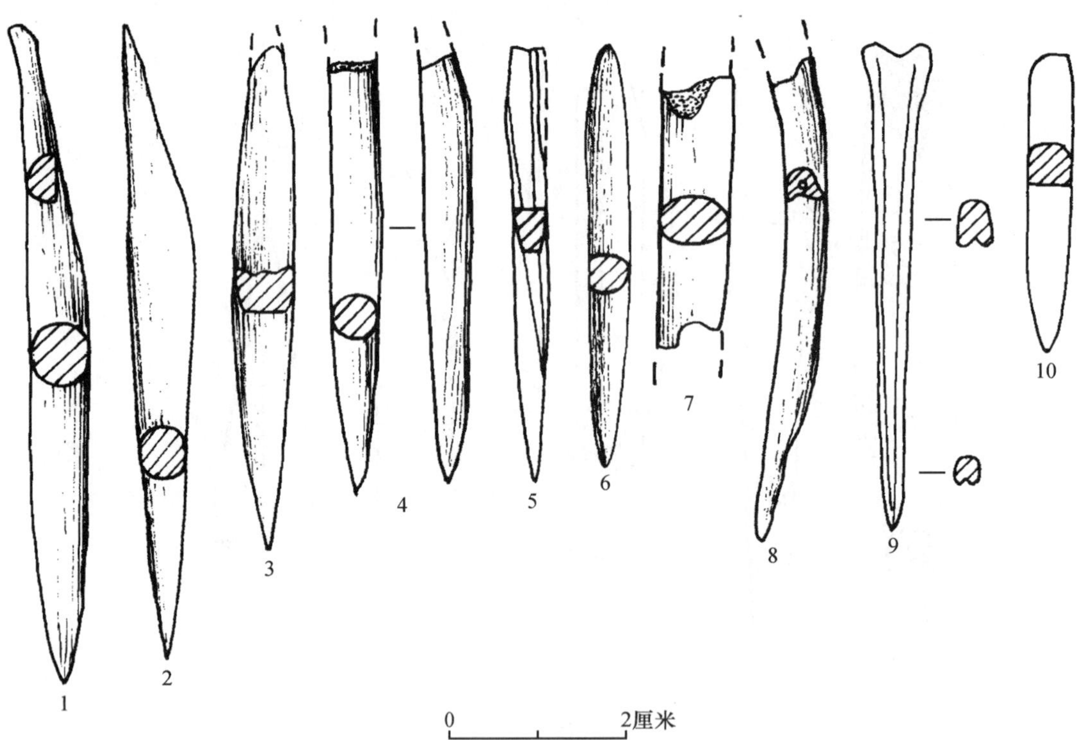

图一一九　龙山文化骨锥、牙锥

1～7、9、10. 骨锥（H2：1、H33：3、H14②：1、TS06W19①：3、H72：2、H8：5、H44：1、H32：2、H8：4）　8. 牙锥（H71①：5）

4）。H72：2，磨制不精，保留原来的骨腔和壁面。残长5.1、最宽0.4、厚0.5厘米（图一一九，5）。H8：5，通体黑色，一面稍平，横剖面略呈半圆形。长4.9、宽0.5、厚0.4厘米（图一一九，6）。H44：1，上下皆残，上部有一孔，截面为椭圆形。残长3.2、宽0.6～0.8厘米（图一一九，7）。H32：2，鱼骨制成。通体呈黑色。磨制较好，顶端保持原貌，正面中部略鼓，背面有凹槽。长5.7、宽0.8、厚0.2～0.6厘米（图一一九，9）。H8：4，通体黑色。长3.5、最宽0.5厘米（图一一九，10）。

牙锥　1件。H71①：5，通体磨制，颜色斑驳，黑白相间，尖端形状略不规则，中间有孔。残长5.6厘米（图一一九，8）。

骨矛　1件。H53：1，通体磨制，黑灰色，火烧过。尖端锋利，截面略呈菱形。残长4.8、宽1.6厘米（图一一八，15）。

骨铲　1件。H96④：1，片状，自上而下渐薄，基本保留肩胛骨的原貌。刃部使用痕迹不明显，表面稍有残缺。长18.1、宽9.2、厚0.6～1.5厘米（图一二〇，2；图版四三，1）。

骨镖　1件。H58：1，通体黑色，磨制精致。首端、末端为尖状，中间部分为圆柱体。首端有两个倒刺，末端有一周宽凸棱。尖端稍残。长10.9、宽0.8厘米（图一二〇，1；图版四三，3）。

獐牙　2件均墓葬中出土，保存状况一般。M3：2，残长6.2厘米（图一二〇，

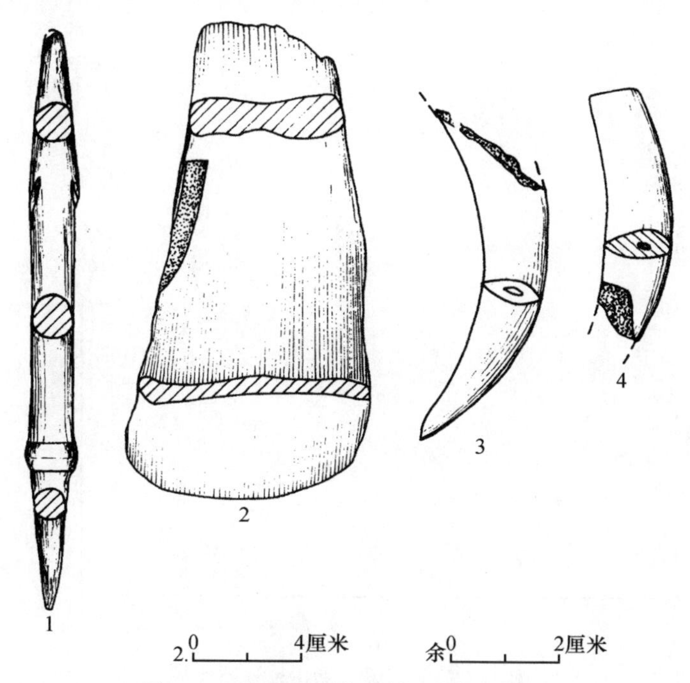

图一二〇　龙山文化骨铲、骨镖、獐牙

1. 骨镖（H58：1）　2. 骨铲（H96④：1）　3、4. 獐牙（M3：2、M12：13）

3）。M12：13，左半部分呈黄色，右半部分呈黑色。残长3.8、宽1.2厘米（图一二〇，4）。

五、岳石文化遗存

岳石文化遗存较少，仅发现2个灰坑（图一二一），出土陶甗、豆、罐等残片。在遗址地面采集到少量岳石文化陶片。

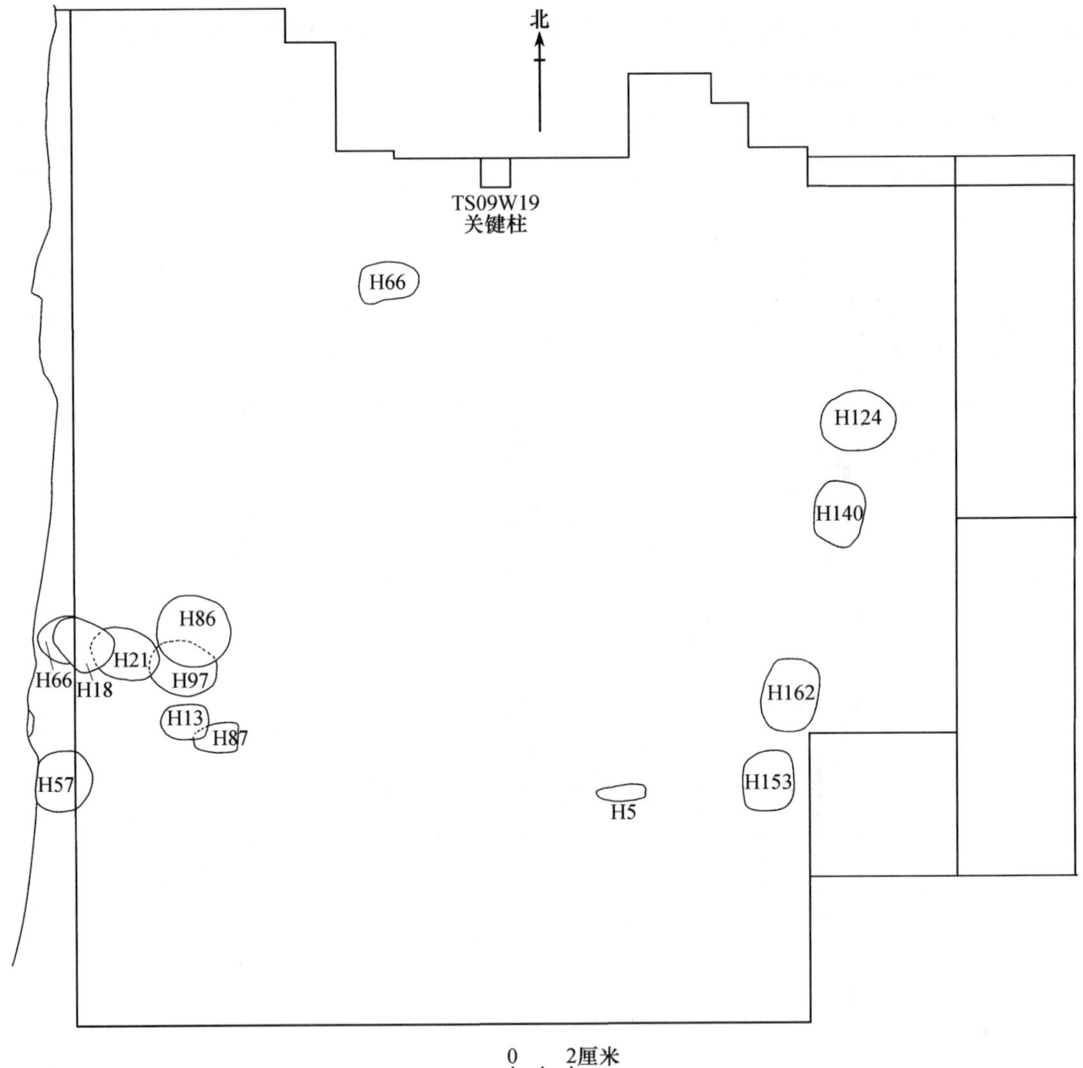

图一二一　岳石、西周遗迹分布图

（一）遗迹

H5　位于TS05W20的东北部。开口于第1层下，打破H118。平面形状呈舟形，东端略宽于西端，斜壁内收，平底，周壁规整。东西长1.6、宽0.55、深0.7米。填灰黑色黏土，较致密。包含陶片较多，还出有一部分大石块（图一二二）。

H153　位于TS05W21东北部。开口于第1层下，东部被H175打破，同时H153打破H154。形状规整，平面呈椭圆形，四壁规整略外斜，呈袋状，平底。南北长2.5、东西宽1.6、深0.65米。填灰褐色黏土，局部黄褐色，较致密，包含较多红烧土颗粒，少量石块及炭屑。出土陶片主要为泥质素面黑陶，少量夹砂红陶，可辨器形有陶鼎、罐等（图一二三）。

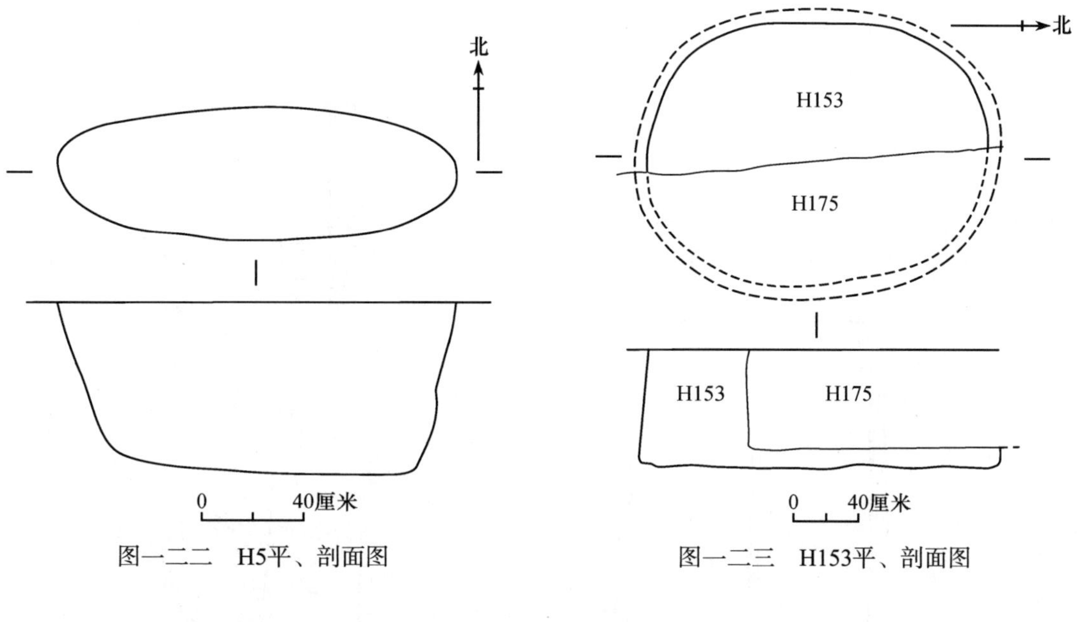

图一二二　H5平、剖面图　　图一二三　H153平、剖面图

（二）遗物

遗物数量较少，仅少量陶器、石器及骨器。

1. 陶器

陶罐　3件。H5：4，泥质黑皮陶。圆唇，敞口，短颈，上腹部微鼓，下腹缓收成平底。口径14.6、底径7、高9.2厘米（图一二四，1）。H5：5，罐底。夹细砂褐陶，外壁褐色、内壁红色。内壁不规整。底径6.6、残高5.8厘米（图一二四，2）。TS09W17D13：1，罐底。泥质灰胎黑皮陶，内壁呈灰色。斜直腹，平底内凹。底径

11.2、残高7厘米（图一二四，3）。

蘑菇纽　1件。采：6，泥质灰黑陶，残缺严重。残高3.9厘米（图一二四，4）。

2. 石器

石斧　1件。H5：1，残缺严重，单面刃。残高4.8、宽4.9、厚2厘米（图一二四，7）。

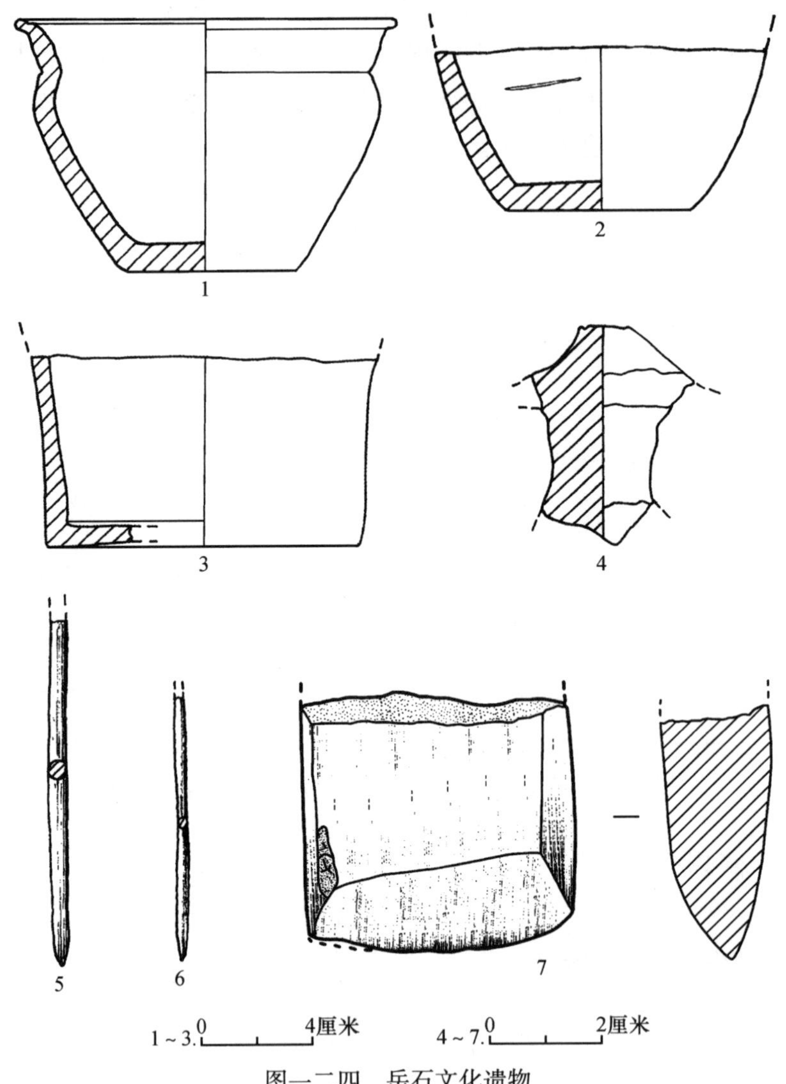

图一二四　岳石文化遗物

1～3. 陶罐（H5：4、H5：5、TS09W17D13：1）　4. 蘑菇纽（采：6）　5、6. 骨针（H5：2、H5：3）　7. 石斧（H5：1）

3. 骨器

骨针　2件。H5：3，残长4.8厘米（图一二四，6；图版四三，2）。H5：2，残长6.4、直径0.3厘米（图一二四，5）。

六、西周文化遗存

西周时期文化遗迹较少，发现灰坑10个，位于发掘区的西部。灰坑多圆形或者椭圆形，多较规整。直壁平底，应当原来都是窖穴。出土遗物以陶片为主，陶器可辨器形主要有鬲、盆、罐等，少量石器、骨器。

（一）遗迹

H21　位于TS06W17的西北部。开口于第1层下，被H18打破，打破H32、H66、H97、H114。平面椭圆形，直壁，平底。长2.28、宽1.75、深0.92～0.95米。填深灰褐色粉砂黏土，夹杂红烧土、草木灰，较疏松。包含大量陶片、动物骨骼。可辨器形有陶鬲、罐、盆、簋，动物骨骼有狗头骨、斑鹿角、龟甲等（图一二五）。

H57　位于TS05W17的西北角，西部被破坏。开口于第1层下，打破H164。直壁、平底。直径2.14、深0.35～0.37米。填灰褐色粉砂黏土，夹杂红烧土颗粒、草木灰，疏松，包含物有陶片。可辨器形有陶鬲、盆等（图一二六）。

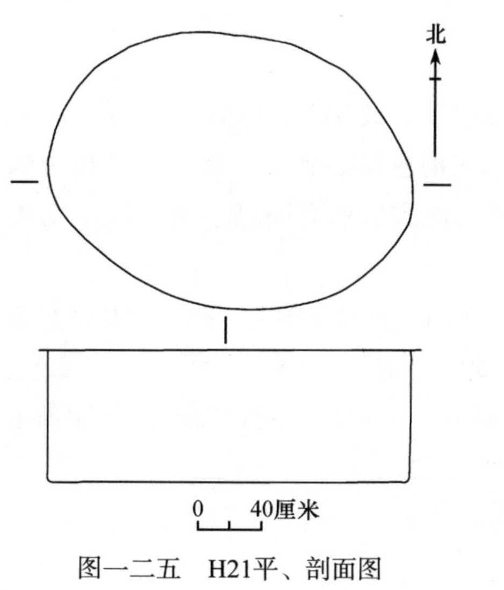

图一二五　H21平、剖面图

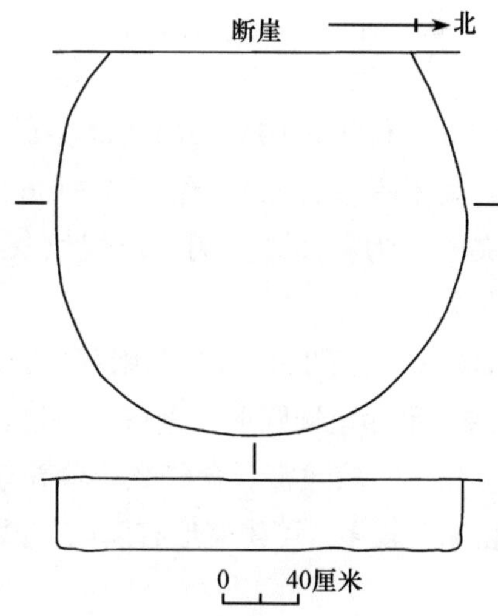

图一二六　H57平、剖面图

H66　位于TS06W17西北部。开口于第1层下，被H18、H21打破，打破H32。平面呈椭圆形，直壁，平底。长1.97、宽1.75、深0.25～0.42米。填深灰褐色粉砂黏土，夹杂红烧土颗粒、草木灰，包含物有陶片、少量动物骨骼（图一二七）。

H86　位于TS06W17的东北角，延伸到北隔梁及TS06W18内。开口于第1层下，打破H97、H127。平面呈圆形，直壁，平底，坑底见灼烧痕迹与木板灰。口径2.5、深0.34～0.43米。填灰褐色粉砂黏土，夹杂红烧土颗粒、草木灰，较致密，包含物有陶片、少量动物骨骼。可辨器形有陶鬲、罐（图一二八）。

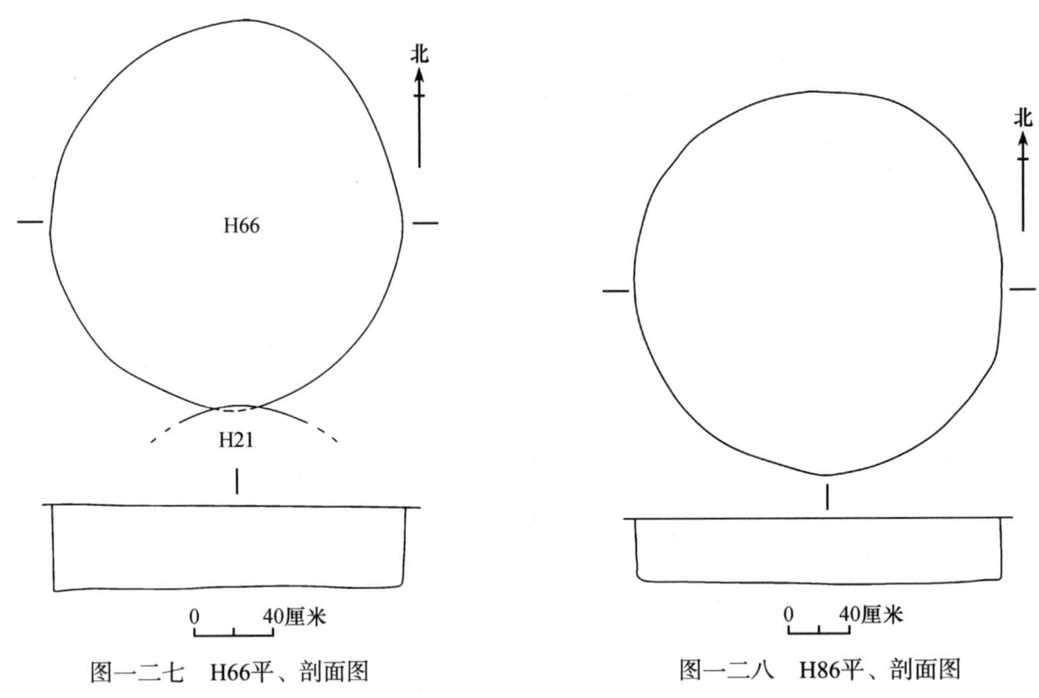

图一二七　H66平、剖面图

图一二八　H86平、剖面图

H140　位于TS07W22的北部。开口于第1层下，被G1、H175打破。平面呈圆形，直壁，底不平。直径2、深0.25～0.64米。填灰褐色粉砂黏土，较疏松。出土陶片较少，夹砂灰陶和夹砂黑陶，以绳纹灰陶居多，可辨器形有陶鼎、盆、罐、鬲等（图一二九）。

H162　位于TS06W21东南部、TS06W22西南。开口于第1层下，被H175打破，打破H159。平面呈椭圆形，直壁，平底，四壁规整。南北长2.5、东西宽2、深0.9米。填灰褐色黏土，较致密，含红烧土颗粒较多，另有少量石块。陶片以泥质灰陶为主，纹饰中粗绳纹较多，可辨器形有陶鬲、鼎等（图一三〇）。

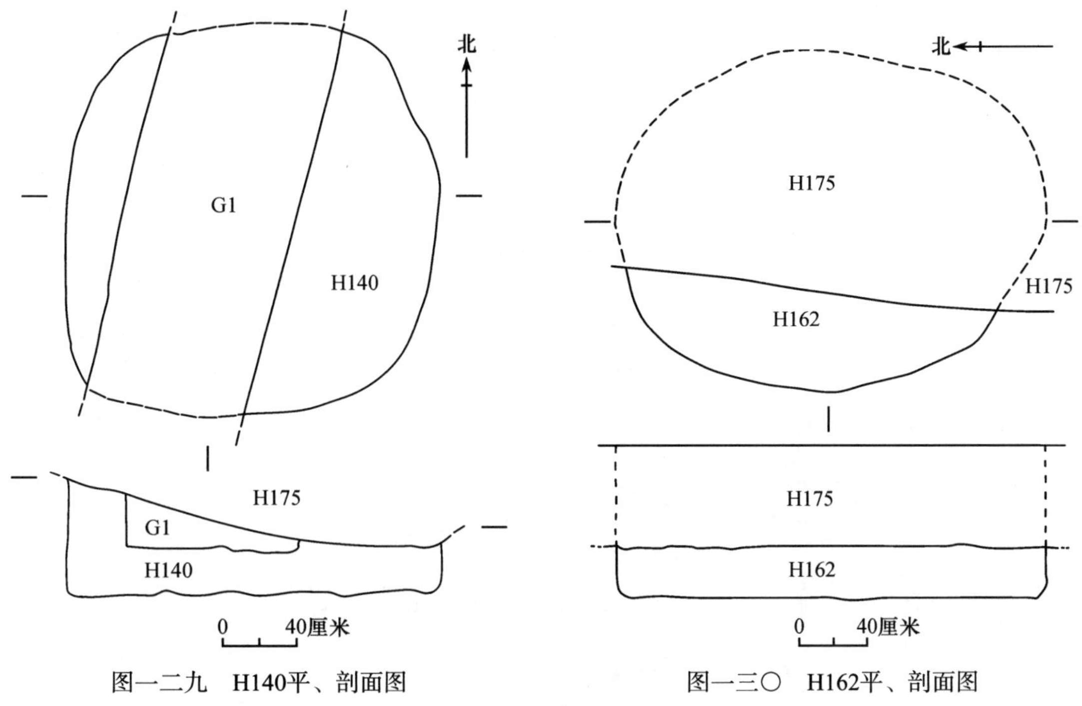

图一二九　H140平、剖面图

图一三〇　H162平、剖面图

（二）遗物

遗物较少。有陶器、石器、骨器、牙器。陶器见1件簋圈足、1件纺轮；石器有镞1件、凿1件；另外有骨簪1件、獐牙1件。

陶簋　1件。H21①：1，夹砂褐陶。仅存簋圈足部分。底径16.8、残高7.8厘米（图一三一，2）。

陶纺轮　1件。H140：2，泥质黑灰陶。残存一半。直径5、孔径1、厚1.6厘米（图一三一，3）。

石镞　1件。H140：4，磨制较好，仅存镞身。截面为菱形，双刃锋利。残长6.2、宽2.1、厚0.8厘米（图一三一，5）。

石凿　1件。H57：2，残。磨制精细，呈浅黄色。长3.1、宽1.7、厚0.5厘米（图一三一，6）。

骨簪　1件。H86：1，残存两段，扁平状，由上到下渐细。通体黑色，正面磨制较好，背面亦磨制，保留骨体凹槽。残长11.9厘米（图一三一，1）。

獐牙　1件。H57：1，上有磨痕。残长5.8、宽1、厚0.5厘米（图一三一，4；图版四三，5）。

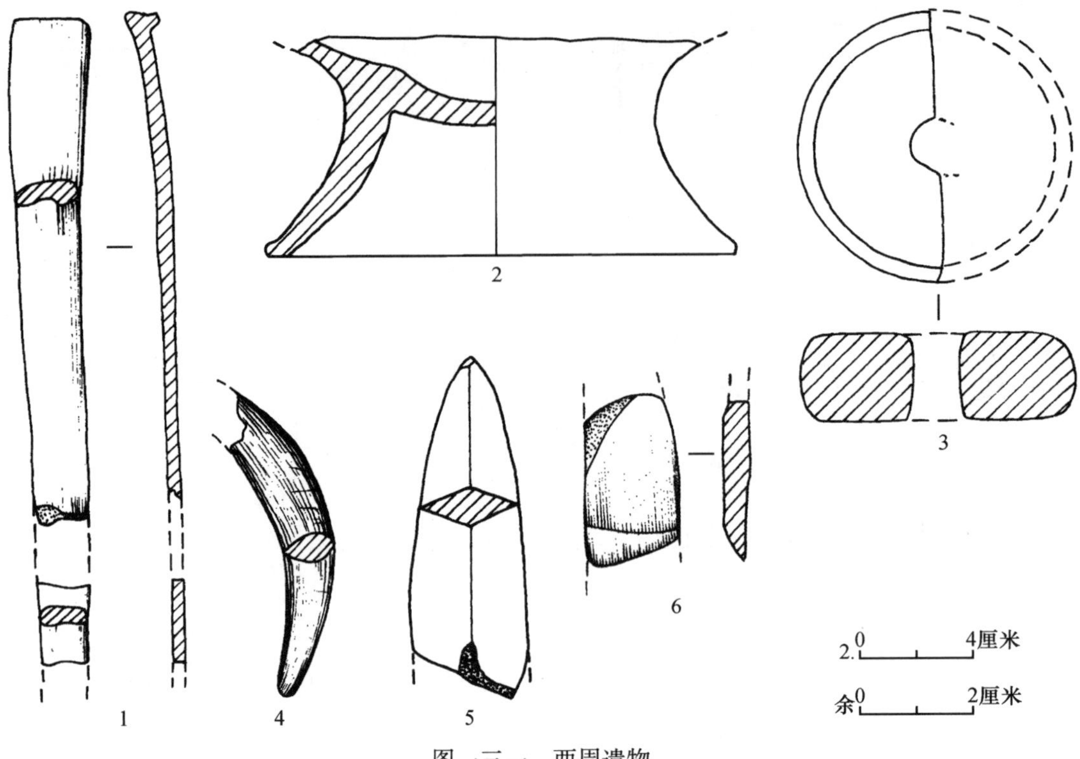

图一三一　西周遗物

1. 骨簪（H86：1）　2. 陶簋（H21①：1）　3. 陶纺轮（H140：2）　4. 獐牙（H57：1）　5. 石镞（H140：4）　6. 石凿（H57：2）

七、东周文化遗存

遗迹较少，包括1座陶窑和1条沟，分布于发掘区的东部（图一三二）。

（一）遗迹

Y1　位于TS08W23～TS07W23中东部。开口于第1层下，被H175打破，打破H176。分为窑室、火门、火膛、出灰道、工作间5部分（图一三三；图版四四，1～3）。

窑室平面呈圆形，分窑壁、窑床两部分。由于早期破坏，口部由北向南渐低，弧壁外鼓。北壁深0.67、南壁深0.34、口径1.1米。内壁面为烧结面，呈青灰色，坚硬，烧结厚度0.02～0.03米。外壁厚0.15米，暗红色，坚硬；窑室底部为窑床，底较平，青灰色，坚硬。有8个火眼分布，中间位1个近半圆形的较大火眼，周边为7个狭长的、较小的火眼，均与火膛相通，窑床厚0.26米。

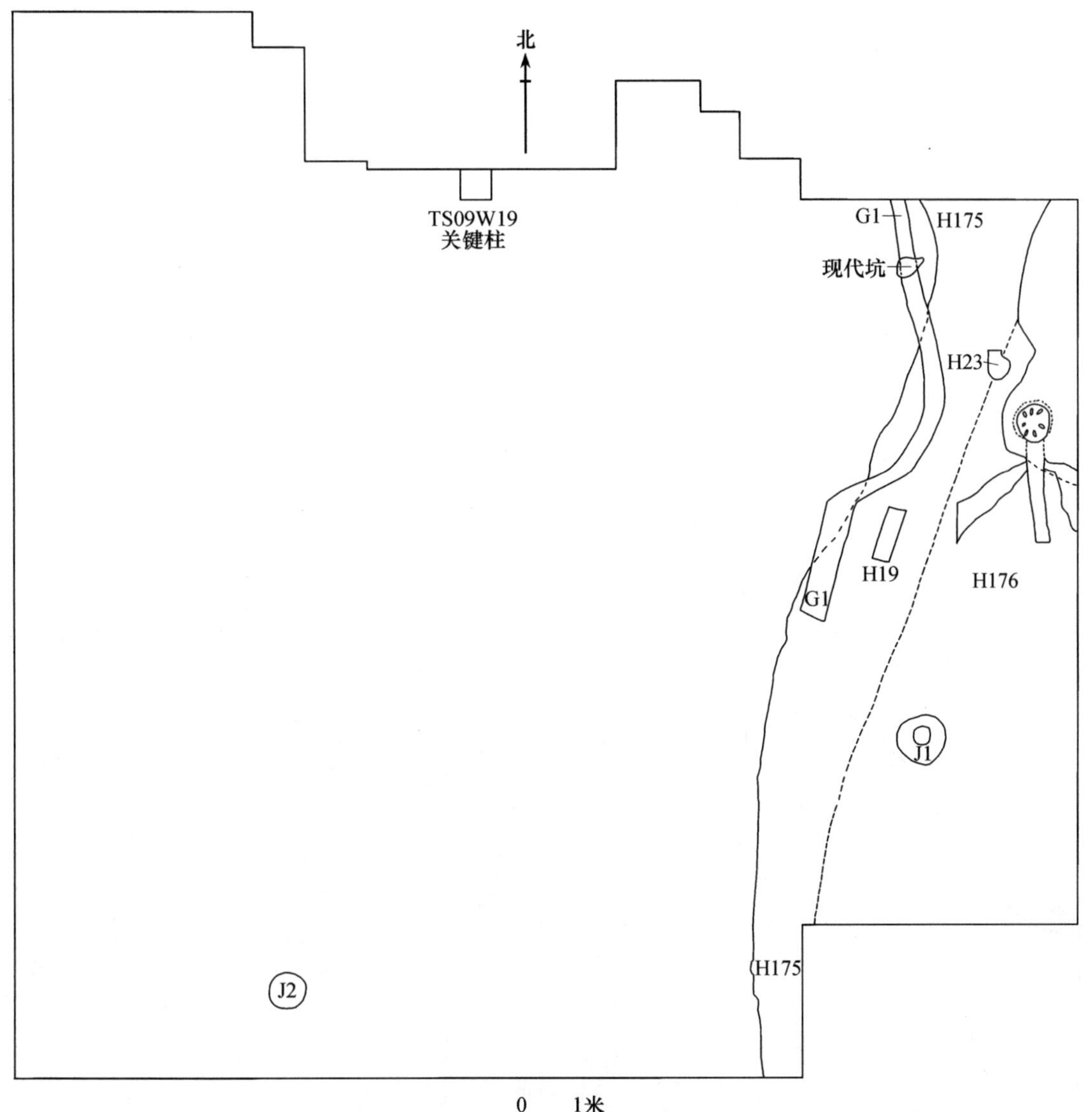

图一三二　东周、汉代遗迹平面图

火门位于窑室南侧，距离窑壁0.4米。壁面、顶部均呈暗红色。东壁高0.6、西壁高0.56、宽0.6、进深0.4米。底较平略圜底，底面为黏土，暗红色。火门向里是火膛，圜底，顶部即窑床底部，口径1.1米，壁面呈青灰色，顶部与火眼相通，青灰色，坚硬。火膛中部深0.54米，东、北、西向渐高呈坡状与窑床相接。

火门向南0.2米有出灰道，长条状，斜直壁，平底。口径0.4、底径0.18、深0.46、长2.3米。

工作间位于火门南0.5米，出灰道两侧呈坑状，由于早期破坏，范围不明显，东西

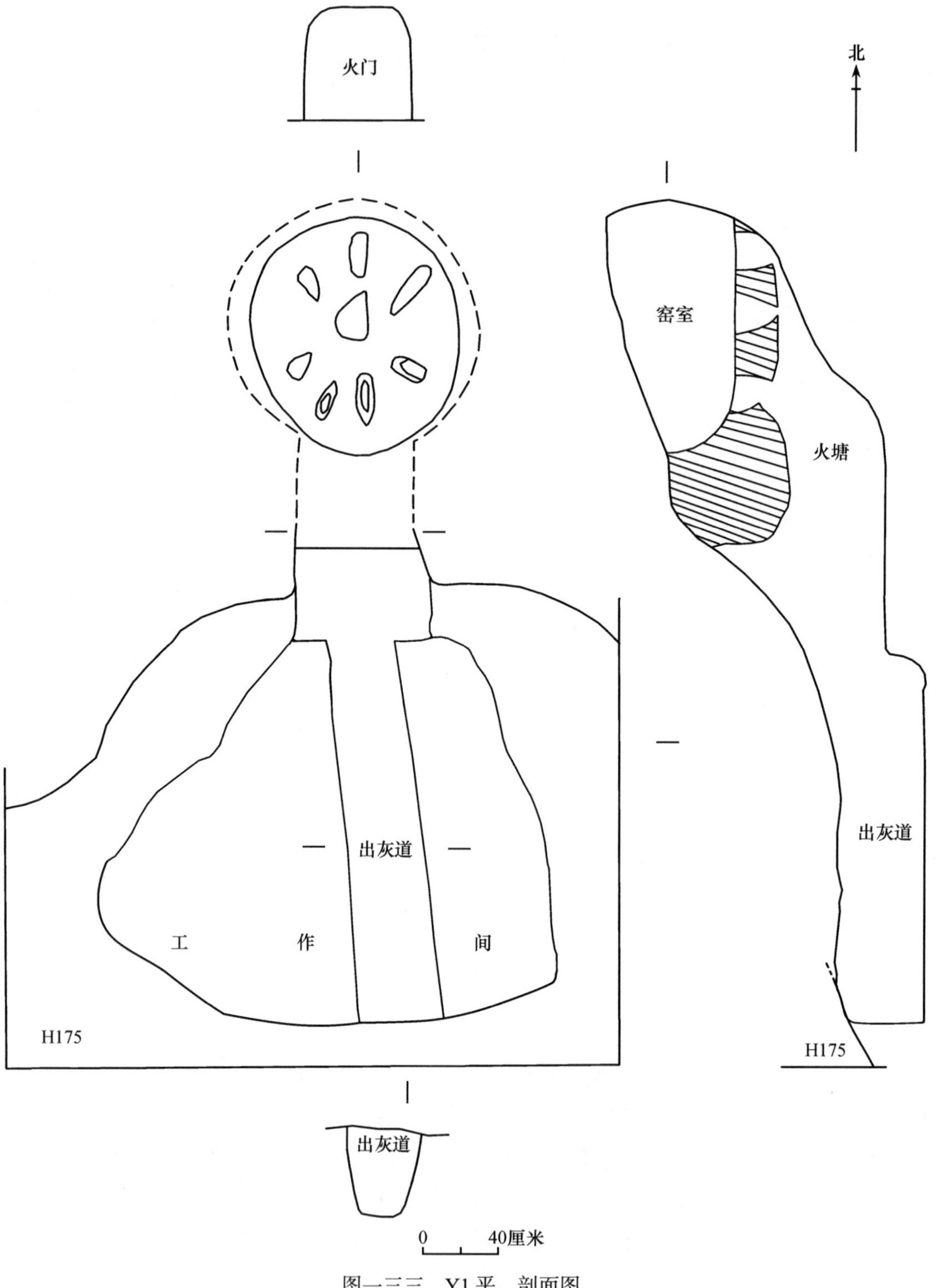

图一三三　Y1 平、剖面图

宽约3、深约0.25米。

窑室填灰褐色粉砂黏土，夹杂大量红烧土块和少量石块，较致密，陶片较少，绳纹灰陶居多，可辨器形有陶鬲、罐、盆等。火门填灰褐色粉砂黏土，夹杂大量红烧土颗粒和炭屑，较疏松，陶片少量，可辨器形有陶鬲、罐、器盖。

火膛的填土可分二层，上层为灰褐色粉砂黏土，夹杂较多红烧土颗粒和炭屑，较疏松，厚0.3米；下层含大量草木灰，疏松，厚0.2米。火膛出土陶片较少，可分红陶和灰陶，可辨器形有陶豆、鬲、罐、盆。

出灰道填深灰褐色粉砂黏土，夹杂大量红烧土颗粒和炭屑，较疏松。包含少量陶片，可分为黑陶、红陶、灰陶，黑陶较少，可辨器形有陶器盖、罐、鬲、豆、盆。

沟 1条。

H176 位于发掘区的东部，南北向贯穿，跨TS09W23、TS08W22、TS08W23、TS07W22、TS07W23、TS06W22、TS06W23、TS05W22、TS05W23。开口第1层下，被H175打破。在发掘区内未完全暴露，通过对部分探方的解剖发掘可辨别其形状。现形状呈南北方向的长条沟形，斜壁底不平，自北向南渐深。最宽处8、最窄处1、南北长24米。填黑褐色黏土，较坚硬，陶片有泥质灰陶、泥质红陶（图一三四）。

（二）遗物

数量较少。包括陶器和骨器。

1. 陶器

2件。

豆 1件。H176：4，夹砂灰陶。制作粗糙，器身不规整。圆唇，敞口，浅盘，内底稍凸起，喇叭形圈足。口径13.6、圈足径7.3、高10.6厘米（图一三五，1）。

圆陶片 1件。H176：3，夹砂灰陶。正面鼓起，居中位置有一道粗凸棱。直径4.6～5、厚0.5～0.8厘米（图一三五，2）。

2. 骨器

骨锥 1件。H176：1，顶端保留骨头原貌，其余部分均磨制，保留骨腔。尖端稍残。表面可见磨痕。残长9.6厘米（图一三五，3）。

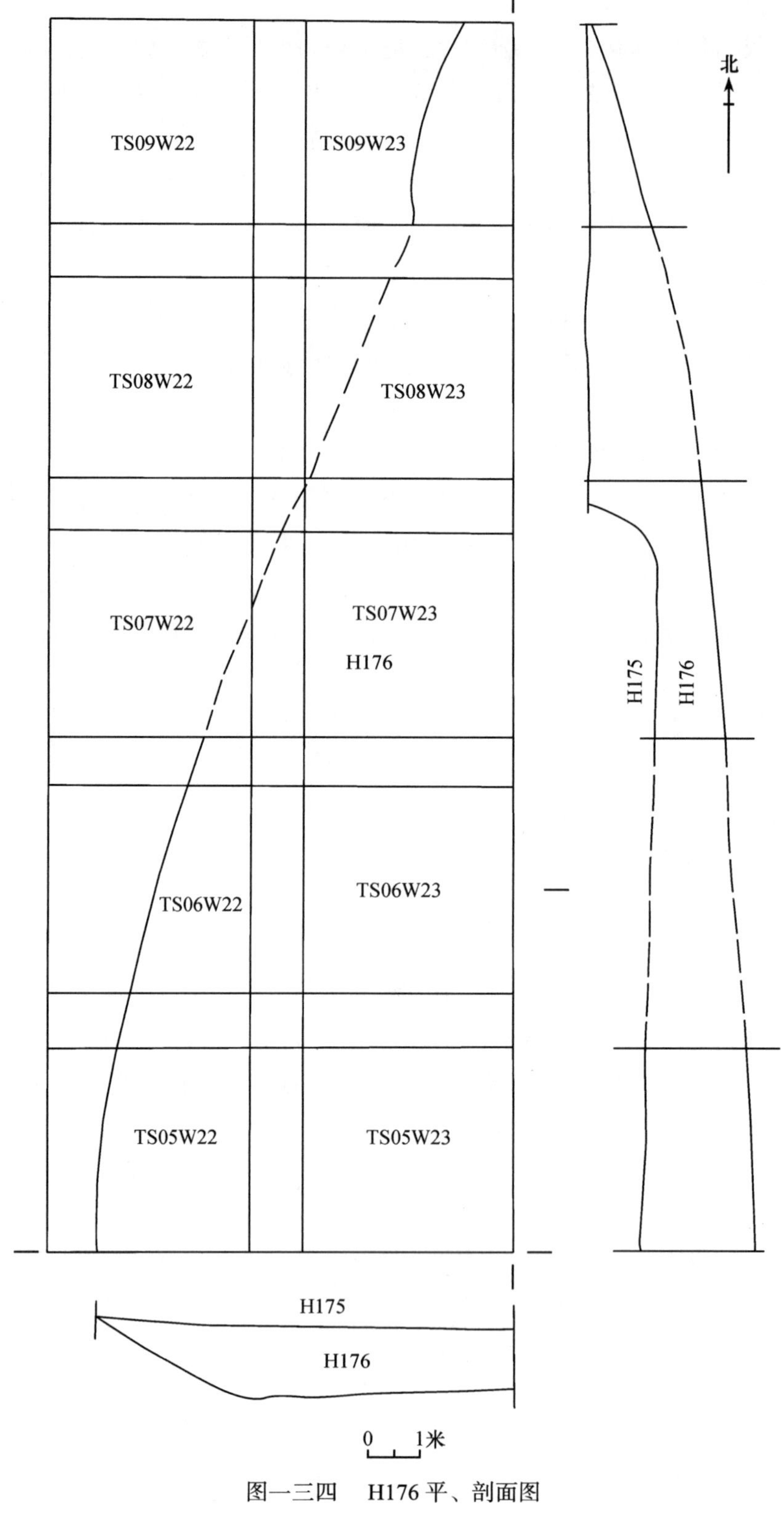

图一三四　H176平、剖面图

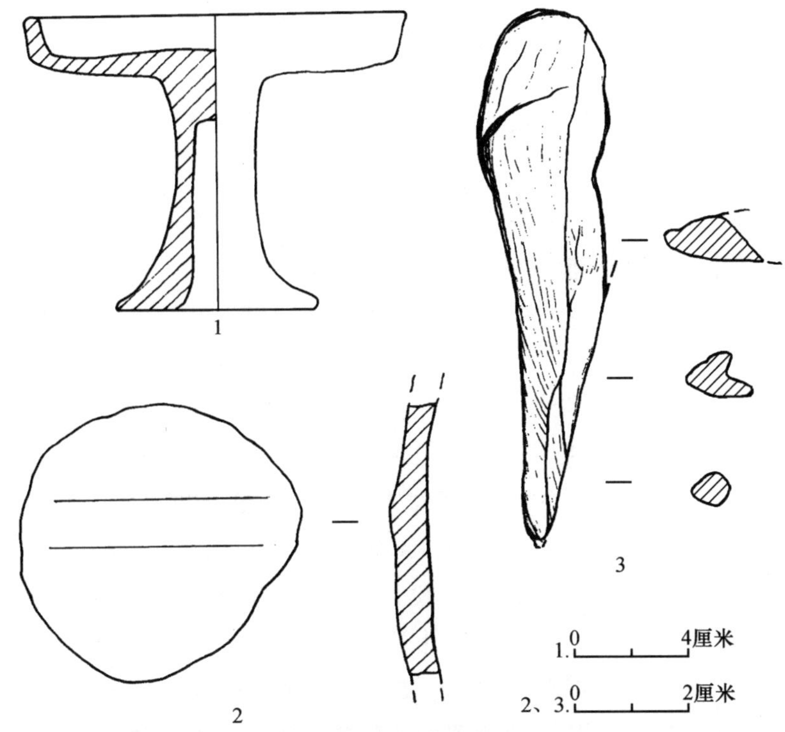

图一三五　东周遗物

1. 陶豆（H176：4）　2. 圆陶片（H176：3）　3. 骨锥（H176：1）

八、西汉文化遗存

遗迹较少，主要分布在发掘区的东部（图一三二）。

（一）遗迹

遗迹包括灰坑1个、水井1个、沟2条。

1. 灰坑

1个。

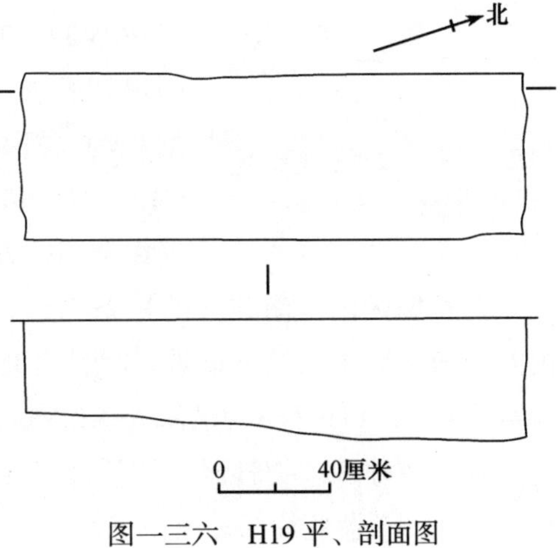

图一三六　H19平、剖面图

H19　位于TS07W22的东北部。开口第1层下，打破H175。长方形，直壁，底不平呈坡状。长1.8、宽0.6、深0.33~0.44米。填灰褐色粉砂黏土，含红烧土颗粒，较疏松。包含大量陶片，有泥质灰陶与泥质红陶。可辨器形有陶豆、罐、盆等（图一三六）。

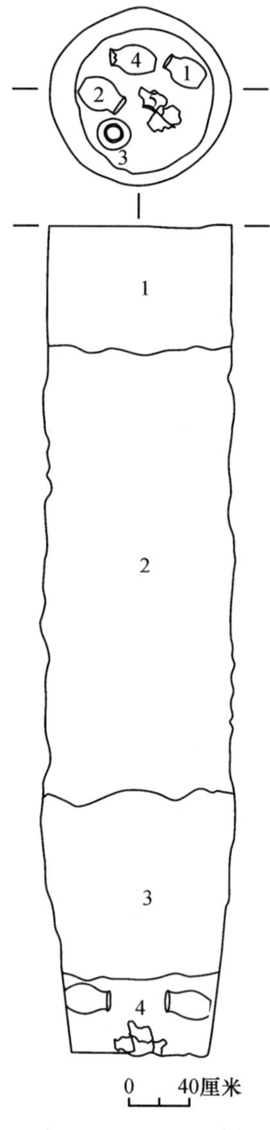

图一三七　J2平、剖面图
1～4. 陶罐　5. 残陶片

2. 水井

1个。

J2　位于TS04W18东部偏北。开口第1层下，打破F24。开口圆形，上部近直壁、个别地方坑洼不平，近底部内收，平底。口径1.2、深5.55米。

井内填土分为四层：第1层，厚1米。灰褐色土，疏松。包含物有红烧土颗粒、草木灰、石块、兽骨、陶片等，可辨器形有陶豆、罐、鬲、瓦、盒等。第2层，厚3.5米。灰褐色土、疏松。包含物有红烧土块、草木灰、石块、兽骨、鸟骨、贝类、陶片等，可辨器形有陶鬲、瓦、盆、砖块、瓮等；此层井壁少部分坍塌。第3层，井壁稍内收。厚0.65米。深灰褐色，疏松，包含物有红烧土块、草木灰、石块、兽骨、鸟骨、陶片等，可辨器形有陶钵、盒、瓮、瓦、鬲等。第4层，井壁内收。厚0.4米。深灰色黏土，包含物有石块、陶片。可辨器形有陶罐、瓮、盒等。井内出土多件陶罐（图一三七）。

3. 沟

2条。

H175　南北向贯穿发掘区东部，跨TS09W22、TS09W23、TS08W22、TS08W23、TS07W22、TS07W23、TS06W21、TS06W22、TS06W23、TS05W21、TS05W22、TS05W23。因最初只在一个探方内暴露，判断为灰坑，后发掘表明应是灰沟。开口于第1层下，被G1、J1打破，同时打破Y1、H124、H140、H162、H159、H153、H154。未完全暴露，仅在个别探方解剖发掘。

在发掘区内呈南北向的长条沟形，在TS09W23与TS08W23的南壁交界处最窄，由此向南逐渐扩大、呈喇叭口状，自北向南越来越深，堆积呈坡状。南北长24、东西最宽处11.5、最窄处3、最深处深0.85米。填黄褐色黏土，夹杂红烧土颗粒，较致密。包含较多陶片和动物骨骼，陶片多为泥质灰陶，动物骨骼多较破碎。出土有铜镞、骨锥、石锤、石器残片等（图一三八）。

此沟应是在遗址边缘的一条沟，其内的堆积是废弃后堆放生活垃圾形成。

G1 位于发掘区的东部，TS06W22 、TS07W22 、TS08W22 、TS09W224个探方内。开口于第1层下，打破H25、H140 、H175 。呈长条形，南宽北窄，中部稍弯曲。南高北低，基本为直壁、平底。长19.5、最宽0.96、最窄0.5、厚0.66～0.4米，底径从南向北在0.9～0.4米之间。填灰褐色粉砂黏土，夹杂红烧土颗粒，少量石块，较疏松。出土陶片少量，以灰陶为主，少量红陶，可辨器形有陶罐、盆等（图一三九）。

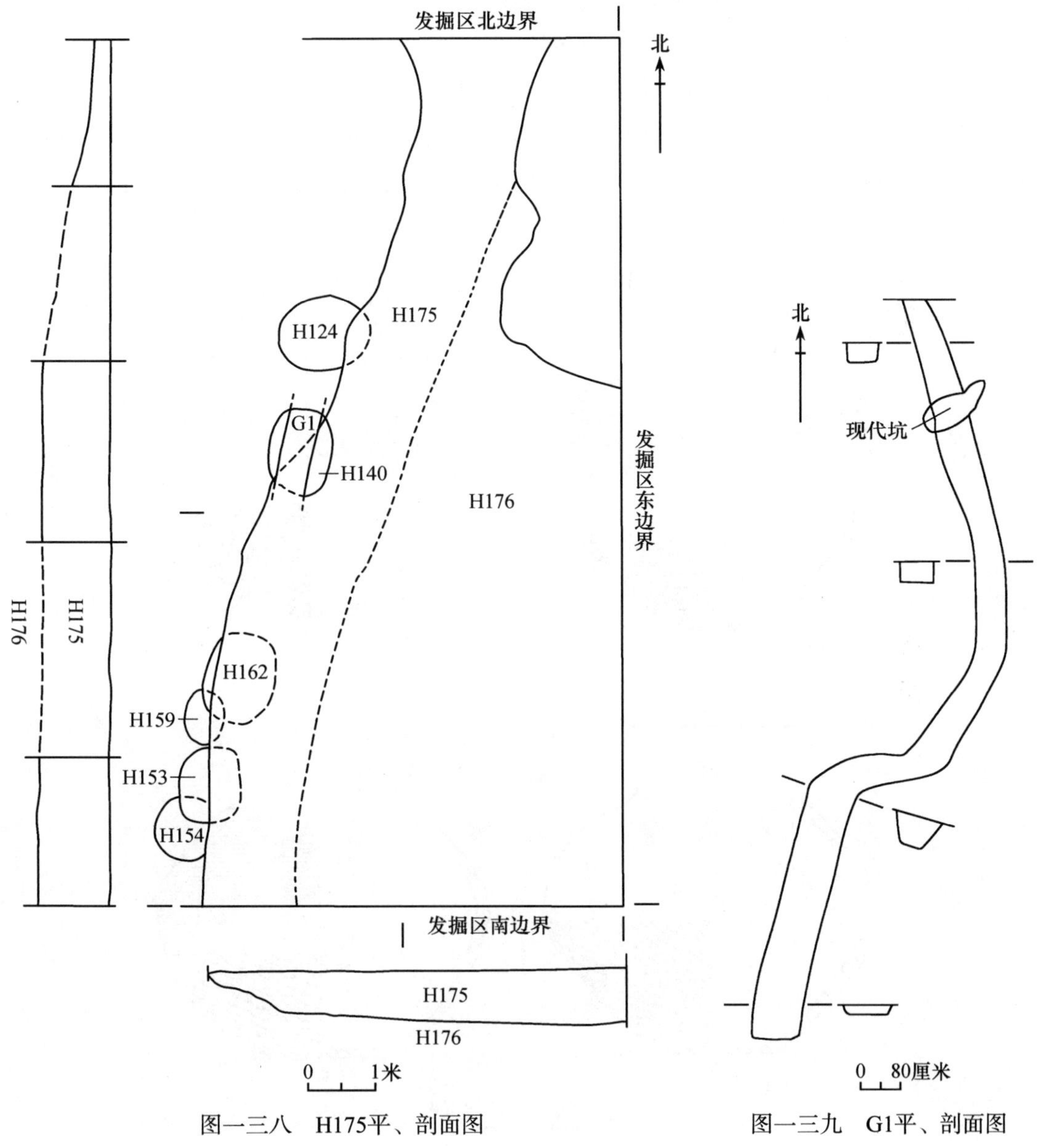

图一三八　H175平、剖面图

图一三九　G1平、剖面图

（二）遗物

以陶、石器为主，其中陶器20件、石器6件、骨锥1件、角锥1件、铜镞1件。

（1）陶器

罐　4件。盘口、高颈、圆腹、小平底。J2④：14，夹砂灰陶。尖唇、沿面内斜，圆鼓肩。肩部有不甚明显的弦纹，下腹部饰绳纹。制作不规整，口、颈、肩部较厚，下腹部及底较薄，内壁有坑洼不平的陶拍痕迹。口径12.8、底径5.8、高27厘米（图一四〇，1）。J2④：16，夹砂灰陶，局部褐色。口部缺失，有颈，颈、肩分界不明显，肩稍鼓。下腹部及底部饰绳纹。底径6.8、残高24.8厘米（图一四〇，2）。J2④：13，泥质褐胎黑皮陶。尖圆唇，长颈，溜肩。下腹部及底饰细密绳纹。器形稍不规整，内壁坑洼不平。口径12.4、底径9、高24.6厘米（图一四〇，3）。J2④：17，泥质

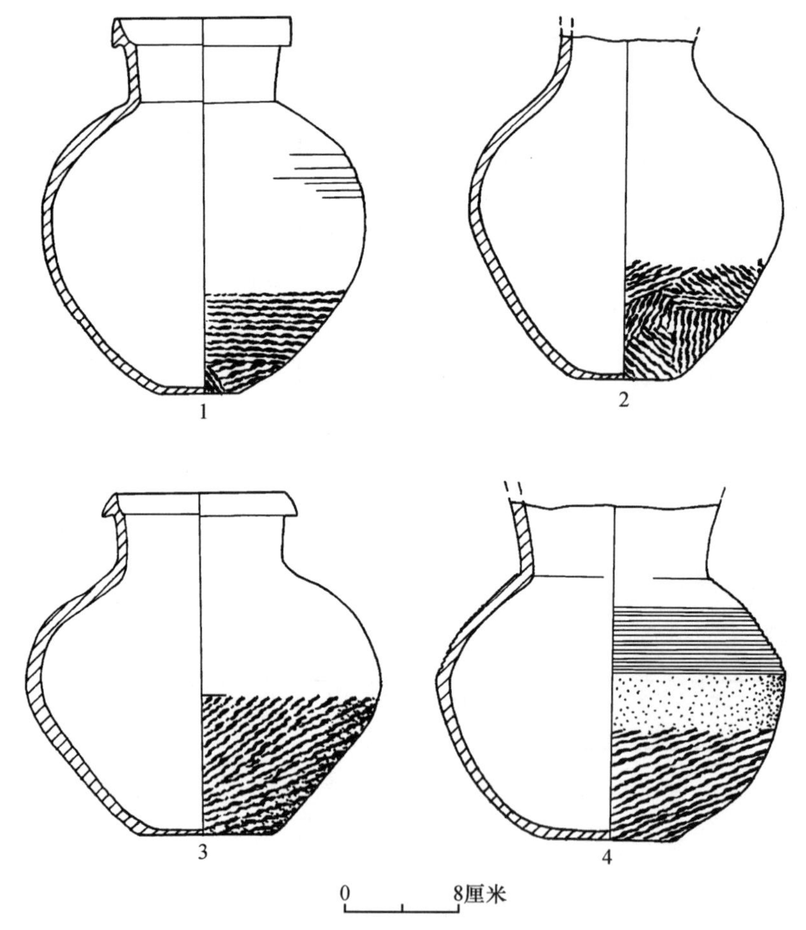

图一四〇　西汉陶罐

1. J2④：14　2. J2④：16　3. J2④：13　4. J2④：17

褐胎黑皮陶，口沿残缺，器体及底均有残缺。肩部微鼓，下腹较鼓。上腹部饰12周弦纹，下腹部有斜向颗粒状绳纹。底径11.4、残高24厘米（图一四〇，4）。

钵　5件。分二型。

A型　3件。敞口，直壁，腹下部折收成平底。G1：9，泥质灰陶。圆唇、微敞口，下腹稍内曲。口径18.4、底径8.8、高8.4厘米（图一四一，2）。H19：3，夹砂灰陶。方唇、唇稍外凸、直口，微内弧。上腹部抹光，下腹部及底较为粗糙，内壁见细密的线纹。口径19.6、底径为10.8、高8.8厘米（图一四一，1）。G1：2，泥质灰陶。残，方唇、直口。外壁可见轮制而形成的规律的细线纹痕迹。复原口径23.2、底径11、高10.8厘米（图一四一，3）。

B型　2件。敛口，弧壁，平底。H175：39，夹粗砂灰陶。方唇，平底内凹。复原口径18、底径9.6、高7.4厘米（图一四一，5）。J2：1，泥质灰陶，残存口沿及部分腹部。复原口径12、高5厘米（图一四一，4）。

盅　1件。H175：12，夹砂黄褐陶。器形不规整，高2、直径3厘米（图一四二，4）。

拍　1件。H175：38，夹细砂黄褐陶。根据残存情况，推断拍面应是不太规则的圆形。复原直径5.1、残高2.5厘米（图一四二，2）。

网坠　1件。H19③：3，夹细砂灰陶。圆柱体、略呈亚腰，不甚规整，中间有一椭圆形孔，器身布满水锈。直径1.9～2.2、孔径0.3～0.6、长3.4厘米（图一四二，3）。

铃　1件。H175：36，泥质黄褐陶。制作不规整，器身上有四个孔（未穿透）。高3.9、宽3.8、厚2.3～3.2厘米（图一四二，1）。

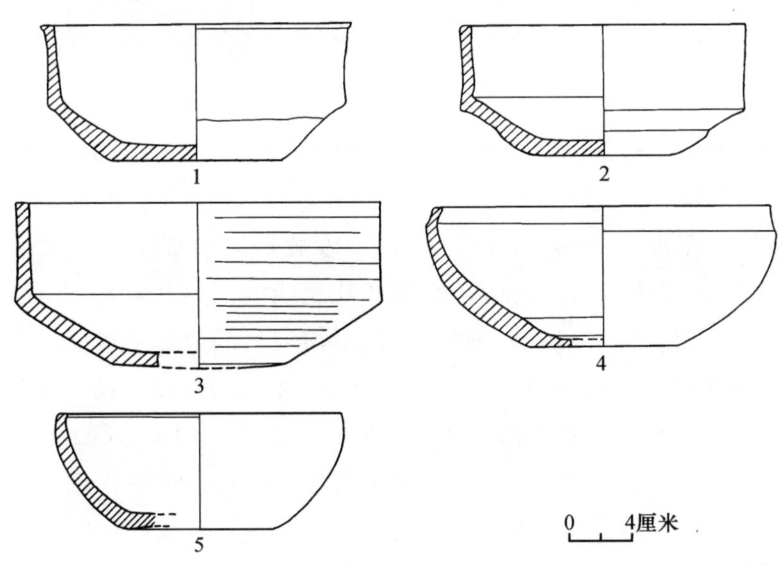

图一四一　西汉陶钵

1～3. A型（H19：3、G1：9、G1：2）　4、5. B型（J2：1、H175：39）

图一四二　西汉陶器

1. 铃（H175：36）　2. 拍（H175：38）　3. 网坠（H19③：3）　4. 盅（H175：12）

纺轮　5件。多泥质灰陶。H175：9，夹砂黄褐夹杂灰黑色，陶色不均。器形规整，残存一半，厚度均匀。表面有崩残和几道线痕。直径4.9、孔径0.8厘米（图一四三，1）。H175：8，夹砂黄褐陶，陶色不均匀，部分呈灰褐色。仅存一半，孔突出于平面。最大径5、孔径0.7厘米（图一四三，2）。H175：10，残存一半，器形厚重。最大径5.7、厚1.8厘米（图一四三，3）。H175：13，直径1.8、孔径0.3、厚0.6厘米（图一四三，4）。H175：11，陶片改制，形状不规则，正面有绳纹。直径4.7～5.1、厚0.5～0.7厘米（图一四三，7）。

圆陶片　2件。G1：1，泥质灰陶。陶片改制，上有绳纹，边缘有残缺。直径6.2～6.4、厚0.5厘米（图一四三，6）。H175：14，陶片改制，正面有细凸棱，一面微

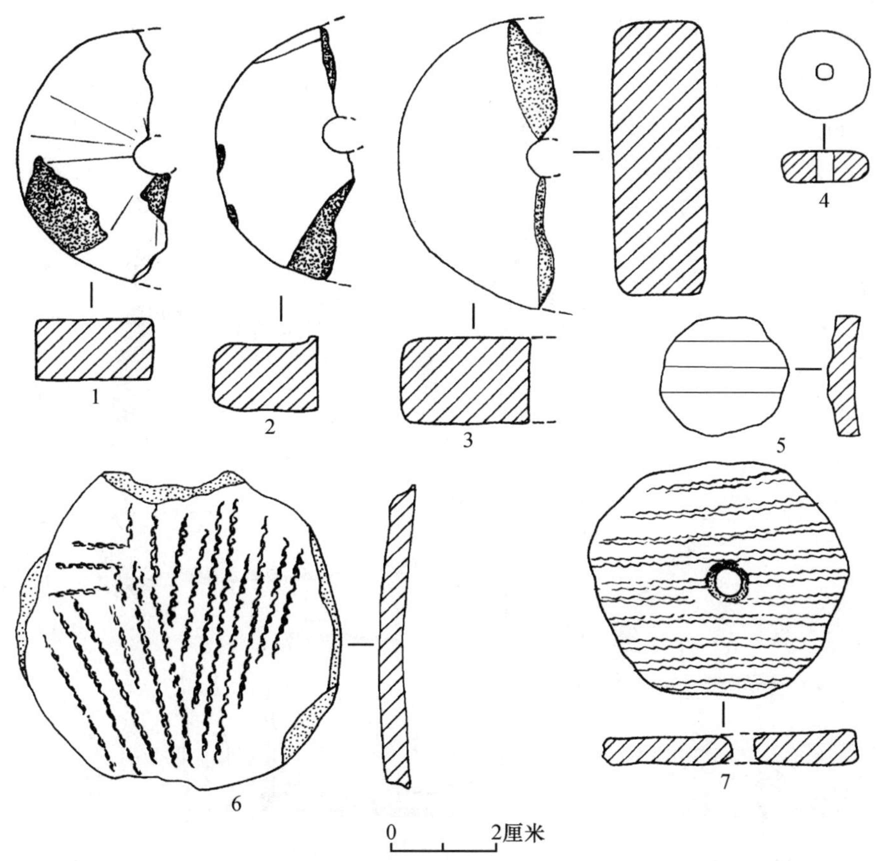

图一四三　西汉陶纺轮、圆陶片

1～4、7. 纺轮（H175：9、H175：8、H175：10、H175：13、H175：11）　5、6. 圆陶片（H175：14、G1：1）

凸。直径2.4、厚0.5厘米（图一四三，5）。

（2）石器

器形有石刀、石镞、石锤、石铲等。多磨制精细，但残缺严重。

石刀　1件。H175：18，残，上有一穿孔，刃部稍残。残长4.1、残宽3.8、最厚1厘米（图一四四，3）。

石锤　1件。H175：5，制作较粗糙，局部见磨制痕迹。高7.2、宽5.8、厚4.6厘米（图一四四，4）。

石铲　1件。H175：7，残，保留的形状略呈三角形。打磨平整。残高8.6、残宽6.5、厚1.2～1.5厘米（图一四四，1）。

石镞　1件。H175：6，截面呈菱形，脊线明显。残长3.8厘米（图一四四，8）。

残石器　2件。H175：15，两面磨制较精。长7.3、宽5.8、厚0.9～1.2厘米（图一四四，2）。H175：16，未磨制，刃部可见崩残的痕迹，截面为三角形。残长4.4、宽1.8、最厚0.9厘米（图一四四，5）。

（3）铜器

镞　1件。H175：1，尖锋，宽翼，翼较长，带血槽，短铤。镞身截面为菱形、铤截面为圆角方形。一翼尾残。长7.3、宽1.5、厚0.5厘米（图一四四，7；图版四三，4）。

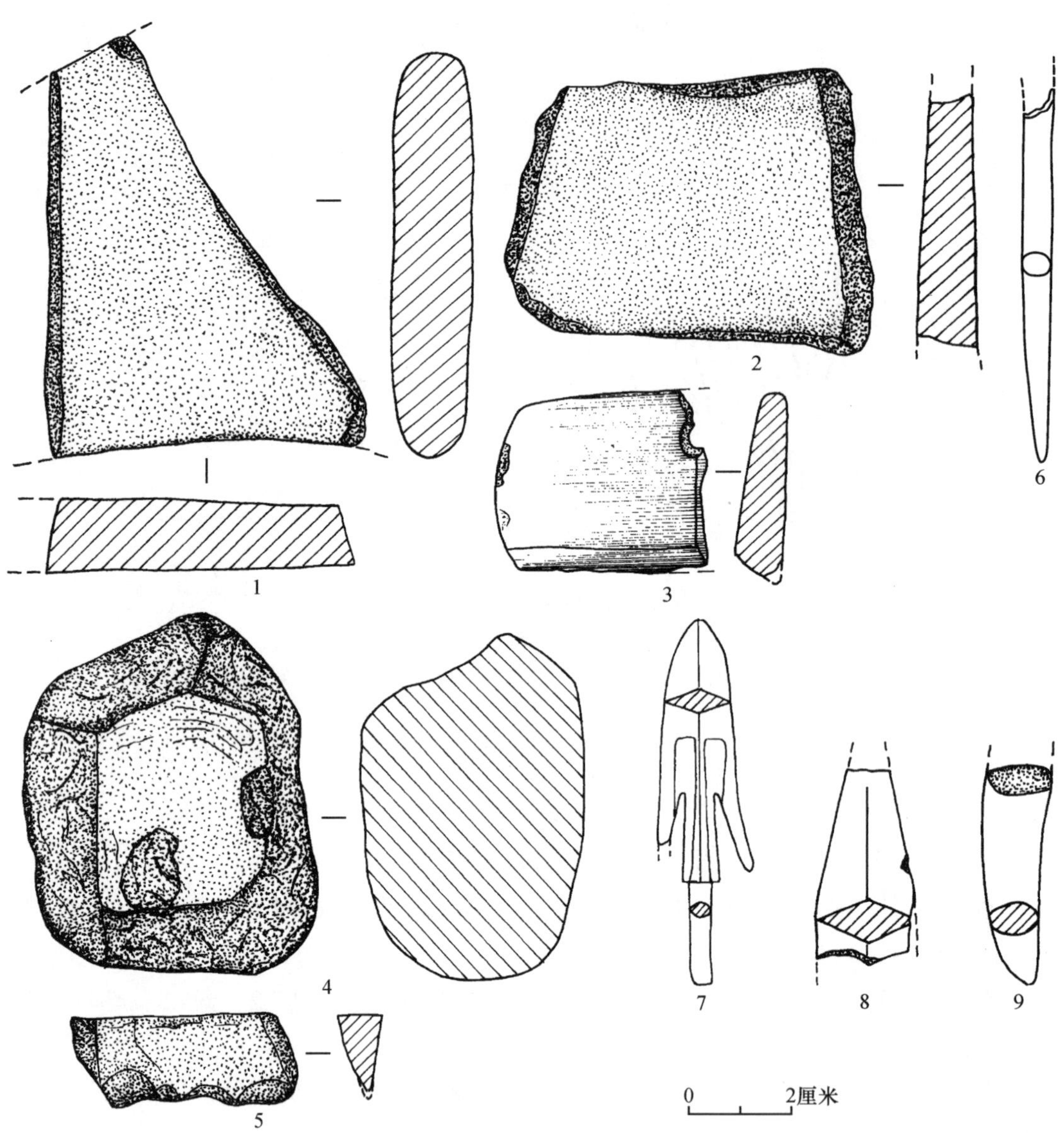

图一四四　西汉遗物

1. 石铲（H175：7）　2、5. 残石器（H175：15、H175：16）　3.石刀（H175：18）　4. 石锤（H175：5）　6. 骨锥（H175：4）　7. 铜镞（H175：1）　8. 石镞（H175：6）　9. 角锥（J2②：1）

（4）骨角器

锥　2件。

骨锥　1件。H175：4，磨制较精，上部残断。残长7.3厘米（图一四四，6）。

角锥　1件。J2②：1，保留鹿角原貌，尖端稍加磨制。残长4.4、直径1.5厘米（图一四四，9）。

九、东汉文化遗存

（一）遗迹

仅发现水井1眼。

J1　位于TS06W22东南角，被东隔梁所压。开口于第1层下。井口外围直径2.3、内直径0.6、深约6米。开口下1米发现有砖砌的井圈。

井圈内填土分为三层：第1层厚1.4米，灰褐色土，较为疏松，含有少量的陶片以及铁块等；第2层厚3.7米，深灰褐色，黏、湿度大；第3层厚0.8米，纯淤泥，填土黏湿，颜色发黑。包含的陶片有泥质灰陶和夹砂灰陶，可辨器形有陶罐、壶、盆等，还包含一些铁器，锈蚀严重（图一四五；图版四四，4、5；图版四五，1～4）。

J1的建造，是先挖一个开口2.3米、口大底小的深坑，总深度为6米。然后在中间位置用砖头铺设井圈。砖井口最上面开口至1米处，未见砖。砖现存共52层。自上而下第1层至12层，砖采用竖铺，砖厚4～5厘米；第12层往下至37层，采用平铺一层、竖铺一层或平铺二层、竖铺二层的方式；从38层直到最底部，用整砖平铺，共15层。竖铺的砖大多不是整块砖，只有少数砖块较大。竖铺的砖较厚，平铺的砖较薄。竖铺的砖大多有菱形花纹，平铺的砖大多素面。平铺的砖每层使用7块或6块半，竖铺的砖每层在35～42个之间。从最底部到最上面，砖外填有黄泥，黏性大，较致密，起到加固作用。

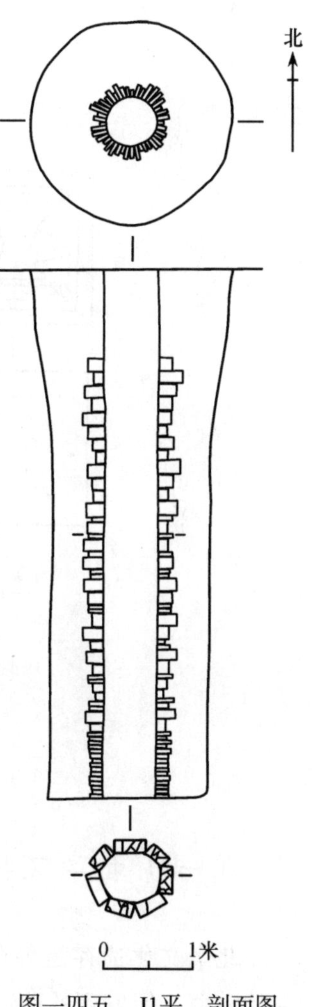

图一四五　J1平、剖面图

（二）遗物

铜印章　1件。J1：8，整体呈四面锥形，近顶部有两面相对的孔，器身有横线纹。未发现文字。边长1、高0.7厘米（图一四六，1）。

铜锥　1件。J1：14，器形较小，截面呈三角形，两端均较圆钝。长3.8、宽0.7厘米（图一四六，2）。

石镞　1件。J1：6，残损严重，磨制一般。脊部不甚明显，残长4.6、残宽1.8厘米（图一四六，3）。

木器　3件。

木桶　J1：13，木制桶体，底部有金属箍。出土时位于井底（图版四五，1）。

木勺　发现2件，1件残存部分勺体和短柄，另外1件仅存少量勺体（图版四五，2、3）。

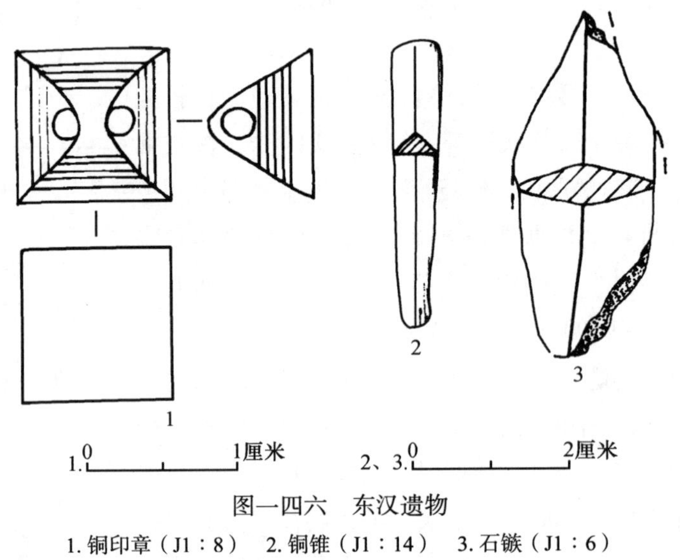

图一四六　东汉遗物

1. 铜印章（J1：8）　2. 铜锥（J1：14）　3. 石镞（J1：6）

十、结　语

（一）北辛文化遗存分析

北辛文化遗存是鲁东南地区首次科学发掘的考古发现，填补了区域文化发现与研究的空白。但发现的遗迹、遗物较少，保存较差。罐形鼎（H155：2）整体形态与北辛遗址H1001：26、H1002：19基本一致，深腹、扁圆锥形足，时代属于北辛文化早期；

陶钵（TS04W13②：1）整体形态与北辛遗址（H609：8）基本一致，敛口、腹较深、小底，属于北辛文化晚期。出土的罐形鼎、钵，以及成组的窄堆纹、锥刺纹等文化因素均常见于北辛遗址，应属于北辛文化北辛类型。

（二）龙山文化遗存分析

东盘遗址的龙山文化堆积较厚，遗迹丰富，打破关系复杂。

1. 房址、墓葬、灰坑

房址和房址之间打破关系多，发掘区内房址排列大致有序，成排成组分布，从北向南，房址分布大致呈四排：

第一排，第一组F16、F26、F28、F15，存在打破关系F16→H122→F15→M12；第二组F34、F33，第三组F9、F10。

第二排，第一组F27；第二组F4、F13、F14、F22，打破关系 F4→F13→F14；第三组F12、F42、F2、F31、F32、F25、F11、F9，存在打破关系F42→F12→F2→F25→F11、H26→M3→F25、F10→F11。

第三排，第一组F30，第二组F41、F20、F7、F21、F38、F5、F37、第三组F19、F1、F8、F6，存在打破关系H9→F7→F41→F20、F5→ F38→F20、F7→F21。

第四排，第一组F23、F39、F24、F40，存在打破关系F23→F24→F40；第二组F18、F17、F3，存在打破关系F18→F17。

从分布和叠压打破关系看，房址建设有意规划，延续发展。每组房址内部叠压打破关系清楚，面积较大的几座房址相对集中于第三排。每排房址之间的距离均在2～3米，每组之间也留有2米左右的空白。围绕房址分布大量灰坑。

墓葬分布比较分散，从北向南，依次分布着M12、M11、M5、M4、M8、M10、M7、M3、M1、M13、M2、M6、M9。

墓葬中成人墓普遍使用一棺，M12使用一棺一椁，为龙山文化葬具的使用、发展等研究提供重要资料。

M12、M10、M2、M6和M9有随葬陶器的墓葬，由北向南，时代逐渐变晚，并且F16打破M12，M3打破F2，M6打破F40，M9打破F3。表明东盘遗址龙山文化聚落最初的中心在发掘区北，并逐渐由北向南扩大。墓葬分布在居住区的周围，并随着居住区的扩大而外扩。

儿童墓M11、M13分别位于M12的西北角和西南角，且M11打破M12，应当有所关联。

东盘遗址龙山文化灰坑中，部分灰坑开始作为窖穴，后来废弃为垃圾坑，此类灰坑形状规则、建造规整。大部分的灰坑位于房址周围、叠压打破关系复杂、包含物种类较多，应当是作为垃圾坑使用，形状多不规则，壁、底不平。还有一部分是建造房址时平整地面、垫土而形成的灰坑，另外有相当数量的取土坑，大小、形状、壁、底较为随意。

2. 分期

东盘遗址龙山文化堆积较厚，现主要依据典型陶器演变[1]、灰坑之间的叠压打破及层位关系，选取典型单位和典型器物作为代表，初步将龙山文化遗存分为两期。

第一期：H60、H3、H20、H37、H88、H96、H108、M12、M3、M10为代表。代表性陶器有A型Ⅰ式、Ba型Ⅰ式、Ⅱ式鼎，Ⅰ式、Ⅱ式鼎足，Ⅰ式鬶，Ⅰ式、Ⅱ式、Ⅲ式大平底盆，A型匜形盆，Ⅰ式、Ⅱ式豆，Ⅰ式、Ⅱ式圈足盘，Aa型、Ab型、B型杯，A型箅子。

第二期：H6、H7、H9、H22、H107、H83、H144、H36、H79、H76、M2、M6为代表。代表性陶器有A型Ⅱ式、Ⅲ式、Ba型Ⅲ式、Bb型鼎，Ⅲ式、Ⅳ式鼎足，Ⅱ式、Ⅲ式鬶，Ⅳ式、Ⅴ式大平底盆，B型匜形盆，环足盆，瓦足盆，圈足盆，Ⅲ式、Ⅳ式圈足盘，Ac型、Ad型杯，B型箅子，Bb型、C型器盖。

其中一期中以H60、H3②为代表和H3①、H20、H37、H88、H96、H108为代表可分为前后两个小的阶段；二期中，以H6、H7、H9、H22、H83、H107、H144为代表和H36、H76、H79为代表，可以划分为两个小的阶段。在东盘遗址中还存在少量晚于二期的遗迹和遗物。比如M9打破F3，F3柱洞出土有侧装扁三角形鼎足，其出现晚于二期中常见的鸟喙形鼎足。

第一期相当于龙山文化早期，第二期相当于龙山文化中期。从发展序列上，此二期是延续的。

3. 陶器

东盘龙山文化遗址陶片统计分析，以典型灰坑举例，如早期灰坑H3、H60、H20、H37，晚期灰坑H6、H9、H107、H144、H76、H79③等12个单位。除H144外，泥质陶占比在9.8%～22.7%之间，夹砂陶占比在77.2%～90.2%之间，早期至晚期泥质陶和夹砂陶占比变化不大，夹砂陶占比一直较大，泥质陶占比较小；泥质陶中，黑陶、灰陶数量多于红陶、红褐陶，早期至晚期变化不大；夹砂陶中，以灰陶、黑陶数量较多，少量红陶、红褐陶，白陶数量最少，早期至晚期占比变化不大。

但H144是一个例外，H144分3层，每一层陶片统计都显示泥质陶占比高于夹砂陶。H144平面为椭圆形、直壁、平底，底部铺有黄沙土，且第2层有意摆放陶器12件。H144与其他灰坑比较，显示出它的特殊性。

M12出土陶鬶（M12：7）呈双层口状，两口之间饰一周三角形镂孔，这种双口状带三角形镂孔的陶鬶也见于临沂大范庄遗址（LD435）[2]和枣庄二疏城（H19：2）[3]。

4. 龙山文化遗存地方类型

龙山文化可分为城子崖类型、姚官庄类型、尹家城、尧王城类型、杨家圈类型和王油坊类型[4]，其中尧王城类型主要分布于泰沂山东南的鲁东南地区。东盘遗址就位于这一区域内，属于这一类型。从器物特征上看，东盘遗址表现出与尧王城类型所具有的共性。例如，器表以素面为主，有一定的弦纹、泥饼、附加堆纹、篮纹等纹饰或装饰。器物种类和形态上如陶鼎、鬶、豆、薄胎黑陶高柄杯、平底盆、三足盆等器物形态与同属尧王城类型的两城镇遗址[5]、东海峪遗址[6]、尧王城[7]等遗址基本一致。和以临沂大范庄[8]、湖台[9]、苍山庄邬[10]等遗址为代表的沂沭河中游地区有所差异，表现在沂沭河中游地区龙山早期常见的小背壶、带喙突的陶杯等器物不见于东盘遗址。

东盘遗址属于山东龙山文化鲁东南尧王城类型，其处于鲁东南沿海地区和沂沭河中游地区的中间地带，从出土陶器种类、陶器形态比较分析，其与沿海地区联系更为紧密，至少在龙山文化早期与沂沭河中游地区有所差异。

（三）岳石文化遗存分析

岳石文化遗存均为灰坑，即H5和H153。H5为舟形斜壁平底，H153为椭圆形袋状平底，显然均为有意为之。遗物中多为陶片，完整器少，可辨器形有器纽、盆、罐、豆等，这些陶器均为岳石文化代表性器物。如东盘遗址的盆（H5：4）与济南彭家庄遗址（H66：1）[11]、青州郝家庄遗址（H14：52）[12]器物形态接近。

这次发掘岳石文化遗存遗物较少，对深入研究这一时期的文化面貌与特征增加了困难。

（四）周代、汉代文化遗存分析

东盘遗址周代、汉代文化遗存发现较少，出土少量陶器、骨器、石器。

Y1为烧制陶器的陶窑，打破春秋坑（H176），被西汉坑（H175）打破，加上出土遗物的分析，时代为春秋晚期。

东周遗物陶豆（H176：4）与蒙阴后里遗址（H27：1）[13]器物形态接近，时代属于春秋晚期。

汉代遗物陶钵（H19：3）与章丘宁家埠遗址（H480：3）[14]相近，H175陶钵与章丘宁家埠遗址（T4145④：2）接近，时代属西汉早期。

周代、汉代的遗迹数量少，且分布零散，多沟、水井等遗迹，推断发掘区在周代、汉代位于生活区的边缘。

（五）动物、植物遗存分析

1. 动物遗存

发掘中采用筛选法和浮选法，获得较为丰富的动物遗存，所获得的动物遗存归属龙山、岳石、西周和汉代，其中以龙山时代最为丰富。动物遗存的鉴定已经有山东大学历史文化学院等完成并发表报告[15]。龙山时代的动物遗存668件，其中墓葬出土10件，其余全部出自灰坑和房址等相关的生活遗迹中。可鉴定标本447件，代表36个个体。有斑鹿、獐、猪、狗、牛、羊、蚌、鸟、猫、螺、龟、鳖等。

发现的哺乳动物有斑鹿、大型鹿、獐、猫、狗、牛、猪、羊和兔子等。猪的遗存数量较多，死亡年龄较为集中，应当是人工饲养的证据之一。除一头猪的死亡年龄偏大，其余的均是在墓葬中发现的小于6个月的幼年个体，说明有意识地选择小于6个月的幼猪下颌作为随葬品。另外，狗和牛应当也是家养。

软体动物数量较少，且保存均较为残破，可以鉴定出有红螺。蚌科动物和鱼的存在，说明遗址周围存在一定面积的淡水水域。另外还有獐、鹿，说明遗址周围存在一定面积的树林，有一定面积的的淡水（可能为湖泊）、沼泽湿地等，野生动物资源比较丰富。

哺乳动物占约70%的比例，其余动物均比较少，说明哺乳动物应当是先民肉食的主要来源，以饲养家畜（主要是家猪）来获取稳定的肉食来源，同时充分利用周围丰富的自然资源狩猎野生动物、捕捞水生动物来补充肉食。

另外在龙山时期的遗迹中发现3件人骨遗存，1件为头骨、1件为桡骨、1件为肱骨，西周时期的遗迹中也发现人胫骨1件、牙齿1件。发现较为零星，应当不是有意识的埋葬行为。结合遗址内存在墓葬以及长期活动的情况，推测是后期生产生活中对早期的墓葬有扰动的情况。

2. 植物遗存

植物遗存的采集采用全面系统的采样方法，分别从灰坑、房址、柱洞、墓葬、灰沟和文化层等性质明确的遗迹单位中采集浮选土样201份，其中以灰坑为主。浮选出的炭化植物遗存可分为炭屑和植物种子果实两大类。植物遗存中，农作物种子663粒，约占出土炭化种子和果实总数的46.9%，非农作物种子果实数量为693粒[16]。

农作物中稻的数量最为丰富，共发现382粒，占农作物总数的57.6%，从北辛到汉代皆有发现，可能为粳稻。北辛的稻形态表明可能还处在稻谷的驯化栽培阶段。粟和黍从北辛到西周均有发现，但是出土数量较少，一直不是占主要地位的农作物，从北辛到周代形态上没有明显的差异。小麦在龙山时期就有发现，自西周开始大量增加，无论绝对数量还是出土概率都是最高的，从龙山到汉代，炭化小麦的形态特征基本一致。非农作物中黍亚科种子出土数量最多，很多品种都是常见的田间杂草，在遗址中多与农作物共出，应当是当时的农田杂草遗存。

北辛文化时期，无论是从绝对数量还是出土概率看，农作物都不占优势，种类有稻、粟、黍。此时应该已经开始一定的农业种植行为，稻、粟、黍共存，表明海岱地区南部稻旱混作的农业格局可能始于北辛文化时期。龙山时代，农作物所占比例迅速上升，农作物种类增加，新出现小麦和大麦，稻仍是最主要的农作物，粟的比例上升，形成了以水稻为主，粟、黍次之，麦类兼而有之的混作农业格局，可能已经开始了大豆的栽培。杂草中黍亚科和豆科数量最多，发现水果类的葡萄属种子。西周时期，农作物超越杂草成为最主要的植物遗存，果实仍有少量出土。农作物包括稻、粟、黍、小麦四种，稻的数量急剧下降而小麦数量急剧上升，两者共同成为当时的核心农作物。

农作物以稻、粟、黍、小麦为主，稻、粟、黍的组合从史前一直持续到青铜时代。遗址稻旱混作的农业格局始于北辛文化时期，水稻一直是遗址中主要的农作物，小麦从龙山文化时期开始出现，并在西周时期成为与水稻并重的农作物。粟、黍的比例始终较低，形成独特的农业发展模式。同时，可能利用聚落周围丰富的植物资源，采食一些时令性的水果和野菜资源，作为食物的补充，采用紫苏等作为香料或者调味品，利用一些野生杂草作为动物饲料。

鲁东南地区龙山文化遗存过去发掘较少，东盘遗址发掘获得丰富的龙山文化遗存，对研究沭河流域龙山文化特征、分期、分区，聚落形态与布局、丧葬习俗、生态环境等都具有重要意义。

附记：东盘遗址2009年发掘由刘延常领队，并总体负责资料整理工作。在东盘遗址发掘过程中，临沭县委县政府、临沂市文化广电新闻出版局、东仓乡政府对于发掘给予了很多支持，多次到工地慰问并提供工作和生活的便利，临沭县文物保护管理所、莒南县文物管理所、蒙阴县文物管理所等单位在发掘期间也给予帮助。山东省文物考古研究院领导郑同修、管国志、王守功，临沭县文物保护管理所许临霞所长也曾多次到工地视察指导工作。山东大学靳桂云、宋艳波教授到工地指导动植物的取样等工作。在资料整理期间，山东大学学生王永磊、杜春磊等参与了陶片的整理，临沭县文物保护管理所王玉红也多次给予帮助。在此一并表示感谢！

水平有限，文中如有疏漏，还请学者多多批评指正。

器物线图：赵国靖　徐倩倩
清　　绘：王站琴　赵国靖
摄　　影：刘延常（遗迹）　赵国靖（器物）
器物修复：苏凡秋　孔　静　蔡雅鹤　张胜现　张学堂
执　　笔：赵国靖　刘延常　李　钰　王绪波　李善超

注　释

[1] 栾丰实：《海岱龙山文化的分期和类型》，《海岱地区考古研究》，山东大学出版社，1997年。
[2] 冯沂：《山东临沂市大范庄遗址调查》，《华夏考古》2004年1期。
[3] 中国社会科学院考古研究所等：《枣庄市二疏城遗址发掘简报》，《海岱考古》（第四辑），科学出版社，2011年。
[4] 同[1]。
[5] 中美联合考古队：《两城镇：1998～2001年发掘报告》，文物出版社，2016年。
[6] 山东省博物馆：《一九五〇年东海峪遗址的发掘》，《考古》1976年6期。
[7] 临沂地区文物管理委员会：《日照尧王城龙山文化遗址试掘简报》，《史前研究》1985年4期；中国社会科学院考古研究所山东队等：《山东日照市尧王城遗址2012年的调查与发掘》，《考古》2015年9期。
[8] 临沂文物组：《山东临沂大范庄新石器时代墓葬的发掘》，《考古》1975年1期。
[9] 临沂市博物馆：《山东临沂湖台遗址及墓葬》，《文物资料丛刊》第10期，文物出版社，1987年。
[10] 苍山县图书馆文物组：《山东苍山新石器时代墓葬清理简报》，《考古》1988年1期。
[11] 山东省文物考古研究院：《济南彭家庄遗址2008年发掘报告》，《京沪高速铁路山东段考古报告集》，文物出版社，2017年。
[12] 吴玉喜：《岳石文化地方类型初探》，《考古学文化论集》（三），文物出版社，1993年。
[13] 山东省文物考古研究所等：《山东蒙阴后里遗址发掘简报》，《山东省高速公路考古报告集》（1997），科学出版社，2000年。
[14] 济青公路文物考古队宁家埠分队：《章丘宁家埠遗址发掘报告》，《济青高速公路章丘工段考古发掘报告集》，齐鲁书社，1993年。

[15] 宋艳波、刘延常、徐倩倩：《临沭东盘遗址龙山文化时期动物遗存鉴定报告》，《海岱考古》（第十辑），科学出版社，2017年。
[16] 王海玉、刘延常、靳桂云：《山东省临沭县东盘遗址2009年炭化植物遗存分析》，《东方考古》（第8集），科学出版社，2011年。

附表一　东盘遗址发掘墓葬登记表

序号	墓号	位置	层位关系	方向	大小/（厘米）（长×宽-深）	葬具及尺寸（厘米）	人骨架	随葬品	性别	类型
1	M1	TS08W20西北部	开口第1层下，打破F12	106°	275×144-35	一棺，230×76	仰身直肢，头东，面北	无		成人墓
2	M2	TS05W18西北部	开口第1层下，打破H63	100°	220×64-46	一棺，204×44	仰身直肢，头东，面上	6件，陶鬶1、陶罐1、陶杯1、陶盆1、蛋壳陶杯1（未复原）、陶豆1		成人墓
3	M3	TS08W21与TS09W21交界处	被H26打破，打破F25、F2	100°	330×144-48	一棺，250×74	仰身直肢，头东面南	腰部陶罐1，獐牙1位于左手边	男	成人墓
4	M4	TS10W21中西部	被F9打破，打破H112	112°	112×40-32	无	仰身直肢，头东面北	无		幼儿墓
5	M5	TS10W17北部	被H133打破	115°	110×26-15	无	仰身直肢，头东面北	无		幼儿墓
6	M6	TS04W17东北	开口第1层下	100°	320×190-70	一棺，218×40	仰身直肢，头东	脚端陶鬶1、陶杯1、陶盆1，蛋壳陶杯1（未复原），腰部陶罐1		成人墓
7	M7	TS09W17中西部	被H96打破	100°	80×40-（20～40）	无	仰身直肢，头东	无		幼儿墓
8	M8	TS09W18西北部	开口第1层下,被H33打破	100°	110×34-10	无	仰身直肢，头东面北	无		幼儿墓
9	M9	TS04W20西北部	开口第1层下，打破F3	100°	240×60-30	一棺，220×45	仰身直肢，头东	腰部有陶盖罐1	男	成人墓
10	M10	TS09W18北部	开口第1层下，被H33打破	102°	140×42-25	无	仰身直肢，头东面北	残陶罐1、贝壳1		幼儿墓

续表

序号	墓号	位置	层位关系	方向	大小/（厘米）（长×宽-深）	葬具及尺寸（厘米）	人骨架	随葬品	性别	类型
11	M11	TS10W17北部	开口第1层下，打破M12	101°	95×30-（8～20）	无	仰身直肢	无		幼儿墓
12	M12	TS10W17与TS10W18之间	被F15、M11、H133、H120等打破	93°	320×160-（77～97）	一棺一椁，椁280×85，棺210×40	仰身直肢，头东面北	猪下颌骨9对，獐牙1（手部）；13件陶器：陶罐1（腿之间），脚端二层台有陶鬶1、陶鼎1、陶豆1、陶盆1、陶杯7、蛋壳陶杯1（未复原）	男	成人墓
13	M13	TS08W20东南部	开口第1层下	96°	123×50-22	无	仰身直肢	无		幼儿墓

附表二　北辛文化遗迹登记表

序号	遗迹号	位置	层位关系	形状	大小/（厘米）（长×宽-深）	堆积	遗物	性质判断
1	H153	TS05W21东北部	开口第1层下，东部被H175打破，打破H154	椭圆形，四壁规整略外斜成袋状，平底	250×160−65	灰褐色黏土，局部夹黄褐色土斑，坑中包含物较多，较致密		窖穴，后废弃为垃圾坑
2	H155	TS05W20和TS05W21南部	开口第1层下，被H1、H2、H5、H154、H60、H118、F3打破	平面形状不规则，略呈长方形，其东北略向外凸，斜壁，底不平	750×（600～650）−20	黄褐色黏砂土，含大量红烧土块，较疏松	石斧1、陶鼎1、骨镞1	垫土坑
3	H160	TS07W21东部	开口第1层下，被F6打破，打破H165、H169	椭圆形，直壁，平底	230×184−（8～22）	深褐色土，土质较硬，致密	石斧1	垃圾坑
4	H163	TS04W19中部偏南	开口第1层下，被H72打破	平面形状不规则，斜壁内收，底较平	310×240−（5～20）	红褐色粉砂土夹杂大量红烧土，疏松		垃圾坑
5	H165	TS07W21东南部，延伸到TS06W21一部分	开口第1层下，被H160、H145打破	被打破，不规则，原应为椭圆形，斜壁内收，平底	150×145−28	深褐色黏砂土，致密	纺轮1	垃圾坑
6	H166	TS07W21中西部	开口第1层下，被F6打破，打破H169	椭圆形，直壁，底不平	320×300−28	深褐色土夹杂烧土颗粒，疏松	石器1	垃圾坑
7	H167	TS06W21、TS05W21	开口第1层下，被H27、H28、H44、H125、H126、F8打破	不规则长方形，南部外凸，周壁不规整，底不平	650×350−20	红褐色粉砂土为主，较致密	石锛1	垫土坑

续表

序号	遗迹号	位置	层位关系	形状	大小/（厘米）（长×宽-深）	堆积	遗物	性质判断
8	H168	TS06W20北部中间	开口第1层下，被H40及F19打破	椭圆形，直壁、四壁规整，底略不平	240×200−35	灰褐色土为主，较疏松		窖穴，后废弃为垃圾坑
9	H169	TS07W21北部，在TS07W21、TS08W21中也有分布	开口第1层下，被H160、H166打破	圆形，直壁，稍内收，平底，未发现加工痕迹	420×410−28	红褐色黏土，较松软，结构疏松	陶拍1	垃圾坑
10	H170	TS08W22西部	开口第1层下，打破生土	椭圆形，直壁，底较平	170×140−20	红褐色细砂黏土，夹杂大量红烧土块，较疏松		较规整，应为窖穴
11	H172	TS08W22西北部	开口第1层下，打破生土	椭圆形，内斜壁，圜底	250×160−40	深褐色细砂黏土，夹杂少量红烧土颗粒，结构较疏松		取土坑
12	H173	TS08W21东南部	开口第1层下，被H51、H116和H169打破	椭圆形，东西略长，南北略短，壁略内斜，平底	120×80−18	深褐土，土质较致密		垃圾坑
13	H177	TS07W19西部	被H85、H73打破	不规则形，斜壁内收，底不平	174×60−（5～10）	深褐色夹杂烧土块，致密	石器1	垃圾坑

附表三　龙山文化遗迹登记表

序号	编号	位置	层位关系	形状	大小/（厘米）（长×宽–深）	堆积	遗物	性质初步判断
1	H1	TS05W20西北角	开口第1层下，打破H155	近圆形，四壁较规整，平底	130×120–15	灰黑色黏土，较疏松		垃圾坑
2	H2	TS05W20东南部	开口第1层下，打破H155	不规则，斜壁，底不平	120×100–40	灰褐色黏土，较疏松		垃圾坑
3	H3	TS06W20西北角	开口第1层下，打破第2层	圆形，整体呈筒状，斜壁内收，底面平	210×210–35	第1层黑灰土，第2层白色草木灰土，局部黄褐色，疏松	第1层：陶罐2、陶罐形鼎1、陶圈足盘1、陶鼎2、陶盆2、石锛1；第2层：陶鼎1、陶器盖1、陶罐2	原应为窖穴，废弃后为垃圾坑
4	H4	TS07W20中部	开口第1层下，打破H7	椭圆形，斜壁，平底	236×138–（28～30）	两层堆积，第1层为浅灰褐砂土、疏松，第2层深灰色土，较致密	石镞2、陶盆1	垃圾坑
5	H6	TS09W21中西部	开口第1层下，打破H132	椭圆形，斜壁，底较平	186×90–26	黑灰色土，有黏性	夹砂红陶鬶1、黑陶罐1、器盖1	垃圾坑
6	H7	TS07W20东北部	开口第1层下，被H4打破	椭圆形，斜壁，底不平	220×140–（10～28）	灰褐色土，疏松	匜形盆2、陶罐1、小陶龟1	垃圾坑
7	H8	TS06W19中部偏南	开口第1层下，打破H14、H174、D6、D7、F7	近椭圆形，斜壁内收，平底	190×175–（25～30）	灰褐色粉砂土，夹杂少量白灰，疏松	骨镞2、石刀1、陶纺轮1	垃圾坑

续表

序号	编号	位置	层位关系	形状	大小/（厘米）（长×宽-深）	堆积	遗物	性质初步判断
8	H9	TS06W18北部偏东	开口第1层下	长方形，直壁，平底	200×80-40	深灰褐色土，疏松	匜形盆2、罐形鼎1、罐1、器盖3、杯1	人为有意挖掘，后废弃为灰坑
9	H10	TS08W21西南角	开口第1层下，打破H43、F32	长条状，斜壁，底不平	230×96-（2～5）	灰褐色花土		垃圾坑
10	H11	TS09W21北部	开口第1层下，被TS09W21D1打破	不规则，斜壁，底不平	204×152-（20～40）	分四层，第1层：黄色土，质地坚硬；第2层：黑褐土，出土大量兽骨；第3层：褐色土；第4层：灰色土		可能为柱坑，废弃后做垃圾坑
11	H12	TS06W18中部偏西	开口第1层下	圆形，直壁，底不平	210×210-50	灰色粉砂土，较疏松	石斧1	人为有意挖掘，后废弃为灰坑
12	H13	TS06W17东南角	开口第1层下，打破H87	未完全暴露，形状不规则，斜壁，内收，圜底	136×120-（12～24）	灰褐色粉砂土		垃圾坑
13	H14	TS06W19东南部	开口第1层下，被H8和D3打破，打破H39和H165	近椭圆形，斜壁内收，平底	190×130-（25～30）	两层，第1层：灰褐土，疏松；第2层：黄土、灰褐土与灰白土掺杂，疏松	骨镞1	垃圾坑

续表

序号	编号	位置	层位关系	形状	大小/（厘米）（长×宽-深）	堆积	遗物	性质初步判断
14	H15	TS06W19西北角	开口第1层下，打破F7、H174，被D2打破	不规则，斜壁内收，底较平坦	130×130-（5～10）	灰褐色粉砂土，夹杂少量黄土，致密		垫土坑
15	H16	TS08W17西南部	开口第1层下，打破H31、H91、H101、H113、H119	圆形袋状，坑壁加工较好，平底	开口190×170，底部210×190，深65	填土三层，第1层：黄褐色水锈土，疏松；第2层：深灰褐色土，包含物丰富；第3层：灰褐色土	7件，器盖3、石斧1、石锛1、陶纺轮1、陶盆1	原应为窖穴，废弃后为垃圾坑
16	H17	TS05W18西部	开口第1层下	不规则椭圆形，斜壁内收，平底	130×74-19	深灰褐色粉砂土，疏松		垃圾坑
17	H20	TS07W19东北部及TS08W19东南部	开口第1层下，打破F20、H47	近圆形，直壁，底部不平，整体南高北低，北部有明显下凹部分	240×240-（20～40）	两层,第1层：深灰褐色土，疏松；第2层：灰褐色土，疏松	罐1、鼎2、大平底盆1	窖穴，后废弃为垃圾坑
18	H22	TS07W18西北角	开口第1层下，打破H54、F20、F41	椭圆形，斜壁，底不平	185×140-（26～32）	深灰色土，疏松	石斧1、陶盆1、器盖1	垃圾坑
19	H24	TS05W19西北角	开口第1层下，打破F18	不规则，斜壁内收，底较平坦	200×20-（10～25）	灰褐夹黄褐细砂土，夹杂有少量红烧土，致密	石器1	垃圾坑
20	H25	TS09W22东南部	开口第1层下，被G1打破	圆形，直壁，平底	65×32-35	黑灰色黏土，夹炭屑，疏松		垃圾坑

续表

序号	编号	位置	层位关系	形状	大小/（厘米）（长×宽-深）	堆积	遗物	性质初步判断
21	H26	TS08W21与TS09W21之间	开口第1层下，打破M3	椭圆形，直壁，平底	201×124-46	分三层，第1层：黑色土，土质较黏；第2层：土色较花，较硬；第3层：灰色细砂土，软，疏松	陶杯2、陶豆1、陶盆1、长颈陶杯1	原为窖穴，后废弃为垃圾坑
22	H27	TS06W21东北部	开口第1层下，被F8打破，打破H125和H126	不规则形，片状堆积，周壁不规整，坑底不平，堆积厚薄不均	310×185-20	灰褐色、黄褐色、灰黑色三色混土，较致密		F8的垫土坑
23	H28	TS06W21北部中间	开口第1层下，打破H44、H125，同时被F8的柱洞、H27打破	椭圆形，斜壁内收，较规整，底略下凹	170×125-60	三层，第1层：黄、白、灰等三色混土，较致密；第2层：灰褐色黏砂土；第3层：灰黑色砂土，较疏松	第1层：罐2；第2层：盆1	F8垫土坑
24	H29	TS05W19东南	开口第1层下	不规则，斜壁内收，底部为柱洞	140×（110～20）-60	深灰褐粉砂土，疏松	陶盆1、圈足盘1	先为柱坑，拔掉柱子后成为垃圾坑
25	H30	TS05W19西南角	开口第1层下	不规则，斜壁内收，底部偏西处有一柱洞	90×90-（35～50）	灰褐色细砂土，致密		先为柱坑，后成为垃圾坑

续表

序号	编号	位置	层位关系	形状	大小/（厘米）（长×宽-深）	堆积	遗物	性质初步判断
26	H31	TS07W17西北部	开口第2层下，打破H82，被H16打破	椭圆形，壁稍内斜，平底	370×280-68	两层，第1层：黄褐色，致密；第2层：灰褐色，疏松	石刀2、陶盆1、陶器盖1	先为窖穴，后为垃圾坑
27	H32	TS06W17西北角	开口第1层下，被H18、H21、H66打破	近圆形，斜壁，内收，平底	250×230-52	灰褐色粉砂土，较疏松	石镞1、骨锥1、骨镞1	先为窖穴，后废弃为垃圾坑
28	H33	TS09W18西北部	开口第1层下，打破M8、M10、H38、F4	椭圆形，斜壁内收，圜底	344×254-12	红褐色黏土，紧密		垃圾坑
29	H34	TS09W17东南部	开口第1层下，被H33打破	圆角方形，直壁，平底	260×215-96	黄褐色土，疏松	柱础1、石器2、罐形鼎1	窖穴，后废弃为垃圾坑
30	H35	TS09W19东南部及TS08W19东北部	开口第1层下，打破H74、H88、H89	卵圆形，直壁，底部不平，整体西高东低	230×180-（12～28）	灰褐色粉砂土，较疏松		垃圾坑
31	H36	TS09W19西南部	开口第1层下，打破F14基槽及垫土	椭圆形，直壁，近平底	201×158-30	两层，第1层：浅灰褐色土，致密；第2层：浅灰褐土泛黄，致密	第1层：瓦足盆1；第2层：罐1、圈足豆1	窖穴，后废弃为垃圾坑
32	H37	TS07W20中西部	开口第1层下，打破H64	近圆形，斜壁，平底	180×156-（15～20）	深灰色土，土质较软，结构疏松	陶杯2	窖穴，后废弃为垃圾坑
33	H38	TS09W18西北部	开口第1层下，打破H61、F4	椭圆形，斜壁内收，平底，北壁略内凹	108×80-6	黄褐色粉砂土，疏松		窖穴，后废弃为垃圾坑

续表

序号	编号	位置	层位关系	形状	大小/（厘米）（长×宽-深）	堆积	遗物	性质初步判断
34	H39	TS05W19东北角	开口第1层下，被H14打破	近椭圆形，斜壁内收，底较平坦	200×150-60	两层，第1层：灰褐土，夹杂少量黄褐土，疏松；第2层：深灰褐土，疏松	第1层：陶纺轮1；第2层：器盖2、石镞1	窖穴，后废弃为垃圾坑
35	H40	TS07W20南部	开口第1层下，打破H42	不规则，直壁，平底	120×80-（38～40）	疏松，夹杂红烧土颗粒	器盖1	垃圾坑
36	H41	TS07W19东南角	开口第1层下，打破H42	不规则形状，斜壁，平底	140×70-58	三层，第1层：深灰色土，夹杂黄淤土层，疏松；第2层：深灰色土，疏松；第3层：浅灰色土，疏松	陶盆2	垃圾坑
37	H42	TS07W20西南部	开口第1层下，被H40、H41打破	近椭圆形，东、西两端被打破，斜壁平底	180×120-（20～30）	灰褐色黏土，疏松	器盖2	窖穴，后废弃为垃圾坑
38	H43	TS08W21西南角	开口第1层下，被H10打破	因被打破形状不规则，斜壁，平底	226×181-48	黑色土，夹炭屑	石器1	取土坑，后成为垃圾坑
39	H44	TS06W21东北部	开口第1层下，打破H125和H126，被H27、H28以及F8打破	长椭圆形，斜壁内收，壁面不甚规整，底部凹凸不平	175×140-（35～45）	灰褐色黏砂土，局部有黄褐或黑灰色土斑	骨器1	F8的垫土坑

续表

序号	编号	位置	层位关系	形状	大小/（厘米）（长×宽-深）	堆积	遗物	性质初步判断
40	H45	TS09W22南部及TS08W22北隔梁	开口第1层下，被TS08W22D1打破，打破TS08W22D2	不规则形，斜壁，底不平	204×98−43	黑灰土，致密		取土坑，废弃为垃圾坑
41	H46	TS08W19东部	开口第1层下，打破F12垫土	近圆形，斜壁内收	105×105−25	深灰褐色，疏松		垃圾坑
42	H47	TS07W19东北部	开口第1层下，被H20打破，打破H73	近圆形，斜壁，底不平	80×80−（20～26）	浅灰色土，致密		垃圾坑
43	H48	TS07W21中西部	开口第1层下	椭圆形，直壁平底，壁有加工痕迹	100×120−（35～40）	黄褐色土，致密		窖穴，后为垃圾坑
44	H49	TS07W18东北部	开口第1层下	椭圆形，斜壁，底不平	120×140−（24～26）	深灰色土，疏松		垃圾坑
45	H50	TS05W17中部偏北	开口第1层下，打破H64、F39	椭圆形，斜壁，内收，平底	78×66−50	灰褐色粉砂土，疏松		窖穴，后为垃圾坑
46	H51	TS08W22西部	开口第1层下	椭圆形，内斜壁，圜底	150×13−（60～64）	两层，第1层：灰褐色粉砂土，较疏松；第2层：深灰褐色粉砂土，夹杂大量草木灰，疏松	器盖1	垃圾坑
47	H52	TS04W19东北部	开口第1层下，打破H53	长条形，斜壁，底不平	110×40−（20～65）	灰褐色粉砂土，疏松		H52为F3北墙西段基槽

续表

序号	编号	位置	层位关系	形状	大小/（厘米）（长×宽-深）	堆积	遗物	性质初步判断
48	H53	TS04W19东北角	开口第1层下，被H52打破	不规则，斜壁内收，底不平	140×110-（5～20）	灰褐色，灰白色细砂土，夹杂少量黄褐土，疏松	石镞1	垃圾坑
49	H54	TS07W18东南角	开口第1层下，被H22打破，打破H128、F20、F41	被打破而形状不规则，斜壁，平底	170×112-（10～30）	深灰色土，疏松		窖穴，废弃为垃圾坑
50	H55	TS08W20东南部	开口第1层下，打破H64	近椭圆形，近直壁，平底	170×130-56	两层，第1层：深灰褐土，疏松；第2层：深灰褐，土色花，含红褐、浅灰、黄褐等多种颜色土块，疏松	陶磨盘1、器盖1	本为窖穴，废弃成为垃圾坑
51	H56	TS08W21东南部	开口第1层下，被M1、F12打破	近长方形，斜壁，底较平	172×108-23	两层，第1层：红色烧土；第2层：灰色土	盆形鼎1	垃圾坑
52	H58	TS08W19西部偏北	开口第1层下，打破H61、F4	不规则形，西壁部分坍塌，原应当为圆形	190×190-54	黄褐色粉砂土，疏松	骨锥1、陶纺轮1、石斧1	本为窖穴，废弃后为垃圾坑
53	H59	TS04W19中部偏东	开口第1层下，被H72打破	长条形，斜壁内收，底较平坦	160×30～40-（20～30）	灰褐色粉砂土，疏松		为F3西墙北段基槽

续表

序号	编号	位置	层位关系	形状	大小/（厘米）（长×宽-深）	堆积	遗物	性质初步判断
54	H60	TS05W20北部中间	开口第1层下	东西长椭圆形，周壁规整，稍斜内收，底部稍有不平，整体呈坑状	170×145-60	黄褐色黏砂土，包含物较少	罐2、罐形鼎1	窖穴，后废弃为垃圾坑
55	H61	TS09W18西北部	开口第1层下，被H38、H58打破，打破F4	被打破形状不规则，直壁，平底	260×132-60	黄褐色粉砂土，疏松	骨锥1、陶纺轮1、石斧1	本为窖穴，废弃后为垃圾坑
56	H62	TS08W19西北部及TS08W18东隔梁内	开口第1层下，打破H107及F14垫土	近圆形，斜壁，平底	190×190-24	浅灰褐，致密		本为窖穴，废弃后成为垃圾坑
57	H63	TS05W18中部偏西	开口第1层下，被M2打破	椭圆形，斜壁内收，平底，壁、底未见加工痕迹	140×120-18	深灰褐色，土质为粉砂土，较疏松	石矛1、石刀1	垃圾坑
58	H64	TS07W20东南部及TS07W20北隔梁内	开口第1层下，被H37、被H55打破	形状不规则，斜壁内收	156×158-46	深灰褐色粉砂土，含大量黑灰、白灰土		垃圾坑

续表

序号	编号	位置	层位关系	形状	大小/（厘米）（长×宽-深）	堆积	遗物	性质初步判断
59	H65	TS04W19东北角	开口第1层下	椭圆形，直壁，底较平	80×50-40	深灰褐色粉砂土，疏松	陶杯1	H65为柱洞，柱子拔掉后填土形成灰坑，坑底的黑陶杯可能是有意放置的
60	H67	TS08W16东北部	开口第1层下，被H96打破，打破H110、H104、H134	不规则形，直壁，底不平	192×46-38	黄褐色，致密		垃圾坑
61	H68	TS07W18东北部	开口第1层下，打破第2层，打破H77、H80、H85、H103、F20	椭圆形，直壁，平底	246×166-40	浅黄褐色，致密	器盖3、纺轮1	原为窖穴，后废弃为垃圾坑
62	H69	TS09W19北部	开口第1层下，打破H81、H88、H131	略呈圆角方形而不规则，斜壁外张（袋形）平底	260×160-52	两层，第1层：灰褐色泛绿，致密；第2层：深灰褐色土，致密		原为窖穴，后废弃为垃圾坑
63	H70	TS10W17中部偏西	开口第1层下，被H75打破	被破坏形状不规则，直壁，平底，底为黄色生土，平整	130×110-38	填土分两层，第1层：深灰褐色土，疏松；第2层：浅灰褐色土，疏松		原为窖穴，后废弃为垃圾坑

续表

序号	编号	位置	层位关系	形状	大小/（厘米）（长×宽-深）	堆积	遗物	性质初步判断
64	H71	TS09W17东北部	开口第1层下，被H33打破，打破H122	平面圆形，稍不规则，直壁，底不平，壁底有加工过的痕迹	248×256-（51～98）	填土分三层，第1层：黄褐色土，较致密；第2层：灰褐色土，疏松；第3层：灰黑色土，疏松	甗1、罐2、器盖2、陶纺轮1、骨锥1、石刀1、骨镞1	原为窖穴，后废弃为垃圾坑
65	H72	TS04W19西南角	开口第1层下，打破H59，被G1打破	近圆形，直壁，底不平	200×200-（30～70）	灰褐色粉砂土，致密	陶铃1、骨锥1	原为窖穴，后废弃为垃圾坑
66	H73	TS07W19西半部	开口第1层下，被H47打破，打破H85	椭圆形，斜壁，底不平	278×180-110	两层，第1层：深灰色土，疏松；第2层：灰褐色土，疏松	陶器盖1、陶杯1、陶匜形盆1、陶罐3	垃圾坑
67	H74	TS08W19北部及TS09W19南部	开口第1层下，被H35打破，打破H88、H89、H107、H149	不规则形，直壁，底部较平	270×190-42	浅灰褐色粉砂土，土质较为疏松	盒1、器盖1、石镞2	垃圾坑
68	H75	TS10W17西南角	开口第1层下，打破H70	被打破，形状不规则，现存部分直壁，平底，底较平整	104×90-39	填土为深灰褐色，夹杂大量炭屑，较为疏松	陶盆1	可能为柱坑

续表

序号	编号	位置	层位关系	形状	大小/（厘米）（长×宽-深）	堆积	遗物	性质初步判断
69	H76	TS08W17东北部	开口第1层下，打破H98、H106、H111、H109	椭圆形，直壁，底不平，北部较浅，南部较深	410×236-（60～76）	灰褐色粉砂土，疏松	石镞1、石刀1、石锛2、陶器盖1、陶杯2、陶罐1、陶盆1	窖穴，后废弃为灰坑
70	H77	TS08W19西部及TS08W18东隔梁内	开口第1层下，被H68打破	被打破形状不规则，近直壁，底稍不平	221×188-44	灰褐为主，含黑灰、白灰，疏松	石锛1	垃圾坑
71	H78	TS10W17西北部，被隔梁所压未完全暴露	开口第1层下，打破F28	被破坏，形状不规则，直壁、平底	190×230-40	黄褐色填土，颜色偏红，较致密	匜形盆1	可能为垫土坑
72	H79	TS09W17西北部	开口第1层下	圆角方形，直壁，平底，壁底均有加工过的痕迹	210×160-60	堆积分三层，第1层：灰褐色土，疏松；第2层：灰褐色土，疏松，含有大量炭屑烧土等；第3层：黑灰色土，疏松	陶匜形盆3、陶器盖3、陶鼎2、陶盒1、石镞1	最初为窖穴，后为垃圾坑
73	H80	TS07W19西北角	开口第1层下，被H68打破,打破H85	平面圆形，直壁，平底	140×140-（10～40）	深灰褐色填土，致密		窖穴，后废弃为灰坑
74	H81	TS09W19北部及北隔梁内	开口第1层下，被H69打破，打破H88、H131	被打破形状不规则，斜壁内收，圜底	198×104-42	灰褐色粉砂土，极疏松	陶匜形盆1	垃圾坑

续表

序号	编号	位置	层位关系	形状	大小/（厘米）（长×宽-深）	堆积	遗物	性质初步判断
75	H82	TS07W17东北部	开口第1层下，被H31打破	被打破形状不规则，斜壁，平底，壁底发现有加工痕迹	136×120-（20～22）	灰褐色黏土，疏松	骨锥1	垃圾坑
76	H83	TS08W22东北部	开口第1层下	不规则状，东西较长，内斜壁，平底	180×165-（5～15）	深灰色粉砂土，疏松	器盖1	原为窖穴，垃圾坑
77	H84	TS07W18西北角	开口第1层下	椭圆形，直壁，底不平	135×80-（30～40）	黄砂土，疏松		垃圾坑
78	H85	TS07W18东北部	开口第1层下，被H73、H80、H68打破	不规则，斜壁，圜底	160×130-50	两层，第1层：深灰色土，疏松；第2层：浅灰色土，疏松		自然坑，后形成垃圾坑
79	H87	TS05W18西北部	开口第1层下，被H13打破	圆角长方形，袋状，平底	180×150-60	灰褐色粉砂土，较疏松	无	窖穴，后废弃为灰坑
80	H88	TS09W19东北部	开口第1层下，被H69、H74、H81、H89打破，打破H131	不规则，斜壁内收，底不平	280×236-（20～34）	四层，第1层：灰褐粉砂土，疏松；第2层：灰褐粉砂土，致密；第3层：黄褐黏土，致密；第4层：灰褐色粉砂土，致密；	第1层：陶器盖2、陶罐1、陶鼎1、陶甗1、陶鬶1；第2层：陶匜形盆1、陶杯1、陶盆1	垃圾坑
81	H89	TS08W19北部及TS09W19南部	被H35、H74打破，打破H88	圆角长方形，直壁，底部较平	270×40-42	灰褐色粉砂土，较疏松，含大量黑灰	陶箅1	窖穴，后废弃为灰坑

续表

序号	编号	位置	层位关系	形状	大小/（厘米）（长×宽-深）	堆积	遗物	性质初步判断
82	H90	TS09W21北部	开口第1层下	不规则，斜壁，圜底	202×178-52	三层，第1层：淡黄色土，疏松；第2层：灰色土，夹水锈，疏松，黏土；第3层：黑灰色黏土	陶器盖1、陶网坠1、石器1、骨镞1	取土坑，后废弃为垃圾坑
83	H91	TS08W17东南部	开口第1层下，被H31、H82打破	被打破形状不规则，直壁，平底	130×88-20	灰褐色粉砂土，疏松		原可能为窖穴，后废弃为垃圾坑
84	H92	TS08W17西部	开口第1层下，打破H93	被打破形状不规则，直壁，平底	224×79-44	黄褐色粉砂土，疏松		窖穴，后废弃为垃圾坑
85	H93	TS08W17西部	开口第1层下，被H92打破	被打破形状不规则，原应为椭圆形或圆形，直壁，平底	164×60-22	黄褐色粉砂土，疏松		窖穴后废弃为垃圾坑
86	H94	TS08W17中部	开口第1层下，打破H102、H103、H137	近梯形，直壁，平底	120×158×142-66	黄褐色粉砂土，疏松		窖穴，后废弃为垃圾坑
87	H95	TS08W17北部	开口第1层下，打破H106、H109	近圆形，斜壁，底不平	118×102-20	黄褐色粉砂土，疏松		窖穴，后废弃为垃圾坑

续表

序号	编号	位置	层位关系	形状	大小/（厘米）（长×宽–深）	堆积	遗物	性质初步判断
88	H96	TS09W17西部	开口第1层下，打破H110、F27、M7	西侧为断崖，原应为圆角长方形，斜壁，底不平	294×208–52	四层，第1层：黄褐色土，致密；第2层：灰褐色土，疏松；第3层：灰褐色土，致密；第4层：灰褐色土，疏松	骨铲1、石刀1、蚌器1、陶盆2、陶杯1、骨镞1	有意挖掘，后废弃为垃圾坑
89	H98	TS08W17东北部	开口第1层下，被H76打破，打破H106、H109	被打破形状不规则，直壁，平底	264×98–50	黄褐色土，疏松		窖穴，后废弃为垃圾坑
90	H99	TS05W18东部少偏北	开口第1层下	长方形，斜壁，平底	140×30–25	灰褐色粉砂土，较疏松		窖穴，后废弃为垃圾坑
91	H100	TS07W17东北部	开口第2层下，被H82打破，打破H129	椭圆形，内斜壁，平底	168×88–30	两层，第1层：黄褐砂土，土质较软，结构疏松；第2层：浅灰褐土，土质较软，结构疏松		窖穴，后废弃为垃圾坑
92	H101	TS08W17西南部	开口第1层下，被H16打破，打破H113	被打破仅存弧边条状，直壁，平底	186×52–40	灰褐色黏土，致密，结构致密		窖穴，后废弃为垃圾坑
93	H102	TS07W18中北部	开口第2层下，被H84、H49、H94打破	被打破，斜壁，底不平	162×88–（60～180）	两层，第1层：深灰褐土，疏松；第2层：浅灰砂土，疏松	器盖2、石斧1	窖穴，后废弃为垃圾坑

续表

序号	编号	位置	层位关系	形状	大小/（厘米）（长×宽-深）	堆积	遗物	性质初步判断
94	H103	TS08W18东南部	开口第1层下，被H68、H77、H94打破	被打破形状不规则，坑壁加工	130×100-70	黄褐色粉砂土，夹杂较多水锈，致密		窖穴，后废弃为垃圾坑
95	H104	TS08W17西北部	开口第1层下，被H67打破，打破H134	圆角长方形，直壁，平底	120×102-40	灰褐色粉砂土，夹杂大量草木灰等，疏松		垃圾坑
96	H106	TS09W17北部	开口第1层下，被H34、H76、H95、H98打破，打破H109	被打破形状不规则，直壁，坑底不平	152×156-（48～58）	灰褐色粉砂土，疏松		垃圾坑
97	H107	TS08W19中部	开口第1层下，被H62、H74、H77打破	不规则，直壁，底不平，中部稍凹	290×216-26	两层，第1层：深灰褐泛黄粉砂土，致密；第2层：灰褐色粉砂土，较疏松	陶罐3、陶匜形盆2、陶支座1、陶器盖2、陶箅1、圈足盘1	垃圾坑
98	H108	TS06W17西隔梁南部	开口第1层下，被H105打破	椭圆形，直壁，平底	154×80-（58～73）	三层，第1层：浅灰褐色粉砂土，疏松；第2层：浅灰褐色夹杂黄粉砂土，较疏松；第3层：深灰褐色粉砂土，较疏松	第1层：罐形鼎1、圈足盘1、盆形鼎1；第2层：罐形鼎1；第3层：陶器盖1	原为窖穴，后废弃为垃圾坑

续表

序号	编号	位置	层位关系	形状	大小/（厘米）（长×宽-深）	堆积	遗物	性质初步判断
99	H109	TS08W17北部	开口第1层下，被H76、H95、H98、H106打破，打破H113	被打破形状不规则，斜壁内收，平底	290×270-46	黄褐色粉砂土，致密，结构疏松		窖穴，后废弃为垃圾坑
100	H110	TS09W17西南部	开口第1层下，被H96、H67打破	不规则，斜壁，底不平	50×30-（10～20）	三层，第1层：黄褐色土，土质较密，含沙量大；第2层：灰褐色，疏松；第3层：灰黑色，疏松，含大量草木灰	陶纺轮1、陶器盖1、石刀1	窖穴，后废弃为垃圾坑
101	H111	TS08W18西部	开口第1层下，被H76打破	被打破，形状不规则，坑壁、坑底加工不规整	152×108-60	黄褐色粉砂土，疏松		取土坑，后废弃为垃圾坑
102	H112	TS10W21中部	开口第1层下，被F9、M4打破	不规则形，斜壁圜底。在探方边缘，未完全暴露	128×106-20	浅褐土，土质致密		可能与北部F9有关，为建房前垫土
103	H113	TS08W17西部	开口第1层下，被H16、H101、H109打破	现残存部分不规则，斜壁圜底	196×128-30	灰褐色粉砂土，夹杂大量水锈等，疏松		窖穴，后废弃为垃圾坑

续表

序号	编号	位置	层位关系	形状	大小/（厘米）（长×宽-深）	堆积	遗物	性质初步判断
104	H114	TS06W17西部居中	开口第1层下，打破H143，被H18、H21打破	被打破形状不规则，斜壁，底不平	160×150-（20～28）	三层，第1层：黄褐色黏土，较致密；第2层：灰褐色粉砂土，疏松；第3层：黄褐色粉砂土，较疏松		垃圾坑
105	H115	TS10W21东南部	开口第1层下，被F10打破，打破F11	圆形，斜壁，圜底	165×164-82	五层，第1层：灰色土，疏松；第2层：黑色黏土，疏松；第3层：红褐色黏土，较致密；第4层：青灰色黏土，夹水锈；第5层：黑色炭灰土		垃圾坑
106	H116	TS08W22西南部	开口第1层下，生土	圆形,一边直壁，一边斜壁，平底	120×120-（40～65）	浅灰褐色粉砂土，夹杂大量草木灰，疏松		窖穴，后废弃为垃圾坑
107	H117	TS10W17东北部	开口第1层下，打破H120	近椭圆形，斜壁，壁较为规整，平底	60×80-40	填土为浅灰褐色，偏红	圆陶片1	垃圾坑
108	H118	TS05W20东北部	开口第1层下，被H5打破	椭圆形，周壁规整，斜壁内收，整体呈筒状	130×110-50	浅灰褐色黏砂土，疏松		垃圾坑

续表

序号	编号	位置	层位关系	形状	大小/（厘米）（长×宽-深）	堆积	遗物	性质初步判断
109	H119	TS08W17东南部	开口第1层下，被H16、H76、H91打破	椭圆形，斜壁内收，平底	220×192-30	两层，第1层：黄褐色粉砂土，疏松；第2层：深灰褐色粉砂土，夹杂大量黑灰等，疏松		窖穴，后废弃为垃圾坑
110	H120	TS10W17东北部	开口第1层下，被H117打破，打破F15、F16、H122	不规则，直壁，底较平	160×270-20	填土为浅灰褐色，偏黄，较疏松，含有大量陶片	陶网坠1、圆陶片2	可能为垫土坑
111	H121	TS06W17南部偏西	开口第1层下，打破H143	平面呈椭圆形，斜壁，内收，平底	136×100-19	灰褐色粉砂土，疏松		窖穴，后废弃为垃圾坑
112	H122	TS10W17东南部	开口第1层下，被H17、H120、H71打破	因被打破形状不规则，直壁，壁较为规整，底西部较高	220×180-（30～40）	填土分三层，第1层：浅灰褐色土，疏松；第2层：黑灰土，疏松；第3层：灰褐色土，较上两层致密		可能为垫土坑
113	H123	TS07W17西南部	开口第1层下，被H31打破	平面不规则状，壁稍内斜，平底	195×75-（54～64）	黄褐砂土，致密		窖穴，后废弃为垃圾坑
114	H125	TS06W21西南部	开口第1层下，被H27、H28、H44打破，打破H126	残余部分呈圆弧形，周壁不甚规整，平底	60×45-35	浅黄褐色黏砂土，包含物较少，较致密		可能为F8垫土坑

续表

序号	编号	位置	层位关系	形状	大小/（厘米）（长×宽-深）	堆积	遗物	性质初步判断
115	H126	TS06W21东南部	开口第1层下，被F8、H27、H44、H125打破	残余部分呈圆弧状，壁面不甚规整	160×50-40	灰褐色黏砂土，局部含黑灰土，包含物较多，较致密		可能为F8垫土坑
116	H127	TS06W17东北部	开口第1层下，被H86打破	被打破，形状不规则，直壁，底不平	105×83-（22～32）	灰褐色粉砂土，较致密		窖穴，后废弃为垃圾坑
117	H128	TS07W18东南部	开口第1层下，被H54打破	椭圆形，斜壁，平底	140×11-（32～36）	灰褐砂土，疏松		窖穴，后废弃为垃圾坑
118	H129	TS07W17北隔梁内	开口第1层下，被H82、H91、H119、H100打破	被打破，直壁，平底	128×104-（18～38）	灰褐砂土致密		窖穴，后废弃为垃圾坑
119	H130	TS09W17东北部	被H33、H71打破	不规则形，斜壁，底不平	185×90-（5～35）	浅灰褐色土，致密		窖穴，后废弃为垃圾坑
120	H131	TS09W19北部	开口第1层下，被H69、H81、H88打破	近圆角方形，直壁，底部较平	180×138-35	灰褐泛绿粉砂土，土质较为致密		窖穴，后废弃为垃圾坑
121	H132	F2西北部，TS09W21中西部	开口第1层下，被H11、F2打破	不规则圆形，直壁，圜底	25×210-（36～46）	两层，第1层：夹绿色水锈状土，较致密；第2层：黑色炭灰土，疏松		垃圾坑
122	H133	TS10W17中部	被H120打破，打破M12	半圆形，直壁，底倾斜	150×120-（28～30）	黄褐色土，夹杂少量炭屑，较致密		垃圾坑

续表

序号	编号	位置	层位关系	形状	大小/（厘米）（长×宽–深）	堆积	遗物	性质初步判断
123	H134	TS08W17西北部	开口第1层下，被H67、H104、H110打破	不规则形，直壁，底部中间凸出	186×112–（16～24）	浅灰褐色粉砂土，疏松		垃圾坑
124	H135	TS07W20西北部	开口第1层下，打破第2层	椭圆形，内斜壁，底不平	290×19–（60～110），坑的南端有一个台阶，宽44、高24厘米	两层，第1层：灰褐夹黄砂土，致密；第2层：灰褐砂土夹黄土粒，疏松	陶鼎1、器盖2	窖穴，废弃为垃圾坑
125	H136	TS10W17南壁中部	开口第1层下，被H71打破	被打破形状不规则，直壁，底平	80×100–40	黄褐色带花土		被H71打破，其内含有大量石块，推断此坑可能有一些特殊用途
126	H137	TS08W18中部	开口第1层下，被H94、H103打破	椭圆形，直壁平底	180×150–20	黄褐色粉砂土，疏松，夹杂较多水锈		垃圾坑
127	H138	TS08W18中部	开口第1层下，被H137打破	近椭圆形，直壁，平底	170×134–（40～70）	深黄褐色粉砂土，致密，夹杂少量白灰等		窖穴，后废弃为垃圾坑
128	H139	TS10W18东南部，部分被东隔梁所压	开口第1层下，打破H141	半圆形，直壁，壁面规整，底较平	80×40–16	填土为黑灰土，较疏松		垃圾坑
129	H141	TS10W18东部	开口第1层下，被H139打破	不规则，直壁，壁较规整，底为平底，黄砂土面	55×210–16	填土为灰褐色，夹杂较多黑灰色土，质地疏松		垃圾坑

续表

序号	编号	位置	层位关系	形状	大小/（厘米）（长×宽-深）	堆积	遗物	性质初步判断
130	H143	TS06W17西南部	开口第1层下，被H57、H114、H121、H108打破	平面不规则，直壁，底不平	310×192-36～52	填土分为两层，第1层：灰褐色粉砂土，疏松；第2层：浅灰褐色粉砂土	第1层：匜形盆1、器盖2；第2层：玉饰件1、石矛1、匜形盆1	垃圾坑
131	H144	TS10W18中部	开口第1层下	椭圆形，直壁，平底，中部略凹，底为黄砂土	210×160-44	填土分三层，第1层：黄褐色土，颜色不均匀，致密；第2层：黑灰色土，疏松；第3层：灰褐色土，致密	第1层：覆碗形器盖1；第2层：12件；第3层：石锛1、陶盅1	垃圾坑
132	H145	TS07W21南部	开口第1层下，打破F6	椭圆形，一边直壁，一边斜壁，底不平	146×126-（44～100）	浅灰褐色夹黄褐土颗粒，疏松		原为柱坑，后堆放生活垃圾
133	H146	TS09W17北部	开口第1层下，被H33、H34、H71、H79、H130打破	被打破形状不规则，斜壁，底不平	95×60-（32～35）	两层，第1层：灰褐色土，疏松；第2层：灰黑色土，疏松，含大量炭屑		窖穴，后废弃为垃圾坑
134	H148	TS09W17西北部	开口第1层下，被H79打破	被打破形状不规则，斜壁，底平	75×70-（10～18）	灰黑色，疏松		窖穴，后废弃为垃圾坑
135	H149	TS09W19东南部，TS08W19东北部	开口第1层下，被H74、H88、H89打破	残存部分不规则，斜壁内收，底部不平	160×94-38	灰褐色粉砂土，致密		垃圾坑

续表

序号	编号	位置	层位关系	形状	大小/（厘米）（长×宽–深）	堆积	遗物	性质初步判断
136	H150	TS09W17北部偏西	开口第1层下，被H79、H148打破	被打破而形状不完整，直壁，底不平	120×84–（25～32）	黄褐色，疏松		窖穴，后废弃为垃圾坑
137	H151	TS09W17西南部	开口第1层下，被H96、H106打破	长条形，壁稍内斜，底不平	146×96–（40～80）	黄褐色，较致密		窖穴，后废弃为垃圾坑
138	H152	TS09W17中部	开口第1层下，被H34、H96、H106、H151、H79打破	被打破形状不规则，斜壁，底不平	302×142–（28～52）	四层，第1层：灰黑色土，疏松；第2层：灰褐色土，疏松；第3层：灰褐色土，疏松；第4层：浅灰黑色，疏松	匜形盆1、骨镞2	窖穴，后废弃为垃圾坑
139	H154	TS05W21东部中间	开口第1层下，被H175、H153打破	近圆形，斜壁，圜底	160×160–30	灰褐色黏砂土，包含物较少，较紧密		垃圾坑
140	H156	TS08W20东北部	开口F12垫土下，被F12基槽打破	不规则形，大部分为斜壁内收，收幅不一，底部东部较低，西部渐高	314×238–（18～70）	黄褐色偏灰粉砂土，土质较疏松		推测为取土坑，后废弃为垃圾坑，主要倾倒草木灰等
141	H157	TS09W20东南部	开口F12垫土层下	椭圆形，斜壁内收，底部不平，中间低四周高，略呈圜底	80×70–（44～50）	黑灰色粉砂土，含大量白灰，土质极疏松		垃圾坑

续表

序号	编号	位置	层位关系	形状	大小/（厘米）（长×宽-深）	堆积	遗物	性质初步判断
142	H158	TS09W17东北部	开口F4垫土下，被H71、H130、H34打破	形状不规则，三面直壁，一面斜壁，底不平	134×120-78	灰褐色，土质较疏松	无	窖穴，后废弃为垃圾坑
143	H159	TS06W21东部中间	开口第1层下，被H162、H175打破	椭圆形，壁面不规整，斜壁内收成坑状	160×100-30	灰褐色黏砂土，含炭屑较多，较疏松	无	垃圾坑
144	H161	TS06W19东部	开口第1层下，被H14打破	近圆形，斜壁内收，底较平	70×70-40	灰褐色夹灰白色粉砂土，疏松		原为柱坑，后废弃为垃圾坑
145	H164	TS05W17西北部	开口第1层下，被H50、H57打破	椭圆形，直壁，平底	217×164-24	灰褐色粉砂土，较致密		垃圾坑
146	H171	TS04W17西南角	开口第1层下	椭圆形，弧壁，圜底	265×217-（26～72）	二层，第1层：浅黄褐色黏土；第2层：深灰褐色粉砂土	第1层：圆陶片1、陶器1、陶纺轮1；第2层：陶器盖2、陶罐1、匜形盆1	原为窖穴，后废弃为垃圾坑
147	H174	TS06W19西北部	开口第1层下，被F7、F20、H8、H15打破	被打破形状不规则，斜壁内收，底较平	210×330-50	灰褐花土，致密		垫土坑
148	H178	TS05W18西部少偏北	开口第1层下，被F39、M2打破	圆形，直壁，平底	218×218-30	灰褐色夹杂水锈，土质较疏松		原为窖穴，后废弃为垃圾坑

附表四　西周文化遗迹登记表

序号	遗迹号	位置	层位关系	形状	大小	堆积	遗物	性质判断
1	H18	TS06W17西北部	开口第1层下，打破H21、H32、H66、H114	未完全暴露，形状不规则，斜壁、圜底	205×150-（17～20）	深灰褐色粉砂黏土，较致密		窖穴，后废弃为垃圾坑
2	H21	TS06W17西北部	开口第1层下，打破H32、H66、H97、H114，被H18打破	椭圆形，直壁平底	228×175-（92～95）	深灰褐色粉砂黏土，较疏松		窖穴，后废弃为垃圾坑
3	H57	TS05W17西北角	开口于第1层下，打破H164	圆形，直壁，平底	214×214-（35～37）	灰褐色粉砂黏土，疏松	无	窖穴，后废弃为垃圾坑
4	H66	TS06W17西北部	开口于第1层下，打破H32，被H18、H21打破	椭圆形，直壁，平底	197×175-（25～42）	灰褐色粉砂黏土，较疏松		窖穴，后废弃为垃圾坑
5	H86	TS06W17东北角	开口第1层下，打破H97、H127	圆形，直壁，平底	250×250-（34～43）	灰褐色粉砂黏土，致密	骨簪1	窖穴，后废弃为垃圾坑
6	H97	TS06W17中部偏东	开口于第1层下，被H21、H86打破	被打破，形状不规则，原椭圆形，直壁，平底	210×108-（41～43）	灰褐色粉砂黏土，疏松	无	有意挖掘，后废弃为垃圾坑
7	H105	TS06W17西南部	开口于第1层下，打破H108	被破坏，现在仅存条状	170×25-24	浅灰褐色黏土，较致密		窖穴，后废弃为垃圾坑
8	H124	TS08W22西南部	开口第1层下，被H175打破	椭圆形，直壁，平底	260×208-（28～60）	浅灰褐色粉砂黏土，较致密		窖穴，后废弃为垃圾坑
9	H140	TS07W22北部	开口于第1层下，被G1、H175打破	圆形，直壁，底不平	200×200-（25～64）	灰褐色粉砂黏土，较疏松	石镞1、陶纺轮1	窖穴，后废弃为垃圾坑
10	H162	TS06W21东南、TS06W22西南	开口于第1层下，被H175打破，打破H159	椭圆形，直壁，平底	250×200-（30～90）	灰褐色黏土，较致密		窖穴，后废弃为垃圾坑

附表五　东盘遗址发掘房址登记表

序号	编号	位置	层位关系	方向	基槽	柱洞	垫土	建筑方式	形状、尺寸（厘米）	面积（平方米）
1	F1	位于TS06W20内	开口第1层下		宽30～40厘米，西南部最宽，深约20厘米，填土较硬，黄褐色花土，局部见灰褐、黑灰土	19个柱洞，大小不一，四个拐角处稍大，直径10～30、深6～22厘米，填土灰褐色	共2块垫土，东部圆弧形，西南部垫土不规整，灰褐色	先垫土再挖基槽再挖柱洞，整体为木骨泥墙结构	东西长方形，坐北朝南，门道东南，330×270	8.9
2	F2	TS09W21、TS08W21	被F12、M3打破		基槽保存较好，填灰褐色、红褐色土	31个柱洞，填灰黑或灰褐土，直径13～50、深10～70厘米	未见垫土		长方形，420×440	18.48
3	F3	TS04W19、TS04W20、TS04W21	打破H53，被H72、M9打破		东墙、北墙残存部分基槽	柱洞14个，填土灰褐色或浅灰褐色	未见垫土		840×380	32
4	F4	TS09W18南部	开口第1层下，被H33等打破	100°	宽16～24厘米，现存深4～10厘米	柱洞仅发现1个，直径12、深18厘米	黄褐色花土，致密，现存深度37厘米	利用F14的垫土挖基槽，柱洞，修建木骨泥墙	长方形，420×230	9.66

续表

序号	编号	位置	层位关系	方向	基槽	柱洞	垫土	建筑方式	形状、尺寸（厘米）	面积（平方米）
5	F5	TS07W17东南部	被H86打破	185°	残存两条基槽，北侧基槽长340、宽30～36、深36厘米，直壁，底不平；东侧基槽长302、宽30、深34～36厘米，直壁，平底。填土都为灰褐土	柱洞25个，柱洞大小差距较大。西、南侧柱洞较大，北、东侧柱洞较小，均在基槽下开口	未见垫土		380×330	12.5
6	F6	位于TS07W21内	被H145打破，打破H166、H169、H160	188°	未见基槽	16个柱洞	未见垫土	先挖好柱坑，埋柱子把房屋建造完整	500×440	22
7	F7	位于TS05W18、TS05W19 TS06W18、TS06W19	打破F20、F21、H174，被H8、H9、H12、H15打破		西南角及东墙部分基槽被破坏，其余部分均保留，填灰褐色夹黄褐色粉砂土	柱洞36个，填浅灰褐色为主，夹杂黄色生土粒，有柱洞内包含少量陶片	室内地面残存少量垫土		570×355	20.2

续表

序号	编号	位置	层位关系	方向	基槽	柱洞	垫土	建筑方式	形状、尺寸（厘米）	面积（平方米）
8	F8	TS06W21南部	开口于第1层下，打破H27		未见基槽	柱洞8个，四个角柱，东侧2个，西侧、南侧各1个，柱洞和柱坑结合，填土为灰褐色或黄黏土	未见垫土	先挖柱坑，直接立柱建造房屋	220×190	4.18
9	F9	TS10W21中西部	打破M4、H112		未见基槽	柱洞4个	未见垫土		残，100×45	
10	F10	TS10W21中西部	打破F11，被H11、H12、H90打破		未见基槽	柱洞11个	未见垫土		380×210	7.98
11	F11	TS09W21东北部	被H11、H115、F10打破		西北角、西南角被破坏，其余均保留，填灰褐色土	残存15个柱洞，大小均匀	未见垫土		180×144	2.88

续表

序号	编号	位置	层位关系	方向	基槽	柱洞	垫土	建筑方式	形状、尺寸（厘米）	面积（平方米）
12	F12	TS09W20中部	开口第1层下，被M1、H35、H74、H88、H89打破		仅见于东南角，南北1.8、东西1.4、宽0.25、深0.3米，填土为黄色黏土	10个柱洞，西北、西南角柱缺失，东南基槽处未见角柱，直径21～28、深12～42厘米，填土为灰褐色或者略黄	共4块垫土，填土均不相同	铺设垫土，之后再建造木骨泥墙	长方形，门道位于南面，400×340	10.13
13	F13	TS09W18南部	开口第1层下，被F4、H61打破	95°	未见基槽	柱洞16个，填土为黄褐色	利用早期F14的垫土，黄褐色粗花土，夹杂大量黄色生土	在垫土上挖柱洞，修建木骨泥墙	310×224	6.94
14	F14	TS09W18南部	开口第1层下，被F4、F13、H61等打破	100°	宽40～54、深6～30厘米，填土为黄褐色粗花土，夹杂大量黄色生土块	柱洞20个，填红褐色砂土，土质疏松。直径12～20、深12～32厘米	黄褐色粗花土，夹杂大量黄色生土块，少量陶片，土质较硬，结构致密	在建造地点整体下挖一定深度后回填垫土，在垫土上开挖基槽，柱洞	（260～274）×290−300	7.88

续表

序号	编号	位置	层位关系	方向	基槽	柱洞	垫土	建筑方式	形状、尺寸（厘米）	面积（平方米）
15	F15	TS10W17东北部	开口第1层下，打破M12、被H117、H120、H122打破		未见基槽	柱洞（坑）10个，柱洞圆形或椭圆形，直径10～40、深11～46厘米，3个柱坑，均在底部有两个柱洞	垫土分3块，一块灰褐色夹黄土颗粒，致密，厚6厘米；第二块黑灰色，疏松，厚2～6厘米；第三块在黑灰土之下，淡黄色，致密，厚2～3厘米	先垫土，然后再挖柱洞或者柱坑，角柱多用柱坑，两个柱子	长方形，280×240	6.72
16	F16	TS10W17东北部	开口第1层下，打破H122、H120、M12		未见基槽	柱洞15个，都较大，填土为灰褐色或者黄褐色，角柱大、深	垫土分为7块，灰褐色或者黄褐色，厚度均匀，在2～10厘米之间，局部较厚的区域能到40厘米	先垫土，挖坑埋柱，柱坑较大较深。原始地面较为松软，柱洞也较深	长方形，430×400	17.2

续表

序号	编号	位置	层位关系	方向	基槽	柱洞	垫土	建筑方式	形状、尺寸（厘米）	面积（平方米）
17	F17	TS05W19中部	F18打破F17		未见基槽	9个柱洞	未见垫土		240×240	5.8
18	F18	TS08W19南部	F18打破F17		未见基槽	7个柱洞	未见垫土		390×370	14.4
19	F19	TS07W20南部	H40、H42打破F19		北侧基槽长270厘米，宽14～20厘米，深26～38厘米，西侧残长44厘米，宽18～20厘米，填土均为浅灰褐色，疏松	6个柱洞，圆形或者椭圆形，填土为浅灰褐或者浅黄褐色，个别含有陶片	未见垫土	建在挖好基槽的基础上，东侧、南侧立柱子	310×260	8.06
20	F20	TS07W19	被H20、H128、H73、F41等打破，打破H174		四面基槽均保存较好，填灰褐色土，疏松	28个柱洞，大小较为均匀，角柱稍大，填土为灰褐色或者浅灰褐色	未加垫土		600×570	34.7
21	F21	TS06W17东部	打破F21，被H121等打破		未见基槽	残留柱洞17个，圆形或者椭圆形，直径18～60、深4～60厘米，填土为灰褐色及浅灰褐色	未见垫土		长方形，550×400	22

续表

序号	编号	位置	层位关系	方向	基槽	柱洞	垫土	建筑方式	形状、尺寸（厘米）	面积（平方米）
22	F22	TS08W18北部	开口第1层下，被H61等打破	100°	未见基槽	柱洞23个，直径10～42、深12～38厘米，填土为灰褐色或黄褐色	灰褐色粉砂黏土，土质较软，结构疏松，厚20～35厘米	在平整的垫土上开挖柱洞修建木骨泥墙	324×234	7.58
23	F23	TS05W18中部	开口第1层下，打破F24		未见基槽	柱洞8个，都是坑状口，内有柱洞，直径40～70、深23～38厘米，填土灰褐色	未见垫土	直接在地面挖洞栽柱子，推测门道在东南部	450×230	10.35
24	F24	TS05W18中部	开口于第1层下，被J2、F23打破		仅保留西侧基槽，长340厘米，宽35厘米，深10厘米，填土为黄褐色	柱洞10个，其中5个位于基槽内，基槽内的柱洞直径10～16、深7～12厘米，基槽外的柱洞直径22～39、深26～40厘米	未见垫土	直接在地面上挖洞栽柱，推测门道位于房屋东南部	405×350	14.18
25	F25	TS09W21、TS09W22	被F10、F2、M3打破		未见基槽	柱洞11个，多直壁平底，填土为灰褐色，夹炭屑	未见垫土		350×400	14

续表

序号	编号	位置	层位关系	方向	基槽	柱洞	垫土	建筑方式	形状、尺寸（厘米）	面积（平方米）
26	F26	TS09W17北部	开口第1层下，被H79、H71、H122打破		基槽存1段，长150厘米，填土黄褐色，致密	柱洞9个，圆形或者椭圆形，直径20～70、深18～42厘米，填土灰褐色，疏松	未见垫土	基槽和柱洞结合	长方形，300×185	5.55
27	F27	TS09W17西南部	被H34、H96、H106、H110、H151、H152打破		未见基槽	14个大小不等的柱洞或者柱坑组成，圆形或者椭圆形，直径15～55、深8～35厘米，填土为灰褐色和浅灰黑土，疏松	未见垫土	采用挖坑埋柱子的方式，角柱埋的较深	长方形，330×250	8.25
28	F28	TS10W17西北角	开口第1层下，被H70、H78打破		未见基槽	柱洞5个，均较大较深，有两个柱坑底部分别有1、6个小柱洞	垫土分布范围不大，被H70、H78打破，灰褐色，较致密，厚约6厘米	先铺垫，在垫土上挖柱洞柱坑埋柱子，有的柱子使用多次	被破坏，原应为方形或者长方形，大小不明	

续表

序号	编号	位置	层位关系	方向	基槽	柱洞	垫土	建筑方式	形状、尺寸（厘米）	面积（平方米）
29	F29	TS06W17西北部	被H114、H66、H31、H32打破		未见基槽	残存柱洞6个，平面圆形或者椭圆形，深10～42厘米，填土为灰褐色	未见垫土	地面挖坑埋柱子，推测门道在房屋东南部	375×120	4.5
30	F30	TS08W17西南部	开口第1层下，被H16、H101、H113打破	103°	基槽宽28～36、深4～60厘米，填土为黄褐色，疏松，夹杂少量陶片	柱洞19个，直径12～22、深8～22厘米，填土为黄褐色，疏松	灰褐色粉砂土，夹杂大量水锈，厚35厘米，被多个灰坑破坏	在平整的垫土上开挖基槽柱洞，修建木骨泥墙	290×230	
31	F31	TS07W21北部	F31打破H169		未见基槽	10个柱洞，大小较为均匀，填土为灰褐色	未见垫土	直接挖坑埋柱子，门道应当朝南	360×330	12.5
32	F32	TS07W21北部	被H10打破，打破H160、H166、H169		未见基槽	8个柱坑，大小和形状差异较大，底部可见柱芯	未见垫土	柱洞排列不甚规律，应当是直接挖洞埋柱	400×300	12

续表

序号	编号	位置	层位关系	方向	基槽	柱洞	垫土	建筑方式	形状、尺寸（厘米）	面积（平方米）
33	F33	TS10W18	位于F16的垫土之下，被H144打破		宽15～20、深20厘米，填土为黄褐色，夹杂黑灰土，疏松	基槽内发现柱洞9个，大小较为一致，直径约10、深度在20厘米左右，填土灰褐色，疏松		挖基槽，基槽内埋柱子	250×420	
34	F34	TS09W18西北部	开口第1层下，被H71打破	103°	未见基槽	柱洞10个，圆形或椭圆形，直径8～42、深10～40厘米，填土为灰褐色或者黄褐色，疏松	灰褐色粉砂土，现存厚10～15厘米	在平整的垫土上开挖柱洞修建木骨泥墙	长方形，270×140	3.78
35	F35	TS09W18西北部	开口第1层下	100°	未见基槽	柱洞8个，圆形，直径14～28、深16～60厘米，黄褐色或者灰褐色填土，疏松	灰褐色粉砂土，厚约15厘米，出土少量陶片	在平整的垫土上开挖柱洞修建木骨泥墙		

续表

序号	编号	位置	层位关系	方向	基槽	柱洞	垫土	建筑方式	形状、尺寸（厘米）	面积（平方米）
36	F36	TS10W18东北	开口第1层下		未见基槽	仅见柱洞3个，直径10～20、深10～30厘米，填土为灰褐色，疏松	未见垫土		仅残存3个柱洞	
37	F37	TS07W17东北部	被H129、H82、H100、H84打破	182°	未见基槽	13个柱坑（柱洞），大小差距较大，填土为浅灰褐色、灰褐色，个别黄褐色土	未见垫土		370×290	10.7
38	F38	TS07W17东南部	F5打破F38	182°	未见基槽	14个柱洞，柱洞均较小	未见垫土	直接挖洞埋柱	410×220	9.5
39	F39	TS05W17东部	被M2、H50打破，打破H178		未见基槽	11个柱洞，平面圆形或椭圆形，直径15～42、深10～46厘米，填土为黄褐色或者灰褐色	未见垫土	直接在地面上挖洞栽柱，推测门道位于房屋西南部	345×240	8.3

续表

序号	编号	位置	层位关系	方向	基槽	柱洞	垫土	建筑方式	形状、尺寸（厘米）	面积（平方米）
40	F40	TS05W18中部	被J1、F23、F24打破，打破F40		未见基槽	残留柱洞（坑）15个，深20～50厘米，填土为黄褐色、灰褐色、深褐色	未见垫土	直接在地面上挖洞栽柱，推测门道位于房屋东南部	长方形，350×260	9.1
41	F41	TS06W18北部	被F7、H22、H54、H73、H85打破，打破F20		未见基槽	柱洞28个，柱洞大小较为均匀，均斜壁内收，填土均为浅灰褐色	未见垫土		505×250	12.6
42	F42	TS09W20中部	打破F12		未见基槽	柱洞9个，均较小	未见垫土		205×200	4.1

附表六　部分遗迹陶片陶质陶色统计表

<table>
<tr><th>数量
占比</th><th>泥质黑陶</th><th>泥质红褐陶</th><th>泥质红陶</th><th>泥质灰陶</th><th>夹砂红褐陶</th><th>夹砂红陶</th><th>夹砂黑陶</th><th>夹砂灰陶</th><th>夹砂褐陶</th><th>夹砂灰褐陶</th><th>夹砂白陶</th></tr>
<tr><td rowspan="2">H3②</td><td>131/17.6%</td><td></td><td>21/2.8%</td><td></td><td>49/6.6%</td><td>18/2.4%</td><td></td><td></td><td></td><td>509/68.6%</td><td>14/1.9%</td></tr>
<tr><td colspan="4">152/20.4%</td><td colspan="7">590/79.5%</td></tr>
<tr><td rowspan="2">H60</td><td>2/5.1%</td><td></td><td></td><td>5/12.8%</td><td>6/15.4%</td><td></td><td>12/30.8%</td><td>14/35.9%</td><td></td><td></td><td></td></tr>
<tr><td colspan="4">7/17.9%</td><td colspan="7">32/82.1%</td></tr>
<tr><td rowspan="2">H3①</td><td>175/9.4%</td><td></td><td>8/0.4%</td><td></td><td></td><td></td><td>103/5.5%</td><td>1465/78.8%</td><td>44/2.4%</td><td>59/3.2%</td><td>5/0.3%</td></tr>
<tr><td colspan="4">183/9.8%</td><td colspan="7">1676/90.2%</td></tr>
<tr><td rowspan="2">H20①</td><td>191/13.7%</td><td>11/0.8%</td><td></td><td>39/2.8%</td><td>31/2.2%</td><td></td><td>161/11.6%</td><td>911/65.5%</td><td>41/2.9%</td><td></td><td>5/0.3%</td></tr>
<tr><td colspan="4">241/17.3%</td><td colspan="7">1149/82.7%</td></tr>
<tr><td rowspan="2">H20②</td><td>33/9.7%</td><td>7/2.1%</td><td></td><td>34/10%</td><td>16/4.7%</td><td></td><td>37/10.9%</td><td>210/61.8%</td><td></td><td></td><td>3/0.8%</td></tr>
<tr><td colspan="4">74/21.8%</td><td colspan="7">266/78.2%</td></tr>
<tr><td rowspan="2">H37</td><td>23/9.8%</td><td></td><td>5/2.1%</td><td>12/5.1%</td><td></td><td>37/15.8%</td><td>86/36.7%</td><td>71/30.3%</td><td></td><td></td><td></td></tr>
<tr><td colspan="4">40/17.1%</td><td colspan="7">194/82.9%</td></tr>
<tr><td rowspan="2">H6</td><td>82/14%</td><td>3/0.5%</td><td></td><td>5/0.8%</td><td>19/3.2%</td><td>12/2%</td><td>342/58.5%</td><td>115/19.7%</td><td></td><td></td><td>6/1%</td></tr>
<tr><td colspan="4">90/15.4%</td><td colspan="7">494/83.5%</td></tr>
<tr><td rowspan="2">H9</td><td>45/9.8%</td><td>1/0.2%</td><td></td><td>54/11.8%</td><td>14/3.1%</td><td></td><td>299/65.1%</td><td>44/9.6%</td><td></td><td></td><td>2/0.4%</td></tr>
<tr><td colspan="4">100/21.8%</td><td colspan="7">359/78.2%</td></tr>
<tr><td rowspan="2">H144①</td><td>31/16.2%</td><td></td><td>6/3.1%</td><td>98/51.3%</td><td>3/1.6%</td><td>3/1.6%</td><td>7/3.7%</td><td>43/22.5%</td><td></td><td></td><td></td></tr>
<tr><td colspan="4">135/70.6%</td><td colspan="7">56/29.3%</td></tr>
<tr><td rowspan="2">H144②</td><td>28/13.7%</td><td></td><td>3/1.5%</td><td>104/50.7%</td><td>10/4.9%</td><td>7/3.4%</td><td>16/7.8%</td><td>37/18%</td><td></td><td></td><td></td></tr>
<tr><td colspan="4">135/65.9%</td><td colspan="7">70/34.1%</td></tr>
</table>

续表

<table>
<tr><th>数量
占比</th><th>泥质黑陶</th><th>泥质红褐陶</th><th>泥质红陶</th><th>泥质灰陶</th><th>夹砂红褐陶</th><th>夹砂红陶</th><th>夹砂黑陶</th><th>夹砂灰陶</th><th>夹砂褐陶</th><th>夹砂灰褐陶</th><th>夹砂白陶</th></tr>
<tr><td rowspan="2">H144③</td><td>32/19.5%</td><td></td><td>5/3%</td><td>57/34.8%</td><td>7/4.3%</td><td>18/11.0%</td><td>7/4.3%</td><td>38/23.2%</td><td></td><td></td><td></td></tr>
<tr><td colspan="4">94/57.3%</td><td colspan="7">70/42.7%</td></tr>
<tr><td rowspan="2">H76①</td><td>69/10%</td><td></td><td></td><td>31/4.5%</td><td></td><td>43/6.3%</td><td>239/34.8%</td><td>305/44.4%</td><td></td><td></td><td></td></tr>
<tr><td colspan="4">100/14.5%</td><td colspan="7">587/85.4%</td></tr>
<tr><td rowspan="2">H76②</td><td>68/10.5%</td><td></td><td></td><td>26/4%</td><td></td><td>50/7.7%</td><td>270/41.8%</td><td>232/35.9%</td><td></td><td></td><td></td></tr>
<tr><td colspan="4">94/14.5%</td><td colspan="7">552/85.4%</td></tr>
<tr><td rowspan="2">H79①</td><td>183/17.5%</td><td>17/1.6%</td><td></td><td>38/3.6%</td><td>35/3.3%</td><td></td><td>116/11.1%</td><td>655/62.6%</td><td></td><td></td><td>2/0.1%</td></tr>
<tr><td colspan="4">238/22.8%</td><td colspan="7">808/77.2%</td></tr>
<tr><td rowspan="2">H79②</td><td>5/13.5%</td><td></td><td></td><td></td><td></td><td>4/10.8%</td><td>22/59.5%</td><td>6/16.2%</td><td></td><td></td><td></td></tr>
<tr><td colspan="4">5/13.5%</td><td colspan="7">32/86.5%</td></tr>
<tr><td rowspan="2">H79③</td><td>17/6.0%</td><td></td><td>6/2.1%</td><td>13/4.6%</td><td></td><td>25/8.8%</td><td>40/14%</td><td>183/64.4%</td><td></td><td></td><td></td></tr>
<tr><td colspan="4">36/12.7%</td><td></td><td colspan="6">248/87.3%</td></tr>
</table>

山东省成武县满白寺遗址2015年考古调查简报

山东大学文化遗产研究院　山东大学历史文化学院
成武县博物馆　牡丹区文物管理所
菏泽市文物局　菏泽市历史与考古研究所

山东省荷泽市成武县满白寺遗址位于鲁西南地区，是一处破坏严重的堌堆遗址。2015冬，为配合鲁西堌堆遗址保护规划编制，山东大学考古系和成武县博物馆等单位对遗址进行了调查和剖面清理。本次剖面清理共发现房址、灰坑等遗迹16处，均属龙山文化。此外，地表也采集到岳石、商、周、秦汉等时期的遗物。

堌堆是黄淮下游冀鲁豫皖苏五省邻界地区常见的古遗址形态[1]。其大小不一，高低不等，形状各异，也有台子、岗、埠、墩、冢、丘等称谓。自大汶口文化乃至北辛文化以来，这些高台地被间断性地长期使用，文化堆积具有一定的连续性。一般认为，堌堆遗址是古代先民为避水患，择高而居形成的文化遗存，是古人适应湖泽遍布、地势低洼的古地理环境的产物[2]。

黄河下游的堌堆遗址考古工作始于20世纪30年代，中研院历史语言研究所曾在此地调查[3]。目前为止，菏泽地区见于记录的堌堆遗址近200处，但开展过试掘和发掘工作的遗址甚少。20世纪的发掘工作主要包括1962年中国科学院考古研究所发掘的梁山青堌堆，1980年菏泽地区文物工作队试掘的曹县莘冢集，1984年北京大学发掘的安邱堌堆[4]。安邱堌堆遗址的发掘，获得了一批龙山至商代的考古资料，邹衡先生对安邱堌堆遗址的岳石文化遗存做了专门论述[5]，自此鲁西南堌堆遗址考古材料逐渐受到学术界关注。进入新世纪以来，2014年山东省文物考古研究所发掘了定陶十里铺北遗址。这是迄今鲁西南发掘规模最大的一次，发现了大汶口文化中期至唐代多个阶段的文化遗存，以及岳石文化和晚商时期的城址，是山东地区夏商考古的新突破[6]。

据全国文物普查资料，成武县发现堌堆遗址50余处（图一），属于菏泽市堌堆遗址较为密集的区域，但长期以来没有开展过发掘工作。为配合山东省文物局鲁西

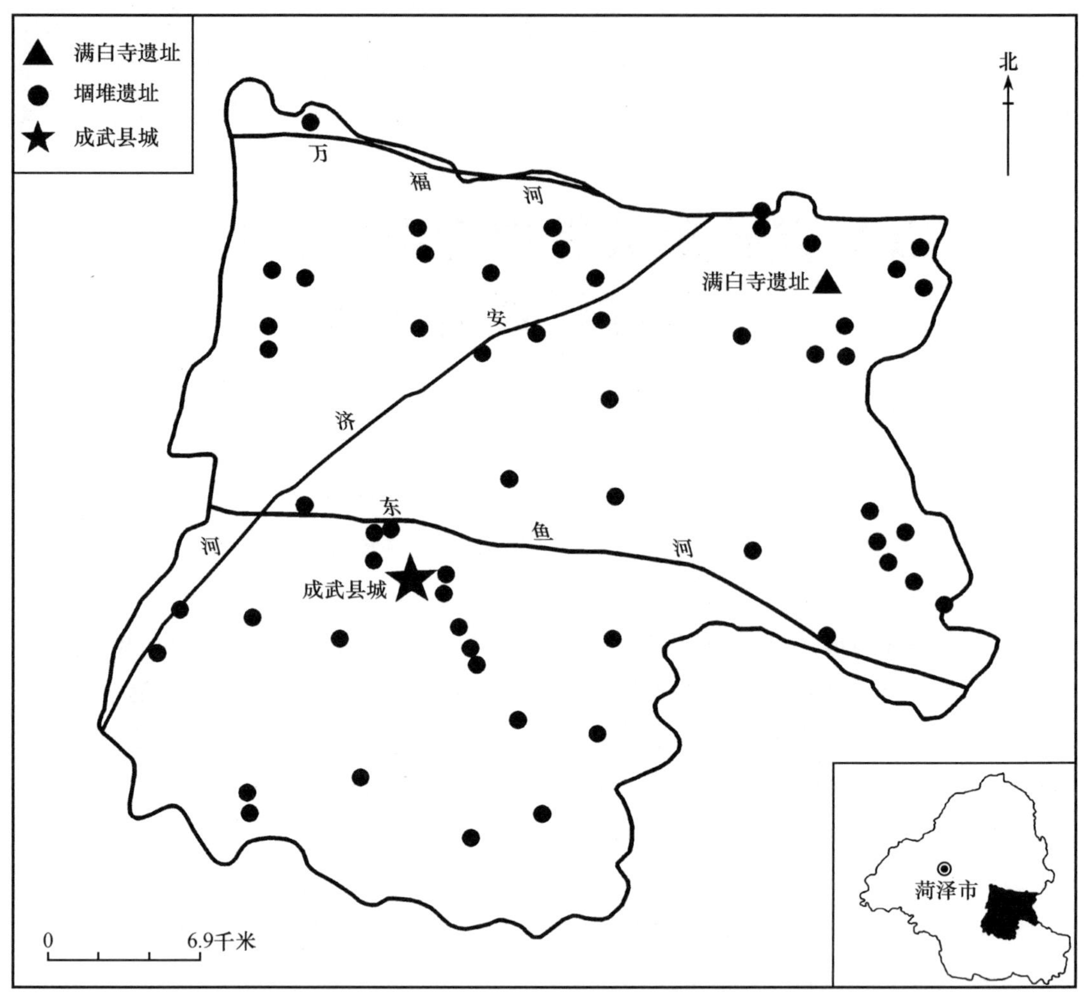

图一　成武县堌堆遗址分布图

堌堆遗址保护规划编制，2015年10～12月山东大学考古系和成武县博物馆等单位选择对满白寺这处破坏较为严重的堌堆遗址进行地面调查和剖面清理。现将主要收获简报如下。

一、地层堆积

满白寺遗址位于菏泽市成武县大田集镇满白寺村，地处菏泽、济宁、商丘三市交界区。遗址所在的鲁西南地区属黄河冲积平原，普遍有较厚的黄泛淤积层。对遗址进行的初步勘探表明，遗址面积约6000平方米。因自然侵蚀与早年人为取土破坏，保存状况较差，遗址主体部分现已成为低于地表1～2米的池塘。

文化层堆积厚度一般在1米以上，个别地点可达2米以上。本次调查和清理范围主要是池塘南侧和东侧。由于时间关系，南剖面局部清理到底，东剖面没有清理到底。依土质土色，南剖面可划分为10层，东剖面可划分为14层，根据各层文化堆积的具体情况又可划分若干小层。下文以遗址东剖面为例，介绍地层堆积情况。

遗址东剖面全长约20米，共14层。按位置可分为两处，东剖面南部（图二）和东剖面北部（图三）。两者之间剖面未完全清理，依土质土色观察，地层可衔接。

第1层：耕土层。深黄色土，粉砂质，松软。包含物少。厚0.36～0.44米。

第2层：褐色黏土，胶泥状，质地硬。属自然堆积层。无包含物。深0.36～0.48、厚0.02～0.04米。

第3层：黄色土，粉砂质，疏松。包含物极少。深0.42～0.5、厚0.14～0.3米。

第4层：褐色黏土，胶泥状，与第2层基本相同。自然堆积。无包含物。深0.58～0.74、厚0.04～0.14米。

第5层：浅黄色，细粉砂质，疏松。极少包含物。深0.72～0.8、厚0.04～0.2米。

第6层：褐色黏土，胶泥状，与第2层基本相同。自然堆积。无包含物。深0.76～0.98、厚0.02～0.1米。

第7层：灰色土，粉砂质，疏松。有少量包含物，发现瓷片、宋钱。属唐宋文化层。深0.78～1.08、厚0.14～0.3米。此层下开口M1。

第8层：总体灰黄色土，色较杂乱，疏松。少量包含物。深0.92～1.32、厚0.08～0.18米。

第9层：青灰色土，有黄土块夹杂，质地疏松。含少量红烧土颗粒。深1.04～1.46、厚0.18～0.26米。

第10层：总体浅黄色土，色较为杂乱，夹杂灰色土块。粉砂质。深1.22～1.74、厚

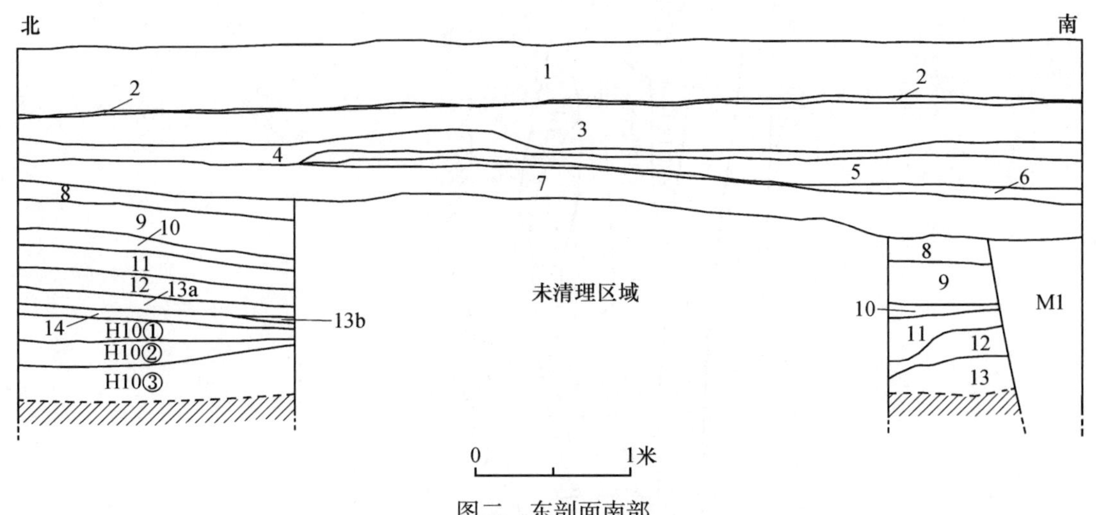

图二　东剖面南部

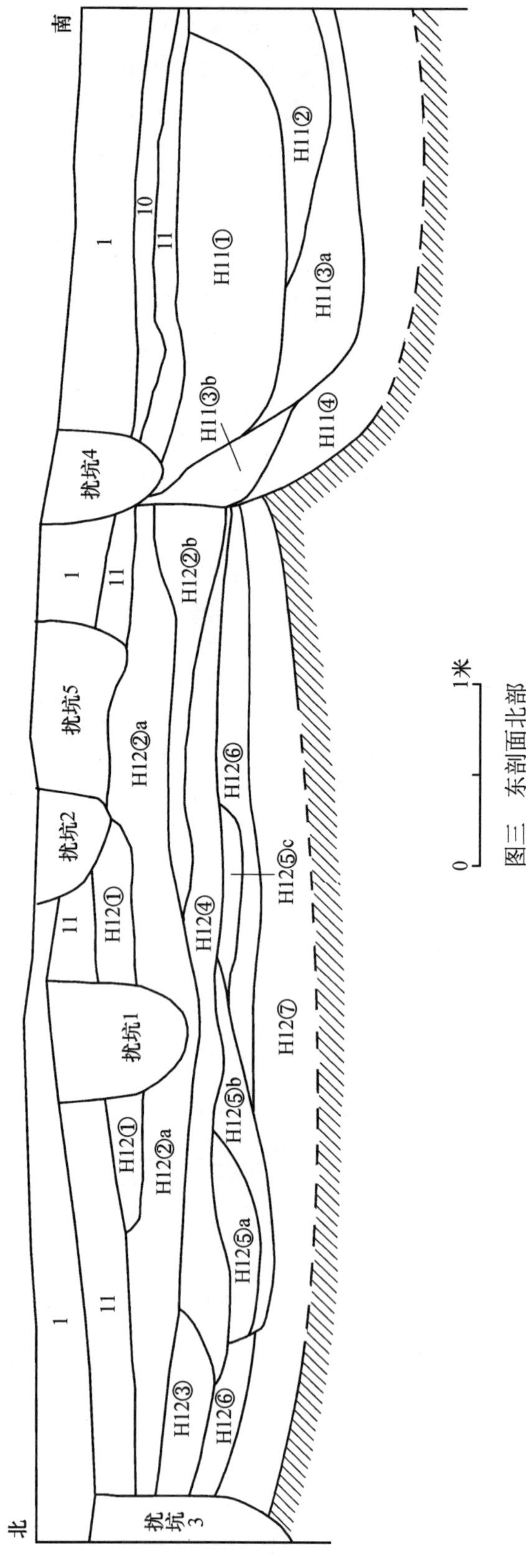

南
北
1
10
11
H11①
H11②
H11③a
H11③b
H11④
扰坑1
扰坑2
扰坑3
扰坑4
扰坑5
H12①
H12②a
H12②b
H12③
H12④
H12⑤a
H12⑤b
H12⑤c
H12⑥
H12⑦
0
1米

图三　东剖面北部

0.04～0.12米。

第11层：深灰色土，粉砂质。疏松。包含物较多，含红烧土颗粒、陶片。深1.34～1.82、厚0.14～0.3米。该层下开口遗迹有H11、H12。

第12层：浅褐色土，粉砂质。含少量红烧土颗粒。深1.48～2.12、厚0.06～0.2米。

第13层：总体黄褐色，根据土质土色和包含物变化又可分为a、b两小层。深1.62～2.2、厚0.08～0.1米。

13a层：浅黄色粉砂土，含灰土块、红烧土颗粒。深1.62～1.74、厚0.08～0.1米。

13b层：深灰黑色，含较多草木灰，粉砂质，疏松。深约1.8、厚约0.04米。

第14层：灰褐色土，粉砂质，疏松。含红烧土颗粒。深1.72～1.84、厚0.04～0.08米。该层下开口遗迹有H10。

南剖面全长10米，共10层（图四），遗迹主要有H2、H6、H9、H14等。

结合东、南剖面分析，第1层为现代耕土层，第2、3层为晚期黄泛堆积。南剖面原始地势略高，第4层以下均为龙山文化地层，遗迹较丰富。东剖面原始地表较低，地层多呈水平状。东剖面第7层水相堆积内发现瓷片、宋钱等遗物，年代不早于唐宋时期。据遗迹开口层位、出土遗物判断，东剖面第10～14层为龙山文化堆积。东剖面第二地点第11～14层水平分布且较多龙山文化遗物，又靠近F1，可能与人工垫土行为有关。

二、龙山文化遗存

龙山文化遗存是本次发掘的主要收获，遗迹单位包括房址1座，灰坑15处。

（一）遗迹

1. 房址

1座。位于东剖面偏北第11层下。

F1　被现代树坑破坏。现存为平整的红烧土面，南北残长0.97米，已清理宽度0.26米，红烧土层厚0.05～0.08米。平面经修整、火烤。红烧土下有水平层状分布的垫土，推测为房址垫土。其周围分布大量红烧土块，附近发现陶片、骨器、兽骨、炭屑等。可辨器形有陶罐、陶环、骨簪、骨锛等。

2. 灰坑

15个。因仅剖面清理，不知平面形状。按剖面可分为圜底、平底两大类，圜底灰

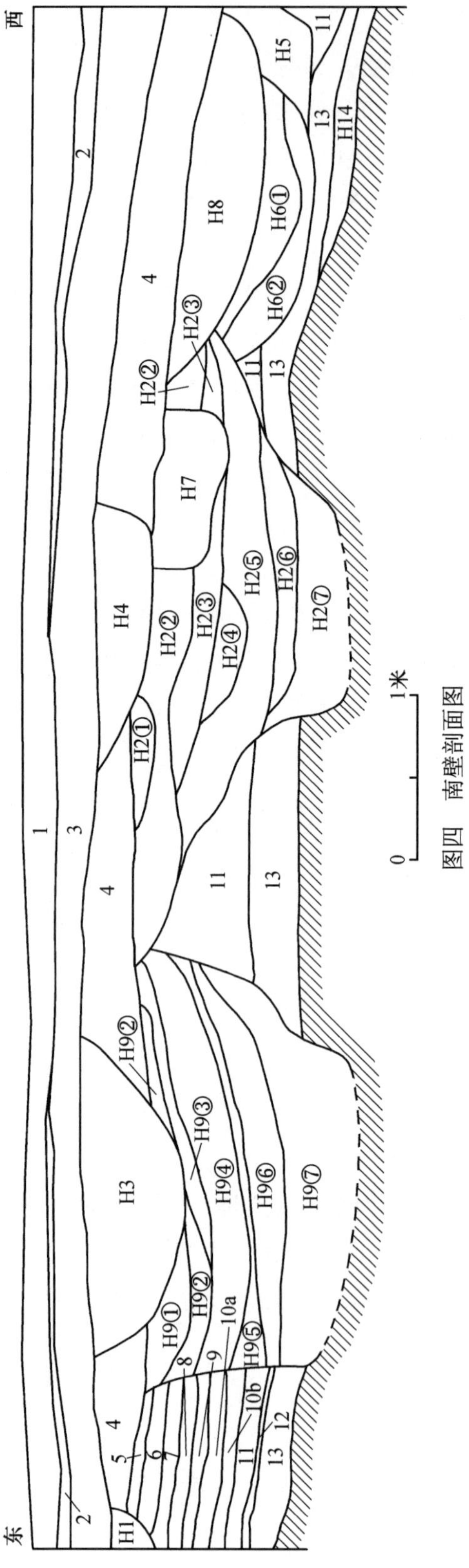

西
东
H1
H2①
H2②
H2③
H2④
H2⑤
H2⑥
H2⑦
H3
H4
H5
H6①
H6②
H7
H8
H9①
H9②
H9③
H9④
H9⑤
H9⑥
H9⑦
H14
10a
10b
0
1米

图四　南壁剖面图

坑居多，另有3处灰坑形状不明。

（1）圜底坑

6个。坑壁多斜壁或斜弧壁。

H2　坑口长3.6、深1.4米。填土分为7层。灰色或褐色填土，1～6层为疏松的粉砂质土，6层底部有草木灰一层，第7层为较致密的褐色黏土。包含陶片、草木灰、炭屑、红烧土。可辨器形有罐、鬶、器盖等。

H6　坑口长1.74、深0.4米。填土可分为2层。第1层为深灰褐色粉砂土，较疏松。第2层土色杂，整体灰色，黏土。含红烧土、草木灰。可辨器形有罐、鬶、器盖等。

H11　坑口长约3.5、深约1.2米。填土分3层，第3层又分a、b亚层。为粉砂质灰土，疏松，含草木灰、炭屑。第1层含大量陶片，第2层包含物少，第3a层含大量红烧土块，第3b层红烧土与深灰色土间杂。可辨器形有罐、鬶、豆、盆、甗足、器盖、器耳等。

（2）平底坑

6个。坑壁多直壁，少数斜壁。

H12　坑口长约5.4、深约1.2米。填土可分为7层。第1层含大量红烧土。第2a层黏土。第2b层黏土，夹杂浅黄淤土。第3层黑灰色黏土，含红烧土、草木灰。第4层灰黑色粉砂土。第5a层纯净黄土。第5b层黑灰色粉砂土。第5c层黄色粉砂土。第6层灰褐色粉砂土。第7层含大量红烧土块、木炭。可辨器形有罐、盒、圈足等。

H14　坑口长约1.6、深0.14米。填土灰黑色粉砂质，疏松。草木灰层状分布，含红烧土颗粒、陶片。可辨器形有罐、盆、豆、圈足、器盖等。

（3）形状不明坑

3个。因灰坑被破坏、工作时间紧等原因，未能完成清理，形状不明确。

（二）遗物

出土遗物以陶器为主，骨器、石器等较少。下文介绍遗物分为采集和剖面清理有明确地层或遗迹单位的两大类。其中采集包括地表采集和剖面采集，后者即清理剖面覆土时发现的遗物。

1. 陶器

陶片总量5000余件，可辨器形的计300余件。以夹砂陶为主，泥质陶次之，夹蚌陶最少。陶色以灰陶为主，褐陶次之，少量黑陶，白陶罕见。素面为主，纹饰以绳纹、方格纹、篮纹最多，还有弦纹、附加堆纹、泥饼、盲鼻、戳印等。陶器以轮制为主、技术成熟，器壁薄厚均匀，可见清晰的轮制痕迹。手制陶器仅见于部分夹蚌褐陶，烧制温度低，制作粗糙。夹砂陶多见罐、甗、鼎，泥质陶多见罐、甇、豆、杯、盘、盆、盒、器盖、器座等，此外还有纺轮、陶环、陶坠等器物。

中口罐　共72件。夹砂陶最多，泥质陶次之，夹蚌陶最少。灰陶为主，褐陶次之，黑陶最少。除部分夹蚌陶手制、烧制温度低外，其余均为轮制且烧制温度高。都为实用器。采集标本以口沿为主，分为五型。

A型　28件。沿内面近唇部多见一周凹槽。H11①：23，泥质褐陶，尖圆唇，折沿，腹部饰竖绳纹。口径17.6、残高5.8厘米（图五，1）。H15：1，夹砂灰陶，尖圆唇，折沿，沿内面近唇部一周凹槽，内壁折沿处向上起棱，腹部饰斜方格纹。口径18、残高8厘米（图五，2）。H15：3，夹砂灰陶，方唇折沿，沿内面近唇部有一周凹槽，内壁折沿处不起棱，深腹，小平底。腹部饰篮纹、凹弦纹，上腹横耳一对，下腹急收。口径25.8、底径10.4、最大腹径33.6、复原高37厘米（图五，3）。

B型　20件。尖唇，折沿，侈口，唇面多有凹槽。H2：4，夹砂灰陶。唇面有凹槽，腹部饰竖绳纹。口径14.2、残高5.7厘米（图五，4）。H2：1，夹砂灰陶，唇面有凹槽，素面。口径14、残高4.6厘米（图五，5）。H14②：2，夹砂灰陶。唇面无凹槽。口径20、残高6.9厘米（图五，8）。

C型　8件。东剖面14层：8，泥质灰陶，圆唇，折沿较宽，侈口，素面。口径23.8、残高7厘米（图五，6）。

D型　7件。方唇，常见叠唇，口沿外侈较小。H14③：2，夹砂灰陶。鼓腹，唇外面饰凹槽，腹部饰竖篮纹。口径17、最大腹径30、残高17.5厘米（图五，7）。

E型　9件。基本为夹蚌陶，多手制，火候低、疏松。H13①：4，夹蚌褐陶。手制，篮纹宽且极浅。口径19.2、残高7.3厘米（图五，9）。H5：1，素面。口径14、残高3.2厘米（图五，10）。

直口罐　共55件。夹砂陶为主，泥质陶较多。灰陶最多，褐陶次之。轮制，烧制温度高。分三型。

A型　13件。方唇，直口，矮颈。东剖面采集：8，泥质灰陶。口径28、残高7.3厘米（图五，11）。南剖面采集：2，泥质褐陶。口径30、残高3.8厘米（图五，14）。

B型　30件。方唇或尖方唇，唇内面有一周凹槽。H14②：1，泥质褐陶，素面。口径15.6、残高6.4厘米（图五，12）。H6：5，夹砂灰陶，腹部饰竖篮纹。口径16.2、残高5.8厘米（图五，13）。

C型　12件。圆唇，颈直且高。H14②：3，泥质磨光灰黑陶，鼓腹，上腹部饰凹弦纹。口径14.8、残高9.5厘米（图五，15）。

高领罐　共2件。均为夹砂陶。方唇，直口。轮制，烧制温度较高。剖面采

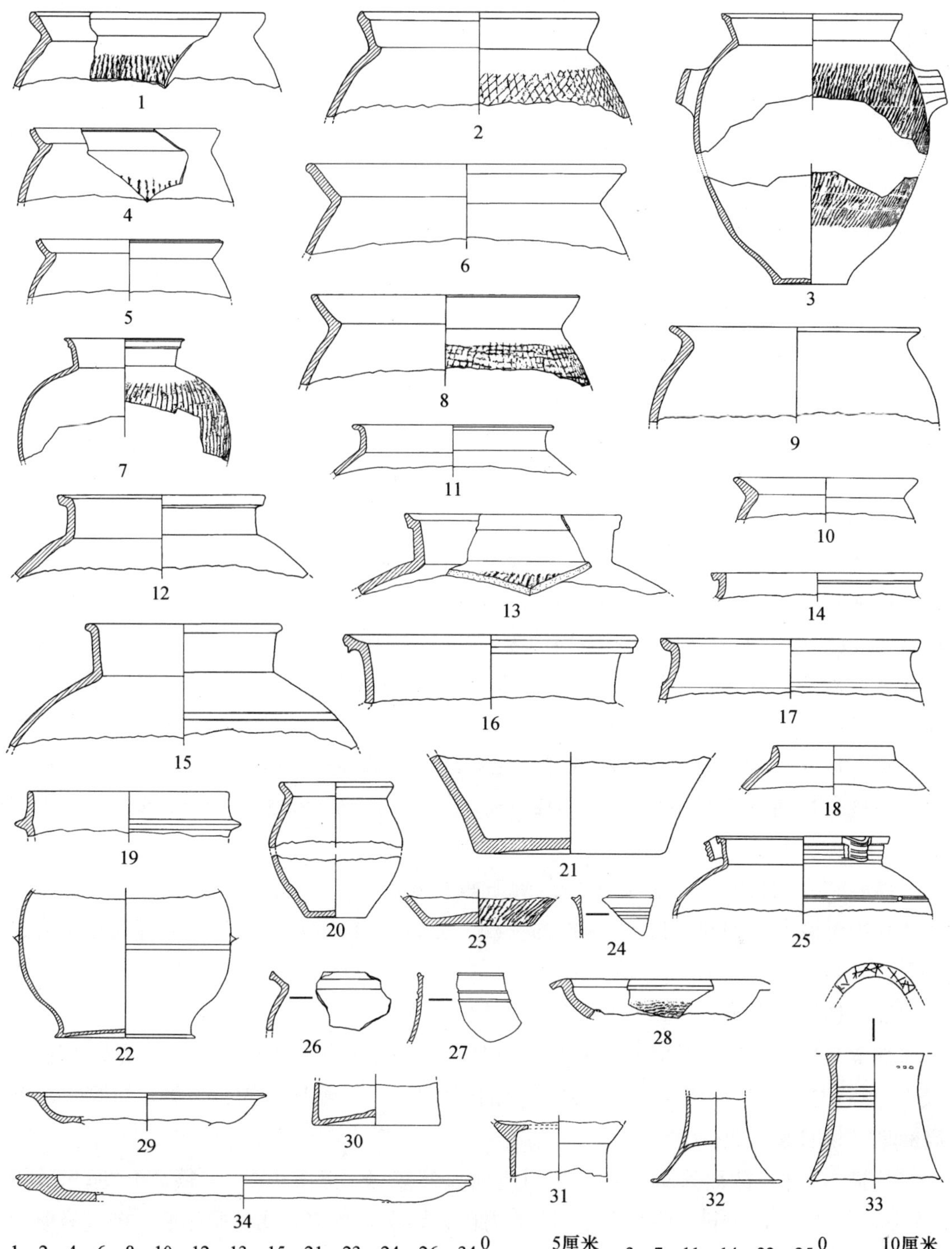

图五　龙山文化陶器

1～3. A型中口罐（H11①：23、H15：1、H15：3）　4、5、8. B型中口罐（H2：4、H2：1、H14②：2）　6. C型中口罐（东剖面14层：8）　7. D型中口罐（H14③：2）　9、10. E型中口罐（H13①：4、H5：1）　11、14. A型直口罐（东剖面采集：8、南剖面采集：2）　12、13. B型直口罐（H14②：1、H6：5）　15. C型直口罐（H14②：3）　16. 高领罐（剖面采集：14）　17、18. 敛口罐（H11①：17、H11③b：1）　19. 子母口罐（南剖面采集：5）　20、26. 侈口小罐（H15：5、H11①：11）　21～23. 罐底（H14：2、H14：3、H11③：3）　24、27. 鬶（H4：3、H2：5）　25. 鼎（H15：3）　28、29. 豆盘（南剖面采集：3、剖面采集：3）　30. 筒形杯（东剖面采集：19）　31、33. 豆柄（剖面采集：10、H11①：16）　32. 豆圈足（H14：1）　34. 盘（H3：2）

集：14，夹砂灰陶。方唇，唇外面有凹槽一周，内面有一周小平面。口径22、残高5.2厘米（图五，16）。

敛口罐　共2件。H11①：17，夹砂褐陶，沿内面近唇部一周凹槽，肩部凸棱两道。口径19.6、残高4.7厘米（图五，17）。H11③b：1，泥质褐陶，尖唇。口径9、残高3.5厘米（图五，18）。

子母口罐　1件。南剖面采集：5，泥质灰陶。圆唇，直口。口径15、残高3.4厘米（图五，19）。

侈口小罐　共10件。皆夹砂陶，折沿或卷沿，侈口，鼓腹，轮制，素面。H15：5，夹砂灰陶，尖圆唇，折沿，平底。口径8.6、底径5、复原高度10厘米（图五，20）。H11①：11，夹砂灰陶，方唇，折沿。残高4.5厘米（图五，26）。

罐底　35件。夹砂陶为主，泥质陶较少，有部分夹蚌陶。除夹蚌陶外，都为轮制。H14：2，夹蚌褐陶，手制，素面，平底微内凹。底径14、残高7.5厘米（图五，21）。H14：3，泥质灰陶。胎体较薄，鼓腹，有耳一对，平底内凹，素面。最大腹径30、底径19.8、残高21厘米（图五，22）。H11③：3，夹砂褐陶，平底内凹，饰绳纹，绳纹到底。底径8、残高2厘米（图五，23）。

鬶　11件。皆是破碎严重的残片。泥质红陶，胎体轻薄。H4：3，子母口，饰凹弦纹。残高3.1厘米（图五，24）。H2：5，子母口，饰凸弦纹。残高5.2厘米（图五，27）。

鼎　1件。H15：3，夹砂褐陶，陶质较疏松。方唇，折沿，短颈，直口，罐形腹。颈部饰弦纹及3只贯耳。上腹部饰弦纹、泥饼。口径24.8、残高11.2厘米（图五，25）。

豆　15件。多泥质，极少夹细砂。器表多磨光。

豆盘　8件。南剖面采集：3，泥质黑陶，方唇，沿面突出，器表磨光，饰横绳纹。口径17、残高3厘米（图五，28）。剖面采集：3，泥质灰陶，方唇。口径25、残高3.1厘米（图五，29）。

豆柄　6件。剖面采集：10，泥质灰陶，器表磨光。柄径7.2、残高4.1厘米（图五，31）。H11①：16，泥质褐陶。浅黄褐色，筒状。上部有几处戳印痕，内壁有弦纹5道。与豆盘连接处有痕迹。柄径7.6、残高9.7厘米（图五，33）。

豆圈足　1件。H14：1，泥质薄胎黑陶，圈足完整，足沿平齐有使用磨平痕迹，底部内凹似覆碗形，上部残缺。圈足内加圜底，推测为二次利用。通体磨光黑亮，制作精细，素面。底径10、残高6.5厘米（图五，32）。

筒形杯　1件。东剖面采集：19，泥质褐陶，器表磨光。直壁，平底内凹，素面，器壁较薄。底径9.6、残高3.3厘米（图五，30）。

盘　3件。平折沿，浅盘，弧壁，器表和盘内壁磨光。H3：2，夹细砂褐陶，尖唇，唇面有一周凹槽。口径34、残高2厘米（图五，34）。

平底盆　10件。泥质陶为主，器表多磨光。地表采集：6，泥质灰陶。斜弧壁，平底内凹。底径22、残高9.5厘米（图六，1）。

盆口沿　7件。F1：2，泥质黑陶，圆唇，斜弧壁磨光。口径31.8、残高6.4厘米（图六，2）。

圈足盆　4件。泥质陶为主，器表多磨光。剖面采集：41，泥质褐陶，器表磨光。底径26、残高4.7厘米（图六，3）。

子母口盆　3件。均为轮制。东剖面采集：22，泥质灰陶。尖圆唇，直口。口径26、残高5厘米（图六，4）。H11③b：12，泥质褐陶，方唇，唇面一周凹槽，外壁磨光，饰竹节状凸棱。口径34.4、残高9.7厘米（图六，6）。

鼓腹盆　1件。H14③：1，泥质灰陶，外壁上部磨光。方唇，卷沿，鼓腹，唇内面有凹槽一周。颈部、腹部饰弦纹，腹部弦纹以下饰规整篮纹。口径32、残高13厘米（图六，5）。

圈足　2件。H3：1，泥质灰陶。饰凸弦纹。底径38、残高5厘米（图六，10）。H11③：4，泥质褐陶，素面。底径21、残高9.3厘米（图六，14）。

器座　1件。东剖面采集：4，泥质灰陶。束腰。器表连续镂孔两周，镂孔呈L状。底径19、残高12厘米（图六，23）。

覆碗形器盖　15件。夹砂陶为主，多数沿面有一周凹槽。H2：6，泥质灰陶。方唇，唇面有一周凹槽，底部有“十”字刻划。口径14.6、底径5.8、残高6.4厘米（图六，9）。H14：4，泥质灰陶，方唇，沿内面凹槽较深，唇外侧有沟槽，器壁有1对贯耳。口径34、底径15、高12厘米（图六，13）。

覆盘形器盖　3件。均为泥质陶，轮制。地表采集：24，泥质灰陶。唇面凹槽较深。直壁微内凹。口径11、残高4厘米（图六，7）。H11①：3，泥质褐陶。方唇，圆折肩，盖壁微内倾。口径12.6、残高4.1厘米（图六，8）。

子母口器盖　2件。皆为泥质灰陶，轮制。地表采集：4，平顶，方直沿。顶径11、残高3厘米（图六，11）。

鸟首形足　1件。地表采集：5，泥质灰陶，饰附加堆纹。残高6厘米（图六，20）。

袋足足尖　20件。以夹砂陶为主，多饰绳纹，绳纹到底，主要是甗的袋足足尖。H4：1，夹砂灰陶，饰麦粒状绳纹。残高5.5厘米（图六，18）。东剖面11层：3，夹砂灰陶，绳纹。残高7.2厘米（图六，21）。东剖面采集：17，夹砂灰陶，绳纹。残高6厘米（图六，22）。

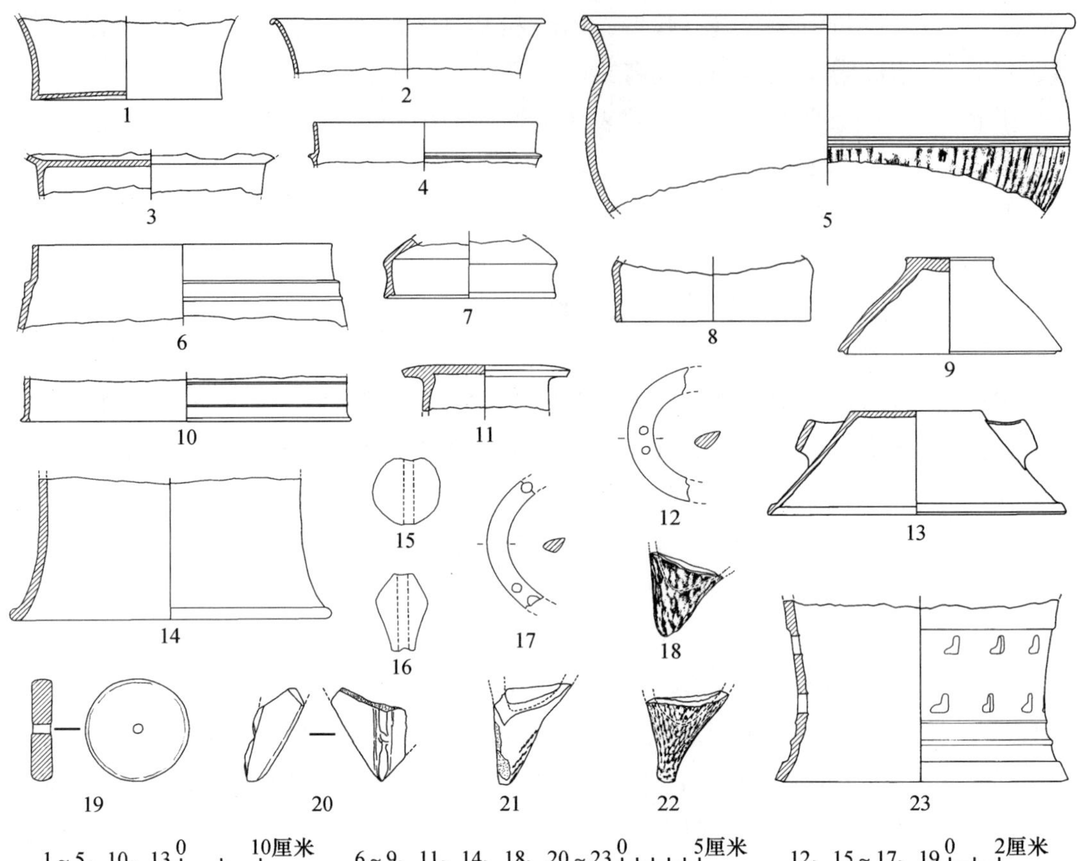

图六　龙山文化陶器

1. 平底盆（地表采集：6）　2. 盆口沿（F1：2）　3. 圈足盆（剖面采集：41）　4、6. 子母口盆（东剖面采集：22、H11③b：12）　5. 鼓腹盆（H14③：1）　7、8. 覆盘形器盖（地表采集：24、H11①：3）　9、13. 覆碗形器盖（H2：6、H14：4）　10、14. 圈足（H3：1、H11③：4）　11. 子母口器盖（地表采集：4）　12、17. 陶环（地表采集：19、H10①：1）　15、16. 网坠（H11①：3、H13①：1）　18、21、22. 袋足足尖（H4：1、东剖面11层：3、东剖面采集：17）　19. 纺轮（地表采集：28）　20. 鸟首形足（地表采集：5）　23. 器座（东剖面采集：4）

纺轮　2件。地表采集：28，夹细砂灰陶，圆饼状，中部穿孔。直径4.1、厚0.8厘米（图六，19）。

陶环　4件。圆环状，均为泥质。地表采集：19，泥质灰陶。残长5.3、厚0.7厘米（图六，12）。H10①：1，泥质褐陶。残长5.1、厚0.5厘米（图六，17）。

网坠　3件。均为夹砂陶，中部穿孔。H11①：3，圆球状，夹砂褐陶。长2.6、宽2.7厘米（图六，15）。H13①：1，夹砂灰陶。长3.1、宽2厘米（图六，16）。

2. 石器

共5件。均为采集所得。造型较规整，通体磨制，有不同程度的损坏。

石钺　1件。地表采集：1，上部缺失，刃部残破，平面呈方形，中部对穿钻孔，刃部较直，磨制精细。残长8.5、宽8.5、厚2.1厘米（图七，1）。

石凿　1件。地表采集：8，形体极小，磨制精细，单面刃。长2.6、宽2.2、厚0.3厘米（图七，2）。

石镞　3件。镞身横断面呈菱形，有铤，通体磨制。剖面采集：5，镞身与铤稍分界，锋尖与铤尾微残。长6.5厘米（图七，3）。剖面采集：6，镞身与铤稍分界，锋刃微残。长7.3厘米（图七，4）。剖面采集：7，镞身与铤分界，形体较宽。长7.2厘米（图七，5）。

3. 骨角蚌器

共9件。骨器原料为哺乳动物的长骨、扁骨。制作多经过劈、锯、刮削、磨制、抛光等程序。大部分器物表面光亮润泽。

骨锛　1件。地表采集：18，黑色，上端残缺，通体磨制，光滑规整，单面刃。器表凹槽为哺乳动物长骨原生血槽和骨腔。宽2.7、残长9.7厘米（图七，6）。

骨簪　2件。均通体磨制光滑。H14③：1，圆柱状，钝尖，磨制精致。长12.5厘米（图七，7）。地表采集：20，两端均残，圆柱状，通体磨制精细。残长9厘米（图七，10）。

骨匕　2件。东剖面6层：1，扁体，弧形，通体磨制，光滑规整。长13.9、宽1厘米（图七，8）。地表采集：27，扁体长条形，通体磨制。上端残缺，锋刃残破。残长9.1厘米（图七，9）。

骨镞　3件。东剖面采集：30，镞身与铤不分界，前锋为三棱锥形，通体磨光，前锋残。残长5.8厘米（图七，12）。地表采集：22，镞身与铤稍分界，通体磨光，镞身断面呈多边形，圆锥状短铤。长8.6厘米（图七，13）。地表采集：9，镞身与铤分界明显，通体磨光。圆锥状短镞身，铤身残。残长2.8厘米（图七，14）。

蚌镰　1件。地表采集：10，利用厚蚌壳边缘部分制成，平面梯形，单面刃。残长5、残宽8.1厘米（图七，11）。

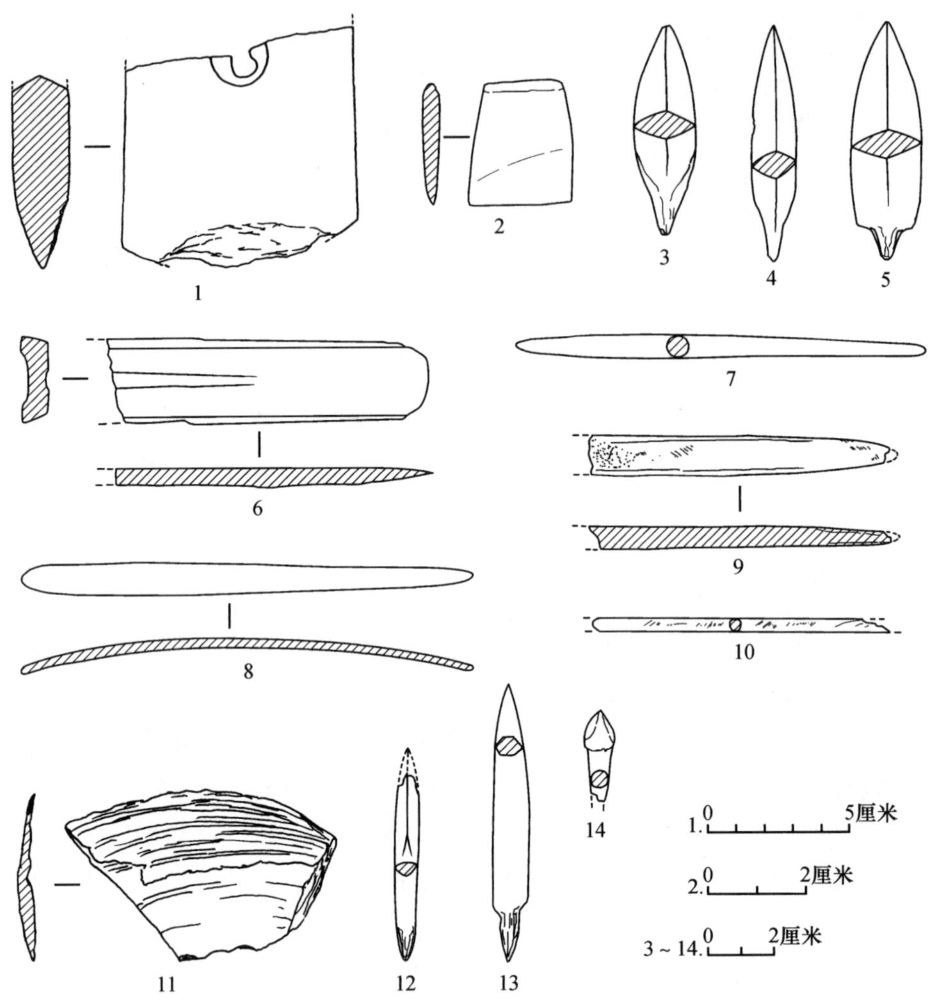

图七　龙山文化石器、骨角蚌器等

1. 石钺（地表采集：1）　2. 石凿（地表采集：8）　3～5. 石镞（剖面采集：5、剖面采集：6、剖面采集：7）　6. 骨锛（地表采集：18）　7、10. 骨簪（H14③：1、地表采集：20）　8、9. 骨匕（东剖面6层：1、地表采集：27）　11. 蚌镰（地表采集：10）　12～14. 骨镞（东剖面采集：30、地表采集：22、地表采集：9）

三、岳石文化遗存

未发现此时期遗迹单位，遗物均采集所得。陶器标本共2件。

尊形器　1件。东剖面采集：23，泥质陶，黑皮灰胎。杯状，尖圆唇，子母口，器表经磨光。口径14、残高8.5厘米（图八，1）。

豆盘　1件。东剖面采集：7，泥质灰陶，盘下外侧有一周凸棱。残高2.1厘米（图八，2）。

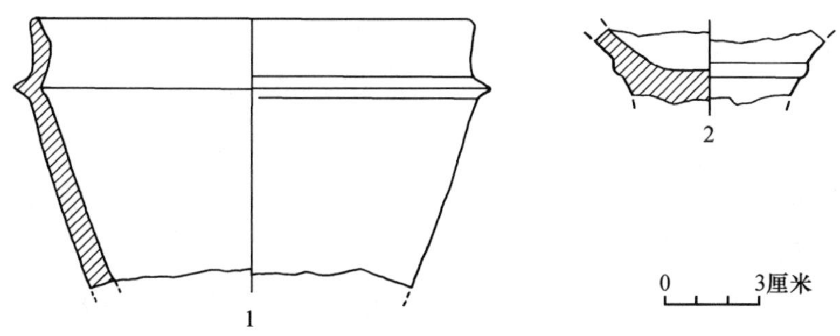

图八 岳石文化陶器

1. 尊形器（东剖面采集：23） 2. 豆盘（东剖面采集：7）

四、商代遗存

未发现此时期遗迹单位，遗物均采集所得。陶器标本共3件。

盆 1件。地表采集：17，夹砂褐陶，平折沿，尖唇，沿下有夹角，体饰粗绳纹。残高5.7厘米（图九，1）。

鬲 2件。夹砂陶，饰粗绳纹，制作较粗糙。剖面采集：8，夹砂灰褐陶，方唇，折沿不明显，微侈口，饰粗绳纹，胎体厚。残高7.5厘米（图九，2）。地表采集：29，夹砂褐陶，方唇，折沿，侈口，饰粗绳纹。残高4.3厘米（图九，3）。

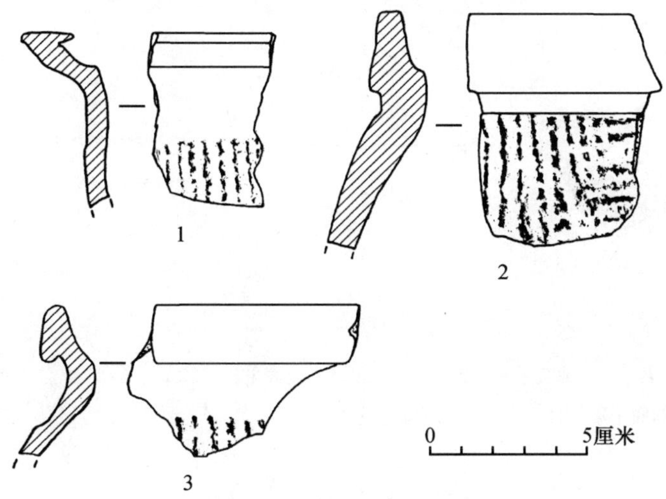

图九 商代陶器

1. 盆（地表采集：17） 2、3. 鬲（剖面采集：8、地表采集：29）

五、东周遗存

陶器标本10件。均采集所得，包括陶器等。可辨器形有鬲、豆、鼎足。

鬲　2件。夹砂陶，平折沿，饰绳纹。地表采集：30，夹砂褐陶，方唇，腹部饰粗浅绳纹。残高6.7厘米（图一〇，1）。地表采集：2，夹砂灰陶。尖唇，腹部饰粗浅绳纹。残高4.8厘米（图一〇，4）。

豆　7件。均残损严重。皆为泥质陶，素面。

豆盘　5件。南剖面采集：1，泥质灰陶。圆唇，敞口，浅盘。口径14、残高4.5厘米（图一〇，3）。东剖面采集：16，泥质灰陶。圆唇，敞口，浅盘，折腹。口径10、残高2.4厘米（图一〇，5）。

豆柄　1件。地表采集：7，泥质灰陶。残高3厘米（图一〇，6）。

豆圈足　1件。地表采集：32，泥质灰陶。底径8.4、残高7厘米（图一〇，2）。

蹄形足　1件。东剖面14层：4，泥质灰陶。残高4.5、足底宽1.7厘米（图一〇，7）。

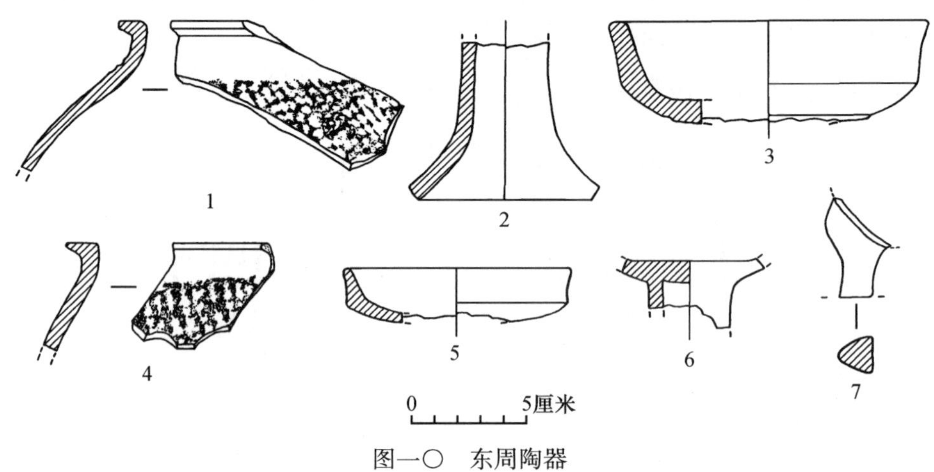

图一〇　东周陶器

1、4. 鬲（地表采集：30、地表采集：2）　2. 豆圈足（地表采集：32）　3、5. 豆盘（南剖面采集：1、东剖面采集：16）　6. 豆柄（地表采集：7）　7. 蹄形足（东剖面14层：4）

六、汉代遗存

陶器标本12件。均采集所得，包括陶器、瓷器、铜钱等。可辨器形有壶、罐、盆、盂、瓮、灯等。

罐　6件。地表采集：10，泥质灰陶。方唇，卷沿，矮颈。口径21、残高5厘米

（图一一，1）。东剖面采集：25，泥质灰陶。圆唇，微敛口，短颈。口径15.5、残高3.4厘米（图一一，3）。东剖面采集：9，泥质灰陶。圆唇，卷沿，短颈。口径7.6、残高4厘米（图一一，6）。剖面采集：4，泥质灰陶。方唇，折沿，短颈。残高5.6厘米（图一一，7）。扰坑1：1，泥质红陶。方唇，直口，短颈，颈部饰凸弦纹。残高6.7厘米（图一一，9）。

壶 1件。东剖面采集：15，泥质灰陶。方唇，平折沿，束颈。口径15、残高8.4厘米（图一一，5）。

盘 1件。南剖面采集：14，泥质灰陶。尖圆唇，直口，平底。口径20、高3.2厘米（图一一，2）。

盂 1件。地表采集：14，泥质灰陶。方唇，折沿，折腹。口径19.6、残高5.2厘米（图一一，4）。

盆 3件。地表采集：31，泥质灰陶。方唇，平折沿，敞口。内壁折沿处向上起棱。残高4.6厘米（图一一，8）。

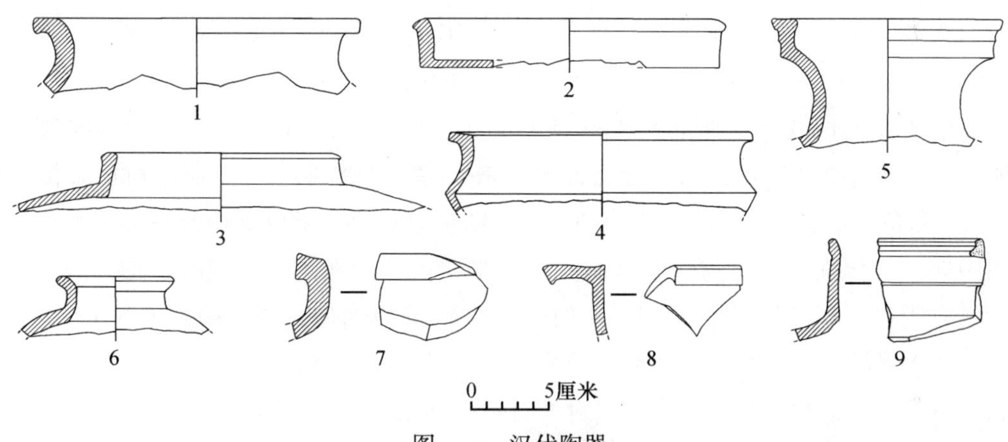

图一一 汉代陶器

1、3、6、7、9. 罐（地表采集：10、东剖面采集：25、东剖面采集：9、剖面采集：4、扰坑1：1） 2. 盘（南剖面采集：14） 4. 盂（地表采集：14） 5. 壶（东剖面采集：15） 8. 盆（地表采集：31）

七、结　　语

满白寺遗址延续时间比较长且遗物丰富，包括龙山文化、岳石文化、商周至秦汉遗存，主体为龙山文化。从出土陶器看，龙山文化以罐为大宗，多饰绳纹、方格纹、篮纹，夹砂陶罐比例较大，多作为炊器使用。三足器较少（图一二）。陶色以灰陶为主，黑陶极少。上述特点表现出龙山文化王油坊类型的典型特征。通过与周边典型遗址进行比较，满白寺遗址龙山文化遗存的相对年代主要集中在龙山文化中期晚段到晚期[7]。

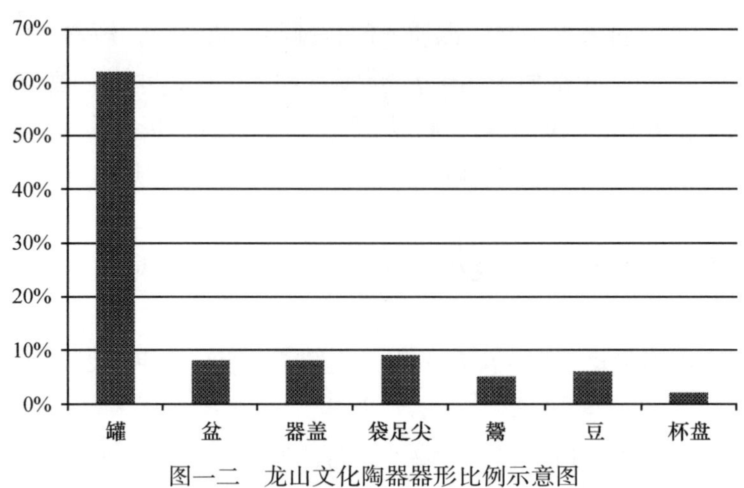

图一二　龙山文化陶器器形比例示意图

岳石文化陶器可辨器形者仅尊形器、豆盘2件，但具有典型的岳石文化特征，与安邱堌堆、泗水尹家城、兖州西吴寺等遗址出土的岳石文化陶器特点一致。商代遗存较少，所出器物与安邱堌堆遗址典型器相似，判断其年代均属殷墟时期。其中陶鬲（剖面采集：8）表现出口沿较宽较厚的特征，即所谓"包边鬲"，在殷墟也有较多发现[8]。

遗址所在的成武县，西周初文王封子于此，建郜国，为郜子[9]。春秋时郜国为宋所灭。公元前286年楚灭宋，之后此地被齐、楚、魏控制[10]。通过对比临淄齐故城[11]、曲阜鲁故城[12]、洛阳中州路[13]所见东周器物，满白寺遗址东周遗物更接近战国中期齐文化面貌，这与战国时期齐国扩张并占据此地的历史记载是相合的。汉代在此设成武县，西汉时属兖州山阳郡（国）[14]，东汉时属兖州济阴郡（国）[15]，邻近成武县成武故城、巨野昌邑故城、菏泽成阳故城、菏泽离狐故城等[16]汉代城址。此次调查所得汉代遗物反映了本地区当时的日常生活情况。

附记：参加此次调查的还有山东大学历史文化学院研究生宋晓航、龙佳漪、王珍珍等，菏泽市历史与考古研究所路涛等。绘图由王钦玄完成，刘善沂老师指导。时值隆冬，地近水塘，工作诸多不便。调查和清理得到成武县人民政府、大田集镇人民政府和相关部门的大力支持，谨此致谢！

执　笔：陈雪香　王钦玄　郭　立　程亚峰
马　静　孙　明　赵永生

注　释

[1] 孙波：《黄淮下游地区沙基堌堆遗址辨析》，《考古》2003年6期。

[2] 郅田夫、张启龙：《菏泽地区的堌堆遗存》，《考古》1987年11期。

[3] 李景聃：《豫东商邱永城调查及造律台黑孤堆曹桥三处小发掘》，《中国考古学报》1947年2期。

[4] 中国科学院考古研究所山东发掘队：《山东梁山青堌堆发掘简报》，《考古》1962年1期；菏泽地区文物工作队：《山东曹县莘冢集遗址试掘简报》，《考古》1980年5期；北京大学考古系商周组等：《菏泽安邱堌堆遗址发掘简报》，《文物》1987年11期；北京大学考古系商周组等：《山东菏泽安邱堌堆遗址1984年发掘报告》，《考古学研究》（八），科学出版社，2011年，317～397页。

[5] 邹衡：《论菏泽（曹州）地区的岳石文化》，《文物与考古论集——文物出版社成立三十周年纪念》，文物出版社，1986年，114～136页。

[6] 高明奎、王龙、曹军、王世宾：《山东定陶十里铺北遗址发掘的主要收获及初步认识》，《龙山文化与早期文明——第22届国际历史科学大会章丘卫星会议论文集》，文物出版社，2017年，137～142页。

[7] 栾丰实：《海岱龙山文化的分期和类型》，《海岱地区考古研究》，山东大学出版社，1997年，229～282页。

[8] 唐际根：《殷墟——一个王朝的背影》，科学出版社，2008年，120页。

[9] 李学勤主编，《十三经注疏》整理委员会整理：《春秋左传正义》，北京大学出版社，1999年，138、396页；（《左传·桓公二年》："以郜大鼎赂公。"杜预注："郜国所造器也，故系名于郜。济阴城武县东南有北郜城"；《春秋·僖公二十年》："夏，郜子来朝"）；（汉）许慎：《说文解字》，中华书局，1963年，135页（《说文·邑部》："郜，周文王子所封国"）。

[10] 谭其骧主编：《中国历史地图集》（第一册），地图出版社，1982年，26、27页。

[11] 山东省文物考古研究所：《临淄齐故城》，文物出版社，2013年，346～407页。

[12] 山东省文物考古研究所：《曲阜鲁国故城》，齐鲁书社，1982年，95～143页。

[13] 中国科学院考古研究所：《洛阳中州路（西工段）》，科学出版社，1959年，24～34、63～86页。

[14] （汉）班固（撰），（唐）颜师古（注）：《汉书·卷二八·地理志）》，中华书局，2012年，1409、1410页。

[15] （南朝宋）范晔撰，（唐）李贤等注：《后汉书·志第二一·郡国三）》，中华书局，2012年，2795页。

[16] 国家文物局主编：《中国文物地图集（山东分册）》，中国地图出版社，2007年，64页。

附表一　满白寺遗址龙山文化陶片统计表

陶质	纹饰　陶色	灰陶	褐陶	黑陶	白陶	总计	百分比
泥质陶	篮纹	270	55	3		328	5.90%
	方格纹	36	67	2		105	1.89%
	绳纹	115	18	1		134	2.41%
	弦纹	32	13	8		53	0.95%
	素面	765	270	87		1122	20.20%
小计		1218	423	101	0	1742	31.35%
夹砂陶	篮纹	349	84			433	7.79%
	方格纹	558	115			673	12.12%
	绳纹	614	99	3		716	12.89%
	弦纹	12	3	6		21	0.38%
	素面	1336	509	52	10	1907	34.33%
小计		2869	810	61	10	3750	67.51%
夹蚌陶	篮纹		17			17	0.31%
	素面		46			46	0.83%
小计		0	63	0	0	63	1.14%
总计		4087	1296	162	10	5555	100%
百分比		73.57%	23.33%	2.92%	0.18%	100%	100%

附表二　标本器型对比表

器形	满白寺遗址标本	对比相似标本	时代
中口罐	H11①：18	王油坊遗址[①]H41：4、H41：3	龙山文化陶器
	H14②：2	安邱堌堆[②]龙山文化Ba型中口罐； 王油坊遗址1977年发掘[③]H3：1、H15：1	
	剖面采集：1	安邱堌堆龙山文化D型中口罐	
	H15：1	王油坊遗址H42：2	
	H15：3	尹家城遗址[④]龙山文化C型Ⅰ式中口罐	
直口罐	东剖面14层：1	安邱堌堆小口瓮H2：14	
	H2③：2、H14②：1	尹家城遗址龙山文化C型Ⅱ式直口罐	
	H2③：2、H6：5、H11③：8	西吴寺遗址[⑤]龙山文化Ba型Ⅳ式罐	
侈口小罐	H5：5	王油坊遗址H2：4	
鼎	H15：4	尹家城遗址龙山文化T208⑧：41	

续表

器形	满白寺遗址标本	对比相似标本	时代
豆	南剖面采集：3	王油坊遗址Ⅱ式豆H50：8	龙山文化陶器
	东剖面14层：6	安邱堌堆遗址陶豆T1⑯：109	
	H11①：16	王油坊遗址Ⅰ式豆H50：5	
	南剖面采集：10	王油坊遗址Ⅱ式豆H5：17	
盘	剖面采集：11	王油坊遗址Ⅰ式圈足盘H5：7	
盆	地表采集：6、F1：2	王油坊遗址龙山文化平底盆（H9：1、H13：2、H21：2）	
鼓腹盆	H14③：1	尹家城遗址龙山文化Ab型Ⅲ式鼓腹盆	
器座	东剖面采集：4	尹家城遗址龙山文化器座H510：7	
覆碗形器盖	H2：6	王油坊遗址陶碗H21：3	
	H14：4	尹家城龙山文化Ab型Ⅱ式覆碗形器盖	
	地表采集：25	泗水天齐庙遗址[⑥]器盖标本H1055：3，此类器盖以山东龙山文化第4期较多，集中在龙山文化中期阶段	
覆盘形器盖	H11③b：8、地表采集：24	安邱堌堆遗址龙山文化A型器盖，也见于王油坊遗址、阳谷景阳冈遗址	龙山文化陶器
子母口器盖	地表采集：4、东剖面采集：21	尹家城遗址龙山文化B型子母口器盖	
尊形器	东剖面采集：23	尹家城遗址岳石文化Ⅰ式平底尊	岳石文化陶器
豆盘	东剖面采集：7	尹家城遗址岳石文化A型深盘豆	
鬲	剖面采集：8	安邱堌堆遗址商代Ba型Ⅰ式鬲	商代陶器
	地表采集：29	安邱堌堆遗址商代Db型鬲	
鬲	地表采集：2、地表采集：30	尹家城遗址周代鬲T192④：24	东周陶器
豆	东剖面采集：16	尹家城遗址周代C型Ⅰ式豆	
	南剖面采集：1	尹家城遗址周代D型Ⅰ式豆	

注：① 中国社会科学院考古研究所河南二队、河南商丘地区文物管理委员会：《河南永城王油坊遗址发掘报告》，《考古学集刊》（第5集），中国社会科学出版社，1987年，79～119页。（下引遗址，出处相同）

② 北京大学考古系商周组等：《山东菏泽安邱堌堆遗址1984年发掘报告》，《考古学研究（八）》，科学出版社，2011年，317～397页（下引遗址，出处相同）。

③ 商丘地区文物管理委员会、中国社会科学院考古研究所洛阳工作队：《1977年河南永城王油坊遗址发掘概况》，《考古》1978年1期。

④ 山东大学历史系考古专业教研室：《泗水尹家城》，文物出版社，1990年，87～155、204～237页（下引遗址，出处相同）。

⑤ 国家文物局考古领队培训班：《兖州西吴寺》，文物出版社，1990年，54、55页（下引遗址，出处相同）。

⑥ 国家文物局田野考古领队培训班：《泗水天齐庙遗址发掘的主要收获》，《文物》1994年12期。

山东滕州东康留周代墓地随葬动物研究报告*

山东大学历史文化学院
山东省文物考古研究院

一、动物遗存的出土背景[1]

东康留墓地位于滕州市南部官桥镇东康留村东北约600米、大康留村西北约300米处，北距滕州市区约19千米，西临京台高速公路。墓地位于滕州东部丘陵与中部平原的过渡区域，周围地势平坦，河流交错，南距薛河约1.6千米，西去小魏河约1.4千米，北侧地势低洼，为废弃古河道。墓地即坐落于古河道南侧平坦的高地上。西南约3千米为前掌大商周贵族墓地及薛国故城。1999年秋季，为配合京台高速公路建设，在滕州市博物馆、官桥镇文化站的协助下，山东省文物考古研究所组队对该墓地进行了勘探和发掘，共清理周代墓葬124座，出土陶器、铜器等随葬器物。

关于墓葬的分期与年代，由于缺乏可靠的层位关系，只能通过分析比较典型墓葬出土的代表性陶器的形制，再结合器物组合变化来确定，综合来看，这批墓葬年代跨度从西周晚期到战国早期。该墓地均为小型墓葬，且距离薛国故城较近，二者当有关联。

本次整理的动物遗存即为该次发掘所获。考古队员在发掘的过程中按照器物单位分别收集动物遗存，为进一步的鉴定与整理提供了良好的条件。动物的种属和部位鉴定，我们主要参考山东大学考古系动物考古实验室所藏的现代动物比较标本；动物死亡年龄的鉴定，主要参考《动物骨骼图谱》[2]。

* 本文得到山东大学考古与历史学学科高峰建设计划研究项目和山东大学青年交叉科学群体（2020QNQT018）共同资助。

二、随葬动物遗存概况

本次整理的动物遗存，分属42座墓葬，出土位置均为随葬器物内。具体情况如下：

M100：2陶鬲内，包含猪右侧髋骨、右侧股骨（两端关节脱落）和右侧肱骨（近端关节脱落）各1件，可能同属一个年龄为1.5～3.5岁的个体。

M102：1陶豆内，包含猪胸椎（未愈合）1件，年龄小于4岁。

M105：3陶鬲内，包含猪右侧尺骨（两端关节脱落）1件，数件肋骨，可能同属一个年龄小于3岁的个体。

M111：4陶鬲内，包含猪胸椎（未愈合）2件、肋骨10件，可能同属一个年龄小于4岁的个体。

M114：1陶鬲内，包含乳猪左侧桡骨（两端关节脱落）1件，年龄小于1岁，根据骨骼保存状况推测很可能小于0.5岁。

M117：1陶鬲内，包含猪左侧肩胛骨、左侧尺骨（两端关节脱落）、左侧桡骨（两端关节脱落）、左侧胫骨（两端关节脱落）、左侧腓骨（关节脱落）、左侧距骨和左侧跟骨（结节脱落）各1件，肋骨3件，可能同属一个年龄小于1岁的个体。

M119：1陶鬲内，包含乳猪左侧尺骨1件，年龄小于1岁，根据骨骼保存状况推测很可能小于0.5岁。

M127：5陶鬲内，包含猪肋骨1件，从骨骼保存状况来看，应为成年个体。

M134：2陶鬲内，包含乳猪右侧肩胛骨、右侧股骨（两端关节脱落）和右侧胫骨（两端关节脱落）各1件，数件残破的肋骨，可能同属一个年龄小于2岁（根据骨骼保存状况推测很可能小于0.5岁）的个体。

M139：3陶鬲内，包含猪左侧肩胛骨、左侧尺骨（两端关节脱落）、左侧桡骨（两端关节脱落）、右侧肱骨（两端关节脱落）、右侧尺骨（两端关节脱落）、右侧桡骨（两端关节脱落）、左侧股骨（两端关节脱落）、左侧胫骨（两端关节脱落）和右侧股骨（两端关节脱落）各1件，可能同属一个年龄小于1岁（根据骨骼保存状况推测很可能小于0.5岁）的个体。

M144：3陶鬲内，包含猪胸椎残块2件，骨骼已经愈合，年龄大于5岁，为成年个体。

M146：3陶鬲内，包含乳猪左侧髋骨（未愈合）、右侧髋骨（未愈合）、左侧股骨（两端关节脱落）、右侧股骨（两端关节脱落）、左侧胫骨（两端关节脱落）、右侧胫骨（两端关节脱落）、左侧肩胛骨、左侧肱骨（两端关节脱落）、左侧尺骨（两端关节脱落）和左侧桡骨（两端关节脱落）各1件，两侧下颌带DM_2—DM_3（M_1未萌出），数件肋骨、胸椎残块，可能同属一个年龄小于0.5岁的个体。

M24：2陶鬲内，包含猪右侧肱骨（两端关节脱落）、右侧胫骨（两端关节脱落）、右侧距骨和右侧跟骨（结节脱落）各1件，胸椎2件，肋骨17件，可能同属一个年龄小于1.5岁的个体。

M26：1陶鬲内，包含猪左侧股骨（两端关节脱落）、寰椎（未愈合）和枢椎（未愈合）各1件，颈椎3件，头骨带两侧上颌DM^1—M^1（M^2未萌出），可能同属一个年龄0.5～1岁的个体。

M28：2陶鬲内，包含猪左侧髋骨（未愈合）、左侧股骨（两端关节脱落）、左侧胫骨（两端关节脱落）、左侧跗骨、左侧距骨、左侧跟骨（结节脱落）、右侧髋骨（未愈合）、右侧胫骨（两端关节脱落）、右侧腓骨（关节脱落）、右侧距骨、右侧肩胛骨、右侧肱骨（两端关节脱落）、右侧尺骨（两端关节脱落）、右侧桡骨（两端关节脱落）和寰椎（未愈合）各1件，数件胸椎、肋骨残块，可能同属一个年龄小于1岁的个体。

M29：1陶鬲内，包含猪左侧肩胛骨、左侧肱骨（两端关节脱落）、左侧尺骨（两端关节脱落）、右侧股骨（两端关节脱落）、寰椎（未愈合）和枢椎（未愈合）各1件，头骨残块、肋骨若干，两侧下颌带DM_2—M_1（M_1正在萌出），可能同属一个年龄小于0.5岁的个体。

M29：2陶鬲内，包含羊左侧肩胛骨、左侧肱骨（近端关节脱落）、左侧桡骨（远端关节脱落）、右侧髋骨（未愈合）、右侧股骨（两端关节脱落）、右侧胫骨（两端关节脱落）、右侧距骨、右侧跟骨（结节脱落）、右侧中央跗骨、左侧髋骨（未愈合）、左侧胫骨（两端关节脱落）和左侧距骨各1件，数件胸椎、腰椎和肋骨残块，可能同属一个年龄小于1岁的个体。

M32：2陶鬲内，包含猪肩胛骨2件（左右各一），右侧肱骨（两端关节脱落）、右侧胫骨（两端关节脱落）、右侧腓骨（两端关节脱落）、右侧距骨、右侧跟骨（结节脱落）、左侧股骨（两端关节脱落）、左侧髋骨（未愈合）、左侧跗骨、寰椎（未愈合）和枢椎（未愈合）各1件，数件胸椎、腰椎和肋骨残块，可能同属一个年龄小于1岁的个体。

M32：6陶舟内，包含猪右侧尺骨（两端关节脱落）和右侧桡骨（两端关节脱落）各1件，可能与陶鬲内标本同属一个年龄小于1岁的个体。

M33：8陶鬲内，包含猪左侧胫骨（两端关节脱落）、左侧腓骨（两端关节脱落）、左侧跟骨（结节脱落）、寰椎（未愈合）和枢椎（未愈合）各1件，颈椎（未愈合）2件，数件胸椎残块，肋骨30件，头骨带两侧上颌DI^1—M^1（M^2未萌出），可能同属一个年龄0.5～1岁的个体。

M33：9陶鬲内，包含猪髋骨2件（左右各一，未愈合），右侧股骨（两端关节脱落）、右侧胫骨（两端关节脱落）、右侧腓骨（关节脱落）、右侧跗骨、右侧跟骨（结节脱落）、左侧尺骨（两端关节脱落）和左侧桡骨（两端关节脱落）各1件，数件肋骨、胸椎、颈椎和腰椎残块，可能同属一个年龄小于1岁的个体。综合来看，M33两件器物内可能为同一个0.5～1岁的个体。

M34：4陶鬲内，包含有羊右侧胫骨（两端关节脱落）、右侧股骨（两端关节脱落）、左侧肩胛骨、寰椎和枢椎各1件，胸椎13件，颈椎3件，腰椎2件，可能同属一个年龄小于1岁的个体。

M34：9陶鬲内，包含羊髋骨2件（左右各一，均未愈合），右侧肱骨（未愈合）和骶椎各1件，数件肋骨残块，根据现有标本推断其年龄小于3.5岁，可能与4号陶鬲内标本同属一个年龄小于1岁的个体。

M35：4陶鬲内，包含羊枢椎1件，颈椎3件，从愈合状态来看，应为大于5岁的成年个体。

M35：7陶鬲内，包含羊左侧肱骨（近端关节脱落）、右侧髋骨（未愈合）、骶椎（未愈合）和右侧股骨（两端关节脱落）各1件，胸椎2件（未愈合），肋骨9件，可能同属一个年龄小于3岁（根据骨骼保存状况推断很可能小于1岁）的个体。

M37：2陶鬲内，包含猪左侧肩胛骨、左侧尺骨（两端关节脱落）、左侧桡骨（两端关节脱落）、右侧尺骨（两端关节脱落）、右侧桡骨（两端关节脱落）、左侧髋骨（未愈合）、左侧股骨（两端关节脱落）、寰椎（未愈合）和枢椎（未愈合）各1件，数件颈椎、胸椎、腰椎和肋骨残块（也均未愈合），可能同属一个年龄小于1岁的个体。

M38：4陶鬲内，包含乳猪右侧尺骨和桡骨各1件，左侧髋骨和胫骨各1件，左侧距骨和跟骨各1件，胸椎2件，肋骨5件，可能同属一个年龄小于1岁（根据骨骼保存状况推测很可能小于0.5岁）的个体。

M39：4陶鬲内，包含羊左侧髋骨、左侧肱骨、左侧桡骨、右侧肱骨和右侧尺骨各1件，数件肋骨，可能同属一个年龄大于3.5岁的个体。

M41：6陶鬲内，包含猪右侧肩胛骨、右侧肱骨（两端关节脱落）、右侧尺骨（两端关节脱落）、右侧桡骨（两端关节脱落）、左侧髋骨（未愈合）、右侧股骨（两端关节脱落）、右侧胫骨（两端关节脱落）、右侧距骨和右侧跟骨（结节脱落）各1件，数件肋骨，可能同属一个年龄小于1岁的个体。

M43：4陶鬲内，包含猪左侧胫骨（两端关节脱落）、右侧髋骨（未愈合）、右侧股骨（两端关节脱落）、右侧胫骨（两端关节脱落）、右侧肩胛骨和右侧桡骨（两端关节脱落）各1件，左侧下颌带DM_2（M_1未萌出），数件胸椎，可能同属一个年龄小于0.5岁的个体；另外还有羊右侧髋骨、右侧股骨和肋骨各1件，可能同属一个年龄大于

3.5岁的个体。

M50：1陶鬲内，包含猪右侧肩胛骨1件，头骨带两侧上颌I^1—M^2（M^3未萌出），胸椎6件，腰椎3件，数件肋骨，可能属于一个年龄1.5～2岁的个体。

M51：1陶鬲内，包含猪右侧肩胛骨、右侧肱骨（两端关节脱落）、右侧尺骨（两端关节脱落）、右侧桡骨（两端关节脱落）、右侧髋骨、右侧股骨（两端关节脱落）、右侧胫骨（远端关节脱落）和右侧腓骨（关节脱落）各1件，可能属于一个年龄小于1岁的个体。

M52：1陶鬲内，包含猪右侧髋骨1件（未愈合），肋骨2件，可能同属一个年龄小于1岁的个体。

M61：1陶鬲内，包含猪胸椎1件，肋骨5件，为成年个体。

M64：4陶鬲内，包含猪右侧肱骨（两端关节脱落）、右侧桡骨（近端脱落关节）和右侧股骨（两端关节脱落）各1件，数件肋骨，可能同属一个年龄小于1岁的个体。

M67：10陶豆内，包含猪胸椎1件，成年个体。

M69：2陶豆内，包含乳猪胸椎2件（关节脱落），肋骨5件，从骨骼保存状况推测年龄小于0.5岁。

M70：5陶鬲内，包含猪两侧下颌带DI_1—DM_3，M_1未萌出，年龄小于0.5岁。

M72：1陶鬲内，包含猪胸椎（关节脱落）和肋骨各1件，年龄小于4岁。

M76：5陶鬲内，包含乳猪右侧髋骨（未愈合）、右侧股骨（两端关节脱落）、右侧胫骨（两端关节脱落）、右侧腓骨、右侧距骨、右侧跟骨（结节脱落）、左侧股骨（两端关节脱落）、左侧胫骨（两端关节脱落）、左侧肱骨（两端关节脱落）和胸椎（未愈合）各1件，肋骨6件，可能同属一个年龄小于1岁的个体。

M81：1陶鬲内，包含乳猪左侧股骨1件，根据骨骼保存状况推断很可能小于0.5岁。

M82：6陶鬲内，包含羊左侧桡骨（两端关节脱落）、右侧胫骨（两端关节脱落）、寰椎和枢椎各1件，颈椎和胸骨各2件，肋骨9件，可能同属一个年龄小于1岁的个体。

M82：9陶鬲内，包含羊左侧肱骨（近端关节脱落）、右侧髋骨、右侧股骨（两端关节脱落）和左侧胫骨（两端关节脱落）各1件，肋骨7件，胸椎2件，腰椎4件，可能与6号陶鬲内标本同属一个年龄小于1岁的个体。

M85：2陶鬲内，包含羊右侧髋骨、右侧股骨、右侧胫骨、枢椎、颈椎和肋骨各1件，可能属于一个年龄大于3.5岁的个体。

M85：5陶鬲内，包含猪胸椎13件，成年。

M85：6陶鬲内，包含羊右侧肱骨、右侧尺骨和右侧桡骨各1件，可能属于一个年龄大于3.5岁的个体。

M86：3陶鬲内，包含猪左侧肩胛骨、右侧胫骨（两端关节脱落）、右侧腓骨（关节脱落）、右侧跟骨（结节脱落）和枢椎（未愈合）各1件，颈椎3件（未愈合），胸椎13件（未愈合），腰椎5件（未愈合），肋骨18件，可能同属一个年龄小于2岁的个体。

M86：4陶鬲内，包含猪右侧肩胛骨、右侧肱骨（近端关节脱落）、右侧尺骨（两端关节脱落）和右侧桡骨（远端关节脱落）各1件，可能同属一个年龄1.5～3岁的个体。综合来看，M86两件器物内可能为同一个1.5～2岁的个体。

M87：4陶鬲内，包含猪左侧髋骨、左侧股骨（两端关节脱落）、左侧胫骨（两端关节脱落）、左侧腓骨、左侧距骨、左侧跟骨（结节脱落）、右侧肩胛骨、右侧桡骨（两端关节脱落）和寰椎（未愈合）各1件，数件颈椎和肋骨残块，可能同属一个年龄小于1岁的个体。

M93：1陶鬲内，包含乳猪左侧肱骨1件，根据骨骼保存状况推测年龄很可能小于0.5岁。

M98：1陶鬲内，包含羊左侧肱骨（近端关节脱落）、左侧尺骨（近端关节脱落）、左侧髋骨、右侧股骨（两端关节脱落）和右侧胫骨（近端关节脱落）各1件，肋骨9件，胸椎2件，可能同属一个年龄1～3岁的个体。

三、讨论与分析

1. 随葬动物种属分布及等级差异

本次发掘，共42座墓葬随葬的46件器物内发现有动物遗存，可鉴定种属为猪和羊，种属构成较为简单。

42座墓葬中，只有8座随葬有羊，其余34座墓葬则只随葬猪的遗存。而在出土有羊的这8座墓中，5座（M34、M35、M39、M82、M98）只随葬羊这一种动物，有3座（M29、M43、M85）则是同时随葬羊和猪的。还有82座墓葬中并未发现任何随葬动物，说明这些墓葬在下葬过程中并不存在以动物（肉食）祭祀的行为。

从这些墓葬的总体情况来看，均属小型竖穴土坑墓，随葬品主要为陶器，个别墓葬发现有铜戈、剑或铜舟，未见铜礼器，墓主人的级别普遍不会太高。而从随葬陶器来看，随葬羊的墓葬基本陶器组合为鬲、盂、豆、罐、单把杯，除单把杯外其余器形均为2件；随葬猪的墓葬的陶器数量和类型一般等于或少于随葬羊的墓葬，二者存在一定的区别。

《大戴礼记·曾子天圆第五十八》载："……诸侯之祭，牲牛，曰太牢；大夫之祭，牲羊，曰少牢；士之祭，牲特豕，曰馈食……”[3]可见，牛、羊和猪对应的是不同的阶层。

我们在随葬动物中并未发现任何太牢——牛的遗存，这与该墓地的墓葬均为小型墓葬，等级普遍不算太高的总体特征是相符合的。随葬猪的墓葬其墓主人可能为士一级，随葬羊的墓葬等级应该比只随葬猪的墓葬等级要高，应为大夫一级，但从未随葬青铜礼器这一特征来看，似乎又达不到文献所载的大夫这一级别；从二者随葬陶器的特征来看，存在差异，但并非能够代表身份等级的差异。这说明从随葬动物种属的使用来看，考古发现与文献记载并非完全相符。

2. 不同动物的随葬部位和死亡年龄

（1）羊

8座墓葬中随葬有羊，最小个体数为9个，其保存的骨骼部位及个体死亡年龄情况见表一。

发现的骨骼部位，均为身体的某一部分（如四肢骨、椎骨和肋骨等），缺乏完整个体，说明这些骨骼当时都是以带肉的状态放入器物内的，这部分遗存的体积大小可能与器物的容量有关。

不同骨骼部位的发现频率，明显以肋骨和椎骨最高，几乎每座墓葬的每件器物内都发现有此类遗存。虽然《仪礼·既夕礼》有关于使用羊的肠胃[4]的记载，但笔者通过骨骼特征推断，在正常摘取肠胃的过程中并不会留下类似的遗存，所以这些遗存应该是先民在肢解带肉的动物四肢过程中一起获得的。

表一　东康留墓地随葬羊的身体部位及死亡年龄一览表

器物号	左前肢	左后肢	右前肢	右后肢	脊椎肋骨	死亡年龄
M29：2	√	√		√	√	小于1岁
M34：4	√			√	√	小于1岁
M34：9		√	√	√	√	小于1岁
M35：4					√	成年
M35：7	√			√	√	小于1岁
M39：4	√	√	√		√	成年
M43：4				√	√	成年
M82：6	√			√	√	小于1岁
M82：9	√	√		√	√	小于1岁
M85：2				√	√	成年
M85：6			√			成年
M98：1	√	√		√	√	1～3岁

鉴定出的四肢骨骼，既包括前肢也包括后肢，后肢骨骼发现的频率要更高一些（图一；表一），后肢骨骼与前肢骨骼比为14∶10；四肢骨的方位，前肢以左侧为多，左右侧比为7∶3；后肢则以右侧为多，左右侧比为5∶9。

《礼记·祭统》中有记载，“凡为俎者，以骨为主。骨有贵贱，殷人贵髀，周人贵肩。凡前贵于后”[5]，说明周人用牲腿时崇尚前腿，而殷人则崇尚后腿。东康留墓地的年代为西周晚期到战国早期，属明确的周人统治时期，墓葬随葬的羊四肢骨却显示出更为浓重的殷人特征，这是值得注意的现象。

另外值得注意的是，无论发现的前肢还是后肢，都缺乏蹄骨的部分，因为蹄骨属于动物身体肉比较少的部位，笔者认为此类遗存的缺失表明先民有意识选取带肉较多的部位来祭祀或随葬；此外，蹄骨一般还被认为与皮的获取有关，墓葬中蹄骨的缺失，或可说明当时先民放入器物内的是去掉毛皮的带骨肉块。

发现的遗存所代表的死亡年龄（表一），包含3个不同的年龄段：小于1岁，1～3岁和成年（大于3.5岁）。小于1岁的有4座墓葬4个个体，1～3岁的有1座墓葬1个个体，成年（大于3.5岁）的有4座墓葬4个个体，如图二所示，幼年羊和成年羊的数量差不

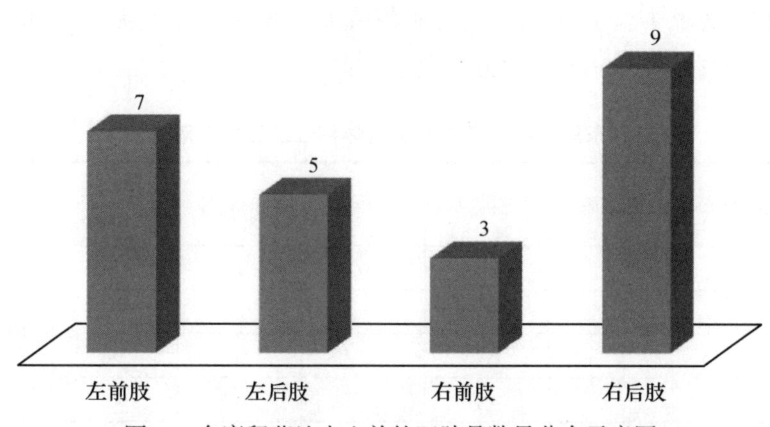

图一　东康留墓地出土羊的四肢骨数量分布示意图

数量
4
1
4
小于1岁
1～3岁
成年（大于3.5岁）

图二　东康留墓地出土羊的死亡年龄分布示意图

多，没有明显的规律性特征。

（2）猪

共37座墓葬中随葬有猪，最小个体数为37个，其保存的骨骼部位及个体死亡年龄情况见表二。

发现的骨骼部位，与羊一样，均为身体的某一部分（头骨、上下颌骨、肢骨、椎骨和肋骨等），说明当时也是以带肉骨骼的形式放入器物内的。

不同骨骼的发现频率，也是肋骨和椎骨最高，近2/3的墓葬内都发现有此类遗存，笔者认为这些遗存与上文描述的羊的脊椎、肋骨是一样的，都是在肢解带肉的动物四肢过程中一起获得的。

鉴定出的四肢骨骼，既包括前肢也包括后肢，二者发现的频率几乎是一样的（图三；表二），前肢骨骼与后肢骨骼比为29∶30。四肢骨方位，前肢以右侧为多，左右侧比为12∶17，后肢则为左右侧均等。多座墓葬内还同时随葬有两侧的前肢或后肢。

除四肢骨和脊椎肋骨外，猪的随葬部位还包括有头骨和上下颌骨，这样的墓葬有7座，其中3座只随葬头骨和上颌骨（一般意义上的猪头），另外4座墓葬则同时随葬猪头和下颌骨。

随葬四肢骨骨骼方位的选取，以及随葬猪头等部位，与文献记载的殷人与周人的祭祀传统都不一致，具有一定的地方特色。

表二　东康留墓地随葬猪的身体部位及死亡年龄一览表

器物号	左前肢	左后肢	右前肢	右后肢	脊椎肋骨	头骨及上下颌骨	死亡年龄
M100∶2			√	√	√		1.5～3.5岁
M102∶1					√		小于4岁
M105∶3			√		√		小于3岁
M111∶4					√		小于4岁
M114∶1	√						小于0.5岁
M117∶1	√	√			√		小于1岁
M119∶1	√						小于0.5岁
M127∶5					√		成年
M134∶2			√	√	√		小于0.5岁
M139∶3	√	√	√	√			小于0.5岁
M144∶3					√		成年
M146∶3	√	√		√	√	√	小于0.5岁
M24∶2			√	√	√		小于1.5岁
M26∶1		√			√	√	0.5～1岁

续表

器物号	左前肢	左后肢	右前肢	右后肢	脊椎肋骨	头骨及上下颌骨	死亡年龄
M28：2		√	√	√	√		小于1岁
M29：1	√			√	√	√	小于0.5岁
M32：2	√	√	√	√	√		小于1岁
M32：6			√				小于1岁
M33：8		√			√	√	0.5～1岁
M33：9	√	√		√	√		0.5～1岁
M37：2	√	√	√		√		小于1岁
M38：4		√	√		√		小于0.5岁
M41：6		√	√		√		小于1岁
M43：4		√	√	√	√	√	小于0.5岁
M50：1			√		√	√	1.5～2岁
M51：1			√	√			小于1岁
M52：1				√	√		小于1岁
M61：1					√		成年
M64：4			√	√	√		小于1岁
M67：10					√		成年
M69：2					√		小于0.5岁
M70：5						√	小于0.5岁
M72：1					√		小于4岁
M76：5	√	√		√	√		小于1岁
M81：1		√					小于0.5岁
M85：5					√		成年
M86：3	√			√	√		1.5～2岁
M86：4			√				1.5～2岁
M87：4		√	√		√		小于1岁
M93：1	√						小于0.5岁

发现的遗存所代表的死亡年龄（表二）集中于如下三个年龄段：小于1.5岁（主要小于1岁），1.5～4岁，成年（大于4岁）。小于1.5岁的有25座墓葬25个个体，1.5～4岁的有7座墓葬7个个体，成年（大于4岁）的有5座墓葬5个个体，如图四所示，成年个体很少，未成年个体中明显以小于1岁个体为主，说明当时先民更倾向于选择年龄较小肉质鲜嫩的猪来作为祭祀或随葬的肉食。

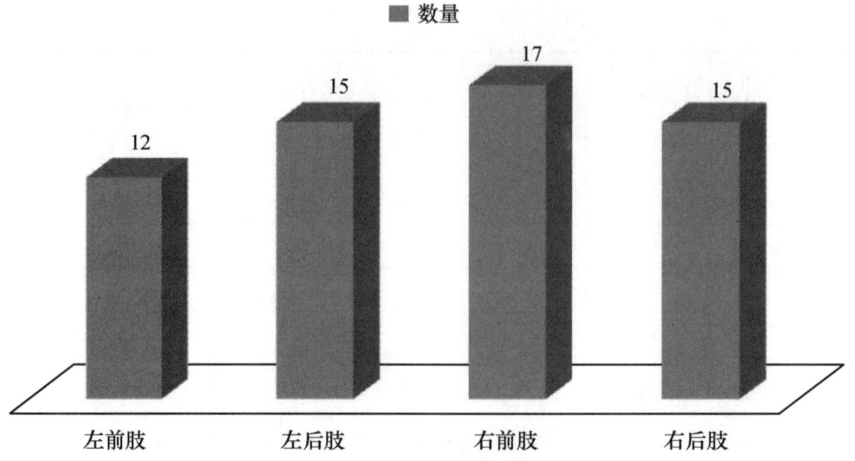

图三　东康留墓地随葬猪的四肢骨数量分布示意图

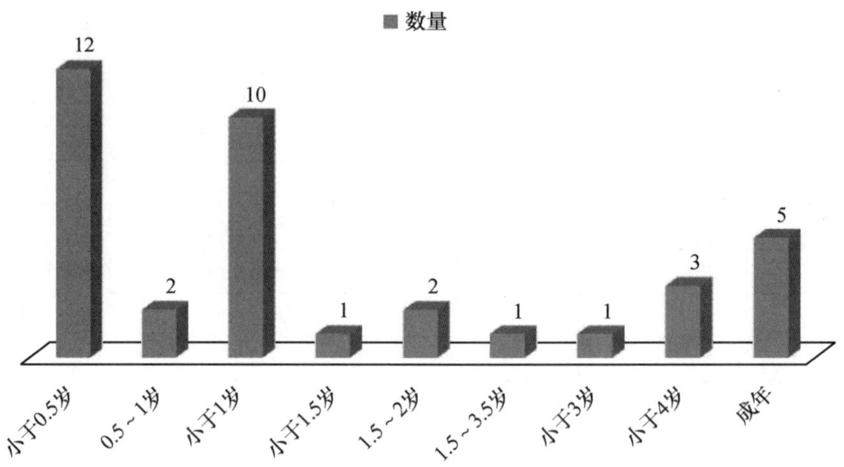

图四　东康留墓地随葬猪的死亡年龄分布示意图

3. 小结

东康留墓地，其墓葬等级普遍不高，出土的动物种属与文献记载并不完全相符，随葬有动物的墓主人可能普遍为士一级。墓地中绝大部分墓葬并未随葬任何动物，其墓主应为平民阶层。出土动物的骨骼部位多为身体的一部分而非完整个体，不同动物前后肢骨骼的选取和左右侧方位的使用都不见任何规律性，与文献的记载并不相符。

笔者曾经撰文比较过滕州前掌大、长清仙人台、东江小邾国和新泰周家庄等已经发掘过的属于山东地区的周代贵族墓地[6]，对其随葬的动物遗存进行了分析，并与文献所载的祭祀和埋葬礼仪进行了比较研究。结果显示，从西周早期到春秋战国晚期，山东地区周代墓葬中往往都会随葬完整的狗，随葬狗的年龄往往集中于一定的区间内；随葬的其他哺乳动物包括猪、牛、羊等，这些动物多数仅随葬其身体的一部分，死亡年龄因不同种属而有所不同，并没有一定的规律性。随葬的动物种属与文献记载基本吻合，但具体的骨骼部位等与文献记载有所差异，笔者认为产生这种差异的原因或许与山东地区先民对周代礼仪制度的接受和吸收程度有关。东康留墓地出土动物的特征再次证明山东地区先民在祭祀和随葬动物的选择上保留有一定的本地特色。

执　笔：宋艳波　高明奎　王守功

注　释

［1］ 山东省文物考古研究所、滕州市博物馆：《山东滕州东康留周代墓地发掘简报》，《文物》2013年4期。

［2］ 伊丽莎白·施密德著，李天元译：《动物骨骼图谱》，中国地质大学出版社，1992年。

［3］ 高明：《大戴礼记今注今译》，（台北）商务印书馆，1977年，211～213页。

［4］ （汉）郑玄注，（唐）贾公彦疏：《仪礼注疏》，上海古籍出版社，2008年，1191～1193页；杨天宇：《仪礼译注》，上海古籍出版社，2004年，385、386页，“厥明，陈鼎五于门外，如初。其实：羊左胖，髀不升，肠五，胃五，离肺。豕亦如之，豚解，无肠胃”，郑玄注：“反吉祭也。”

［5］ 王梦鸥：《礼记今译今注》，（台北）商务印书馆，1979年，637～639页。

［6］ 宋艳波：《山东地区几个周代墓葬随葬动物分析》，《考古与文物》2011年5期。

山西翼城大河口墓地M5010和M6043出土红色粉末鉴定报告

山东大学文化遗产研究院
山东大学历史文化学院
中国社会科学院考古研究所

大河口西周墓地位于山西省临汾市翼城县，占地面积4万余平方米，有墓葬千余座。不仅首次发现了漆木俑、原始瓷器等国宝，而且首次发现西周时期三足铜盂、三足鼎式簋等珍稀青铜器，个别墓葬甚至发现有金器。大河口西周墓地的发现为研究西周时期的分封制度、器用制度和族群融合等历史和考古问题等具有重要意义[1]。2011年，山西翼城“大河口西周墓地”入围全国十大考古新发现。

大河口墓地的发掘人员在清理M5010和M6043两座墓葬时，发现有漆器、纺织品、青铜器等脆弱质文物遗存。鉴于大河口墓葬规格高、保存好、随葬品丰富的特点，为保证更加规范、妥善地清理并保护珍贵的墓葬遗存，决定将这两座墓葬套箱封装，并于2013年运进“山东大学室内考古发掘与文物保护实验室”进行实验室考古发掘[2]。

在大河口M5010和M6043的实验室发掘中，发现两座墓葬的人骨和墓底都有红色粉末。墓葬中使用红色粉末的风俗早在旧石器时代就已有之，例如北京山顶洞人遗址就在人骨上发现有红色粉末，经鉴定为赤铁矿。进入新石器时代以后，墓葬中使用红色粉末的案例更多，河姆渡文化、仰韶文化、大汶口文化、城背溪文化、良渚文化、龙山文化等遗址中均有发现。有些遗址的红色粉末经鉴定为赤铁矿，另一些遗址的红色粉末经鉴定为朱砂[3]，也有大量遗址的红色粉末并未经过鉴定。进入青铜时代以后，红色粉末的使用则更加规范化，成为贵族葬仪的重要组成部分[4]。然而，遗址中出土的红色粉末到底是朱砂还是赤铁矿，这两种矿物分别在什么样的情况下使用并没有明确的记载。这里我们对大河口M5010和M6043墓底发现的红色粉末进行了科学检测，以期更好地了解其使用背景和含义。

一、分析方法和测试结果

为了确定M5010和M6043红色粉末的成分，我们对这两份样本进行了物相和成分分析，包括拉曼、X射线衍射（XRD）和X射线荧光（XRF）分析等。

1. 拉曼分析

我们使用必答泰克公司的i-Raman（波长785nm）对M5010和M6043的红色粉末进行了拉曼分析（图一）。从图一中可以看出两种红色粉末的谱图明显不同，应为两种不同的物质。其中M5010样本在波数248 cm^{-1}、280cm^{-1}、340cm^{-1}等处的特征峰表明该红色粉末主要成分为朱砂[5]；M6043样本在波数412cm^{-1}处的特征峰表明赤铁矿的存在[6]，另外在528cm^{-1}、636cm^{-1}、686cm^{-1}等处的特征峰表明有硅酸盐矿物的存在[7]。结合XRD的分析结果可知这里的硅酸盐矿物主要是钠长石。

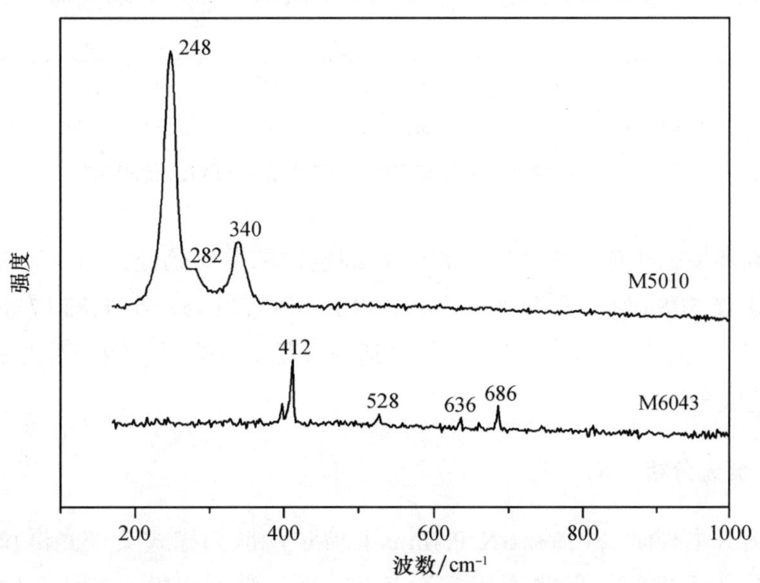

图一 大河口M5010和M6043出土红色粉末的拉曼光谱图

2. X射线衍射分析（XRD）

我们使用德国Bruker公司的D8 Advance X射线粉末衍射分析仪对M5010和M6043的红色粉末进行了物相分析（图二）。XRD分析验证了拉曼分析的结果，其中M5010红色粉末的主要成分为朱砂（d=3.3328，d=3.1418，d=2.8451，d=2.0638，d=1.9715等），以及少量石英（d=4.2169，d=3.3328等）。石英有可能是朱砂矿原有的，也有

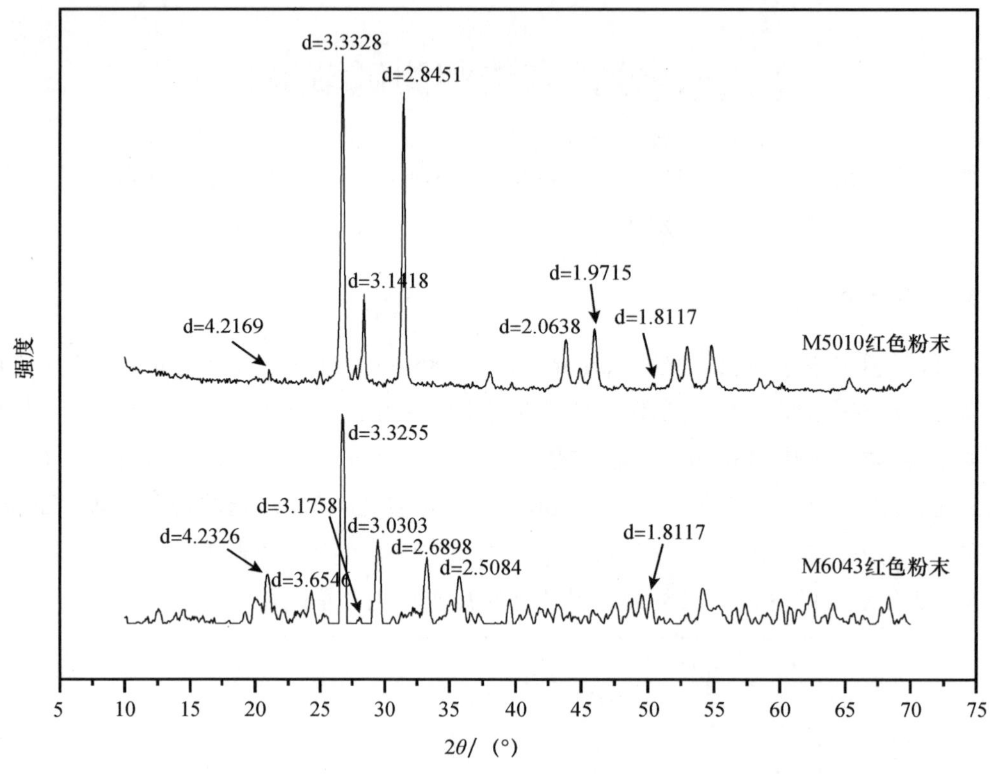

图二　大河口M5010和M6043出土红色粉末的XRD检测结果

可能是从埋藏环境的土壤中混入的。M6043红色粉末主要成分为赤铁矿（d=3.6546，d=2.6898，d=2.5084等）、石英（d=4.2326，d=3.3255，d=1.8117等）、方解石（d=3.0303等）、钠长石（d=3.1758等）；其中石英、方解石、钠长石为土壤的常见组分，主要致色成分为赤铁矿。

3. X射线荧光分析（XRF）

我们使用日本理学公司的ZSX PrimusⅡ波长色散扫描式荧光光谱仪对M5010和M6043的红色粉末进行了半定量分析（表一，因为没有标样，各化合物含量仅作参考）。分析结果显示M5010红色粉末的主要元素为汞、硅、铝、钙等（含量均超过10%）。结合拉曼和XRD的分析结果可知，M5010红色粉末主要为朱砂（硫化汞）和土壤，其中硅、铝、钙等元素来自土壤。M5010红色粉末中也含有少量氧化铁（5.4%），应该为土壤中混入的（土壤中通常有5%左右的氧化铁），而不是人为故意添加的结果。M6043红色粉末的主要元素为硅、铝、钙、铁等（含量均超过10%）。结合拉曼和XRD的分析结果可知，M6043红色粉末主要为赤铁矿（氧化铁）和土壤，其中硅、铝、钙等元素来自土壤。M6043红色粉末中还含有很少量的汞（0.58%）。因为土壤中的含汞量一般在0.05ppm左右，M6043红色粉末中的少量汞应该是人为加入的。也就是说M6043红色粉末以赤铁矿为主，羼有少量的朱砂。

表一　M5010 和 M6043 红色粉末 XRF 检测的主要成分含量　（单位：wt%）

样品	SiO_2	Al_2O_3	CaO	Fe_2O_3	HgO
M5010红色粉末	32.0	12.5	10.8	5.4	18.3
M6043红色粉末	47.8	16.7	12.8	11.6	0.58

二、讨论与结论

结合拉曼、XRD、XRF的检测结果，笔者认为M5010的红色粉末为朱砂以及取样过程中带入的少量土；M6043的红色粉末为赤铁矿，少量朱砂以及较多土样（因为M6043的红色粉末层较薄，所以取样时带入的土较多）。比较三种检测方法，拉曼和XRD对于主要成分都可以很好地检测，但对于含量少的组分灵敏度不够。例如M5010的红色粉末在XRF检测时发现还有其他常见土壤组分（铝、钙等），这在拉曼谱图和XRD谱图上均没有观察到；M6043的红色粉末在XRF检测中发现有很少量的汞，而拉曼和XRD谱图也没有看到相关谱峰。如果仅仅依赖拉曼和XRD分析，我们可能就会误判其组成成分。比较拉曼和XRD这两种物相分析手段发现，XRD的准确性更高一些，而便携式拉曼光谱仪则在便携性上优于XRD，可携带至发掘现场或博物馆进行无损检测。XRF成分分析最灵敏，但是无法确切知道是何种矿物。例如M6043的红色粉末XRF检测发现含有较多铁，但是如果不结合XRD和拉曼结果，就无法知道其为赤铁矿还是磁铁矿还是其他。因此，为了达到准确分析的目的，常常需要将多种分析手段结合起来。

本研究证明了对考古遗址出土未知矿物进行科学检测的必要性和重要性，有明确的考古学意义。墓葬中红色粉末的使用在我国自旧石器时代的遗址中就有发现，到夏商周三代更是贵族墓葬葬仪的常用之物，很可能形成了制度[8]。在大多数考古报告的描述中，多将铺设在棺椁底部的红色粉末称为朱砂，然而经过我们的检测，发现朱砂和赤铁矿都曾作为红色粉末在墓葬中使用。在同一遗址同一时期的墓葬中同时发现朱砂和赤铁矿的使用，这在国内还是首次。由于朱砂相较于赤铁矿颜色更为鲜艳，而且资源更稀缺，不易获得，所以朱砂很可能是人们更倾向于使用的矿物，因此朱砂的使用很有可能与墓主人的等级及其获取资源的能力有关。M5010的墓葬等级较高，而M6043的墓葬等级稍低。M5010使用了大量朱砂，M6043的红色粉末不仅用量少而且以赤铁矿为主，仅羼有很少量的朱砂。我们推测墓葬等级很可能是两个墓葬分别使用朱砂和赤铁矿的主要原因。希望以后可以对更多遗址的更多墓葬进行相关分析，从而检验这一假设。

执　笔：董　豫　朱　磊　王　强
李存信　方　辉

注　释

［1］　山西省考古研究所大河口墓地联合考古队：《山西翼城县大河口西周墓地》，《考古》2011年7期，9～18页。

［2］　朱磊、刘勇、李存信等：《山西翼城大河口M5010、M6043实验室考古简报》，《江汉考古》2019年2期，3～16页。

［3］　董豫、方辉：《先秦遗址出土朱砂的化学鉴定和产地判断方法评述》，《东南文化》2017年5期，89～95页。

［4］　方辉：《论史前及夏时期的朱砂葬——兼论帝尧与丹朱传说》，《文史哲》2015年2期，56～72页；王进玉、王进聪：《中国古代朱砂的应用之调查》，《文物保护与考古科学》1999年1期，40～45页；高志伟：《考古资料所见赭石、朱砂、铅丹及其应用》，《青海民族大学学报（社会科学版）》2011年1期，102～109页。

［5］　Mioc, U. B., Ph. Colomban, G. Sagon, M. Stojanović, and A. Rosić. Ochre Decor and Cinnabar Residues in Neolithic Pottery from Vinča, Serbia. *Journal of Raman Spectroscopy* 35, 2004, 10: 843–846；王旗、曾克武、周昕睿、杨晓达、杨秀伟、王夔：《朱砂的激光Raman光谱分析》，《中国中药杂志》2009年12期，1527～1529页。

［6］　Mioc, U. B., Ph. Colomban, G. Sagon, M. Stojanović, and A. Rosić. Ochre Decor and Cinnabar Residues in Neolithic Pottery from Vinča, Serbia. *Journal of Raman Spectroscopy* 35, 2004, 10: 843–846.

［7］　赵虹霞、干福熹：《拉曼光谱技术在中国古玉、古玉器鉴定和研究中的应用》，《光谱学与光谱分析》2009年11期，2989～2993页。

［8］　方辉：《论史前及夏时期的朱砂葬——兼论帝尧与丹朱传说》，《文史哲》2015年2期，56～72页。

淄博市临淄区永流墓地M401发掘报告

临淄区文物管理局

一、墓地概况

永流墓地位于临淄城区中东部，境内著名的淄河从墓地不远的南部和东部自南向北环绕流过，北距临淄周代齐国都城遗址约3千米（图一）。

墓地所在区域，地势平坦，现规划为城市居住和商业用地。墓地被东西向的临淄大道及南北向的天齐路分隔为3个区域，临淄区文物部门陆续对临淄大道以北2个区域内施工中发现的墓葬进行了抢救性发掘。

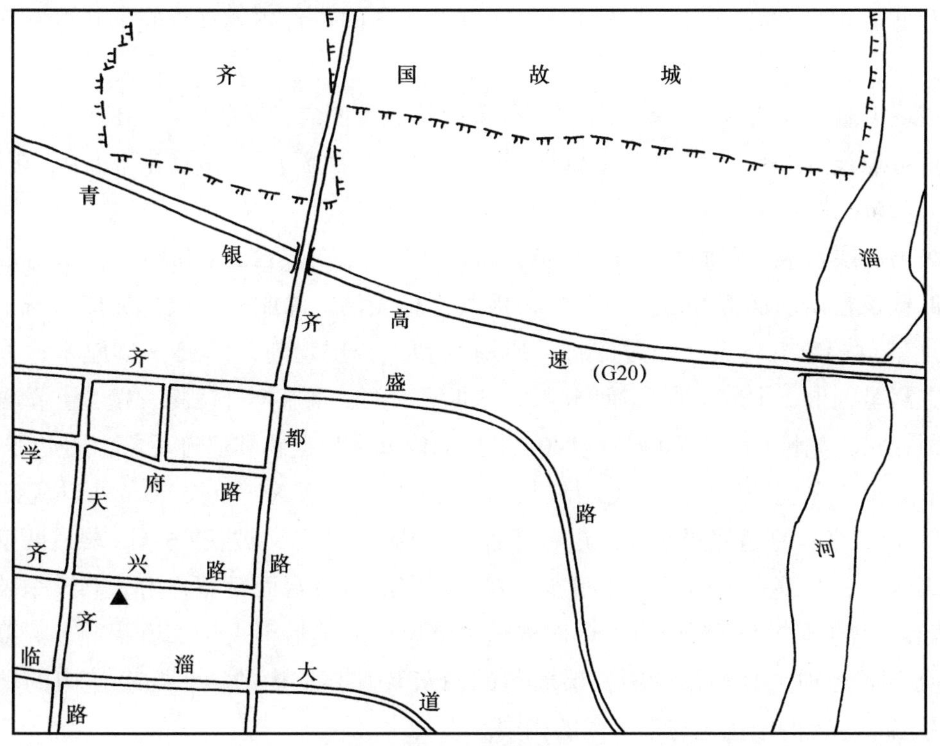

图一　墓地位置示意图

临淄大道以南墓地区域，现规划为泰东城商业主体项目，地块北宽南窄，呈长条“┓”形，总占地 84595 平方米。此前配合工程建设，在占地区域内已进行过两次发掘。第一次发掘是配合泰东城义乌小商品城建设项目，对在该占地范围南端发现的古墓葬于 2014 年 11 月 18 日～2015 年 1 月 10 日进行了抢救性发掘，其中 M3 属于战国时期“甲”字形土坑积石木椁墓[1]。第二次是 2015 年 6 月 17 日～11 月 5 日，对占地西北部泰东城住宅区建设项目占地内的墓葬进行了抢救性发掘，其中清理 4 座战国时期大型墓葬（墓葬编号为 M4～M7）[2]。

此次发掘位于永流墓地东北部，天齐路以东，齐兴路南侧，金鼎绿城四期住宅项目，在建设施工中发现一座大型墓葬。临淄区文物管理局于2018年7月对墓葬进行了抢救性发掘，墓葬编号为临淄永流墓地金鼎四期M401（LYJSM401，以下简称M401）。现将发掘情况简报如下。

二、墓葬形制

该墓为下挖基槽内发现的，墓道伸出槽外的部分未发掘。墓葬上部因挖掘已被破坏，形制结构不明，墓口的大小尺寸以此深度为准。清理平面，找出墓口，发现16座汉代墓葬分别打破M401，6个盗洞分别从墓葬的不同位置盗入墓室底部及椁室或器物坑内。

该墓由墓室、墓道、椁室、器物坑等部分组成（图二；图版四六，1）。

墓室呈长方形，口大于底，墓口南北长10.4、东西宽9米，墓底南北长9、东西宽8米，墓口至二层台深 4 米。墓坑四壁从墓口至二层台残存二级台阶，从墓口向下深0.32米处为第一层台级，台面宽0.28～0.36、高1.68米；第二层台面宽0.18～0.45、高2米。墓室四壁及台阶表面都经过加工修整，极其平整光洁，涂刷一层极薄的白灰膏。墓室内填土呈黄褐色五花土，经过夯打，质地坚硬，夯层均匀，厚15～18厘米；夯面平整，夯窝呈圆形，平底，直径7厘米。墓室北壁中部从墓底向外掏挖一壁龛，壁龛呈长条半圆管状，龛长2.12、高0.4、进深0.2米。龛内未发现遗物和遗迹现象，用途不明。

墓道位于墓室南壁中部，呈斜坡状，斜坡为21°。墓道上口长7.6、外口宽4.3、里端上口宽5.7米；墓道底里端与二层台相连，里端底口宽5、坡长8.6米。墓道两壁上也有二级台阶，与墓室内的对应并相连，靠近墓室的台阶台面较宽，由于墓道呈坡状，台阶随墓道的延长而逐渐变矮，台面也随之渐窄，并最后消失于墓道侧壁上。墓道两侧壁及台面经加工修整，涂刷一层极薄的白灰膏。墓道内的填土与墓室内的填土相连，夯层、夯窝的结构也与墓室内的相同。

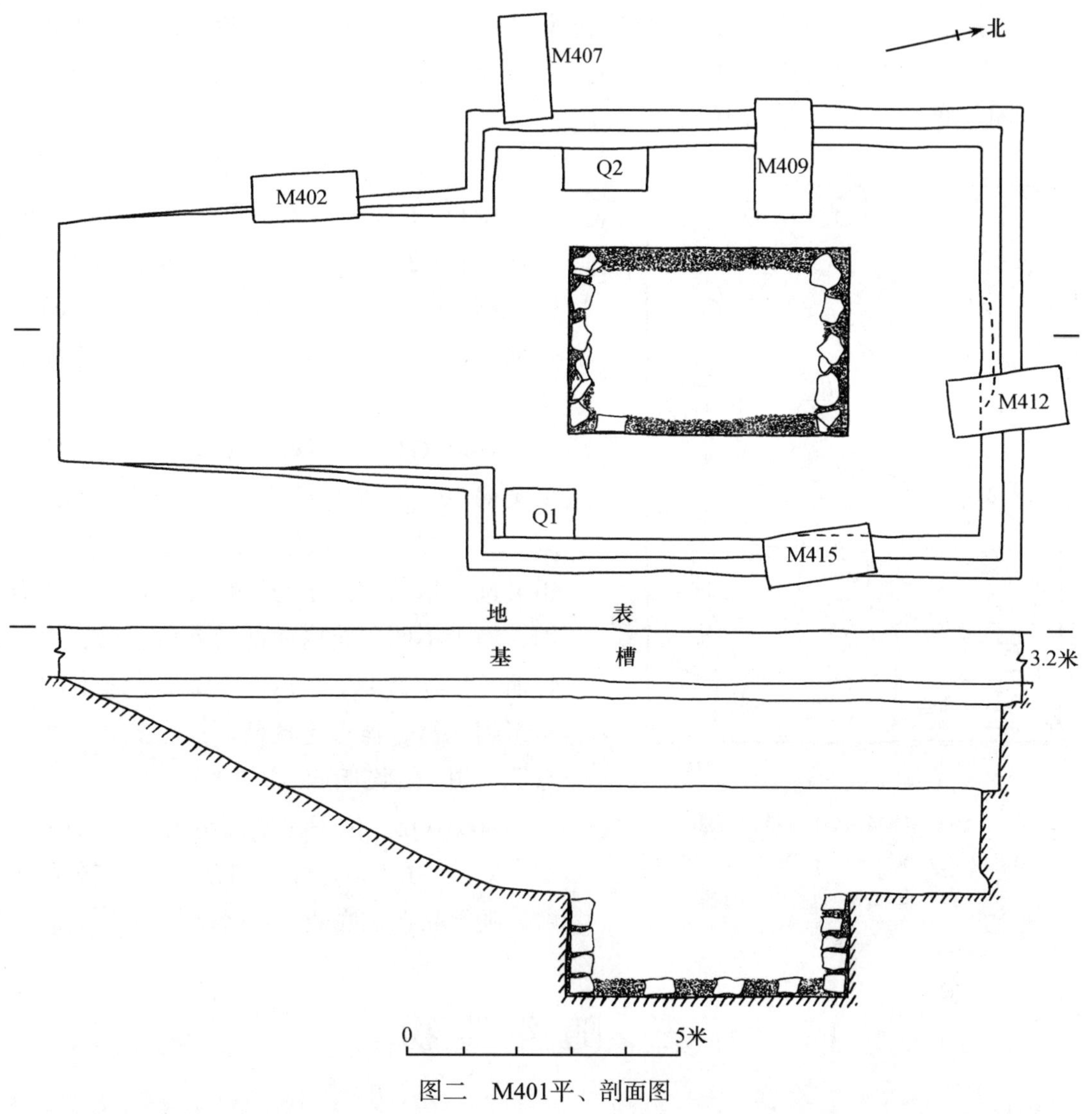

图二 M401平、剖面图

伸出槽外的墓道由于占地原因未发掘，为全面了解墓葬形制，经对槽壁进行刮剖，地表下0.7米即见墓道开口，距开口1.2米处发现墓道两侧壁各留有对称的一层台阶，台面宽0.3、高1.6米。墓道内的台阶也应与墓室内的台阶相连并对应，因此，墓室内也应有三层台阶，自地表1.9米为第一层台阶，三层台阶高分别为1.6、1.68、2米，地表至二层台深5.2米。

椁室（G）挖建于墓底中部偏南位置，呈长方形，南北长5.12、东西宽3.68、深2米。椁室生土圹内用未经加工的大石块构筑石椁，先在底部铺设一层厚0.4米的石块，然后用河卵石填缝找平，其上四周用单层石块垒砌四层，石椁高与二层台齐平，石块之间充填河卵石。由于椁室盗掘和焚烧破坏等原因，椁室内石椁上部垒砌的石块大部分已经坍塌，石椁里侧的填土和河卵石被火烧成红色及石灰粉状。椁室内的木质葬具被火焚烧，葬具数量和结构不明，墓主骨骼不存。随葬品在椁室东南角石椁的内侧发现2件残玉璧。

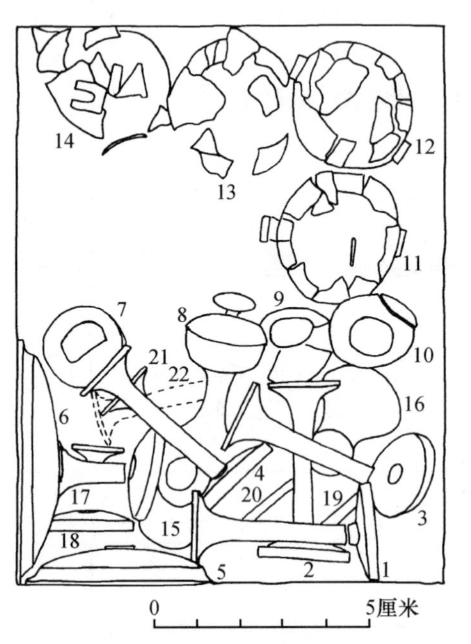

图三　M401Q1陶器分布图

1～4、17～22. 陶豆　5、6. 陶盘　7～10. 陶盖豆　11～14. 陶鼎　15、16. 陶壶

椁室四周有宽大的生土二层台，东侧台面宽1.96～2.04 、西侧台面宽1.84～1.88、南侧台面宽1.36～1.4、北侧台面宽2.64米，二层台高2米。在二层台椁室西南角和东南角发现2座器物坑（Q），坑呈南北向，平面呈长方形。

M401Q1　位于椁室东南角，坑内填土呈黄褐色，土质较为密实。坑长1.3、宽1、深1.2米。坑底及四壁发现木质灰痕，应是木箱痕迹，木箱的大小与坑相同，箱盖腐朽坍塌，箱高不明。箱内底部随葬鱼、鸡、狗的骨骼（图版四六，3）。动物骨骼之上放置一组陶礼器，器形包括鼎、豆、盖豆、壶、盘等（图三；图版四六，2）。

M401Q2　位于椁室西南角，坑长1.6、宽0.8、深0.7米。坑被盗扰，填土较为松散。随葬品在坑底残存1件骨帽形饰。

三、随葬器物

M401椁室和器物坑Q2盗掘极为严重，随葬器物所剩无几，器物坑Q1保存较好，出土了一批陶礼器，现介绍如下。

1. 陶礼器

陶礼器出土于M401Q1内。器形包括鼎、豆、盖豆、壶、盘等22件。陶器烧制火候较高，质地较硬。除鼎为夹砂红褐陶外，其余均为泥质灰陶。器表均涂一层灰白陶衣，出土后因风化有不同程度的脱落现象。

鼎　4件。其中2件鼎腹内各留有一块动物肩胛骨。形制相同，大小略异。弧形盖，顶近平，盖顶置三个矩尺状纽，盖与器身相扣合略呈扁圆形。器身为子母口内敛，口沿下两长方形附耳外侈，鼓腹下垂，圜底近平，三蹄形足。腹下部饰两周凹弦纹，腹底饰细绳纹。M401Q1：12，口径24、腹径24.8、通高22.5厘米（图四，1；图版四七，1）。

豆 10件。据豆柄高矮差异，可分二型。

A型 8件。形制及大小相同。圆唇，敞口，浅盘，盘内斜壁，盘外斜壁略内凹，腹底间明显转折出棱，底近平较厚，实心粗高柄，小喇叭形圈足。盘内饰数周压印的细密弦纹，柄部二组、圈足一组各三周凹弦纹。M401Q1：1，口径21.5、足径15.7、高38.5厘米（图四，2；图版四七，2）。

B型 2件。形制及大小相同。尖圆唇，敞口，深盘，盘内外斜壁，外壁略内凹，圜底近平，盘底较薄，盘内外壁转折较为明显，空心粗矮柄，大喇叭形圈足。

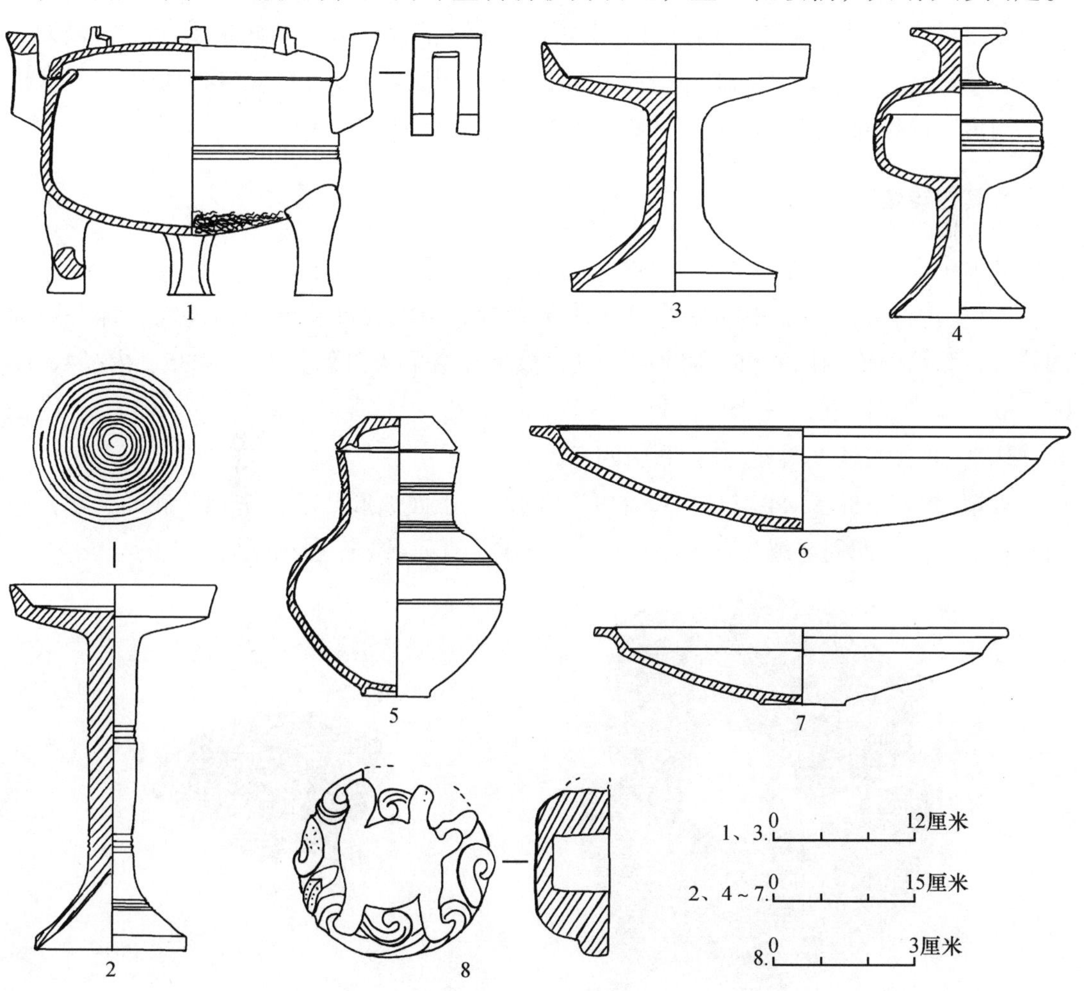

图四 M401出土器物

1. 陶鼎（M401Q1：12） 2. A型陶豆（M401Q1：1） 3. B型陶豆（M401Q1：17） 4. 陶盖豆（M401Q1：7） 5. 陶壶（M401Q1：15） 6、7. 陶盘（M401Q1：6、M401Q1：5） 8. 骨帽形饰（M401Q2：1）

M401Q1：17，口径22.6、足径17.8、高20.8厘米（图四，3；图版四七，3）。

盖豆　4件。形制及大小相同。弧形盖，上有喇叭形捉手，顶内凹，盖与器身相扣合呈椭圆形。豆盘为子母口，口内敛，扁鼓腹，圜底近平，空心粗短柄，喇叭形圈足。盖面、豆腹各一组三周凹弦纹。M401Q1：7，口径17.6、足径14.6、通高30.4厘米（图四，4；图版四七，4）。

壶　2件。形制及大小相同。覆斗形平顶盖，下有子口。壶身为平沿，方唇，侈口，高领，溜肩，鼓腹，下腹内收，圜底，矮圈足。颈部二组、肩部一组各三周凹弦纹，腹部饰一周凹弦纹，肩部二组弦纹间饰压印的三角内短斜线纹和卷云纹。M401Q1：15，口径12.8、圈足径7.4、通高29.5厘米（图四，5；图版四七，5）。

盘　2件。平沿，敞口，内外壁弧形折腹，圜底，矮圈足。M401Q1：6，盘较大，方唇。口径57、足径9.3、高11厘米（图四，6；图版四八，1）。M401Q1：5，盘较小，圆唇。口径44、足径9、高8厘米（图四，7；图版四八，2）。

2. 其他器物

极少，椁室内有2件残玉璧，器物坑Q2内有1件骨帽形饰。

玉璧　2件。均残。中间略厚，渐薄至外缘。两面纹饰相同。内外缘各饰一周细凹弦纹，弦纹间饰四周涡纹。M401G：1，被火焚烧呈灰白色。外径14.35、内径4、厚0.7～0.15厘米（图五，1；图版四八，3）。M401G：2，青玉质。复原外径13.2、内径4、厚0.7～0.15厘米（图五，2；图版四八，4）。

骨帽形饰　1件。M401Q2：1，白色。圆形，正面弧形凸起，平顶，底面平整，中间有方形半榫。四周浮雕相互缠绕的S形卷云纹。直径4厘米（图四，8）。

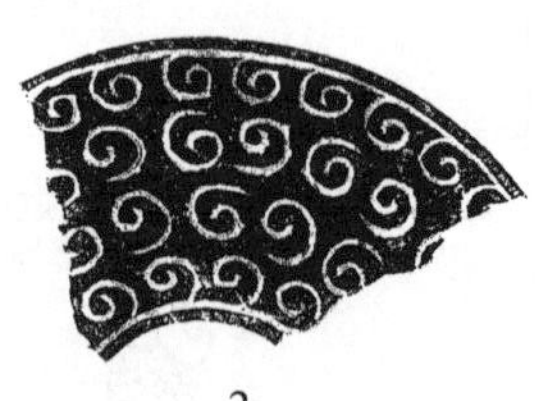

图五　M401G出土玉璧

1. M401G：1　2. M401G：2

四、结　　语

该墓曾多次被盗掘，墓中没有发现相关纪年材料，只能依据墓葬形制与结构、陶礼器的特征，对墓葬的年代及墓主的身份作大致推测。

M401有一条南向墓道，平面呈“甲”字形，为土坑积石木椁墓，墓坑内有多层台阶，墓底有宽大的生土二层台，椁室位于二层台中部偏南，椁室内石椁用巨石垒砌，空隙间用河卵石填充，在墓底二层台设置器物坑，这些都是战国晚期齐国贵族墓葬的形制特征。

此墓出土的陶壶、盖豆、A型豆、B型豆分别与临淄城区一号墓出土的陶壶、盖豆、A型豆、B型豆[3]形制基本相同。而此墓出土的陶壶，又与临淄单家庄LSM2出土的C型Ⅲ式壶[4]较为接近。临淄城区一号墓和单家庄LSM2均属战国晚期晚段，因此，M401的时代也应属于战国晚期晚段。

M401椁室盗掘极为严重，葬具被火焚烧，棺椁的数量不明，难以从葬具数量上来推测墓主的身份。但M401有一条南向墓道，形制极为规整，规模较大，椁室内用巨石垒砌石椁，出土2件高规格的玉璧，充分说明墓主有较高的社会地位。M401Q1内随葬的陶礼器中有4件陶盖鼎。又据文献记载用鼎制度《公羊·桓公二年传》何休注：“礼祭，天子九鼎，诸侯七，卿大夫五，元士三也。”据此可推测墓主人应属齐国贵族中下大夫或上士阶层。

此墓经过加工修整，四壁及台阶表面涂刷一层白灰，墓圹相当规整。从M401Q1残存的一层动物骨骼看，坑底箱内随葬两只狗、数只鸡和数条鱼，其上放置一组陶礼器，这种随葬习俗在所发掘的齐国贵族墓中尚属首次发现。该墓的发掘，为研究齐国的墓葬制度提供了新的珍贵资料。

附记：参加发掘和器物修复人员有陈魁、王光军、王相田、许建军、薛连江、常继文、刘敬伟、王会田等。

绘　图：王　涛　王相田
摄　影：陈　魁　王会田
执　笔：杨淑香　王国坤　王会田

注　释

［1］临淄区文物管理局等：《淄博市临淄区永流战国墓的发掘》，《海岱考古》（第九辑），科学出版社，2016年。

［2］临淄区文物管理局：《淄博市临淄区永流墓地M4～M7发掘简报》《海岱考古》（第十一辑），科学出版社，2018年。

［3］淄博市临淄区文物局：《山东淄博市临淄城区一号战国墓的发掘》，《考古》2008年11期。

［4］山东省文物考古研究所：《临淄齐墓》（第1集），文物出版社，2007年。

烟台莱山区南沙子、三十里堡和轸格庄汉墓发掘简报

烟　台　市　博　物　馆
烟台市莱山区文化新闻出版局

烟台莱山区位于山东半岛东部、黄海之滨，北纬37°18′～37°32′，东经121°20′～121°34′。北、西与芝罘区毗连，东与高新区相邻，南靠牟平区。为了配合工程建设，烟台市博物馆组成考古队先后对南沙子、三十里堡和轸格庄墓地进行了考古发掘（图一），共清理汉代砖室墓14座。现将发掘情况简报如下。

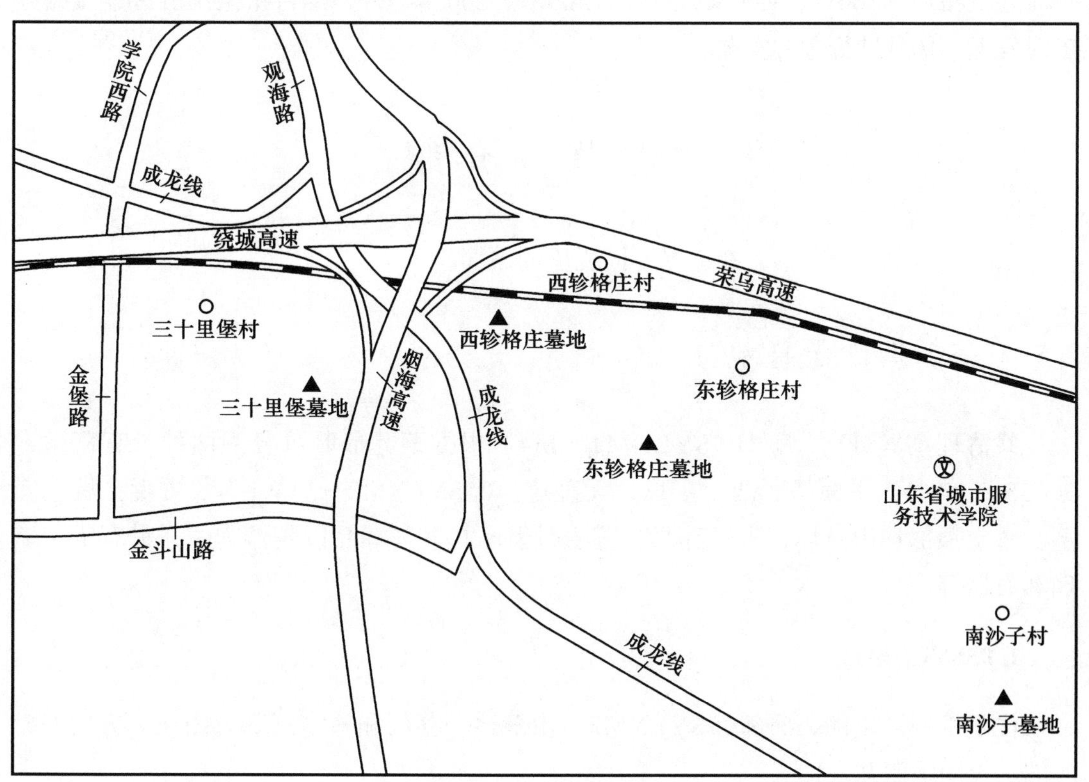

图一　墓地位置示意图

一、墓地概况

南沙子墓地位于莱山区解家庄镇南沙子村南约200米的一处丘陵地上，面积约2万平方米。墓地分布范围较广，东南为庙山，东、西两侧均为现代厂房，北临莱山经济开发区内东西向柏油路，南临烟台五区连接路。2005年9月，莱山经济开发区南沙子工地施工时发现并进行了考古发掘。

三十里堡墓地位于莱山区滨海办事处三十里堡村东、光大路南侧的高台地上，面积约2万平方米。墓地范围北起光大路，东至五区连接路以西250米，南至光大路以南50米，东南至自然沟。2010年8月，为配合烟台至海阳高速路工程建设，对沿线文物调查时发现，11月进行考古发掘。

轸格庄墓地分为东轸格庄墓地和西轸格庄墓地。东轸格庄墓地位于莱山区滨海办事处东轸格庄村西南约1千米处的台地上，东临302国道，北临光大路。2010年8月，在对烟台至海阳高速路沿线文物调查时发现，11月进行考古发掘。西轸格庄墓地位于莱山区滨海办事处西轸格庄村西南约1千米的丘陵台地上，北邻芝罘至牟平柏油公路，东距海霸机械厂约500米，西距观海路约1500米。2005年9月，烟台市莱山五区连接路施工时发现，10月进行考古发掘。

二、墓葬介绍

墓葬均为单室砖室墓，都遭受不同程度的破坏。

（一）南沙子墓地

共清理墓葬4座，编号05SYLNM1～M4。根据墓葬形制可分为两种：有墓道，如05SYLNM1，平面呈“凸”字形；无墓道，05SYLNM2～M4，为长方形土坑竖穴墓。墓室顶部均遭破坏，未见葬具，墓主骨骼已朽。随葬品以陶器为主，另有铜、琉璃和石器等。

1. 05SYLNM1

位于发掘区东侧，西邻05SYLNM3。由墓道、墓门和墓室三部分组成。方向285°（图二；图版四九，1）。

墓道位于墓室西侧，直接凿在生土上，平面呈箕形，两壁制作规范，自西向东呈

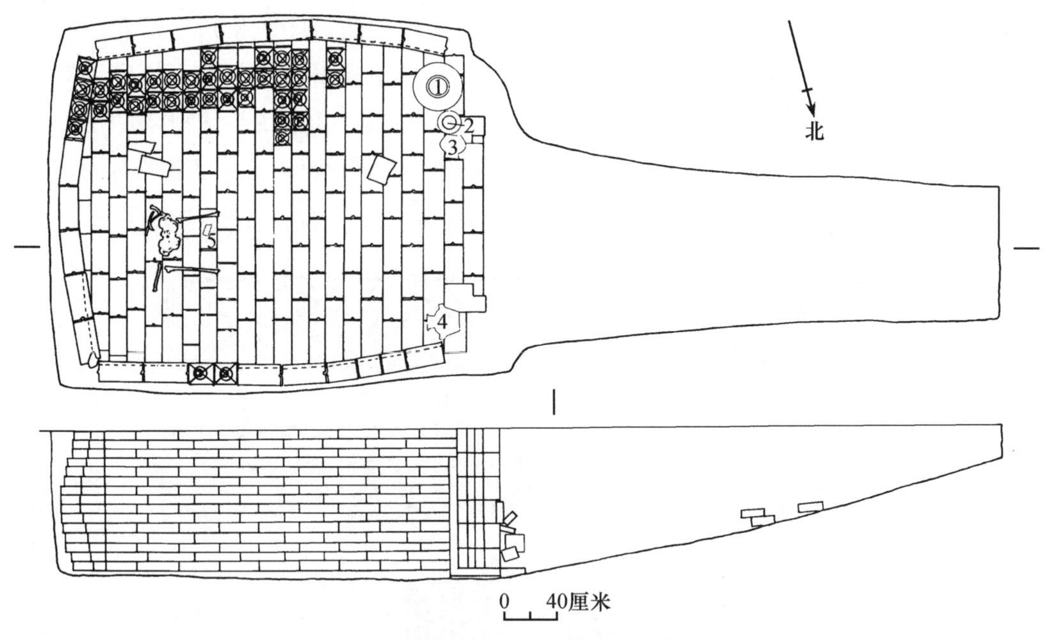

图二 南沙子05SYLNM1平、剖面图

1. 白陶罐 2、3. 陶平底罐 4. 陶贯耳罐 5. 砺石

斜坡状。长3.78米，东端宽1.7、距地表深1.14米，西端宽1、距地表深0.26米。在墓道底部中偏东处发现2排较有规律的残砖，可能是向墓内运棺时用来垫棺的。

墓门，宽1.06、进深0.3、高1.06米。设在墓室西壁中部略偏北。券顶，其上现存南北向两块较完整的墓砖，应是门楣。顶部向墓室内倾斜。门垛，左右各6块曲尺形砖。墓门外侧用砖封门，已塌。根据墓砖倒塌位置分析，当采用单砖侧立方式砌筑。

墓室，保存基本完整。墓圹东西长3.4、南北宽2.86、残深1.14米。砖室长3.2、宽2.8、残深1米。先平铺一层砖作底，再用砖砌筑墓室四壁。东、南、北三壁残存16层砖，自下而上，第1～7层逐渐外倾，第8、9层逐渐内收，形成券顶。除西壁较直外，其余三壁均略呈弧形，单砖错缝循环砌筑。墓室四壁相交处折角明显，采用对头齐缝方式砌筑。用砖长侧面纹饰朝向墓室。墓室顶部后期遭到破坏，塌陷墓室内。根据砖的分布情况分析应为券顶。墓底较平整，单砖南北向横列平铺方式砌筑。填土为灰褐色，上部坚硬，底部较疏松，夹杂黄褐土。在墓室西侧、靠近墓门附近的填土中夹杂较多墓砖，应是墓顶塌陷所致。骨骼已朽，仅在墓室东偏北处清理部分下肢骨、盆骨和肋骨。

墓葬用砖可分为以下三种：一是墓门门垛用砖，平面略呈“曲尺形”。砖长29、宽20、高18厘米。朝向墓室一侧为龟纹（图三，1），刻画栩栩如生，另一侧为一组重三角形与网格纹饰（图版五一，1）。二是墓室墓壁和墓底用砖，长方形，带子母口。

根据长侧面与正面的纹饰不同，可分两类：一类是长侧面模印菱格形纹的花纹砖。砖长30、宽14、厚7厘米（图三，2）；另一类是正面模印穿璧纹、长侧面模印重菱形纹的花纹砖。砖长30.5、宽14、厚7厘米（图三，3）。三是券顶用砖，楔形砖长27.5、宽15、前端厚9、后端厚7厘米。正面为素面，背面饰龙拉车纹饰，侧面窄端有一组文字“司马□□”（图三，4；图版五一，2）。

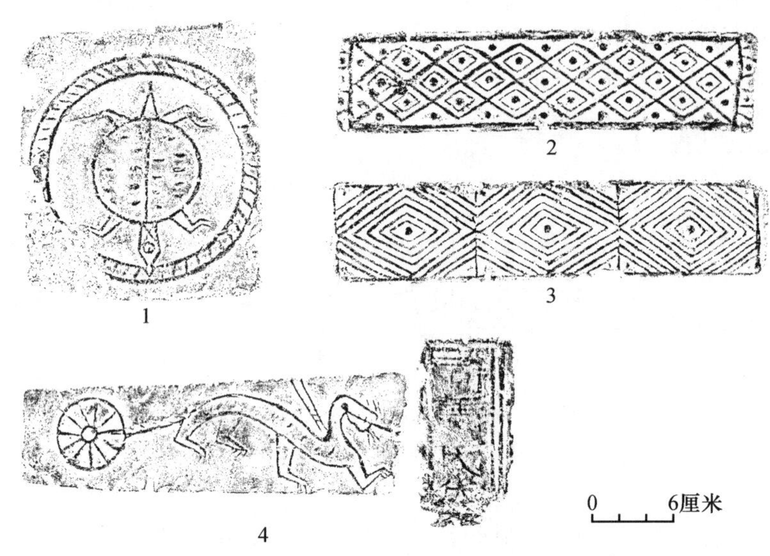

图三　南沙子05SYLNM1墓砖

1. 龟纹砖　2. 菱格形纹砖　3. 重菱格纹砖　4. 龙拉车纹砖

随葬品置于墓室内，陶罐4件，在墓室西部、墓门两侧，其中南侧3件，北侧1件。墓主腰部随葬砺石1件。在墓室底部南侧、西北侧及人骨架处发现多枚五铢钱，已朽，无法提取。此外，填土中发现一件琉璃耳珰。

陶罐　4件。05SYLNM1∶1，夹砂白陶。圆唇，平折沿，敞口，长颈，溜肩，圆鼓腹，小平底略内凹。颈部有瓦楞纹，腹部饰波浪纹和弦纹。口径17、腹径36、底径14、高31.2厘米（图四，1；图版五〇，1）。05SYLNM1∶2，泥质灰陶。圆唇，盘口，长颈，斜肩，鼓腹，腹下部内收，大平底略内凹。腹下部饰二周绳纹。口径11.6、腹径18.2、底径11.4、高19.8厘米（图四，2；图版五〇，2）。05SYLNM1∶3，泥质灰陶。圆唇，折沿，敞口，长颈，斜肩，鼓腹，大平底略内凹。腹下部饰三周绳纹。口径12、腹径19.4、底径11.2、高17.8厘米（图四，3；图版五〇，3）。05SYLNM1∶4，泥质灰陶。圆唇，折沿，盘口，长颈，颈部外鼓，溜肩，鼓腹，腹下部内收，平底略内凹。肩部有一对贯耳。腹部有三圈绳纹及瓦楞纹。口径13.4、腹径26.2、底径14.2、高24厘米（图四，4；图版五〇，4）。

砺石　1件。05SYLNM1∶5，略呈长方形，断面扁平状。正背两面皆有使用痕

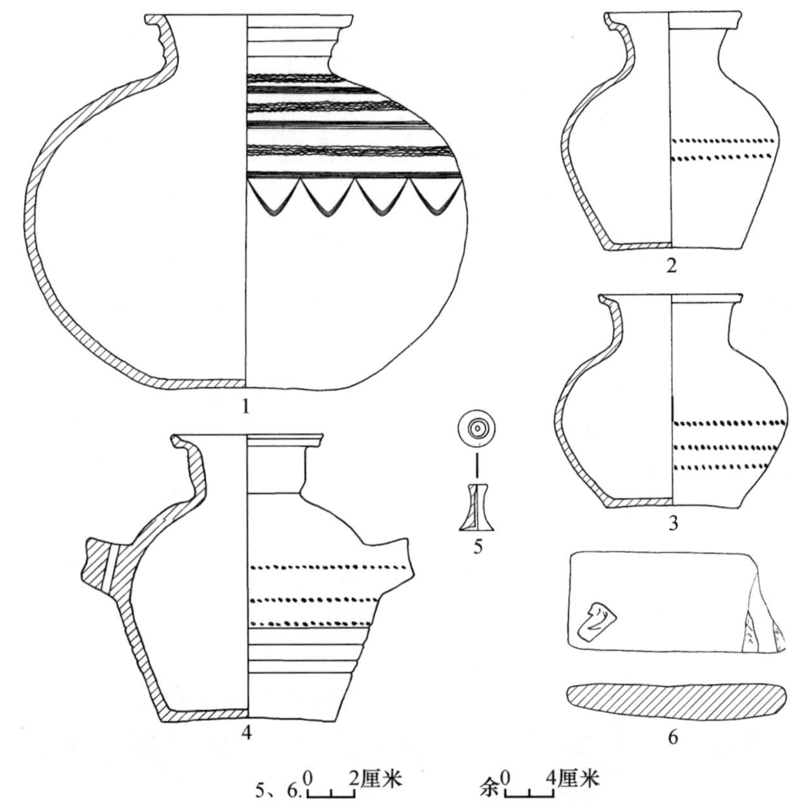

图四 南沙子05SYLNM1出土器物

1. 白陶罐（05SYLNM1：1） 2、3. 陶平底罐（05SYLNM1：2、05SYLNM1：3） 4. 陶贯耳罐（05SYLNM1：4） 5. 琉璃耳珰（05SYLNM1：6） 6. 砺石（05SYLNM1：5）

迹。长9.1、宽4.1、厚0.8～1.5厘米（图四，6；图版五一，3）。

琉璃耳珰 1件。05SYLNM1：6，浅蓝色，表面部分水沁。亚腰圆柱形，中有圆形穿孔。高2、顶径0.9、腰径0.5、底径1.4、中心孔径0.1～0.15厘米（图四，5；图版五一，4）。

2. 05SYLNM2

位于发掘区南侧，东北与05SYLNM3相邻。方向288°（图五；图版四九，2）。

墓门，宽0.88、残深0.56米。设在墓室西壁。墓门外侧有封门砖，单砖长端侧立。

墓室，土圹东西长3.1、南北宽1.26、残深0.6米。砖室长2.94、宽1.2、残深0.52米。先平铺一层砖作底，再用砖砌筑墓室四壁。东、南和北三壁残存6层砖，单砖错缝循环平砌，用砖长侧面纹饰朝向墓室。墓底平整，单砖东西向横列平铺。填土为灰褐色五花土。

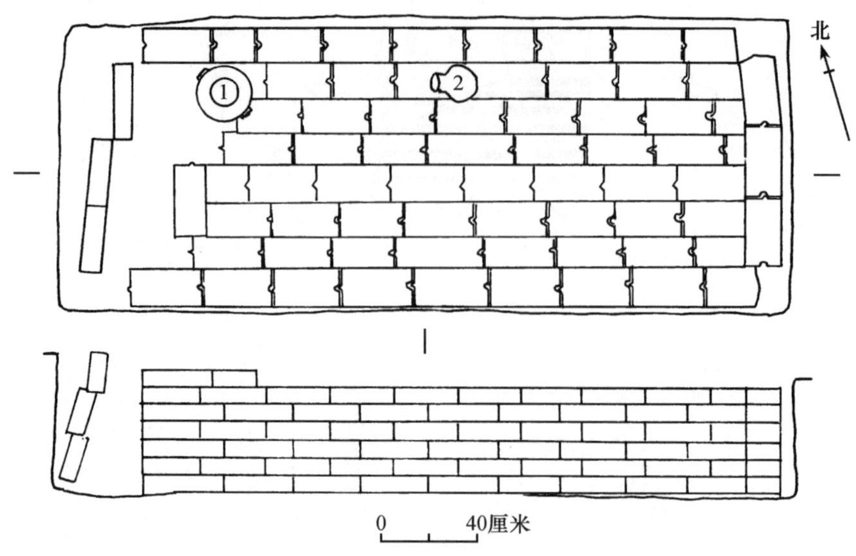

图五　南沙子05SYLNM2平、剖面图
1、2. 陶罐

墓葬用砖为长方形，子母口。长侧面模印双排菱形纹中间乳钉纹，顶端有“大吉日”三字，“大吉日”分单排和双排两种。砖长30.6、宽14、厚7.7厘米（图六，1、2）。

随葬品位于墓室北侧，陶罐2件，东西排列。墓底有2枚五铢钱。

陶罐　2件。05SYLNM2∶1，泥质灰陶。圆唇，折沿，盘口，长颈，斜肩，鼓腹，平底略内凹。肩部有一对贯耳，腹下部饰三周绳纹及瓦楞纹。口径12.8、腹径33.2、底径15.6、高24厘米（图六，5；图版五二，1）。05SYLNM2∶2，泥质灰陶。圆唇，盘口，方沿，敞口，长颈，斜肩，鼓腹，腹下部内收，大平底略内凹。腹下部饰瓦楞纹。口径11.2、腹径20、底径13.6、高20厘米（图六，6；图版五二，2）。

铜钱　2枚。05SYLNM2∶3，05SYLNM2∶4，均为五铢钱。字体瘦长，“五”字中间两笔略弯曲、末端近平行，“铢”字的“金”字头呈三角形，“朱”字头方折。直径2.5、穿径1厘米（图六，3、4）。

3. 05SYLNM3

位于发掘区中部，东与05SYLNM1相邻。方向110°（图七；图版四九，3）。

墓室，土圹东西长2.5、南北宽1.18、残深0.42米。砖室长2.38、宽1.06、残深0.4米。保存较好，先平铺一层砖作底，再用砖砌筑四壁。壁较直，残存5层砖，单砖错缝循环平砌，用砖长侧面纹饰朝向墓室。墓底平整，单砖先南北纵列铺砌两行，再东西向横列平铺一行。填土为灰褐色五花土。骨骼已朽，仅发现一枚臼齿，头向东。

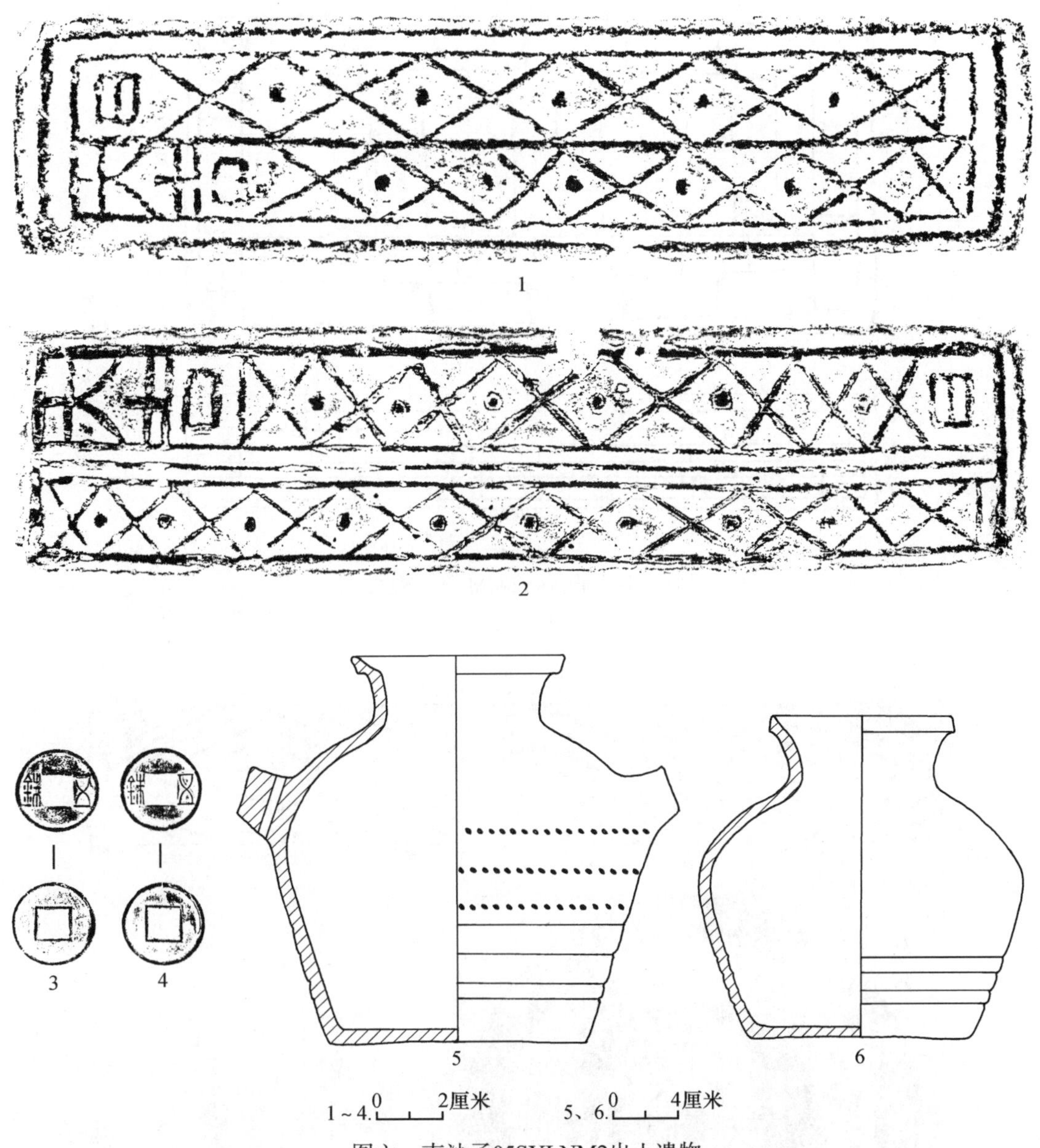

图六　南沙子05SYLNM2出土遗物

1、2. 墓砖　3、4. 五铢钱（05SYLNM2：3、05SYLNM2：4）　5. 陶贯耳罐（05SYLNM2：1）　6. 陶平底罐（05SYLNM2：2）

墓葬用砖为长方形，子母口。长侧面模印重菱格纹。砖长33.5、宽16.5、厚6.3厘米（图八，1）。

随葬品共4件，位于墓室内东偏南处，铜镜1件，琉璃耳珰2件，串珠饰1个。

铜镜　1件。05SYLNM3：1，较完整。八连弧云雷纹镜，圆纽，四叶纹纽座，外一周凸弦纹和一周内向八连弧纹。两周短斜线间为八组云雷纹，云雷纹由圆涡纹和凸

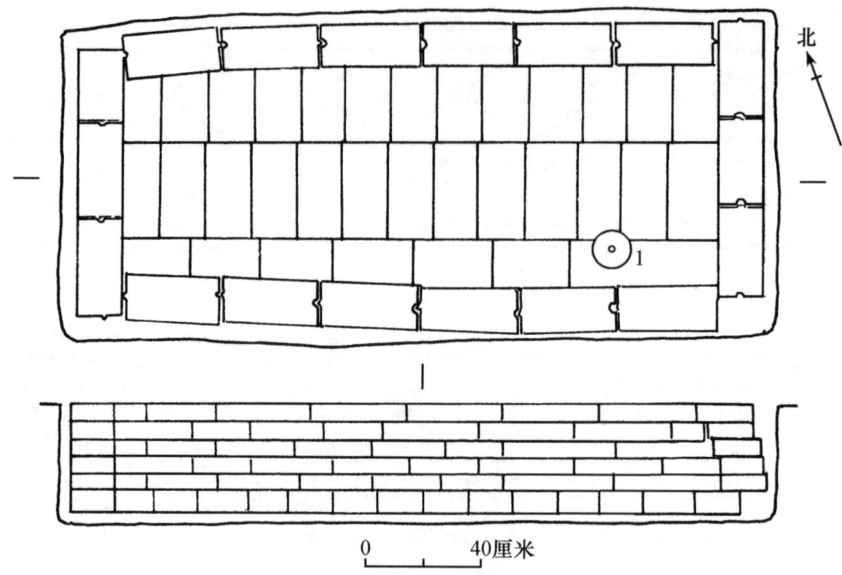

图七　南沙子05SYLNM3平、剖面图
1. 铜镜

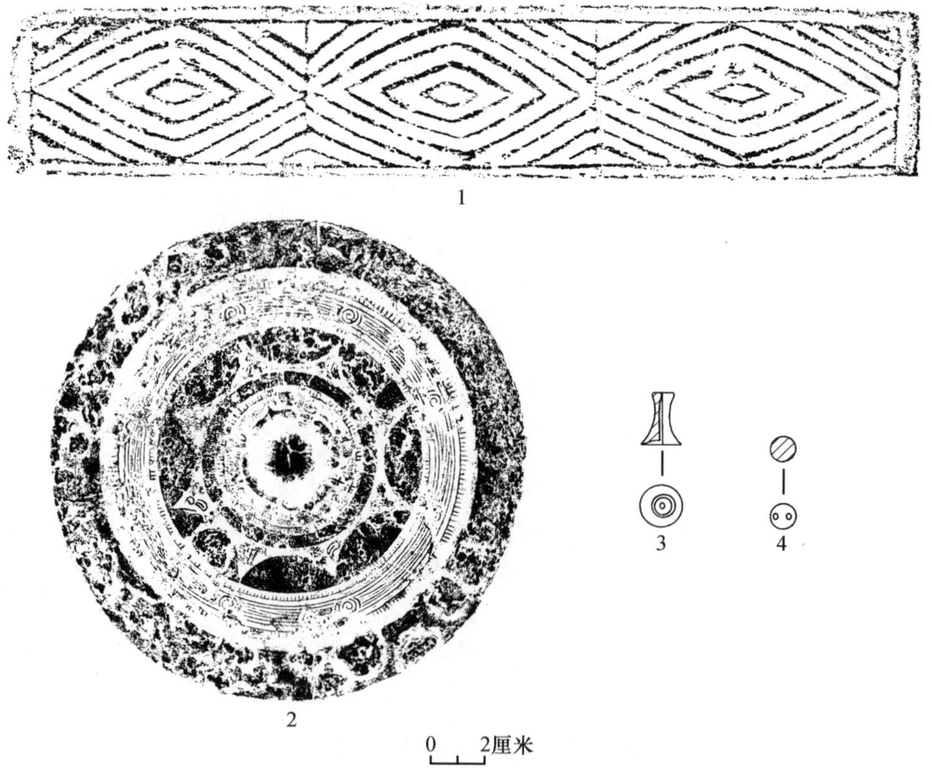

图八　南沙子05SYLNM3出土遗物
1. 墓砖　2. 铜镜（05SYLNM3：1）　3. 琉璃耳珰（05SYLNM3：2）　4. 串珠（05SYLNM3：4）

弦纹组成。素平宽缘。镜面微凸，呈弧形。直径17.8、镜身厚0.3、边厚0.5、纽径2、纽高1厘米（图八，2；图版五二，3）。

琉璃耳珰　2件。形制相同。亚腰圆柱形，中有圆形穿孔。蓝色。05SYLNM3：2，高2、顶径0.8、腰径0.5、底径1.5、中心孔径0.2厘米（图八，3）；05SYLNM3：3，高2、顶径0.7、腰径0.5、底径1.5、中心孔径0.1～0.15厘米（图版五一，5）。

串珠　1件。05SYLNM3：4，球形，中间有圆孔。直径0.9、孔径0.07厘米（图八，4；图版五一，6）。

4. 05SYLNM4

位于发掘区北侧，东南与05SYLNM3相邻。方向74°（图九；图版四九，4）。

墓室，土圹东西长3.46、南北宽1.33、残深0.58米。砖室长3.34、宽1.24、残深0.48米。先砖砌墓室的东、北和南三壁，再平铺一层砖作底，墓底西端有一土坎，以西未铺砌墓底砖。东、西壁残存7层砖，北壁残存4～6层砖，南壁残存2～3层砖。由于后期破坏，东、西两壁均向墓室内倾斜，采用单砖错缝循环平砌的做法。墓底较平整，紧贴墓室东、北和南三壁砌筑墓底，单砖纵横相间平铺。填土为灰褐色五花土。

墓葬用砖为长方形，纹饰有三种。墓壁用砖长侧面纹饰朝向墓室，分两种：一种为双排菱格形纹，砖长30.5、宽16、厚5.6厘米（图一〇，1）；一种为重目纹，砖长28、宽16、厚6.5厘米（图一〇，2）。墓底为正面带穿璧纹的花纹砖，砖长31.5、宽16、厚6.5厘米（图一〇，3）；

随葬品放置在墓室西侧，陶罐1件，五铢钱数枚，已朽，无法提取。

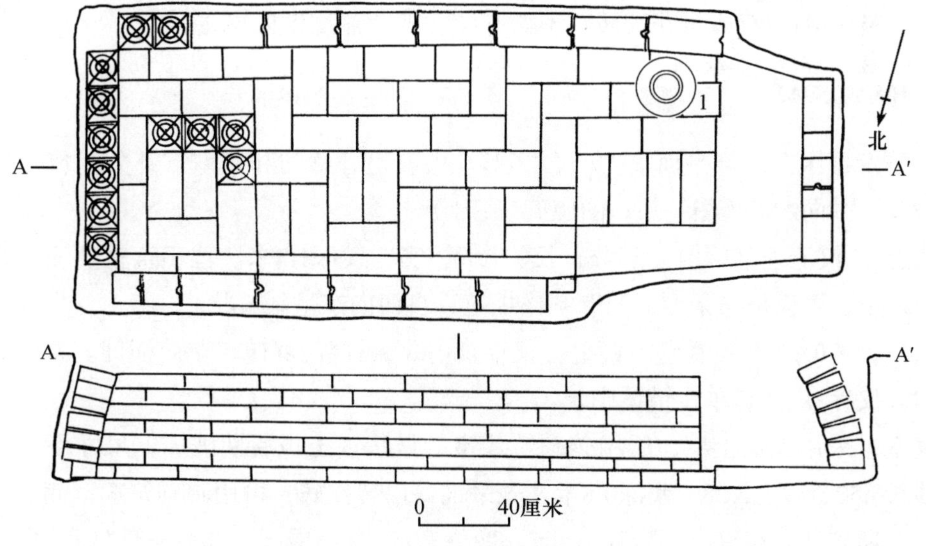

图九　南沙子05SYLNM4平、剖面图

1. 陶罐

陶罐　1件。05SYLNM4：1，泥质灰陶。折沿，盘口，鼓腹，平底略内凹。腹部饰两圈绳纹及瓦楞纹。口径15、腹径28、底径19.2、高26.6厘米（图一〇，4；图版五二，4）。

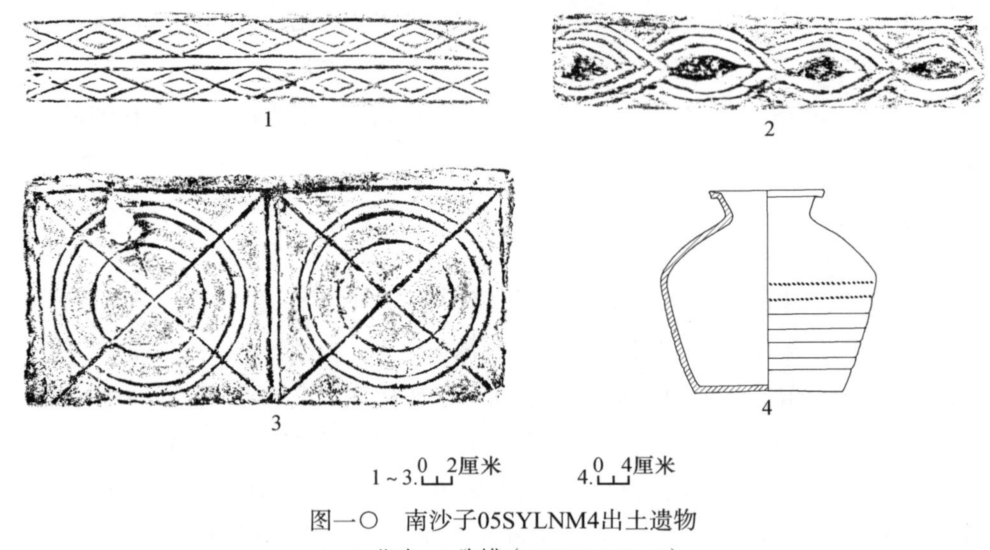

图一〇　南沙子05SYLNM4出土遗物
1～3. 墓砖　4. 陶罐（05SYLNM4：1）

（二）三十里堡墓地

本次发掘共清理墓葬4座，编号10SYLSM1～M4。墓葬形制分两种，一种平面略呈“凸”字形，一种为长方形土坑竖穴墓。均遭受不同程度的破坏，未见葬具，墓主骨骼已朽。其中M1仅存少量花纹砖，不做介绍。随葬器物仅见铜钱。

1. 10SYLSM2

位于发掘区东北。平面呈“凸”字形。由墓道、墓门和墓室三部分组成。顶部已基本破坏。方向278°（图一一；图版五三，1）。

墓道，仅清理墓门前一部分，长0.5、宽0.6、残深1.3米。位于墓室西侧，直接凿在生土之上，平面呈长条形，两壁制作规范，自西向东呈斜坡状。

墓门，宽0.6米。设在墓室西壁，仅存墓门北侧1层门垛砖，单砖横铺。墓门外侧用砖封门，仅存1层砖，单砖错缝砌筑。

墓室，采用先挖土圹，后用砖砌筑墓室的做法。土圹后期破坏，尺寸不清。砖室东西残长3.52、残宽2.28、残深0.8米。先平铺一层砖作底，再用砖砌筑墓室四壁。四壁较直，后期破坏，东壁南部残存3层砖，南壁东部残存5层砖，北壁东部残存9层砖。单砖错缝循环平砌，用砖长侧面纹饰朝向墓室。墓室东壁与南壁相交处折角明显，采用

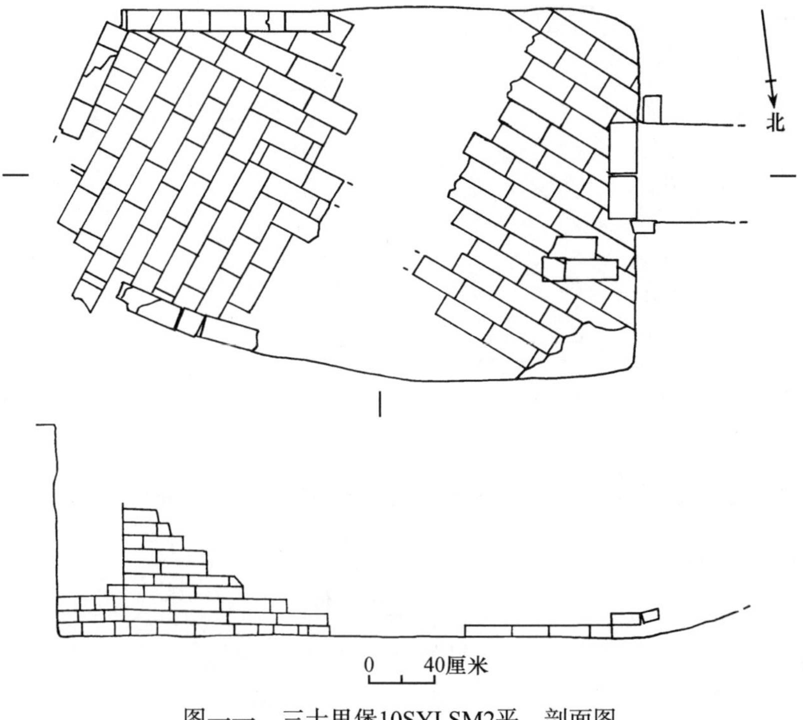

图一一 三十里堡10SYLSM2平、剖面图

对头齐缝方式砌筑的做法。墓底较平整，单砖斜列平铺，平面呈“人”字形。填土为灰褐色五花土，内含红褐色生土颗粒。

墓葬用砖为长方形，长侧面模印重菱形纹。砖长30、宽14、厚6.5厘米（图一四，1）。

随葬品仅见五铢钱，已朽，无法提取。

2. 10SYLSM3

位于发掘区北部，东临M2。平面呈“凸”字形。由墓道、墓门和墓室三部分组成。顶部已基本破坏。方向279°（图一二；图版五三，2）。

墓道，长2.26、宽0.82、深0～1.04米。位于墓室西侧，直接凿在生土之上。平面呈长条形，两壁制作规范，自西向东呈斜坡状。墓道尾端墓门外侧南北两壁用砖砌筑，南侧单砖纵向砌筑4行，北侧单砖横向砌筑2行。

墓门，宽0.72、进深0.28米。设在墓室西壁，保留较完整，有门垛，内侧单砖纵横砌筑，外侧采用二顺一丁的砌筑做法。墓门外侧用砖封门，单砖错缝平铺，中间用残砖堵塞。封门砖外弧。

墓室，采用先挖土圹，后用砖砌筑墓室的做法，砖壁与土圹之间用土填实。土圹

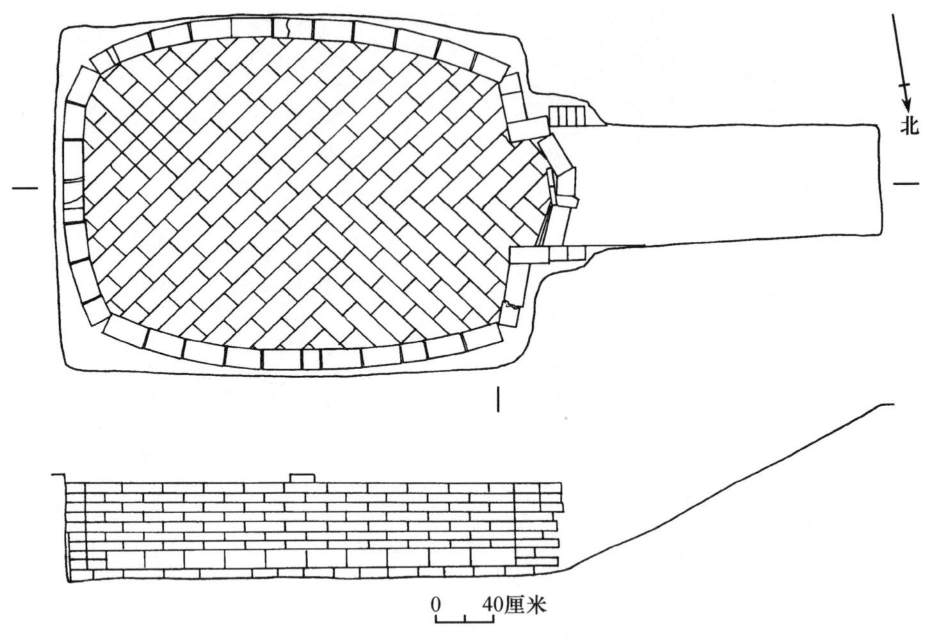

图一二　三十里堡10SYLSM3平、剖面图

东西长3.3、南北宽2.48、残深0.74米。砖室长3.06、最宽处2.43、残深0.72米。先平铺一层砖作底，再用砖砌筑墓室四壁。平面略呈弧边长方形，四壁保存基本完整，东壁残存10层砖，西壁残存9层砖，东、西两壁采用单砖错缝平铺方式砌筑。南壁残存9层砖，北壁残存10层砖，南、北两壁自墓底向上先采用单砖长端侧立砌筑一周，外侧填土，再用单砖错缝循环平砌，用砖长侧面纹饰朝向墓室。四壁相交处折角明显，采用对头齐缝方式砌筑。墓底较平整，稍向西斜，单砖斜列平铺，平面呈“人”字形。填土为灰褐色五花土，含生土颗粒，夹杂残砖。

墓葬用砖为长方形，长侧面纹饰中间为重菱形纹，两侧为重三角形与圆形钱币纹组合，长27.5、宽 13、厚 6.2厘米（图一四，2）。

随葬品仅见五铢钱，已朽，无法提取。

3. 10SYLSM4

位于发掘区西北。长方形土坑竖穴墓。后期破坏严重。方向277°（图一三）。

墓室，采用先挖土圹，后用砖砌筑墓室的做法。土圹破坏严重，尺寸不清。砖室残长2.2、残宽0.46、残深0.3米。先平铺一层砖作底，再用砖砌筑墓室四壁。仅存墓室南半部，南壁残存4层砖。墓壁较直，采用单砖错缝循环平砌的做法，用砖长侧面纹饰朝向墓室。墓底平整，单砖横列平铺。

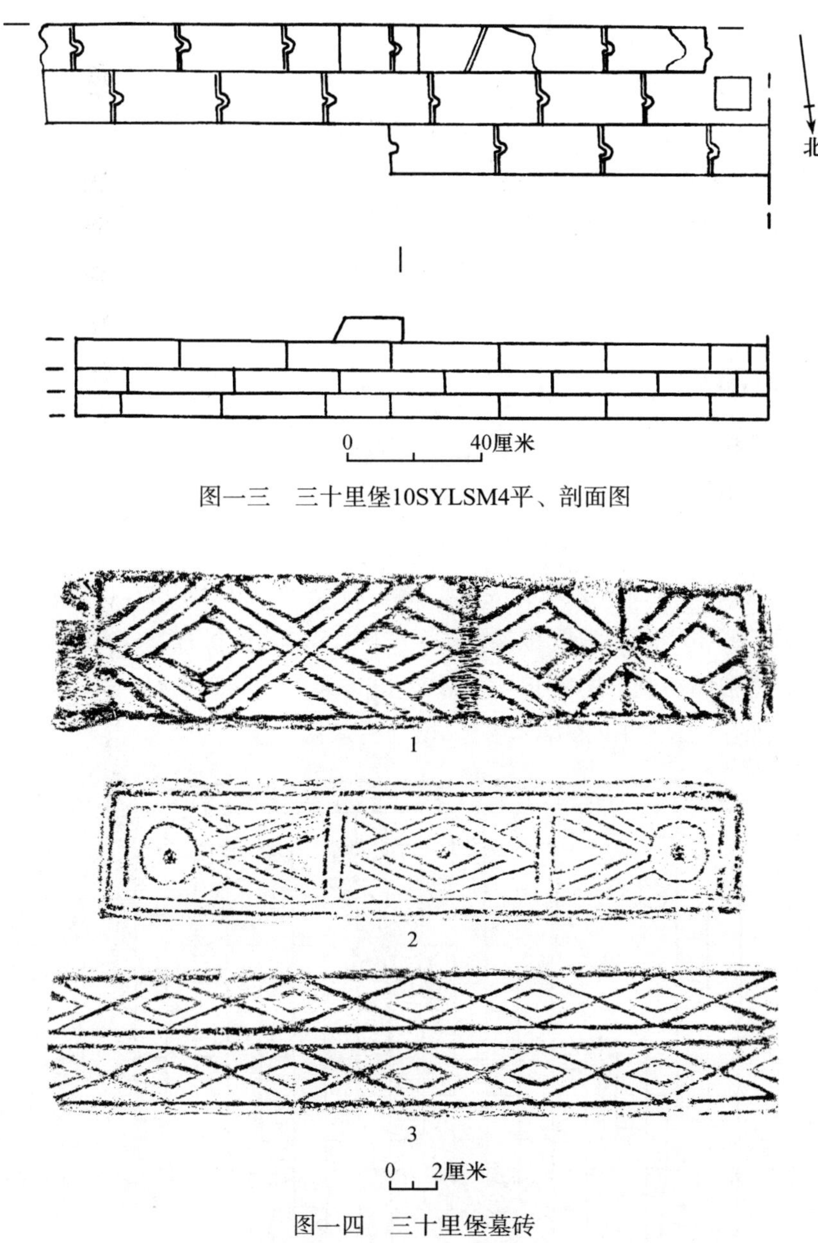

图一三　三十里堡10SYLSM4平、剖面图

图一四　三十里堡墓砖

1. 10SYLSM2　2. 10SYLSM3　3. 10SYLSM4

墓葬用砖为长方形，带有子母口，长侧面模印双排重菱格纹，中间2行平行线将花纹分为上下两排。长31、宽14、厚6.3厘米（图一四，3）。

未见随葬品。

（三）轸格庄墓地

本次发掘共清理墓葬6座。其中东轸格庄墓地2座，编号10LSDZGM1、10LSDZGM2；西轸格庄墓地4座，编号05LSXZGM1～M4。墓葬形制有两种，平面略呈“凸”字形与长方形。均遭受不同程度的破坏，未见葬具，墓主骨骼已朽。随葬器物仅有少量陶器、五铢钱等。

1. 10LSDZGM1

位于发掘区南部，北邻10LSDZGM2。长方形土坑竖穴墓。顶部已基本破坏。方向105°（图一五；图版五四，1）。

墓室，采用先挖土圹，后用砖砌筑墓室的做法。土圹东西残长3、南北宽2.72、残深0.3米，砖室残长3、南北宽2.72、残深0.3米。先平铺一层砖作底，再用单砖紧贴土圹砌筑墓室四壁。破坏严重，南壁东端仅存1～3层砖，北壁仅存1～2层砖。东、西两壁不存。单砖错缝循环砌筑，用砖长侧面纹饰朝向墓室。墓底平整，采用单砖东西向纵列平铺的砌筑做法，用砖正面为穿壁纹。填土为灰褐色土。

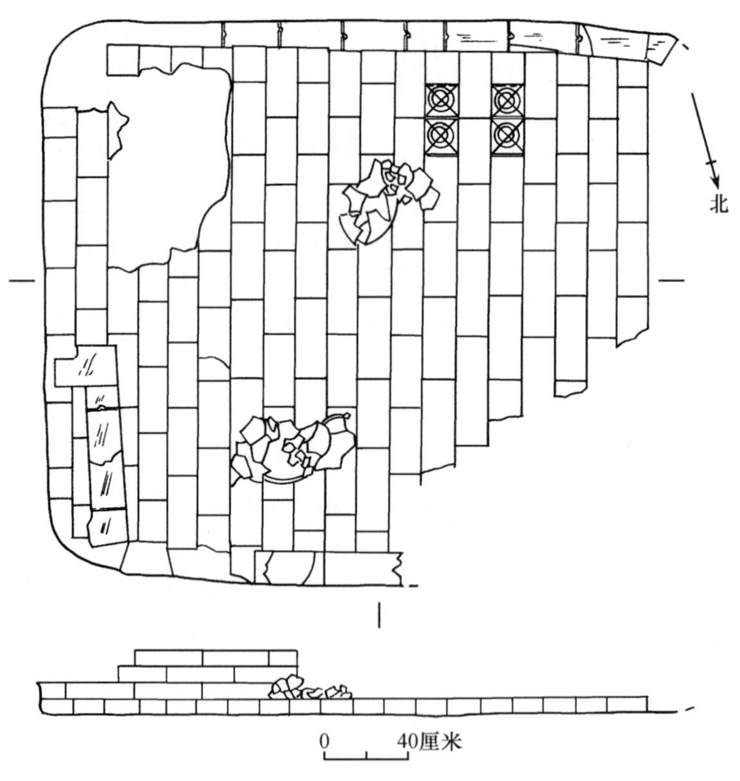

图一五　东轸格庄10LSDZGM1平、剖面图

墓葬用砖为长方形，带子母口，一种侧面模印双排重菱格形花纹中间一排乳钉纹，长31、宽15、厚6厘米（图一六，1）；一种正面带有穿璧纹，长31、宽15、厚6厘米（图一六，2）。

随葬品有陶罐2件，均残。在墓室南、北侧各1件。五铢钱数量较多，锈蚀严重，无法提取。

陶罐　2件。10LSDZGM1：1，仅存罐上部。泥质白陶。圆唇，敞口，长颈，斜肩。器表饰有竖向绳纹。口径23、残高11.4厘米（图一六，3）。10LSDZGM1：2，夹

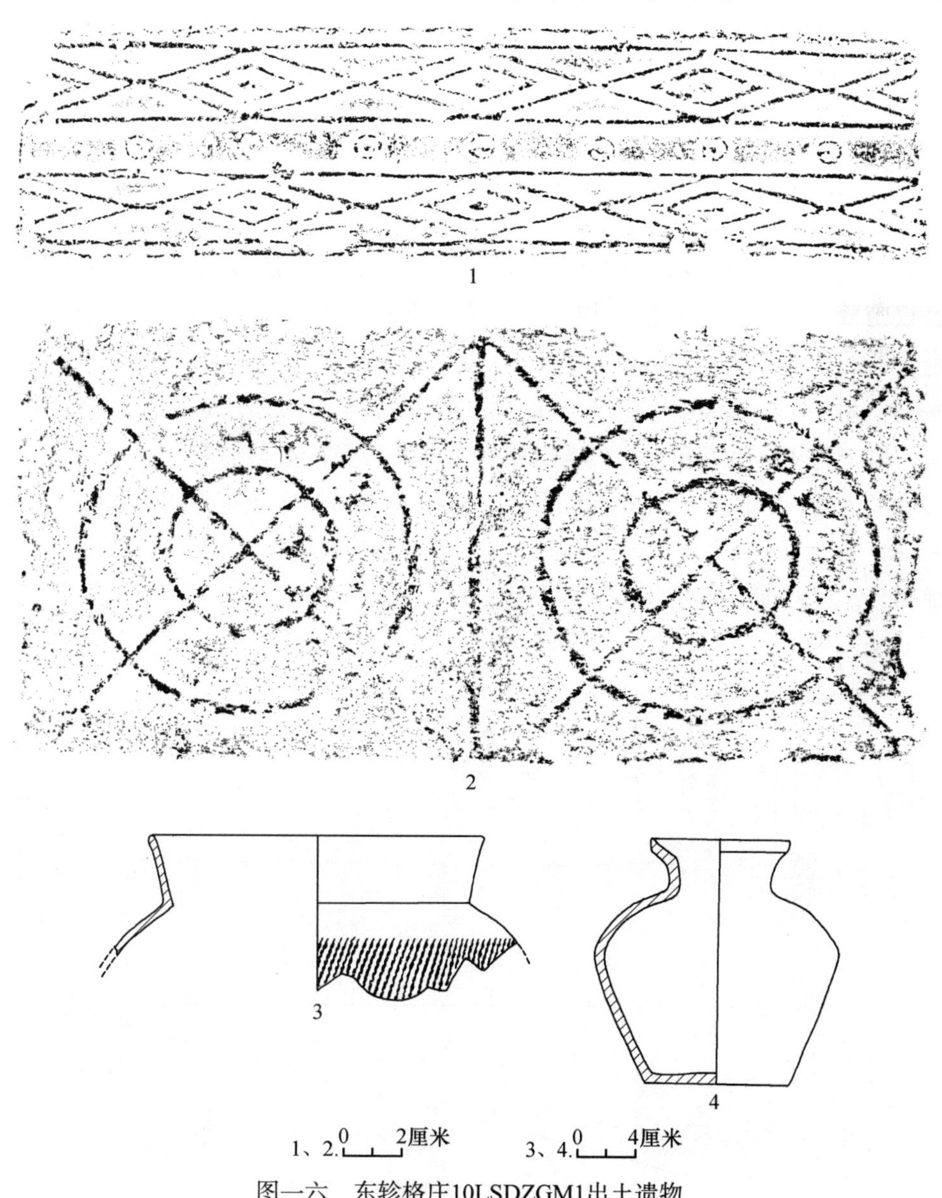

图一六　东轸格庄10LSDZGM1出土遗物

1、2. 墓砖　3. 陶罐（10LSDZGM1：1）　4. 陶平底罐（10LSDZGM1：2）

砂灰陶，部分呈黑色。方唇，盘口，高颈，尖腹，腹下部内收，大平底。口径9.6、腹径16.8、底径9.8、高17厘米（图一六，4；图版五四，3）。

2. 10LSDZGM2

位于发掘区偏北，南临10LSDZGM1。平面略呈“凸”字形。由墓道、墓门和墓室三部分组成。顶部已基本破坏。方向290°（图一七；图版五四，2）。

墓道，长4.54、宽1、深1.24米。位于墓室西侧，直接凿在生土之上，平面呈长条形，自西向东呈斜坡状。

墓门，宽0.96、进深0.3米。设在墓室西壁，保存较完整。南门垛现存17层砖，北门垛现存13层砖，单砖横向砌筑。墓门外侧用砖封门，现存7层砖。采用单砖错缝平铺的砌筑做法。

墓室土圹东西残长1.5、宽约2.4、残深1.24米，圹壁制作较为规范。砖室残长0.94、宽约2.32、残深1.24米。先平铺一层砖作底，再用单砖砌筑墓室四壁，后期破坏严重，仅南壁存18层砖，其他壁均不存。单砖错缝循环平砌，用砖长侧面纹饰朝向墓室。南壁下部较直，自下向上（自第9层）逐步内收，形成券顶。墓底较为平整，单砖横列平铺。用砖正面为穿璧纹与长侧面菱形纹的两种花纹砖相间平铺。墓底铺有一层草木灰。填土为灰褐色五花土，内含红褐色生土颗粒及少量残砖等。

墓葬用砖为长方形，一种正面为穿璧纹；一种侧面模印重菱形纹，长30.5、宽14、厚6.5厘米（图二二，1）。

随葬品，仅发现白陶残片，器形不清。

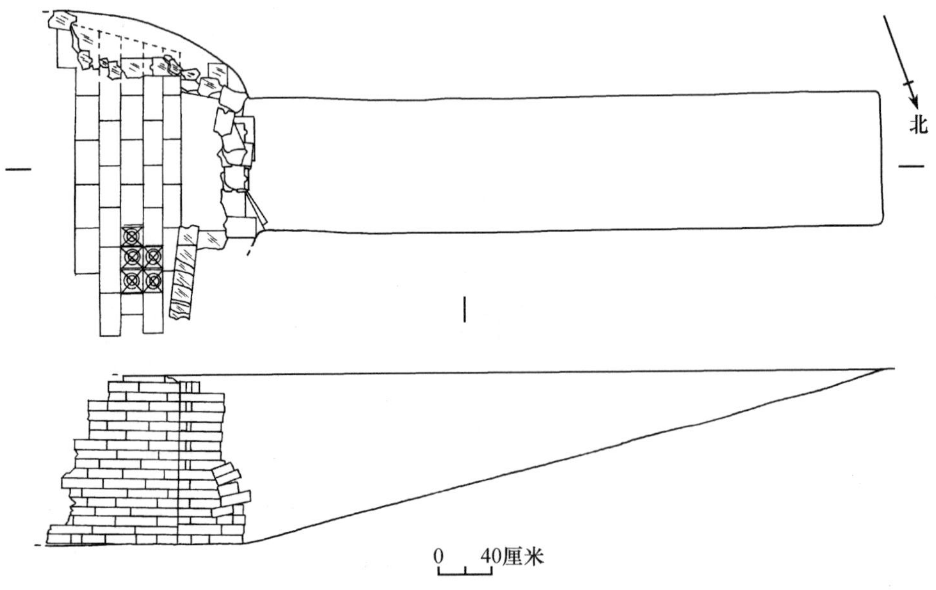

图一七　东轸格庄10LSDZGM2平、剖面图

3. 05LSXZGM1

位于发掘区南部，南邻05LSXZGM2，后期破坏严重，仅存墓室东半部。方向109°（图一八）。

墓室，采用先挖土圹，后用砖砌筑墓室的做法，砖壁与土圹之间用土填实。土圹不十分规整，东西残长2.5、南北宽3.08、残深1.04米。砖室残长2.56、宽2.96、残深0.96米。先平铺一层砖作底，再用单砖砌筑墓室四壁。北壁保存较好，残存12层砖，西壁仅余2～3层砖。东、南两壁不存。单砖错缝循环平砌，北壁与西壁相交处折角明

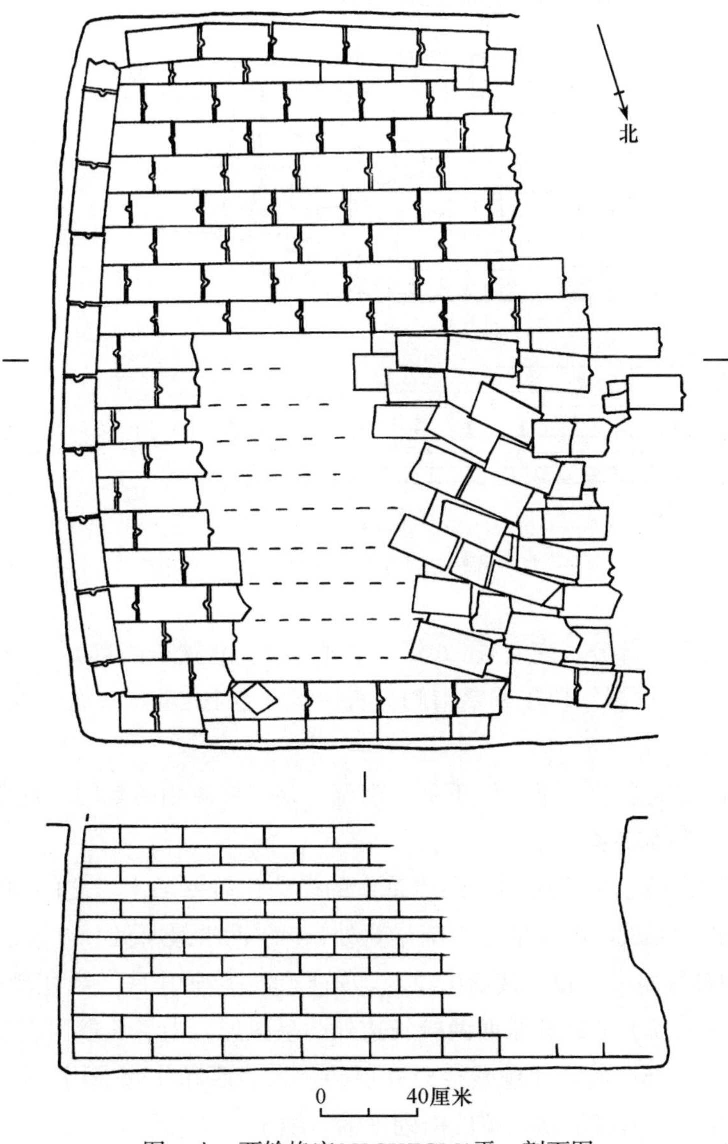

图一八　西轸格庄05LSXZGM1平、剖面图

显，采用对头齐缝的砌筑做法。用砖长侧面纹饰朝向墓室。墓底平整，单砖东西向纵列平铺。填土为灰褐色土。

墓葬用砖为长方形，带子母口。长侧面模印重菱形纹，中间带“日”字。长31、宽15、厚7厘米（图二二，2）。

随葬品发现五铢钱，已朽，无法提取。

4. 05LSXZGM2

位于发掘区最南端。平面略呈“凸”字形，由墓道、墓门和墓室三部分组成。顶部已基本破坏。方向194°（图一九；图版五五，1）。

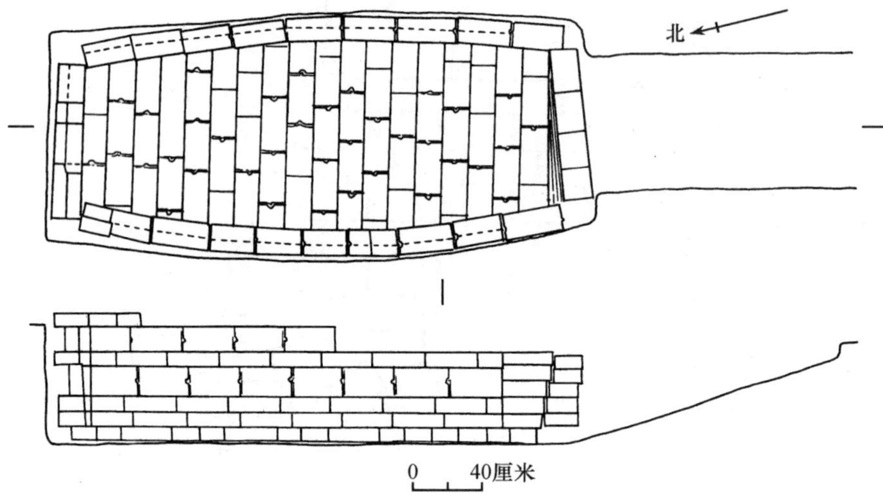

图一九　西轸格庄05LSXZGM2平、剖面图

墓道，仅清理一部分。南北长1.6米，北宽南窄，北端东西宽0.8、残深0.45米，南端东西宽0.6、残深0.1米。位于墓室南侧，直接凿在生土之上。平面略呈长条形，自南向北呈斜坡状。

墓门，宽0.92、进深0.3米。位于墓室南壁。墓门外侧用砖封门，现存5层砖，单砖错缝循环平砌。残砖较多。

墓室，采用先挖土圹，后用砖砌筑墓室的做法，砖壁与土圹之间用土填实。土圹不十分规整，南北长3.16米，南北中部最宽处1.44、两端最窄处1.22米，残深0.68米。砖室长2.8、中部最宽处1.42、残深0.72米。先平铺一层砖作底，再用单砖砌筑墓室四壁，平面略呈弧边长方形，即东西两壁长边外凸呈弧形，南、北壁为直壁。东壁残存6层砖，西壁残存3～5层砖，北壁残存5～6层砖。东、西和北壁采用二顺一丁，后又一顺一丁的砌筑做法。墓底平整，单砖横列平铺。填土为灰褐色土。

墓葬用砖有两种，均为长方形，带子母口。一种长侧面模印重菱形纹砖，长30、宽14、厚8厘米（图二二，3）；另一种长侧面模印双排连目纹，砖长31、宽14、厚8.5厘米（图二二，4）。

随葬品仅五铢钱1枚，已朽，无法提取。

5. 05LSXZGM3

位于发掘区北部，西南与05LSXZGM1相邻。平面呈“凸”字形。由墓道、墓门和墓室三部分组成，墓室现仅存南部大部分，顶部已基本破坏。方向197°（图二〇；图版五五，2）。

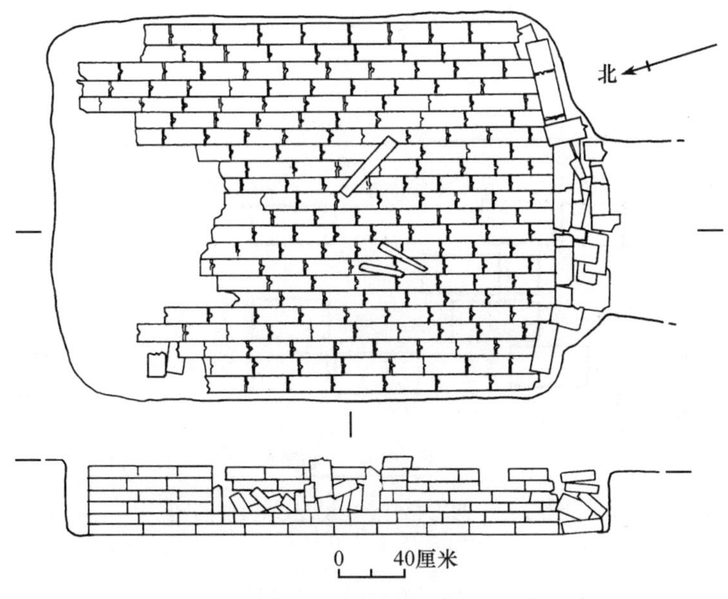

图二〇 西轸格庄05LSXZGM3平、剖面图

墓道，仅清理墓门前一部分，长0.42、宽1.06、残深0.2米。位于墓室南侧，直接凿在生土之上。平面略呈长条形，斜坡状。

墓门，宽0.96、进深0.2米。设在墓室南壁中部偏西，门垛采用与墓南壁纵横砌筑的做法。墓门外侧用砖封门，单砖错缝平铺砌筑，用砖残砖较多。

墓室，采用先挖土圹，后用砖砌筑墓室的做法，砖壁与土圹之间用土填实。土圹南北长3.1、东西宽2.32、残深0.46米，圹壁制作较规范。砖室残长约2.8、宽2.23、残深0.42米。先平铺一层砖作底，再用单砖砌筑墓室四壁，后期破坏严重，南和东壁的南部保存较好，残存5层砖，西壁北部破坏，仅南部存5层砖，北壁已荡然无存。单砖错缝平铺循环砌筑，东、西两壁与南壁相交处折角明显，采用齐缝对头的砌筑做法。墓底较平整，南北向纵列平铺。填土为灰褐色土。墓主骨骼已朽，仅余部分下肢骨。

墓葬用砖为长方形，长侧面模印重菱形纹，长30、宽14、厚6.5厘米（图二二，5）。

随葬品未见。

6. 05LSXZGM4

位于发掘区最北端。长方形土坑竖穴墓。破坏严重，仅存墓底。方向10°（图二一）。

墓室，采用先挖土圹，后用砖砌筑墓室的做法。土圹长2.6、残宽约0.9米。墓底较平整，单砖纵列平铺。填土灰褐色。

墓葬用砖为长方形，长侧面模印重菱格形花纹，长32、宽15、厚7厘米。

随葬品未见。

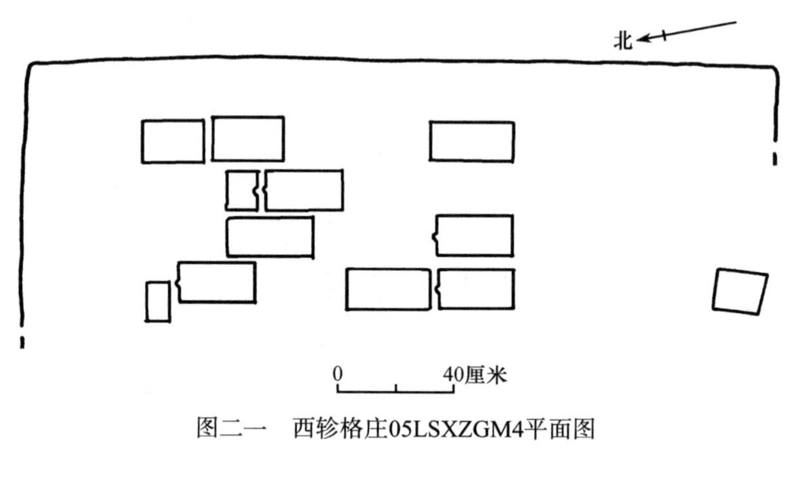

图二一　西轸格庄05LSXZGM4平面图

三、结　语

莱山区南沙子、三十里堡和轸格庄三个墓地，由于墓葬后期均遭受不同程度的破坏，随葬器物缺失严重，出土物也不十分丰富，没有留下任何可供断代的纪年文字资料。我们只能依据墓葬的形制结构，以及出土陶器与货币等方面的特征，推测墓葬时代。

首先，从墓葬结构和构筑形式分析，三个墓地的墓葬均为砖室墓，平面多呈“凸”字形和长方形，弧壁单室砖室墓或长方形土坑竖穴砖室墓，这两类墓葬在山东汉代墓葬中均有发现。在胶东地区，主要流行于东汉时期，是这一时期主要的墓葬形制。其次，从随葬器物来看，器类简单，多为陶罐，少量铜镜，这些为汉代墓葬中习见，钱币都为汉代常见的五铢钱，在胶东地区，常见于东汉时期的墓葬中，时代特征明显。三个墓地的墓葬形制和随葬器物特征，与潍坊后埠下[1]、烟台龙口望马史

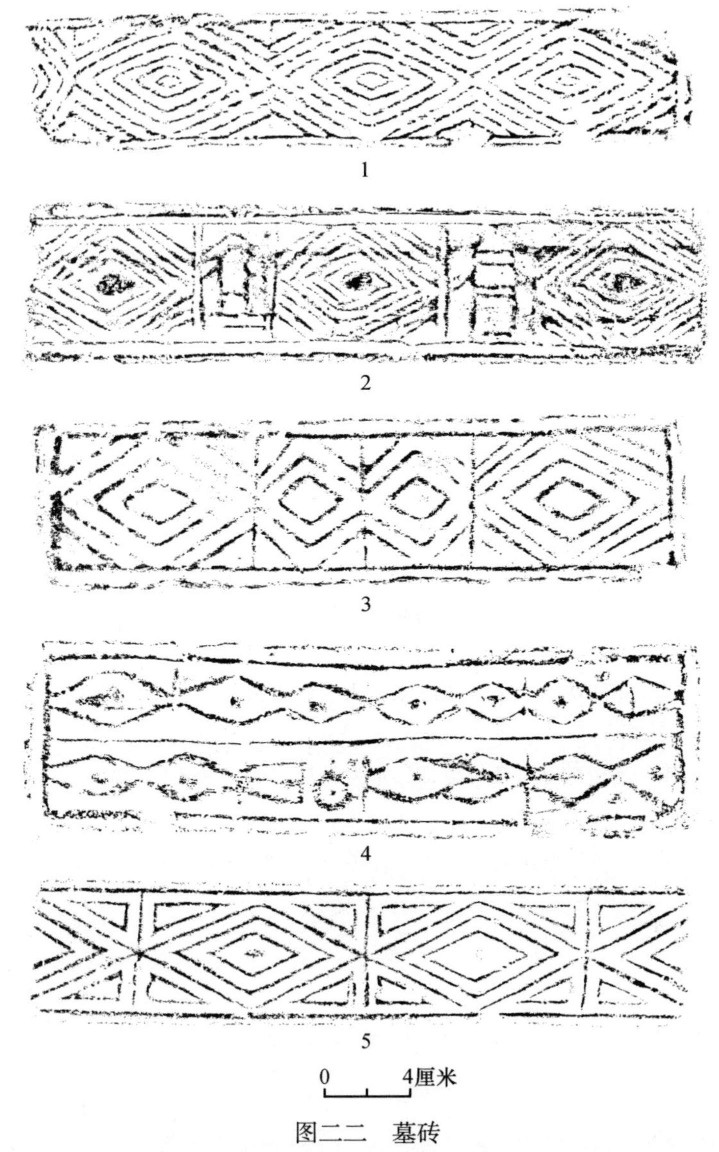

图二二 墓砖

1. 东轸格庄10LSDZGM2 2. 西轸格庄05LSXZGM1 3、4. 西轸格庄05LSXZGM2 5. 西轸格庄05LSXZGM3

家[2]及烟台毓璜顶殉鹿汉墓[3]等墓葬形制及随葬器物特征相似，时代相近。由此推测，莱山区南沙子、三十里堡和轸格庄三个墓地，其时代应属于东汉时期。

与山东内陆地区东汉时期的墓葬相比，胶东地区墓葬具有本地特征，一是南沙子墓地M1发现的白陶罐，在以往东汉时期的墓葬中比较少见，是本地随葬陶器的一大特点；二是在南沙子墓地发现了“曲尺形”特制门垛砖，饰有龟纹、龙拉车纹的画像砖。在西轸格庄墓地发现虎、鸟及双鱼画像砖，这些画像砖在以往考古发掘的东汉墓中未见，具有本地墓葬特征。

总之，莱山区三个汉代墓地的发掘，其所反映的墓葬习俗，尤其是龟形、“龙拉车”纹饰等画像砖的发现，填补了胶东地区汉墓发现之空白；“龟”“鱼”图像可能是受当地特有的海洋文化因素影响而广泛使用，也反映了人们的信仰。这些为胶东地区汉代墓葬及后期的文化研究提供了新资料，对研究胶东地区汉代的丧葬习俗、物质文化及信仰具有较高的参考价值。

附记：考古发掘领队闫勇，参加工作人员有林仙庭、侯建业、赵娟、徐明江、张文明、李旭贵等。

绘　图：闫　明　许盟刚

摄　影：赵　娟　李　健　闫　勇

拓　片：宋　松

执　笔：闫　勇　赵　娟

注　释

［1］ 郑同修等：《山东潍坊后埠下墓地发掘报告》，《山东省高速公路考古报告集》，科学出版社，2000年。

［2］ 山东博物馆等：《山东龙口望马史家墓地发掘简报》，《海岱考古》（第十辑），科学出版社，2017年。

［3］ 林仙庭：《烟台市区发现殉鹿汉墓》，《考古》1985年8期。

附表　烟台莱山区南沙子、三十里堡和轸格庄墓葬登记表

墓号	墓葬类别	墓向	墓圹、砖室尺寸/（米）（长×宽—深）	墓道（长×宽—深）、墓门（宽×高—进深）/（米）	头向	随葬品及位置	年代
05SYLNM1	砖室墓	285°	土圹3.4×2.86—1.14 砖室3.2×2.8—1	墓道3.78×（1～1.7）—（0.26～1.14） 墓门1.06×1.06—0.3		墓室内：白陶罐1件，陶平底罐2件，陶贯耳罐1件，砺石1件，五铢钱多枚已朽。填土内：琉璃耳珰1件	东汉
05SYLNM2	砖室墓	288°	土圹3.1×1.26—0.6 砖室2.94×1.2—0.52	墓门宽0.88—深0.56		墓室内：陶贯耳罐1件，陶平底罐1件，五铢钱2枚	东汉
05SYLNM3	砖室墓	110°	土圹2.5×1.18—0.42 砖室2.38×1.06—0.4		东	墓室内：铜镜1面，琉璃耳珰2件，串珠1个	东汉
05SYLNM4	砖室墓	74°	土圹3.46×1.33—0.58 砖室3.34×1.24—0.48			墓室内：陶罐1件，五铢钱多枚已朽	东汉
10SYLSM2	砖室墓	278°	砖室3.52×2.28—0.8	墓道0.5×0.6—1.3 墓门宽0.6		墓室内：五铢钱已朽	东汉
10SYLSM3	砖室墓	279°	土圹3.3×2.48—0.74 砖室3.06×2.43—0.72	墓道2.26×0.82—（0～1.04） 墓门宽0.72—深0.28		墓室内：五铢钱已朽	东汉
10SYLSM4	砖室墓	277°	砖室2.2×0.46—0.3			无	东汉
10LSDZGM1	砖室墓	105°	土圹3×2.72—0.3 砖室3×2.72—0.3			墓室内：陶罐2件	东汉
10LSDZGM2	砖室墓	290°	土圹1.5×2.4—1.24 砖室0.94×2.32—1.24	墓道4.54×1—（0～1.24） 墓门宽0.96—深0.3		墓室内：白陶残片	东汉
05LSXZGM1	砖室墓	109°	土圹2.5×3.08—1.04 砖室2.56×2.96—0.96			墓室内：五铢钱已朽	东汉

续表

墓号	墓葬类别	墓向	墓圹、砖室尺寸/（米）（长×宽—深）	墓道（长×宽—深）、墓门（宽×高—进深）/（米）	头向	随葬品及位置	年代
05LSXZGM2	砖室墓	194°	土圹3.16×（1.22～1.44）—0.68 砖室2.8×1.42—0.72	墓道1.6×（0.6～0.8）—（0.1～0.45） 墓门宽0.92—深0.3		墓室内：五铢钱1枚	东汉
05LSXZGM3	砖室墓	197°	土圹3.1×2.32—0.46 砖室2.8×2.23—0.42	墓道0.42×1.06—0.2 墓门宽0.96—深0.2		无	东汉
05LSXZGM4	砖室墓	11°	土圹2.6×0.9			无	东汉

山东嘉祥县竹园汉墓发掘报告

山东省文物考古研究院
济宁市文物保护中心
嘉祥县旅游文物服务中心

竹园汉墓位于县城北部，吉祥路北，迎凤路东，原竹园村旧址上。北依卧牛山，南临东西向小河，所在地为山地南坡黄土堆积地带（图一）。山体呈石灰岩质，南坡堆积为黄、红淤黏土，包含大量料姜石。墓葬打破红黏土层。2014年10月，五洲祥城四期商住楼项目在建设过程中发现古墓葬一座，为做好文物保护工作，山东省文物考古研究院、济宁市文物考古研究室和嘉祥县文物局联合对其进行发掘清理。在发现该墓之前，其西、北、南部已挖楼房基坑，墓室盖板石在施工过程中基本被挖掉，仅保存耳室盖板石。散落在地表的盖板石底面可见涂有白灰。墓道残留近半。此墓为前、

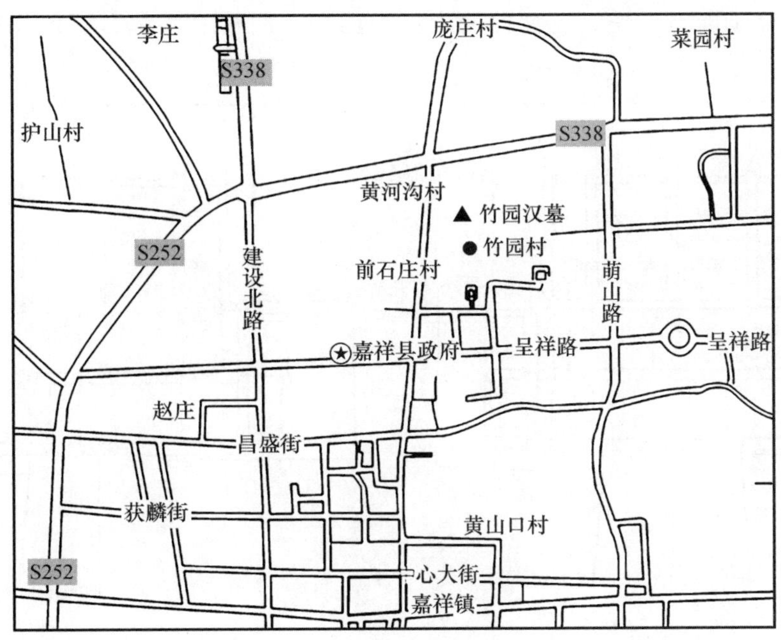

图一　墓葬位置示意图

中、后三室石椁墓，建造考究，除画像石外，墓室内还发现线刻壁画。墓葬早年被盗，残留极少随葬器物，但被盗后墓室淤填土内出土8尊白陶菩萨造像，具有极大研究价值。

一、墓葬形制

该墓为一中型画像石椁墓，坐东朝西，方向280°。墓葬由封土、墓道、墓室组成，根据调查及残留墓葬封土观察，封土为圆形，残存较薄，面积不详，堆筑而成，未见夯筑痕迹，被竹园村住房及房前东西向小路叠压。

墓圹呈“凸”字形，东西残长14.3、最宽13.1米。近东西向，墓道朝西。墓室分前、中、后室。长7.7、最宽10.8米。前、中室左右各两个耳室，耳室之间均贯通。后室由两主室和两侧室组成，主室之间有两处方形过堂通道（图二～图四；图版五六，1、2）。

墓葬修建时先挖土圹，即墓圹。墓室的外墙均由石板围成，壁板制作精细，严整合缝。主室侧板与底板扣合处、墓室过梁石与耳室侧板扣合处均采用剔槽结构。墓室石板与墓圹之间填黄褐色、灰褐色花土，内含较多兽骨、陶瓦片、石块，未经夯打。

墓道　位于墓室西侧，破坏严重。残长约4.6、宽约3.26米，为两次挖成。南侧墓道打破北部墓道，与南北两处墓门相对应。

墓门　位于前室正中，共南北两门。由门楣、门框、门扉、门槛共11块石头组

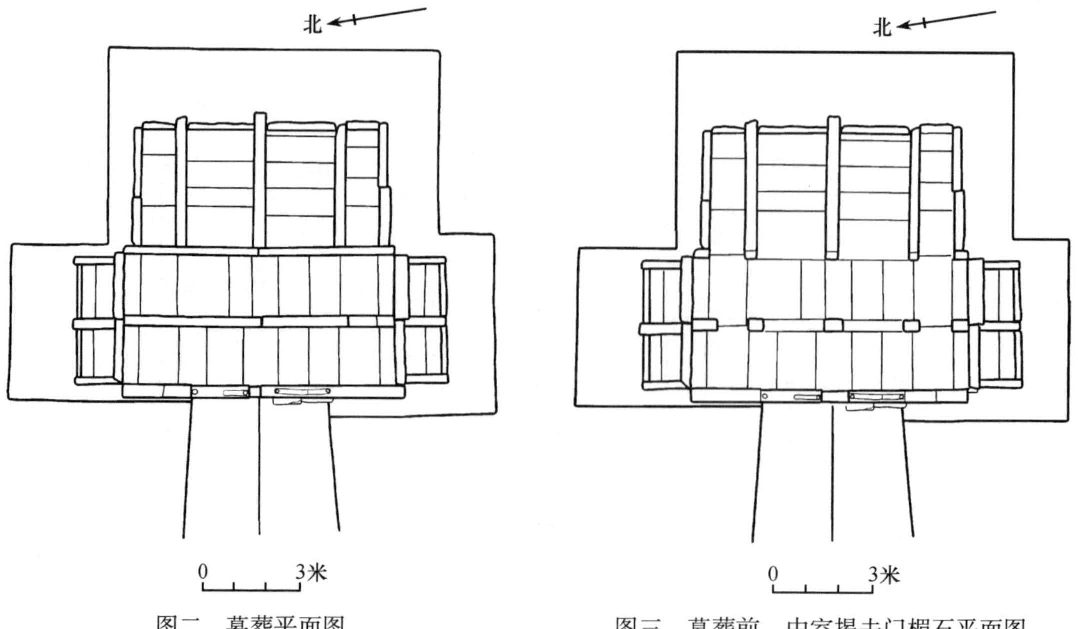

图二　墓葬平面图

图三　墓葬前、中室揭去门楣石平面图

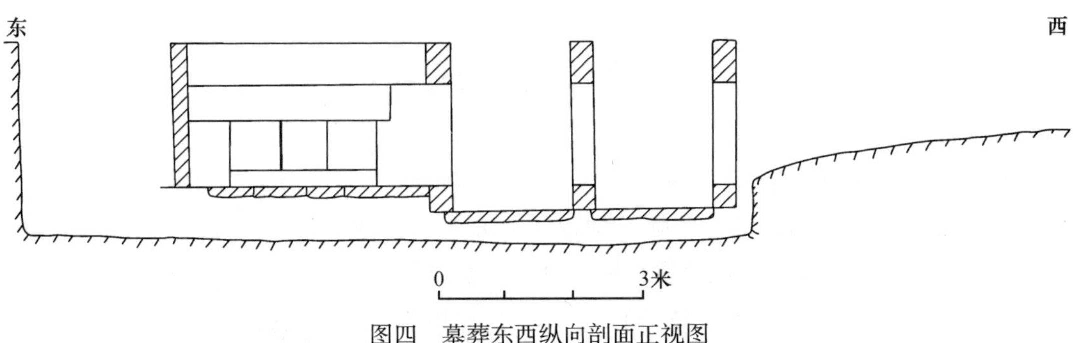

图四　墓葬东西纵向剖面正视图

成。整体宽5.82、高2.46米，北侧门宽1.68、南侧门宽1.62、均高1.5米。门扉有枢，镶于门楣和铺地石的臼窝内，向内开启。北侧墓门制作较好，北半门扉倒塌于墓葬外侧，应是盗墓所致。墓门与两侧门框间填有白灰。南侧墓门门扉大小不一，门外斜靠两块封门石板，下部挖有基槽，填灰褐土、大量白灰及碎石块。

前室呈长方形，东西长7.7、南北宽15.8、高2.34米。东西各一耳室。门楣石及地栿石一周饰画像。纹饰简单，由水波纹、双菱纹、垂幔纹组成。西壁涂有白灰，白灰上刻有图案壁画，但图案残破严重，辨识度较低（图版五七，1）。

中室呈长方形，东西长7.5、南北宽16.4、深2.34米。中室通向前室有四门。中间两室门由门楣、门框和门槛组成，宽1.8、高1.44米。门槛石长2.4～2.52、宽0.3、高0.36米。立柱石宽0.3～0.4、高1.44米。两侧门无门槛。门楣石计两块，长4、宽0.4、高0.3米。两侧室门无门槛，宽0.96、高1.8米。门楣石及门槛石一周饰画像。纹饰简单，由水波纹、双菱纹、垂幔纹组成（图版五七，2）。

后室由两主室和两侧室组成。后室通向中室四门。主室之间有两处方形过堂通道。南主室长3.54、宽1.9、深1.96米；北主室长3.52、宽1.94、深1.96米。南侧室宽1.54、北侧室宽1.5、均深2.34米。南北主室和南北侧室的南、北、东三壁以及底部都涂有白灰，其中左主室东壁、右侧室过梁石底部的图案辨识度较高，可以辨识出类似卷云纹和曲线纹两种纹饰。

前中室南北两侧各两个耳室，呈长方形，东西相互贯通，门皆朝向室内。南耳室东西总长3.52、南北宽1.44、高1.36米。通向墓室的两个门洞均为1.4米。

北面两个耳室东西总长3.58、南北宽1.42、高1.36米。通向墓室的门洞左侧为1.4、右侧为1.44米。耳室东、西、北三壁以及顶部和底部都涂有白灰，上面刻有图案壁画，局部辨识度较高。

二、画像石与壁画

此墓保存着数量较多的画像石，画面都为条带状，主要分布在前室和中室的横额、门楣及地袱石一周，刻在门楣和地袱的立面上。画像内容较为简单，纹饰多由水波纹、双菱纹、垂幔纹、连弧纹等组成，基本为装饰图案。

前室西面横额画像的北部横梁已遭破坏，只留有南部的一小部分，分为上下两层。上部为水波纹、双菱纹以及垂幔纹的组合，三种纹饰之间均有框栏。下部为平面凹刻的阴线条带纹，最下是一层连弧纹，也带有框栏。画像石残长约2.3、宽约0.7米。前室的西、南、北三面横额的画像保存完好，纹饰一样，都是由水波纹、双菱纹、垂幔纹、阴线条带纹以及连弧纹组成的装饰图案（图五）。中室的西、南、北三面横额以及北主室的横额与前室的横额装饰图案相同，南主室的横额多刻画穿壁纹（图六）。前室、中室一周地袱石上的装饰图案也与横额的纹饰相同。

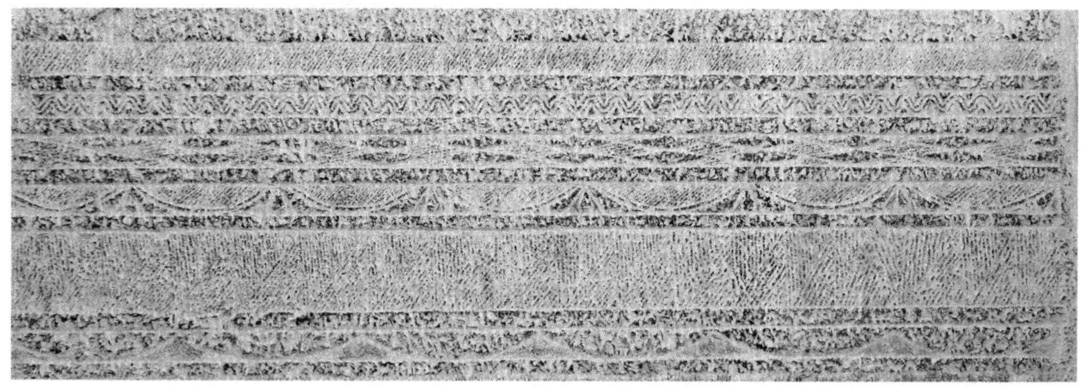

图五　中室横额与地袱石上的画像拓片

图六　南主室横额上带穿壁纹画像拓片

前后室及耳室顶部、壁与后室及耳室底均涂有白灰，厚约0.5厘米。白灰面见壁画纹样，根据纹样深度及基石处理方式，推测应为在白灰面之上均刻有图案壁画。直接在白灰上线刻而成，图案残破严重。基本有两种形式，一种似为卷云纹，另一种似为曲线纹（图七）。辨识度较高处为左主室东壁、左侧室、前堂南部立柱南壁及过梁石底部、右侧室过梁石底部（图版五七，3）。

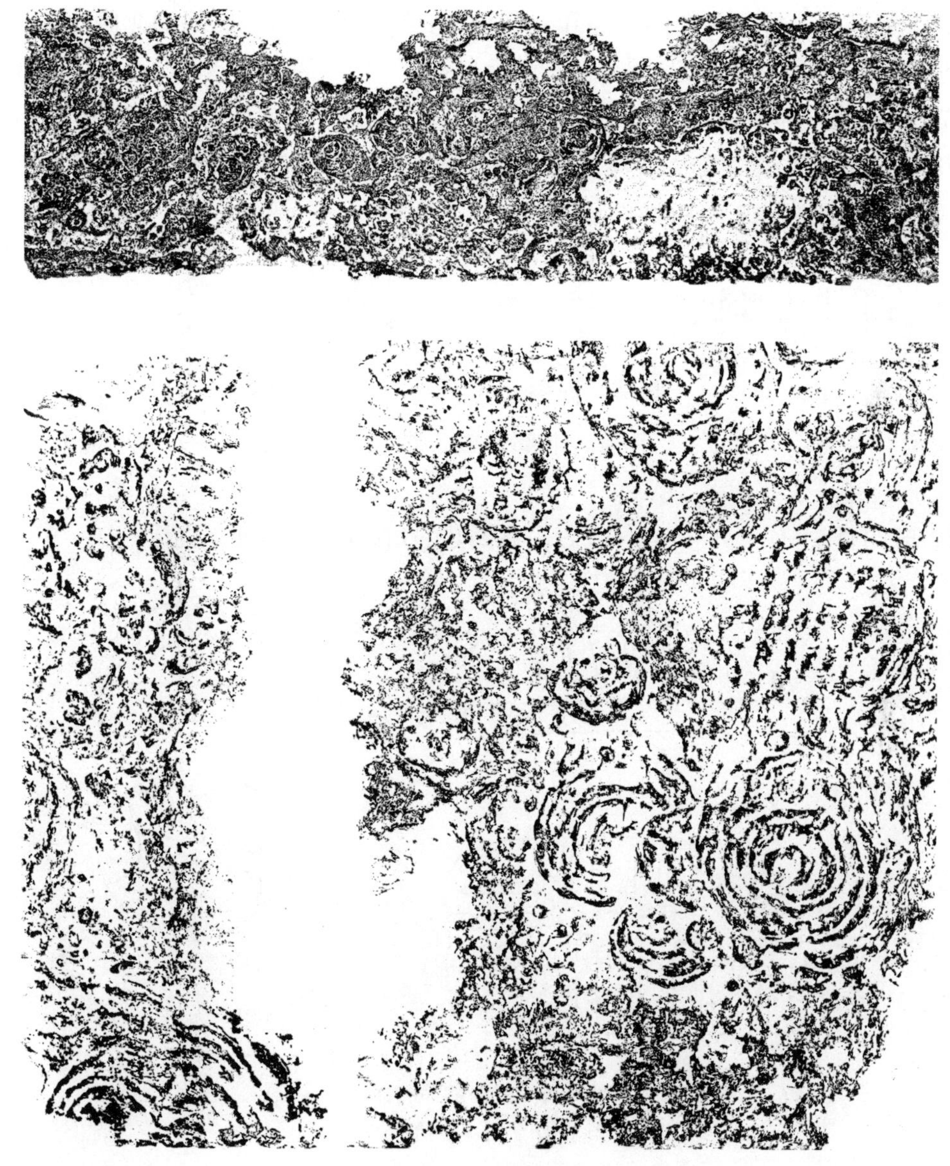

图七　壁画拓片

三、出土遗物

该墓墓室内填满淤土。盗洞可见5处，位于前中室南部。墓葬淤土和盗洞内含较多碎石、砖瓦，并有瓷器、瓷片。还有较多兽骨，为牛羊骨，南耳室见狗头骨。前中室北部有大量东汉、魏晋时期的瓦片和一些兽骨，对应北部墓门倒塌的北侧门扉，应是该时期盗墓人由墓门而入破坏造成的。

墓葬同时期遗物可见有北主室底部残存的陶楼顶部和墓道底部的陶壶残件等。

其他遗物均见于盗洞及墓葬淤填土中。属于在墓葬破坏后倒入或冲入的。有瓷碗、豆、碟10余件，白陶佛像8件。

（一）出土器物

陶屋顶　1件。M1：1，黄色，两面坡式。残长9.5、宽5厘米（图八，1）。

陶拍？　1件。M1：2，白陶。上部圆鼓，饰柿蒂纹。底部平。残。直径4.5厘米（图八，2）。

陶壶　1件。M1：3，口残，鼓腹，高圈足。口径6、高11厘米（图一二，9）。

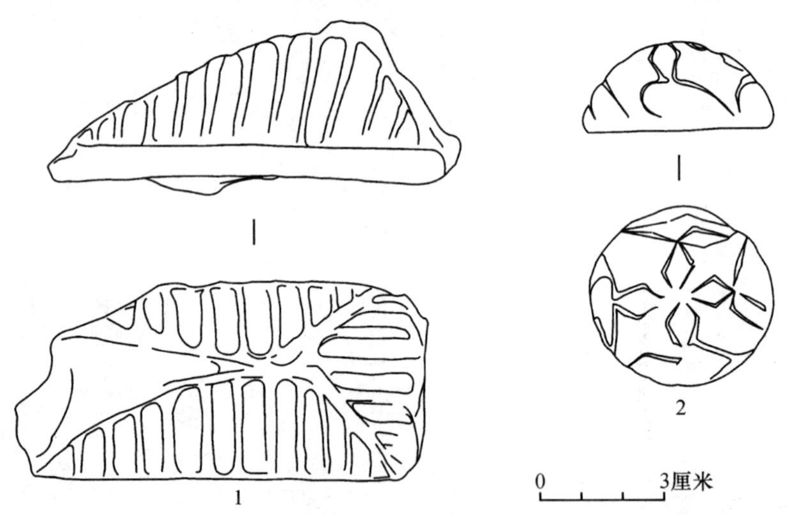

图八　墓葬随葬陶器

1. 屋顶（M1：1）　2. 拍（M1：2）

（二）采集遗物

1. 白陶器

菩萨佛像　8件。应均为菩萨立像。

采：01，背光、足残失，头戴“山”字形宝冠，束缯带，分垂于两侧肩上，缯带双肩处有圆形饼饰，面圆。长眉细目，戴尖桃状项圈，右手置右腿侧持莲蕾，左手贴左肩部，手腕戴钏，腹部略凸。菩萨衣饰繁缛，上衣右袒，着披帛和璎珞，披帛于腹部呈“X”形交叉，肩角和下摆略外挑。璎珞亦呈“X”形，交叉处为一粒硕大圆形宝珠，由玉米状和小珠状饰件串联而成。背面平素。残高17、肩宽4.5、下衣摆宽5、厚2厘米（图九，1；图版五八，1）。

采：02，头后有桃形头光，胸以下残缺，与采：01为同类造像，姿势与装饰等近同，头光有裂痕。残高10.5、宽6厘米（图九，2；图版五九，1）。

采：03，菩萨立像，菩萨头后桃形头光与肩部相连。头戴“山”字形宝冠，束缯带，分垂于两侧肩上，缯带双肩处有圆形饼饰，面圆，长眉细目。右手置右腿侧持莲

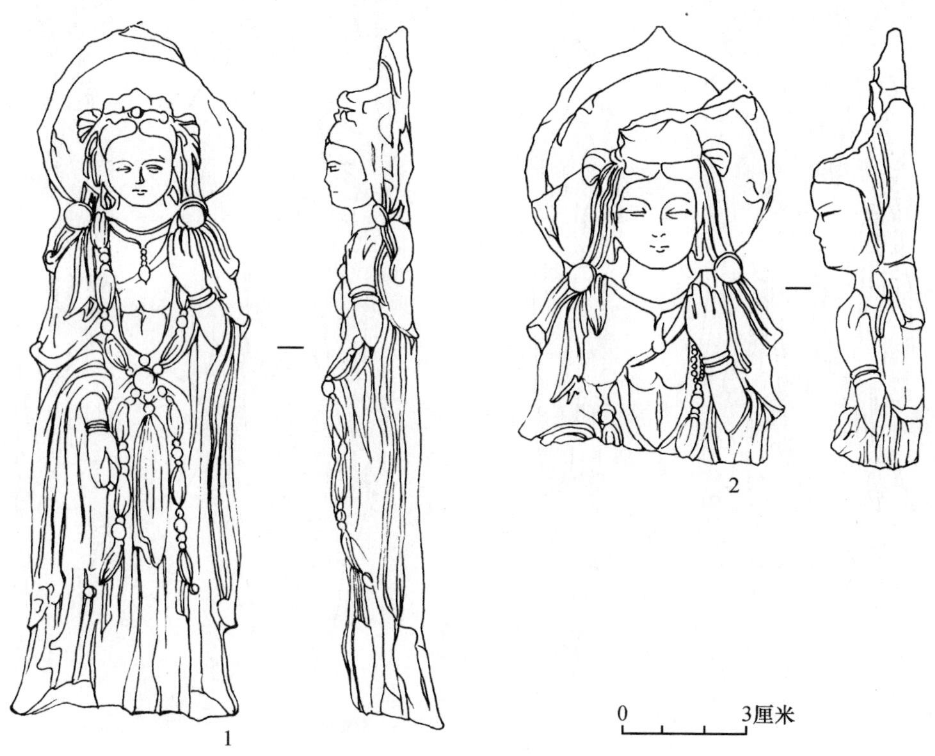

图九　白陶菩萨佛像

1. 采：01　2. 采：02

蕾，左手贴左胸部，腹部略凸。菩萨衣饰繁缛，上身着右袒衣，着披帛和璎珞，下着长裙。戴项饰、手镯。披帛于腹部呈“X”形交叉，肩角和下摆略外挑。璎珞亦呈“X”形，交叉处为一粒硕大圆形宝珠，由玉米状和小珠状饰件串联而成。残断为三截。与采：01、采：02应为同类造像，姿势与装饰等都略相同。背面平素。通高20.5厘米，头光高5、宽5.2、厚2.3厘米，像高16.2、肩宽4.5、臀宽5、衣下摆宽5.6厘米（图一〇，1；图版五八，2）。

采：04，头部残缺，姿势与装饰等略同于上述3件陶像。残高19、肩宽4.7、臀宽5、衣下摆宽5.1厘米（图一〇，2；图版五九，2）。

采：05，头部、足部残失，缯带双肩处有圆形饼饰，戴尖桃状项圈，右手置右腿侧持莲蕾，左手贴左肩部，手腕戴钏，腹部略凸。菩萨衣饰繁缛，上衣右袒，着披帛和璎珞，披帛于腹部呈“X”形交叉，肩角和下摆略外挑。璎珞亦呈“X”形，交叉处为一粒硕大圆形宝珠，由米状和小珠状饰件串联而成。背面平素。应与

图一〇　白陶菩萨佛像

1. 采：03　2. 采：04

采：01～采：04为同类造像，姿势与装饰等都略相同。背面平素。残高8.5、肩宽4.5、下衣摆宽5.5、厚2.3厘米（图一一，1；图版五九，3）。

采：06，存胸腿部，上身袒露，脖颈挂项圈、璎珞，披帛覆肩臂垂于身体两侧，联珠状璎珞，在胸前呈“X”形交叉。右手贴右胸部持莲蕾，左手置左侧处，食指与拇指间捻宝珠。下身着贴体长裙，外覆短裙，裙上沿外翻，腰间束带。背面平素。残高7.5、臂宽2.8厘米（图一一，2）。

采：07，菩萨头像。桃形头光。头光高5.2、宽5、厚2厘米，头高3.5厘米（图一一，3）。

采：08，菩萨头像。仅存头部中部，头部姿势与装饰与采：07略同。宽4.8、厚2.3厘米（图一一，4）。

图一一　白陶菩萨佛像

1. 采：05　2. 采：06　3. 采：07　4. 采：08

2. 瓷器

碟　1件。采：09，灰白胎，青釉，局部脱落。盘状口，浅腹，腹壁较外敞，平底略内凹。口径14.8、高2.5厘米（图一二，11）。

碗　10件。依据口沿、腹壁以及底的差异分为三型。

A型　8件。敞口，斜弧腹，假圈足，微内凹。外腹上部多施青釉，部分仅口沿施釉。

Ⅰ式：2件。敞口，细灰白胎，釉色暗淡。采：10，削棱，口沿下微内凹。口径13.2、圈足径6.7、高4.3厘米（图一二，5）。采：11，削棱，斜弧腹。口径12.5、圈足径6、高4厘米（图一二，6）。

Ⅱ式：3件。侈口，器身有细凹弦纹，施半釉。采：12，施半釉，青瓷，削棱，内凹。口径20、圈足径7、高6.7厘米（图一二，2；图版六〇，1）。采：13，近平底，底部存明显加工弦纹。口径19.8、圈足径7.7、高5.8厘米（图一二，14；图版六〇，2）。

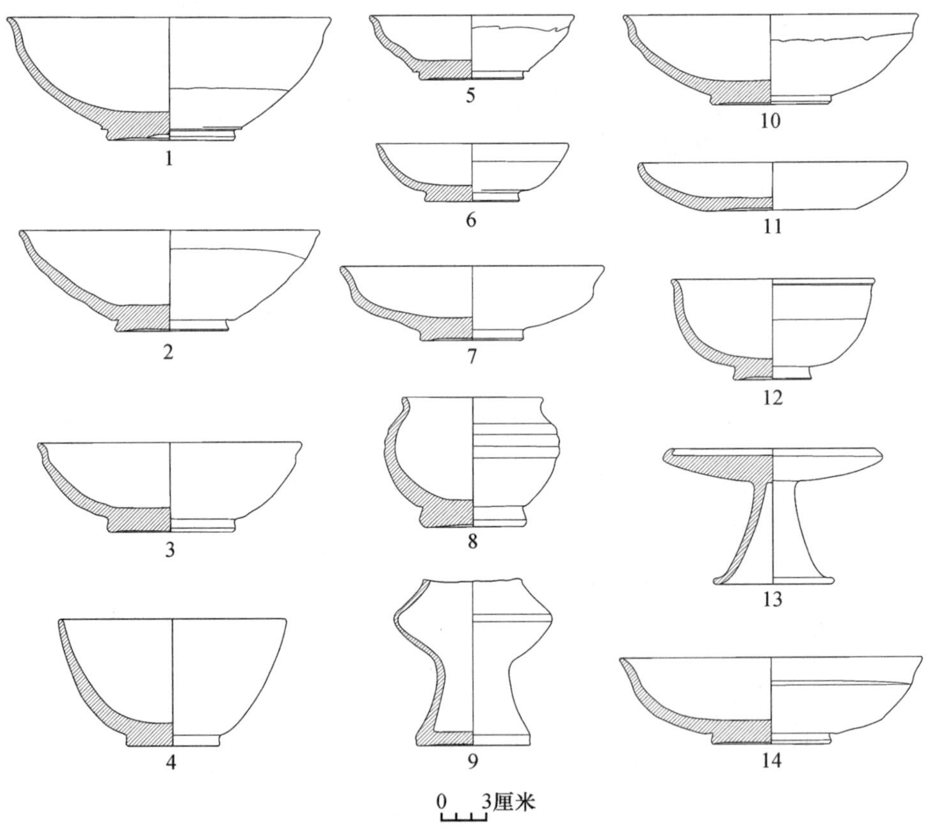

图一二　墓葬出土陶壶及墓室淤土出土陶瓷器

1～7、10、12、14. 瓷碗（采：17、采：12、采：15、采：19、采：10、采：11、采：16、采：14、采：18、采：13）　8. 瓷罐（采：20）　9. 陶壶（M1：3）　11. 瓷碟（采：09）　13. 瓷豆（采：21）

采：14，口沿下部微内凹，削棱。口径19.2、圈足径7.5、高6厘米（图一二，10）。

Ⅲ式：2件。口微敞，灰白胎。采：15，施半釉，青瓷。底近平，口沿下微内凹，削棱。口径17.5、圈足径长8.1、高6厘米（图一二，3；图版六〇，3）。采：16，口沿下部内凹，近折腹，削棱。口径17、圈足径6.8、高5厘米（图一二，7；图版六〇，4）。

Ⅳ式：1件。采：17，口微敞。灰白胎，有弦削痕，足削棱一周。口径21.5、圈足径8.5、高8.2厘米（图一二，1）。

B型　1件。采：18，口沿有一周凹弦纹，口沿和上腹部施黄褐色釉。侈口，深弧腹，假圈足，微内凹并削棱一周。口径13.3、圈足径5.1、高6.7厘米（图一二，12；图版六〇，6）。

C型　1件。采：19，灰白胎，口沿及腹部大部青釉。形体较高。侈口，深斜腹，假圈足并削棱一周。口径15.2、圈足径6.3、高8.5厘米（图一二，4）。

罐　1件。采：20，细黄白胎，施半釉。圆唇，束颈，鼓腹，假圈足，微内凹。口径6、腹径7、假圈足径4.5、高5.8厘米（图一二，8；图版六〇，5）。

豆　1件。采：21，盘及圈足上部施青绿色釉，垂釉如泪。浅盘。圆唇，折腹，喇叭口圈足较高。口径13.5、残高8.6厘米（图一二，13；图版六〇，7）。

四、结　语

1. 墓葬年代

该墓早年被盗，随葬品已基本无存，根据墓葬出土的陶楼、陶壶残件，结合墓葬形制、画像石及壁画的内容和技法，初步判断该墓葬的年代。

其一，从墓葬的结构与建筑形制上可知，墓葬规模较大，为大型石室墓，有前、中、后室以及前室左、右对称的两个耳室和后室的南、北两个侧室。平面呈“凸”字形轴对称，制作规整，石材材质及加工精良，垒砌科学，可谓是一处规格较高的墓葬。据有关考古资料，西汉晚期开始有从石椁墓向石室墓过渡的墓葬形式。石室墓在东汉早期出现并逐渐增多；东汉中、晚期，大型的石室墓开始增多，画像石墓和壁画墓成为一种厚葬的形式[1]。这类结构复杂的大型石砌多室墓，在山东东汉晚期墓葬中均有发现，苏北、皖北等地也有发现，如安丘董家庄汉墓[2]、莒县沈刘庄汉画像石墓[3]、邹城市车路口东汉画像石墓[4]等，基本上都是属于这种形式。这些墓葬的年代都可以作为竹园汉墓断代的参考依据。

其二，从画像石的风格上，该墓的画像石图像较为简单，都是几何装饰图案，这些条带装饰图案中的双菱纹、垂幔纹、水波纹等，都带有框栏，雕刻的技法较嘉祥东汉晚期武氏祠画像要粗糙。画像石的雕刻技法主要采用东汉中期以后普遍使用的阴线刻、平面凹刻以及剔地浅浮雕。与泗水南陈东汉画像石墓[5]画像石，以及济宁市普育小学内东汉墓画像石的雕刻形式、风格相近。

其三，墓葬多次被盗，首次为由北墓门而入，前室内底部堆填大量碎砖、瓦，时代晚于东汉。之后由前中室顶部盗掘而下，耳室及后室填土内含较多瓷器残件和白陶佛像，推测被盗掘时代为南北朝时期。

从以上推测墓葬年代为东汉中晚期。

2. 墓葬壁画

该墓墓室壁、顶盖板、耳室均涂有一层白灰，白灰面厚约半厘米。之上线刻有壁画，纹饰以卷云纹为主，局部纹饰刻画繁缛，大部较为简单。

3. 白陶佛像

此次出土的白陶佛教造像形体较小，加上底座，通高一般不超过25厘米，小者不足10厘米。像身与底座分开，像身下端为半圆形榫柱，插在方形底座正中的半圆形榫孔中。遗憾未见底座。像身正面均为半浮雕，背面则较平坦，略凹凸不平，凹部似手指压印痕迹。仅见菩萨一种题材。根据其形制及其共存的瓷器类比博兴出土白陶佛造像，推测其时代为北齐至隋代[6]。C型瓷碗（采：19）与泰安中淳于瓷窑址TMZ：1近似[7]。整体与山东枣庄中陈郝瓷窑址第二期[8]相近。

白陶造像此前只在山东境内三处遗址有较多发现，首次发现是在博兴龙华寺遗址，共计56件。其次是在高青胥家遗址发现13件白陶佛教造像。再次是在临朐白龙寺遗址发现4件白陶佛教造像。而嘉祥竹园汉墓的白陶佛教造像的类型，为山东地区白陶佛像的研究进一步提供了资料。

绘　图：韩　辉　曹　阳
摄　影：韩　辉
执　笔：韩　辉　胡广跃　贾万波　贺于真

注　释

［1］　杨爱国：《从石椁到石室》，《齐鲁文物》（第2辑），科学出版社，2013年，12～25页。
［2］　安丘县文化局、安丘县博物馆：《安丘县董家庄汉画像石墓》，济南出版社，1992年。
［3］　苏兆庆、张安礼：《山东莒县沈刘庄汉画像石墓》，《考古》1988年9期。

[4] 解华英：《山东邹城市车路口东汉画像石墓》，《考古》1996年3期。

[5] 泗水县文管所：《山东泗水南陈东汉画像石墓》，《考古》1995年5期。

[6] 博兴县博物馆、山东博物馆：《山东白陶佛教造像》，文物出版社，2011年，36页。

[7] 山东大学历史系考古专业：《山东泰安县中淳于古代瓷窑遗址调查》，《考古》1986年1期。

[8] 山东大学历史系考古专业、枣庄市博物馆：《山东枣庄中陈郝瓷窑址》，《考古学报》1989年3期。

聊城市东昌府区董桥村清理一座唐代古墓*

聊城市东昌府区文物保护修复中心

董桥村唐代墓葬位于聊城市东昌府区新区办事处董桥村（图一），在董桥村棚户区改造工程取土打地基时发现两座墓葬。由于工程建设需要，2014年10月29日～11月1日，东昌府区文物所组织人员对墓葬进行了抢救性发掘，清理出陶、瓷、铁、铜质等随葬品27件，现将发掘情况简报如下。

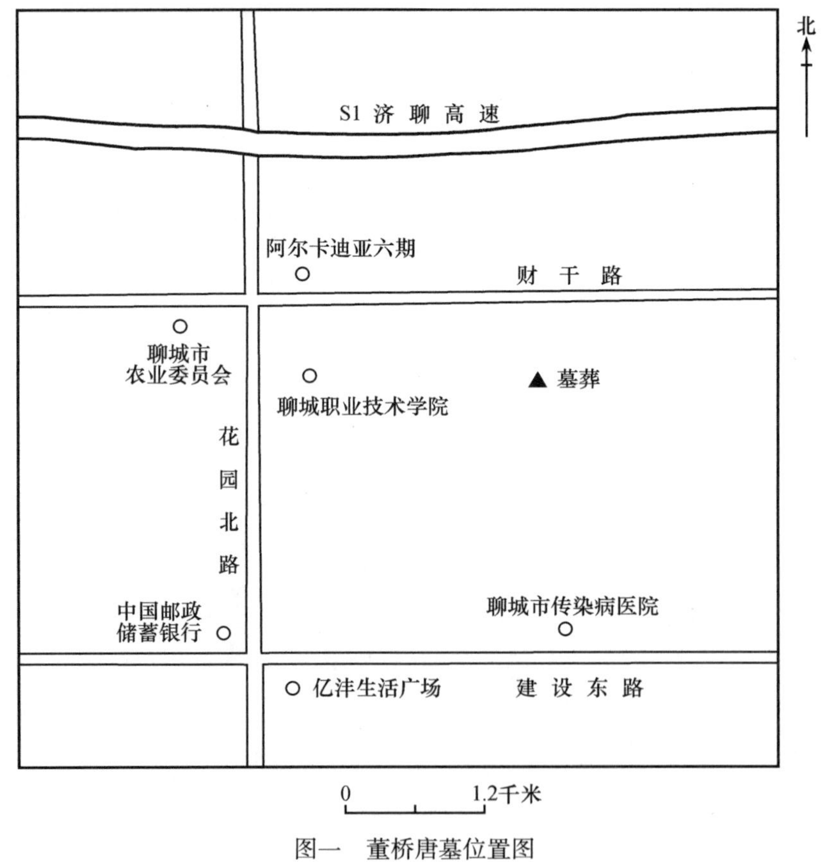

图一 董桥唐墓位置图

* 本文为国家社科基金2018年一般项目“京杭大运河山东段考古资料的整理与研究”（项目编号：18BKG0028）阶段性成果之一。

一、墓葬介绍

（一）M1

位于董桥村东北部在建的棚户区改造工程工地内，开口距地表约7米，为夫妻合葬墓，保存较完整。形制为方形砖室墓，由墓道、墓门、甬道和墓室四部分组成，面积约12平方米（图版六一）。墓道位于墓室南部，因施工破坏，形状、长度不详。墓门用22排整砖交错封堵，门高1.9、宽1.3米。甬道高1.4、宽0.88、进深0.73米。券顶，用13块立砖垒就，两壁砖墙错缝平砌，厚0.3米。墓圹近方形，直壁、平底，圹内用青砖砌筑墓室，墓室为方形单室，直壁，用长方形青砖错缝平砌，甚为规整，边长约3米。墓顶为穹隆顶，多半遭破坏。墓底未铺砖，棺床砌于墓室西部，南北向，表面铺设青砖，长3、宽1.1、高0.15米。所用青砖均长0.3、宽0.15、厚0.05米，单面饰以绳纹。由于处于地下七八米的深度，渗水严重，墓室和棺床被一层厚约0.3米的淤泥覆盖。墓内未见葬具，2具人骨腐朽严重，仅存头骨和部分肢骨，可辨头向南，随葬品散乱地浸在淤泥中。随葬品23件：其中漆器1件，位于墓室西南角；陶执壶、瓷碗各1件，位于墓室东北角；瓷盏托1件，位于甬道中间；瓷罐1件，位于棺床下面中间；铜镜1件、铜钱15件，置于棺床上；铁釜1件，位于甬道中间靠近墓门处；墓志1件，置于甬道内左侧靠近墓口处。按丧葬习俗，多数随葬品应该放在棺床上或靠近墓主的地方，而该墓的随葬品却散乱地置于墓室的各处，应该是后期渗水导致的随葬品移位。

瓷盏托　1件。M1：1，白胎，通体施白釉。敞口，圆唇有葵口，内托口处有磕及土浸，浅斜腹，矮圈足。外口径14.2、内径7.8、圈足径5.8、壁厚0.1～0.5、通高3.3厘米，保存较完整（图二，1；图版六二，1）。

瓷碗　1件。M1：2，白胎，通体施白釉。敞口，圆唇外卷，斜腹微弧，玉璧底，矮圈足。口径14、圈足径5.8、壁厚0.3～0.5、通高3.6厘米。底部有“薛留子”毛笔字迹，保存完整（图二，2；图版六二，2）。

陶执壶　1件。M1：3，砖红胎，敷多半化妆土，外施黄绿釉至腹部以下，因出土于水坑，釉已严重脱落，口内侧施半个釉。直口微侈，圆唇，束颈，短流，长腹微鼓，肩颈部置柄，柄中间有一道凹槽，平底。口径6、流长2.5、腹径8.5、底径7、口壁厚0.4、通高21.3厘米，保存完整（图二，3；图版六二，3）。

瓷罐　1件。M1：4，浅灰色胎，施多半化妆土至腹部以下，化妆土上施淡青色釉。小敞口，短颈，双系，鼓腹，平底。腹部及以下有少量土浸，口、腹部有小磕，保存较完整。口径5、壁厚0.3～0.6、底径5.5、通高10.5厘米（图二，4；图版六二，4）。

铁釜　1件。M1：5，口外撇。口径19.5、沿厚0.5、双耳高3、宽4、通高8厘米。平底，底径13厘米，浸蚀严重，三足仅剩一个（图版六二，5）。

铜镜　1面。M1：6，素面。直径13、厚0.4、纽长1.6、宽1.3厘米（图二，5；图版六二，6）。

铜钱　15枚。M1：7～M1：21，腐蚀严重，字迹模糊可见“开元通宝”。直径均2.4厘米。

墓志　1合。M1：22，由盖和志组成，方形，青砖质。边长7.5、厚6.5厘米。唐代开成四年（839年）墨书。文10行，共计151字（图版六三，1）。内容摘录于此：“维大唐开成四年岁次，己未二月癸丑，朔贰拾日壬申，本贯楚州故人薛臻，年捌拾壹

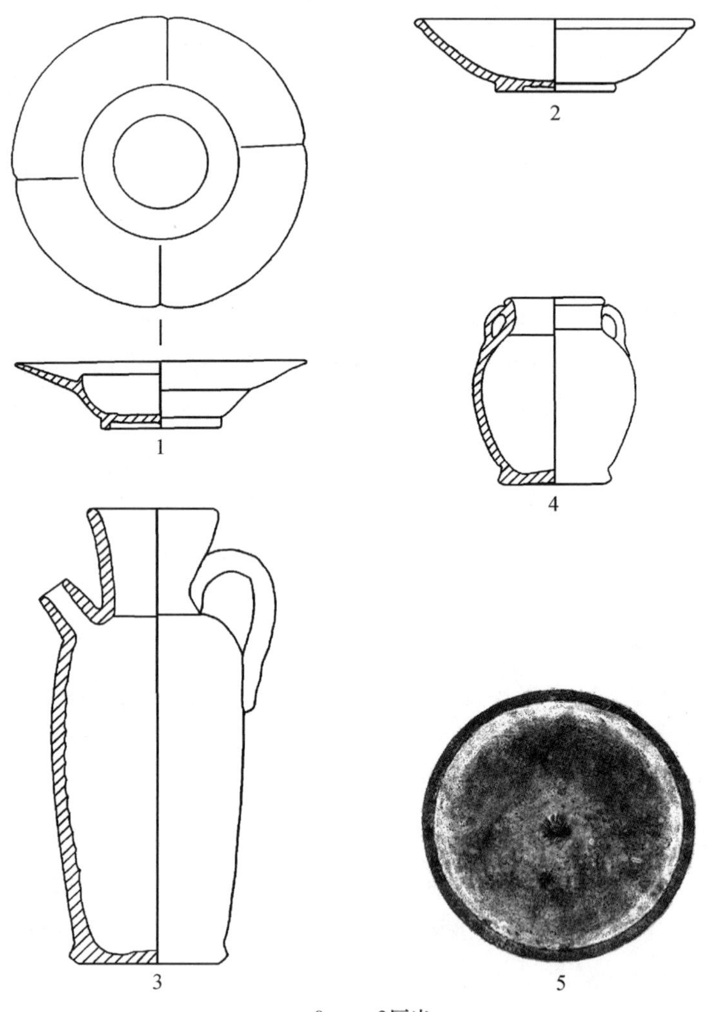

图二　M1出土器物

1. 瓷盏托（M1：1）　2. 瓷碗（M1：2）　3. 陶执壶（M1：3）　4. 瓷罐（M1：4）　5. 铜镜（M1：6）

岁，妻王氏捌拾壹岁，男让年肆拾贰岁，开成叁年五月贰拾三日身故，今并埋在博州聊城县土山乡石村。买得故人王林地三亩充墓园，地去羊马城西北三里，东至古羊马城，西至石村，南至官道，北至孔□，四至千秋万代留名，恐后陵谷迁移池台变毁，故立玄文，乃为铭记，孙男留子，年拾五岁，后为冯验。”由于上面有青砖相覆，铭文虽为墨书，出土时保存完好，十分难得。铭文字体普通，根据内容可知，墓主人姓薛名臻，为夫妻合葬墓，寿终时均年81岁。由于墓主的儿子早逝，墓葬为年少的孙子所立。虽然铭文仅151字，但从铭文中还可以知道关于当时地名的信息。

漆器　1件。M1：23，从其形状看，应为盆类器物。由于长期浸于淤泥中，腐蚀残损严重，难以修复。

（二）M2

位于M1西南约100米处，东南部和上部被破坏，残墓口距地表约7米。形制与M1基本相同，面积比北区墓葬略小，约8平方米，由墓道、墓门、甬道和墓室四部分组成。墓道、墓门位于墓室南部，因施工破坏，形状、长度不详。甬道被大部分破坏，残高0.4、宽0.8、进深0.7米，顶残失殆尽。墓圹近方形，直壁、平底，圹内用青砖砌筑墓室。墓室为单室，直壁，用长方形青砖错缝平砌，非常规整，边长约2.6米。在东侧墓壁上留有长方形窗户，用8排青砖竖式垒成，长0.85、高0.35米。墓顶为穹隆顶，多半被破坏。墓底未铺砖，墓底北部设高0.15米的棺床，东西向，表面铺设青砖，长2.6、宽1.1米。所用青砖均长0.3、宽0.15、厚0.05米，单面饰以绳纹。

墓内未见葬具，2具人骨腐朽严重，仅存头骨和部分肢骨，头向西。4件随葬品，其中瓷执壶、瓷碗各1件，位于墓室西北部；铜镜和漆器各1件，位于墓室北部。由于铜镜和漆器残损严重，难以修复。

瓷碗　1件。M2：1，白胎，通体施白釉。敞口，圆唇，斜腹微弧，玉璧底，底部有三支钉痕迹，矮圈足。口径14、圈足径5.8、壁厚0.3～0.5、通高3.8厘米（图三，1；图版六三，2）。

瓷执壶　1件。M2：2，灰白胎，通体内外施化妆土，器身上半部施淡黄色釉。浅盘形口，短颈，圆鼓腹，短直流，口至肩处置柄，柄中间有一道凹槽，器身矮胖，平底。口径6.8、流长1.5、腹径10.5、底径8.2、通高13厘米（图三，2；图版六三，3）。

铜镜　1面。M2：3，圆形，锈蚀严重。直径13、厚0.5厘米。

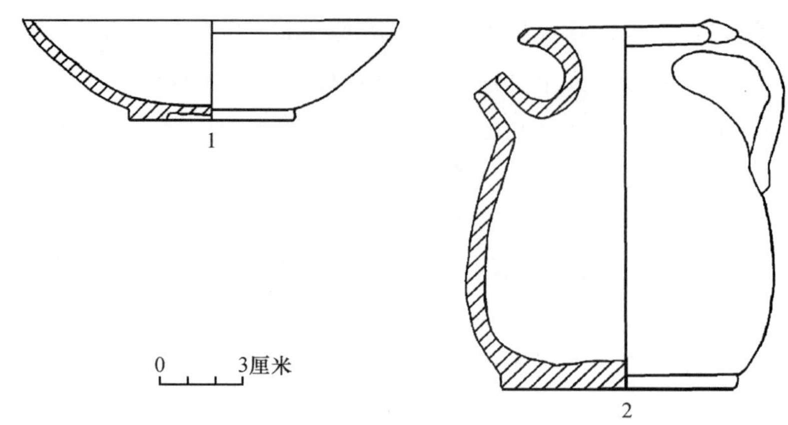

图三　M2出土瓷器
1. 碗（M2：1）　2. 执壶（M2：2）

二、墓葬年代

据M1青砖墓志记载“大唐开成四年……”，开成（836～840年）是唐文宗的年号，共计5年，由此判断，M1年代为唐开成四年（839年），即唐代晚期。

M2未发现明确纪年材料，只能从其墓葬形制和随葬器物来推断。M2位于M1西南约100米处，所处地层深度相同，均为地表以下7米左右，形制与M1基本相同，为方形砖室墓，由此来看，两座墓葬的年代基本一致，亦为唐晚期阶段。再者，M2与山东青州市郑母镇唐代纪年墓[1]、河北临城唐墓[2]形制相近，也可断定为唐晚期阶段。随葬器物中M2的瓷执壶，其盘口、短流、鼓腹、矮器身，亦符合唐晚期执壶的造型特征[3]。

三、结　　语

董桥村墓葬是目前首次发现的聊城市东昌府区有确切纪年的唐代墓葬。墓葬虽然规模较小，但是保存相对完整，这在山东地区并不多见。过去仅见嘉祥徐师謩墓、宁津王斌墓、临沂药材站唐墓、青州郑母镇唐墓、济阳县唐代纪年墓、商河县西甄村唐墓等数座，而就其形制，有方形双石室及长方形、圆形、船形砖室等不一。该墓葬的发现，丰富了聊城地区唐代墓葬资料。特别是瓷执壶、瓷盏托等时代明确，造型、风格典型，成为唐代器物鉴定、断代的标准器，为推断该地区类似墓葬年代提供了可靠依据，同时也为晚唐时期墓葬形制、丧葬习俗等学术课题研究增加了一批新材料[4]。另外，墓葬中的墨书砖志，与山西临汾西赵遗址的唐代纪年墓相类似[5]，虽历经千年，文字仍十分清晰，内容保存完整，其中提到的“博州、聊城县、土山乡、石村、羊马城”等地名，对聊城城址、名称变迁提供重要佐证。因此，具有重要意义和学术价值。

摄影、绘图：郑　彦
执　　笔：李　燕　吕黎黎

注　释

［1］ 青州市文物管理所：《山东青州市郑母镇发现一座唐墓》，《考古》1998年5期。
［2］ 李振奇、史云征、李兰珂：《河北临城七座唐墓》，《文物》1990年5期。
［3］ 中国硅酸盐学会：《中国陶瓷史》，文物出版社，1982年，194、196页。
［4］ 同［3］，162页。
［5］ 山西省考古研究所、中国社会科学院考古研究所等：《山西临汾西赵遗址首次发现唐代纪年墓》，《中国文物报》2014年7月4日第8版。

山东省龙口市埠下王家窑址发掘简报

烟台市博物馆

埠下王家窑址位于山东省龙口市北马镇埠下王家村西约100米的台地上（图一），台地南侧、西侧有一季节性小河自东南向西北流过，小河北侧的断崖上可见醒目的烧土堆积。窑址地势相对较为平坦，位于台地边缘处。窑址是烟台市博物馆2001年9月进行荣乌高速公路沿线文物调查时发现，东西长约100、南北宽约50米，总面积约5000平方米。

为了做好公路沿线的文物保护工作，烟台市博物馆、龙口市博物馆于2002年3～4月联合对埠下王家窑址进行了考古发掘。为了摸清窑址的整体面貌，在靠近台地西侧

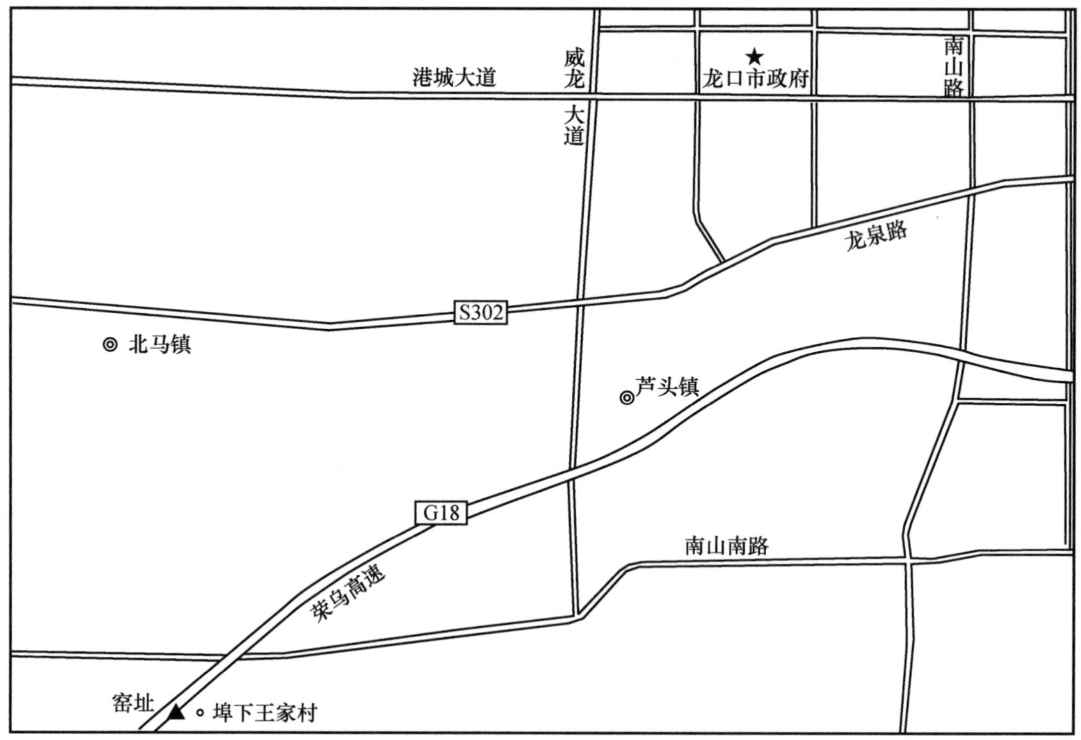

图一　窑址位置示意图

断崖处开了一条25米×2米的探沟，探沟呈东南—西北方向，后又向西扩方至台地的断崖边缘（图二），发掘面积近1000平方米。发现的文化遗存有两座陶窑、灰坑等遗迹，出土遗物主要是以白陶为主的瓮、罐、小罐、陶拍等陶器。此外，出土了少量的五铢钱。

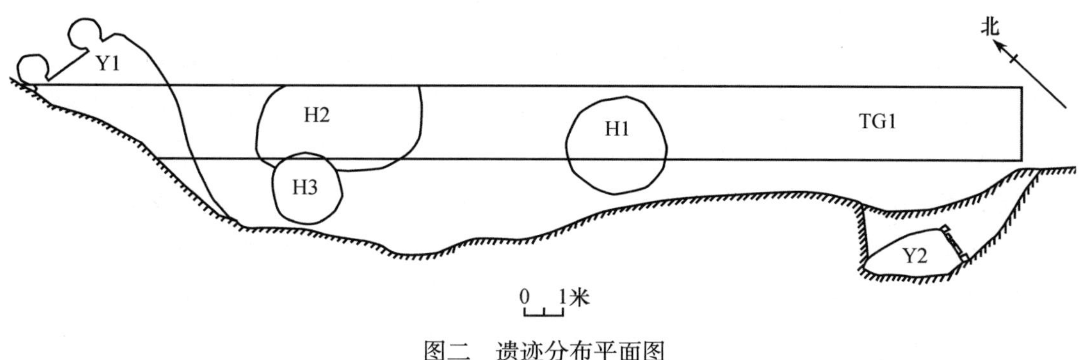

图二　遗迹分布平面图

一、地层堆积及地层内遗物

（一）地层堆积

遗址的地层堆积情况以TG1的东壁为例加以介绍（图三），具体情况如下：

第1层：现代耕土层。黄褐色土，土质疏松。厚约0.2米。

第2层：扰乱层。黄褐色土，土质较硬。厚0.1～0.35米。出土陶片、瓷片等，既有明清的瓷片，也有汉代的板瓦。此层下开口的遗迹有Y1、Y2、H2、H3。

第3层：灰褐色土。由高岭土块、砂石组成，土质较硬，成分以淘洗陶土剩下的废料为主，夹杂大量碎陶片。厚0.1～0.55米。出土陶片以夹砂白陶为主，其余为夹砂红陶、灰陶。器形以瓮、罐为主，还有小罐、陶拍等。另外出土了少量的汉代五铢钱。为汉代文化层。此层下开口的遗迹有H1。

第3层以下为生土层。

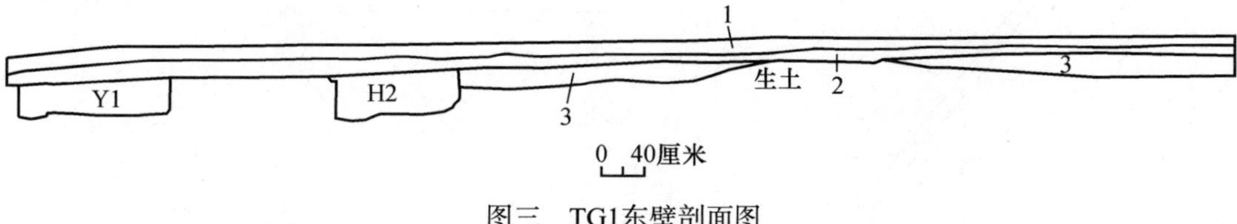

图三　TG1东壁剖面图

（二）汉代地层出土遗物

窑址第3层出土的陶片中，夹砂陶占了绝大部分，泥质陶较少。陶色以白陶为主，余为红褐陶、青灰陶，个别陶器外挂黑釉。陶器以素面为主，装饰纹饰有凹弦纹、凸弦纹、刻划纹、绳纹、压印纹、泥饼状附加堆纹等。绳纹主要位于陶瓮的底部；凹弦纹经常与刻划纹组合使用，位于罐、瓮、盆的腹部；凸弦纹位于壶的颈部。陶器制法以轮制为主，个别小型器物为手工捏制（如小罐、陶拍、纺轮）。器形主要有罐、瓮、盆、钵、小罐、拍、壶等；器类中以罐、瓮数量最多，其余器形数量较少。

陶盆　完整及复原者5件。TG1③：3，夹砂白陶，素面。方唇，宽折沿，鼓腹，平底。复原。直径44.4、高18厘米（图四，1；图版六四，1）。TG1③：88，夹砂白陶，素面。方唇，宽折沿，鼓腹，小平底。复原。口径29.8、高8.4厘米（图四，2；图版六四，2）。TG1③：2，泥质灰陶。方唇，大折沿，斜直壁，平底上凹。唇部饰一周压印纹，折沿及器壁有瓦楞状纹饰。完整。口径46、高22.2厘米（图四，3；图版六四，3）。TG1③：03，泥质白陶，素面。方唇，宽折沿，弧腹，小平底，底内面

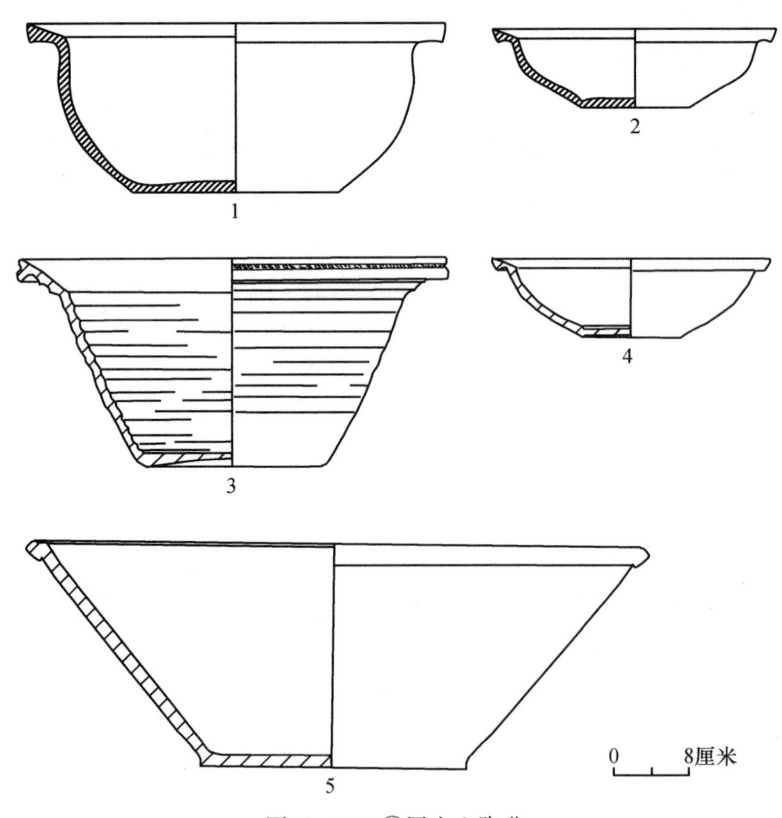

图四　TG1③层出土陶盆

1. TG1③：3　2. TG1③：88　3. TG1③：2　4. TG1③：03　5. TG1③：4

下凹。复原。口径29、高8.4厘米（图四，4）。TG1③：4，泥质白陶，素面。圆唇外折，斜直壁，平底，口沿上部有一周凹陷。复原。口径65.6、高24厘米（图四，5；图版六四，4）。

陶盆口沿　大体分为两类。

第一类，器物外壁有较明显的凸棱，口沿处无明显的卷沿。TG1③：16，泥质白陶。尖唇，敞口，弧腹。腹内壁上部有两道瓦楞纹饰，腹壁外侧饰瓦楞纹。口径48、残高13厘米（图五，1）。TG1③：59，泥质白陶。尖唇，折沿，斜壁，底残缺。口沿及外壁上部有瓦楞纹。口径29.6、残高12.2厘米（图五，2）。TG1③：71，夹砂白陶。敞口，方唇，斜弧壁，底残缺。唇部及外壁上部有瓦楞状纹饰。口径36.8、残高10.2厘米（图五，4）。TG1③：70，夹砂白陶。敞口，方唇，斜弧壁，底残缺。唇部及外壁上部有瓦楞状纹饰，外壁下部有轮制形成的浅凹弦纹。口径35.2、残高9.4厘米（图五，6）。

第二类，器物外壁较光滑，口沿处有较宽的卷沿。TG1③：51，泥质白陶。方唇，卷沿，斜弧壁，底残缺。外壁上部有凸弦纹。口径42.4、残高8.3厘米（图五，5）。TG1③：58，夹砂白陶。方唇，宽折沿，斜直壁，底残缺。外壁上部及内壁上

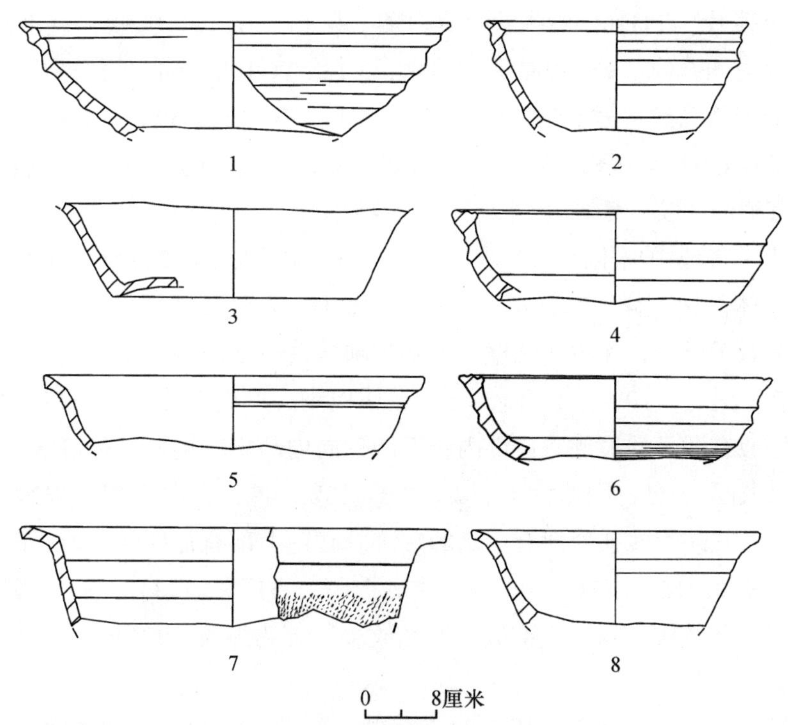

图五　TG1③层出土陶盆

1、2、4～8. 盆口沿（TG1③：16、TG1③：59、TG1③：71、TG1③：51、TG1③：70、TG1③：58、TG1③：75）　3. 盆底（TG1③：81）

部有轮制形成的浅瓦楞，外壁下部饰绳纹，口径47.6、残高11.2厘米（图五，7）。TG1③：75，夹砂白陶，方唇，卷沿，斜壁，底残缺。外壁上部有轮制形成的细凹弦纹。口径32.4、残高10.6厘米（图五，8）。

陶盆底　TG1③：81，夹砂白陶。口沿残缺，斜直壁，平底，底中心上凹。底径27、残高10.4厘米（图五，3）。

大型厚壁陶钵　器形较大，器壁比较厚，与普通的陶钵不是一类器物。TG1③：1，夹砂白陶，素面。厚壁，方唇，斜直壁，平底。壁上有抹痕。复原。口径34、底径21、高19.6厘米（图六，1；图版六四，5）。

陶钵　完整及复原者4件。TG1③：6，泥质白陶，素面。方唇，敛口，弧壁，大平底。复原。口径23、底径15、高8厘米（图六，2；图版六四，6）。TG1③：90，泥质白陶，素面。圆唇，敛口，腹部圆折，平底。复原。口径21、高8.2厘米（图六，4）。TG1③：7，泥质白陶，素面。圆唇，敛口，弧壁，腹部圆折，近口部有一周凹陷，小平底。复原。口径20、高8厘米（图六，6；图版六五，1）。TG1③：8，泥质白陶，素面。方唇，敞口，斜壁，平底，近底部有一周凹陷。复原。口径17.4、高6.6厘米（图六，7；图版六五，2）。

陶钵口沿残片　TG1③：61，泥质白陶。敞口，尖唇，弧壁，壁下部圆折，平底。外壁有两周凹弦纹。残高9厘米（图六，3）。TG1③：64，泥质白陶。敞口，尖唇，弧腹。饰细凸弦纹。残高7厘米（图六，5）。TG1③：60，泥质红陶。圆唇，敛口，鼓腹。残高4.4厘米（图六，8）。TG1③：62，泥质白陶。敞口，尖唇，弧壁，底残缺。外壁有细凹弦纹。残高8厘米（图六，9）。

陶臼形器　窑址中出土的一类器形比较特殊的器物，器壁较厚，底部似有矮足痕迹，器物的整体面貌不详。TG1③：50，夹砂白陶。厚壁，素面。方唇。直口，口部内端下凹，类似子母口，深腹，弧壁，下部残缺，残缺处似有矮足的痕迹。口径20.6、残高14.6厘米（图六，10）。TG1③：5，泥质白陶，厚壁，素面。直口，弧壁，下部残缺，残缺处似有矮足的痕迹。口部内侧下凹并向内凸出，类似子母口状。口径20.6、残高15厘米（图六，11；图版六五，3）。TG1③：49，夹砂白陶。方唇，直口，深腹，斜壁，器底残缺，残缺处似有矮足的痕迹。腹壁上部有瓦楞状纹饰。口径17.8、残高11.7厘米（图六，12）。TG1③：48，夹砂白陶。方唇，直口，深腹，弧壁，器底残缺。口部上面有凹弦纹，器壁上部数周凹弦纹，下部为绳纹。口径17.6、残高11.3厘米（图六，13）。

陶壶口沿　TG1③：68，泥质白陶。敞口，方唇，束颈，颈部满饰凸弦纹。口径18、残高7厘米（图六，14）。TG1③：69，泥质白陶。敞口，方唇，束颈，颈部有压印纹。口径16、残高5厘米（图六，15）。

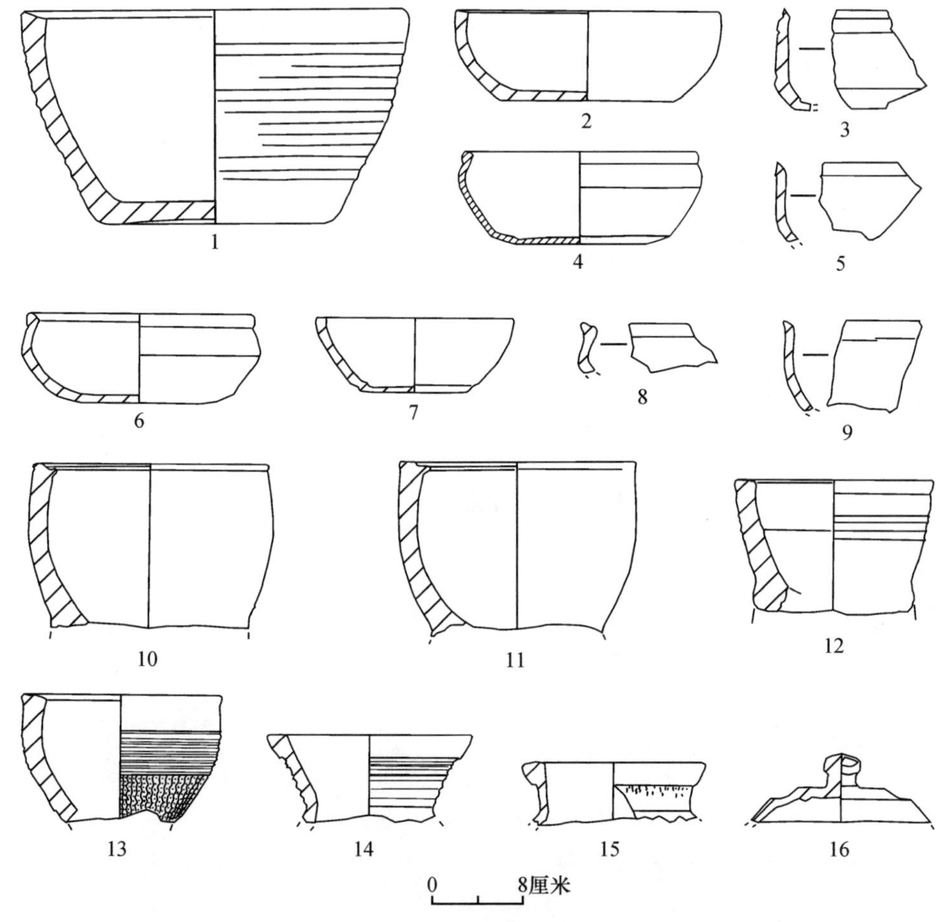

图六　TG1③层出土陶器

1. 大型厚壁钵（TG1③：1）　2～9. 钵（TG1③：6、TG1③：61、TG1③：90、TG1③：64、TG1③：7、TG1③：8、TG1③：60、TG1③：62）　10～13. 臼形器（TG1③：50、TG1③：5、TG1③：49、TG1③：48）　14、15. 壶口沿（TG1③：68、TG1③：69）　16. 器盖（TG1③：55）

陶器盖　TG1③：55，泥质白陶。弧形器盖，平顶，顶部有蘑菇状把手，盖部有瓦楞状凸起，盖周边残缺。残高6、残口径16厘米（图六，16）。

陶罐口沿　均有较高的领部。TG1③：83，夹砂红陶。方唇，直领，鼓腹。口径32、残高8厘米（图七，1）。TG1③：82，泥质灰白陶，素面。方唇，直口，高领，鼓腹。口径26、残高9厘米（图七，2）。TG1③：86，泥质白陶，素面。方唇，敞口，高领，鼓腹。口径34、残高18厘米（图七，3）。TG1③：66，泥质白陶，素面。敞口，方唇，束颈，鼓腹。口径18、残高6厘米（图七，4）。TG1③：85，夹砂白陶。圆唇，敞口，高领，鼓腹。腹上部饰压印的波浪纹、凹弦纹。口径36、残高14厘米（图七，5）。TG1③：84，夹砂红陶。方唇，直领，领部凹弦纹，鼓腹。口径26、

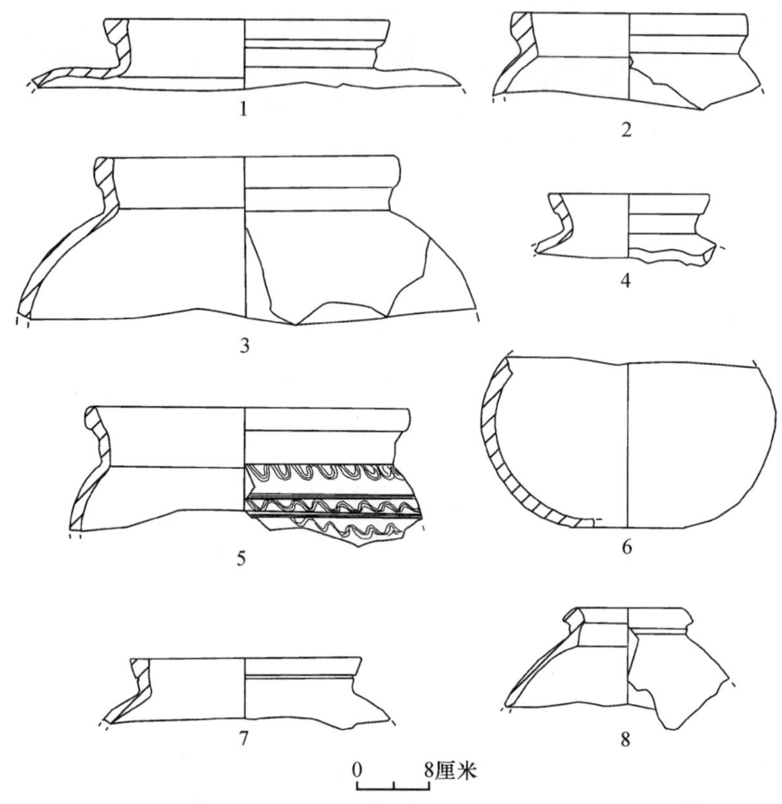

图七 TG1③层出土陶器

1～7. 罐（TG1③：83、TG1③：82、TG1③：86、TG1③：66、TG1③：85、TG1③：91、TG1③：84）
8. 瓮口沿（TG1③：65）

残高7厘米（图七，7）。

陶罐底 TG1③：91，泥质白陶，轮制，素面，鼓腹，小平底。仅余器物下半部。底径12.8、残高19.2厘米（图七，6）。

陶瓮口沿 TG1③：65，夹砂白陶，素面，圆唇内敛，矮领，鼓腹。口径14.6、残高11厘米（图七，8）。

薄壁陶瓮 TG1③层出土一些瓮口沿，与大多数的白陶瓮不同，这些瓮的器壁较薄，烧制的火候较低，不属于白陶范畴，属于普通的低温陶器。TG1③：54，夹砂灰陶，素面。圆唇，敛口，鼓腹。口沿外侧有一周凹槽。口部内径26.4、残高10.2厘米（图八，1）。TG1③：52，夹滑石红陶，素面。方唇，敛口，鼓腹。内壁有轮制形成的凹弦纹。口部内径25.4、残高7厘米（图八，2）。TG1③：53，夹滑石红陶，素面。方唇，敛口，鼓腹。内壁有轮制形成的凹弦纹。口部内径29.2、残高6.8厘米（图八，3）。

陶器底 TG1③：78，夹砂白陶。高台底。底径28、残高3厘米（图八，

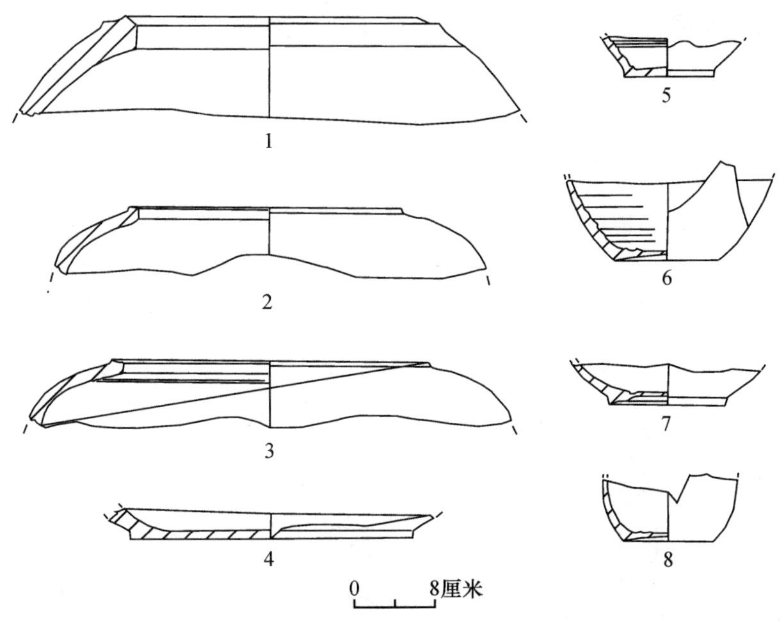

图八 TG1③层出土陶器

1～3. 薄壁陶瓮（TG1③：54、TG1③：52、TG1③：53） 4～8. 器底（TG1③：78、TG1③：79、TG1③：80、TG1③：77、TG1③：87）

4）。TG1③：79，泥质白陶。平底，台状底。底径10、残高4厘米（图八，5）。TG1③：80，泥质白陶。弧壁，平底，底上凹。底径10、残高8厘米（图八，6）。TG1③：77，夹砂白陶。平底下矮圈足，圈足较宽。底径12、残高4厘米（图八，7）。TG1③：87，泥质白陶。弧壁，平底，底中央上凹。底径9厘米（图八，8）。

陶小罐 TG1③层出土大量小罐，器形很小，完整及复原者共27件。TG1③：40，泥质红陶，手制。圆唇，直口，束颈，深腹，直壁，圜底，腹上部有一圆孔。复原。口径5、高9厘米（图九，1）。TG1③：1，泥质白陶，手制。圆唇，敛口，深腹，弧壁，圜底，腹上部有一圆孔。完整。口径5、高7厘米（图九，2；图版六五，4）。TG1③：6，泥质白陶，手制。圆唇，敛口，深腹，弧壁，圜底，腹上部有一圆孔。完整，口径5、高8厘米（图九，3）。TG1③：30，泥质红陶，手制。圆唇，直口，束颈，深腹，弧壁，圜底，上腹部有一圆孔。完整。口径5、高8厘米（图九，4；图版六六，4）。TG1③：25，夹砂白陶，手制。圆唇，敛口，弧壁，圜底，腹壁上有一圆孔。复原。口沿4.4、腹径6.4、高7.4厘米（图九，5）。

陶拍 TG1③层出土一批陶拍，完整及复原者共10件。TG1③：89，夹砂白陶。拍身圆饼状，正面凸出，背面平坦，有鞍形纽。手制，完整。直径13.4厘米（图九，6；图版六五，5、6）。TG1③：17，夹砂灰白陶。拍身为圆饼状，正面圆凸，背面平坦，安装有鞍形把手。手制，完整。直径13.4、高5.2厘米（图九，9）。TG1③：20，泥质白陶。拍身四周残缺，仅余中间部分，拍身上部把手为圆头高柱状。手制，残。残径7、高10厘米（图九，10；图版六六，1）。TG1③：16，夹砂红陶。拍身为圆饼状，正面圆凸，背面平坦，安装有鞍形把手，把手较矮。手制，复原。直径12.6厘米（图九，11）。TG1③：11，泥质白陶。拍身为圆饼状，拍头端圆滑外凸，手持端平整，上有鞍形把手。手制，复原。直径15.2、厚5.2厘米（图九，12）。TG1③：15，

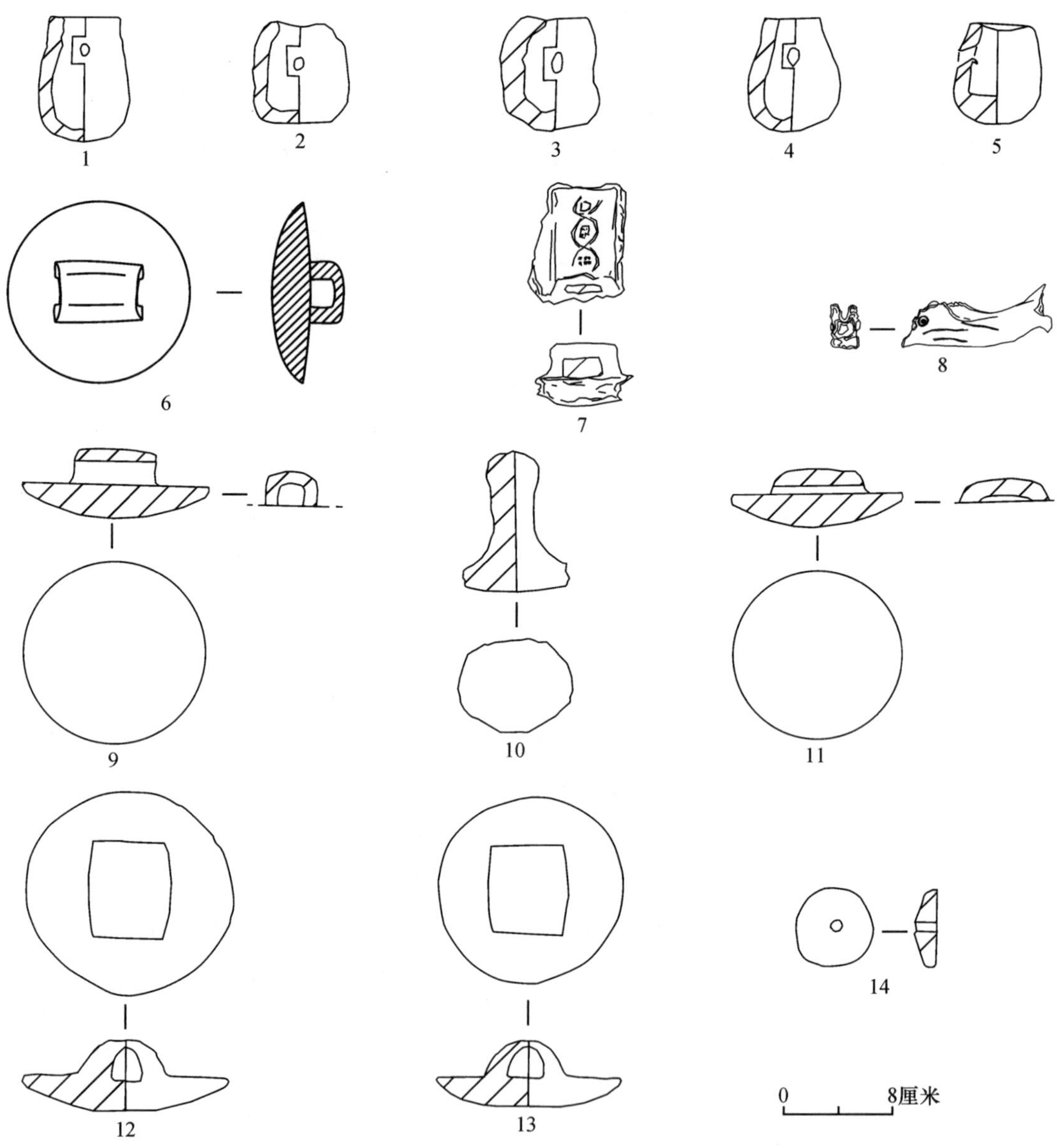

图九　TG1③层出土陶器

1～5. 小罐（TG1③：40、TG1③：1、TG1③：6、TG1③：30、TG1③：25）　6、9～13. 陶拍（TG1③：89、TG1③：17、TG1③：20、TG1③：16、TG1③：11、TG1③：15）　7、8. 把手（TG1③：19、TG1③：22）　14. 纺轮（TG1③：21）

泥质白陶。拍身为圆饼状，拍头端圆滑外凸，手持端平整，上有鞍形把手。手制，复原。直径13.4、厚4.8厘米（图九，13）。

陶把手　TG1③层出土两件把手。TG1③：19，泥质白陶。为陶拍的桥形纽，饰压印线条及戳印图案。手制。残长6.4、残高4.6厘米（图九，7）。TG1③：22，泥质白陶。把手外端残缺，余下部位为动物形态，似为鸟首状，二目明显，喙部凸出。所属器类不详。手制。残长11.8、宽4厘米（图九，8；图版六六，2）。

陶纺轮　TG1③：21，泥质白陶。矮圆饼状，一侧平坦，另一侧凸出，中间有圆孔。手制，完整。直径5.8厘米（图九，14；图版六六，3）。

二、文化遗存

此次发掘出土的主要遗迹为第2层下开口的陶窑Y1、Y2和灰坑H2、H3（其中H3打破H2）；第3层下开口的灰坑H1。下面分别加以介绍。

（一）Y1

1. 窑室形制

位于台地的西北端，开口于第2层下。

Y1的西部、南部均遭到破坏，从现存部分看，一号窑平面应为长方形，自南向北依次为火门、火塘、窑室、烟道。现火门已被完全毁掉，火膛、窑室仅存约1/2，仅烟道部分保存较为完整。Y1残长7.78、残宽3.2、残高1米多（图一〇；图版六七）。

从现场可以看出，Y1的建造系在生土上挖一个长方形深坑，北部挖2个与深坑相通的圆洞。2个圆洞直接用来充当烟道，生土坑壁直接用作窑壁。

火塘壁用重菱形子母口花纹砖平砌，砖长37.1、宽15、厚6.3厘米。花纹向内，顶部券顶，现已塌陷（图一一；图版六八，1）。火塘部分现存高度约1、残长约3米。大部分火塘用砖已被烧结，呈琉璃状，不辨砖形。火塘的底面上有一层白色烧结层，北部很薄，南部最厚处约40厘米，呈层状堆积，估计为木材灰烬与白色陶土混合物的结块。

窑室部分长近3.6米，窑壁使用生土壁，在生土壁上涂抹有草拌泥（靠烟道部分可见涂抹了数层）。窑室底面堆积有一层碎砖块，厚约40厘米。碎砖块较大，但无完整者，有的地方可以看出砖与砖之间用黏土黏结在一起，数列竖立，下部呈弧形（图版六八，3）。由此推测，窑室可能原有砖砌的券顶。在砖堆的下面，有一层褐色烧土碎

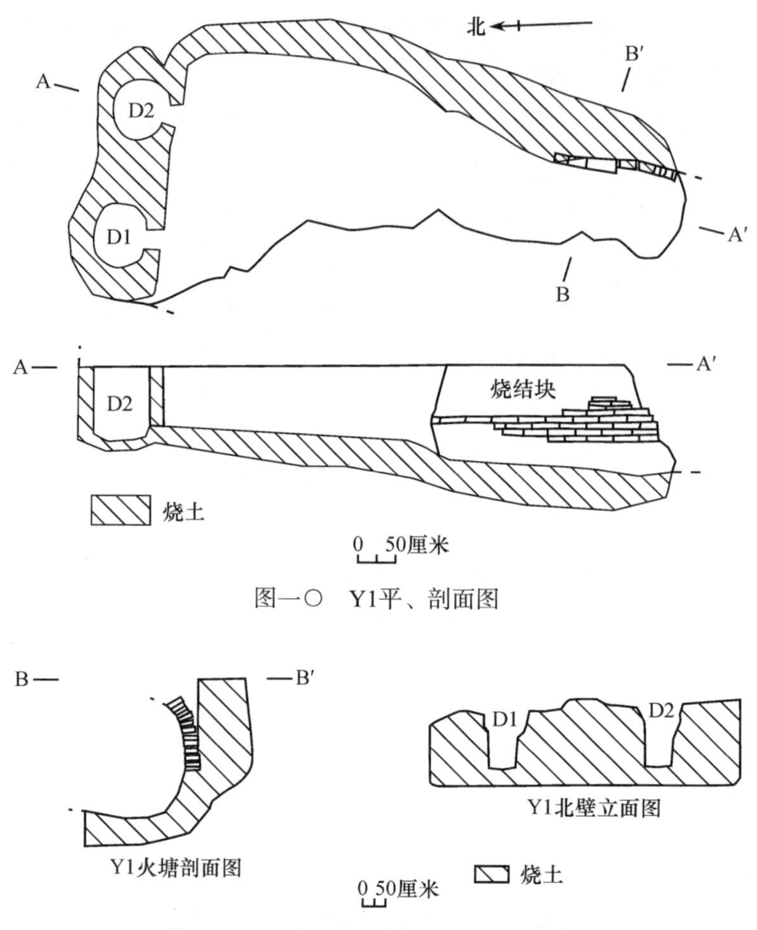

图一〇　Y1平、剖面图

图一一　Y1火塘剖面图、Y1北壁立面图

块堆积，厚1～2厘米。这层褐色烧土很可能是抹在窑室部位券顶的下部，券顶塌落，被压在了最下层。

Y1有两个烟道，编号D1、D2，系在窑室北侧的生土上直接挖成，平面呈圆形，直径82～85厘米，D1残深85、D2残深91厘米。烟道残存部分的上径与下径基本相同，底部下凹，低于窑床16厘米。烟道的底面低于窑床，使烟道下部有一个压缩空间，可以有效地防止倒烟现象发生。烟道南侧开有宽32厘米的口子与窑室相通，烟道内壁被烧成青灰色（图一二；图版六八，2）。

Y1，整体从断面看，北高南低，火塘低于窑室。火塘、窑室底面呈斜坡状，从火塘至烟道逐渐升高，这样就可以充分利用自然的抽力。窑室与火膛的底部可能涂有一层黄色的耐火材料，厚约8厘米。耐火材料外的生土被烧成红褐色，火膛底部的红烧土厚达50厘米。火膛处的堆积中，有一层灰烬痕迹，个别可以看出是木炭灰，估计原先使用木材烧窑。在窑室底面上暴露出规律分布的红色斑块。斑块基本上为圆形，直径约

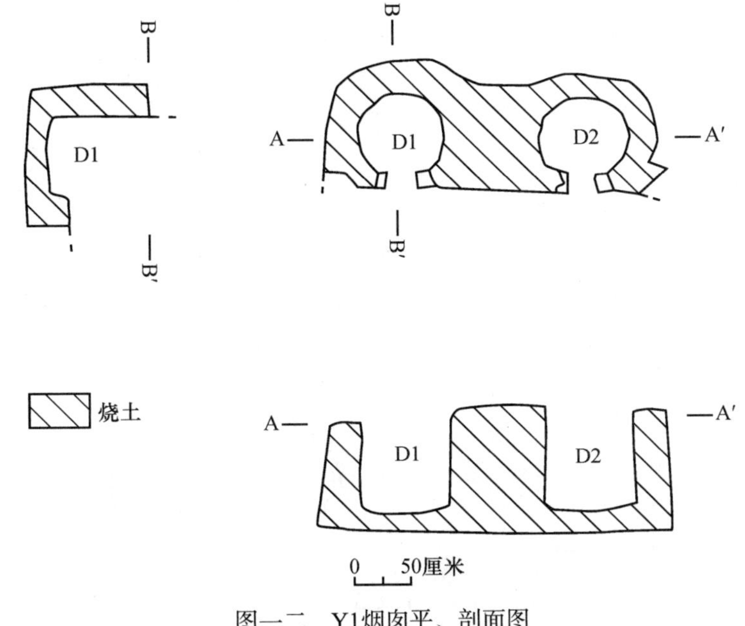

图一二 Y1烟囱平、剖面图

20厘米，间隔约37厘米。这些迹象表明，在烧制陶器时，使用某种东西支撑住陶器，火焰从支撑物中间穿过。但窑址中未发现支具，估计是使用普通的砖头来充当支具。

Y1重要的出土物是一块位于烟道内的白膏泥。在窑址西侧河底的地层中现在可以看到白膏泥堆积，这些白膏泥就是用于制造陶器的主要原料。

2. 出土器物

Y1堆积中出土的陶片大部分为夹砂陶，约占陶片总数的97%；出土少量泥质陶，约占陶片总数的3%。夹砂陶中白陶1040片、青灰陶200片、红褐陶200片、挂黑釉陶片28片，白陶占比70%以上。泥质陶均为黑灰色，共41片。陶器以素面为主，纹饰主要有弦纹、瓦楞纹、绳纹、刻划纹、压印纹、附加堆纹（贴泥饼）。器形中瓮口沿85件、罐口沿20件、盆口沿3件、钵口沿3件、小罐口沿2件；其中瓮的数量最多，其次为罐。

陶瓮 复原及可修复者5件。Y1：5，夹砂白陶。圆唇，敛口，斜沿，矮领，鼓腹，圜底。饰凹弦纹。完整。口径20、高47.4厘米（图一三，1；图版六九，1）。Y1：6，夹砂白陶。圆唇，敛口，斜沿，矮领，鼓腹，圜底。饰凹弦纹。完整。口径21、高55厘米（图一三，2；图版六九，2）。

陶器底 Y1：10，泥质白陶。鼓腹，底面上凹。残高10厘米（图一三，4）。

Y1火塘用砖以及窑室内塌落砖。夹细砂红陶。子母口方形砖，花纹端被火烧成黑色，为三组菱格形纹饰。长37、宽15、厚7厘米（图一三，3；图版六九，3、4）。

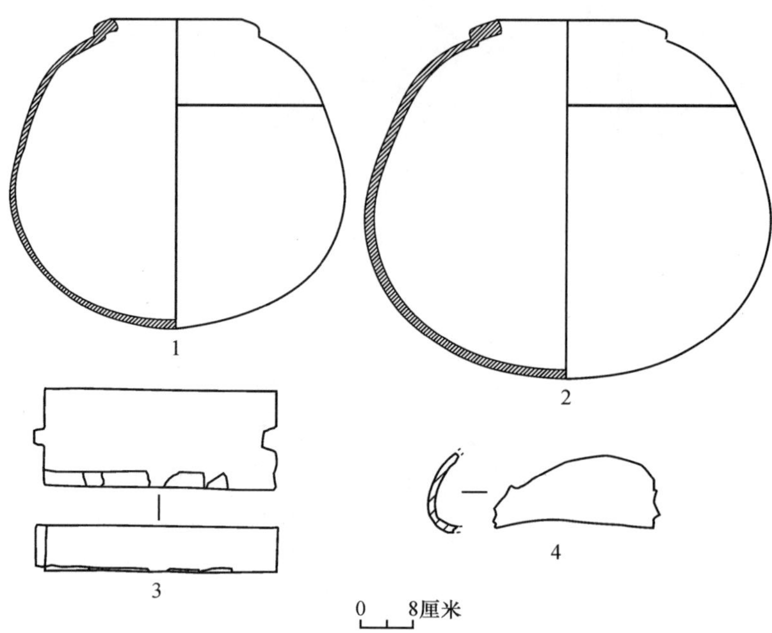

图一三　Y1出土器物

1、2. 陶瓮（Y1：5、Y1：6）　3. Y1火塘砖　4. 陶器底（Y1：10）

（二）Y2

1. 窑室形制

位于Y1的东南侧，二者相距约20米，开口于第2层下。

现存窑门、火膛的大部分、窑室的一部分，窑口向东，烟道情况不详。残长近3米，残宽、残高均1米多（图一四；图版七〇，1）。从该窑残存部分看，当时人们利用断崖在生土中挖一个拱形洞室，用作窑室。窑门利用灰砖砌成，有的砖与Y1相同，也为重菱形子母口花纹砖，其余的纹饰有钱纹、鱼纹等。

窑门南北宽110厘米，两侧门垛用砖平砌，残高42厘米，上部估计为券顶。窑门外侧遗留一行封门砖（图版七〇，2）。窑室与火膛部分直接利用生土壁，土壁上还留有铁镬的印痕（图版六六，5）。火膛部分残长150、残宽110厘米，火塘底面低于窑室底面。火塘底部有厚约10厘米的木炭堆积，估计为松材。窑床仅残留西北一角，窑床残长130、残宽30～80厘米。有二次垫土台，现存窑床底面高出火膛约40厘米。窑床和火膛使用后留下厚约10厘米的烧结层，烧结层外为10～25厘米的红烧土层。二号窑的烟道已被破坏，估计应在窑室西侧，与窑门遥相对应。

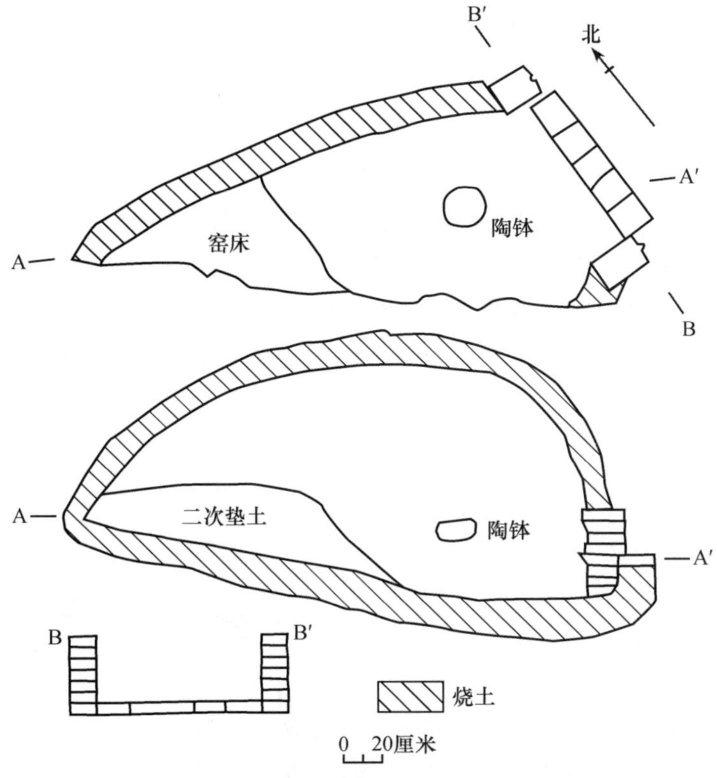

图一四 Y2平、剖面图及窑门剖面图

2. 出土器物

窑内填土含较多的白陶片，出土完整的陶钵一件。

陶钵 Y2：1，泥质白陶，圆唇，敞口，弧壁，平底。外沿下饰两周凹弦纹，钵外侧被烟火熏黑。完整。口径15.6、底径8.5、高5.6厘米（图一五；图版六九，5）。

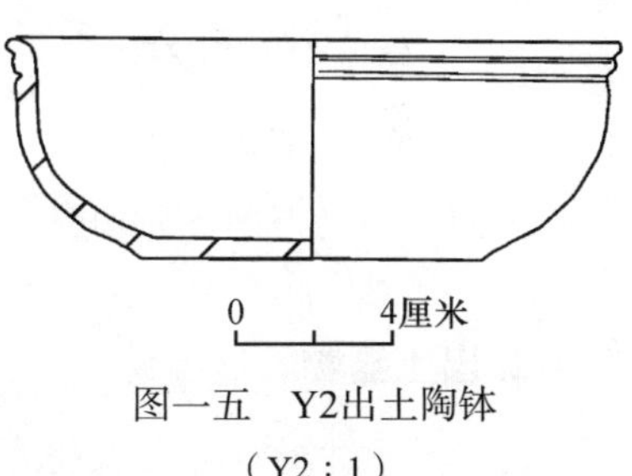

图一五 Y2出土陶钵（Y2：1）

（三）H1

H1 位于TG1中部，开口于第3层下，坑口距地表110厘米。坑口平面略呈圆形，直径265、坑深45厘米，坑底为锅底状（图一六；图版七一，1）。坑内填土为非常细腻的膏泥，膏泥经过淘洗，为制陶用的原料。膏泥内均匀地混有黑色炭灰，并夹杂大量陶片和一些石块。

坑内出土陶片为白陶片，器形主要为瓮。H1的用途主要是用来储存制陶用的、经过淘洗的陶土原料。

（四）H2

1. 灰坑形制

位于TG1的西部，开口于第2层下，南邻H3，并被H3打破。坑口平面略呈圆形，直径约250厘米。灰坑部分叠压在探沟的东壁下，深110厘米（图一七）。坑内填土第1层为黄褐土，出土少量白陶片。第2层填土内夹杂有大量的红褐色烧土块、草木灰等，出土大量白陶片。第2层填土内还出土了一堆白色小罐（图版七一，2），约14件，器形较有特色。

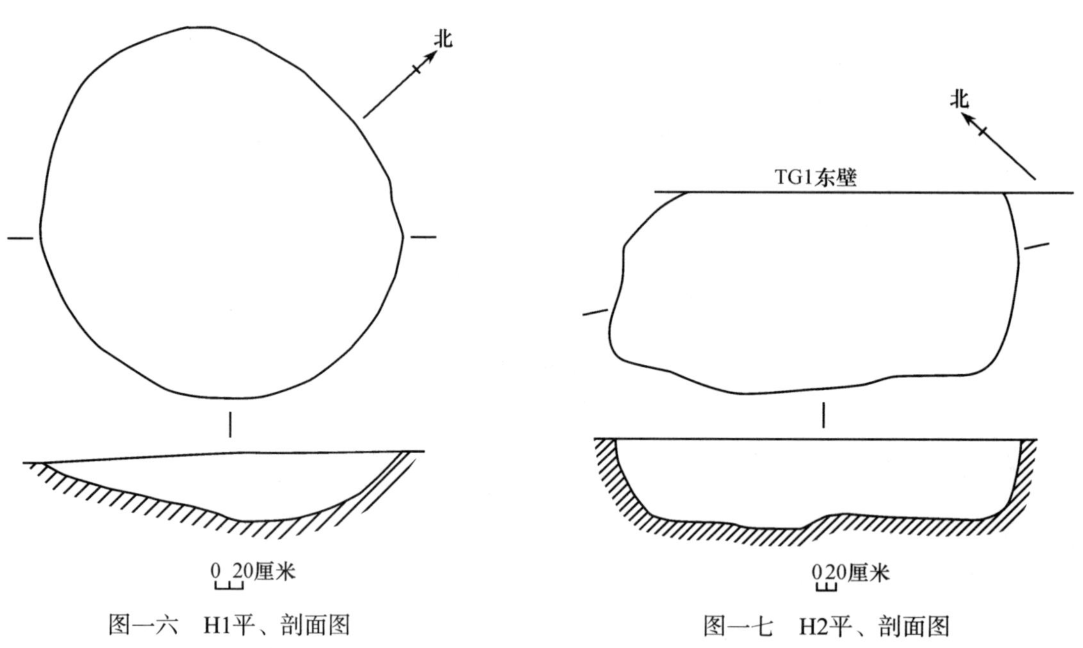

图一六　H1平、剖面图　　图一七　H2平、剖面图

2. 出土器物

H2出土陶片以夹砂白陶为主，其次为夹砂红褐陶、夹砂青灰陶；出土陶片中还有少量泥质白陶。纹饰主要有弦纹、瓦楞纹、刻划纹、绳纹，也有挂黑釉陶片。器形中，有瓮口沿62件、罐口沿78件、小罐及小罐口沿19件、壶口沿2件、盆口沿15件、钵口沿3件。

盆口沿　H2：13，泥质白陶。方唇，宽折沿，斜壁。外壁饰压印纹。直径48、残高9厘米（图一八，1）。H2：11，泥质白陶，素面。尖唇，敞口，深腹，斜壁，底残缺。口径32、残高14.8厘米（图一八，2）。H2：12，夹砂白陶。方唇，折沿，腹壁圆折，底部残缺。口沿内有瓦楞状纹饰，腹壁有两周凸弦纹带。口径45.8、残高9.8厘米

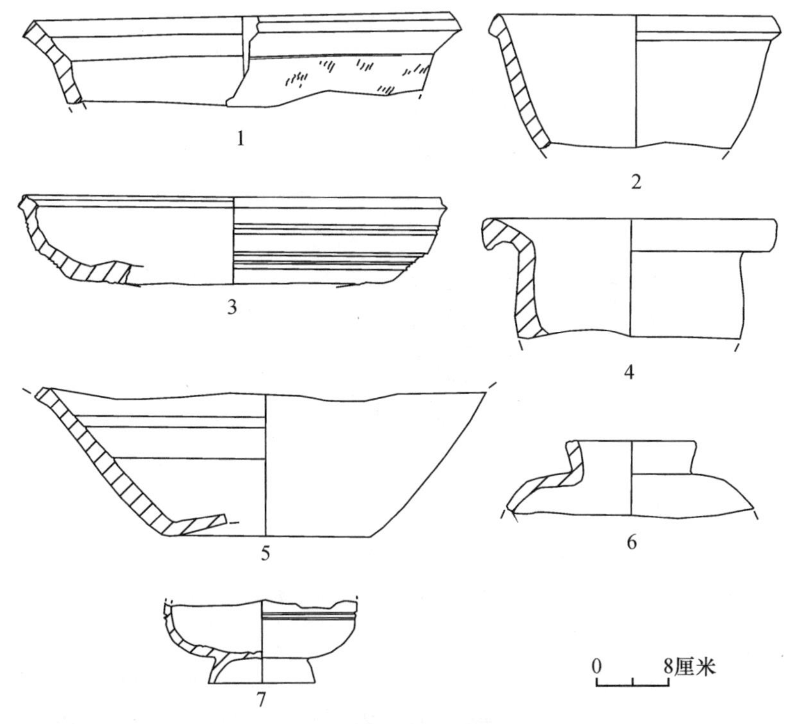

图一八　H2出土陶器

1～5. 盆（H2：13、H2：11、H2：12、H2：14、H2：15）　6. 罐（H2：17）　7. 壶（H2：16）

（图一八，3）。H2：14，轮制，夹砂白陶，素面。方唇，平卷沿，弧壁，盆下部残缺。口径32.2、残高13.2厘米（图一八，4）。

盆底　H2：15，夹砂白陶。口沿残缺。斜直壁，平底，底中心上凹。内壁有轮制形成的凸弦纹。底径22.6、残高16.2厘米（图一八，5）。

罐　H2：17，口沿。泥质白陶，素面。方唇，直领，鼓腹。口径14.2、残高8.2厘米（图一八，6）。

壶　H2：16，壶底。泥质红陶。鼓腹，圜底，高圈足。腹饰两周凹弦纹。底径11.6、残高9厘米（图一八，7）。

小罐　H2出土一批小罐，完整及复原者共19件，挑选4件复原器作介绍。H2：6，夹砂白陶，手制，素面。圆唇，小直口，斜直壁，大圜底，壁上有一圆孔。口径3.3、腹径6.6、高7.3厘米（图一九，2）。H2：10，夹砂白陶，手制，素面。圆唇，直口，一侧斜直壁，一侧为弧壁，圜底，壁上有一圆孔。口径3.7、腹径6.1、高7.5厘米（图一九，3）。H2：3，夹砂白陶，手制，素面。圆唇，束径，鼓腹，圜底，壁上有一孔。口径4、腹径7、高8厘米（图一九，5）。H2：5，夹砂白陶，手制，素面。圆唇，敛口，弧腹，圜底，壁上有一孔。口径3.9、腹径6.3、高7.5厘米（图一九，1）。

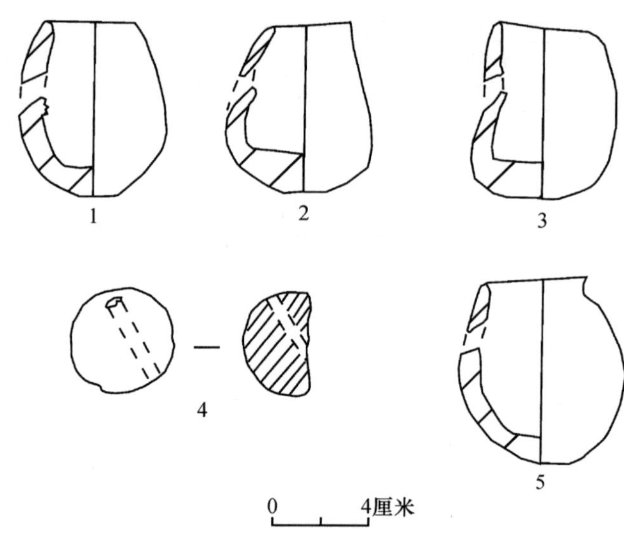

图一九 H2出土陶器

1～3、5. 小罐（H2：5、H2：6、H2：10、H2：3） 4. 圆球（H2：1）

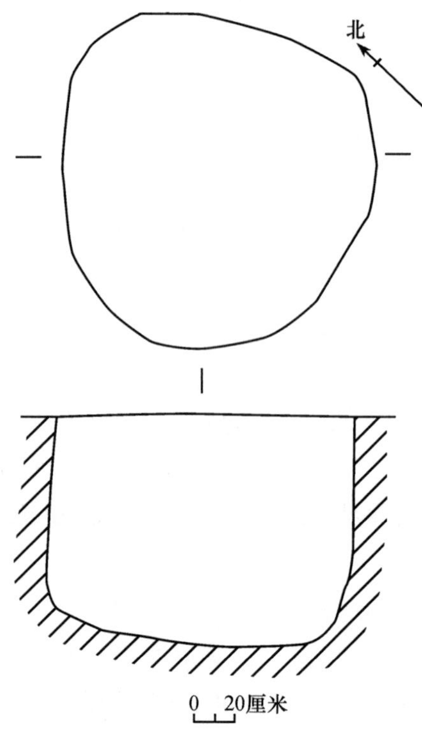

图二〇 H3平、剖面图

圆球 H2：1，泥质红陶。圆球状，器形规整，中间有一圆孔。估计用作纺轮。残。直径4.5厘米（图一九，4）。

（五）H3

位于TG1的西部，开口于第2层下，打破H2。平面略呈圆形，坑底不平。坑口直径约150、坑深105厘米（图二〇）。坑东部叠压着一道现代石墙，其余被一个晚期坑破坏。坑内填土以灰土为主，出土白陶片。

三、结 语

埠下王家窑址是一个以烧制白陶为主的手工业作坊遗址，这里既发现了制作陶器的设施（如专门盛放制陶材料的灰坑），也发现了烧造陶器的陶窑。陶窑的形制比较有特点，例如Y1烟道由战国陶窑的一个发展到两个，这样可以使窑内火力更加均匀。烟道的底面低于窑床，使烟囱下部有一个压缩空间，可以有效地防止倒烟现象发生。陶窑的建造工艺得到了进一步改进。根据出土的陶瓮、建造陶窑的花纹砖等分析，窑址应该属于东汉时期。

白陶在中国出现较早，且分布范围较为广泛，南方、北方均有发现。北方地区的白陶自新石器时代的大汶口文化就有出土，以后龙山文化、二里头文化等均有发现。大汶口文化白陶的典型器物为山东泰安大汶口遗址出土的白陶鬶，造型独特。龙山文化的多个遗址出土白陶鬶，其中山东省泗水县尹家城遗址出土的白陶鬶堪称是山东龙山文化陶器的精品之作。河南省登封市南洼遗址出土的一批二里头文化时期的白陶器，种类齐全，有鬶、爵、盉、觚、杯等，具有很高的美学艺术价值。到了商代晚期，白陶烧制发展到了鼎盛时期，在黄河流域的商代晚期遗址与墓葬中均发现不少白陶，其中以河南安阳殷墟出土的白陶最具特点，制作的白陶胎体细腻、白净，仿青铜纹样，美观大方。故宫博物院收藏的商代白陶雕刻饕餮纹双耳壶、白陶刻几何纹瓿、白陶刻纹豆等，显示了商代后期白陶的高度发展水平。西周以后，白陶罕见。东汉开始，白陶的发现又开始增多起来，在环渤海地区的山东、河北、辽宁各省多地以至朝鲜都有发现[1]。具体到胶东地区，在福山、龙口、莱州等地均有发现。其中较为重要的发现有1953年福山区东留公汉墓出土的白陶器[2]；历年来，在福山三十里堡墓群多座墓葬中出土的白陶器；龙口芦头东南遗址出土的白陶扁壶；龙口台上李家汉墓群出土的白陶器[3]；龙口东梧桐晋墓出土的白陶器等[4]。其中台上李家汉墓与东梧桐晋墓出土的随葬品全为白陶。这说明，白陶的生产，在东汉、西晋时又形成了一个高潮。在埠下王家窑址中，白陶陶片在数量上占据了绝对多数，可以说是一座专门生产白陶的窑址。各地墓葬中出土的白陶，其产地位于何处，是否为同一窑址生产，埠下王家窑址的发掘提供了研究线索。北京大学考古实验室对埠下王家出土陶瓮的成分进行了检测，结果与山东昌邑辛置墓地出土的白陶瓮基本一致。检测结果从侧面印证了埠下王家窑址可能是汉、晋时期山东各地白陶的来源之一。

埠下王家窑址出土的白陶片，在硬度、耐火度方面比普通灰陶器明显提高，已是两种不同种类的陶器。陶胎颗粒较粗，含砂较多，这一点与北方青瓷相仿。窑址中出现少量外挂黑釉的陶片，说明当时此地已经开始探索高温白陶挂釉工艺。许多陶片因烧制温度过高发生了变形，致密的陶胎，极高的窑温，如果再挂上耐高温的釉料，完全可以生产出典型的瓷器产品。中国北方的白瓷，是否是从汉、晋白陶的基础上演变而来，埠下王家窑址的发掘提供了新的研究线索。

发　掘：闫　勇　侯建业　林仙庭
杨文玉　张绍文　路元晨
绘　图：闫　明　侯建业
摄　影：闫　勇　侯建业
执　笔：侯建业　闫　勇

注　释

［1］杨哲峰：《环渤海地区汉晋墓葬出土的白陶器及相关问题》，《海岱考古》（第七辑），科学出版社，2014年，415～441页。

［2］李克敏：《山东福山东留公村汉墓清理简报》，《考古通讯》1956年5期。

［3］烟台市博物馆：《龙口市台上李家墓群发掘简报》，《海岱考古》（第五辑），科学出版社，2012年，263～273页。

［4］烟台市博物馆、龙口市博物馆：《山东龙口市东梧桐晋墓发掘简报》，《考古》2013年4期。

莒国故城子城遗址考古勘探报告

山东省文物考古研究院
日照市文物考古研究所
莒 州 博 物 馆

莒国故城位于沭河上游平原的中心，现莒县城区位置。东临沭河，西傍柳青河，北依洛山，南屏马鬐山，占据山水之险，兼得沃土之利。其历史悠久，不仅是莒国国都，还是汉代城阳国都城，再后仍为历代郡、州、县治所，至今莒名未易，地未改。据史料记载，莒国故城经历了多次扩建、改建，至少存在四重城墙，平面呈重“回”字形。目前地表可见的有郭城、内城和子城三重，其中子城为元代至正年间马睦火镇莒时截取内城东北部所建，明清沿用[1]。

莒国古城建设项目主要位于莒国故城子城范围内，另外配套设施占用内城部分区域。为配合莒国古城建设，做好占地区域内文物保护工作，山东省文物考古研究院于2017年9月至12月对项目区域进行了考古勘探（图一）。

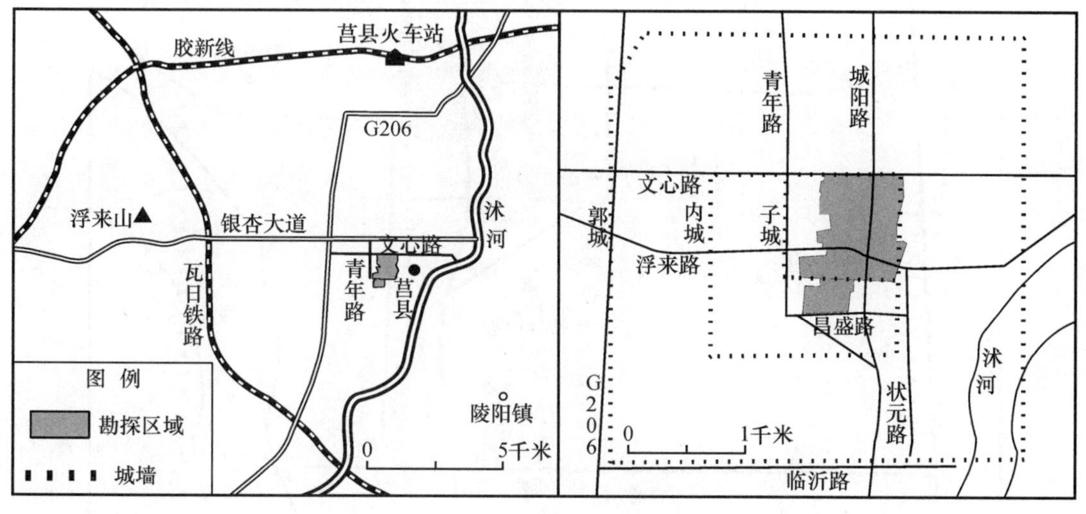

图一　探区位置图

一、既有考古工作回顾

莒国故城是省级文物保护单位，地下遗存丰富，进行过多次考古调查、发掘工作，发现若干墓葬、铸铜、铸钱及制陶作坊遗址，距勘探区域较近的主要有丝绸大酒店东周墓、双合村汉墓、菜园铸钱遗址等[2]（图二）。

铸铜遗址　位于郭城东墙以西，慕家庄子村西南约30米。东西宽约100、南北长约120米，总面积1.2万平方米。从一大型灰坑内发现有炉渣、铜镬范和一些无名范。

春秋铸钱遗址　位于内城南垣以南，南距刘家菜园村50米，北部压在内城南垣之下。遗址东西长约150、南北宽约50米，总面积0.75万平方米。1984年4月发现一钱范窖穴和一灰坑，出土莒刀范9块，同时还有炉渣、坩埚等。从钱范正文、背范分析，属春秋时期。

汉代铸钱遗址　位于郭城东北隅，东关五街北，东距慕家庄子200米。遗址东西宽

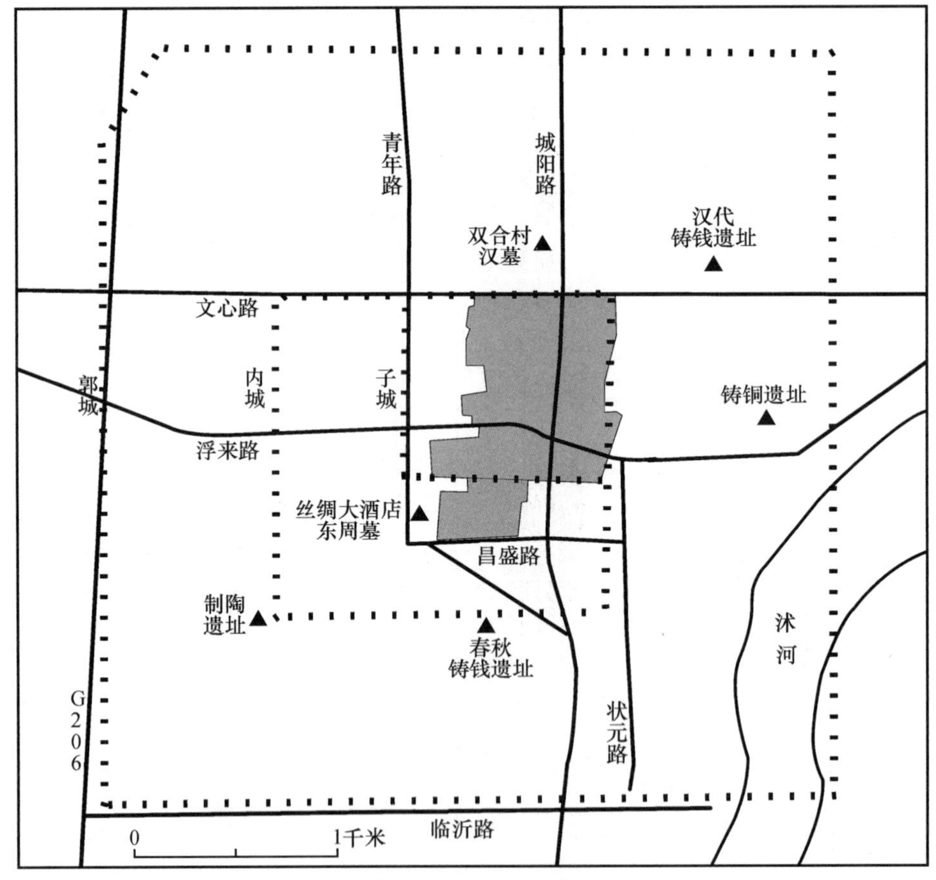

图二　探区周边遗址点

约150、南北长约200米。1980年文物普查时在发现五铢钱范和半两范百余块。从钱范的铭文判断，属西汉中期。

制陶作坊遗址　位于内城西南部，今县造纸厂院内。东西长约400、南北宽约200米，总面积为8万平方米。这是莒城制陶作坊遗址中规模最大、遗物最丰富的一处。地层堆积厚约2.5米。在此出土了大量的制陶工具，泥质灰陶绳纹罐，泥质灰陶双兽纹，卷云纹半瓦当，陶龟模，陶鱼，陶网坠，陶纺轮等。

除了上述手工业作坊遗址，还发掘了若干墓葬。为配合丝绸大酒店的建设，莒县博物馆在内城西南清理了一座大型春秋墓，墓葬边长10米，殉人10个，规格等级很高[3]。1992年8月，莒县博物馆在双合村清理了一座汉代砖室墓。墓内出土鎏金铜器、金器等。该墓的形制较为简单，规模亦不大，随葬品虽然数量不多，但种类较为丰富、特殊，为山东乃至周边地区所少见[4]。

二、工作方法

莒国故城沿用时间长，地下遗存丰富，勘探前通过搜集资料，初步了解该区域的历史沿革和文化堆积情况。为便于勘探及后续工作的开展，设置RTK的坐标系统为CGCS2000-3-deg GK CM 120E，以子城西南角的一整数点（3939300，393600）为探区基点，共布100米×100米探区150个（另有20D、70D、80D、90D等不完整探区）。基点以北为1～100探区，将子城完全覆盖，也是莒国古城建设项目的主体部分，基点以南为101～150探区，主要覆盖配套设施占地。每个探区内部以西南角为原点，探孔坐标为N1E1，向东、向北依次递增（图三）。

勘探过程中普探和重点勘探相结合。为提高工作效率，普探的探孔间距分5米、10米两种，城墙及城壕区域探孔间距为10米，子城内部探孔间距为5米。对于发现的遗迹，及时加密探孔，进行重点勘探。对于加密探孔的编号，在相邻普探孔号后加“-数字”命名（如在N1E5与N1E6之间加密，加密探孔编号为N1E5-1、N1E5-2、……）。使用统一的钻探记录表记录堆积距地表深度、土质土色、包含物、致密度、堆积性质、年代初判等；对勘探过程中发现的遗物以探孔为单位做好记录和采集；及时将钻探记录表落在1：200的钻探记录图纸上，利用图纸从整体上进行分析标记；对重要遗迹及时填写钻探记录。每个探孔及遗迹都用RTK测绘，并及时在CAD中进行成图分析。

本次勘探区域处于莒县城区，大部分地面被楼房、平房占压，而且拆迁清表正在进行中，地表残存大量建筑垃圾。对于尚未拆迁的建筑区或地基较深的楼房区，未进行勘探，而对于地表状况较好的平房区及空地，尽可能多地进行了勘探。在勘探前，动用机械进行清表，清表深度以不破坏遗址堆积为准。

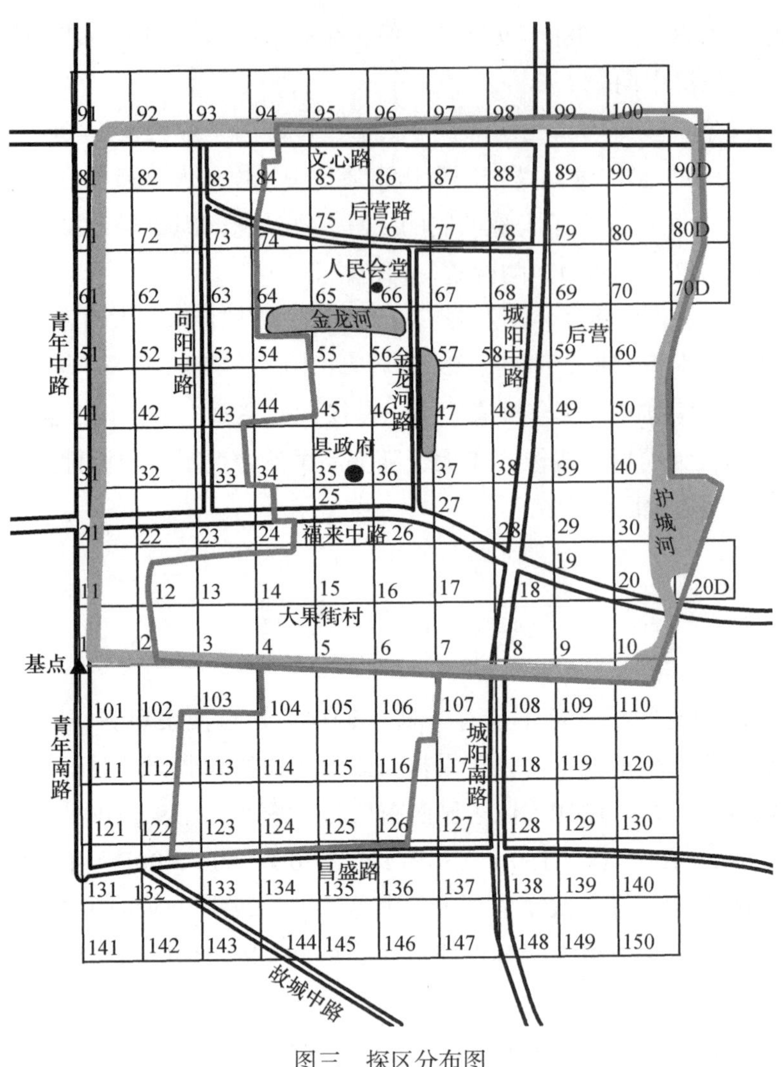

图三　探区分布图

三、主要发现

因为建筑、道路占压等原因，最终勘探面积为45万平方米，下面将发现的重要遗迹分类进行介绍（图四）。

（一）城墙、外壕、内沟

城墙包括子城东墙、北墙、南墙（西墙处在探区外，未勘探）及新发现的另一段北墙，为与子城北墙区别，称之为北墙2。另外，勘探了东墙外壕。值得注意的是，北墙2外侧未发现壕沟迹象。内沟仅存在于东墙内侧，北墙、南墙内侧未发现。

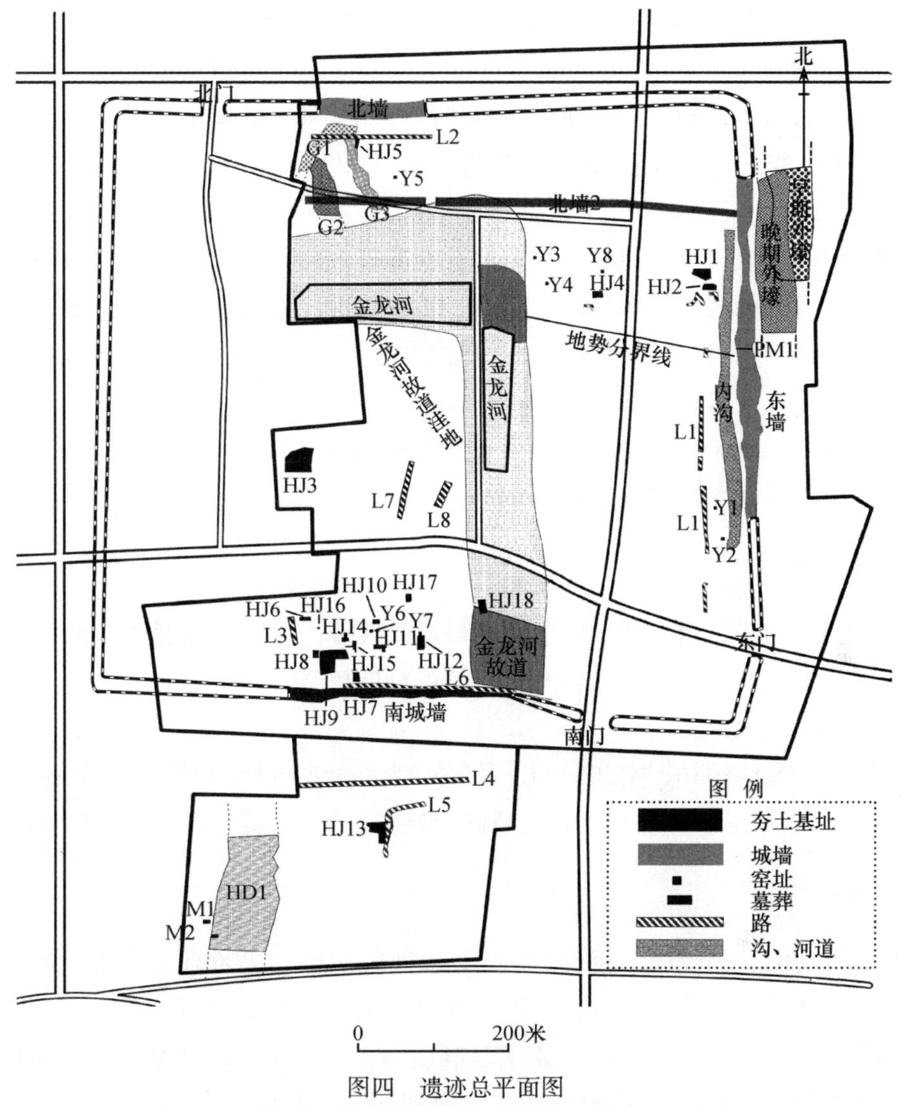

图四　遗迹总平面图

据记载，子城有三个城门，均修建有瓮城。三者均位于现莒州主要道路上，未能进行勘探。对于未勘探的西墙、部分北墙、南墙及城门，均根据20世纪60年代的卫星遥感图像（当时城墙、城门及瓮城还保存较好）在总图中标出。北墙2东部发现有一豁口，夯土在此处断开，但未发现路土痕迹。

1. 东墙

东墙基本为正南北向，长约840米。北部保存较好，宽19～25米，南部的宽度缩减至10.5～15米，并出现掺和石灰进行夯筑的现象。开口距地表深浅不一，一般约0.5、深者达1.2～1.5米。夯土为灰褐色花土，夹较多褐色水锈，最厚2米以上，一般在1～1.3

米之间。夯窝直径在4厘米左右。东墙为多次修整、加筑而成。

北部剖面PM1处（图五）墙宽21米，可分为4期。夯Ⅰ为最早的一期，夯Ⅱ、夯Ⅲ在夯Ⅰ的外侧加筑、修整，夯Ⅳ则位于夯Ⅰ的内侧。未见明显基槽。夯Ⅰ位于城墙中部，宽13.7米，夯土呈黄褐色，夯层厚薄不均，在0.04～0.12米之间。夯Ⅱ位于夯Ⅰ东侧，宽2.2米，呈浅灰色，与夯Ⅰ色差明显，夯层也较厚，在0.08～0.14米。夯Ⅲ位于城墙东端，在夯Ⅱ基础上修筑，目的是修补夯Ⅱ外侧的垮塌。修建时，先在夯Ⅱ外侧修整出一平面，清掉垮塌的部分，再向上、向外夯筑。呈灰褐色，宽2.7米，夯层厚度为0.08～0.12米。夯Ⅳ位于城墙西端，是开挖内沟取土修建而成，残宽2.45米，呈灰褐色，夯打质量明显不如其他三期城墙。

在东墙夯Ⅰ采集了少量陶片，其中有泥质灰陶口沿，外侧隐约可见被抹平的竖向绳纹，有明显的因流水侵蚀而磨圆的迹象。

2. 东墙外壕

从堆积性质来看，自东墙向东至现护城河的区域，均为淤积而成，最下层多见沙或淤泥。外壕多次清淤、摆动，很难将具体的分期搞清，这里以东墙外壕北部为例，大致分为两期（图六）。

早期外壕距城墙约30、宽50～60、最深3.8米。晚期外壕为元代以后开挖，距城墙8～10、宽约30、最深2.6米，内侧沟壁较陡，外侧较缓。晚期外壕打破早期外壕。

3. 东墙内沟

东墙内侧有明显的内沟，距东墙4～10、宽12～19米。北部坡度较陡，界限较为明显，向南则坡度变缓、变宽。内沟的堆积状况，可以59区第N1排为例。宽18.9、最深1.4米（图七）。两侧坡度较陡，底部为呈圜底状。填土为浅黄褐粉砂土，疏松，包含物较少。沟内出土有黑瓷片及酱釉瓷片，可能是明清修补内侧城墙时形成的。

4. 北墙、南墙

北墙长约860米，大致为正东西向，南界较清楚。勘探长度约140米。保存较差，夯土距地表2.1～2.5、厚0.4～0.6米。为灰褐色花土，有的夹石灰。

南墙总长约870米，大致为正东西向。勘探长度约300、宽11～16米，东部受到近现代沟及护城河的破坏，仅余4～5米。夯土距地表1.3～1.5米，为浅灰褐色或黄褐色花土。保存状况较好，一般可深至距地表3米以下，最深可达4.1米。

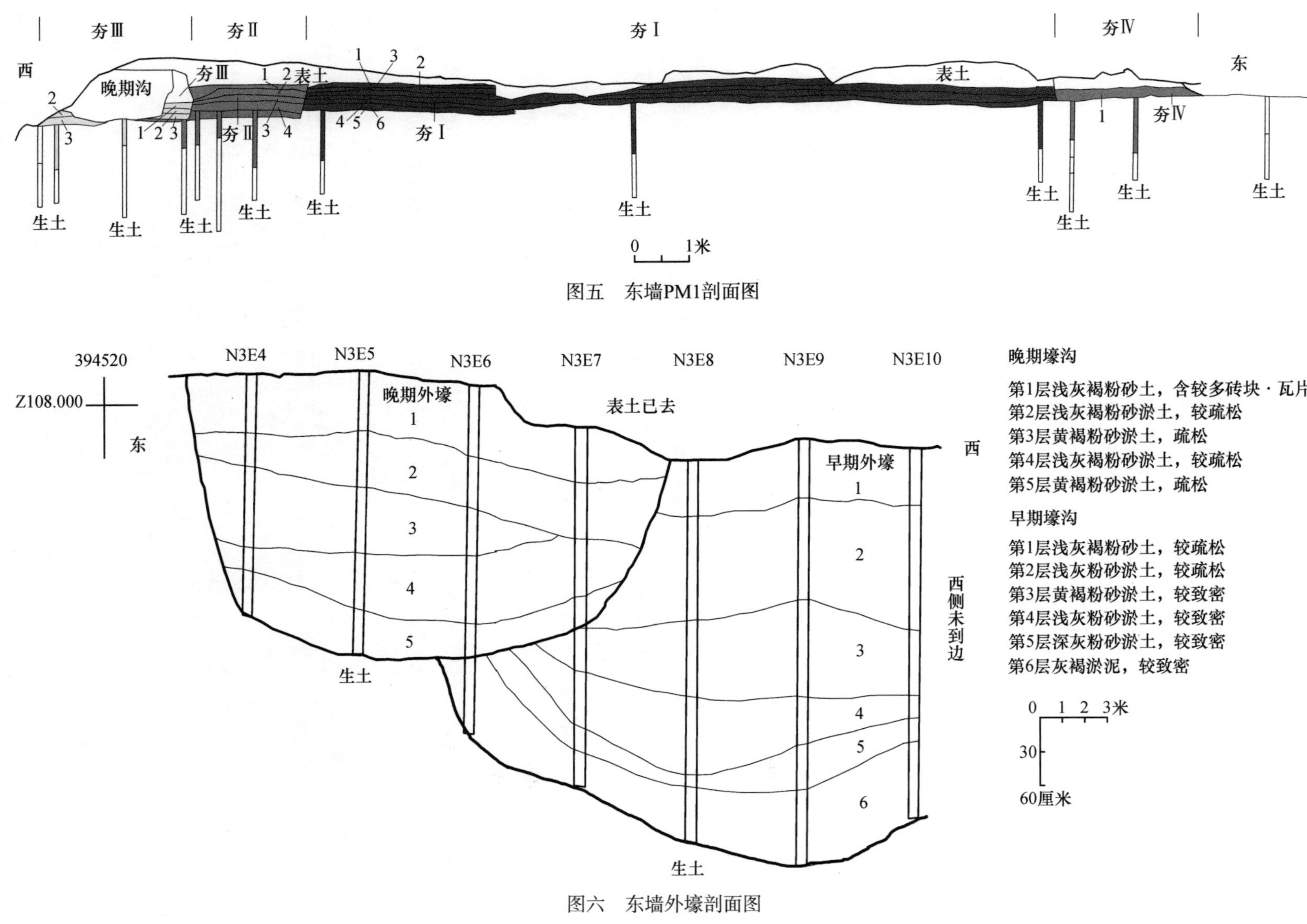

图五　东墙PM1剖面图

图六　东墙外壕剖面图

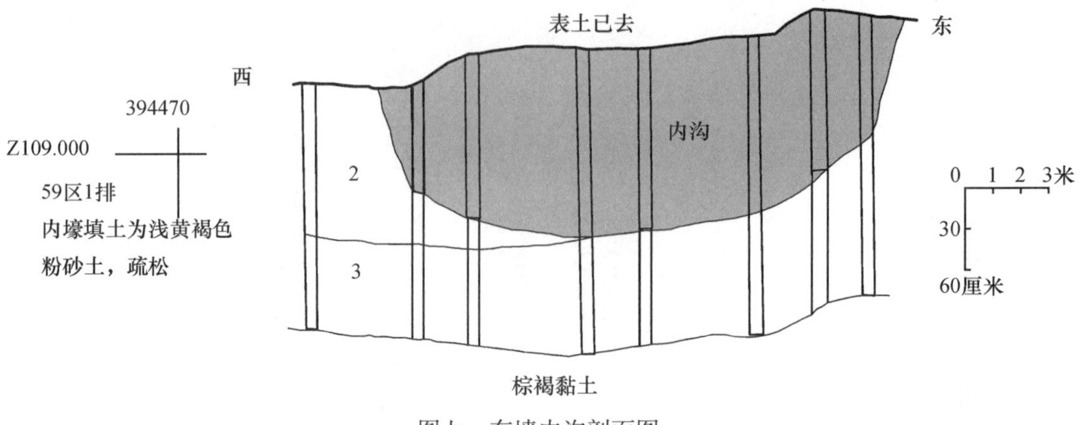

图七　东墙内沟剖面图

5. 北墙2及豁口

北墙2位于子城北墙以南100～120米，几乎与之平行。向西被居民楼占压，向东与子城东墙相接，暴露的长度约580米。

北墙2宽8～11米，夯土距地表1.9～2.3米，呈灰褐色，夹大量黄褐水锈。夯层厚度不均，薄者3～5、厚者7～9厘米，极少出土陶片。基槽较为明显。

根据78区第E9排探孔，北墙2基槽剖面呈倒梯形，口部宽11.2、底部宽5.1、最深2.4米（图八）。边缘斜壁内收，坡度较缓。底部夯打坚硬，含大量黄褐水锈。夯窝较小，径3～5厘米，凹凸不平，排列杂乱，没有成组现象。

在北墙2东段发现一处豁口。豁口宽约15米，内有明显淤积现象，当与古金龙河冲刷侵蚀有关。北墙2基槽部分在豁口处有轻微上翘现象，但不能断定是为了预留城门所为。

北墙2及豁口是本次勘探的一大收获。长期以来，对于《水经注》中记载莒国故城“其城三重”，到底是哪三重，一直存在争论。或认为在郭城和内城之间有一重城

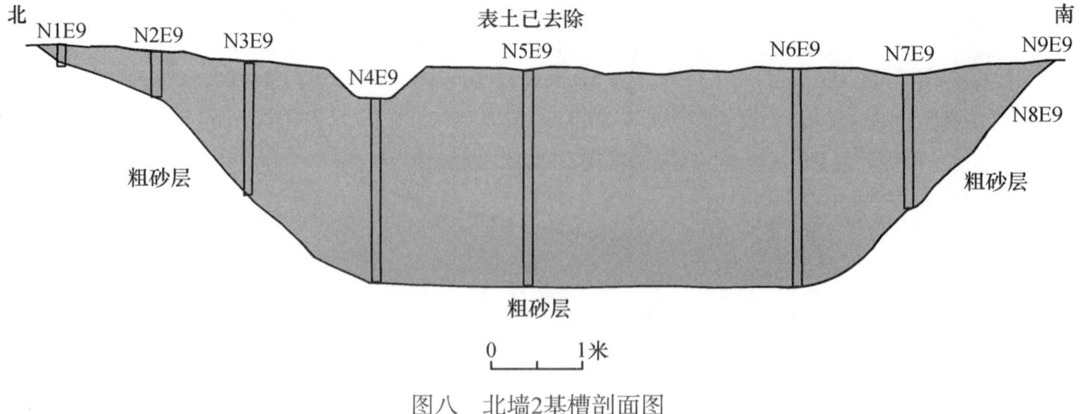

图八　北墙2基槽剖面图

墙，此为“第三重”，但这一位置没有发现城墙的迹象[5]。北墙2的发现为寻找“第三重城墙”提供了新的线索。

（二）文化遗址的分布

1. 子城总体堆积状况

子城现地势为中间高、四周低，中部老县委县府一带为城内最高点。从文献记载看，至少从明代嘉靖年间开始，历代的州县治所及文庙都建在此处。但勘探表明，原城中部的地势较低，生土距地表一般在4米以上，而且在3.5米以下也发现了白瓷及青瓷片，应属于原金龙河的一部分，至少是金龙河的漫滩，在很长一段时间内地势低洼。后来通过人类改造，逐渐垫高填平，才形成现在的高度。

在此之前，城中最高点在东北部，其生土深度比其他区域都浅。一般1.2～1.5米到沙，个别如67区，几乎0.5～0.8米即见黄沙。发现的北墙2位于东北部地势较高的区域，借用了原来的地势，基槽开挖于黄沙之上。另外一个佐证是东墙北部发现的龙山文化遗存。为避免水患，利于生产生活，龙山时代的遗址一般位于地势较高的地点，这与当时的气候降雨较多有关，也是人类择高而局的天性。勘探中发现的龙山文化遗址主要位于69、59、60区，与东北部较高的地势暗合。

此区域有大致的范围，大致以57区中部、59区南部为界（图四），以北为古河道冲积而成，黄沙较浅；以南地势逐渐低洼，以金龙河为甚，多淤土、淤泥堆积，生土为黄色黏土。地势较高的地方是最先被开发利用的区域，时代较早的遗址、遗迹如HJ1、HJ2、HJ4、北墙2等均分布于此，但也因为人类活动频繁，受到的破坏较严重。

地势次高的区域是城北后营村，大致为74、75区一带。除3条冲沟时代较晚外，其他遗迹、文化堆积时代较早。此区域处于北墙2与北墙之间，HJ5位于此处。

自北墙2向南，地势渐低洼。39区生土深度2～3米，至29区深可达4米左右，有明显淤积现象，并出土白瓷片等。原为老县委县府的34、35区，堆积深度也在4米以上，且在接近堆积底部发现有白瓷片、素面瓦等。城南部同样属于洼地，原金龙河从大果街东部自北向南汇入护城河，城南正好位于金龙河两岸，只比金龙河稍高。

从总体看，子城的地势是东北高，西南低。与之对应，文化遗存方面，东北部保存有较早的，而西南部则普遍偏晚。

2. 建筑基址

共发现建筑基址18处，分别为HJ1～HJ18。从分布上看，HJ1、HJ2、HJ4、HJ5位于子城东北，时代较早。HJ3位于城中部，面积较大，非一般建筑。除HJ13位于南墙以外，HJ6～HJ18集中分布于城南大果街一带。下面按照大致的时代顺序来介绍。

（1）东周时期

1）HJ4

HJ4位于58区北部，东距城阳中路约40米。平面呈长方形，东部被H23及现代建筑打破。东西长约12.5、南北宽7米，面积约100平方米。开口于第2层下，距地表1～1.6米，夯土厚0.7～1.4米。为夯土台基遗址，建在黄褐沙层之上（图九）。

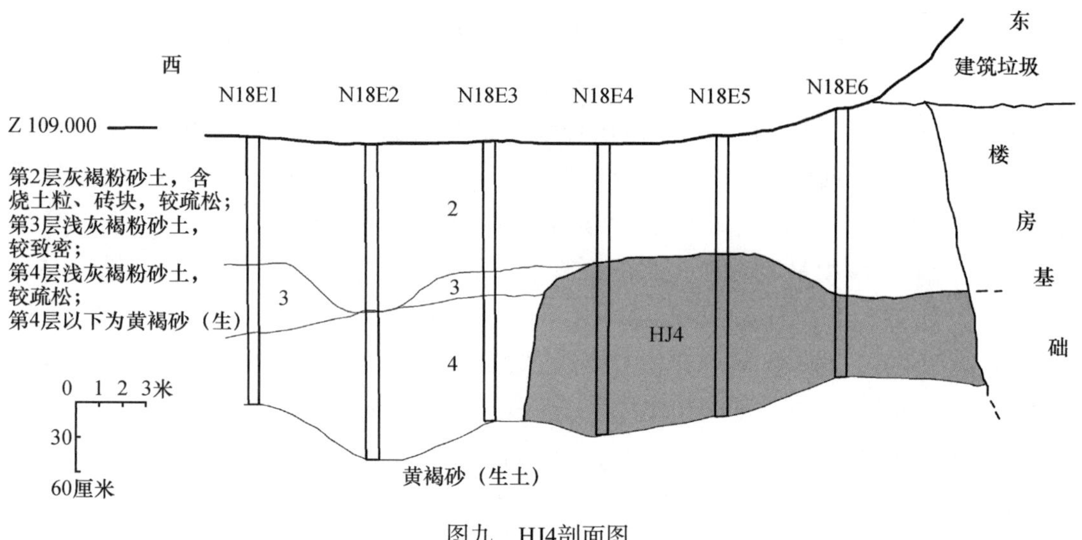

图九　HJ4剖面图

2）HJ5

HJ5位于84、85区，北距子城北墙约27米。平面呈长方形，南北长12、东西宽4米，面积约50平方米。开口于第2层下，距地表1.6～1.8米，夯土厚0.8～1米，出土灰皮绳纹陶片一块。

（2）汉唐时期

1）HJ1、HJ2

HJ1、HJ2位于子城东北部，东距东墙35米左右。二者均开口于第2层下，距地表1.4～1.8米。HJ1平面大致呈曲尺形，面积约260平方米，HJ2为近长方形，东西长约18、南北宽约7米，面积130余平方米。夯土土质土色较为一致，厚0.5～1.3米，打破生土。基槽呈中间深，四周浅的坑状（图一〇）。

HJ2南部发现有两块踩踏面CT1、CT2，西侧一块呈“人”字形，东侧一块呈曲尺形，二者同样开口于第2层下，距地表深度1.2～1.5、厚0.3～0.5米，有铺垫现象。从开口层位及空间关系上讲，这两块踩踏面应该附属于HJ1、HJ2，可能是建筑前方的活动场所。

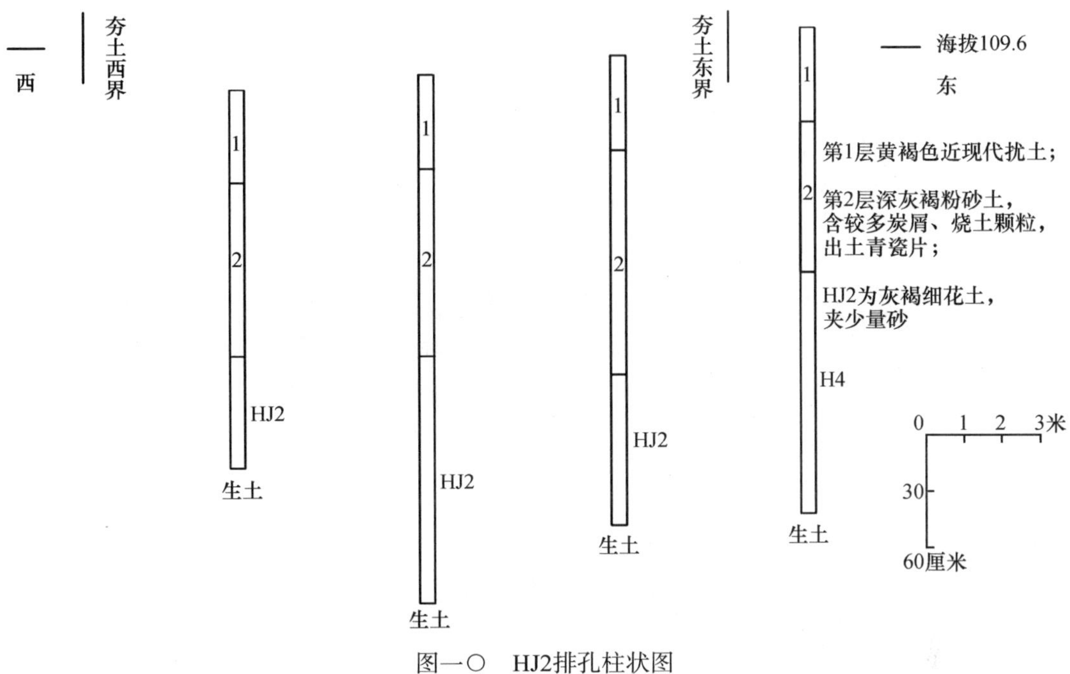

图一〇 HJ2排孔柱状图

2）HJ13

HJ13位于南墙外，北距现护城河约110米。平面上，东部大致为一南北长东西短的长方形，长28.3～28.7、宽16.1～16.4米，总面积约455平方米；西部则呈曲尺形，东西最长16.7、南北最宽14.4米，总面积约176平方米。二者均开口于第2层下，距地表1.5～1.7米，中间无隔断现象，但基槽深度有差别。东部夯土厚0.6～0.8米，西部夯土厚1～1.2米，均打破生土。东部仅存基槽，西部保留部分夯土台基（图一一）。夯土均为黄褐色夹灰褐花土。

3）HJ3

HJ3位于34区，南距浮来东路约85米。平面形状不规则，这与有些区域无法勘探，无法精确卡边有关。东西最长约38.5、南北最宽约32.5米，总面积约992平方米。开口于第2层下，距地表2.4～2.8、最厚约1.7米。夯土分上下两层，上层为灰褐色，下层为浅黄褐色。仅剩基槽部分，东部较陡，西部较缓（图一二）。

根据文献记载，HJ3应为隋代始建的宝愿寺旧址。《重修莒志》载："隋大业初岁，高僧昙观剃度于此。"1980年在宝愿寺旧址出土"四面刻经碑"一方，所刻经文纪年为"大隋开皇16年岁次甲申三月十日（596年）"。宝愿寺在后世经过多次修葺扩建，规模宏大。此次发现的HJ3应该是较早时期的宝愿寺，可能为隋唐时期。

4）HJ6、HJ8、HJ9

HJ6位于第14区西北，大果街村东北，南距南墙约90米。平面呈长方形，东西长

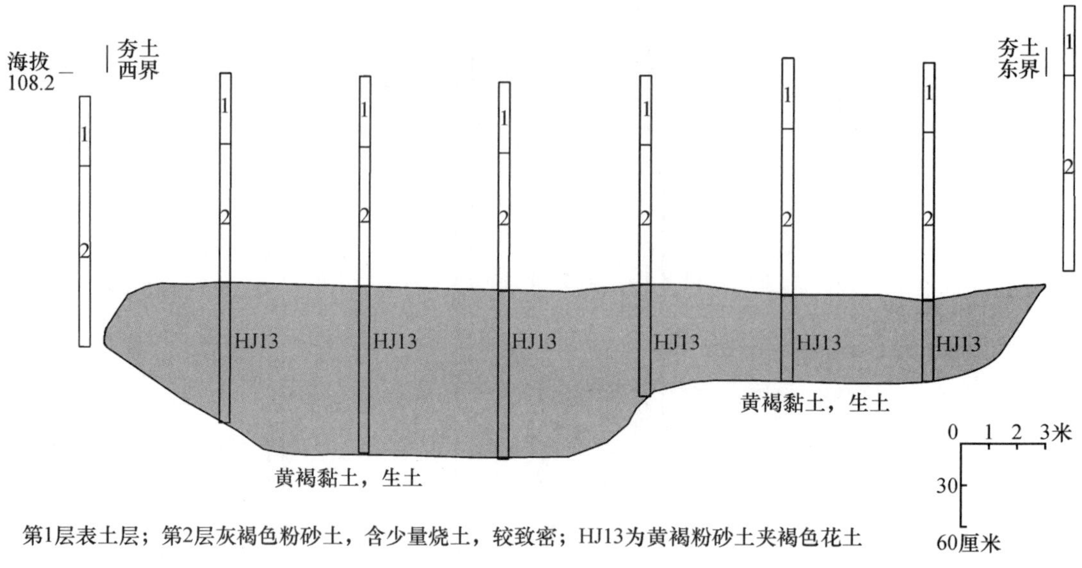

图一一　HJ13剖面图

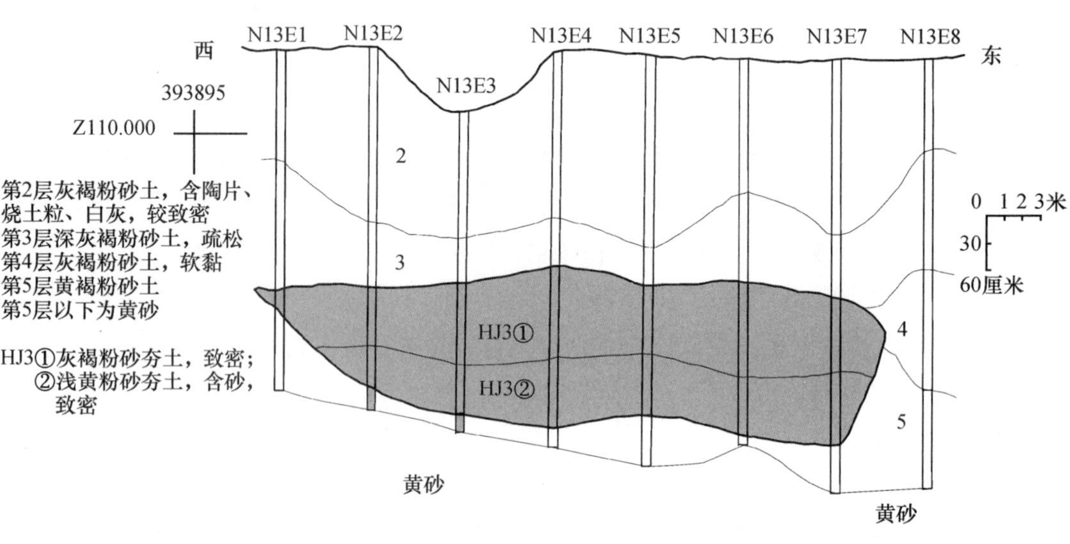

图一二　HJ3剖面图

约20.5、南北宽约5.5米，总面积约110平方米。开口于第2层下，距地表1.5～1.8、厚1.4～2米。为带基槽的夯土台基遗迹，上层为浅黄褐花土，含褐色水锈，下层为浅灰花土，含绿色水锈（图一三）。

HJ8与HJ9位于第14区，距南城墙约40米。东西相邻，中间有1.2～2.5米的南北向间隔。二者整体呈凸字形，东西最长39、最短19.7、南北最长33.9、最短11.7米，总面积达830平方米。均开口于第2层下，距地表1.2～2、厚1～1.5米。夯土为黄褐夹灰褐花土，含少量砂粒、炭屑。

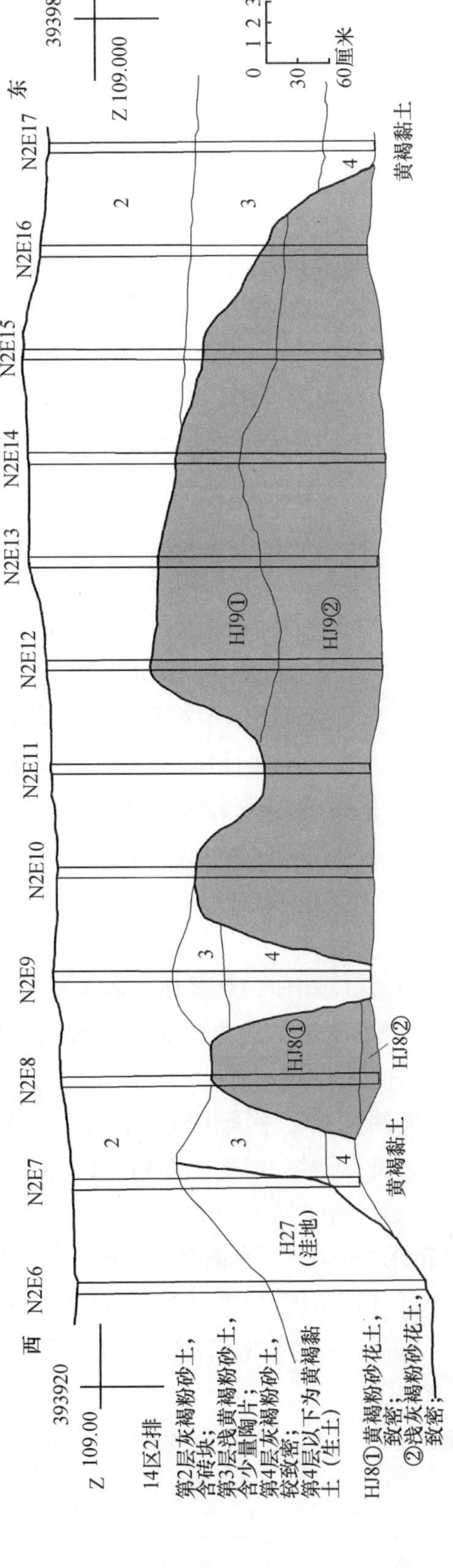

图一三 HJ8、HJ9剖面图

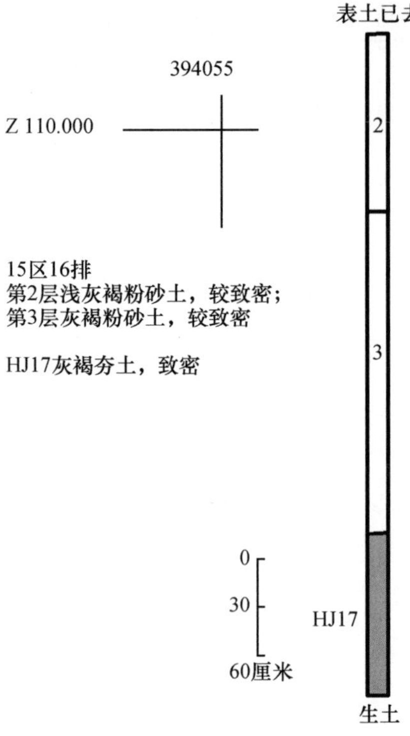

图一四　HJ17探孔柱状图

HJ8、HJ9为典型的夯土台基基址，开口深度明显高于当时地面。整体上呈“凸”字形，东西基本对称，而HJ6虽然距HJ8、HJ9较远，但与二者可能是一个建筑群。

5）HJ12、HJ17、HJ18

HJ12位于第15区东南，距南城墙约60米。平面呈长方形，南北长13.4～14.6、东西宽7.4～7.6米，总面积约100平方米。开口于第3层下，距地表3.2～3.6、厚0.3～0.5米，叠压在生土之上。夯土呈黄褐色。HJ12东侧区域，在接近生土的深度，存在一处硬面，铺垫而成，但无明显夯打迹象。

HJ17位于第15区北部，埋藏于楼房地基下。平面大致为长方形，南北长9.7～9.9、东西宽8.1～8.4米，总面积约81平方米。开口于第2层下，距地表3.1、厚0.6～1米，叠加在生土层之上（图一四）。为夯土台基式的建筑遗址。

HJ18位于第16区中北部，北距浮来中路约65米。平面大致为长方形，方向略偏东南。南北长18.8～19.7、东西宽9.4～10.3米，总面积约186平方米。开口于第2层下，距地表2.8～3.2、厚0.8～1.2米叠压在生土之上。为夯土台基式的建筑。

（3）元代、明代

1）HJ7、HJ14、HJ15、HJ16

四者开口层位基本相同，开口深度相似，从叠压打破关系及空间位置讲，可以看作一个整体看待。HJ14西侧及南侧有隔墙的迹象，如是，本组夯土基址代表了一座至少两进的院落建筑。

HJ7位于第4区东北，距南墙约10米。平面大致呈长方形，南北长约12，东西宽7.4～8.7米，总面积约96平方米。开口于第2层下，距地表1.7～1.8、厚0.3～0.6米，叠压在第3层之上。夯土呈浅灰色，含少量炭屑、砂粒。

HJ14位于第15区东南，南距HJ7约40米。平面呈凸字形，南北长7.8～11.5、东西宽8.7～9.1米，总面积约83平方米。开口于第2层下，距地表1.9～2.1、厚0.6～0.8米，打破第3层。夯土为灰褐色花土。具有明显的基槽结构，通过开挖第3层，形成0.6～0.8米深的基槽，作为建筑的基础（图一五）。

HJ15位于第15区东南，距HJ14不足10米。主体为长方形，南北长11.3～11.6、东西

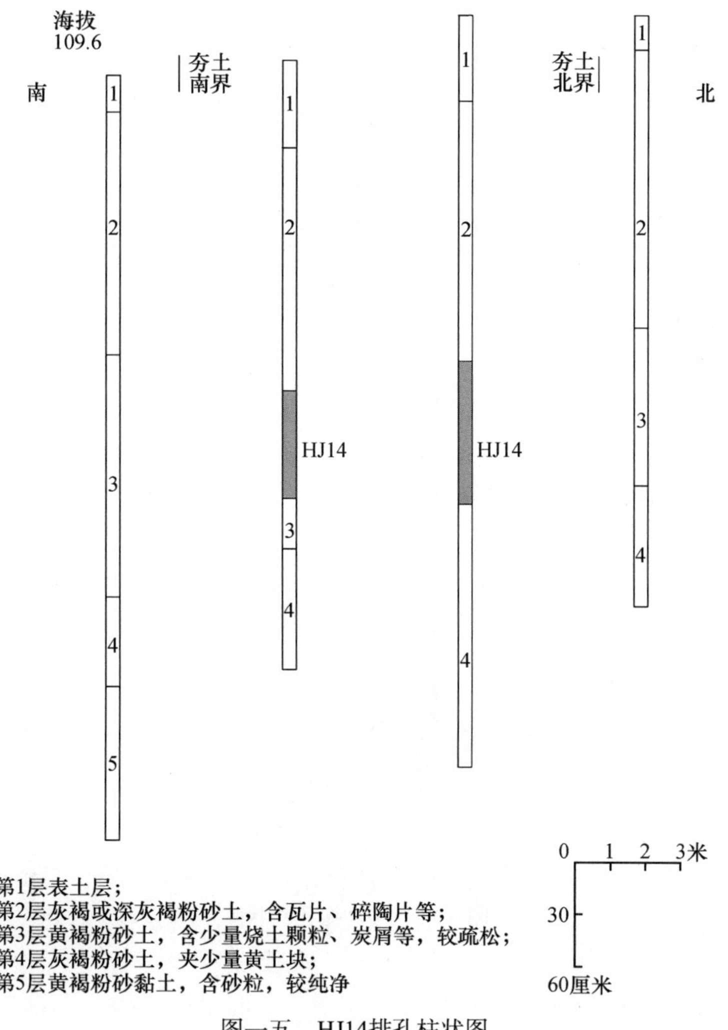

图一五　HJ14排孔柱状图

宽3.2～3.5米，南部向南伸出，呈狭长的窄条状，长约4.1、宽1～1.1米；西部中央位置同样向西伸出，长约10.2、宽0.7米。HJ15的总面积约50平方米。开口于第2层下，距地表1.8～2.2、厚0.5～0.8米。夯土为灰褐夹黄褐色花土。

HJ16位于第15区中部，东距HJ14约30米。受地形影响，只探出宽度，宽约3米，最长超不过5米。开口于第3层下，距地表2.2、厚0.5米。夯土为黄褐花土，含褐色水锈。

2）HJ10、HJ11

HJ10　位于第15区中西部，南距南墙约85米。平面呈长方形，东西长8～8.3、南北宽约5米，面积约43平方米。开口于第3层下，距地表2.6～2.9、厚1.2～1.4米，叠压在生土之上（图一六）。夯层呈浅灰色，出土绿釉碗底残片。

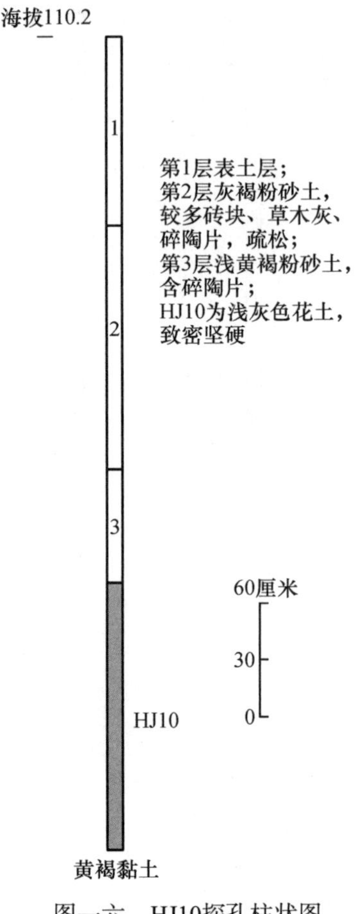

图一六　HJ10探孔柱状图

HJ11　位于第15区西南，南距城墙约50米。平面呈曲尺形，东部向南凸出，总面积约110平方米。开口于第4层下，距地表2～2.4、厚0.6～1.4米。有明显的基槽，打破第5层或生土，基槽西深东浅，坡度较缓（图一七）。

3. 居住遗址

主要有四处，其中一处为龙山文化遗址，另外三处为东大街一街居住址、中后营居住址和大果街居住址。除大果街外，主要分布于子城东北地势较高的区域。东大街一街居住址与龙山文化遗址有重合区域，本身时代也较早，二者具有延续性。而大果街居住址兴起的时代较晚，是元代开始加强城内空间利用的结果（图一八）。

（1）龙山文化遗址

遗址位于子城东北部，跨59、60、69、70区，总面积大约为5000平方米。东墙夯筑时从遗址取土，含有少量龙山文化陶片。文化堆积不丰富，不易辨认。东墙北部处

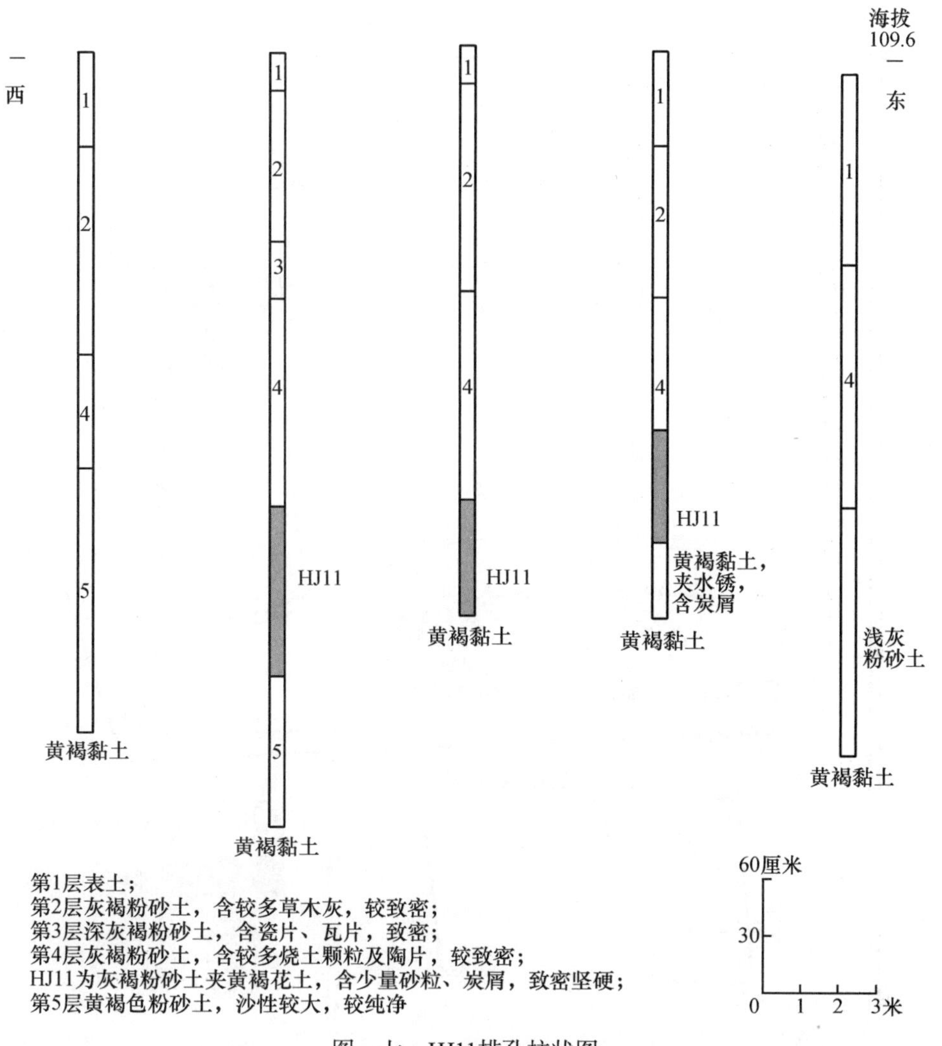

图一七　HJ11排孔柱状图

文化层厚0.3～0.5米，其他地区更薄，与生土不易区分，以含白色斑点为特征，夹极少的龙山陶片。龙山遗址的发现填补了莒国故城在新石器时代的空白。

（2）东大街一街居住址

位于子城东北部，跨49、59、69区，东至东墙，西至城阳中路。南北长300、东西宽130米。地势北高南低，地面多见砖瓦片。文化堆积厚1.5～1.8米，大致分为上下两层，上层深灰褐粉砂土，含瓦片、砖块及较多炭屑，下层距地表1～1.2米，黄褐色粉砂土，含少量绳纹陶片或瓦片。以西为被城阳中路叠压的古路，L1从其中部穿过通向东门，遗址东北部有古井一口。延续时间较长，下层代表东周、汉代，上层应该是宋元以降的居址。

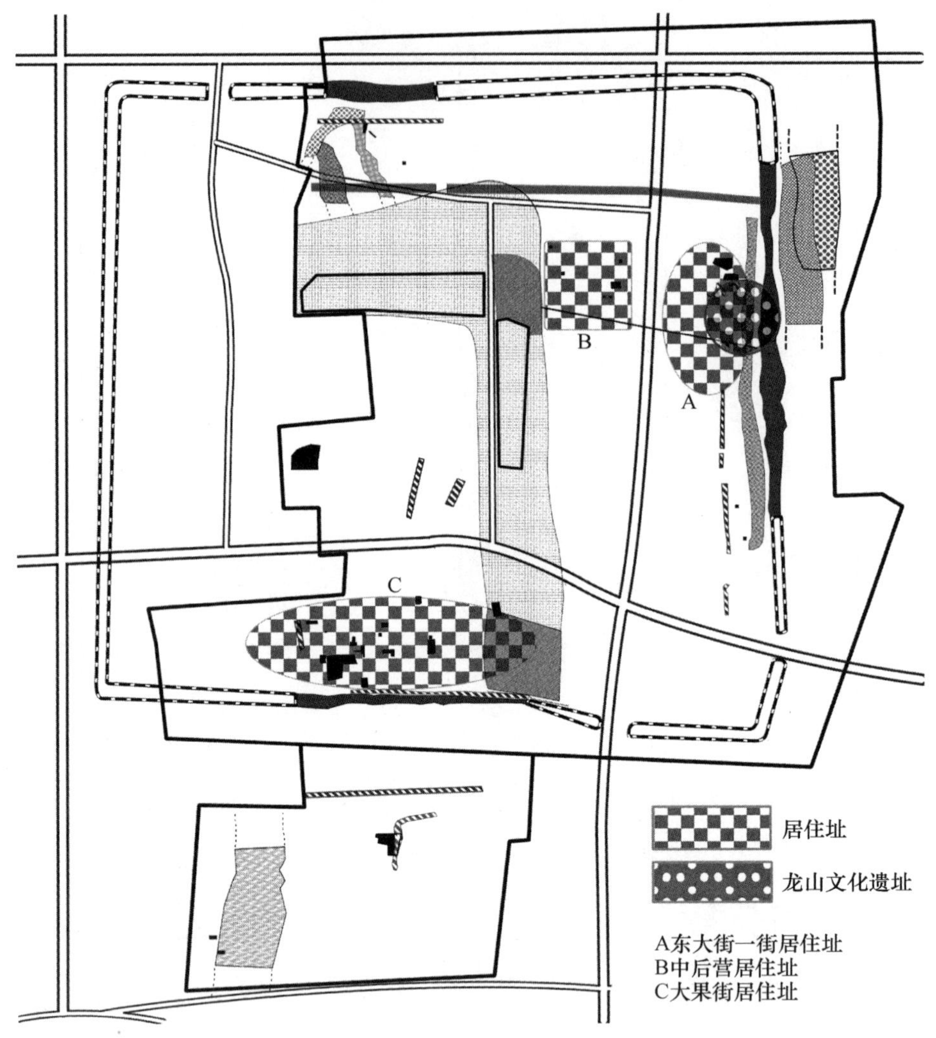

图一八　居住遗址位置图

（3）中后营居住址

位于金龙河路以东，城阳中路以西的区域，跨57、67、58、68区，西邻近金龙河。南北长约150、东西宽130米。文化层厚0.6～2.2米，北部较薄，见绳纹瓦片，向南文化层渐厚，有大量素面砖瓦碎块。北部时代最早可至汉代，南部主要是明清居址。

（4）大果街居住址

位于城南浮来中路以南，东西长约400、南北宽约150米，是子城中较大的一处居住址。文化层较厚，普遍达到3米以上，大致分为两层，上层厚2.6～2.8米，呈深灰褐色，含瓷片；下层距地表2.6～3.2米，黄褐色，出绳纹陶片。J2位于遗址西部，L3在J2以西南北向穿过。居住址主要为上层，出土较多素面砖瓦碎块。时代为元代及明清。

（三）道路、排水道及河道

1. 道路

共发现7条，L1、L2、L4、L6保存相对较好，走向较为清楚。其余收到破坏较严重，残存较短，作用和功能不好判断（图四）。

（1）L1、L4、L6、L7

L1位于HJ1、HJ2以南，南北向，自59区南部向南，断断续续延伸至39区中部，残长约360米。开口于第2层下，距地表0.8～1.2、厚0.2～0.4米，土色浅灰，含较多绿色水锈，包含物有砂粒、小石子、碎陶片等。L1南部处在一片洼地边缘地带，叠压的淤积层中出土有瓷片。

L4位于南墙外，与南护城河基本平行。宽4.5～4.8、残长约230米。开口于第2层下，距地表1～1.3、厚0.2～0.5米，叠压在第3层深灰褐粉砂土之上。从开口层位及走向看，可能是元代南墙外东西向通道，向东通向南门。

L6位于南墙内侧，东西沿城墙而行，通往南门。一般距城墙2米左右，也有的与城墙紧贴在一起。一般宽4.5～5、有的仅余2米左右。开口于第2层下，距地表0.8～1米，厚0.2～0.4米，呈浅灰色，含较多绿水锈。L6是元代截取小城之后形成的，明清一直沿用。

L7位于第25、35区西部，原县委大院广场内。为东北—西南向，宽4.2～5.7、残长约80米。南部被道路占压，北部被房基破坏。开口于第3层下，距地表2.6～2.8米，叠压在深灰褐色土之上。本区域原地势较低，为金龙河西侧洼地。

从四条道路的开口层位及包含物看，其时代大致为元代。其中，L4、L6与城墙有关，分别为南墙外侧、内侧道路；L1、L7则与城内居址有关，L1是东大街一街居住址内部的主要干道，形成对城阳中路的补充；L7可能与当时的官署庙宇有关，是通往浮来中路的通道。

（2）L2、L5

L2位于北墙内侧，距北墙19～23米，与北墙平行，宽3～5、残长约160米。开口于第1层下，距地表0.3～0.5、厚0.3～0.7米，东部较厚，向西逐渐变薄，至85区西南角处不见。路土呈灰褐或浅灰褐色，含小石子、沙砾等。为北墙内侧通道，可能与原莒县前营街有关，通往北门。其时代可能为清代。

L5位于南墙外孔家街村，走向先偏西南，然后南拐。宽4.9～8.7、残长约110米。开口于第1层下，距地表0.3～0.4、厚0.2～0.4米。南端与孔家街村现道路位置、走向一致，时代可能为清代、民国。

2. 排水道

HD1位于探区的西南角，跨第113、123两区，北端被居民楼占压，南端超出探区范围（图四）。呈南北走向，开口于第1层下，开口宽度为65.5、底部宽度为17米，东西两岸较浅，深1.1～2.4米，呈缓坡状，中心深度3.2～3.6米，底高低不平。堆积大致可分为两层：上层为灰褐色粉砂土，含陶片、烧土粒、炭屑，疏松；下层为深灰色淤泥，含极少陶片，致密。下层以下，岸边为黄褐色黏土（生土），中部为黄褐色粗砂。

HD1向北应与子城护城河相接，间接与子城西南隅的漏卮湖相通，是护城河重要的泄水通道。

3. 古河道

金龙河故道为子城内主要水系，现存河道两段，位于老县委北侧及东侧。走向为先由西向东，至金龙河路向南经大果街注入南护城河（图四）。北部较宽，为80～120米，为多次摆动冲积形成；南端较窄，在40米左右。

金龙河西岸呈缓坡状，长期以来地势低洼。金龙河最晚一期，直到40多年前还存在，以第16区的河道剖面简要介绍（图一九）。开口于第1层下，宽38.5、深4米以上（未探到底）。大致分三层：上层为废弃后回填土，中层为使用时期堆积，为黑色、深灰色淤积土，下层为灰色粗沙。

金龙河上层总体时代较晚，在城北打破北墙2，在城南叠压HJ18，第2层中出土较多瓷片，主要时代为宋元以后。

（四）墓葬、水井、窑址、灰坑

未发现较集中的墓葬区和窑区，发现墓葬2座，窑址8座。另外，还发现水井2口，灰坑30余个。因为发现的此类遗迹较少，分布较为分散，将其简要情况附录于正文之后。

四、结　　语

1. 城市变迁与金龙河的关系

金龙河，昔称金鲤河。邹家庄子《状元林墓碑》载：“邹氏，金元以来，世居金鲤河西岸……”可见，宋代以前即有金龙河。金龙河现存两段，在明清时两段相通，面

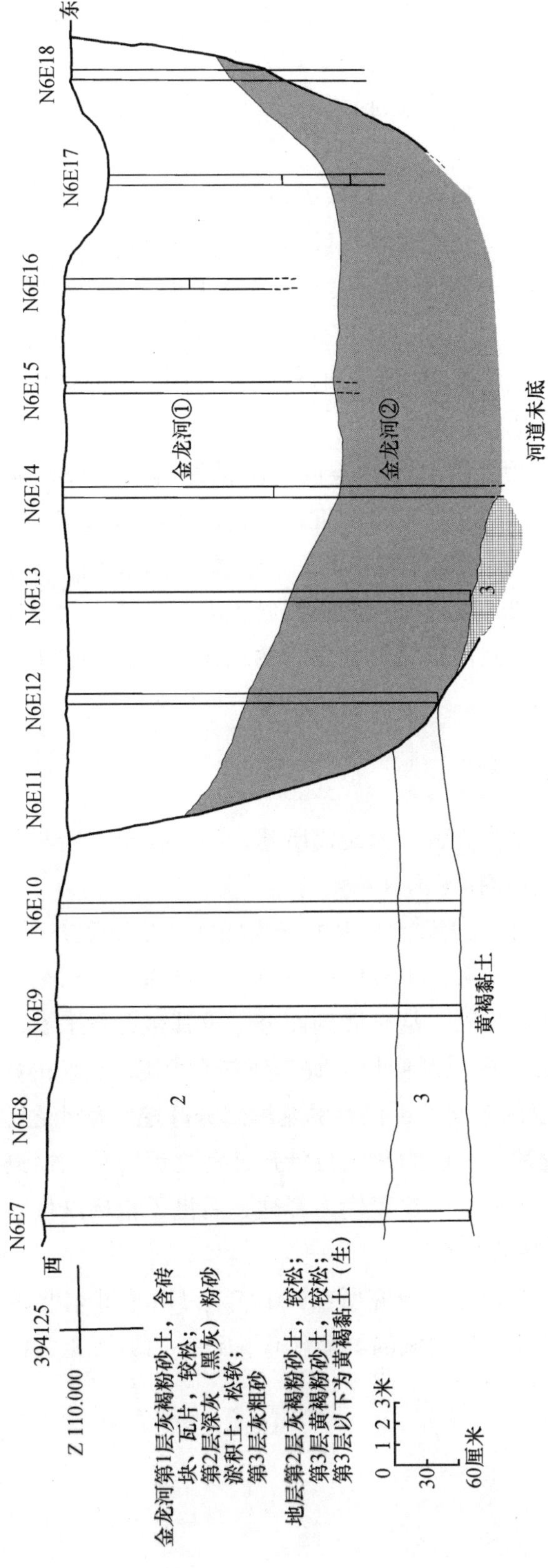

图一九　金龙河剖面示意图

积还较大，至民国、近代将中间填平，仅以管道相通。直到现代，原金龙河区域还有南北向冲沟，南护城河内侧留有一豁口，就是受冲沟破坏所致。根据勘探，金龙河及其两岸区域长期以来是全城中最低的地方，金龙河是洼地的中心，堆积厚4米以上，两侧区域也在3～4米。

以城南为例，金龙河西侧自4、14区向东，至6、16区深度逐渐增加。在金龙河岸边接近生土的堆积中发现有东周时代绳纹陶片，但这种堆积非常薄，通常是接近生土的过渡层，厚0.2～0.4米，可称之为下层。在这之上为大量含有瓷片、瓦片的堆积，厚度3.5米以上，可称之为上层。从总体上看，下层时代较早，约为战国、汉代，但人类活动很少，堆积较薄。上层堆积很厚，时代较晚，从出土的瓷片看，至少在宋元以后才开始形成这一堆积过程。

在元代小城形成之后，受到城内空间局促的影响，原来人类活动较少的洼地区域，人类活动迅速加强，形成了较厚的堆积，逐渐将洼地垫高。在老县委一带，为建造州县治所，更是将这一区域迅速堆积填平，形成了莒州的中心区域。

所以，元代截取子城，致使城内可利用面积大为缩减，这成为人类加强利用金龙河一带低洼区域的动力。元代以后对金龙河的加强利用，促成了子城区域的城市中心由东北部向中部的转变。

2. 对城墙始建年代的推断

子城南墙与西墙时代较清楚，为元代所建，问题在于东墙与北墙在子城建立的时候早已存在，其始建年代模糊不清。

从勘探看，东墙宽18～24米，至少可分为四期，最早期夯层一般厚8～10厘米，包含的陶片均时代较早；晚期夯土夯层一般厚12～15厘米，与早期区别明显。子城东墙借用了原来莒国故城的东墙，从东墙剖面夯Ⅰ及其包含物来看，其始建年代应该较早。结合新发现的北墙2，向东延伸与子城部分东墙相接，它们的始建时代是相同的。北墙2位于整体时代较早的东北部，仅存的基槽部分开挖于黄沙之上，夯层厚度不均，但均较薄，极少见到陶片，可能为莒国自计斤迁莒之后较早的遗迹，是春秋时期的莒国故城城墙。与之对应，东墙始建年代为春秋，后世（包括汉代、元代、明清等）不断修补，最终形成了现在的东墙。

至于北墙，日照市文物考古研究所在2017年6月对子城东北角进行了勘探，认为其始建年代为战国至汉代，与内城的城墙年代一致。内城大概为汉代所建，与城阳国有关。

3. 子城的功能分区

尽管受限较多，子城内有些区域未能勘探，但还是可以从现有的材料一窥其功能分区。

总体上，整个子城以居住区为主，外加小范围的官署衙门及寺、庙、祠堂等，暂且合称为官庙区。以元代分界点，之前子城作为内城的一部分存在，居住区主要集中在东大街一街及中后营一带，大体为金龙河以东、子城东北部。因为有HJ1与HJ2的存在，在东大街一街也可能有官署庙宇建筑。金龙河以西发现较少，一个例外是HJ3，很可能是宝愿寺旧址。此时的金龙河范围很大，自北向南占了很大区域，其西岸由于地势较低，还不太适宜大规模居住。

元代建立子城后，金龙河很快被垫高填平，居住区迅速扩大，除了原来的东大街一街及中后营一带，城南大果街成为大规模居址。关庙区则集中至子城中央，形成了中央为官庙区，四周为居住区的布局。

没有发现明确的手工作坊区，南墙外孔家街一代有一处疑似的制陶遗址。位于南墙外105区，距现护城河约50米。东西长约60、南北宽约50米。文化堆积厚2.4～3米，大致可分为4层，其中第3层多为深灰褐色粉黏土，含大量烧土块，并有少量尚未烧好的素面瓦、砖坯等。但由于未发现陶窑，无法确定为制陶遗址，可能陶窑被附近的建筑占压，也可能烧土块是二次搬运而来。也没有发现墓葬区，这与勘探区域主要为城内有关。

对于子城布局，明清时期《莒县志》也有示意图，大体与上述中央为官庙、四周居住的模式相符，同时也标注了众多小型建筑，如二贤祠、马神庙、牛王庙、城隍庙、紫阳宫等，但它们或被建筑占压、或规模太小被后世破坏，均无法与勘探发现一一对应。

附记：本次勘探主要由山东省文物考古考古研究院具体组织实施。参加勘探的主要工作人员有山东省文物考古研究院孙启锐、孙亮申、刘喆，日照市文物考古研究所石念吉、刘相民、李罡、商玉贞，莒州博物馆王建，曲阜师范大学本科生王译绅、胡云港、李涛、毛欣琳等。探工主要由洛阳久远钻探有限公司刘现民、马保民、马建民、巴志斌、马慈民、李五洲、巴小军、马敬文、马矿山、马园丁、马三清等。莒国古城建设项目指挥部给以大力协调，并提供机械进行清表。在此对上述各位参与本次勘探工作的人员表示感谢！

绘　图：孙启锐　孙亮申　刘　喆　刘相民

执　笔：孙启锐

注　　释

［1］苏兆庆等：《莒县文物志》，齐鲁书社，1993年。

［2］同［1］。

［3］刘延常：《莒文化探析》，《东南文化》2002年7期。

［4］刘云涛：《山东莒县双合村汉墓》，《文物》1999年12期。

［5］朱文民、段全胜：《莒故城垣新考》，《中国古都研究（第十六辑）——中国古都学会第十六届年会暨莒文化研讨会论文集》，1999年。

附表　灰坑、墓葬、窑址、水井一览表

编号	位置	开口层位	尺寸（厘米）	堆积状况
Y1	29区北部	第4层下	距地表220、深30	红褐色红烧土，致密
Y2	29区东部	第1层下	距地表20、深70	黄褐色粉砂黏土，含较多红烧土，致密
Y3	67区中部	第1层下	距地表20、深50	红褐色粉砂土，含碎陶颗粒、草木灰，疏松
Y4	67区南部	第2层下	距地表50、深100	黄褐色粉砂土，含碎陶颗粒、红烧土，疏松
Y5	65区中部	第2层下	距地表120、深20	黄褐色粉砂黏土，含较多红烧土，致密
Y6	15区西部	第3层下	距地表350、深50	青灰色粉砂土，含青灰砖，疏松
Y7	15区东部	第5层下	距地表360、深20、直径110	青灰色粉砂土，含青灰砖，疏松
Y8	68区中部	第2层下	距地表150、深30	青灰砖渣
J1	75区	第2层下	距地表210、深190不及底	浅黄褐色粉砂土，含绿锈，致密
J2	14区中部	第2层下	距地表150、深310不及底	浅黄褐色粉砂土，含藻绿色水锈碎陶片，致密
M1	122区东北	第1层下	距地表20、深110	灰褐色粉砂土，含砖块，致密
M2	123区西北	第3层下	距地表70、深100	浅灰褐色粉砂土，含黄花土、烧土粒，疏松
H1	69区中部	第1层下	距地表20、深100不及底	灰色粉砂土，含碎陶片、瓦片，疏松
H2	69区中部	第1层下	距地表30、深140	灰褐色粉砂土，含陶片、红烧土块、较少炭屑，致密
H3	69区西南	第1层下	距地表50、深140	浅灰褐色砂质黏土，含炭灰，较致密
H4	59区东北	第3层下	距地表130、深130不及底	灰褐色粉砂土，含粗砂、陶片、炭屑，致密
H5	59区中北	第3层下	距地表200、深50	深灰色粉砂土，含陶片、大量炭粒，致密
H6	59区中部	第3层下	距地表170、深90	灰褐色黏土，含草木灰，致密
H7	59区西南	第3层下	距地表300、深不及底	深灰色黏土，含沙石、草木灰，致密
H8	49区东北	第2层下	距地表200、深170	
H9	49区南部	第1层下	距地表50、深180	灰褐色粉砂土，含陶片、烧土粒、较少炭屑，致密
H10	49区南部	第2层下	距地表70、深130	灰褐色粉砂土，含陶片、烧土粒、炭屑，致密

续表

编号	位置	开口层位	尺寸（厘米）	堆积状况
H11	39区中部	第1层下	距地表20、深180	浅灰褐色粉砂土，含炭屑、较少草木灰、砖块，致密
H12	39区东南	第2层下	距地表200、深70	灰褐色粉砂土，含陶片、烧土粒、较少炭屑，致密
H13	39区东南	第1层下	距地表50、深180	灰褐色粉砂土，含炭屑、红砖、绿锈，疏松
H14	29区中部	第3层下	距地表240、深80	灰褐色粉砂土，含炭屑、兽骨、红烧土粒、碎陶片，致密
H15	29区中部	第3层下	距地表250、深150	灰褐色粉砂土，含较多炭屑、兽骨、红烧土粒、碎陶片，致密
H16	29区西部	第1层下	距地表50、深110	灰褐色粉砂土，含烧土，致密
H17	19区中部	第2层下	距地表200、深100	灰褐色粉砂土，含水锈、红烧土，较致密
H18	67区西北	第1层下	距地表20、深40	灰褐色粉砂土，疏松
H19	67区中部	第2层下	距地表10、深70	红烧土，含碎陶片，较致密
H20	67区南部	第1层下	距地表20、深110	灰褐色粉砂土，含草木灰、烧土，较致密
H21	67区东南	第3层下	距地表180、深70	灰褐色粉砂土，含草木灰、烧土颗粒，较致密
H22	67区东南	第3层下	距地表250、深30不及底	灰褐色粗砂
H23	58区东北	第1层下	距地表20、深230	灰褐色粉砂土，含瓷片、草木灰、炭屑，疏松
H24	75区西部	第1层下	距地表50、深170不及底	灰褐色粉砂土，含碎陶片，疏松
H25	75区中部	第2层下	距地表120、深20	深灰色粉砂土，含大量草木灰，疏松
H26	75区东部	第1层下	距地表20、深240	灰褐色粉砂土，含瓷片、石灰、炭屑，疏松
H27	14区西南	第2层下	距地表150、深200	浅灰褐色粉砂土，含碎陶片、褐色水锈，致密
H28	15区西南	第2层下	距地表150、深60	深灰色粉砂土，含大量草木灰、少许碎陶片，疏松
H29	15区西南	第1层下	距地表110、深270	深灰色粉砂土，含大量草木灰、绿锈、碎陶片，致密
H30	15区西北	第1层下	距地表50、深280	浅灰色粉砂土，含草木灰、褐锈碎陶片，疏松
H31	15区东南	第2层下	距地表260、深110	灰褐色粉砂土，含大量草木灰、碎陶片、绿锈，致密
H32	15区中部	第1层下	距地表20、深380	深灰褐色粉砂土，含陶片、炭屑、烧土，疏松

广饶县中南世纪城明清墓葬发掘报告

日照市文物考古研究所
山东省水下考古研究中心

墓地位于山东省东营市广饶县莲花村西南约200米处，即乐安大街以北，延安路以东，迎宾路以南，兴安路以西。现中南世纪城2、3期居民楼占地范围内（图一）。

为保护地下文物，配合地方进行工程建设，2018年1～4月，日照市文物考古研究所与山东省水下考古研究中心对墓葬进行了抢救发掘，共清理明、清时期墓葬30座。获取瓷、铜、锡、铁器等250余件。

由于墓葬分布不集中，分成Ⅰ～Ⅳ四个发掘区（图二；图版七二，1，2）。下面按照时代及形制分别进行介绍。

一、明代墓葬

8座。位于第Ⅲ发掘区内。其中，圆形砖室墓6座，舟形砖室墓和土坑墓各1座（图三；图版七二，2）。

（一）M9

位于发掘区北部，开口距地表约0.6米，墓道东南部被M12打破，墓室顶部已破坏。形制为圆形穹隆顶砖雕墓，由墓道、墓门、甬道和墓室四部分组成，方向200°。建造方式为先从地表下挖出带有墓道的圆形土圹，圹内用青砖砌筑墓室，墓室南端垒砌甬道和墓门，砖体之间用白灰黏结，墙砖与土圹之间用棕褐色花土填实。所用青砖皆为素面，长0.26～0.27、宽0.13、厚0.06米（图四A、B；图版七三，1）。

墓道位于墓室南部，平面近梯形，直壁略斜内收，底部呈斜坡状，近墓口处缓平。长3.93、最宽处2.15、深0.3～1.96米。填棕褐色花土，质较硬，含少量白石灰渣和碎砖块。

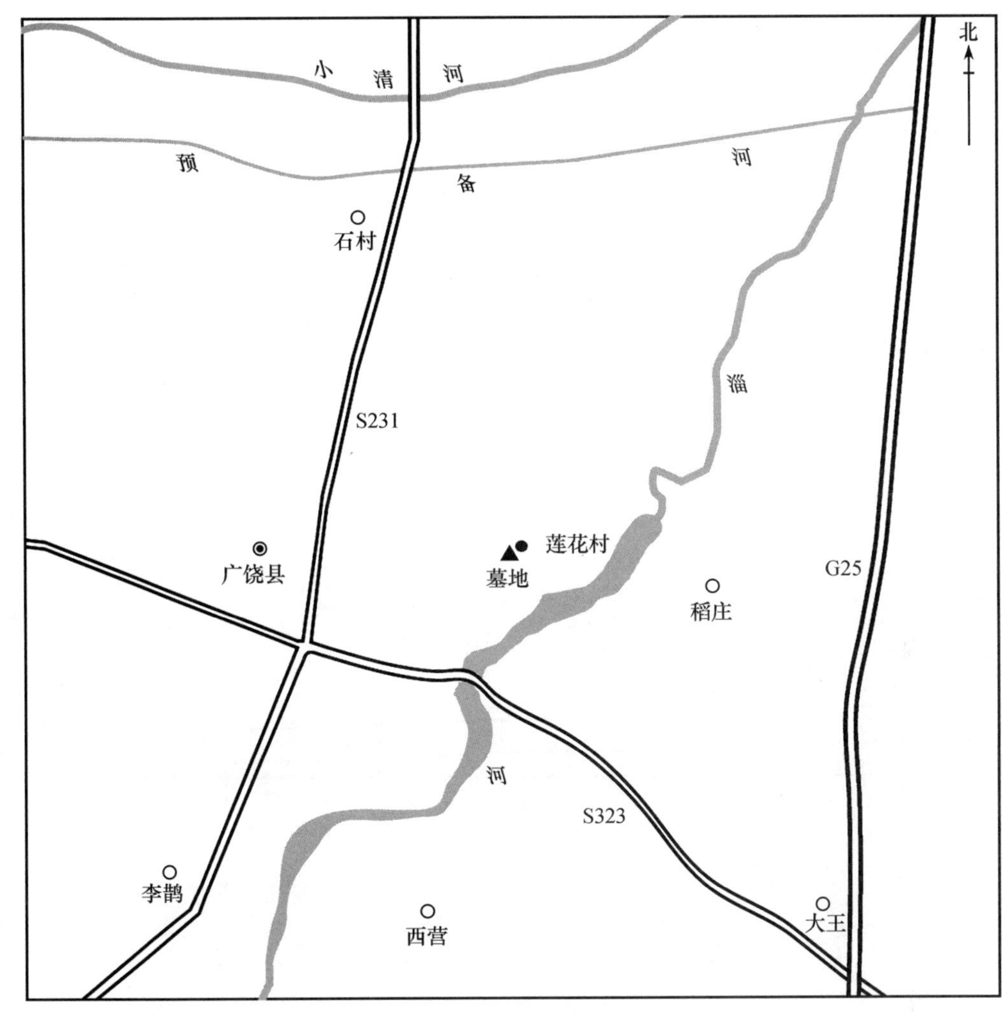

图一 墓地位置示意图

墓门为仿木结构门楼，宽1.65～1.84、高2.05米。两侧下部叠砖5层作门基，基上两侧砌出榑柱、立颊、门额等，形制比较简单。外侧门额下雕刻成连弧形，正中砌出两枚方形门簪，周边雕为花瓣形。墓门中部辟有券顶门洞，宽0.78、高1.35米。顶部上层为平砖，下层侧立砖。墓门底部侧立二层纵向砖在门内，外侧堆垫碎砖渣，其上砌筑封门砖墙，绝大部分为斜向砖平铺，每层方向相反，共18层，上部横砖平铺至门额下（图四C、D；图版七三，2）。

甬道宽、高同门洞，进深0.7米。两壁顺、丁砖错缝平砌，顶部为纵向侧立砖券顶。底至方台顶高0.3米，至券顶台高0.96米。

墓圹近圆形，直径2.86～3.15、深1.6～1.95米，棺床处略浅。墓圹内用砖砌筑砖室，内径2.58、残存高1.4米。底设“凹”子形棺床，东西最长2.58、南北最宽处1.95

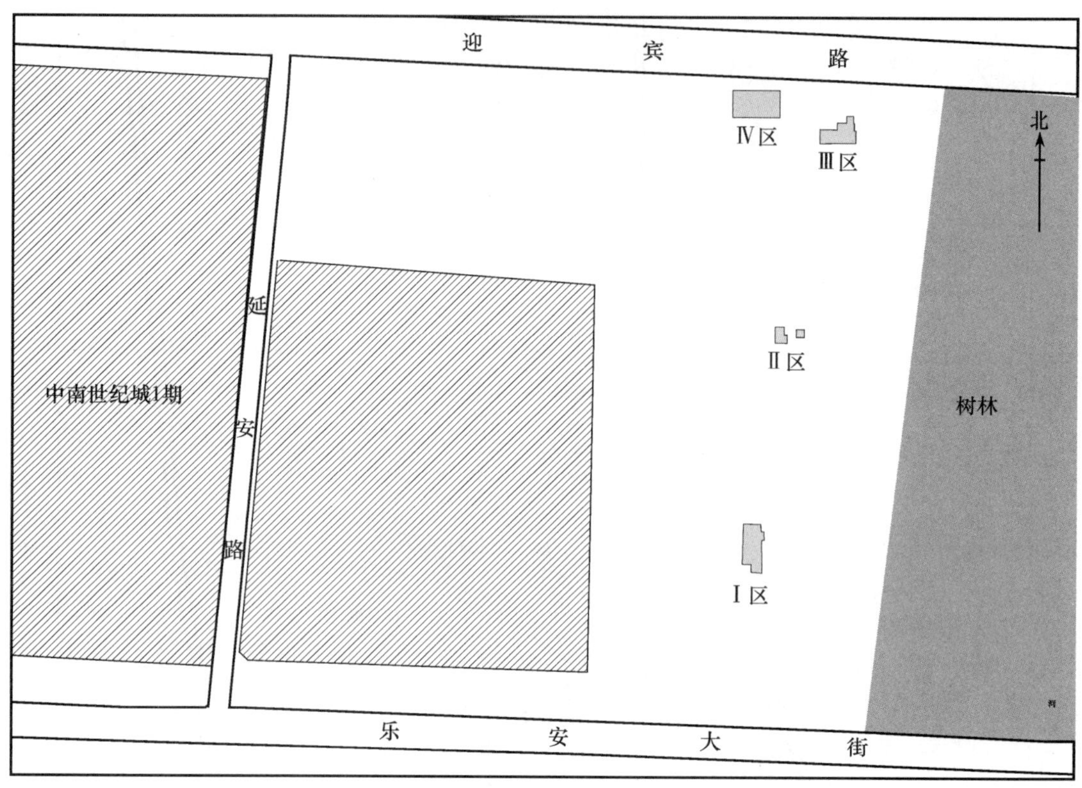

图二　发掘区分布示意图

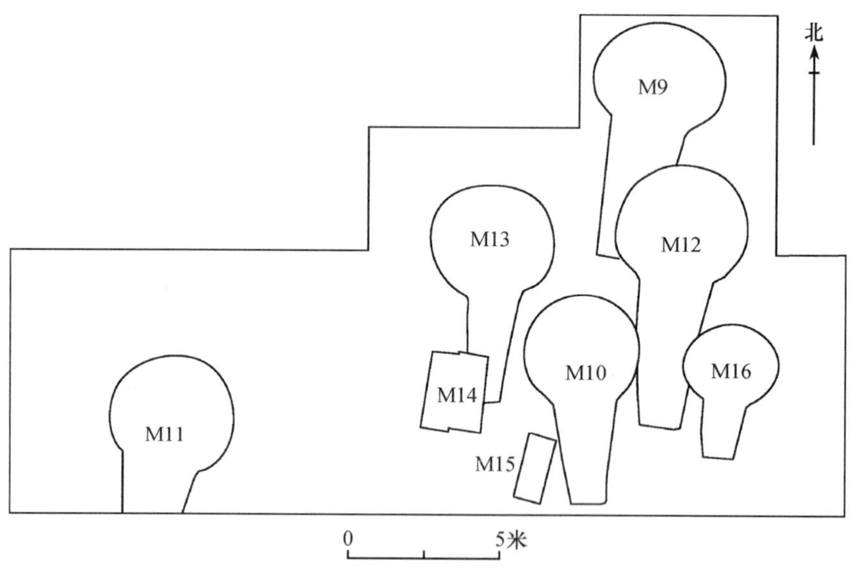

图三　第Ⅲ区发掘区墓葬分布图

米，表面用砖横向纵向各一排，交替平铺。凹口南连甬道，直壁，底部有斜向错缝铺地砖，长1.34、宽0.61、高0.31米。

墓室自上而下分三层：最下层为直壁部分，由12层单砖错缝平砌，石灰抹缝，高0.72米，其上砌筑两层纵向砖，向内凸出墓壁0.08、四周墙底陷落0.1米。内壁设有砖雕，北壁面对甬道处为衣架，长1.42、高0.6、凸出墓壁0.03米；西壁偏南为灯檠，高0.62、最宽处0.28、凸出墓壁0.03～0.06米；东壁中间砖雕桌子，两边各置一把椅子，桌长0.54、高0.4米，椅子尺寸相同，宽0.25、高0.56米。南壁无砖雕，设券顶门洞通向甬道。中间层，砖壁自下而上略内收，内雕有“回”形纹图案，凸出墓壁0.04米。上层穹隆被破坏（图四E；图版七四，2、3）。

墓底棺床上置两副木棺，棺底有0.1米红淤泥，南北并列，均已漂移散乱。南棺整体向南漂移，存灰痕和部分棺钉，平面呈倒梯形，上宽下窄，长1.85、宽0.58～0.7、存高0.3米；北棺散乱，形制不详。人骨架2具，头向西，保存较好。南骨架，面朝下，俯身、上肢伸直，下肢交叉。成年男性，年龄40～50岁；北骨架躯肢整体向东漂移，仰身，左上肢上屈，下肢什直。成年女性，年龄25～30岁。随葬品59件（组）。其中，瓷缸1件，放置甬道内；小瓷碗、瓷盏各1件，位于墓室西壁灯檠处；瓷碟、瓷盘各2件，大瓷碗3件，四系瓷罐2件在墓室中西部，其中1件瓷瓶在墓室西北部，2件铁块分别放在两骨架头部；铜钱44组（103枚），散布两棺内（图版七四，1）。

瓷缸　1件。M9：1，红褐胎，肩部施黑釉，有明显垂泪痕。圆唇，口微侈，深鼓腹，最大腹径居上，平底微内凹。通体有圆形陶拍击打的花纹痕迹，唇部饰白陶衣，下腹部饰数周瓦楞纹。口径34.5、腹径40.5、底径20.5、通高50.5厘米（图四F，1；图版八五，1）。

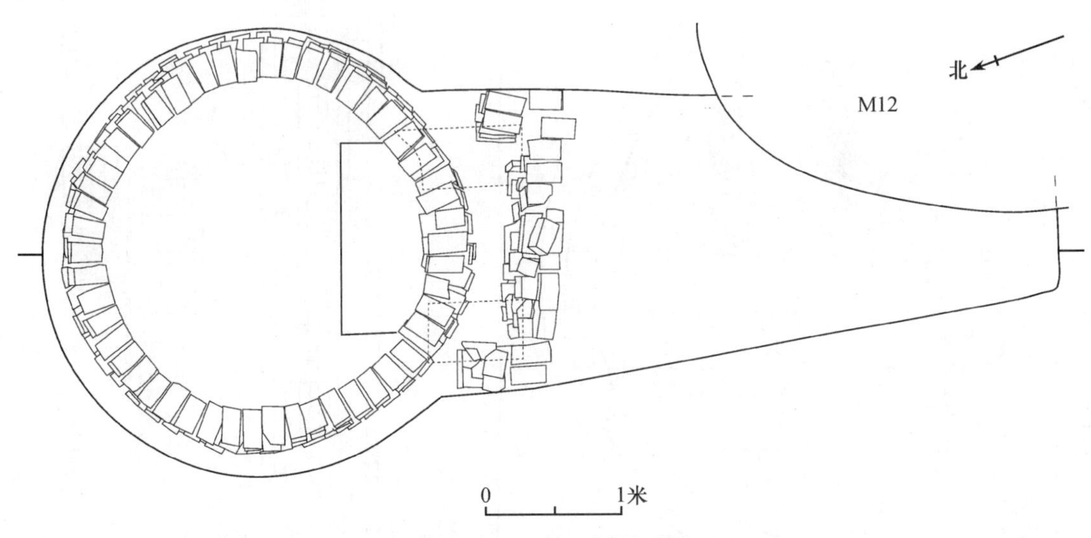

图四A　M9第一层平面图

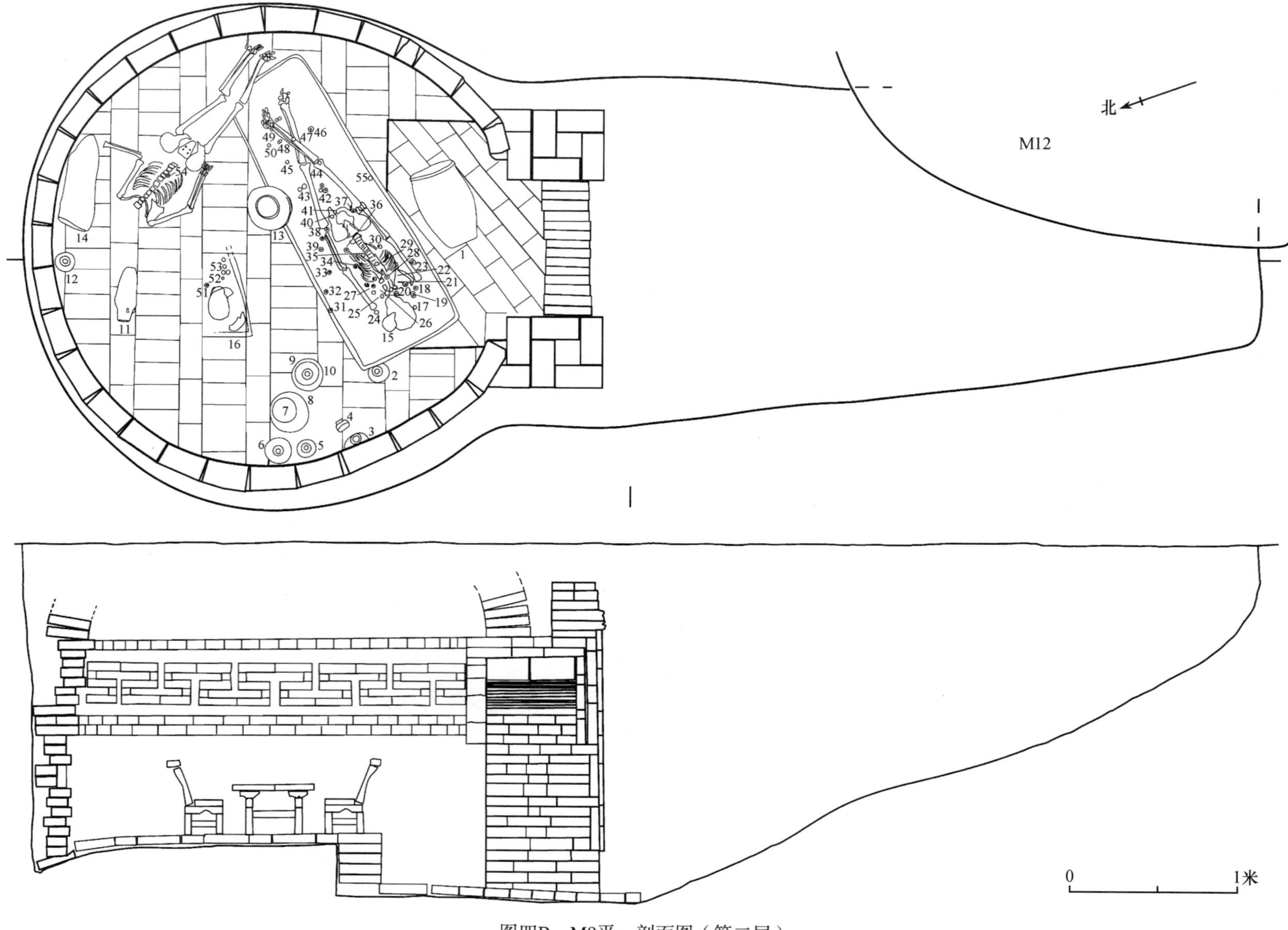

图四B　M9平、剖面图（第二层）

1. 瓷缸　2. 小瓷碗　3、5. 瓷碟　4. 瓷盏　6、8、10. 大瓷碗　7、13. 四系瓷罐　9、12. 瓷盘　11. 瓷瓶　14. 石块　15、16. 铁块　17～58. 铜钱

四系瓷罐　2件。黄褐胎，口至肩部施釉，下腹及底不包釉，表面有明显的轮旋痕。M9：7，黑釉，光亮。圆方唇，直口微敛，溜肩，鼓腹略扁，最大腹颈在肩部，矮圈足。颈及肩部对称饰四系，系身刻2道竖向凹槽。口径15、腹径25.5、圈足颈9.8、通高18.8厘米（图四F，2；图版八五，5）。M9：13，青黑釉，光亮。圆方唇，直口微敛，溜肩，扁鼓腹，最大腹径在肩部，矮圈足。颈及肩部对称饰四系，系身刻2道竖向凹槽。口径16、腹径24.8、圈足径9.1、通高17.3厘米（图四F，3）。

瓷瓶　1件。M9：11，白胎泛黄，口至上腹部施乳白釉。圆方唇，直口，长颈，溜肩，平底，矮圈足外撇。肩及颈部对称饰四系，系身饰2道竖向凹槽。系间及系下饰黑色花纹，下腹部表面呈红褐色并饰数周瓦楞纹。口径6.7、腹径12.2、底径7.2、通高31.6厘米（图四F，4；图版八五，2）。

瓷大碗　3件。白胎泛黄，黑釉，局部有垂泪痕，内底有涩圈，制作粗糙。M9：6，外壁口至上腹部施釉。尖圆唇，敞口，斜壁微弧，内底较平，下腹折收，矮圈足。口径19、圈足径7、通高6.2厘米（图四G，1）。M9：8，外壁口至腹中部施釉。尖圆唇，敞口，斜壁微弧，内底较平，下腹折收，矮圈足。口径18.8、圈足颈6.8、通高6.2厘米（图四G，2；图版八五，3）。M9：10，外壁仅口部施釉。尖圆唇，敞口，斜壁微弧，内底较平，下腹折收，矮圈足。口径17.6、圈足径6.4、通高5.4厘米（图四G，3）。

小瓷碗　1件。M9：2，灰白胎，白釉，外壁施釉不及底，内底较平，有三个支钉痕，下腹部有轮旋痕迹。尖圆唇，口微侈，弧腹微鼓，内底较平，圈足外撇。口径10、圈足径4.5、通高3.6～4厘米（图四G，8）。

瓷碟　2件。白胎泛黄，外壁仅口部施釉，局部有垂泪痕，内底有涩圈，制作粗糙。M9：3，黑釉。尖圆唇，侈口，斜弧腹折收，平底，矮圈足。口径13、圈足颈5.3、通高2.7厘米（图四G，4；图版八五，4）。M9：5，青黑釉。尖圆唇，侈口，斜弧腹折收，平底，矮圈足。口径12.8、圈足径5.4、通高2.6厘米（图四G，5）。

瓷盘　2件。白胎泛黄，黑釉，外壁仅口部施釉，有垂泪痕，内底有涩圈，制作粗糙。M9：9，浅盘，尖圆唇，侈口，下腹折收，矮圈足。口径12.1、圈足径5、通高1.8～2.4厘米（图四G，6）。M9：12，浅盘，尖圆唇，侈口，下腹折收，矮圈足。口径11.9、圈足径5、通高2.3厘米（图四G，7）。

瓷盏　1件。M9：4，白胎泛黄，白釉，外壁施釉近底处。尖圆唇，侈口，弧腹微鼓，内底较平，喇叭口圈足。圈足上部饰一周凸棱纹。口径9.4、圈足径4.4、通高5.6～6厘米（图四G，9；图版八五，6）。

铜钱　103枚，辩清字迹者78枚。

洪武通宝　11枚。均楷书，直读。字迹清晰者9枚。M9：04-2、M9：04-3、

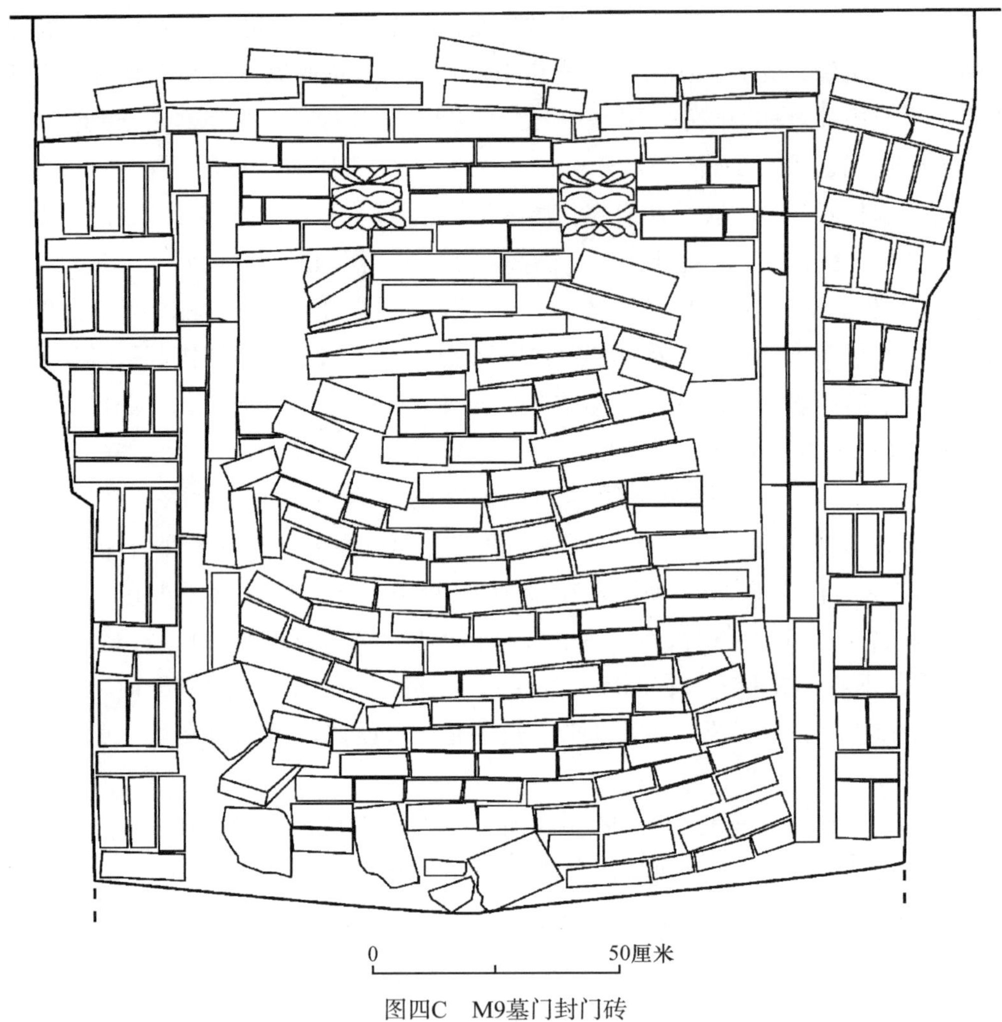

图四C　M9墓门封门砖

M9：23-2、M9：48、M9：21-1，直径2.4厘米（图四H，2～4、7、9），其中，M9：21-1背面穿上一“浙”字；M9：04-1、M9：24-2、M9：25-2、M9：49-4，直径2.3厘米（图四H，1、5、6、8）。朽重2枚，M9：53-2、M9：58-2，直径2.4厘米。

景德元宝　4枚。均楷书，旋读。字迹清晰者3枚。M9：02-1、M9：02-2、M9：35-5，直径2.5厘米（图四H，10～12）。朽重1枚。M9：49-2，直径2.5厘米。

政和通宝　3枚。字迹清者2枚。楷书，直读1枚。M9：29，直径2.5厘米（图四I，14）。篆书，直读1枚，M9：09-1，直径2.8厘米（图四I，13）。朽重1枚。楷书，直读。M9：27-1，直径3厘米。

熙宁元宝　15枚。篆书，旋读，4枚。字清者2枚，M9：19-2、M9：57-1，直径2.4厘米（图四I，15、16）。朽重2枚，M9：58-1、08-4，直径2.4厘米。楷书，旋

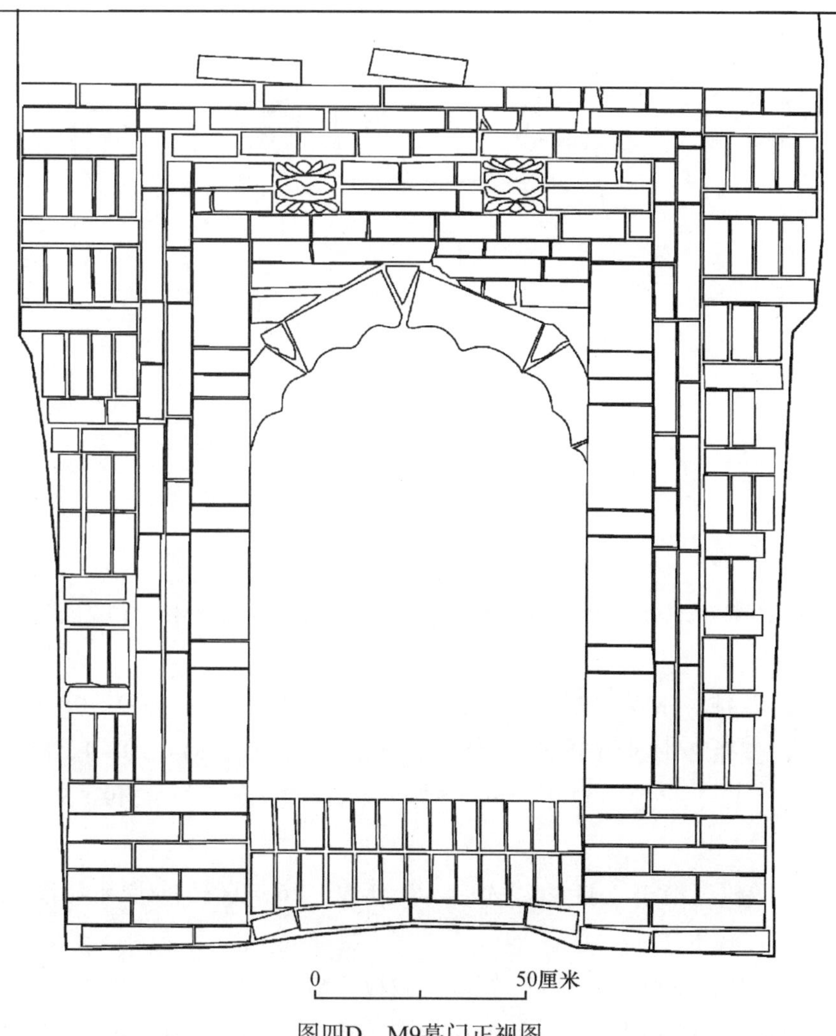

图四D　M9墓门正视图

0　1米

图四E　M9墓壁展开图

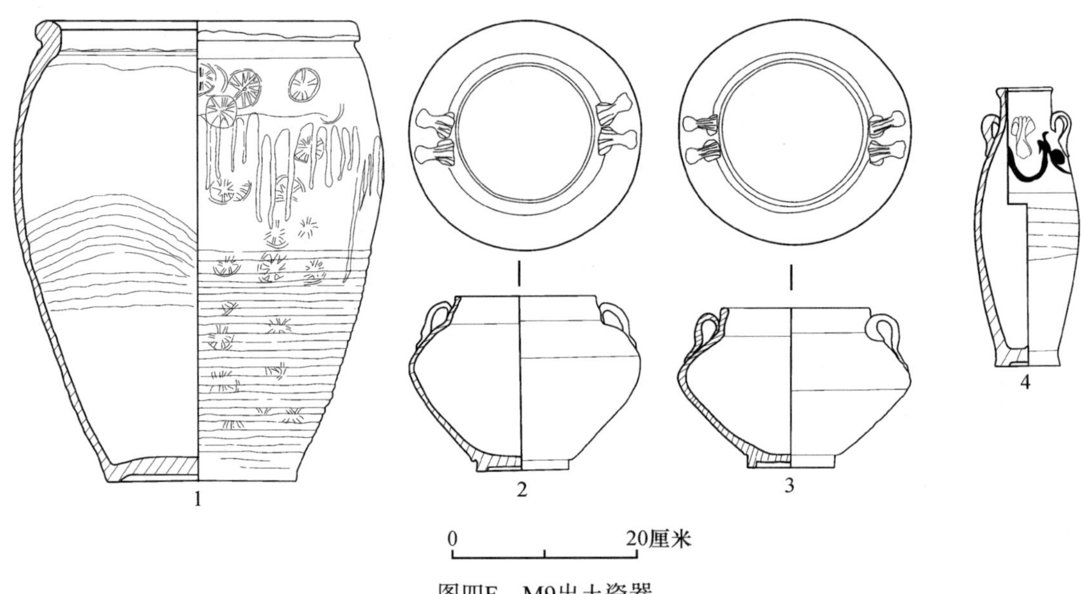

图四F　M9出土瓷器

1. 缸（M9∶1）　2、3. 四系罐（M9∶7、M9∶13）　4. 瓶（M9∶11）

读，11枚。字清者4枚，M9∶08-2，直径2.3厘米（图四I，17）；M9∶08-3、M9∶34-4、M9∶49-3，直径2.4厘米（图四I，18～20），朽重7枚，M9∶08-4、M9∶35-8、M9∶37-2、M9∶42-1、M9∶42-2、M9∶57-79（直径2.4厘米）、M9∶56-1（直径3.2厘米）。

崇宁重宝　2枚。楷书，直读。M9∶18、M9∶26，直径3.4厘米（图四I，21、22）。

天禧通宝　5枚。均楷书，旋读。字清者2枚，M9∶17、M9∶32-1，直径2.4厘米（图四I，23、24）。朽重3枚。M9∶35-6、M9∶38-2、M9∶39-1，直径2.4厘米。

元丰通宝　6枚。行书2枚，旋读。M9∶01-1、M9∶41-2，直径2.4厘米（图四J，25、27）。篆书，旋读4枚。字迹清者2枚。M9∶28-3、M9∶44，直径2.4厘米（图四J，26、28）。朽重2枚，M9∶56-3、M9∶02-2，直径2.4厘米。

元祐通宝　4枚。篆书，旋读2枚，字迹清者1枚。M9∶05-1，直径2.4厘米（图四J，29）。朽重1枚。M9∶05-2，直径2.4厘米。行书，旋读2枚。M9∶30-1、M9∶54，直径2.4厘米（图四J，30、31）。

皇宋通宝　7枚。楷书，直读3枚。字迹清者1枚。M9∶07-1，直径2.4厘米（图四J，32）。朽重2枚。M9∶50、53-3，直径2.4厘米。篆书，直读4枚，字迹清者2枚。M9∶07-2、M9∶55，直径2.5厘米（图四J，33、34）。朽重2枚。M9∶28-2、M9∶35-6，直径2.5厘米。

淳化元宝　2枚。楷书，旋读1枚。M9∶41-1，直径2.5厘米（图四J，35）。草

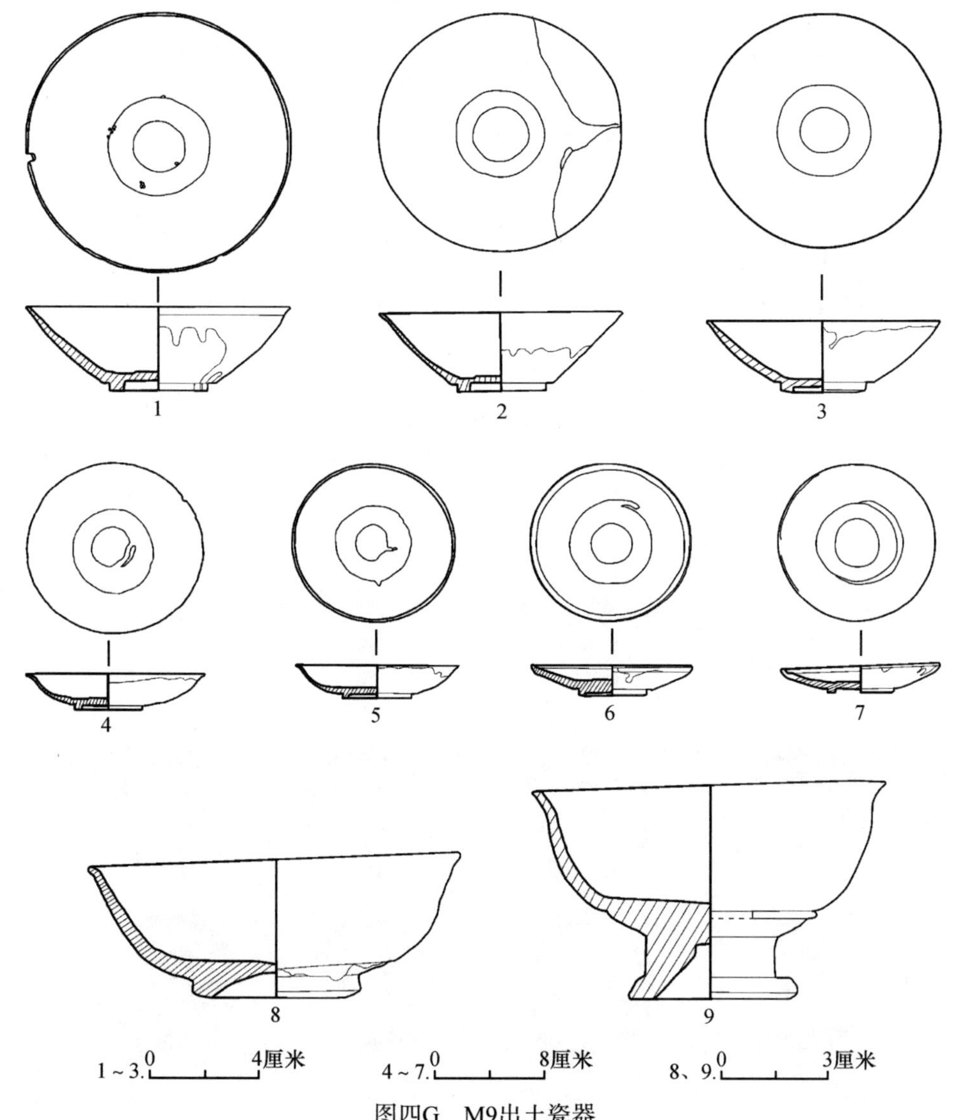

图四G　M9出土瓷器

1～3、8. 碗（M9：6、M9：8、M9：10、M9：2）　4、5. 碟（M9：3、M9：5）　6、7. 盘（M9：9、M9：12）　9. 盏（M9：4）

书，旋读1枚。M9：19-1，直径2.4厘米（图四J，36）。

太平通宝　3枚。均楷书，直读。字清者2枚。M9：35-4、M9：06，直径2.5厘米（图四K，37、38）。朽重1枚。M9：58-1，直径2.5厘米。

圣宋元宝　2枚。篆书，旋读。字清晰1枚。M9：35-1，直径2.4厘米（图四K，39）。朽重1枚。M9：23-1，直径2.4厘米。

咸平元宝　1枚。楷书，旋读。M9：24-1，直径2.5厘米（图四K，40）。

祥符元宝　2枚。楷书，旋读。字迹清晰1枚。M9：28-1，直径2.5厘米（图四K，

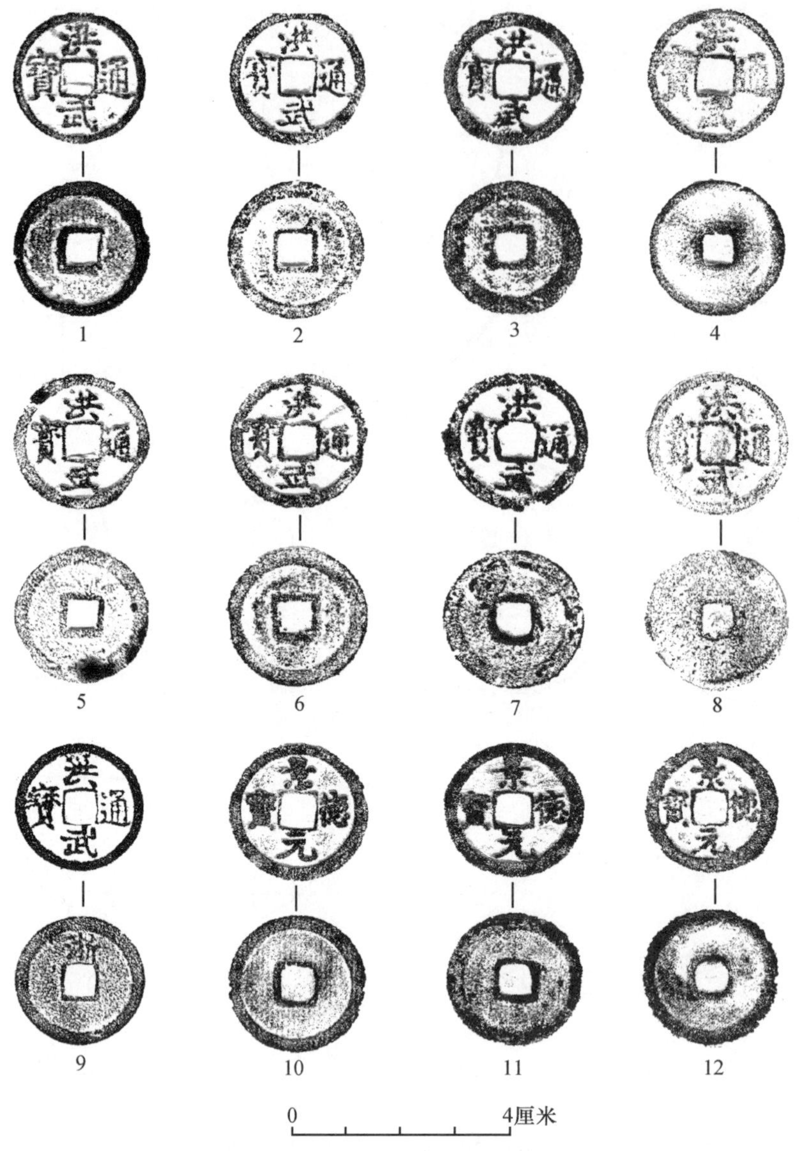

图四H　M9出土钱币

1～9. 洪武通宝（M9：04-1、M9：04-2、M9：04-3、M9：23-2、M9：24-2、M9：25-2、M9：48、M9：49-4、M9：21-1）　10～12. 景德元宝（M9：02-1、M9：02-2、M9：35-5）

41）。朽重1枚。M9：45，直径2.5厘米

福平元宝　1枚。篆书，旋读。M9：53-1，直径2.4厘米（图四K，42）。

治平元宝　1枚。楷书，旋读。M9：38-1，直径2.5厘米（图四K，43）。

天圣元宝　2枚。楷书，旋读。M9：34-2，直径2.5厘米（图四K，44）。篆书，旋读。M9：36，直径2.4厘米（图四K，45）。

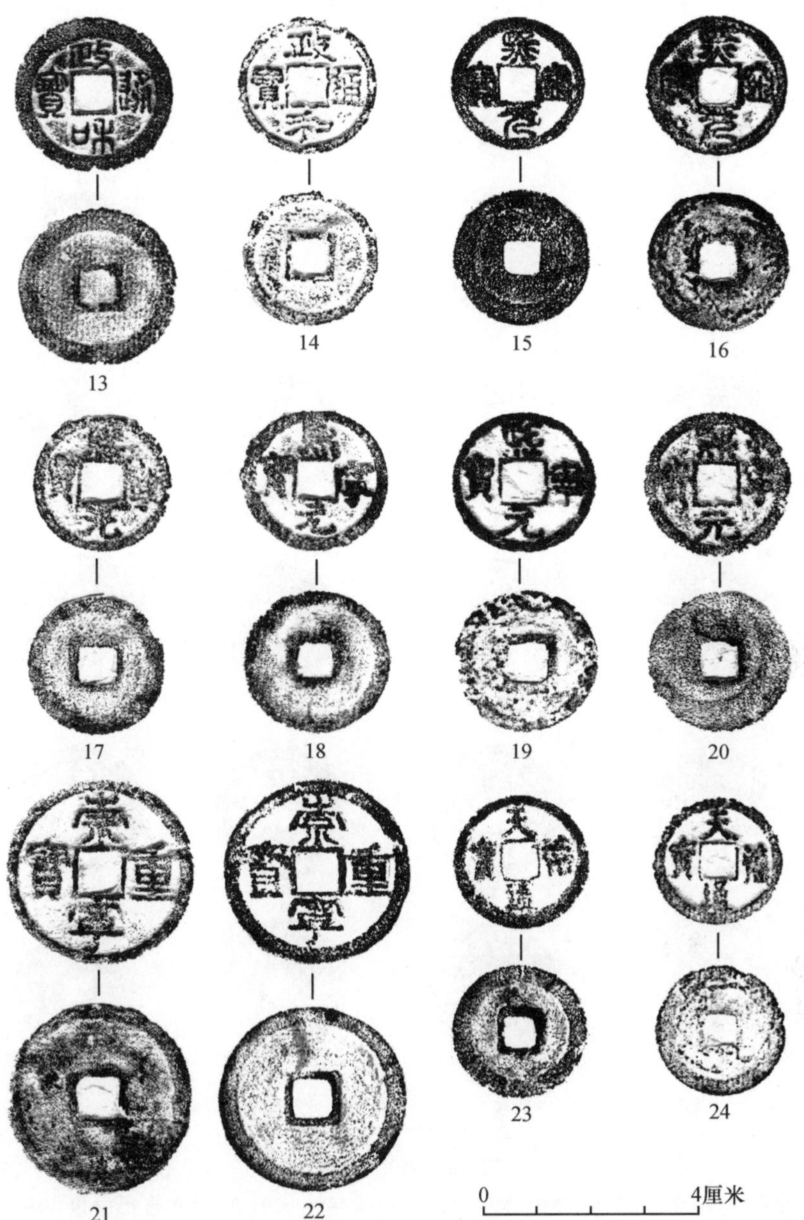

图四I　M9出土钱币

13、14. 政和通宝（M9：09-1、M9：29）　15～20. 熙宁元宝（M9：19-2、M9：57-1、M9：08-2、M9：08-3、M9：34-4、M9：49-3）　21、22. 崇宁重宝（M9：18、M9：26）　23、24. 天禧通宝（M9：17、M9：32-1）

宋元通宝　1枚。楷书，直读。M9：03，直径2.5厘米（图四K，46）。

开元通宝　5枚。均楷书，直读。字迹清晰者2枚。M9：34-1、M9：35-3，直径2.5厘米（图四K，48、47）。朽重3枚M9：31-1、M9：31-2、M9：56-2，直径2.5厘米。

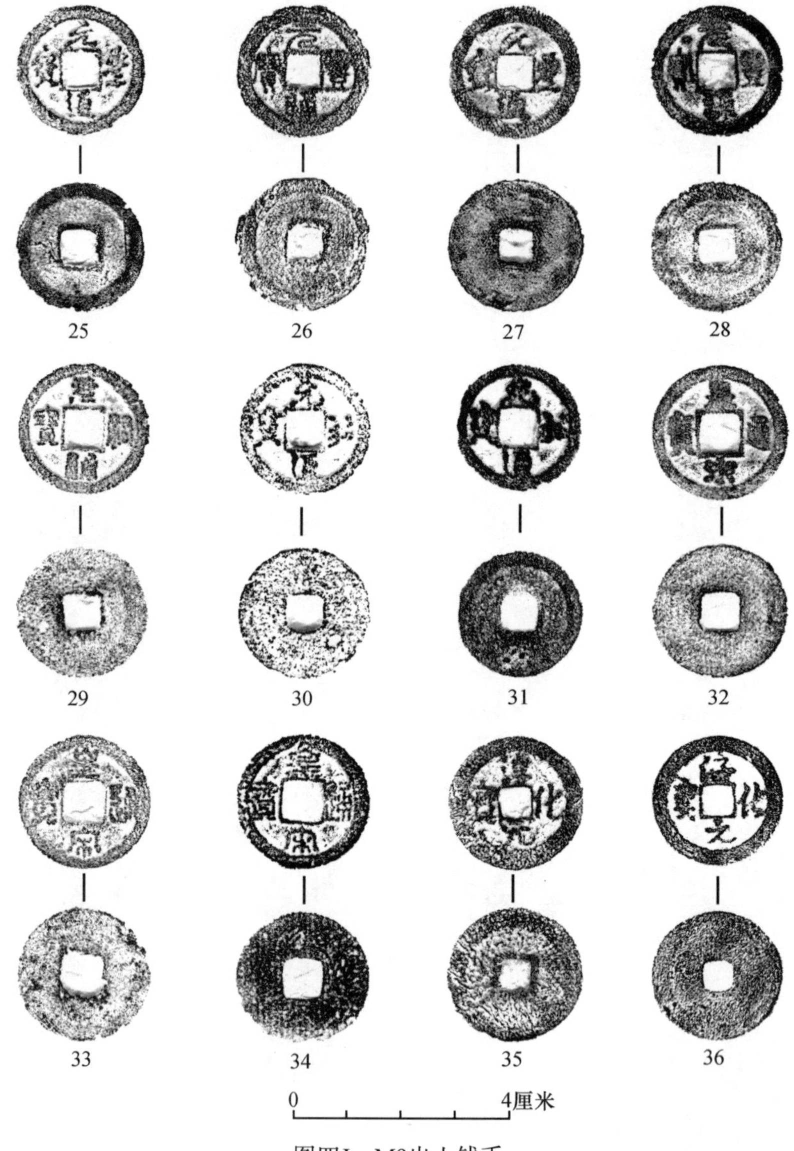

图四J　M9出土钱币

25～28. 元丰通宝（M9：01-1、M9：28-3、M9：41-2、M9：44）　29～31. 元祐通宝（M9：05-1、M9：30-1、M9：54）　32～34. 皇宋通宝（M9：07-1、M9：07-2、M9：55）　35、36. 淳化元宝（M9：41-1、M9：19-1）

（二）M10

位于发掘区中部，开口距地表约0.7米，打破M12墓道西部，墓室上部已破坏。形制为圆形穹隆顶砖雕墓，由墓道、墓门、甬道和墓室组成，方向196°。建造方式及用砖规格基本同M9（图五A；图版七五，1）。

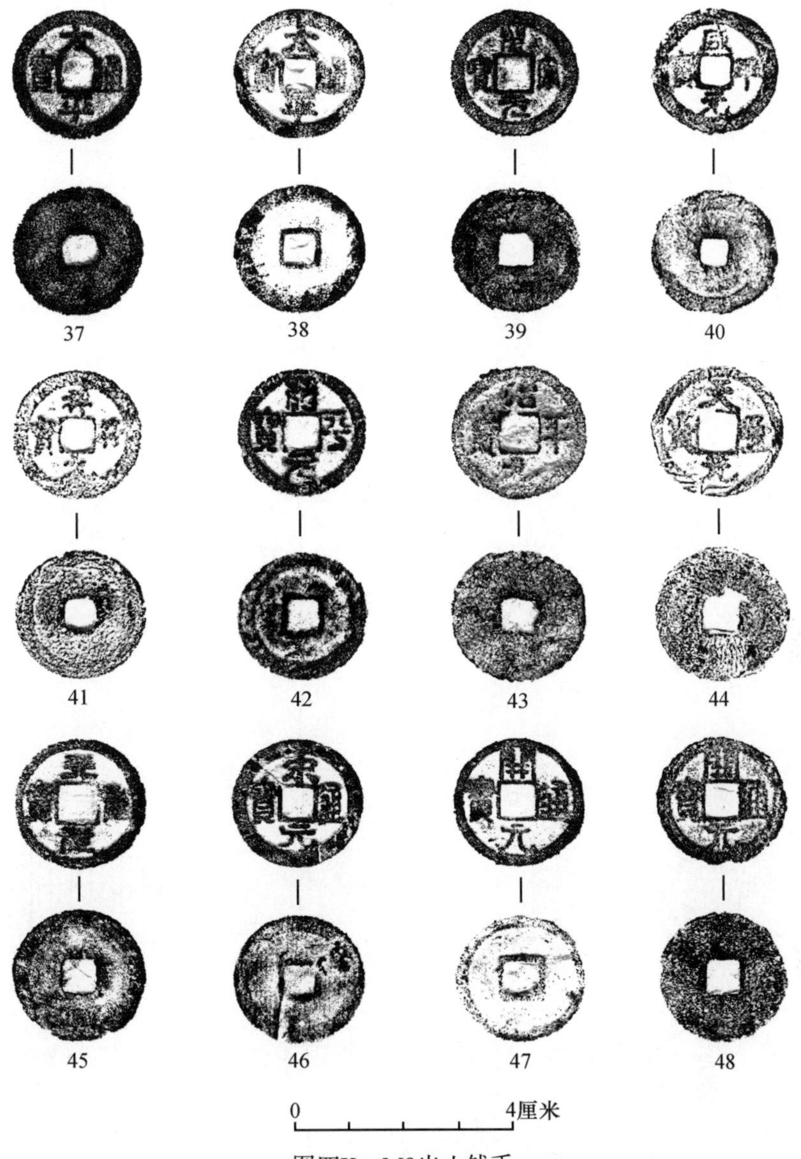

图四K　M9出土钱币

37、38. 太平通宝（M9：35-4、M9：06）　39. 圣宋元宝（M9：35-1）　40. 咸平元宝（M9：24-1）　41. 祥符元玉（M9：28-1）　42. 福平元宝（M9：53-1）　43. 治平元宝（M9：38-1）　44、45. 天圣元宝（M9：34-2、M9：36）　46. 宋元通宝（M9：03）　47、48. 开元通宝（M9：35-3、M9：34-1）

墓道位于墓室南部。长3.75、宽0.85～1.86、深0.25～1.76米。

墓门顶部已破坏，存门基12层及两侧部分榑柱及立颊，宽0.91、高0.95米。门洞外侧有砌筑的封门砖墙，为斜向砖平铺，每层方向相反，存15层，高1.02米。

甬道宽、存高同墓门，进深0.68米。

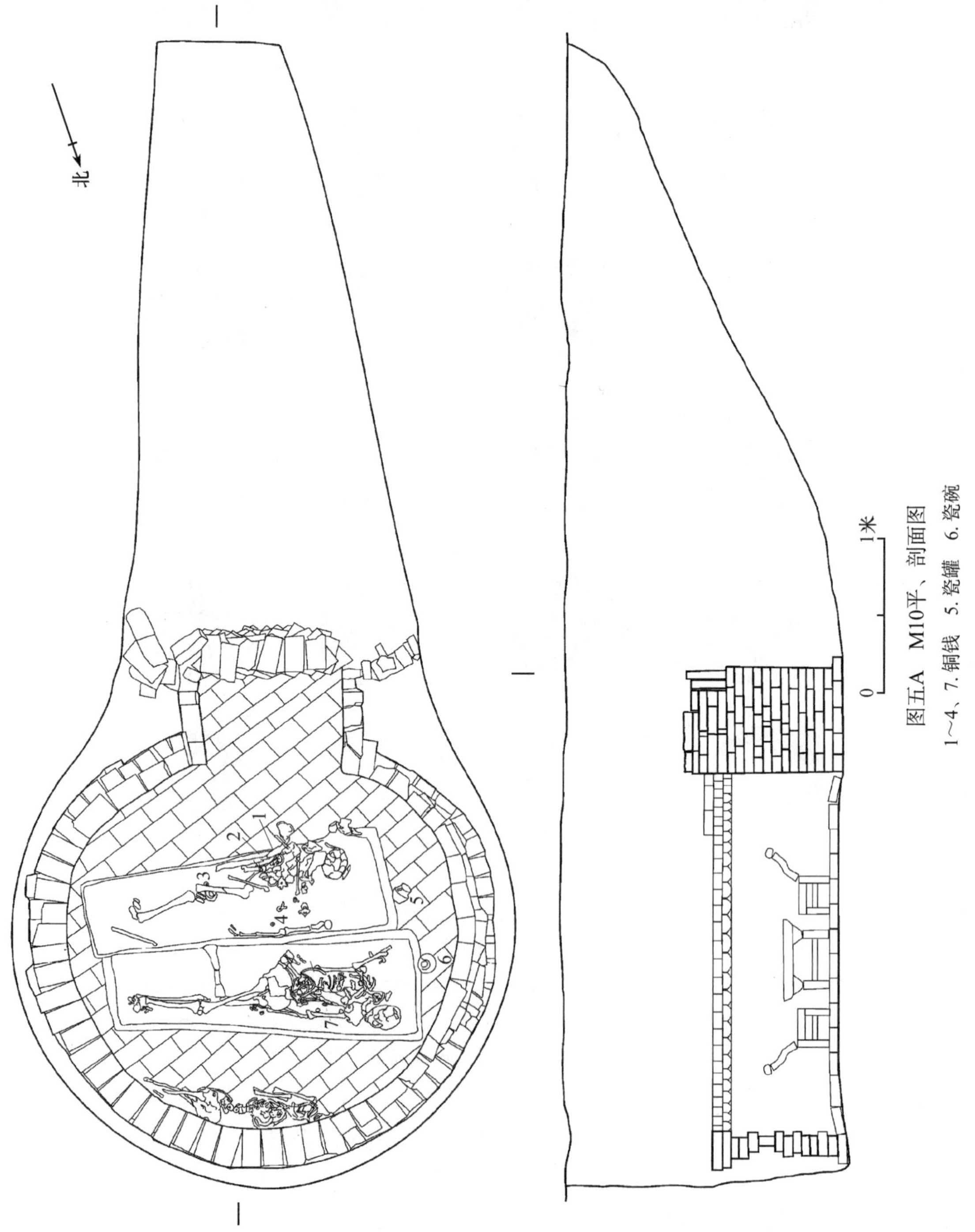

图五A　M10平、剖面图
1～4、7. 铜钱　5. 瓷罐　6. 瓷碗

墓圹平面近圆形，直径3.18、深1.76米。墓圹内用砖砌筑砖室，内径2.35～2.45，残存高0.86米。

墓室保存下部直壁部分，由12层单砖错缝平砌，石灰抹缝，高0.98米，四周墙底陷落0.05～0.08米，其上，砌筑两层纵向砖，下层砖两侧抹角，向内凸出墓壁0.08米。内壁设有砖雕，北壁面对甬道处为衣架，长1.01、高0.56、凸出墓壁0.03米；西壁偏南为灯檠，最宽处0.34、高0.64、凸出墓壁0.03～0.06米；东壁中间砖雕桌子，两边各置一把椅子。桌长0.53、高0.33米，椅子尺寸相同，宽0.26、高0.43米；南壁无砖雕，设券顶门洞（图五B）。

墓底外侧两具人骨有木棺，南北并列，已朽为黑灰，棺底有0.1米厚的红淤泥。从灰痕和分布棺钉观察，平面呈倒梯形，上宽下窄，两棺尺寸大致相同，棺长1.92、宽0.5～0.68、存高0.2米。人骨3具，均头向西，保存一般。南骨架，仰身，肢骨多漂移散乱。成年女性，年龄35～40岁；中间人骨，下左肢骨弯曲。成年男性，年龄40～45岁；北边人骨，下贴铺地砖，面向上、仰身，肢骨、肋骨集中摆放，属二次迁葬。成年女性，年龄25～30岁。随葬品8件。其中，瓷罐、瓷碗各1件，放置墓室西部；铜钱6枚，散布两棺内。

瓷碗　1件。M10：6，白胎，黑釉，外施釉至上腹部，内底有涩圈。尖圆唇，敞口，斜壁微弧，内底较平，下腹折收，圈足外撇。口径16.5、圈足径6.2、通高6厘米（图五C，1）。

瓷罐　1件。M10：5，白胎，黑釉，外施釉近底处。尖圆唇，直口微敛，溜肩，鼓腹略扁，圈足外撇。颈及肩部对称饰双系。口径9、腹径14、圈足径6.8、通高10.5～11.5厘米（图五C，2；图版八六，1）。

铜钱　6枚。字迹清晰2枚，辨清年号2枚。

天圣元宝　1枚。篆书，旋读。M10：7-1，直径2.4厘米（图五D，1）。

熙宁元宝　1枚。楷书，旋读。M10：7-2，直径2.4厘米（图五D，2）

元祐通宝　1枚。行书，旋读。M10：1，直径2.4厘米。元丰通宝1枚。行书，旋读。M10：2，直径2.4厘米。

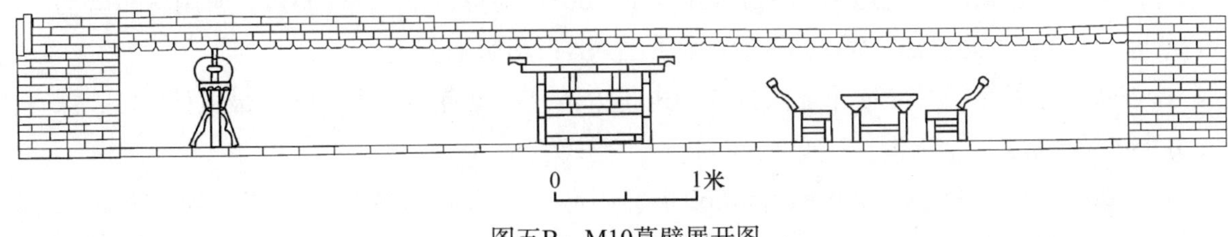

图五B　M10墓壁展开图

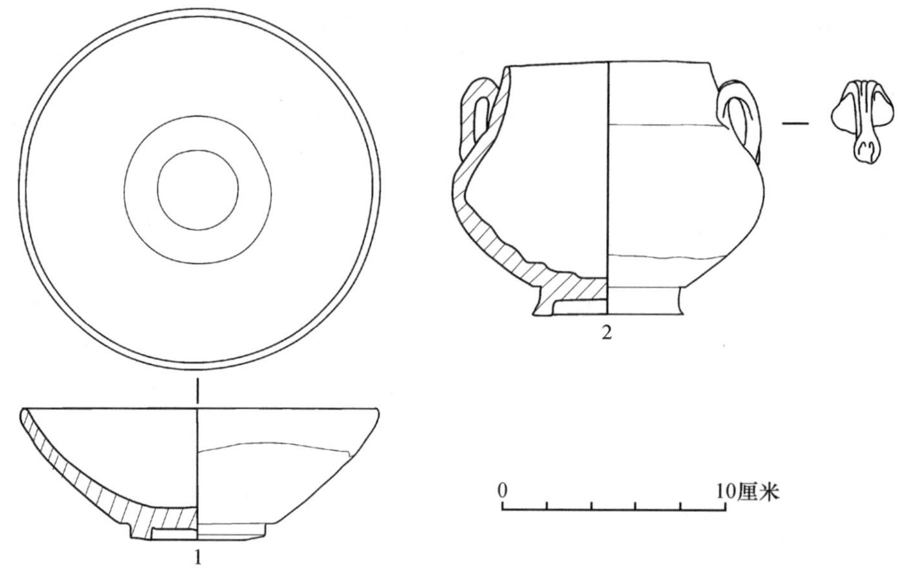

图五C　M10出土瓷器

1. 碗（M10：6）　2. 罐（M10：5）

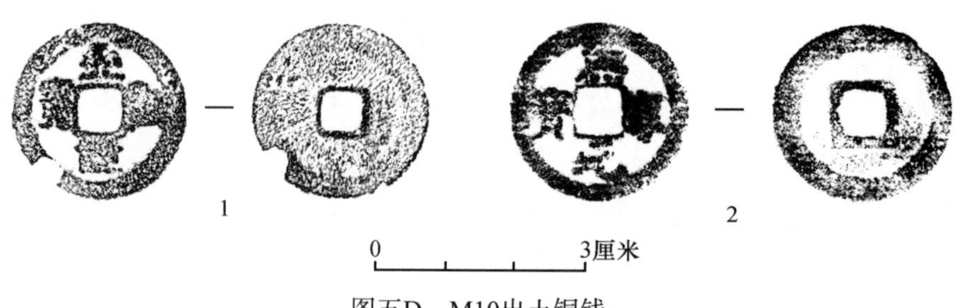

图五D　M10出土铜钱

1. 天圣元宝（M10：7-1）　2. 熙宁元宝（M10：7-2）

（三）M11

位于发掘区西南部，开口距地表0.6米，墓室上部已破坏。形制为圆形穹隆顶砖雕墓，由墓道、墓门、甬道和墓室组成，方向200°。建造方式基本同M9。所用青砖皆为素面，长0.26、宽0.13、厚0.05～0.06米（图六A；图版七五，2）。

墓道室南部，大部延伸至探方外，未扩方清理。暴露部分长1.98、最宽处2.13、深0.95～1.43米。

墓门存门基11层，宽0.8、高0.63米。门洞外侧有砌筑的封门砖墙，为斜向砖平铺，每层方向相反，存8层，高0.55米。

甬道宽、存高同墓门，进深约0.6米。

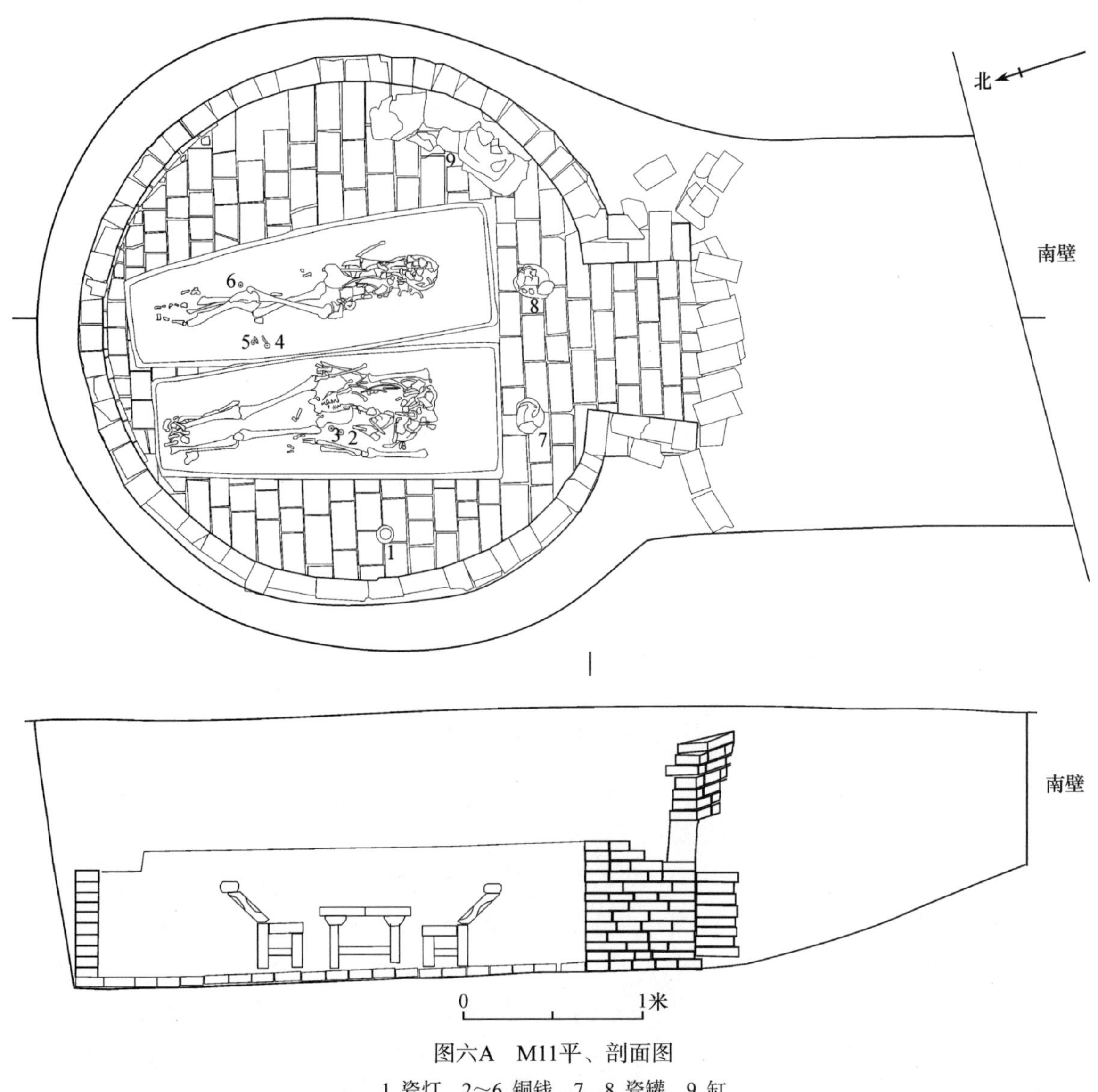

图六A　M11平、剖面图
1. 瓷灯　2～6. 铜钱　7、8. 瓷罐　9. 缸

墓圹呈圆形，直径3.55、深1.53米。圹内用砖砌筑砖室，内径2.65～2.75、存高0.65米。墓底用横向砖错缝平铺。

墓室保存部分底部砖墙，大多用半块砖错缝平砌，石灰抹缝，高0.65米，四周墙底陷落0.05～0.06米。内壁西、东设有砖雕，西壁偏南为一灯檠，高0.73、最宽处0.45、凸出墓壁0.03～0.06米；东壁中间砖雕桌子一张，两边各有一把椅子，桌长0.51、高0.37米，两把椅子尺寸相同，宽0.25、高0.52米；南壁设券顶门洞通向甬道（图六B）。

墓底置两口木棺，东西并列，已朽为黑灰，棺底均有0.1米厚的红淤泥。从灰痕和分布棺钉观察，呈倒梯形，西棺长1.92、宽0.53～0.74、存高0.2米；东棺长2.0、宽0.5～0.7、存高0.1米。人骨2具，头向南，均保存较好。东骨架，面向东，侧身，下肢骨微屈叠放。成年男性，年龄50～60岁；西骨架，面向上，仰身，直肢。成年女性，年龄35～45岁。随葬品9件（组）。其中，瓷缸1件、瓷罐2件，位于墓室东南部和南部；瓷灯1件，置墓室西部；铜钱6组（8枚）散布两棺内。

瓷缸　1件。M11：9，白胎，黑釉，除口沿附近外通体包釉。圆唇，折沿，深鼓腹，平底微内凹。近底部及颈部饰瓦楞纹。口径32.6～33、腹径38.8、底径19.6、通高47～48.7厘米（图六C，1；图版八六，4）。

瓷罐　2件。黄褐胎，黑釉。M11：7，口沿至肩部施釉，腹部施有一圈宽带状白色陶衣，下至器物底不包釉。尖圆唇，敛口，溜肩，鼓腹，下腹弧收，矮圈足外撇。颈及肩部饰四系。口径10、腹径15.8、圈足径6.8、通高17.4厘米（图六C，2；图版

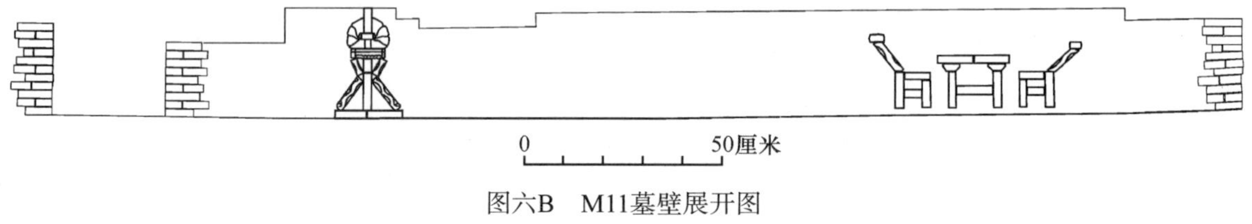

图六B　M11墓壁展开图

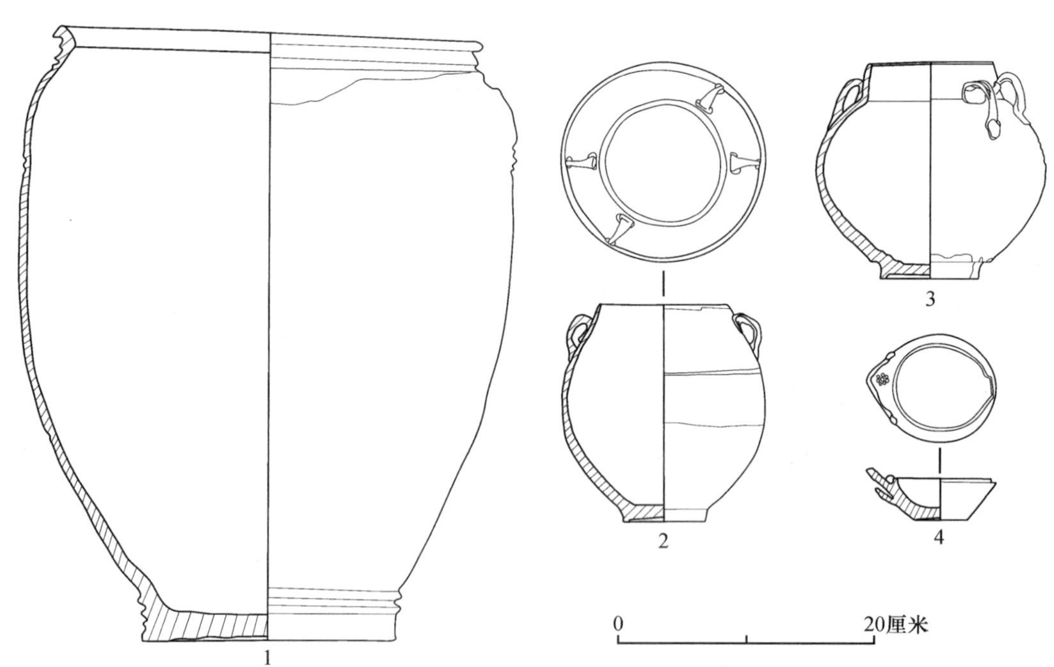

图六C　M11出土瓷器

1. 缸（M11：9）　2、3. 罐（M11：7、M11：8）　4. 灯（M11：1）

八六，2）。M11：8，外壁施釉近底处，局部有垂泪痕至圈足底部。尖圆唇，直口微敛，溜肩，圆鼓腹，下部折收，矮圈足。颈及肩部对称饰四系，腹部有明显轮旋纹。口径9.8、腹径18、圈足径7.6、通高17.4厘米（图六C，3；图版八六，3）。

灯 1件。M11：1，黄褐胎，青黑釉，除柄部外，内外施釉。碗形，壁斜直，柄翘起，平底微内凹。口径6.7、底径4.1、通高3.4～4.2厘米（图六C，4；图版八六，5）。

铜钱 8枚。字迹清者1枚，可辨清字迹者3枚。

皇宋通宝 1枚。楷书，直读。M11：10-1，直径2.5厘米（图六D）。

政和通宝 1枚。篆书，直读。M11：10-2，直径2.5厘米。

元丰通宝 1枚。行书1枚，旋读。M11：4，直径2.4厘米。

天圣元宝 1枚。篆书，旋读。M11：2，直径2.4厘米。

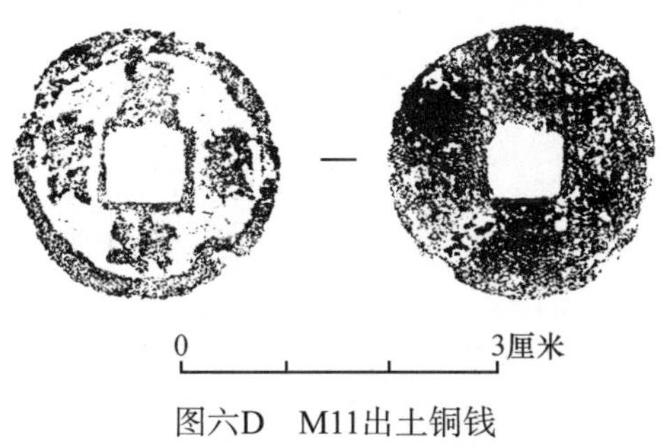

图六D M11出土铜钱
（M11：10-1）

（四）M12

位于发掘区东部，开口距地表约0.7米，打破M9墓道东南部，墓室顶部已破坏。形制为圆形穹隆顶砖雕墓，由墓道、墓门、甬道和墓室组成，方向185°。建造方式及用砖规格同M9（图七A；图版七六，1）。

墓道位于墓室南部。长4.9、宽0.9～1.75、深0.3～2.15米。

墓门为仿木结构门楼，宽1.55、存高2米。两侧下部叠砖17层作门基，基上两侧砌出槫柱，立颊、门额、上额等，形制比较简单。外侧门额下雕刻成连弧形，上额正中砌出两枚方形门簪，周边雕为花瓣形。门洞上层为平砖，下层侧立砖，宽0.92、高1.45米。门洞外侧砌筑封门砖墙，下部斜向砖平铺，每层方向相反，共20层，上部4层横砖平铺至门额下（图七B；图版七六，2、3）。

甬道，宽、高同门洞，进深0.65米，两壁顺、丁砖错缝平砌，顶部为纵向侧立砖券顶。底至券顶台高1.05米，至券顶高1.45米。

墓圹近圆形，直径3.38、深2～2.15米，棺床处略浅。圹内用砖砌筑砖室，内径2.45、存高1.1～1.9米。底设“凹”子形棺床，表面自北向南中部主体用纵向砖和横向砖错缝平铺，最外侧排列纵向砖。棺床东西最长2.55、南北最宽处1.98米。凹口南连甬道，直壁，底部有斜向错缝铺地砖。长1.14～1.35、宽0.21～0.34、高0.18米。

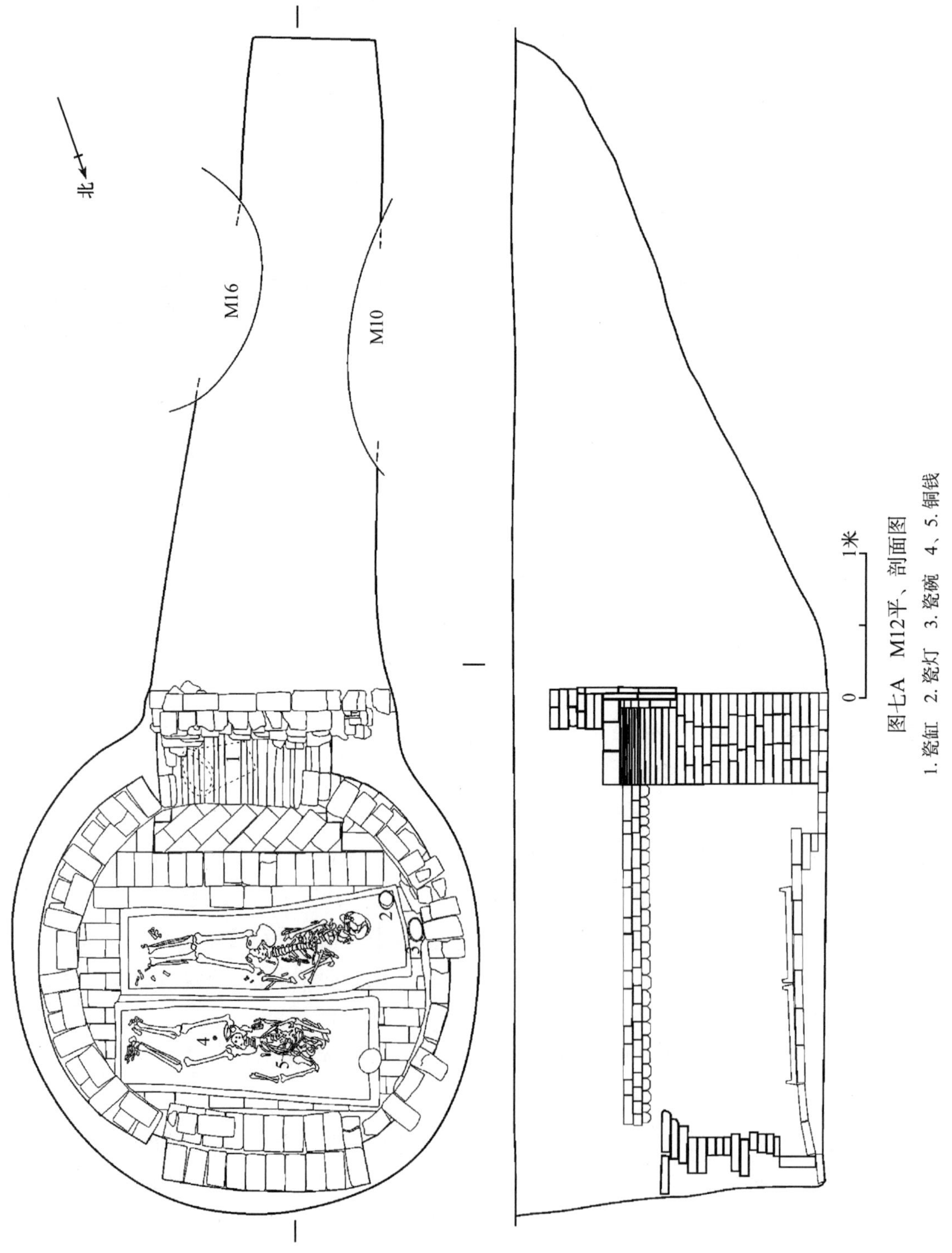

图七A　M12平、剖面图

1. 瓷缸　2. 瓷灯　3. 瓷碗　4、5. 铜钱

图七B　M12墓门正视图

墓室下部直壁部分，由19层单砖错缝平砌，石灰抹缝，高0.98米，四周墙底陷落约0.1米，其上，砌筑两层纵向砖，下层砖两侧抹角，向内凸出墓壁0.08米。内壁设有砖雕，北壁面正对甬道为砖雕仿木建筑的门楼，宽0.82～1.33、高0.98米。门楼下部两侧设有倚柱、柱头之间及两侧有阑额，上置柱头铺作、阑额中部承接补间铺作、均为斗口跳，斗拱上承替木、撩檐枋，枋上置檐椽、仰俯瓦，再上被破坏。倚柱中部置一门洞，门洞顶部为连弧形，外围砌有上额、槫柱，其内砌门额、立颊。上额中砌两枚四瓣花形门簪。洞宽0.15、高0.21、进深0.13米；西壁雕有灯檠、衣架，灯檠高0.78、宽0.22～0.36，凸出墓壁0.03～0.06米；衣架长0.95～1.1、高0.58～0.63米，凸出墓壁0.04

米；东壁中间砖雕桌子一张，两边各有一把椅子，桌长0.68、高0.37米，两椅子尺寸相同，宽0.24、高0.53米；南壁无砖雕，设券顶门洞通向甬道。墓室中、上部已破坏（图七C；图版七六，4、5）。

墓底棺床上置两棺，朽重，南北并列。从灰痕和棺钉分布观察，平面呈倒梯形，前宽后窄，北棺长1.92、宽0.6～0.75、存高0.3米；南棺长2.0、宽0.62～0.75、存高0.3米。人骨2具，葬式均为仰身直肢，头向西，保存较好。北骨架为一成年女性，年龄50～60岁；南骨架为一成年男性，年龄45～55岁。随葬品5件。其中，瓷缸1件，放甬道内；1件瓷灯位于灯檠下；瓷碗1件，置墓室西部；铜钱6枚，散布北棺内。

瓷缸　1件。M12：1，白胎泛黄，黑釉。口沿至肩部施釉，有明显垂泪痕。圆唇，折沿，束颈，深鼓腹，平底微内凹。外壁上腹饰斜向粗绳纹，下部饰瓦楞纹。口径32.6～33、腹径38.8、底径19.6、通高47～48.7厘米（图七D，1；图版八七，1）。

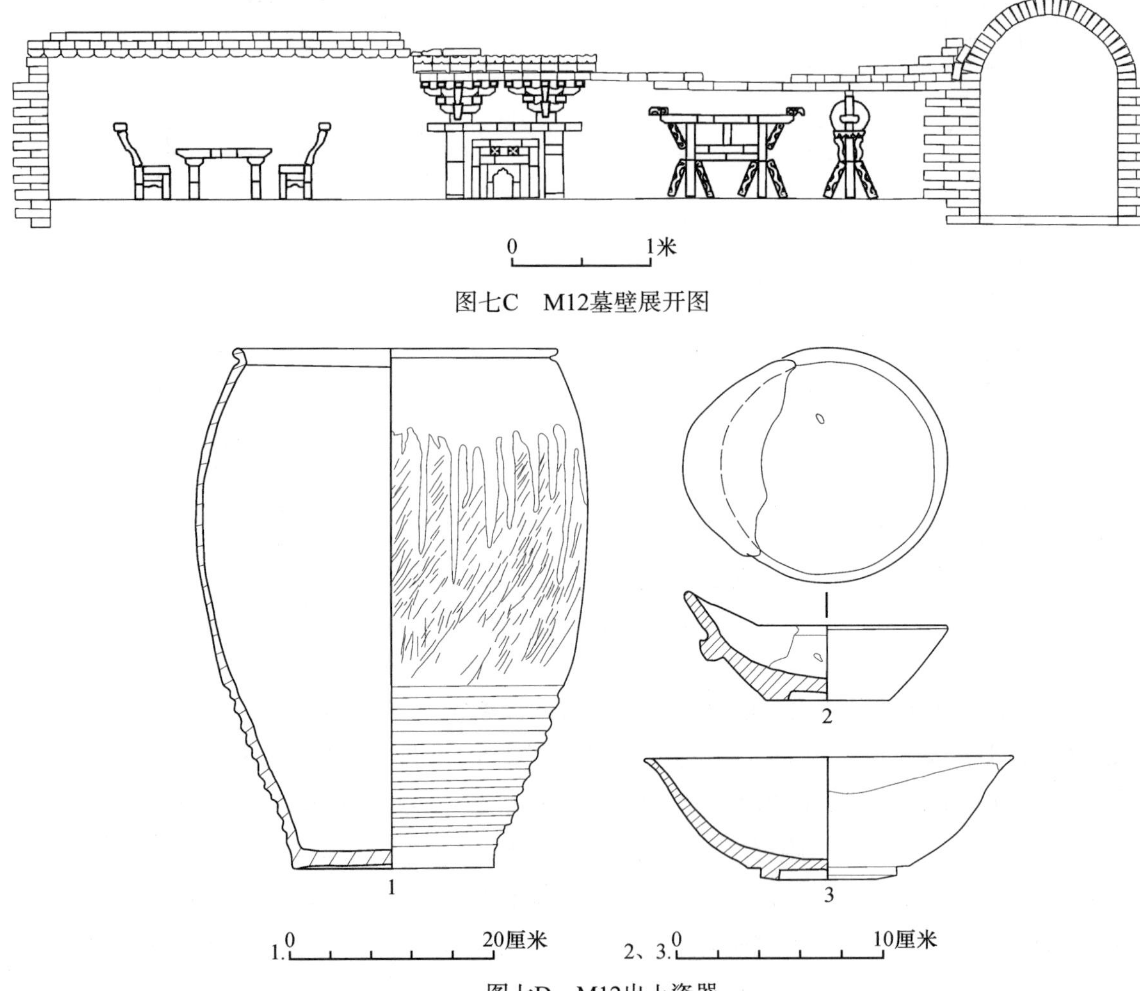

图七C　M12墓壁展开图

图七D　M12出土瓷器

1. 缸（M12：1）　2. 灯（M12：2）　3. 碗（M12：3）

瓷灯　1件。M12：2，黄褐胎，青黑釉，除柄部外，内外施釉。碗形，壁斜直，柄翘起，平底，宽圈足。口径11.8、圈足径6、通高3.7～5厘米（图七D，2；图版八六，6）。

瓷碗　1件。M12：3，黄褐胎，黑釉，外壁施釉至口沿下，内底有涩圈。尖圆唇，侈口，腹壁微弧，下腹折收，圈足外撇。口径18、圈足径6.6、通高6厘米（图七D，3；图版八七，2）。

铜钱　6枚。朽重，可辨清字迹者1枚。

开元通宝　1枚。楷书，直读。M12：4-1，直径2.5厘米（图七E）。

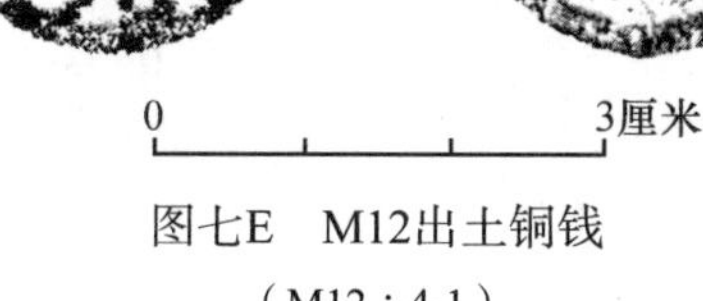

图七E　M12出土铜钱（M12：4-1）

（五）M13

位于发掘中部，东邻M9、M10，开口距地表0.7米，墓道西南部被M14打破，墓室顶部遭破坏。形制为圆形穹隆顶砖雕墓，由墓道、墓门、甬道和墓室组成，方向186°。建造方式及用砖规格同M9（图八A；图版七七，1）。

墓道位于墓室南部。长3.70、最宽处1.62、深0.2～1.82米。

墓门顶部已破坏，存门基9层，宽0.95、存高0.56米。门外侧有砌筑的内弧形封门砖墙，单砖错缝平砌，存10层，高0.57米。

甬道宽、存高同墓门，进深0.63米。

墓圹呈圆形，直径3.3、深1.75米。圹内用砖砌筑砖室，内径2.58、存高0.65～1.0米。墓底用横向砖错缝平铺。

墓室保存底部直壁砖墙，由14层单砖错缝平砌，石灰抹缝，高0.9～1.03、墙底四周陷落0.05～0.06米，其上，砌筑两层纵向砖，下层砖两侧抹角，向内凸出墓壁0.08米。内壁设有砖雕，北壁面对甬道处为衣架，底宽1.32、顶宽0.98、高0.77、凸出墓壁0.03米；西壁偏南有灯檠，底座宽0.32、高0.72、凸出墓壁0.03～0.06米；东壁中间砖雕桌子，两边各有一把椅子，桌长0.51、高0.32米，两把椅子尺寸相同，宽0.24、高0.52米；南壁无砖雕，设券顶门洞通向甬道。墓室上部已破坏（图八B；图版七七，2、3）。

墓底内侧两具人骨有木棺，底部均有0.1米红淤泥，南北并列。从灰痕和棺钉分布观察，平面倒梯形，北棺长1.66、宽0.43～0.62、存高0.2米；南棺长1.85、宽0.48～0.63、存高0.2米。人骨架3具，均头向西，保存一般。南边人骨，面向上，肢骨、肋骨集中摆放，应为迁葬。成年女性，年龄40～50岁。中间人骨，面向上，仰

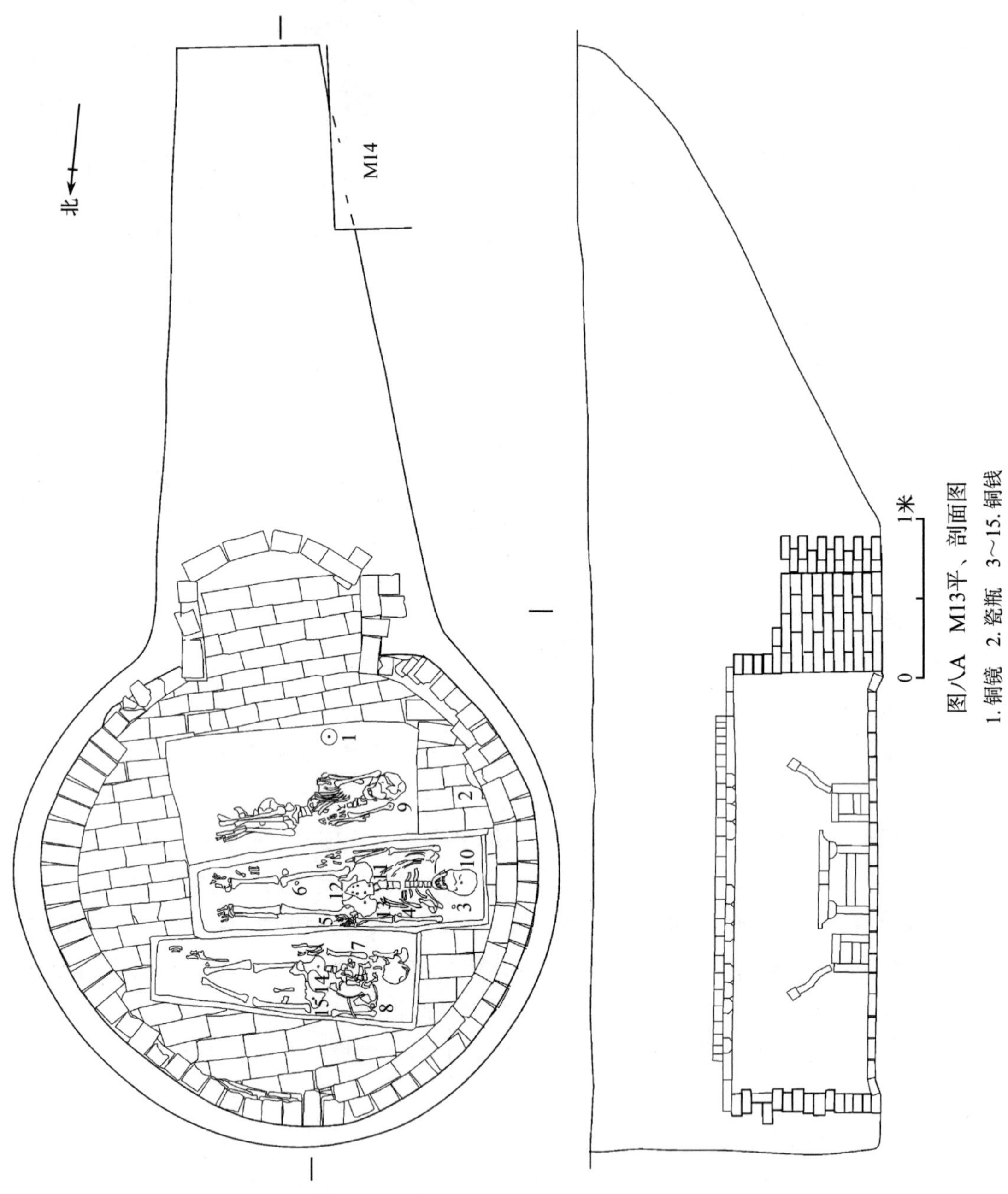

图八A　M13平、剖面图

1. 铜镜　2. 瓷瓶　3～15. 铜钱

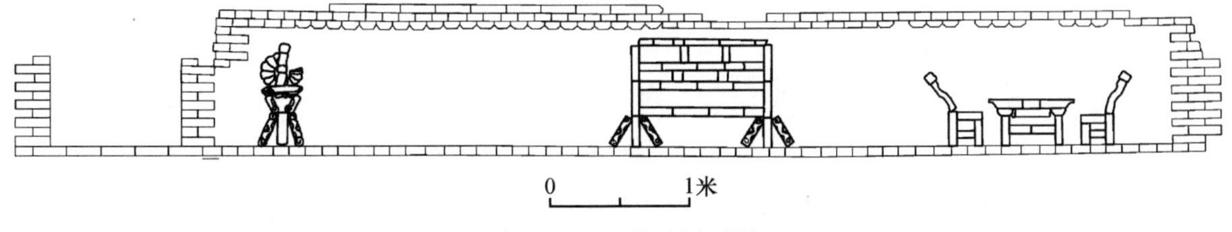

图八B　M13墓壁展开图

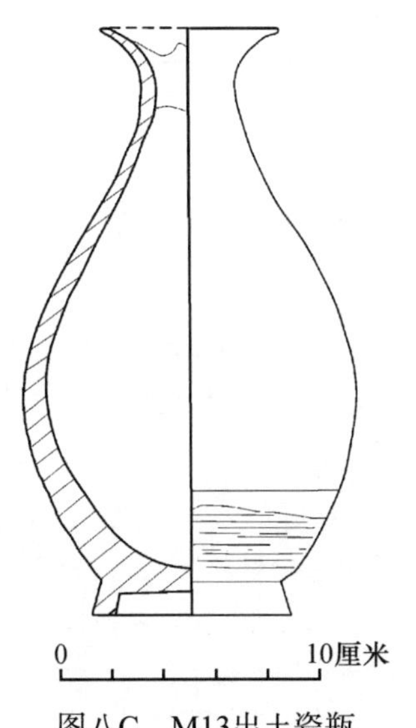

图八C　M13出土瓷瓶
（M13：2）

身，直肢。成年男性，年龄50多岁。北骨架，头骨移位，仰身，直肢。成年女性。随葬品3件。瓷瓶1件，放置墓室西壁下；铜镜1面，放于外骨架南侧；铜钱13组（22枚），散布于两棺内。

铜镜　1面。M13：1，圆形，桥形纽，背面饰八宝纹图案。直径9、厚3厘米（图版八七，3）。

瓶　1件。M13：2，白胎泛黄，黑釉，外壁施釉不及底。尖圆唇，敞口，束颈，溜肩，垂鼓腹，平底，圈足外撇。下腹胎面有轮旋痕。口径7、腹径13、底径7.6、通高22.4厘米（图八C；图版八七，4）。

铜钱　22枚。朽重，可辨清字迹者3枚。

元丰通宝　1枚。行书，旋读。M13：3，直径2.5厘米。

祥符元宝　1枚。楷书，旋读。M13：11，直径2.5厘米。

政和通宝　1枚。篆书，直读。M13：15，直径2.4厘米。

（六）M14

位于发掘区中南部，开口距地表0.7米，打破M13墓道的西南部。墓葬形制为舟形夫妻并穴砖室墓，东墓室晚于西墓室，中间共用砖墙，方向194°（图九A；图版七八，1、2）。

西室墓土圹长2.42、宽0.8～1、深1.17米。圹内用单转错缝砌筑砖室，长1.96、宽0.38～0.61、高0.48～0.9米，上部穹隆顶最高处在头部，未设铺地砖。东圹长2.48、宽0.92～0.96米，深1.16米。砖室沿用西室东墙，长2.2、宽0.78～0.8、存高0.2～0.55米。顶部塌落，无铺地砖。

两墓室内各有一棺，朽重，仅存灰痕和部分棺钉，平面呈倒梯形，东室棺长1.86、宽0.46～0.6、高0.15米；西室棺长1.86、宽0.38～0.56、高0.2米。人骨2具，均头向南，面向西，仰身，直肢，保存较好。东室墓主人为成年男性，年龄25～35岁，西室墓主人为成年女性，年龄40～45岁。随葬品7件。其中，瓷罐1件，位于东室南端；1件瓷碗置西室骨架头部；铜钱5枚，放在两墓室棺内。

瓷罐　1件。M14：1，白胎泛黄，黑釉，外施釉近底处。尖圆唇，直口微敛，溜肩，鼓腹，下腹弧收，矮圈足。颈及肩部对称饰双系，系下及腹下部有轮旋痕。口径9.2、腹径16、圈足径7、通高14～14.6厘米（图九B，1；图版八七，5）。

瓷碗　1件。M14：2，白胎，黑釉，口至上腹施釉，内底有涩圈。尖圆唇，直

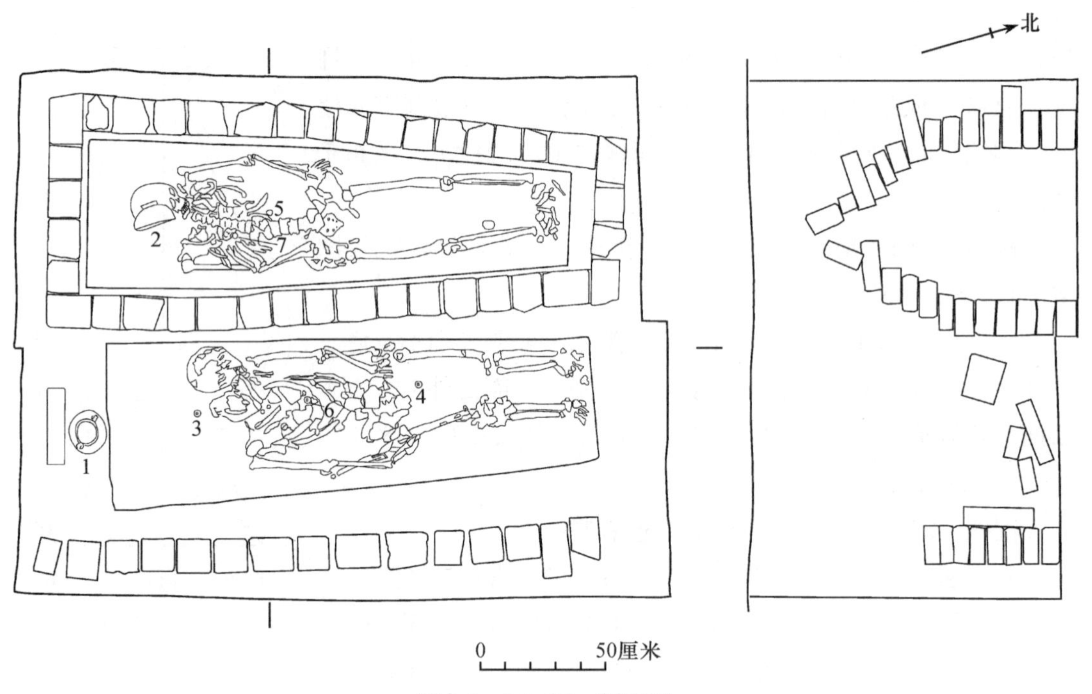

图九A　M14平、剖面图

1. 瓷罐　2. 瓷碗　3～7. 铜钱

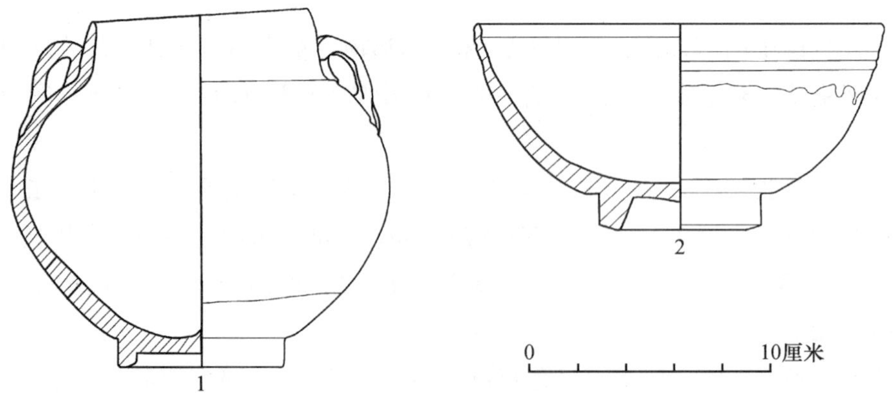

图九B　M14出土瓷器

1. 罐（M14：1）　2. 碗（M14：2）

口，斜壁微弧，圈足外撇。口径17.4、圈足径6.8、通高8.8厘米（图九B，2；图版八七，6）。

铜钱 5枚。朽重，可辨字迹者2枚。

政和通宝 1枚。楷书，直读。M14：6，直径2.5厘米（图九C，1）

宣和通宝 1枚。楷书，直读。M14：7，直径2.6厘米（图九C，2）

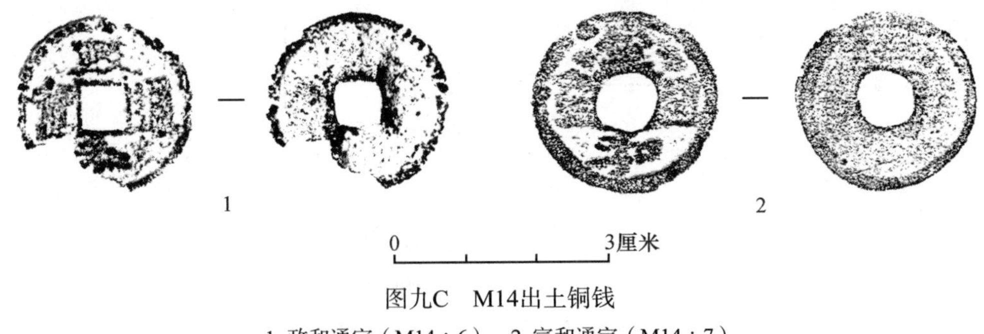

图九C M14出土铜钱

1. 政和通宝（M14：6） 2. 宣和通宝（M14：7）

（七）M15

位于发掘区中南部，M10墓道西侧，开口距地表0.7米。形制为土坑竖穴墓，方向201°。墓圹平面呈梯形、直壁、平底，长2.36、宽0.68～0.82、深0.8米。填棕褐色花土，质较硬，纯净。葬具为一棺，木质已朽，存有棺钉，呈倒梯形，长1.93、宽0.48～0.58、存高0.18米。单人仰身直肢葬，头向南，面向东，骨架保存较好。墓主为成年男性，年龄40～50岁。随葬品7件。其中，小瓷罐1件，位于墓室南部；大瓷罐、瓷碗各1件，放置墓室西侧；铜钱3枚，散布于棺内（图一〇A；图版七八，3）。

大型瓷罐 1件。M15：1，白胎，通体包青白釉。尖圆唇，直口微侈，广肩，下腹斜收，最大腹径在肩部，矮圈足外撇。颈及肩部对称饰四系，腹部有轮旋痕。口径17.5、腹径35.5、圈足径10、通高30.5厘米（图一〇B，1；图版八八，1）。

小瓷罐 1件。M15：2，白胎，黑釉，口至肩部施釉。尖圆唇，敛口，溜肩，圆鼓腹，矮圈足外撇。颈及肩部对称饰四系，腹部有轮旋痕迹。口径9、腹径15、圈足径6.8、通高15.5厘米（图一〇B，2）。

瓷碗 1件。M15：3，白胎，黑釉，口至上腹施釉，内底有涩圈，制作粗糙。圆唇，直口，斜直壁，下腹折收，圈足外撇。口径16.6、圈足径5.8、通高6.8～7厘米（图一〇B，3）。

铜钱 3枚。M14：4、M14：5、M14：7，均朽重，字迹不清。

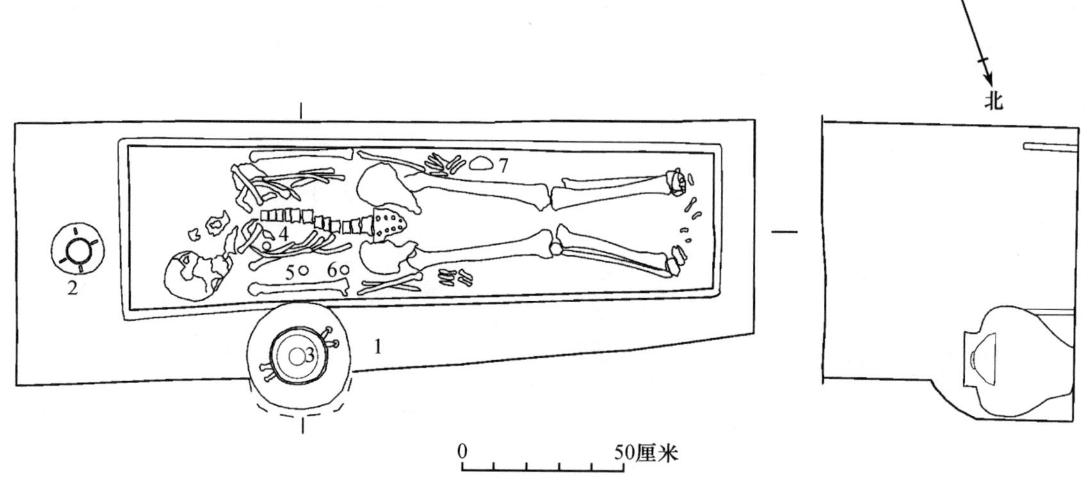

图一〇A　M15平、剖面图

1、2. 瓷罐　3. 瓷碗　4～6. 铜钱　7. 石块

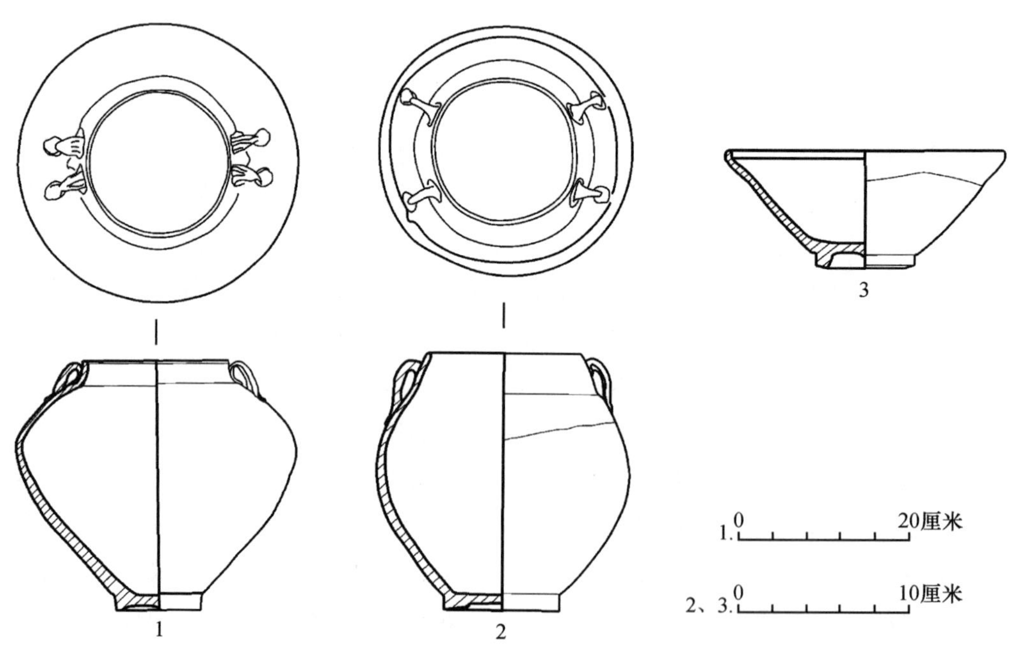

图一〇B　M15出土瓷器

1、2. 罐（M15：1、M15：2）　3. 碗（M15：3）

（八）M16

位于发掘区东部，西邻M12。开口距地表0.7米，打破M12墓道东部，墓室存底部。墓葬形制为圆形砖室墓，由墓道、墓门、甬道和墓室组成，方向189°。用砖规格同M9（图一一）。

墓道位于墓室南部，平面近梯形，直壁略斜内收，底部呈阶梯状。墓道长1.88、宽0.75～0.92、深0.35～1.2米，台阶高0.2～0.35米。

墓门存门基砖3层，单砖错缝平铺，宽0.6、高0.18米。门外有砌筑的内弧形封门砖墙，单转错缝平砌，存3层，高0.18米。

甬道，宽、存高同门道，进深0.38米。

墓圹呈圆形，直径2、深1.2米。圹内用砖修筑墓室，内径1.58、存高0.25～0.36米。墓底用横向砖错缝平铺。

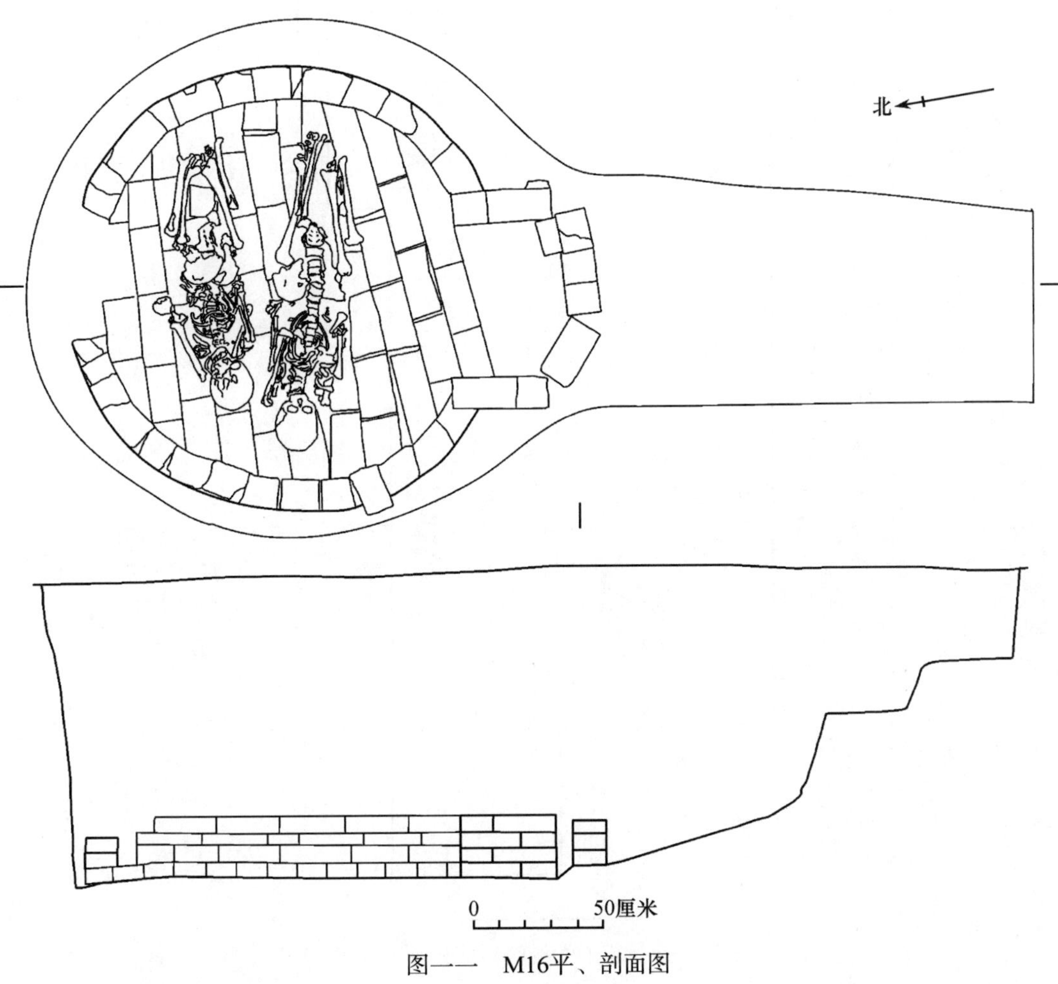

图一一　M16平、剖面图

墓室破坏严重，存底部1～5层青砖，高0.06～0.32米。砖墙系单砖错缝平砌，石灰抹缝，四周基底陷落0.05米。

墓内未见葬具。人骨架2具，头向西，面向上，躯干、上下肢骨分别有规律摆放，均为迁葬。北侧人骨成年女性，年龄40～50岁，南侧人骨成年男性，年龄35～45岁。无随葬品。

二、清代墓葬

22座。均为夫妻并穴合葬墓，除1座土坑墓外，其余皆砖室券顶墓。分布在三个发掘区内，其中I区8座（M1～M8，图一二A），Ⅱ区6座（M25～M30，图一二B），Ⅳ

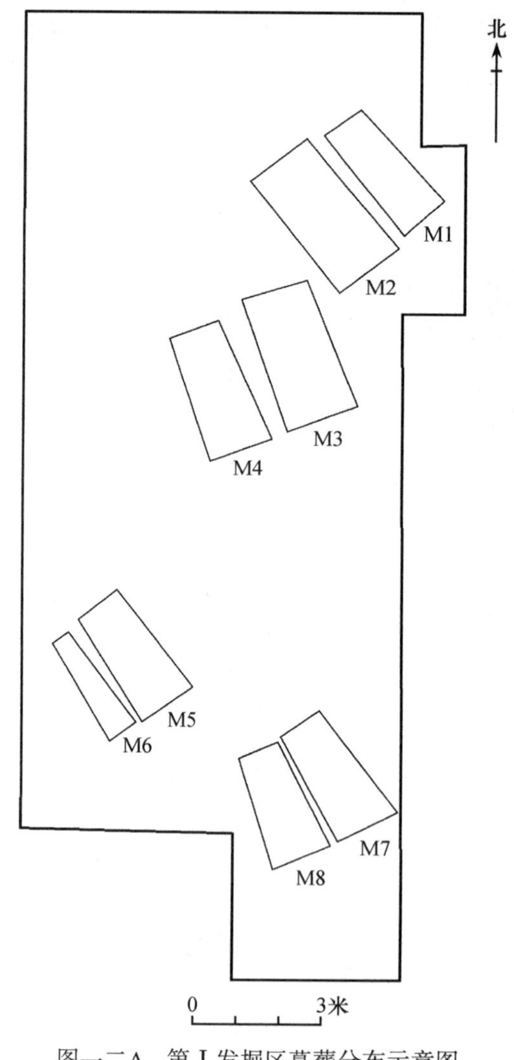

图一二A　第Ⅰ发掘区墓葬分布示意图

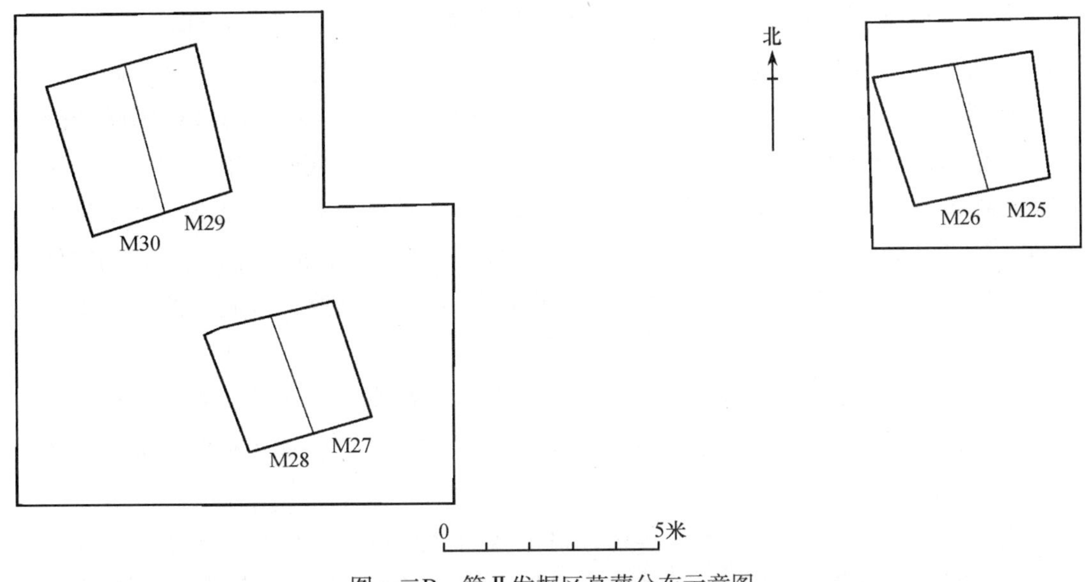

图一二B　第Ⅱ发掘区墓葬分布示意图

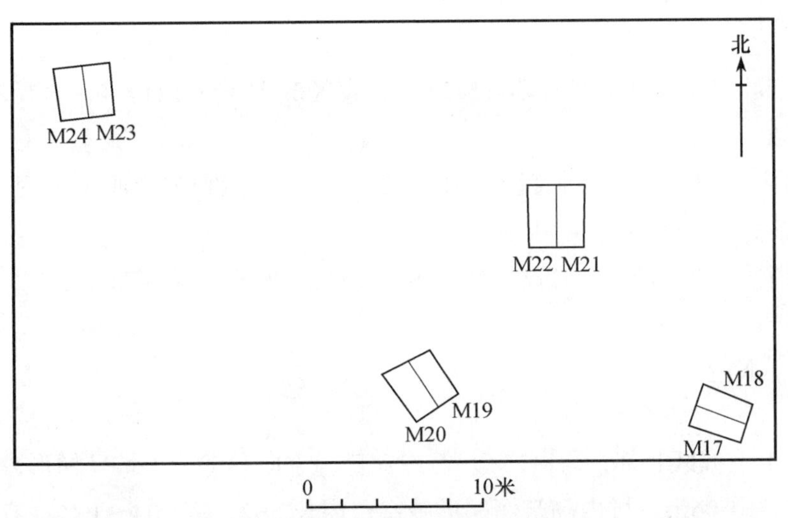

图一二C　第Ⅳ发掘区墓葬分布示意图

区8座（M17～M24，图一二C）。下面按组和墓葬编号进行介绍。

（一）M1

位于第Ⅰ发掘区北部，M2东侧，中间有相连壁龛，两墓东西并列，为夫妻并穴墓。方向138°。形制为土坑券顶砖室墓，券顶已破坏。土圹平面呈梯形，长2.78、宽1.03～1.24、深0.78米。坑内砌筑倒梯形砖室，长2.44、宽0.68～0.92、存高0.18～0. 42

米。四壁由单排砖顺向错缝平砌，砖间用石灰抹缝。所用青砖皆为素面，长0.24、宽0.12、厚0.06米。墓室破坏严重，大部分砖壁仅存底部1～2层青砖，仅北部砖墙保存相对较高，存4～6层青砖。北壁有壁龛，顶端已破坏，宽0.24、进深0.13、距墓底0.27米。西壁与M2间壁龛，高0.44、宽0.26、进深0.52米。墓室底部无铺底砖，经夯实，棺底两端各放2块垫砖。填黄褐色花土，质较松散，含白石灰渣、近底部含大量砖块。葬具一棺，已被扰乱。骨架保存较差，仰身直肢葬，头向南，面向不清。随葬品7件。瓷灯1件，在西侧壁龛下；瓷罐1件，位于北壁龛下；铜钱5枚，散放于棺内（图一三A）。

瓷罐　1件。M1：7，白胎，黑釉，口至腹下部施釉。圆方唇，敛口，溜肩，鼓腹，平底，矮圈足。腹部饰三周凸弦纹。口径12.8、腹径14.8、圈足径8.2、通高15.6厘米（图一三B，1）。

瓷灯　1件。M1：3，白胎，黑釉，口沿及内壁施釉，柄及外壁无釉。圆口，圜底，一侧有月牙形柄，连接处有对称的两乳钉，柄上有装饰花纹。直径7.6、柄宽2.1，高2.4厘米（图一三B，2）。

铜钱　5枚。

乾隆通宝　2枚。楷书，直读。M1：1，直径2.6厘米；M1：4，直径2.3厘米（图一三C，1、2）。

道光通宝　2枚。楷书，直读。M1：2、M1：5，直径2.3厘米（图一三C，3、4）。

嘉庆通宝　1枚。楷书，直读。M1：6，直径2.4厘米（图一三C，5）。

（二）M2

位于第Ⅰ发掘区北部，与M1为夫妻并穴墓，方向136°。土圹呈梯形，长3.16、宽1.58～1.72、深1.06米。坑内砌筑倒梯形砖室，内长2.62、宽1.04～1.12、存高0.96米。四壁砖墙由两顺一丁向上平砌，砖间用石灰抹缝，至券顶处砌一层纵向砖压顶，其上被破坏。墓室南壁保存较好，正面雕砌三个神龛门洞，中间大，两侧对称略小，顶部雕有弧形门额。中间门洞宽0.17、高0.35、进深0.12米，两侧门洞宽0.1、高0.2、进深0.12米。神龛前摆放一砖雕供桌，长0.8、宽0.14、高0.29米。北壁龛宽0.16、高0.26、进深0.13米，两边各立一竖砖，顶部呈弧形；东壁与M1贯通壁龛，宽0.28、高0.4、进深0.26、距墓底0.29米，顶部用“楔”形砖券顶。墓室底部无铺底砖，经夯实，棺底两端各放2块垫砖。填土同M1。葬具一棺，棺木已漂移零乱。骨架保存较差，仰身直肢葬，头朝南，面向东。随葬品7件（组）。瓷罐1件，位于北壁龛下；锡器3件（明器，

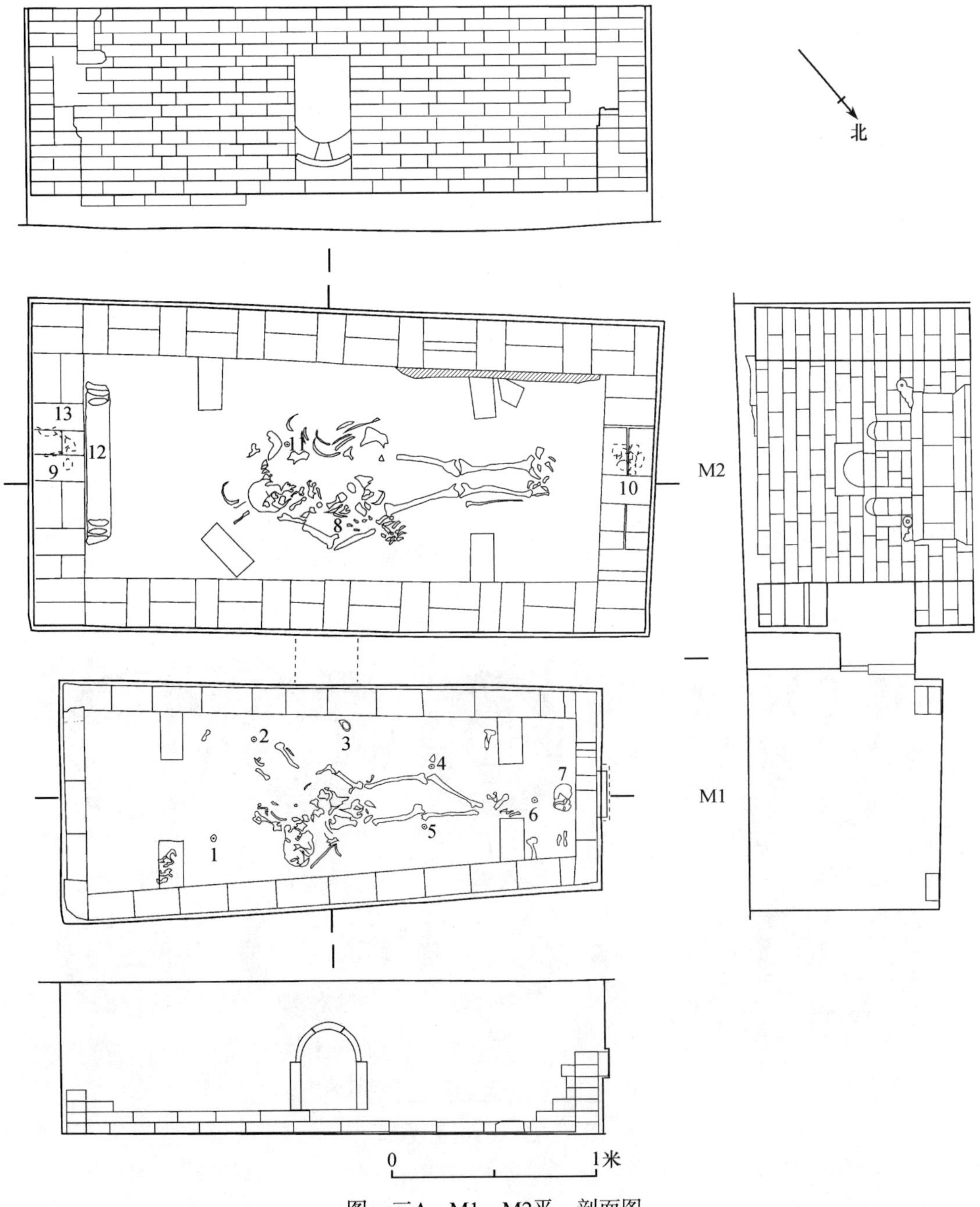

图一三A M1、M2平、剖面图

1、2、4～6、11. 铜钱（M1：1、M1：2、M1：、4、M1：5、M1：6、M2：4） 3. 瓷灯（M1：3） 7、10. 瓷罐（M1：7、M2：3） 8. 铜扣（M2：1） 9. 锡盘（M2：2） 12. 铅构件（M2：5） 13. 锡盅（M2：6）

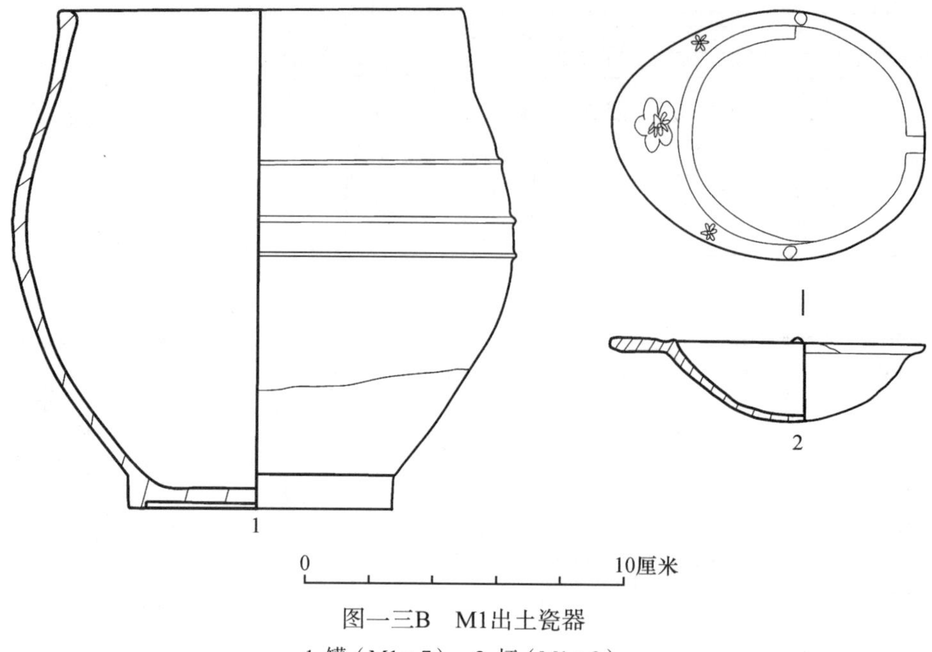

图一三B　M1出土瓷器
1. 罐（M1：7）　2. 灯（M1：3）

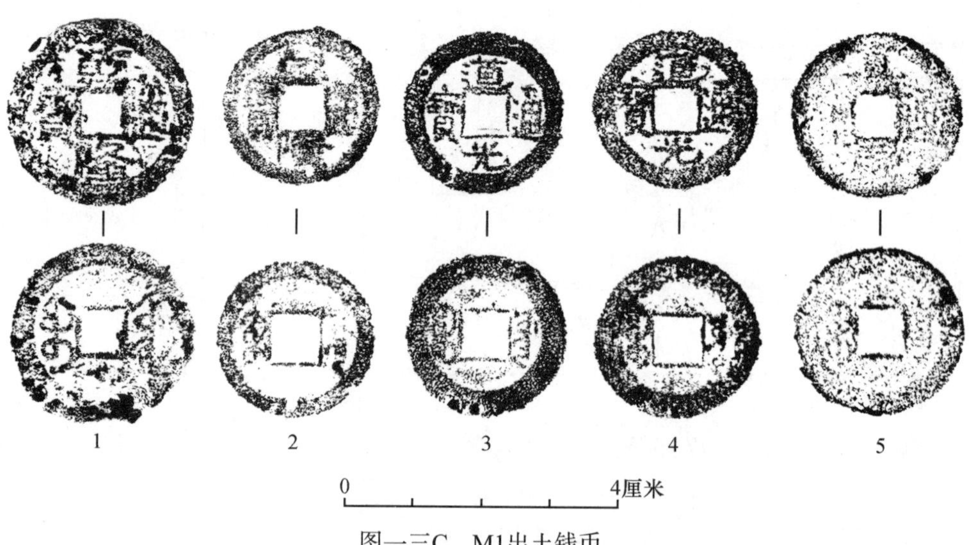

图一三C　M1出土钱币
1、2. 乾隆通宝（M1：1、M1：4）　3、4. 道光通宝（M1：2、M1：5）　5. 嘉庆通宝（M1：6）

盆、盅、盘），放置于供桌上；铜钱、铅构件及铜扣（1组），放棺内（图版七九，1、2）。

瓷罐 1件。M2：3，白胎，黑釉，口至腹部施釉。方唇，敛口，溜肩，鼓腹，平底内凹，矮圈足。腹部饰三周凸弦纹。直径11.2、腹径13.8、圈足径8.4、通高12.7厘米（图一三D，1）。

锡盆 1件。M2：7，底部残缺，存口部。圆唇，卷沿，斜弧腹下收，底残。口径7.4、残高1.8厘米（图一三D，2）。

锡盅 1件。M2：6，口部残缺，存底部。平沿，斜直腹下收，小平底。底径2、残高0.7厘米（图一三D，4）。

锡盘 1件。M2：2，平沿，斜腹下收，平底。直径8.1、底径6.2、通高1.1厘米（图一三D，5）。

铅构件 1件。M2：5，圆形，中心有一圆孔，素面。直径2.5、厚0.2、中心孔径0.6～0.8厘米（图一三D，3）。

铜扣 6粒。M2：1，朽重，2件残。圆形，圆纽，直径1.1、纽径0.3厘米。

铜钱 1枚。M2：4，朽重，字迹不清。

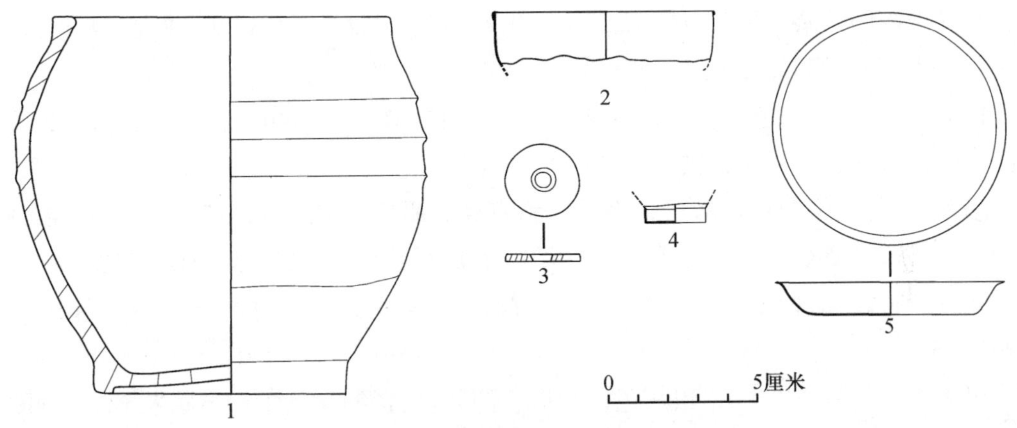

图一三D M2出土器物

1. 瓷罐（M2：3） 2. 锡盆（M2：7） 3. 铅构件（M2：5） 4. 锡盅（M2：6） 5. 锡盘（M2：2）

（三）M3

位于第Ⅰ发掘区北部，M4的东侧，两墓东西并列，从相连壁龛观察，M3晚于M4，为夫妻并穴墓，方向156°。形制为土坑砖室券顶墓，墓室顶部被破坏。土圹平面梯形，长3.15、宽1.45～1.65、深1.2米。坑内砖室倒梯形，长2.65、宽0.92～1.05、残高1.02～1.16米。四壁砖墙用双排顺砖错缝平砌，砖间用石灰抹缝。所用青砖皆为素面，长0.26、宽0.13、厚0.06米。南壁正面雕砌有三个神龛的仿木结构门楼，门楼由四个柱础、四根立柱支撑起替木、撩檐枋、檐椽、仰俯瓦，再上为房脊。其中，撩檐枋、檐椽、仰俯瓦上涂有红、蓝、黑等彩。立柱间有三个神龛门洞，中间大，两侧对称略小。中间神龛，宽0.22、高0.34、进深0.31米；东西两龛宽0.16、高0.28、进深0.13米。上部门额用“楔”形砖垒砌，下呈拱形。上额下雕小连弧形，上书黑色文字。中间神龛上额正面书写“不夜城”、西侧正面书写“仙府”东侧正面书写“洞天”。神龛前摆放一长方形砖雕供桌，长0.77、宽0.19、高0.2米。西壁中部偏南有一壁龛与M4贯通，顶部用三块“楔”形砖砌成拱形，两侧各竖立两块雕有文字的青砖，右侧雕有“千秋留福地”，左侧为“万古立佳城”，底铺青砖呈台阶式连接M4，高0.42～0.6、宽0.31、进深0.7米；北壁壁龛高0.26、宽0.18、进深0.14米。墓室底部无铺底砖，经夯实，棺底两端各存1块垫砖。填黄褐色花土，质较松散，含白石灰渣、近底部含大量砖块。葬具为一棺，被扰乱。人骨头向南。随葬品12件。瓷罐、陶瓦各1，位于脚底部扰土内；锡器6件（均为明器，锡盅、锡盘各2，锡灯、壶盖各1）在供桌周围；铜钱4枚散布在墓底（图一四A、B，图版八〇，1～3）。

瓷罐　1件。M3：12，黄褐胎，酱釉，口至腹中部施釉。方唇，敛口，溜肩，鼓腹，平底微内凹，矮圈足。腹部饰二周凸弦纹。口径11.2、腹径13.9、圈足径8.1、通高14.2、厘米（图一四C，1）。

锡盘　2件。银灰色，平沿、浅盘、平底。M3：7，口径8.6、底径7.4、高0.25厘米（图一四C，2）。M3：6，残，同M3：7。

锡盅　2件。银灰色，敞口，平沿，斜直腹，平底。M3：8，口径4.5、底径2.1、高2.6厘米（图一四C，3）。M3：9，口径3.5、底径1.1、高1.8厘米（图一四C，4）。

锡灯　1件。M3：5，银灰色，圆形，圜底，柄部残。直径6厘米、高1.4厘米（图一四C，5）。

锡壶盖　1件。M3：4，银灰色，圆形，圆纽。直径3.2、通高1.5厘米（图一四C，6）。

板瓦　1件。M3：11，泥质灰陶。瓦面有红色书写的道符和文字，道符左下部书“内”“外”“無”“妨”四字，右下部四字脱落不明。长16.8、宽14～16、厚1厘米。

铜钱　4枚。

嘉庆通宝　2枚。均楷书，直读。M3：1，直径2.3厘米（图一四D，1）。M3：2，朽重，直径2.5厘米。

道光通宝　1枚。楷书，直读。M3：3，直径2.3厘米（图一四D，2）。

咸丰通宝　1枚。楷书，直读。M3：10，直径2.3厘米（图一四D，3）。

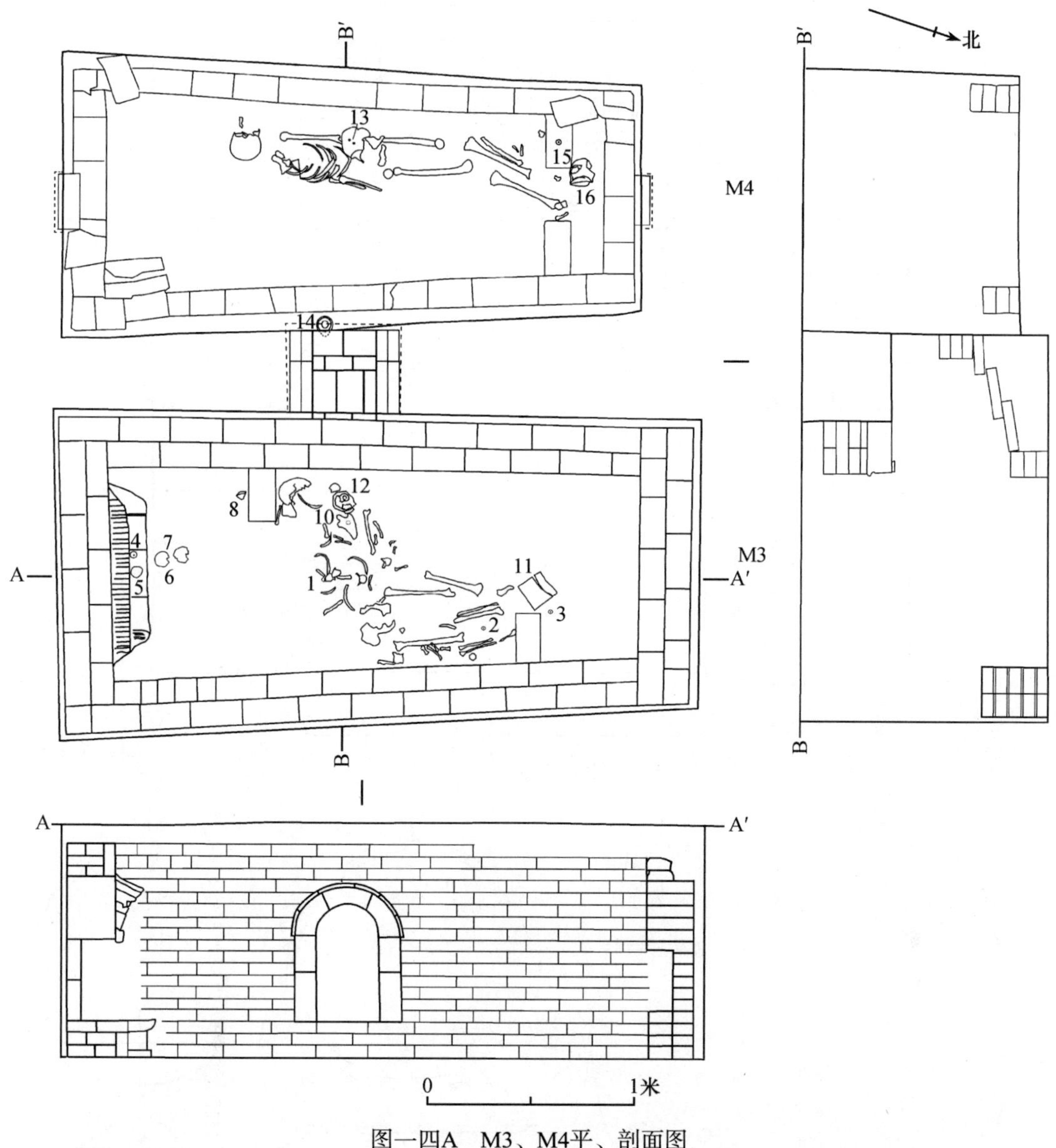

图一四A M3、M4平、剖面图

1~3、10、15. 铜钱（M3：1、M3：2、M3：3、M3：10、M4：3） 4. 锡壶盖（M3：4） 5. 锡灯（M3：5） 6、7. 锡盘（M3：6、M3：7） 8、9. 锡盅（M3：8、M3：9） 11. 板瓦（M3：11） 12、16. 瓷罐（M3：12） 13. 铜扣（M4：1） 14. 瓷灯（M4：2）

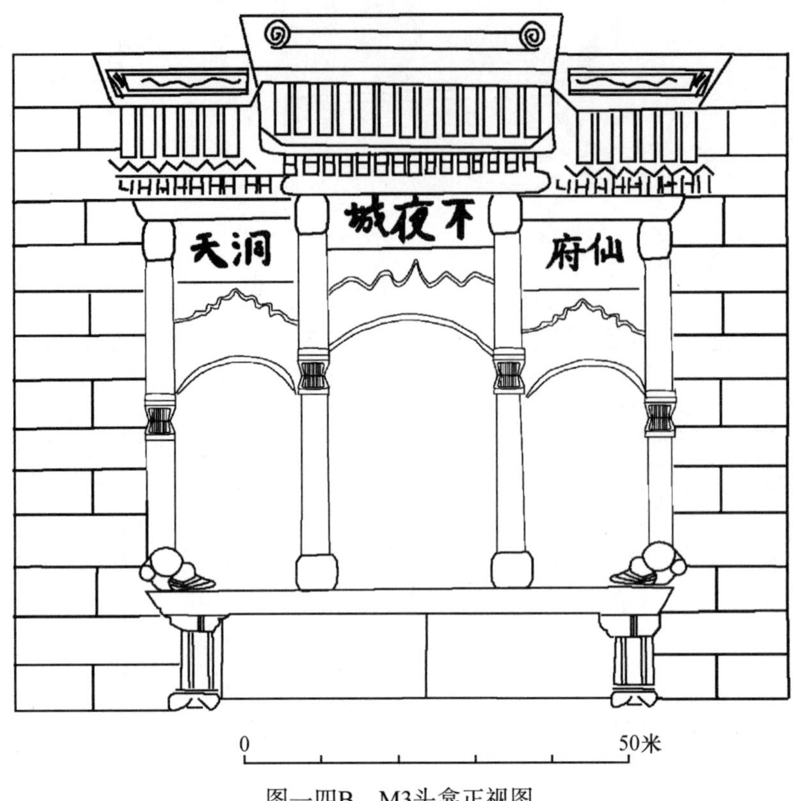

图一四B　M3头龛正视图

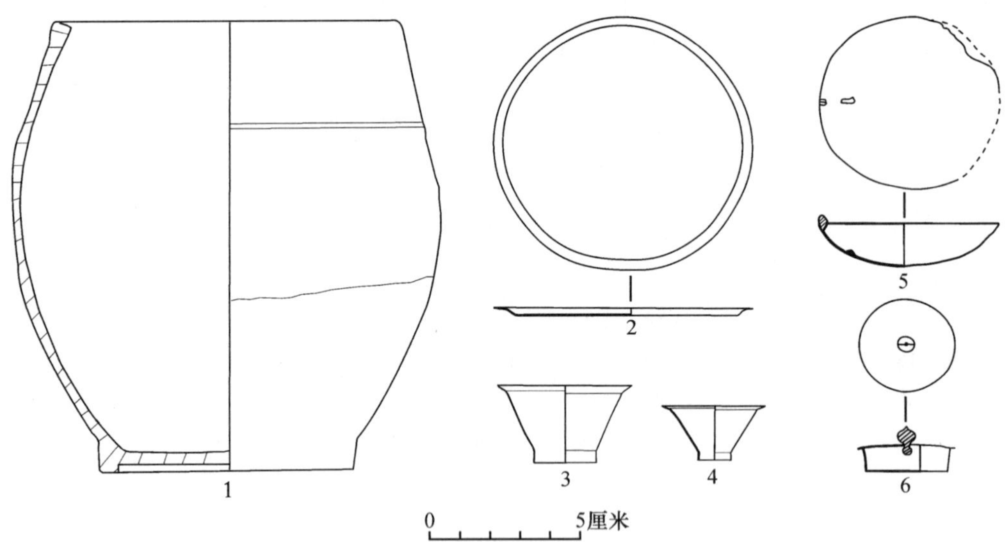

图一四C　M3出土器物

1. 瓷罐（M3：12）　2. 锡盘（M3：7）　3、4. 锡盅（M3：8、M3：9）　5. 锡灯（M3：5）　6. 锡壶盖（M3：4）

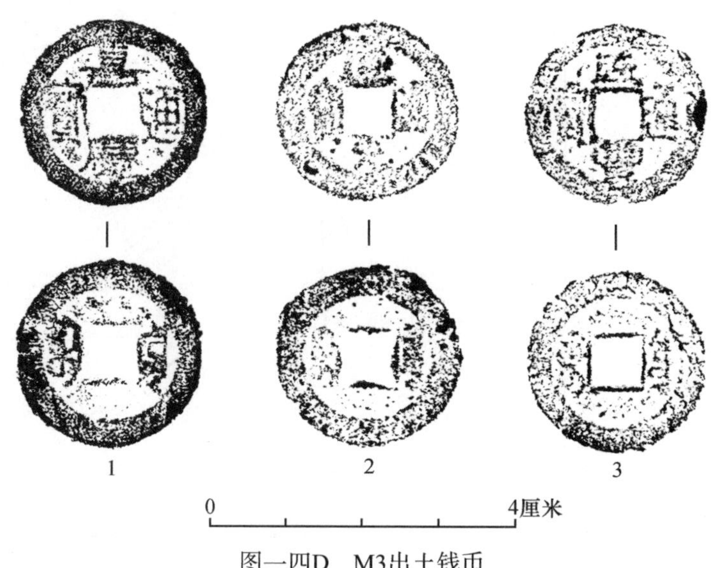

图一四D　M3出土钱币

1. 嘉庆通宝（M3：1）　2. 道光通宝（M3：3）　3. 咸丰通宝（M3：10）

（四）M4

位于第Ⅰ发掘区北部，M3的西侧，为夫妻并穴墓，方向150°。土圹平面呈梯形，长2.9、宽1.21～1.39、深0.8米。砖室破坏严重，内长2.46、宽0.78～0.98、存高0.13～0.27米。四壁砖墙用单砖顺向错缝平砌，砖间用石灰抹缝。南壁中部壁龛宽0.26、进深0.14、距墓底0.23米；北壁龛宽0.26、进深0.13、距墓底0.23米；东壁龛高0.6、宽0.31、进深0.13米。墓室底部经夯实，在棺底北端有2块垫砖。填土同M3。葬具一棺，已被扰乱。骨架头向南。随葬品4件。瓷灯、瓷罐各1件，位于东侧壁龛下；1枚铜钱与铜扣1组（2件）放置棺内。

瓷罐　1件。M4：4，黄褐胎，黑釉，口至腹部施釉。方唇，敛口，溜肩，鼓腹，平底微内凹，矮圈足。腹部饰三周凸弦纹。口径11.6、腹径14、圈足径8.2、通高15.3厘米（图一四E，1）。

瓷灯　1件。M4：2，白胎，黑釉，口沿及内壁施釉，柄及外壁无釉。圆口，圜底，一侧有月牙形柄，连接处有对称的两乳钉，柄上有装饰花纹。直径7.8、柄宽2，通高2.6厘米（图一四E，1）。

道光通宝　1枚。楷书，直读。M4：3，直径2.3厘米（图一四F）。

铜扣　1组，2粒。M4：1，圆形，圆纽，朽重，已碎。

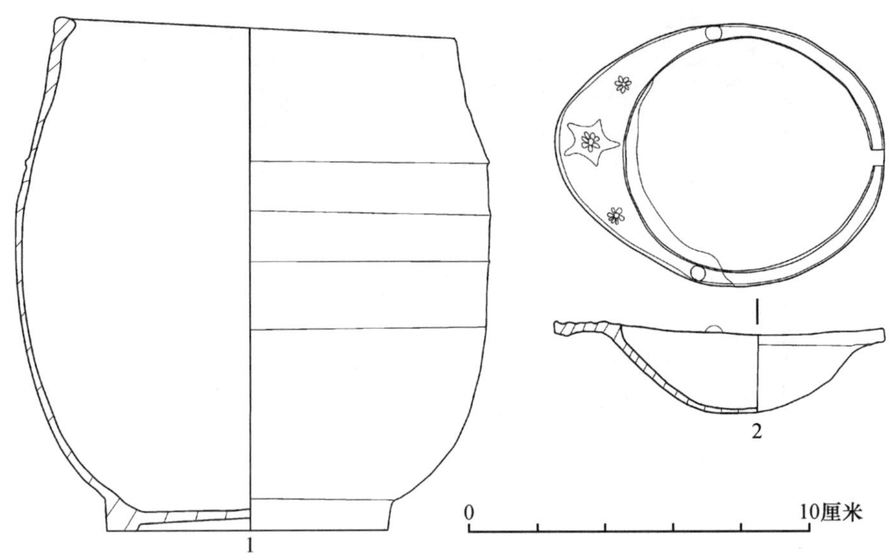

图一四E　M4出土瓷器
1. 罐（M4：1）　2. 灯（M4：2）

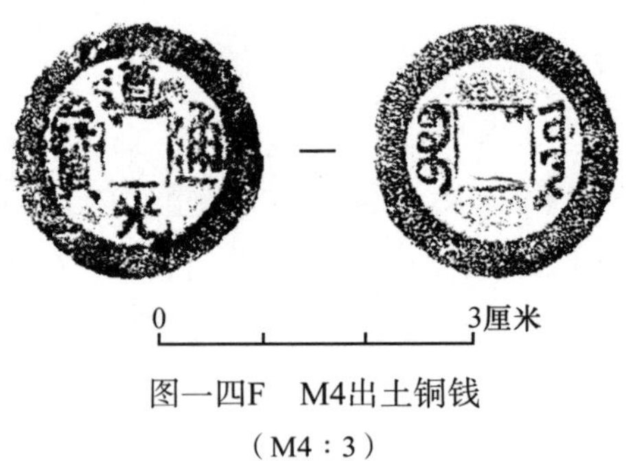

图一四F　M4出土铜钱
（M4：3）

（五）M5

位于第Ⅰ发掘区西南部，西侧为M6，两墓东西并列，方向136°。形制为土坑砖室券顶墓。土圹呈梯形，长2.87、宽1.02～1.28、深0.75米。砖室内长2.48、宽0.72～0.99、存高0.18～46米。四壁由单排砖顺向错缝平砌，砖间用石灰抹缝。所用青砖皆为素面，长0.24、宽0.12、厚0.06米。墓室破坏严重，砖墙仅存底部3～5层青砖。北、南壁均有壁龛，仅存后面挡砖。墓室底部经夯实，在北部发现2块垫棺砖。填黄褐色花土，质较松散，近底部含白石灰渣及大量砖块。葬具一棺，已被扰乱。骨架保存较差，仰身直肢葬，头向南。随葬品2件。瓷灯1件，位于墓室西壁下；板瓦1件，放置脚底部（图一五A；图版八一，1）。

瓷灯　1件。M5：2，白胎，黑釉，口沿及内壁施釉，柄及外壁无釉。圆口，圜底，一侧有月牙形柄，连接处有对称的两乳钉，柄上有装饰花纹。直径8.3、柄宽2.4、通高2.4～3.1厘米（图一五B，1；图版八八，5）。

板瓦　1件。M5：1，泥质灰陶。瓦面写有红色道符和文字，脱落不明。长14.4、宽13.2～15.5、厚0.9厘米。

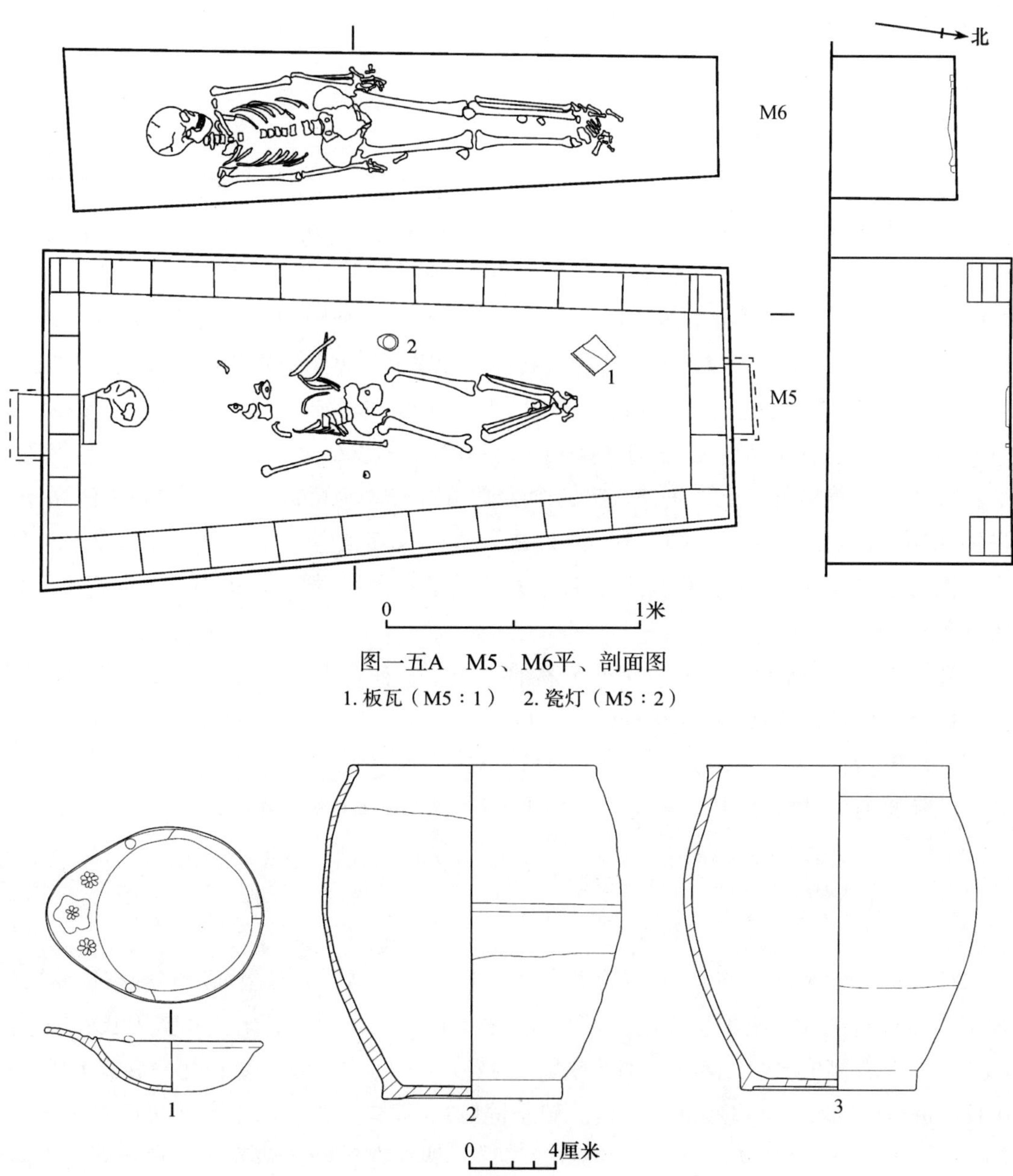

图一五A　M5、M6平、剖面图

1. 板瓦（M5：1）　2. 瓷灯（M5：2）

图一五B　M5、M7、M8出土瓷器

1. 瓷灯（M5：2）　2、3. 瓷罐（M7：1、M8：1）

（六）M6

位于第Ⅰ发掘区西南部，M5西侧，土坑竖穴墓，方向134°。平面呈梯形，长2.6、宽0.5～0.67、深0.6米。填黄褐色花土，质较松散，较纯净。无葬具。骨架保存较好，仰身直肢葬，头向南，面向西。无随葬品（图版八一，1）。

（七）M7

M7位于第Ⅰ发掘区南部，M8的西侧，从砖室平面观察，M7晚于M8，两墓东西并列，为夫妻并穴墓，方向139°。形制为土坑竖穴砖室券顶墓，顶部陷落，保存较好。土圹呈梯形，长2.66、宽0.95～1.27、深0.98米。坑内贴近M8西墙砌筑砖室，内长2.22、宽0.56～0.9、存高0.82米。四壁砖墙用单砖顺向错缝平砌，至顶部券顶处，最上层砖向外错台0.08米，形成卡槽，然后，利用卡槽镶嵌“楔”形砖券顶。砖间用黄褐土填缝。所用青砖皆为素面，长0.24、宽0.12、厚0.06米。南壁中部壁龛宽0.19、高0.25、进深0.16、距墓底0.27米；北壁壁龛宽0.19、高0.26、进深0.14、距墓底0.24米。墓室底部经夯实。填黄褐色花土，质较致密，含少量白石灰颗粒及碎砖块。葬具一棺，平面呈倒梯形，长1.8、宽0.5～0.7、存高0.25米。骨架保存较好，单人仰身直肢葬，头向南，面向东。随葬品3件。瓷罐1件，位于墓室南部；铜钱1枚，放棺内（图一六A；图版八一，2）。

瓷罐　1件。M7：1，白胎泛黄，黑釉，外壁施釉至腹中下部。方唇，敛口，溜肩，鼓腹，平底。腹部饰二周凸弦纹。口径11.8、腹径14.2、圈足径8.6、通高16厘米（图一六B，1）。

乾隆通宝　1枚。楷书，直读。M7：2，直径2.3厘米（图一六B，2）。

（八）M8

位于第Ⅰ发掘区南部，与M7为夫妻并穴墓，方向145°。形制及用砖规格同M7，顶部券顶塌落墓底，土圹呈梯形，长2.75、宽0.95～1.58、深0.8米。砖室内长2.3、宽0.68～1.1、存高0.75米。南壁中部壁龛宽0.21、高0.31、进深0.12米；北壁龛宽0.2、高0.31、进深0.11米。墓室底部经夯实。填土同M7。葬具一棺，朽重，从灰痕看平面呈倒梯形，长1.88、宽0.43～0.72、存高0.3米。骨架保存较好，单人仰身直肢葬，头向南，水漂移位。随葬品3件。瓷罐1件，位于墓室南部；1枚铜钱放棺内；1件板瓦置脚下（图版八一，2）。

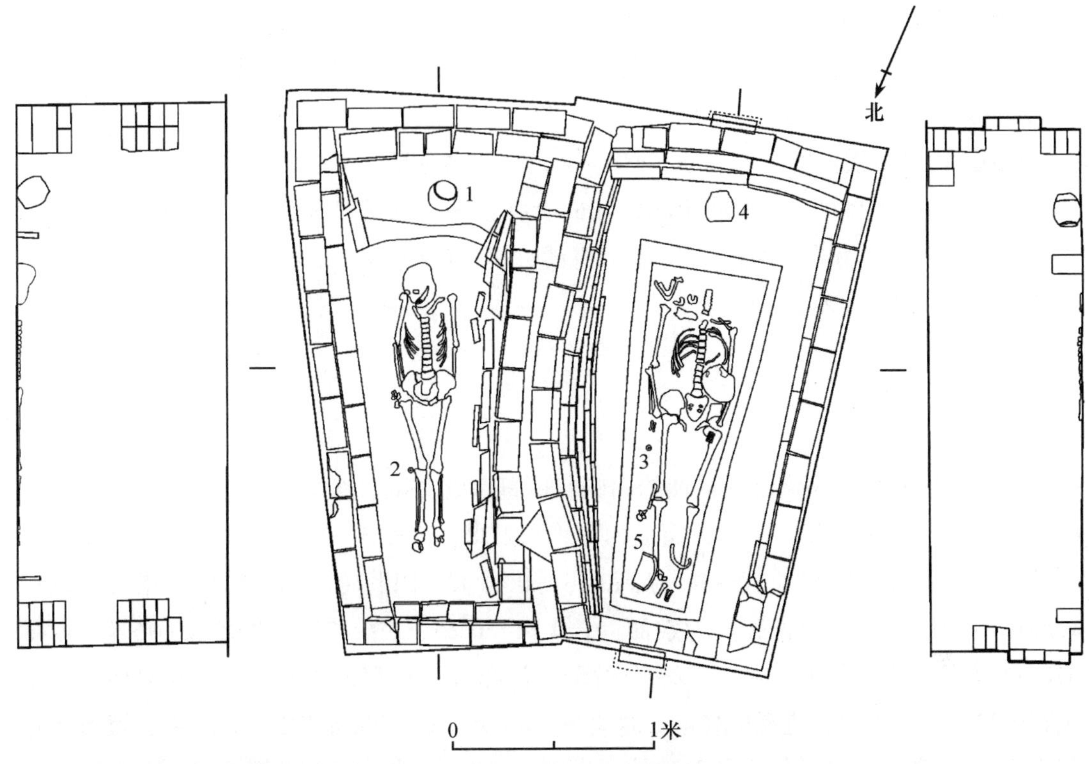

图一六A　M7、M8平、剖面图

1、4. 瓷罐（M7：1、M8：1）　2、3. 铜钱（M7：2、M8：3）　5. 板瓦（M8：2）

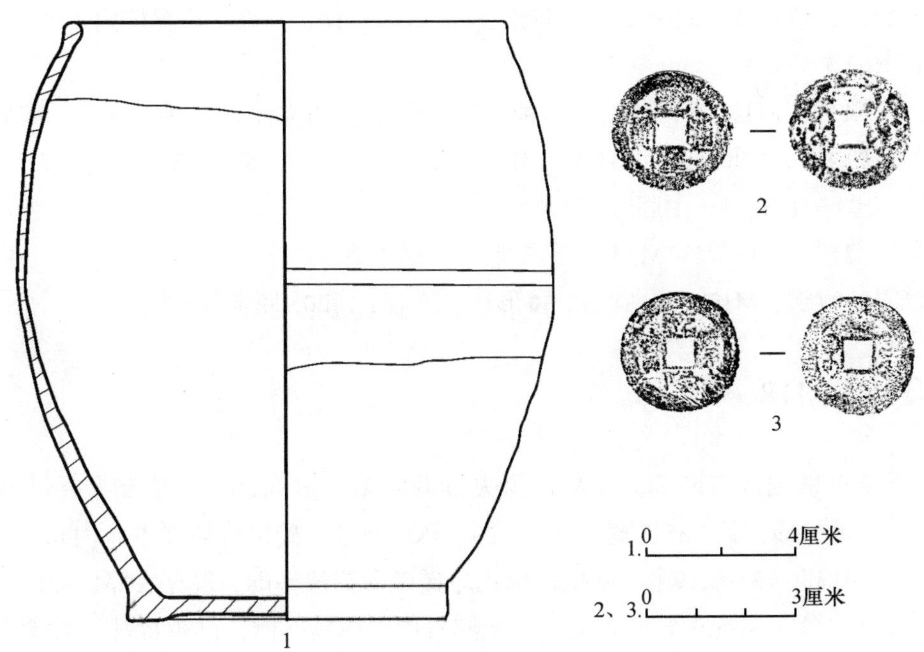

图一六B　M7出土器物

1. 瓷罐（M7：1）　2、3. 乾隆通宝（M7：2、M8：3）

瓷罐　1件。M8：1，白胎，黑釉，光亮。口至腹部施釉。方唇，敛口，溜肩，鼓腹，平底，矮圈足。口径11.6、腹径14.1、底径8.4、通高15.6厘米（图一五B；图版八八，3）。

乾隆通宝　1枚。楷书，直读。M8：3，直径2.4厘米（图一六B，3）。

板瓦　1件。M8：2，泥质灰陶，瓦面有红色书写的道符和文字，左侧四字可辨清二字“0”“0”“无”“妨”，右侧可辨清一字“0”“0”“化”“0”。长14.4、宽13.2～15.5、厚0.9厘米。

（九）M17

位于第Ⅳ发掘区东南部，M18的南侧，两墓南北并列，为夫妻并穴墓，方向304°。形制为土坑竖穴砖室墓。土圹平面呈梯形，长2.78、宽1.15～1.28、深1.1米。砖室破坏严重，内长2.32、宽0.82～0.95、存高0.13～0.43米。四壁砖墙用单砖顺向错缝平砌，砖间用石灰抹缝。所用青砖皆为素面，长0.24～0.25、宽0.12、厚0.05～0.06米。西壁中部壁龛宽0.21、进深0.24米；东壁中部壁龛宽0.2、进深0.16米；北壁与M18相向壁龛宽0.22、存高0.22、进深0.24米。墓室底部经夯实，在西部有2块垫棺砖。填黄褐色花土，质松散，含白石灰渣及碎砖块。葬具一棺，朽重，灰痕呈倒梯形，长1.84、宽0.58～0.74、存高0.15米。骨架保存较差，仰身直肢葬，头向南，面向不清。随葬品4件。瓷罐1件，位于墓室北壁龛下；铜钱2枚、琉璃扣1组（4件）放置棺内（图一七A；图版八二，1）。

瓷罐　1件。M17：4，白胎，黑釉，口至腹中下部施釉。方唇，敛口，溜肩，鼓腹，平底微内凹，矮圈足。腹部饰三周凸弦纹。口径10.5、腹径13、圈足径7.7、通高12.8厘米（图一七B，1；图版八八，4）。

铜钱　2枚。M17：1、M17：2，朽重，字迹不清。

玻璃扣　1组。M17：3，圆形，桥形纽。直径1.1和0.9厘米各2件。

（十）M18

位于第Ⅳ发掘区东南部，与M17为夫妻并穴墓，方向297°。形制及用砖规格同M17。土圹呈梯形，长2.65、宽0.95～1.26、深0.98米。砖室破坏严重，内长2.25、宽0.58～0.9、存高0.13～0.19米。四壁砖墙用单砖顺向错缝平砌，仅存底部1～3层青砖，砖间用石灰抹缝。墓室底部经夯实。填土同M17。葬具一棺，已被扰乱。骨架保存较差，头向西北。随葬品6件（组）。瓷灯1件，放置右侧壁龛内；铜钱3枚，散放棺内；

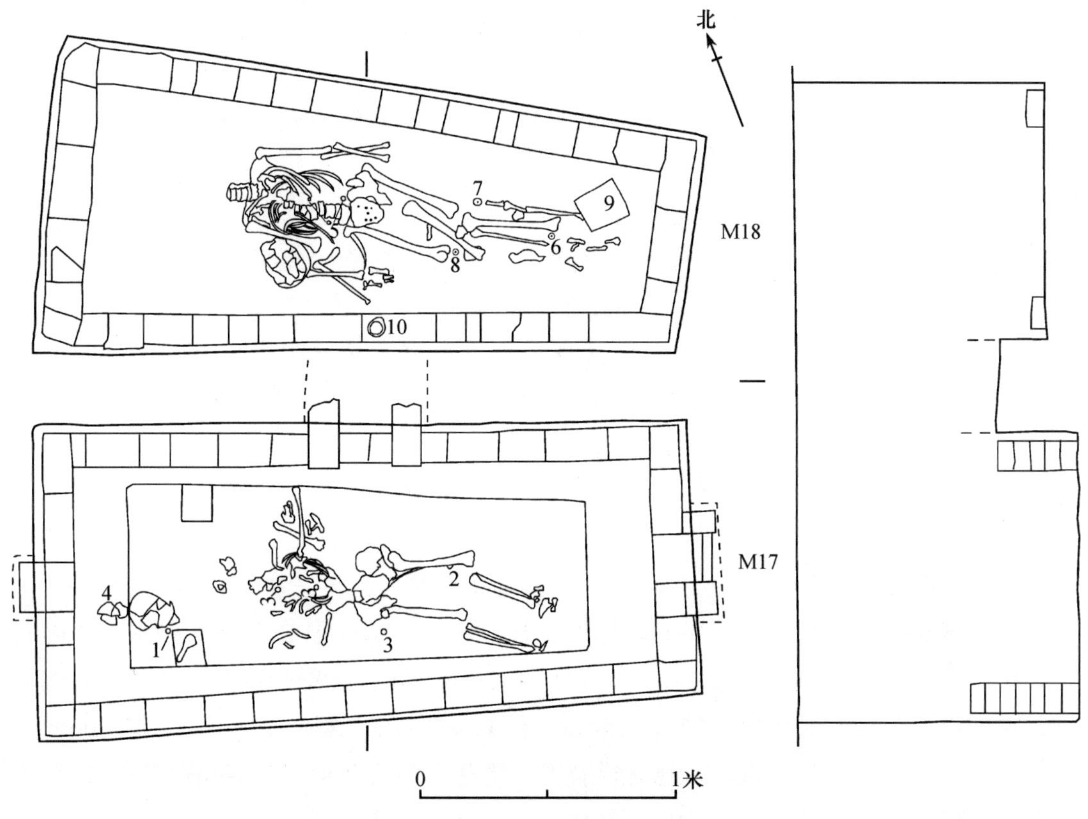

图一七A M17、M18平、剖面图

1、2、6～8. 铜钱（M17：1、M17：2、M18：2、M18：3、M18：4） 3. 玻璃扣（M17：3）
4. 瓷罐（M17：4） 5. 铜扣（M18：1） 9. 板瓦（M18：5） 10. 瓷灯（M18：6）

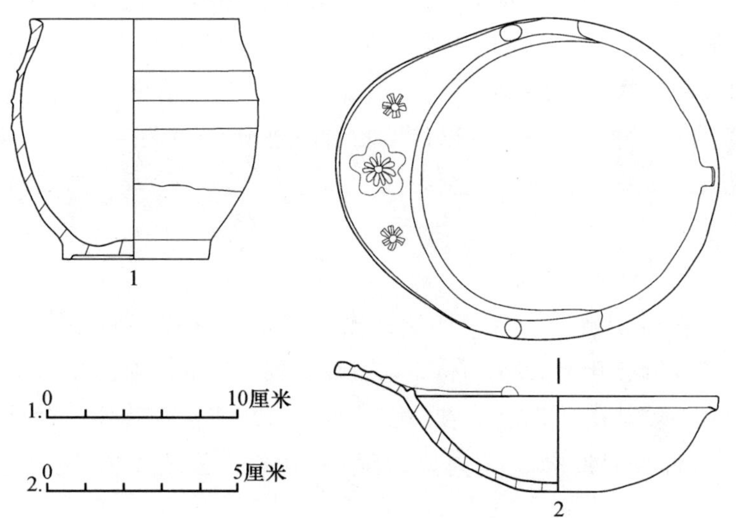

图一七B M17、M18出土器物

1. 瓷罐（M17：1） 2. 瓷灯（M18：6）

铜扣1组（5件），位于骨架胸部；1件陶瓦在脚底部（图版八二，1）。

瓷灯　1件。M18：6，白胎，黑釉，口沿及内壁施釉，柄及外壁无釉。圆口，圜底，一侧有月牙形柄，连接处有对称的两乳钉，柄上有装饰花纹。直径8.5、柄宽2，通高2.5～3.4厘米（图一七B，2）。

铜钱　3枚。朽重，可辨字迹。乾隆通宝，2枚。楷书，直读。M18：2、M18：4，直径2.4厘米。康熙通宝，1枚。楷书，直读。M18：3，直径2.5厘米。

铜扣　5件。M18：1，圆形，圆纽，朽重，已碎。

板瓦　1件。M18：5，泥质灰陶。瓦面有红色书写的道符和文字，大部脱落不清。长17.1、宽14.5～17、厚1厘米。

（十一）M19

位于第Ⅳ发掘区中南部，M20的北边，两墓东西并列，为夫妻并穴墓，方向157°。形制为土坑竖穴砖室墓。土圹平面呈梯形，长2.56、宽1.10～1.24、深0.95米。坑内砖室破坏严重，内长2.32、宽0.76～0.93、存高0.13～0.23米。四壁砖墙用单砖顺向错缝平砌，砖间用石灰抹缝。所用青砖皆为素面，长0.24～0.25、宽0.12～0.13、厚0.06米。在西壁、东壁中部存有壁龛外部的挡砖痕迹。墓室底部经夯实，在棺底两端各有2块垫砖。填黄褐色花土，质松散，含白石灰渣及碎砖块。葬具一棺，已扰乱。骨架保存较差，仰身直肢葬，头向南。随葬品2件。瓷罐1件，位于头部壁龛下；1枚铜钱在棺内（图一八A；图版八二，2）。

瓷罐　1件。M19：1，白胎，黑釉，口至腹下部施釉。方唇，敛口，溜肩，鼓腹，平底，矮圈足。腹部饰三周凸弦纹。口径11.2、腹径14.1、圈足径8、通高14.6厘米（图一八B，1；图版八八，2）。

嘉庆通宝　1枚。楷书，直读。M19：2，直径2.4厘米（图一八B，2）。

（十二）M20

位于第Ⅳ发掘区中南部，与M19为夫妻并穴墓，方向155°。形制及用砖规格同M19。土圹长2.72、宽1.05～1.26、深0.9米。砖室破坏严重，内长2.27、宽0.72～0.93、存高0.12～0.3米。填黄褐色花土，质松散，含白石灰渣及碎砖块。葬具一棺，扰乱。骨架保存较差，仰身直肢葬，头向南。随葬品2件。发现2枚铜钱在扰土内（图版八二，2）。

铜钱　2枚，朽重，可辨字迹1枚。道光通宝。楷书，直读。M20：1，直径2.2厘米。

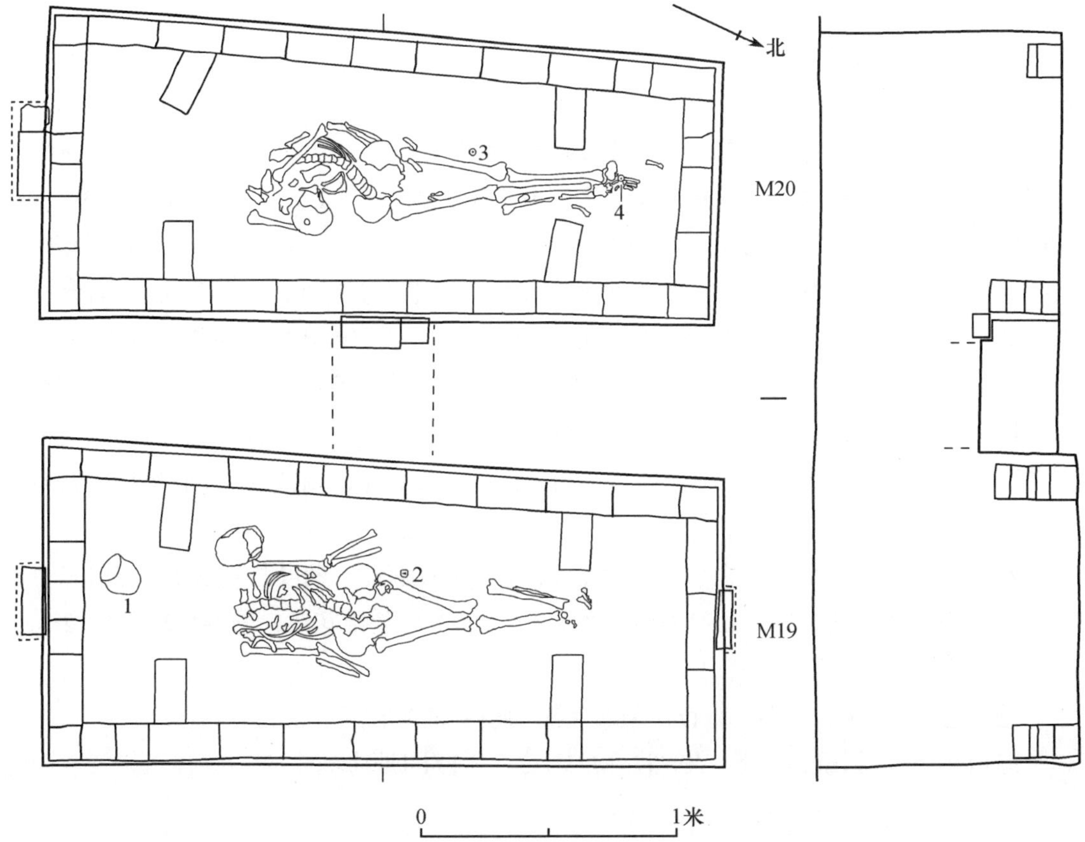

图一八A　M19、M20平、剖面图

1. 瓷罐（M19：1）　2～4. 铜钱（M19：2、M20：1、M20：2）

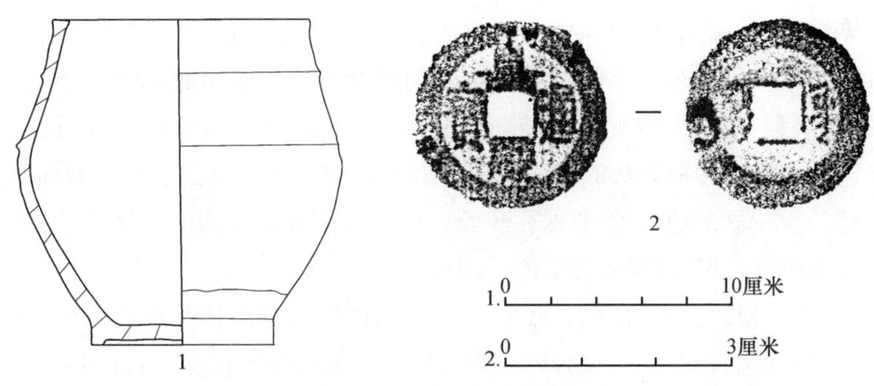

图一八B　M19出土器物

1. 瓷罐（M19：1）　2. 嘉庆通宝（M19：2）

（十三）M21

位于第Ⅳ发掘区中部，M22的东边，两墓东西并列，为夫妻并穴墓，方向190°。形制为土坑竖穴砖室墓。土圹平面呈梯形，长2.70、宽1.22～1.52、底宽1.02～1.34、深1.02米。砖室破坏严重，内长2.35、宽0.7～1、存高0.12～0.82米。四壁砖墙用单砖顺向错缝平砌，砖间用石灰抹缝。距墓底0.82米处，顶部砖墙向外错三层青砖，可能与顶部券顶结构有关。所用青砖皆为素面，长0.24、宽0.12、厚0.06米。底部经夯实，在棺底两端各有2块垫砖。填黄褐色花土，质松散，含白石灰渣及碎砖块。葬具一棺，保存部分棺木，平面呈倒梯形，长1.88、宽0.58～0.81、存高0.25米。骨架保存较差，仰身直肢葬，头向南。随葬品3件。瓷灯1件，位于墓室东南部；铜钱1枚、铜扣1件放棺内（图一九A；图版八三，1）。

瓷灯　1件。M21：1，白胎，黑釉，口沿及内壁施釉，柄及外壁无釉。圆口，圜底，一侧有月牙形柄，连接处有对称的两乳钉，柄上有装饰花纹。直径8.2、柄宽2.1、通高2.4～3.5厘米（图一九B，1）。

道光通宝　1枚。楷书，直读。M21：3，直径2.4厘米。

铜扣　1件。朽重，圆形，圆纽。M21：2，直径1.1厘米。

（十四）M22

位于第Ⅳ发掘区中部，与M21为夫妻夫妻并穴墓，方向189°。形制及用砖规格同M21。土圹长3.05、宽1.35～1.42、深1.45米。砖室破坏严重，内长2.43、宽0.95～1、存高0.24米。西、北、东三面砖墙用单砖顺向错缝平砌，南墙底部侧立砖斜向垒砌，砖间用石灰抹缝。墓壁上壁龛已被破坏，北壁存外侧挡砖。墓室底部经过夯实。填黄褐色花土，质松散，含白石灰渣及碎砖块。葬具一棺，存灰痕，平面呈倒梯形，长2、宽0.55～0.72、存高0.05米。骨架保存较差，仰身直肢葬，头向南。随葬品3件。瓷灯1件，置墓室东南部；铜钱2枚放置棺内（图版八三，1）。

瓷灯　1件。M22：1，白胎，黑釉，口沿及内壁施釉，柄及外壁无釉。圆口，圜底，一侧有月牙形柄，连接处有对称的两乳钉，柄上有装饰花纹。直径8.4、柄宽2.3，高2.5厘米（图一九B，2）。

铜钱　2枚，能辨清字迹1枚。乾隆通宝。楷书，直读。M22：2，直径2.4厘米。

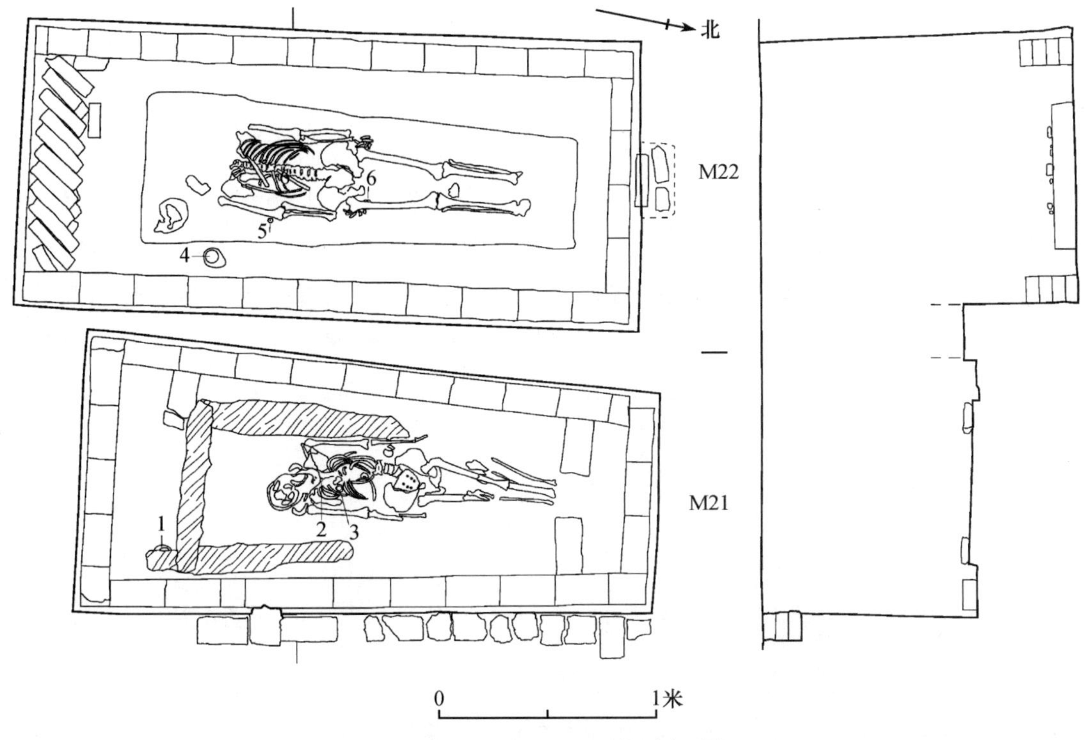

图一九A　M21、M22平、剖面图
1、4. 瓷灯（M21：1、M22：1）　2. 铜扣（M21：2）　3、5、6. 铜钱（M21：3、M22：2、M22：3）

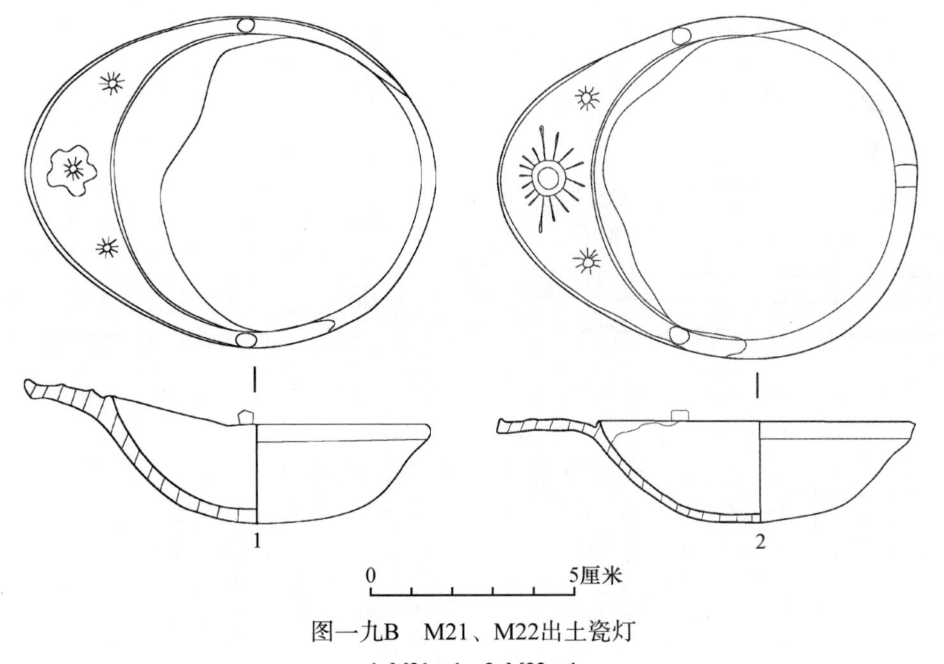

图一九B　M21、M22出土瓷灯
1. M21：1　2. M22：1

（十五）M23

位于第Ⅳ发掘区西北部，M24的东边，两墓东西并列，为夫妻并穴墓，方向184°。墓葬为土坑竖穴砖室墓。土圹平面近梯形，长3.35、宽1.55～1.66、深1.47米。坑内砖室已破坏至底部，部分墙壁存1～2层青砖，内长2.7、宽1.1～1.2、存高0.12米。四壁砖墙用双排砖顺向错缝平砌，砖间用石灰抹缝。所用青砖皆为素面，长0.24、宽0.12、厚0.06米。墓室底部用横向砖错缝平铺。填黄褐色花土，质松散，含白石灰渣及碎砖块。葬具一棺，被扰乱。骨架保存差，头向南。未见随葬品（图二〇A）。

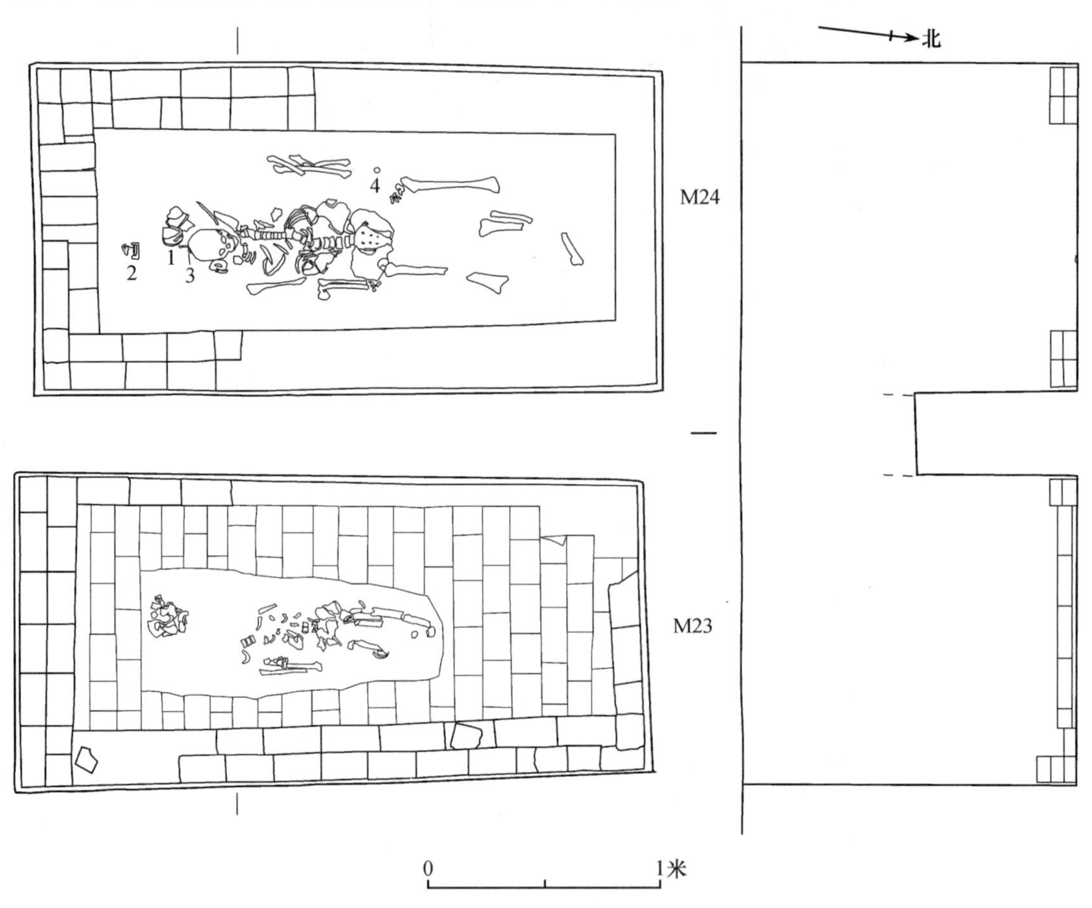

图二〇A　M23、M24平、剖面图

1. 瓷罐（M24：1）　2. 铜锁（M24：2）　3、4. 铜钱（M24：3、M24：4）

（十六）M24

位于第Ⅳ发掘区西北部，为夫妻并穴墓，方向182°。形制及用砖规格同M23。土圹平面梯形，长3.19、宽1.65～1.8、深1.5米。砖室破坏严重，内长2.7、宽0.93～1.12、存高0.24米。墓室底部经过夯实。填土同M23。葬具一棺，被扰。骨架保存较差，仰身直肢葬，头向南。随葬品4件。瓷罐1件，位于墓室南部；铜锁1把、铜钱2枚在扰土内。

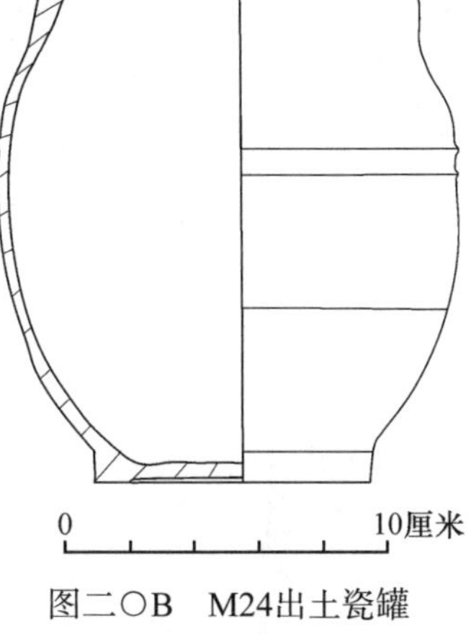

图二〇B　M24出土瓷罐
（M24：1）

瓷罐　1件。M24：1，白胎，黑釉，口至腹部施釉。方唇，敛口，溜肩，鼓腹，平底，矮圈足。腹部饰三周凸弦纹。口径11.8、腹径、圈足径8.5、通高15.1厘米（图二〇B）。

铜锁　1把。M24：2，长条形，上方有横梁。长8.7、宽3.2、厚0.9厘米（图版八八，6）。

铜钱　2枚。朽重，字迹可辨。太平通宝1枚。楷书，直读。M24：3，直径2.4厘米。乾隆通宝1枚。楷书，直读。M24：4，直径2.3厘米。

（十七）M25

位于第Ⅱ发掘区东部，M26的东边，两墓东西并列，为夫妻并穴墓，方向184°。形制为土坑竖穴砖室墓。土圹平面呈梯形，长3.25、宽1.58～1.7、深1.05米。砖室破坏严重，内长2.6、宽1.02～1.2、存高0.12～0.42米。四壁砖墙用双排砖一丁二顺平砌，砖间用石灰抹缝。所用青砖皆为素面，长0.24、宽0.12、厚0.06米。墓壁北、南、西三面有壁龛，存底部。北壁龛宽0.3、进深0.23米；南壁龛宽0.26、进深0.25米；西壁龛宽0.25、进深25米。墓室底部经夯实。填黄褐色花土，质松散，含白石灰渣及碎砖块。葬具一棺，被扰乱。骨架保存较差，被扰，头向北。随葬品1件。1件板瓦在扰土内（图二一；图版八三，2）。

板瓦　M25：1，泥质灰陶，瓦面有红色书写的道符和文字，左侧四字可辨清二字“内”“外”“无”“妨”，右侧可辨清一字“0”“0”“化”“0”。长14.4、宽13.2～15.5、厚0.9厘米。

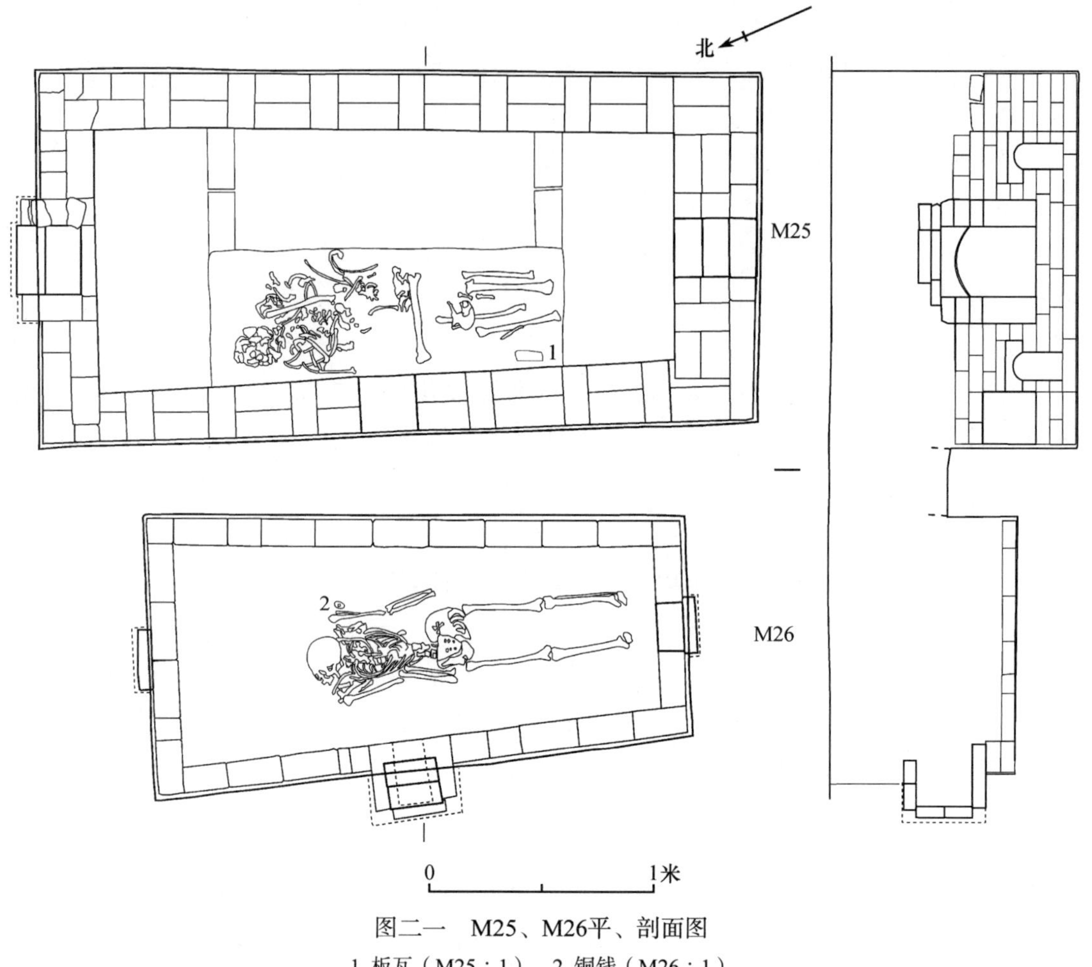

图二一　M25、M26平、剖面图
1. 板瓦（M25：1）　2. 铜钱（M26：1）

（十八）M26

位于第Ⅱ发掘区东部，与M25为夫妻并穴墓，方向184°。形制及用砖规格同M25。土圹平面呈梯形，长2.45、宽1.02～1.26、深0.79米。砖室破坏严重，内长2.15、宽0.73～1、存高0.06～0.4米。四壁砖墙用单砖错缝平砌，砖间用石灰抹缝。墓壁北、南、西三面壁龛被破坏，仅存后面挡砖。墓室底部经夯实。填土同M25。葬具一棺，已被扰乱。骨架保存较差，仰身直肢葬，头向北，面向西。随葬品1件。1枚铜钱放置骨架头部（图版八三，2）。

铜钱　1枚。朽重，可辨字迹。嘉庆通宝。楷书，直读。M26：1，直径2.4厘米。

（十九）M27

位于第Ⅱ发掘区西北部，M28的东边。两墓南北并列，为夫妻并穴墓，方向351°。形制为土坑竖穴砖室墓。土圹平面呈梯形，长3.05、宽1.2～1.3、深0.75米。砖室破坏严重，内长2.58、宽0.9～1.02、存高0.25～0.31米。四壁砖墙用单砖错缝平砌，砖间用石灰抹缝。所用青砖皆为素面，长0.26、宽0.13、厚0.06米。北壁正面雕砌神龛门洞，顶部已破坏，底部宽0.64、进深0.18米。神龛前摆放一砖雕供桌，长0.77、宽0.13、高0.19米。南壁龛宽0.18、进深0.2米；西壁龛与M28东壁龛相连，存龛底铺砖，宽0.5米。墓室底部经夯实。填黄褐色花土，质松散，含白石灰渣及碎砖块。葬具一棺，扰乱。棺底两端各有2块垫砖。骨架保存较差，扰动移位，头向北。无随葬品（图二二；图版八四，1）。

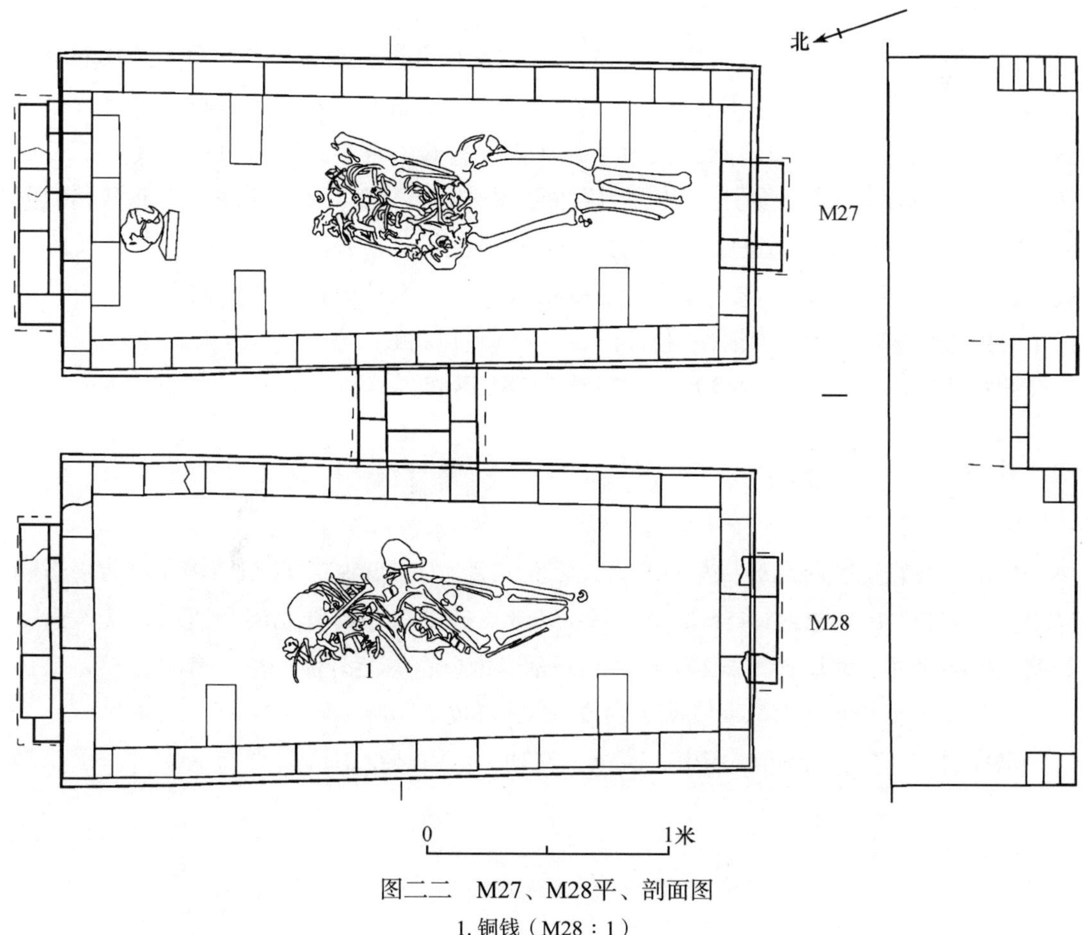

图二二　M27、M28平、剖面图

1. 铜钱（M28：1）

（二十）M28

位于第Ⅱ发掘区西北部，与M27为夫妻并穴墓。形制结构及用砖规格同M27。土圹长3.15、宽1.2～1.4、深0.78米。砖室破坏严重，内长2.6、宽0.9～1.05、存高0.13～0.18米。北壁正面雕砌神龛门洞，顶部破坏，存底部；南壁龛宽0.22、进深0.18米；东壁龛存底砖。墓室底部经夯实，棺底两端各有2块垫砖。填黄褐色花土，质松散，含白石灰渣及碎砖块。葬具一棺，扰乱。骨架保存较差，被扰动，头向北。随葬品1件。1枚铜钱在扰土内（图版八四，1）。

光绪通宝　1枚，朽重。楷书，直读。M28：1，直径2.2厘米。

（二十一）M29

位于第Ⅱ发掘区西北部，西边为M30，两墓东西并列，为夫妻并穴墓，方向349°。形制为土坑竖穴砖室墓。土圹长3.15、宽约1.3～1.4、深1.03米。砖室破坏严重，存东墙、北墙和南墙底部1～2层青砖，西墙破坏无存，长2.64米。砖墙用双排砖一丁二顺平砌，砖间用石灰抹缝。所用青砖皆为素面，长0.24、宽0.12、厚0.06米。北壁、南壁存壁龛外侧挡砖痕迹。墓室底部经夯实。填黄褐色花土，质松散，含白石灰渣及碎砖块。葬具一棺，被扰乱，在北部垫砖上存棺板一块。人骨被扰乱，头向北。两头骨被扰于M30北壁龛内。扰土内铜钱2枚（图二三；图版八四，2）。

铜钱　2枚。M29：1、M29：2。朽重，字迹不清。

（二十二）M30

位于第Ⅱ发掘区西北部，与M29为夫妻并穴墓，方向349°。形制结构及用砖规格同M29。土圹长3.10、宽约1.45～1.55、深0.99米。砖室仅存部分北墙和西墙青砖，南墙和西墙破坏至底。北墙壁龛宽24、进深0.33米。南壁存壁龛外侧挡砖。葬具一棺，被扰乱。人骨被扰至北壁龛内。墓室扰土内发现铜钱1枚（图版八四，2）。

嘉庆通宝　1枚，朽重。楷书，直读。M30：1，直径2.3厘米。

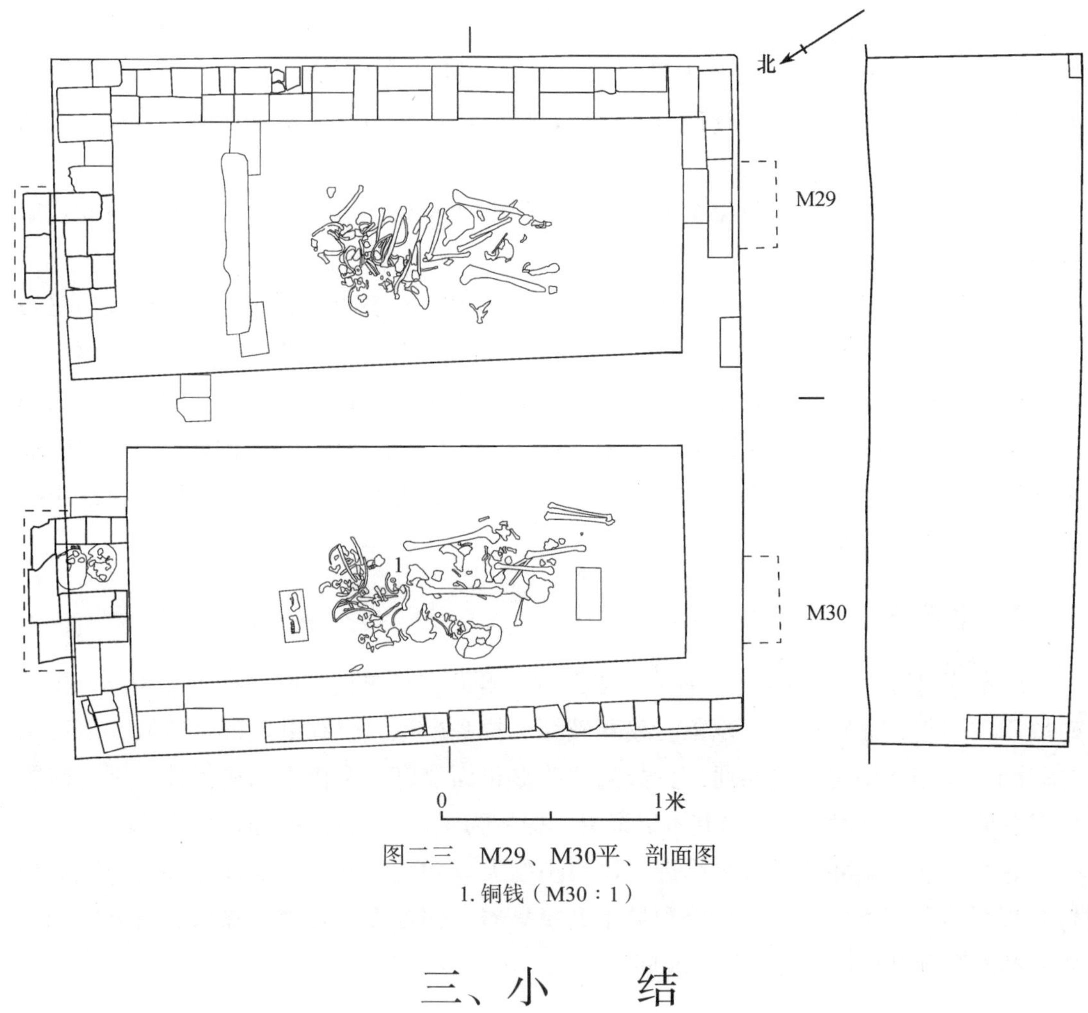

图二三 M29、M30平、剖面图
1. 铜钱（M30：1）

三、小 结

通过对这批墓葬资料的整理，我们对此有如下认识：

1. 明代墓葬

有圆形砖室墓、舟形砖室墓室和土坑墓三类。其中圆室砖雕墓葬6座是这一时期该区域出现的特殊墓葬形制，规格相对较高，由墓道和墓室组成。建造墓葬时，先挖一圆形或近圆形带墓道的墓圹，然后在墓圹内用青砖砌筑墓室，墓室一般为圆形或近圆形。在墓门处修建仿木结构门楼，外有封门砖墙，墓壁上用青砖雕砌出仿木结构的灯檠、衣架、桌椅等。墓底有两座设有棺床，其他墓葬用青砖铺底。这批墓葬埋藏较浅，早期遭到不同程度破坏，未见完整穹隆顶，有些砖墙已近底部。该组墓葬顶部破坏严重，但墓底未被扰动，保存较好。墓室内大多有两副木棺，二次葬无棺。M10和M13有3具人骨架，其中1具骨架是二次葬；M16墓室较小，两具骨架均为二次葬。随葬品以M9最为丰富，瓷器组合有缸、四系瓶、四系罐、碗、盘、碟、灯盏等及大量铜钱。有的墓葬仅1～3件瓷器及少量铜钱。另外，M13最外侧骨架南部发现1面铜镜，底部为细淤泥，镜纽内残存有朽重的铁丝，推测铜镜起初镶在墓室顶部，后掉落于墓底。

舟形砖室墓和竖穴土坑墓各1座，均平面呈梯形，随葬品较少，每个墓内放置罐或碗。

从整体布局看，M9在这组墓葬最北部，其墓道被南部M12打破，而M12墓道又被M10、M16打破，推测在该组中年代最早，辈份最高，随葬品最为丰富。出土瓷器中，四系瓶、小白瓷盏等具有宋元时期特征，但缸、四系罐、碗、盘、灯等与章丘女郎山明代墓葬出土的同类器物更为相近1。此外，在M9中外侧棺内100余枚铜钱中，洪武通宝10枚，其余皆为宋代钱币，由器物组合特征结合有明确年号最晚的钱币分析这组墓葬的年代为明代初期阶段。

2. 清代墓葬

砖室墓21座，土坑墓1座，皆为夫妻并穴合葬墓，两墓砖墙间多有生土相隔，少数砖墙靠在一起，无共用一墙现象。墓葬破坏、扰乱严重，仅存墓底部分砖墙，多有头龛、脚龛，隔墙中有壁龛相通；少数墓葬头龛正面雕砌三个仿木结构门楼，下有砖雕供桌摆放生活冥锡器。随葬品基本以瓷罐、瓷灯为主，棺内有少量铜扣、铜钱等。

总之，这批墓葬形制极为相近，均为小型夫妻并穴合葬墓。随葬品多是瓷罐、瓷灯和板瓦等，器类比较简单，个别见小型锡冥器。铜钱多为乾隆、嘉庆、道光时期，由此推断这批墓葬年代为清代中晚期阶段。

附记：参加此次发掘的人员有石念吉、安伯宁、厉剑、袁启飞、石鹏、商玉贞、刘兆坤、赵金、燕青山、陈鹏、刘海涛等，发掘期间得到山东省水下考古研究中心、东营市博物馆、广饶县文物管理局的大力支持，人骨鉴定由山东大学研究生牛月明完成，文章撰写过程中得到山东省文物考古研究院何德亮先生亲临指导，在此一并表示感谢。

绘　图：石念吉　刘海涛　安伯宁　厉　剑
摄　影：安伯宁　石　鹏　燕青山
执　笔：石念吉　安伯宁　陈　鹏　袁启飞

山东潍坊前埠下新石器时代遗址文化层沉积物微形态分析

柏哲人[1]　王守功[2]　党　浩[3]　靳桂云[1]
（1. 山东大学文化遗产研究院；2. 山东省水下考古研究中心；3. 山东省文物考古研究院）

一、引　　言

考古遗址沉积物微形态分析是获得环境变化和人类活动信息的一项重要手段[1]，在欧美等国的古气候和环境考古研究中已经得到了广泛的应用。在中国，这类研究还比较少，但要详细分析古遗址的形成过程，深入研究古文化发展与区域环境的关系，认识史前人类活动特点及其对土地利用的方式，需要在考古研究中运用沉积物微形态分析方法。

前埠下遗址位于山东省潍坊市寒亭区朱里镇前埠下村西50米处。这里属于泰沂山北侧的冲积平原，遗址东边有一条季节性河流，再往东约1千米是现代的潍河，遗址向南约30千米进入丘陵，向北约40千米是莱州湾（图一）。从区域地貌看，前埠下遗址所在位置为潍河流域的二级阶地（图二），在整个阶地沉积物中，新石器时代遗存位于阶地形成过程的沉积物中，就是说，新石器时代遗存在阶地里面，而不是在阶地面上（图三）。不仅如此，仔细观察还可以看到沉积物具有明显的水平层理，这是河流相沉积物的典型特征。

根据出土陶片特征，前埠下遗址为后李文化和大汶口文化中期遗存[2]。

根据土质土色和包含物特点，遗址被分为6层，自上而下为：第1层，耕土层；第2～4层，文化层；第5层，次生土层；第6层，生土层（次生土层和生土层是田野考古学的专有名词，前者指人类活动痕迹很微弱的情况下所形成的堆积物特征，在次生土层中有时会发现极少量的细小炭粒或红烧土粒；后者即指自然力作用形成的沉积物）。第1层下有汉代和清代墓葬；第2～4层为大汶口文化中期和后李文化层，在发掘区南部的第3层下、中部的第4层下、北部的第1层下，发现有后李文化遗迹，后李文化

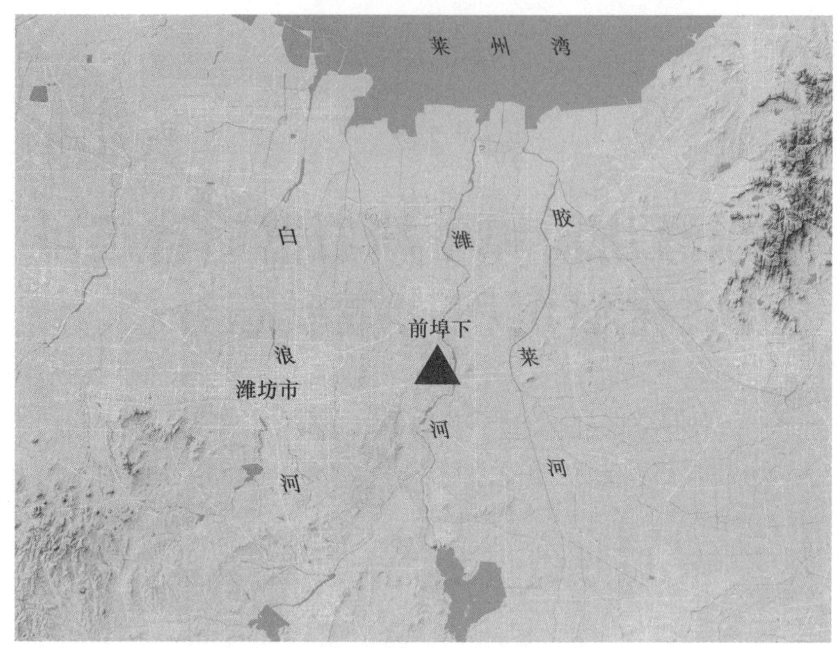

图一　遗址地理位置示意图

图二　遗址周围地貌示意图

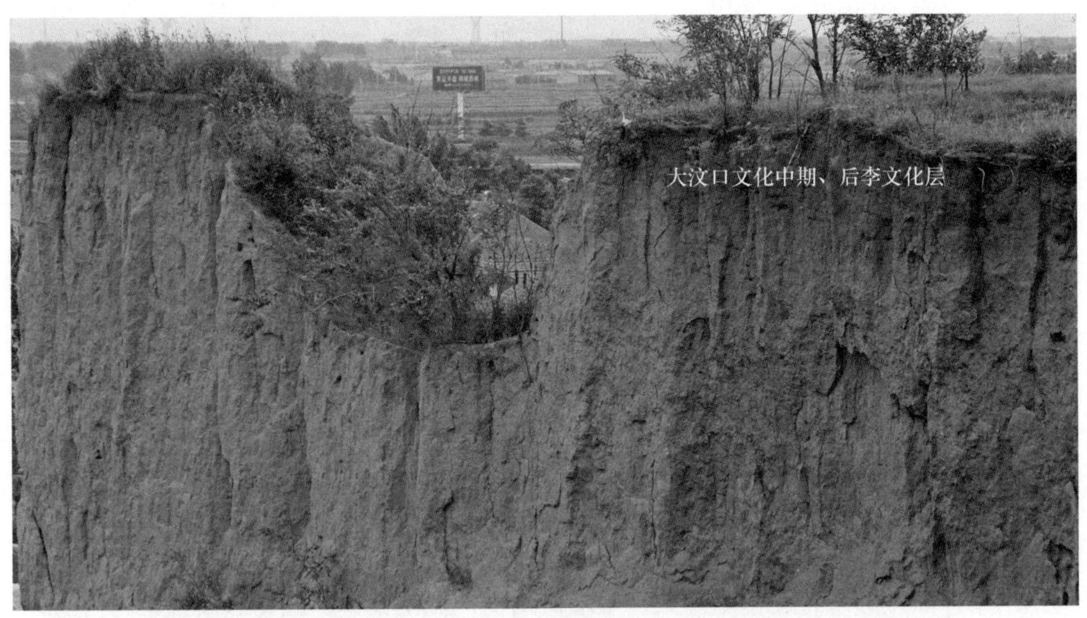

图三 前埠下遗址新石器时代文化遗存在阶地沉积物中的位置示意图

地层只在T5232有发现。发掘的主要遗迹有灰坑、房址和柱洞等，遗物以陶器为主，还有少量石、骨、蚌器。

考古发掘中提出的与土壤有关的几个基本问题是：这里的黄土状岩石是如何形成的？次生层是自然地层还是文化层？文化层反映的人类活动特点如何？本文通过土壤微形态分析，对遗址的形成过程和史前人类活动提出一些初步的认识。

二、材料与方法

针对考古发掘的实际情况和提出的问题，在T5232东隔梁的关键柱下地层中取了5个样品（样品编号1～5），1号和2号样品分别来自生土层和次生土层，3号样品来自文化层第4层，即后李文化层，4号和5号样品分别来自文化层第3层的下部和上部。

采样方法是在设计的位置上打压入大小为20厘米×8厘米×4厘米的铝盒来取下整块非扰动的定向样品。薄片制作在中国科学院地质与地球物理研究所完成。薄片的厚度是25微米，尺寸是8厘米×6厘米×1.5厘米。薄片描述采用Bullock等[3]的系统。

三、结　　果

野外观察的T5232东隔梁关键柱下的地层如下：第1层，耕土层，厚30厘米，黄色，土质疏松，含有大量植物根系；第2层，大汶口文化层，厚10厘米，灰黑色，土质松软，内含陶片和红烧土粒；第3层，大汶口文化层，厚40厘米，灰黄色，土质较第2层紧密，内含陶片；第4层，后李文化层，厚20厘米，灰黄色，土质紧密，内含陶片及烧土粒；第5层，次生土层，厚20厘米，灰黄色，土质较黏，只含有极少量的烧土粒或炭粒；第6层，生土层，黄色粉砂质岩石。

基本微形态特征描述如下：

1. 样品1（生土层）**、样品2**（次生土层）

两个样品微形态特征基本一致。紧粒微结构；无团聚体；细粉砂质条带约占2%，黏土胶膜占土壤总量的2%；总孔度约为5%；粗细比为3∶1，分选性良好；矿物颗粒以石英为主，占70%，长石占10%，灰石、角闪石不足2%；矿物磨圆度及蚀变程度中等偏下；无人工制品，有机质碎屑很少，细物质中矿物质占70%，匀细性一般（图四，a、b）。样品2 中发现有极少量的炭粒和烧土粒（图四，c）。

2. 样品3、样品4、样品5（文化层第4、3层下部、3层上部）

三个样品微形态特征基本相同。粒间胞孔结构；无团聚体；黄色胶膜结晶度中等，双折射率中等偏高，胶膜明显增厚，占土壤总量的5%；总孔度为15%，孔隙大于样品2；粗细比为3∶2，分选性良好，但局部可见较大的石英颗粒；矿物颗粒以石英为主，占70%～80%，长石占10%，灰石、角闪石不足2%；矿物磨圆度及蚀变程度中等偏下；有机质碎屑较多，细物质占2%左右，细物质中矿物占50%，匀细性一般；样品3和样品5中都发现有陶片碎屑。样品4的有机质和胶膜都比较少。样品3陶片碎屑中黏土极多，占90%左右，石英等矿物颗粒明显小于周围土壤中的矿物颗粒（图四，d）；样品4和样品5中有较多烧骨（图四，e、f）。

四、讨论与结论

遗址内的生土层和次生土层是一种黄色粉砂质黄土状岩石。微形态分析发现分选性良好，颗粒磨圆度中等偏下，矿物颗粒中以石英为主（70%），长石含量少，表明这种沉积物搬运距离不远，是由河流作用从南部山区冲积下来的，野外发现的剖面上

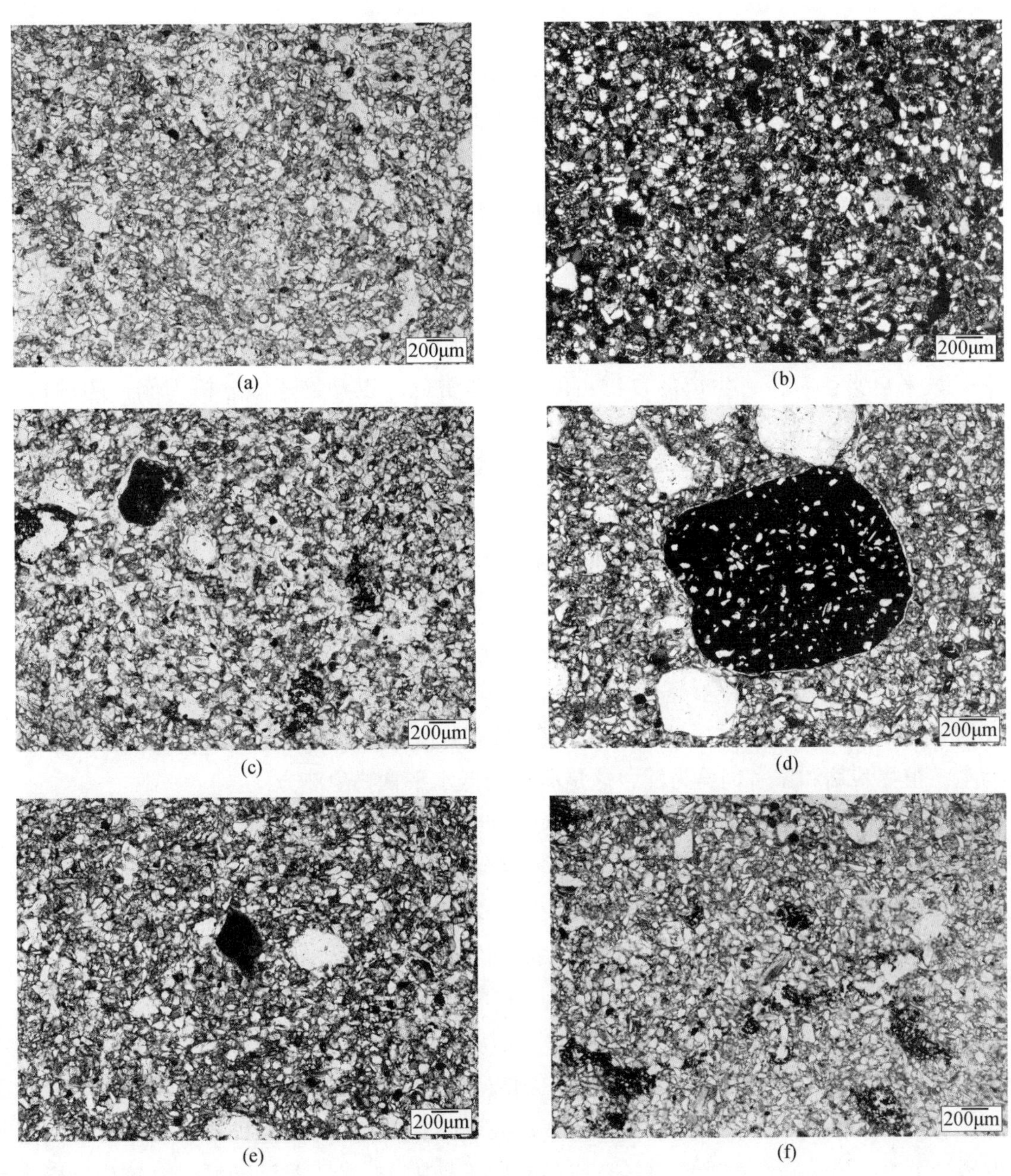

(a) (b) (c) (d) (e) (f)

图四 土壤微形态照片

的水平层理也能证明这一点。次生土层的微结构与生土层一致，没有发现人类活动的痕迹，极少量的炭粒、烧土粒可能与生物作用、土壤浸染有关。

文化层的土壤微形态表明其与生土层的形成过程和物质来源是基本一致的，只是沉积物形成之后由于人类活动的结果导致有机质增多，胶膜和孔隙发育，大的石英颗粒可能也与人类活动有关。

上述分析结果显示，前埠下遗址文化层及其下的次生土层和生土层，都是典型的河流相沉积，人类活动可能是文化层中存在一些有机质并发育胶膜和孔隙的原因。如果这个分析能够成立，那就是说，前埠下遗址后李文化和大汶口文化中期阶段，人类活动在河漫滩上。这个结果与庄奕杰等人对于同是后李文化的月庄遗址的研究结果一致，即后李文化居民的活动场所主要是河漫滩[4]；不仅如此，前埠下遗址是目前确知的第一个位于河漫滩上的大汶口文化中期聚落，这个结果为我们认识大汶口文化时期的聚落环境及相关生计方式提供了难得的证据。

对前埠下遗址新石器时代动物骨骼和灰坑土样中的植硅体分析显示，居民的食物中多数来自野生资源，生产的食物占的份额非常低。以动物遗骸分析为例，超过1万块动物骨骼，包括了35个种属，其中8种淡水软体动物、2种浅海相软体动物、5种淡水鱼、2种爬行动物、1种鸟、12种野生兽类和5种家畜；野生兽类骨骼非常丰富，而且都很零碎，显然是人类消费之后遗留下来的，其中以梅花鹿为主，还有野猪、狗獾、貉、獐、麂等；家畜包括猪、狗、牛、羊等，猪的骨骼具有明显的从野生向驯化过渡的特点；动物群反映的环境具有明显的江南水乡特点，当时气温可能比现在高4～5℃，聚落周围湖泊众多，各类动植物资源丰富[5]。部分灰坑土样的植硅体分析也显示，聚落周围喜湿的芦苇等植物比较多[6]。前埠下遗址综合研究显示，后李文化和大汶口中期文化阶段，这里的居民选择在河漫滩上生活，生计方式则以狩猎采集捕捞为主，植物栽培和家畜饲养为辅，这是典型的低水平食物生产方式。

根据北阡等遗址的研究，大汶口文化时期是农业逐渐取得生业经济主导地位的阶段[7]，随着农业的发展，人类逐渐从河漫滩转移到河流阶地上居住，而不同地貌部位和不同资源组合，可能是影响生计方式的最直接因素。前埠下遗址的大汶口文化居民为什么选择在河漫滩居住，需要未来更多的研究来回答。

对前埠下遗址的沉积物微形态分析，获得了遗址的形成和沉积物特点等信息，这是田野发掘和其他方法无法获得的，为全面认识古文化发展及其与环境的关系提供了十分重要的线索。在考古学研究中，沉积物微形态分析主要在以下方面提供了重要的信息：①重建古代气候环境演化过程；②分析区域环境演化与考古遗址形成及考古学文化发展的关系；③分析考古遗址内各类遗存的特征及其反映的人类活动特点。随着分析技术的进步，在史前环境考古研究中，沉积物微形态分析将越来越显示其重要作用。

附记：1997年前埠下遗址发掘过程中，我们采集了微形态分析样品并在中国科学院地质与地球物理研究所完成了制片和微形态观察与分析，这些工作得到了刘东生院士和郭正堂研究员（现为郭正堂院士）的指导和帮助，在此表示深深的谢意！本研究得到国家自然科学基金（41771230）资助。

注　释

[1] Courty M.A., Goldberg P. and Macphail R. *Soils and Micromorphology in Archaeology*. Cambridge Cambridge University Press, 1989.

[2] 王守功、李繁玲、胡长春、党浩、孙来会：《山东潍坊前埠下遗址发掘报告》，《山东省高速公路考古报告集（1997）》，科学出版社，2000年，1～108页。

[3] Bullock P., Fedoroff N., Jongerius A., Stoops G. and Tursina T. *Handbook For Soil Thin Section Description.* UK:Waine Research Publication, 1985.

[4] Zhuang Y.J., Bao W.B. and French C. River Floodplain Aggradation History and Cultural Activities: Geoarchaeological Investigation at the Yuezhuang site, Lower Yellow River, China. *Quaternary International*, 2013, 315: 101-115.

[5] 孔庆生：《前埠下新石器时代遗址中的动物遗骸》，《山东省高速公路考古报告集（1997）》，科学出版社，2000年，103～105页。

[6] 靳桂云：《前埠下遗址植物硅酸体分析报告》，《山东省高速公路考古报告集（1997）》，科学出版社，2000年，106～108页。

[7] Jin, G.Y., Wagner M., Parasov E.P., Wang, F. and Liu, Y.C. Archaeobotanical Records of Middle and Late Neolithic Agriculture from Shandong Province, East China. *The Holocene*, 2016, 26 (10): 1-11.

“礁鼎沱”新证
——兼说其与“繁”“鼾”“鐈”的关系

黄锦前
（兰州大学历史文化学院）

一、引　　言

春秋时期南方地区青铜鼎有自名为“石沱”者，文字有“石”“沰盜”“礁鼎沱”“礁盜”“橐沱”“宕鉈”等不同写法。自20世纪30年代罗振玉最早对其进行解释始，至今已有80余年。其间不断有学者从不同角度加以讨论，可谓众说纷纭。最近在研习有关资料时，稍有所得，或可证明旧说之得失，或对相关问题讨论有所裨益，遂不揣简陋，援作此文，以就正于方家及同好。

二、相关材料辑录

为便于讨论，先将有关材料整理成下表：

“礁鼎沱”相关鼎自名登记表

器名	自名	原篆	辞例	时代	国别
魏伯鼎[1]	礁沱		魏伯自作飤礁沱	春秋早期	?
钟伯侵鼎[2]	石沱		大师钟伯侵自作石沱	春秋中期偏早	楚

续表

器名	自名	原篆	辞例	时代	国别
仲嬭董鼎[3]	橐沱	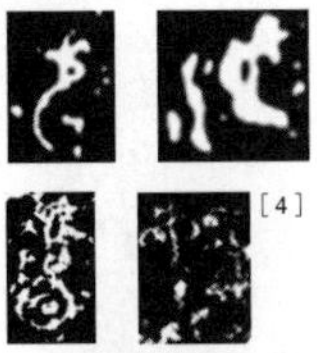 （盖铭）[4]（器铭）	樊季氏孙仲嬭董用[5]其吉金自作橐[6]沱	春秋中期偏早[7]	樊
⿰礻旦伯业鼎[8]	⿰石鼎⿱沱皿	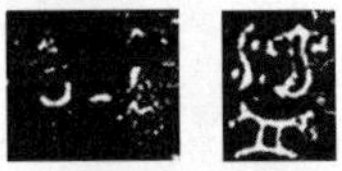	⿰礻旦伯业自作宝⿰石鼎⿱沱皿	春秋中期偏早[9]	养
游孙癸鼎[10]	宕铊		游孙癸之飤宕铊	春秋中期偏晚[11]	楚
楚旒鼎[12]	石沱	 （盖铭，器铭不清晰）	楚旒之石沱	春秋中期偏晚	楚
褱鼎[13]	⿰石鼎⿰鼎它	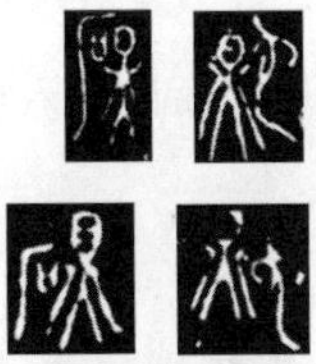 （盖铭）（器铭）	褱自作飤⿰石鼎⿰鼎它	春秋晚期前段[14]	楚
邓尹疾鼎[15]	沰⿱沱皿	 （盖铭）	邓尹疾之沰⿱沱皿	春秋晚期后段[16]	楚
	⿰石鼎⿰鼎它	 （器铭）	邓尹疾之⿰石鼎⿰鼎它		
楚子戠咎鼎[17]	石	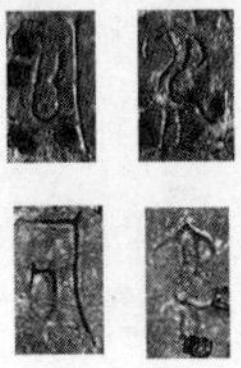 （盖铭）（器铭）	楚子戠咎自作石	春秋晚期后段[18]	楚

另外，平安君鼎“卅三年单父上官庖宰憙所受平安君者也”[19]的“者也”二字，陈佩芬释为“石（⿰石鼎）它（⿰鼎它）”[20]，但其原篆分别作、（集成5.2793.1）或、（集成5.2764.2）等形，分明应释作“者也”，故不论。

三、旧说之检讨

对这种鼎的特殊自名的探讨，较早有罗振玉、唐兰、杨树达、容庚等。罗振玉跋昶伯业鼎（以下简称“罗说”）说：

> 此鼎也，而谓之“口盜”，盜上一字虽不可辨，而盜字则明白无疑。褎鼎“褎自乍飤[illegible][illegible]”，“[illegible][illegible]”二字，诸家无释。曩岁尝与亡友刘铁云观察言，当即是“石它”，铁云称善。嗣又见大师钟白侵鼎文曰“大师钟白侵自乍石沱”，此鼎亦称“自乍宝口盜”，盖“石”即“硕”，“它”“沱”“盜”同一字，其义虽不可知，然知鼎故有“石它”之称矣[21]。

此说之得失，赵平安曾评价云，罗氏释“石”为“硕”，容有可商；至谓“沱”“盜”“⿰鼎它”一字，则为多数学者所接受[22]。其详细情况，下文还要加以讨论，此不赘述。

唐兰最早将“石沱”与安徽寿县楚幽王墓所出楚王酓前铊鼎[23]、太后厨官鼎[24]等联系起来（以下简称“唐说”），他说：

> 多数学者之意见，以为此鼎（引案：指上述寿县楚幽王墓所出二鼎）有流如匜，故特称为“鉇鼎”，余以为不然。此鼎之有流，特其一征，而非称“鉇鼎”之主因；且其所以有流，或正以称为“鉇鼎”之故，而后作鼎使有流也。
>
> 按周世鼎铭，每有称鼎为“也”者，罗振玉氏跋昶白业鼎曰：
>
> ……（引案：与上引罗振玉跋昶伯业鼎有关文字相同，故略而不录）
>
> 罗氏沿《说文》之误，故以“也”为“它”，然由此可知鼎或称“也”。其作“⿰鼎也”“池”“盜”等字，与此铭之作“鉇”，并同声通借耳。
>
> 然褎鼎为吴平斋潘郑盦旧藏，钟白侵鼎今在刘善斋处，并未闻其有流也，则鼎之称“也”，不系于有流可知。
>
> 余谓鼎之称“也”者，盖当以声音求之。“也”之字，本象匜形，其所以作也声者，有注下之义，从也声之字，如池亦然……然则鼎之称“也”，乃以洼下深中之故，而不系乎有流也。“也”之声与“于”相近，《说文》云：“小池为污。”故匜或称盂。盛伯羲旧藏，今归美国博物馆，齐侯四器之一，铭曰：“盥盂。”而器是匜形，是其证也。（罗福颐校补《金文著录表》误入鼎类盖未见器形也）盂从于声，有洿下之义。故《说文》：

“盂，饮器也。”《既夕礼》：“两敦两杅。”注谓：“杅盛汤浆。”盂即杅也。《玉藻》云：“出杅，履蒯席。”注：“浴器也。”是尤器之大者。然无论其为饮器或浴器，要是盛水之器，与匜相类。且器必洼下深中乃适于盛水也。

鼎可称“也”，“匜”可称“盂”，故金文多有称鼎为“于”者……

然则此器之称“鉇鼎”，犹它器之曰“盂鼎”，正犹“匜”之为“盂”，“鼬”之为“鼾”或“鼾”也。昔人于此，多未解其义，余谓鼎之称“也”或“于”者，以其洼下深中，惟其深中，故可以盛水，然则殆即《既夕礼》之“杅”矣。“杅”盛汤浆，此器之有流，其以此欤[25]？

唐说之失误，张亚初曾评价云：

匜鼎是带流器，作匜形，故名。有的学者认为也声与盂声相近，匜鼎即盂鼎，这是不妥的。因为盂鼎是盂形深腹鼎之称，而匜鼎却是浅腹带流器，还是理解为匜形鼎比较合适[26]。

赵平安也有述评[27]。另外，唐说云罗氏沿《说文》之误，故以“也”为“它”，其实罗说并不误。

杨树达谓“礴”即“鼎”字[28]，与下述陈直意见略似。

容庚谓“礴鼧”为“鼎之别名”[29]，张世超曾予以辩驳[30]。

20世纪70年代，陈直对该问题又有讨论（以下简称“陈说”），他说：

金文“鼎”字，有作“礴”者，见于《褱鼎》，称为“礴鼧”。鼎非石质，从石之义，前人多不（乙种本作“未”）得解。直按：“石”不读如金石之石，当读如二千石之石，谓鼎可容一石也。此以字从义。《庄子》：“惠子谓庄子曰：‘魏王贻我大瓠之种，我树之而成实五石。’”可见当时已盛行以石字比器物之硕大……

……

鼎名又有自称“石沱”者，如《钟伯鼎》云：“自作石沱”，《昶伯鼎》云：“自作宝口溘”，《褱鼎》云：“自作飤礴鼧”，《楚王酓肯鼎》亦云：“自作（乙种本无“自作”二字）铊鼎”（《说文》：铊为短矛，指本义而言）。直按：“沱”“铊”皆从也声，亦即匜声。《楚王酓肯鼎》器口有流，其作用如匜，其余各器，原形皆不可见，是否有如匜之流，尚不敢

> 定，或取鼎敞口如匜之象征性。
>
> 综合论之，“鼎”之奇字，共有三种类型：作“䃅”者含意为一石之鼎……皆当仍读为“鼎”字，特加标识义耳；从“沱”从“它”者，当读为“匜”字，含（乙种本无“含”字）意为有流之鼎。准此例以求之，《钟伯鼎》之“自作石沱”，谓自作一石之匜鼎也。《昶伯鼎》之“自作宝口盜”，谓自作宝匜鼎也。《褱鼎》之“自作飤䃅鼧”，谓自作之一石食匜鼎（乙种本作“鼎匜”）也。《酓肯鼎》之“自作铊鼎”，谓自作之匜鼎也。以上所述，匜鼎在当时为专门名词，与盥洗之匜，义有相同亦有相异之点[31]。

其说或间有所得，但也有不少问题。

张亚初同意罗振玉“盖‘石’即‘硕’”的观点，就“如何解释它、沱与从鼎从它的器名专用字”[32]说：

> 沱有时从皿。我们认为，这几个器名文字，都是后世的瓵字。以瓦、皿作偏旁的字，往往是可以因义旁相类得以相通的。例如䍃即瓮（瓮）、盌即瓮（碗）等等，皆是其例。沱、它等都是瓵的假借字。它们都是从它声。《广韵》：“瓵，瓦盌。”《说文》：“盌，小盂也。”扬雄《方言》：“宋楚之间盂谓之盌。”（引案：《方言》卷五：“盂，宋楚魏之间或谓之盌。”）瓵就是对小型盂的一种称呼。石它之它、沱都是盂形鼎的名称。所以，石它之称实际上是楚人对中原流行的盂鼎的别名。从器物形制看，石它和饭盂鼎的确是相类似的。

认为“沱”“它”等都是“瓵”的假借字，进而将其与“盂”联系起来，与前引唐说可谓殊途同归，唯其解释与唐说有异，虽另辟蹊径，不可谓不新颖，但在思路上亦未能跳出唐说之窠臼，故亦不确。其详细原因下文还要加以讨论，此不赘言。至于谓“石它之称实际上是楚人对中原流行的盂鼎的别名”，楚系铜器中有不少自名为“鼾”的鼎，且时代与“石沱”相当，故此说不可信。

刘彬徽从上引罗振玉、张亚初等说，将仲嬭董鼎的自名释读作“啬（硕）沱（瓵）”[33]，陈佩芬亦释作“啬沱”[34]，谓其与“䃅鼧”音读相同[35]。此二说的问题，下文将要分析。

20世纪90年代初，赵平安主要从语言文字学角度，将金文“石沱”“石盜”“䃅鼧”等读为“煮匜”[36]。后又以东周时期的匜鼎（“带流鼎”）邬庆匜鼎[37]、楚王酓前铊鼎自名为“它鼎”“铊鼎”等为证，进一步证成其说[38]（以下简称“赵文”）。赵文将“沱”“⿱沱皿”“⿰鼎它”等读为“匜”，在思路、论据及论证上与前引陈说皆颇有类似之处，但较陈说有更直接的字形依据（“⿰鼎它”），因而多为学者所信从。如望山M2遣策第55号简“一盘、一⿰鼎它”[39]的“⿰鼎它”，商承祚就认为亦鼎属，殆为有流鼎[40]。望山简整理者注释也说：

> 褱鼎自称“⿰石鼎⿰鼎它”（看《金文编》七二八页“沱”字），此墓出土一大陶鼎，疑即⿰鼎它。一说此“⿰鼎它”字与楚王酓肯铊鼎之“铊”同。该鼎有流，形制合匜、鼎于一体，“铊”似应读为“匜”。此墓未出匜鼎，但有二陶匜（头四五号），一大一小，简文以“⿰鼎它”与“盘”并列，也可能即指陶匜[41]。

赵文虽很有新意，但却有下述问题：

首先，从用字角度讲，赵文所举望山M2遣策第46号简“二盘、二铊”、第55号简“一盘、一⿰鼎它”、信阳长台关M1（案：赵文作2号墓）遣策第8号简（案：赵文作21号简）及仰天湖M25（案：M167，即53长仰M25[42]）第24号简“一铊”之“铊”“⿰鼎它”虽可读作“匜”，且如赵文所说，春秋战国金文中“匜”确有作“铊”的，但并不一定能作为“⿰石鼎⿰鼎它”之“⿰鼎它”一定就是“铊”字而读作“匜”之确证，因为一字表多义现象在东周时期出土文字资料中非常普遍，而必须依照具体语境才能作出较准确的释读。其所举相关墓葬所出实物证据也只能作为“铊”“⿰鼎它”在相关简文中读作“匜”之确证，而说“释沱、⿱沱皿、⿰鼎它为匜的异体，基本可以肯定”，则不够审慎。同样，陈说据楚王酓前鼎自名“铊鼎”将“沱”读作“匜”也存在类似的问题。二说虽都有器形为据，但陈说亦云“《楚王酓肯鼎》器口有流，其作用如匜”，即承认其为水器，而“其余各器，原形皆不可见，是否有如匜之流，尚不敢定”，上列自名“石沱”诸器，除袓伯业鼎器形已不可见外，余皆为食器。陈说所谓“从‘沱’从‘它’者，当读为‘匜’字，含意为有流之鼎”，是不合实际的推论。至于“或取鼎敞口如匜之象征性”，则更无依据。赵文虽以东周时期的匜鼎郳庆匜鼎、楚王酓前铊鼎为器形依据，但这二者皆系水器（说详后文），亦不足为据。按照陈说，鼎名之“石沱”“⿰石鼎⿰鼎它”等应是“鼎匜”而非“匜鼎”，因此，将其与自名为匜鼎的楚王酓前鼎皆定作“盥洗之匜，义有相同亦有相异”的匜鼎，是不恰当的。

赵文从形义和声韵角度，认为“石”“⿰石鼎”应为“庶”之通假，又据于省吾“甲骨文庶字是‘从火石，石亦声’的会意兼形声字，也就是煮的本字”[43]的意见，认为“石沱”“石⿱沱皿”“⿰石鼎⿰鼎它”当是“庶铊”，也就是“煮匜”。案：“煮”字在春秋中期即已见于楚系铜器铭文，如子汤鼎“襄腫子汤之䰞”[44]，“䰞”字原篆作，学界一般将其读为“鬻”，为“煮”之异构[45]。此外，“煮”字还见于包山楚简第147号简

（ ）[46]、上博楚简《容成氏》（ ）[47]等战国楚简资料。中山王𰯼墓铜器铭文中也有“煮”字[48]，系用作人名（“私库啬夫煮正”）。总之，东周时期尤其是楚系文字中多次出现的“煮”字皆与“石”“庶”无关，赵文以甲骨文材料为据证明东周时期的情形，因而也就难以令人信服。

其次，从训诂学角度讲，赵文训“䃾鼮”为“庶铊”即“煮匜”，然则褱鼎“褱自作飤（食）䃾鼮”、游孙癸鼎“游孙癸之飤（食）宕铊”[49]等，便无法解释。匜鼎系水器，前加限制性定语“食”，明显与器物功用不合。为解决这个矛盾，赵文解释说：“假定称匜，它不是注水用的盥匜，而是煮东西用的，应称煮匜。由匜鼎称煮匜可以泛化为一般的鼎称煮匜。”其实这也有问题，一者匜鼎系水器，二者所见两例自名为匜鼎者（即前述郳庆匜鼎、楚王酓前铊鼎），分别作“它（匜）鼎”“铊（匜）鼎”，而并未说明是煮匜，子汤鼎铭文虽云“襄腫子汤之鬻（鬻—煮）”，然其器形为小口鼎，系水器，而非食器，因而所谓“匜鼎称煮匜”之说不确。因此，赵文训“䃾”为“煮”的前提不能成立，该说存在着训诂上的矛盾。故赵文“编按”部分亦云“至于石、沰、䃾是否可读为煮，或可进一步讨论”。

再者，从语法角度讲，郳庆匜鼎、楚王酓前铊鼎虽自名为“它（匜）鼎”[50]“铊（匜）鼎”，但在这些例子中，“它”“铊”是作为限定词来修饰“鼎”的，在铭文中的位置和作用相当于褱鼎、游孙癸鼎“飤䃾鼮”“飤宕铊”的“飤”、䙝伯业鼎“宝䃾鼮”的“宝”，用作定语。但据上表所列有关辞例，“䃾鼮”在铭文中所处位置应为被修饰的对象，是宾语；且“石沱”作为青铜鼎的自名，是一个不可拆分的连绵词，而从未以“石”“沱”或其异体的形式单独出现过，赵文释读因而就有语法上的冲突。

陈说云“石”当读如二千石之石，谓鼎可容一石也，以石字比器物之硕大，又云“䃾”者含义为一石之鼎，当仍读为“鼎”字，特加标识义耳，前后明显矛盾。陈说云以石字比器物之硕大，与之前罗振玉氏释“石”为“硕”有相通之处。前引杨树达亦谓“䃾”即“鼎”字，与陈说“䃾”“当仍读为‘鼎’字”说近同。按照陈说和杨先生意见，“䃾鼮”亦即“硕鼮”“鼎鼮”，这与前述“䃾鼮”在铭文中应是宾语，且系复合词显然也相违背。同样，唐说也存在着类似的问题。

又次，从名物与礼俗角度讲，凡自名为“䃾鼮”者，形制皆为食鼎，郳庆匜鼎（图一，1）、楚王酓前铊鼎（图一，2）虽自名为“它（匜）鼎”“铊（匜）鼎”，然其功能皆非食器，而应系水器，寿县朱家集楚幽王墓所出太后厨官鼎（图一，3）亦为水器[51]，之所以称作“匜鼎”，可能是要强调其作为水器的功用与特征[52]。类似的例子如楚国和徐国铜器铭文中有一些鼎（俗称“小口鼎”）自名为“汤鼎”[53]“浴鼎”[54]或“浴鬲”[55]，其功用皆系水器而非食器（图二）。子汤鼎“襄腫子汤之鬻

图一 匜鼎

1. 郳庆匜鼎 2. 楚王酓前铊鼎 3. 太后厨官鼎

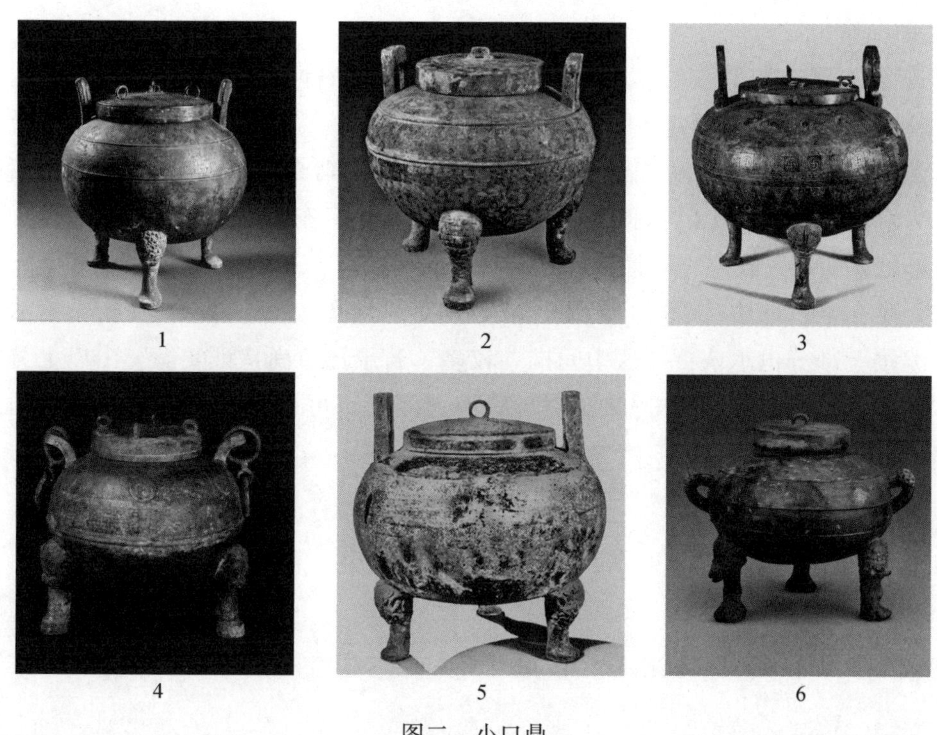

图二 小口鼎

1. 倗汤鼎（下寺乙M2：56） 2. 彭子射汤鼎（《文物》2011年3期，图一六） 3. 徐⿰月敢尹朁鼎 4. 蔿夫人⿰女鼎鼎（下寺乙M3：4） 5. 倗浴鬲（《下寺》图版八〇-3） 6. 子汤鼎（《安徽江淮地区商周青铜器》128页）

（鬻—煮）"，"煮"后可看作省一"鼎"字，犹如兵器铭文中常见的"××之用戈"亦常省作"××之用"。该鼎器形为小口鼎，其功能应系煮水之器，亦应归入此类。

借它类相关器物之名以自名的现象在楚系铜器铭文中虽不乏其例，如尊自名称缶，如蔡侯作大孟姬尊[56]；鉴又自名为匜，如蔡侯申鉴[57]；匜却自名曰盘，如蔡叔季之孙⿱君貝匜[58]；壶亦自名作盂，如可方壶[59]、曾少宰黄仲酉方壶[60]等，但它们都有一个共同特征，即所借用作自名的器类与该器的功用相同，如蔡侯作大盂姬尊为酒器，铜器缶中的尊缶类即为酒器，其他如鉴与匜、匜与盘、壶与盂等亦皆为水器（壶有作为酒器与食器的壶之分，盂有作为食器与水器、酒器的盂之别，本文皆以其作为水器的功用而言）。这种青铜器自名，不用本名，而用与之相关的其他器种的名称的现象，赵平安称之为“相关替代”现象[61]，且总结道：

“相关替代”现象的产生都有它自己的理据……可以说，两种毫不相关的专名替代是没有的。因此，“相关替代”是以器物之间实实在在的、千丝万缕的联系为前提的，是以联想和类聚为心理基础的[62]。

张懋镕亦云“连类相及”的基础是二者的形态与功能皆近[63]。前述“匜鼎”“汤鼎”“浴鼎”或“浴鬲”等之所以与水器的命名产生联系，也是因为其功用皆为水器的缘故[64]。因此，赵文云“作为楚国一带鼎的一种地方性称呼，‘石沱’‘泺䃂’‘䃂砣’等，读为煮匜是有器形上的依据的”，不可信。同样，陈说将“沱”读作“匜”，也有器物形制方面难以逾越的障碍。

有上述文字、训诂、语法、名物礼俗等方面的障碍，故陈说、赵文实难信从。赵文在“编按”部分也承认：“这中间推导较多，若干环节尚待证实。”由以上分析也可看出，陈说、赵文皆未能脱离罗说与唐说之藩篱，可见“石沱”的本义，循此思路，恐难求其确诂。

四、新证之由来

1992年，即在赵文发表稍后，张世超在讨论“䃂鼧”时（以下简称“张文”）指出：

所谓“䃂鼧”，只是一种特殊形制的鼎，是鼎中的一类。“䃂鼧”一名，始见于春秋时期的鼎铭中，传世与出土铜器中自名为䃂鼧者，形制都是蹄足，鼓腹圜底，腹体较深，附耳。或有盖，或无盖。其中最重要的是腹体的特征。这种鼎出土过很多，有的无铭，有的自名为“鼎”。“鼎”是其大类名称，而“䃂鼧”则是表示其形体独有特征的专名。

这种形状的鼎为什么叫做䃂鼧呢？我们认为它与典籍上所说的“橐驼”有关。《战国策·楚策》：“赵、代良马橐他，必实外厩。”“橐他”《史记·苏秦列传》作“橐驼”。又作“橐它”，《史记·大宛列传》：“牛

> 十万，马三万余匹，驴骡槖它以万数。”关于“槖他”，《战国策》旧注云：“匈奴骑畜”，就是现在我们称作骆驼的动物。可见战国时骆驼已输入中原，称为“槖他”等而用字不太固定。《文选·上林赋》：“其兽则麒麟角端，騊駼槖驼。”李善注引韦昭曰：“背上有肉似槖，故曰槖驼也。”韦昭说的并不全对，骆驼是因为背上有肉峰如槖囊而名为“槖驼”，但此处的“驼”不能理解为驼负之义，“槖”与“驼”古音皆在透母，“槖驼”应是个双声连绵词，早期用字不太固定，也正是连绵词的特点。连绵词是不能分开来解释的。“槖”从“石”声，“石鼎它”“槖驼”出于同一语源，最初应即写作“石它”或“石沱”，意义为槖囊一类的用具……在使用中，人们将“石”增意符为“槖”，将“它”增意符为“蛇”。因鼎中的一类腹体深长，鼓腹圜底，形如槖袋，也名为“石沱”，又增意符而为“石鼎它”；又因骆驼背上有肉峰如槖袋，也名为“石它”或“槖蛇”，后来仅将后一字改从“马”，便成了“槖驼”。今金文“石沱”“沰盜”等的用字情况，正为我们揭示了这一词族的早期使用情形[65]。

然张文主要是从音韵及文献的角度加以论证，而缺乏坚实的文字学证据，故一直未能得到学界重视。

据上揭有关材料，鼎名首字有“石”“沰”“石鼎”“宕”等不同写法，从文字学角度而言，其要表达的应该是一从“石”得声的字；鼎名第二字有“沱”“盜”“鼎它”“铊”等各种写法，所要表示的应是一个从“它”得声的字。综合各家之说的合理成分，可以认定，作为鼎名，“石沱”可能是春秋中晚期南土地区的一种俗称，北方地区并不常用[66]，是南方的方言词[67]，“是楚国一带对鼎的一种地方性称呼”[68]。这也是学界对“石沱”问题的一般共识。

那么，究竟又该如何去理解“石沱”的含义呢？这还要从铜器铭文字形本身出发，才有可能找到正确的答案。

最近，我们在重新研读有关铜器铭文时，发现一条可为上引张文观点提供文字学证据的材料。

上引上海博物馆藏仲嬭董鼎，其自名“沱”前一字，原篆分别作：

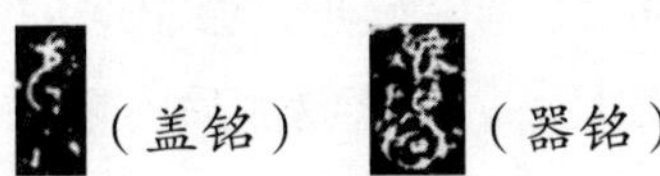

（盖铭）（器铭）

过去学者对此字有不同的隶释意见，如郭沫若《樊季氏孙䍙跋》（1947年）释作“石”[69]，张亚初释作“石鼎”[70]，刘彬徽、陈佩芬等释作“啬”[71]。然谛审之，其形体却与古文字中“啬”字的写法不类[72]，释作“啬”显然不妥；释作“石”或“磟”虽有一定字形依据（从“石”），但与文字形体差别较大，故亦不可信。

该字字形虽皆不清晰，但其轮廓仍较清楚，盖铭外部应是囊形，中间笔画稍残，器铭囊形中间从石，两相对照，可知其应从囊从石，与秦文字中“橐”字的下列写法近似：

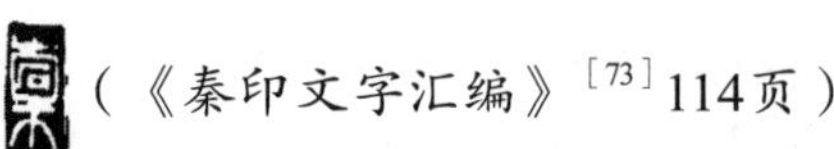
（《秦印文字汇编》[73]114页）

（睡虎地秦简《秦律杂抄》简16[74]）

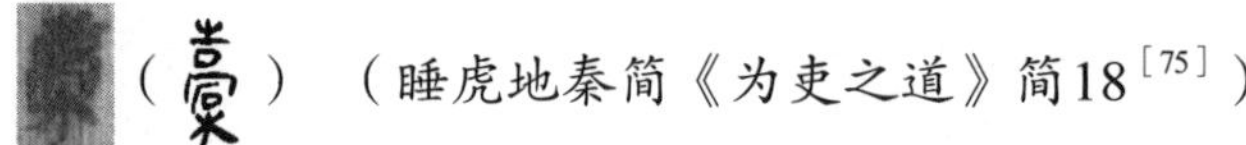
（睡虎地秦简《为吏之道》简18[75]）

此字应该就是“橐”字。

最近，上海博物馆青铜部周亚主任帮助拍摄了该字的清晰照片，上述推定终得以验证。盖铭和器铭新拍照片分别作：

该字从囊，与楚文字中“箙”“韔”等字下列诸形的相关部分写法类似：

箙：曾侯乙5　曾侯乙8　曾侯乙19　曾侯乙26　曾侯乙62[76]

韔：Ⅰ型：曾侯乙1　曾侯乙8　曾侯乙23　曾侯乙105

Ⅱ型：天星观遣策　天星观遣策　天星观遣策　天星观遣策　天星观遣策　望山M2：8　望山M2：9

Ⅲ型：天星观遣策　天星观遣策　天星观遣策　天星观遣策[77]

李守奎《楚文字编》于此二字条下分别说：“即箙之初文，外加囊形，会箙意”[78]，“从囊之象形，长声，与箙字结构相同”[79]。上古囊橐无底，内盛物品后一般用绳索在其两端捆扎，则“箙”“韔”等字上部所从，应是象绳索纠结之形[80]。后因字形简化，或囊变成有底，遂省其底部绳索纠结之状[81]。上引“橐”“箙”及“韔”字I型各写法，在其囊形外颈部皆有一半环结构，应是用以佩挂的环纽。

其上部象绳索纠结之状，又可由古文字中“专”字的构形说之。古文字中“专”字的相关写法有：

合13713正　合16218　合18497　合补1165

英373　合21746[82]

专簋　集成6.2918　专铙　集成2.363

“专”本“转”之初文，会以手转动纺砖纺织之意。除去人手部分，乃象古纺砖纠合绳索之形，下部所从乃象绳索挽结貌；上三歧出之画，乃多股麻枲纠结状。

该字与古文字中“函”字的构形亦有所关联，函字的相关写法主要有：

合18469　合36481正　合37545　花东106[83]

函皇父鼎　集成5.2548　函皇父簋　集成8.4141

据以字形，函应是用竹木类硬质材料[84]或皮革[85]等制作的箭囊或箭袋，亦为盛矢之箙，其上可能如裘锡圭所云，应有盖一类东西[86]，因而无上引“橐”“箙”“鞴”等字上部所从象绳索纠结之形，故字形无上三歧出之画。不过在其囊形外颈部，亦多有半环结构。

从这些盛矢之箙或函在外颈部都有半环结构（上引“函”字部分写法无此结构，如花东106，应系减省而致）来看，“箙”“函”应同为囊橐之属。李孝定云，乃囊橐之象形字，函亦囊橐之属也，与同义[87]，应正确可从。由上文分析，可知与，或“箙”与“函”所从之囊橐形上部，其写法稍有差异，即前者上有三歧出之画，而后者则无。

准此，鼎铭“橐”字可分析为从囊石声，《说文》“橐，囊也。从橐省石声”，应据改[88]。“囊”也可能本有“橐”音，以前就读作“橐”，为象形字，后增声符“石”，乃成形声字。

“橐”既从石得声，则与“石”“沰”“礣”等古音皆相近。现在回过头来再看前引张文，其说在具体问题上虽小有舛误，但基本论点应可成立。又湖北江陵望山2号墓出土有人骑骆驼形灯座（图三）[89]，可证楚地在东周确已知北方产的骆驼，此亦可以作为“石沱”即“橐驼”的旁证[90]。总之，“石沱”当如张文所说，应即文献的

图三　人骑骆驼灯
（《江陵望山沙冢楚墓》彩版五）

"橐驼"。

"石沱"在文献中除上引张文所述写作"橐他""橐驼""橐它""橐駝"等外，还有"橐佗"（亦作"槖佗"）"橐驰""橐駞"等不同写法，如《史记·匈奴列传》："其畜之所多则马、牛、羊，其奇畜则橐駞、驴、骡、駃騠。"《汉书·匈奴传上》："其畜之多则马、牛、羊，其奇畜则橐佗……驒奚。"还可以单书作"橐"，如《汉书·百官公卿表上》："又牧橐、昆蹏令丞皆属焉。"颜师古注引应劭曰："橐，橐佗。""橐驼"古注一般都训作骆驼，但其作为鼎名，所表达的意思，是否如张文所说，因鼎"腹体深长，鼓腹圜底，形如橐袋"，而名之曰"䃅鼧"，还需要作进一步深入思考[91]。

以上通过对仲嬭董鼎铭"橐"字的重新讨论，以往学界关于"石沱"训释问题的种种争论，应可作出结论。同时，对该字的确释，对古代盛矢之"箙"或"菔"在古文字中构形及演变过程的认识，也因此而更加明晰[92]。

五、"石沱"与"繁""鼾""鐈"的关系

除上文所讨论的"石沱"外，东周时期南方地区青铜圜底鼎还有一些其他特殊的自名，如"繁""鼾"及"鐈"等。之前已有不少学者做过专门研究，如李零[93]、高崇文[94]、张亚初[95]及刘彬徽[96]等都有较系统的论述。下文在上述几位研究的基础上，对"石沱"与"繁""鼾"及"鐈"等鼎的时空分布、形制上的关系及其所反映的文化现象等问题略作讨论。现将有关材料排比整理成附表一、附表二[97]。

（一）繁

自名为"繁"者，又有"繁鼎""（食）繁"〔或作"（食）钣"〕"行繁"等不同称谓。其形制可分为两型。

Ⅰ型　穹盖鼎。可分为四式：

ⅠA式：多为直口方唇，深腹圜底，附耳，三蹄足，盖微隆起，正中有轮状捉手。春秋中期偏晚以倗鼎（淅川下寺楚墓乙M2：43、M2：47）[98]、楚子[illegible]POSITION鼎[99]、彭

子射繁鼎[100]为代表，春秋晚期前段以邓公乘鼎[101]、养子曰鼎[102]、瘳子鼎[103]为典型。

Ⅰ B式：仅以邓鼎[104]一例，子母口，弇口鼓腹，深腹圜底，三蹄足，附耳有盖，盖正中有喇叭形镂孔捉手，其外又有四个对称的环纽，盖沿两侧有两个长方形盖耳，盖耳套于鼎耳之中，蹄足与鼎腹接合处有三个半圆形铜环相接，形制较为特殊。年代为春秋中期偏早[105]。

Ⅰ C式：多为子母口，双附耳，盖作球面形，上有喇叭形捉手，深腹圜底，体呈半球形，三兽首蹄足。以宋儿鼎[106]、弫孙宋鼎[107]、曾孙无諆鼎[108]、宽儿鼎[109]为代表。宋儿鼎的年代为春秋中期偏晚后段[110]，其他多为春秋晚期前段[111]。

Ⅰ D式：以庚儿鼎[112]为代表。附耳蹄足，浅腹束颈。年代为春秋中期偏晚[113]。

Ⅱ型　平盖鼎。仅见與子𢍰鼎[114]一例。子母口，双附耳，深腹圜底，三兽蹄形足，平盖折沿，盖中部有桥形纽，边缘有三鸟形纽。年代为春秋中期偏晚。

其余器物皆未见图像，故无从分析。

自名为“繁”的鼎，相较其他几种鼎而言，数量最多，自春秋中期偏早至春秋晚期后段一直延续不断。集中于春秋中晚期，以春秋晚期更为多见；春秋中期又以偏晚阶段较多，春秋晚期则以前段居多。总体上讲以春秋中期偏晚至春秋晚期前段这一时间段流行最为广泛。主要分布于南方的楚、曾、蔡、养、徐等国，以楚国最为多见，且出现的时代较早（以邓鼎）。在较为边远的今四川地区也有发现（與子𢍰鼎），据器物和铭文等特征，可知明显系楚器或受楚文化影响的器物。曾、蔡、养、徐等国与楚国的繁鼎形制略异。时代最早的徐器庚儿鼎，也稍晚于楚地同类之器，不排除是受楚文化的影响。其他皆明显晚于楚地同类之鼎，可能也是受楚文化影响所致。

（二）石沱

自名为“石沱”的鼎，主要可分为两种类型。

Ⅰ型　穹盖鼎。可分为二式。

Ⅰ A式：形制多为深腹，圜底，三蹄足，附耳有盖，盖面隆起，正中有一轮状捉手，以游孙癸鼎（图四，3）、楚旗鼎（图四，1）、襄鼎（图四，2）等为代表。前二者年代为春秋中期偏晚，后者在春秋晚期前段。

Ⅰ B式：以邓尹疾鼎（图四，5）、楚子戠咎鼎（图四，4）为代表，形制与上述诸器稍异，附耳有盖，直口窄沿，鼓腹圜底，兽蹄形三足，足端偏大，盖面隆起，上部有三个环纽。年代为春秋晚期后段。

Ⅱ型　平盖鼎。

以仲嬭董鼎（图四，7）为典型，体呈大半球形，深腹圜底，三蹄足，双附耳，盖扁平，中部设半环形纽，两端向外平折，盖面设三个长方扁形卷体兽。其国别可能属樊[115]。年代在春秋中期偏早。

钟伯侵鼎（图四，6）失盖，平折沿，方唇，束颈深腹，颈部有一对附耳，圜底，三蹄足。器身与仲嬭董鼎形制更近，而与前述Ⅰ型鼎差别较大，可能应属Ⅱ型，即平盖鼎类。其年代可能较仲嬭董鼎略早。

𥙿伯业鼎因原器下落不明，亦无器物图像传世，故无从知晓。

自名为“石沱”者，数量远较“繁”鼎少，亦较下述“鼾” 鼎少，但较“鐈”鼎略多。时代最早者在春秋中期偏早，一直延续到春秋晚期后段。其中春秋中期偏早、春秋中期偏晚及春秋晚期后段等时段范围内数量分布较为均匀，以春秋中期偏早略为多见。较早出现的地域是楚国（钟伯侵鼎）、樊国（仲嬭董鼎）和养国（𥙿伯业鼎）。据器物铭文以及春秋中晚期以来楚与樊、养诸国的态势而言[116]，其时樊、养二国明显已深受楚文化的影响。因此，樊、养两国出现这样的器物及自名可能是受楚文化影响所致。其余几件鼎皆为楚器。

图四　石沱

1. 楚旐鼎（《考古》2000年5期，图版六，1）　2. 褱鼎（《铭图》02065）　3. 游孙癸鼎（《余岗楚墓》彩版一二，3）　4. 楚子戠咎鼎（《铭图》02242）　5. 邓尹疾鼎（《楚系金文汇编》139页）　6. 钟伯侵鼎（《铭图》02263）　7. 仲嬭董鼎（《铭图》02240）

（三）鼾

自名为"鼾（字或作"盂"）"者，又有"（食）鼾（字或作"盂"）""鼾""（鍊）釪鼎""鼎鼾"等不同称呼，大致也可以分为两式。

ⅠA式：较为典型者如倗鼎（淅川下寺楚墓乙M1：65、乙M1：66、乙M2：42、乙M2：44、乙M2：46、乙M2：48）[117]、彭子射盂鼎[118]、蔡侯申鼾鼎[119]、丁儿鼎盖[120]等。其形制多为直口束颈，深腹圜底，双附耳，盖微隆起或近平，上有轮状捉手（蔡侯申鼾鼎周围有三环纽），盖沿有边卡，三兽面蹄足。倗鼎的年代为春秋中期偏晚，彭子射盂鼎为春秋中期偏晚后段[121]，蔡侯申鼾鼎与丁儿鼎盖皆在春秋晚期前段。

ⅠB式：以麸侯之孙陈鼎[122]与宋君夫人鼎盖[123]为代表。前者体呈半球形，直口窄沿，颈部微敛，方形雙附耳高耸，深腹圜底，三蹄足较矮。后者盖面作球面形，上有轮圈状捉手和四个竖环纽。年代皆为春秋晚期前段。

其余各器未见图像。

自名为"鼾"的鼎数量较多。时代也集中于春秋中晚期，以春秋中期偏晚和春秋晚期前段较为多见，以前者为多，春秋晚期后段偶见。最早的例子见于春秋中期偏晚前段（王子昃鼎[124]），国别属楚。这类鼎流行于春秋中晚期的楚国，以及春秋晚期前段与楚临近且受楚文化影响的淮域诸国，如蔡国（蔡侯申鼾鼎）、宋国（宋君夫人鼎盖）等，是楚文化与中原文化交融的产物[125]。丁儿鼎盖应为楚器[126]，麸侯之孙陈鼎亦可能系楚器或南方某国之器而非胡国之物。

（四）鐈

自名为"鐈"者，又有"（食）鐈""鐈鼎"等异称，其形制亦有两种类型。

Ⅰ型　穹盖鼎。可分为两式。

ⅠA式：仅邓子午鼎[127]一例，失盖，子母口，深腹圜底，双附耳，三蹄足瘦长外撇。年代为春秋晚期后段[128]。

ⅠB式：仅有盅子嚛鼎盖[129]，盖微隆起（圆拱盖），正中有兽首桥形纽，周围有三个环形纽饰。年代与邓子午鼎相当，在春秋晚期后段[130]。

Ⅱ型　平盖鼎。以安徽寿县楚幽王墓所出战国晚期后段的楚王酓前鼎[131]、楚王酓忎鼎[132]等为代表，形制与前述Ⅰ型穹盖鼎差别较大，整体形状与平盖鼎近似，故暂作平盖鼎处理。前者失盖，子母口，圆体深腹，器底微外鼓，双附耳，三兽目蹄形足。后者亦子母口，圆体深腹，双附耳，盖近平，上有三个H形纽，正中有一衔环纽，三兽目蹄形足，形制与前者近同，唯腹底近平，而略有别。

镐鼎原器已下落不明，亦无图像传世。

自名为“鐈”者，其数量较少。最早见于春秋晚期前段（镐鼎），国别为楚，最晚至于战国晚期后段，以春秋晚期较为多见。主要流行于楚国，邓、曾二国偶见。就邓子午鼎与盅子曎鼎盖的形制及铭文、春秋晚期后段邓国与曾国所出青铜器及铭文特征以及其时二国与楚的关系而言，自名为“鐈”者出现于邓、曾二国，应是受楚文化影响所致。

综上所述，自名为“繁”的鼎，数量最多，延续时间最长，流行地域也最为广泛，形制变化亦相对较多；自名为“石沱”者则相对较少，出现的时间和繁鼎相当（春秋中期偏早），流行地域仅限于楚地（樊、养二国其时已成楚之附庸，深受楚文化影响）；自名为“鼾”者较多，出现时间相对前二者都较晚（春秋中期偏晚前段），分布于楚国及其邻近的受楚文化影响地区；自名为“鐈”者亦较少，出现时间最晚（春秋晚期前段），但一直到战国晚期后段还能见到，见于楚国及其邻近的深受楚文化影响的曾、邓等国。总体而言，这几种自名的鼎流行于春秋中晚期（鐈鼎出现时间较晚，在春秋晚期前段），流行于南方的楚国以及受楚文化影响的南方汉淮流域诸国。

以上是就自名为“石沱”“繁”“鼾”及“鐈”等鼎的形制特征、时空分布及其所反映的文化现象等问题所作的简单的比较考察。通过对有关材料的比较分析，同时也不难看出，“石沱”的两种类型同自名为“繁”“鐈”者相应的各式大同小异，而并无本质上的区别。这样的情形还可以推广到鼾鼎，其形制与鐈鼎、繁鼎、石沱之相应型式也皆有一定的相似性，如仲嬭董鼎（Ⅱ型石沱）与與子具鼎（Ⅱ型繁鼎）、楚王酓前鼎及楚王酓忎鼎（Ⅱ型鐈鼎）等，其形制上的沿袭与演变关系皆依稀可见；又如游孙癸鼎（ⅠA式石沱）与倗鼎（下寺乙M1：65，ⅠA式鼾鼎），楚旆鼎（ⅠA式石沱）与倗鼎（下寺乙M2：43）、楚子[illegible]POL鼎（ⅠA式繁鼎）、彭子射繁鼎、宋儿鼎、倗鼎（乙M2：44，ⅠA式鼾鼎）、彭子射盂鼎，邓公乘鼎、养子曰鼎、瘳子鼎（ⅠA式繁鼎）与褱鼎（ⅠA式石沱），蔡侯申鼾鼎（ⅠA式鼾鼎）与邓子午鼎（ⅠA式鐈鼎），邓尹疾鼎盖、楚子敨咎鼎盖（ⅠB式石沱）与盅子曎鼎盖（IB式鐈鼎），弦孙宋鼎、曾孙无諆鼎、宽儿鼎（ⅠC式繁鼎）与𫓧侯之孙陈鼎、宋君夫人鼎盖（ⅠB式鼾鼎）等，彼此在形制上也有确实的关联[133]。因此，从细微处衡量，这几种不同称谓的鼎形态虽各异，其差别也能大致析出，但若从大处着眼，其间也不同程度地存在着这样或那样剪不断的联系。

李零认为，“繁”“鼾”“硕沱”为圆腹中鼎，鐈鼎系高足中鼎[134]，

“鼾”“繁”“硕沱”等是指深腹带盖鼎[135]，据以上有关分析及文末所附表三“繁”“石沱”“鼾”及“鐈”之度量对照表，其说尚欠精审[136]。

张亚初云，自名为石沱的鼎，都是深腹鼎，又云，传世与出土铜器中自名为“礝鼧”者，形制都是腹体较深，而游孙癸鼎腹体已变得较矮、圜底较平，可见这种概括并不准确。另外，张文云“‘礝鼧’则是表示其形体独有特征的专名”，也值得再斟酌。

李零云，“‘鐈’是一种高足鼎”，“这种鼎的特点是撇足”，“盖用兽纽或环纽代替捉手却有别于前者（引案：指“繁”“石沱”“鼾”等）”，其特点是“足由低而渐高”，“出现兽纽或环纽盖”等[137]，游孙癸鼎、楚子戠咎鼎器身已明显较矮，而足较高，外撇较甚（尤其是后者，三足外撇较邓子午鼎更甚），邓尹疾鼎、楚子戠咎鼎亦系环纽盖，可见此说并不全面。又云“鐈”“沿用于整个战国时期，专门是指撇足带盖中鼎”[138]，据上文有关讨论，此说也不准确。

鐈鼎、食鐈之“鐈”，郭沫若以为是高足鼎的名称[139]，张亚初[140]、刘彬徽[141]、李零[142]等皆从之，从附表三所列有关数据分析来看，下寺出土的自名为“繁”的倗鼎（乙M2：43），足高与通高之比率为45%，自名为“鼾”的倗鼎（乙M2：48）为44%，而自名为“鐈”的邓子午鼎却只有约40.7%[143]，因此，此说颇值得怀疑。

上述几种自名的鼎形制上的相似性，据现有资料和以上分析，应是出现较早的繁鼎和“石沱”对晚出的鼾鼎和鐈鼎影响较大，但在春秋中晚期尤其是春秋晚期以后，彼此之间应互有交融和影响。

以上是对东周时期南方地区这几种特殊自名的鼎彼此在形态上的关联及其间相互影响的一点粗浅看法，至于更准确的结论，还有待于对相关器物及铭文作更系统深入研究才能得出。

六、结　　论

最后再对本文所论稍作总结：本文从文字、训诂、语法、名物及礼俗等方面进行分析，认为以前学界将东周时期楚系鼎名“石沱”作为一个复合词来理解不确，其作为器名应是不可拆分的连绵词；又从文字学角度，证明“石沱”应如张世超所说，即文献的“橐驼”。进而又就东周时期南方地区自名为“繁”“鼾”“鐈”“石沱”等各种青铜鼎的形制特征与关联、时空分布及其所反映的文化现象等问题作了初步的比较考察，认为这几种不同自名的鼎在形制上有不同程度的相似性；据目前资料，应是出现较早的繁鼎和“石沱”对晚出的鼾鼎和鐈鼎影响较大，但在春秋中晚期尤其是春秋晚期以后，彼此之间应互有交融和影响。

以上只是对上述问题的一点粗浅看法，其中定有不少错误和疏漏之处，尚请方家不吝指正！

最后需要说明的是，本文在引用多位前辈学者的有关讨论时，虽多有评判，但并未有任何不敬之意。也正是由于他们的辛勤劳动，才为这一问题的最终解决提供了坚实的基础。一个学术难题的解决，往往要通过几代人的努力，学界关于“石沱”问题的讨论即是明证。李零曾说：“如果别人的文章值得你批评，一定是别人在前面给你铺了路，哪怕别人的失误，也是重要启发。你通过你的批评，可以和你的同行，共同推进学术，这才是批评的目的……你对你的批评对象要怀有极大的敬意。”[144]在写作本文时，对此我们深有同感。对诸位前辈学者在该问题上所付出的心血与努力，在此表示由衷的感激与敬意！

附记：本文在写作过程中得到周亚、涂白奎二位先生的帮助。苏建洲先生在看过本文初稿后，又指出了一些明显的问题，从而避免了一些不必要的错误。文章写成后，涂白奎先生又通读了一遍，提出多处修改意见。在此一并致谢！

注　释

［1］吴镇烽：《商周青铜器铭文暨图像集成续编》，上海古籍出版社，2016年，第1卷，200、201页，第0184号。

［2］《殷周金文集成》（中国社会科学院考古研究所：《殷周金文集成》，中华书局，1984～1994年；《殷周金文集成》（修订增补本），中华书局，2007年。以下简称“集成”）5.2668；容庚：《颂斋吉金续录》二册，考古学社专辑第十四种，1938年，15页。

［3］集成5.2624；郭若愚：《郭沫若佚文〈樊季氏鼎跋〉小记》，《上海博物馆集刊》第五期，上海古籍出版社，1990年，103～106页；陈佩芬：《夏商周青铜器研究》（东周篇），557，上海古籍出版社，2004年，297～299页。

［4］上海博物馆集刊编辑委员会：《上海博物馆集刊》第五期，上海古籍出版社，1990年，106页上。

［5］“堇”“用”二字之释从陈佩芬：《夏商周青铜器研究》（东周篇），298页。

［6］关于“橐”字的释读，详下文。

［7］刘彬徽：《楚系青铜器研究》，湖北教育出版社，1995年，303、304页；张昌平：《“择其吉金”金文辞例与楚文化因素的形成与传播》，《中原文物》2006年4期，59页注释23。

［8］集成5.2622。“昶”即“养”之说，详雷英：《小议养器与养国》，《中原文物》2007年1期，59～63、68页；徐少华：《羕国铜器及其历史地理探析》，《考古学报》2008年4期，441～460页。

［9］徐少华：《羕国铜器及其历史地理探析》，第447页。

［10］ 襄阳市文物考古研究所：《余岗楚墓》，科学出版社，2011年，50、349页，彩版一二-3、彩版五二-1、2。

［11］ 襄阳市文物考古研究所：《余岗楚墓》，88、91、92页。

［12］ 湖北省文物考古研究所：《湖北麻城市李家湾春秋楚墓》，《考古》2000年5期，21～33页，图版六-1。

［13］ 集成5.2551；陈佩芬：《夏商周青铜器研究》（东周篇），294～296页。

［14］ 刘彬徽：《楚系青铜器研究》，332页；邹芙都：《楚系铭文综合研究》，巴蜀书社，2007年，103页。

［15］ 集成4.2234；王少泉：《襄樊市博物馆收藏的襄阳山湾铜器》，《江汉考古》1988年3期，96、97、62页，96页图一-3。

［16］ 刘彬徽：《楚系青铜器研究》，327页；邹芙都：《楚系铭文综合研究》，104、105页。

［17］ 吴镇烽：《商周青铜器铭文暨图像集成》，上海古籍出版社，2012年，第4卷，464～466页，02242号。同坑出土2件，形制、纹饰、铭文相同，另一件未见著录。

［18］ 《商周青铜器铭文暨图像集成》定为战国晚期，不妥。

［19］ 集成5.2764、2793。

［20］ 陈佩芬：《夏商周青铜器研究》（东周篇），381页。

［21］ 罗振玉：《贞松堂集古遗文》十六卷，1930年石印本，第三卷第十四页。又见于氏著《雪堂金石文字跋尾》（永丰乡人稿之三）卷一，丙一-五，“袒伯鼎跋”，上虞罗氏贻安堂凝清室1912～1949年刻本，二处文字稍异。

［22］ 赵平安：《金文“⿰石鼎⿰鼎它”解——兼及它的异构》，《中山大学学报》1990年4期，107、108页；后以《金文“⿰石鼎⿰鼎它”解——兼及其异构》为题辑入氏著《金文释读与文明探索》，上海古籍出版社，2011年，118～123页。

［23］ 集成4.2479。“前”字暂从旧释，有关该字的最新释读意见可参见小虫（刘洪涛）：《说〈上博五·弟子问〉“延陵季子”的“延”字》，简帛网，2006年5月20日，http://www.bsm.org.cn/show_article.php?id=351；李天虹：《楚文字中的“前”与“脡（延）”——由寿县楚器中的楚考烈王名说起》，简帛网，2011年4月16日，http://www.bsm.org.cn/show_article.php?id=1455。

［24］ 集成4.2395。

［25］ 唐兰：《寿县所出铜器考略》，《国学季刊》第四卷第一期，国立北京大学出版组，1934年，7、8页；后辑入故宫博物院：《唐兰先生金文论集》，紫禁城出版社，1995年，22、23页。

［26］ 张亚初：《殷周青铜鼎器名、用途研究》，《古文字研究》第18辑，中华书局，1992年，286页。

［27］ 赵平安：《金文“⿰石鼎⿰鼎它”解——兼及其异构》，《金文释读与文明探索》，118～123页。

［28］ 杨树达：《积微居金文说》（增订本），中华书局，1997年，67、68页，“裹鼎跋”。

［29］ 容庚：《金文编》，科学出版社，1959年，572页；中华书局，1985年，495页。陈佩芬、刘彬徽等从之，其中刘彬徽云，石沱“为楚系铜鼎的异称”。参见陈佩芬：《夏商周青铜器研

究》（东周篇），298页；刘彬徽：《楚系青铜器研究》，327页。

［30］ 张世超：《“礴鼬”“橐驼”考》，《江汉考古》1992年2期，63、64页。

［31］ 陈直：《读金日札》（周晓陆、陈晓捷编），西北大学出版社，2000年，14、15页；中华书局，2008年，27、28页。

［32］ 张亚初：《殷周青铜鼎器名、用途研究》，286页。

［33］ 刘彬徽：《楚系青铜器研究》，303页；刘彬徽、刘长武：《楚系金文汇编》，湖北教育出版社，2009年，67页。

［34］ 陈佩芬：《夏商周青铜器研究》（东周篇），298页。

［35］ 陈佩芬：《夏商周青铜器研究》（东周篇），295、298页。

［36］ 赵平安：《金文“礴鼬”解——兼及其异构》，《金文释读与文明探索》，118、123页。

［37］ 枣庄市政协台港澳侨民族宗教委员会、枣庄市博物馆：《小邾国遗珍》，中国文史出版社，2006年，68、69页。

［38］ 赵平安：《金文“礴鼬”解——兼及其异构》，《金文释读与文明探索》，121、123页“编按”。

［39］ 湖北省文物考古研究所、北京大学中文系：《望山楚简》，中华书局，1995年，63、113页。

［40］ 商承祚：《战国楚竹简汇编》，齐鲁书社，1995年，113页。

［41］ 湖北省文物考古研究所、北京大学中文系：《望山楚简》，中华书局，1995年，129页注释一四七。

［42］ 参见湖南省博物馆、湖南省文物考古研究所、长沙市博物馆、长沙市文物考古研究所：《长沙楚墓》，文物出版社，2000年，上册，24、420页。

［43］ 于省吾：《甲骨文字释林》，中华书局，1979年，434页。

［44］ 胡仁宜：《六安市九里沟出土的铜簋》，《文物研究》第二期，黄山书社，1986年，39、40页，图版贰-1。

［45］ 王辉：《子汤簋铭文试解》，《文物研究》第6辑，黄山书社，1990年，246～248页；范毓周：《关于子汤鼎的几个问题》，《南方文物》1997年4期，52～56页。刘彬徽将该字隶定为鬻，程鹏万、广濑薰雄同意此说，认为铭文该字当读作“赴”，参见刘彬徽：《楚系金文订补（之一）》，《古文字研究》第23辑，中华书局、安徽大学出版社，2002年，87、88页；刘彬徽、刘长武：《楚系金文汇编》，129、493页；广濑薰雄：《释卜鼎——〈释卜缶〉补说》，《古文字研究》第29辑，中华书局，2012年，440页、447页注释9。此说可能是正确的。

［46］ 湖北省荆沙铁路考古队：《包山楚简》，文物出版社，1991年，图版六七。

［47］ 马承源主编：《上海博物馆藏战国楚竹书（二）》，上海古籍出版社，2002年，图版95。

［48］ 分别见于十四年车軎（集成18.12042、12043）、十四年衡饰（集成18.12044、12045）、十四年盖杠接管（集成18.12046～12053）、十三年镶金银泡（集成18.11863～11865）等，其写法有（集成18.12043）、（集成18.12044）、（集成18.12045）等形。

［49］ 发掘报告将“飤”字释作“饮”（襄阳市文物考古研究所：《余岗楚墓》，349页），不知

是排印错误还是什么原因。

[50] 李学勤隶释作“也（匜）”，参见李学勤：《小邾国墓及其青铜器研究》，《东岳论丛》2007年2期，1～4页。

[51] 湖北省博物馆：《曾侯乙墓》，文物出版社，1989年，238页。上引陈直之说亦云“匜鼎在当时为专门名词，与盥洗之匜，义有相同亦有相异之点”。张亚初认为匜鼎用作盛装液体调味品，属羞鼎和陪鼎（张亚初：《殷周青铜鼎器名、用途研究》，273～315页）。陈剑从之（陈剑：《青铜器自名代称、连称研究》，《中国文字研究》第1辑，广西教育出版社，1999年，335～370页）。然据实物观之，以偌大的鼎（此二鼎形体甚大，楚王鼎通高38.5、口径67.5、腹深14厘米，重40千克，太后鼎通高48、口径44.6、腹深16厘米，重29千克。参见安徽省博物馆：《安徽省博物馆藏青铜器》，上海人民美术出版社，1987年，84号；高至喜主编：《楚文物图典》，湖北教育出版社，2000年，27页）来盛装调味品，颇令人费解。即便如张氏所言，此鼎属羞鼎和陪鼎，亦与升鼎及镬鼎功能相异，因而也不具备“相关替代”的基础。

[52] 上引陈直说已指出，“匜鼎在当时为专门名词，与盥洗之匜，义有相同亦有相异之点”。

[53] 如倗汤鼎（淅川下寺楚墓乙M2∶56，汤写作“盪”，参见河南省文物研究所、河南省丹江库区考古发掘队、淅川县博物馆：《淅川下寺春秋楚墓》，文物出版社，1991年，110、111页）、彭公之孙无所鼎（董全生、李长周：《南阳市物资城一号墓及其相关问题》，《中原文物》2004年2期，46～48页）、彭子射汤鼎（南阳市文物考古研究所：《河南南阳春秋楚彭射墓发掘简报》，《文物》2011年3期，4～31页）、徐𩓐尹朁鼎（集成5.2766）等。

[54] 如蔿夫人𡡓鼎（王长丰、乔保同：《河南南阳徐家岭M11新出阢夫人𡡓鼎》，《中原文物》2009年3期，10、11页）。鼎铭“作铸辶鼎，以和御汤”，“辶”字王长丰（上揭《河南南阳徐家岭M11新出郈夫人𡡓鼎》文）、冯时（《郈夫人𡡓鼎铭文及相关问题》，《中原文物》2009年6期，64～66页）等从旧说释作“迅”，不确。该字在楚系铜器铭文和楚简中常见，有关其释读的意见可参见单育辰《楚地战国简帛与传世文献对读之研究》［长春：吉林大学博士学位论文（历史文献学，指导教师：吴振武），2010年］66、67页的有关综述。一般认为其应读作“浴”，广濑薰雄认为应读作“沐”（广濑薰雄：《释“卜缶”》，《古文字研究》第28辑，中华书局，2010年，504～509页；又《释卜鼎——〈释卜缶〉补说》，《古文字研究》第29辑，中华书局，2012年，441～448页），此暂从旧称。

[55] 如倗浴鬲（下寺乙M3∶4，参见《淅川下寺春秋楚墓》，218、220页）。“鬲”字从李零释（李零：《关于铜器分类的思考——自其不变而观之》，《入山与出塞》，文物出版社，2004年，247～270页，详见252页注5），陈剑亦认为此字乃“鬲”之繁文（陈剑：《青铜器自名代称、连称研究》，335～370页）。广濑薰雄认为应是“瓮”字，参见氏著：《释卜鼎——〈释卜缶〉补说》，《古文字研究》第29辑，中华书局，2012年，440页、447页注释8。

[56] 集成11.6010。

[57] 集成16.10290。

[58] 集成16.10284。

[59] 湖北省文物考古研究所：《曾国青铜器》，文物出版社，2007年，358～360页；湖北省文物

考古研究所、随州市曾都区考古队、随州市博物馆：《湖北随州义地岗墓地曾国墓1994年发掘简报》，《文物》2008年2期，4～18页。

［60］ 湖北省文物考古研究所：《曾国青铜器》，346、347页；湖北省文物考古研究所、随州市曾都区考古队、随州市博物馆：《湖北随州义地岗墓地曾国墓1994年发掘简报》，4～18页。

［61］ 赵平安：《铭文中值得注意的几种用词现象》，《古汉语研究》1993年4期，9～12页；后修订辑入氏著《金文释读与文明探索》，上海古籍出版社，2011年，220～227页。张亚初称之为“连类相及”现象（张亚初：《对商周青铜盉的综合研究》，《中国考古学研究——夏鼐先生考古五十年纪念论文集》（第二集），科学出版社，1986年，49～63页）。陈剑将这种现象称为“代称”，认为张光裕（张光裕：《从[illegible]字的释读谈到盨、盆、盂诸器的定名问题》，《考古与文物》1982年3期，76～82页）、杜迺松（杜迺松：《谈铜器定名中的一些问题》，《故宫博物院院刊》1979年1期，80～82页）等从语音现象上对此加以解释有一定道理，但联系铜器自名中的通假现象，有些直接可以看作是通假关系（陈剑：《青铜器自名代称、连称研究》，335～370页）。

［62］ 赵平安：《铭文中值得注意的几种用词现象》，10页。

［63］ 张懋镕：《试论青铜器自名现象的另类价值》，《庆祝何炳棣先生九十华诞论文集》，三秦出版社，2008年，443～451页。

［64］ 该类器物一般自名为“浴鼎”，倗浴鬲自名为“浴鬲”，可以看作是直接“相关替代”或“连类相及”［此种情形亦可作两种解释，一是鬲作为水器的用途，二是东周时期尤其是楚系的一些分体甗下部的鬲之部分，其形制与小口鼎近似（范毓周认为春秋中晚期出现的楚系小口鼎是由蒸煮器的甗演化而来，其雏形应即分体式圆甗的煮水部分鼎，其功能也应是煮水之器，参见范毓周：《关于子汤鼎的几个问题》，《南方文物》1997年4期，52～56页），如王后中官甗（陈佩芬：《夏商周青铜器研究》（东周篇），388、389页，602号。陈佩芬即将其定名为“王后中官汤鼎”，吴镇烽《商周青铜器铭文暨图像集成》03330号云应为甗之下部）、湖北随州城郊所出分体圆甗（《文物》1980年1期，39页图九-2）、湖北随州刘家崖所出分体圆甗（《考古》1982年2期，143页图二-2）、铸客甗（安徽省博物馆：《安徽省博物馆藏青铜器》，85号；中国青铜器全集编辑委员会：《中国美术分类全集·中国青铜器全集》第10卷，东周（四），文物出版社，1998年，18号；陈佩芬：《夏商周青铜器研究》（东周篇），392页，604号）等］，也可以看成是间接“相关替代”或“连类相及”（因其器形本是鼎属，称作鬲是因鼎和鬲这两类器物关系密切）。

［65］ 张世超：《“礁鼧”“橐驼”考》，63、64页。

［66］ 徐少华：《蒹国铜器及其历史地理探析》，441～460页。

［67］ 曾宪通：《容庚先生和他的颂斋藏器》，《镇海楼论稿——广州博物馆成立七十周年纪念》，岭南美术出版社，1999年。

［68］ 张亚初：《殷周青铜鼎器名、用途研究》，273～315页。

［69］ 郭氏据将鼎铭的自名释作“石池”，云“古鼎铭有自名石池者，如《大师钟伯侵鼎》即其例。此石字稍泐，但固无可疑也”。参见郭沫若：《樊季氏孙䨓跋》，《金文丛考补录》（《郭沫若全集·考古编》，第六卷），科学出版社，2002年，56、57页；郭若愚：《郭沫

若佚文〈樊季氏鼎跋〉小记》，103～106页。

[70] 张亚初：《殷周金文集成引得》，中华书局，2001年，43页。

[71] 刘彬徽：《楚系青铜器研究》，303页；陈佩芬：《夏商周青铜器研究》（东周篇），298页。

[72] 有关“啬”字的写法请参见高明、涂白奎：《古文字类编》（增订本），上海古籍出版社，2008年，1284页。

[73] 许雄志主编：《秦印文字汇编》，河南美术出版社，2001年。

[74] 睡虎地秦墓竹简整理小组：《睡虎地秦墓竹简》，文物出版社，1990年，图版四四。

[75] 《睡虎地秦墓竹简》，图版八二。

[76] 参见李守奎：《楚文字编》，华东师范大学出版社，2003年，278页。

[77] 《楚文字编》，333页。

[78] 《楚文字编》，278页。

[79] 《楚文字编》，333页。

[80] 有关解释可参见于省吾：《释橐》，《甲骨文字释林》，中华书局，1979年，344～346页。

[81] “囊”及从“囊”之字无下部三歧出之画的写法在古文字中出现得较早，如宾组卜辞的“橐”字不少即写成（合集11586），有的省去其上部三歧出之画，写作“”（合集14347）。更多的字例请参见刘钊、洪扬、张新俊：《新甲骨文编》，福建人民出版社，2009年，371、372页。该书将其隶定为“橐”，《古文字类编》（增订本）将其隶定为“橐”（高明、涂白奎：《古文字类编》（增订本），1427页），以后者较准确。

[82] 有关字形请参见《新甲骨文编》，188、189页。

[83] 有关字形请参见《新甲骨文编》，406页。

[84] 沈文倬：《说䈰》，《浙江大学学报（人文社会科学版）》2006年3期，176、177页。

[85] 白于蓝：《曾侯乙墓竹简考释（四篇）》，《中国文字》新三十期，艺文印书馆，2005年，193～202页；季旭升：《说文新证》，福建人民出版社，2010年。

[86] 裘锡圭：《说“揜函”——兼释甲骨文“橹”字》，《华学》第一期，中山大学出版社，1995年，61页。

[87] 李孝定：《甲骨文字集释》（中研院历史语言研究所专刊之五十），中研院历史语言研究所，1970年，2297页。

[88] 有关“橐”字的形体分析可参见裘锡圭：《文字学概要》，商务印书馆，1988年，164、165页。上引张文云，《说文》“橐”“囊”等字从“橐”省，据古文字材料，它们都从“束”（注［4］）。

[89] 湖北省文物考古研究所：《江陵望山沙冢楚墓》，文物出版社，1996年，彩版五。

[90] 此蒙林沄师告知。

[91] 后世的文献中有“橐驼”一词（亦作“橐驼”“橐駞”），如唐柳宗元《种树郭橐驼传》述一善于植树者，驼背，人因号之曰“橐驼”。结合上引早期文献来看，其说当有一定道理。

[92] 详参拙文：《新蔡楚简甲三324“䈰”字补说》，待刊。

[93] 李零：《楚国典型铜器墓的年代与楚器的分类研究》，中国社会科学院研究生院考古学系硕

士学位论文（殷周铜器专业，指导教师：张政烺），1982年；又《楚国铜器类说》，《江汉考古》1987年4期，69～78页；又《楚鼎图说》，《文物天地》1995年6期，31～36页；又《论楚国铜器的类型》，辑入氏著《入山与出塞》，文物出版社，2004年，271～333页。其中《楚国铜器类说》一文源自于上引《楚国典型铜器墓的年代与楚器的分类研究》，后收入《论楚国铜器的类型》（参见《入山与出塞》271页文下说明）。下文凡引述其观点有前后相异之处，如无特别需要，一般以后出论著为准。

［94］ 高崇文：《东周楚式鼎形态分析》，《江汉考古》1983年1期，1～18页。

［95］ 张亚初：《殷周青铜鼎器名、用途研究》，273～315页。

［96］ 刘彬徽：《楚系青铜器研究》，111～117页。

［97］ 需要说明的是，本文所讨论的“繁”“鼾”及“鐈”等器，暂只涉及有自名者，对一些形制相关但无自名的楚系铜鼎，以往学界多据其形制与相关的有自名者形制对比，或与楚简遣策记载对应而命名以“繁”“鼾”及“鐈”等，尤其是前者，多未必准确，故暂不予讨论，容另文再议。

［98］ 《淅川下寺春秋楚墓》，104、106页。其中乙M2：43图版参见该书第106图八六。倗诸器的断代可参考李零：《“楚叔之孙倗”究竟是谁——河南淅川下寺二号墓之墓主和年代问题的讨论》，《中原文物》1981年4期，36～37页；刘彬徽：《楚系青铜器研究》，67～70页；刘彬徽、刘长武：《楚系金文汇编》，492页。

［99］ 余秀翠：《当阳发现一组春秋铜器》，《江汉考古》1983年1期，73、81、82页，图版二-左上。关于其年代的讨论，可参见刘彬徽：《楚系青铜器研究》，321页。

［100］ 南阳市文物考古研究所：《河南南阳春秋楚彭射墓发掘简报》，《文物》2011年3期，11页图一〇，8页图六-2、3。关于其年代的讨论，可参见徐少华：《南阳新出彭射墓铜器及有关问题论析》，“陕西韩城出土芮国文物暨周代封国考古学研究国际学术研讨会”论文，上海博物馆，2012年13～15日。

［101］ 杨权喜：《襄阳山湾出土的鄀国和邓国铜器》，《江汉考古》1983年1期，51～53页，52页图2。

［102］ 林丽霞、王凤剑：《南阳市近年出土的四件春秋有铭铜器》，《中原文物》2006年5期，8、9、90页，封三-1。

［103］ 曹锦炎：《黄子鼎与瘳子鼎——兼谈黄国与鄝国的地望问题》，《楚简楚文化与先秦历史文化国际学术研讨会论文集》，武汉大学，2011年，552～555页。

［104］ 《淅川下寺春秋楚墓》，6页，图版五-1。

［105］ 刘彬徽：《楚系青铜器研究》，65、66页。

［106］ 李元芝、郑永东：《叶县发现陈侯之孙宋儿鼎》，《中原文物》2012年5期，19～21页，19页图一。

［107］ 《保利藏金》编辑委员会：《保利藏金——保利艺术博物馆精品选》，岭南美术出版社，1999年，136页。

［108］ 湖北省文物考古研究所：《曾国青铜器》，431页。

［109］ 容庚：《善斋彝器图录》，台联国风出版社，1976年；吴镇烽：《商周青铜器铭文暨图像

集成》第5卷，上海古籍出版社，2012年，101、102页，02335号。

[110] 李元芝、郑永东：《叶县发现陈侯之孙宋儿鼎》，《中原文物》2012年5期，19～21页。

[111] 关于前二器的时代，分别参见《保利藏金》编辑委员会：《保利藏金——保利艺术博物馆精品选》，第138页；湖北省文物考古研究所：《曾国青铜器》，432页。

[112] 山西省文物工作委员会侯马工作站：《山西侯马上马村东周墓葬》，《考古》1963年5期，229～245页，图版一-1；中国青铜器全集编辑委员会：《中国美术分类全集·中国青铜器全集》，第11卷，东周（五），文物出版社，1997年，151号。

[113] 李学勤：《从新出青铜器看长江下游文化的发展》，《文物》1980年8期，35～40、84页。

[114] 茂县羌族博物馆、阿坝藏族羌族自治州文物管理所：《四川茂县牟托一号石棺墓及陪葬坑清理简报》，《文物》1994年3期，4～40页，40页图六〇。

[115] 如刘彬徽云，此鼎系樊国公族季氏的子孙所作器，参见刘彬徽：《楚系青铜器研究》，303页。

[116] 徐少华：《羕国铜器及其历史地理探析》，441～460页；拙文：《养国铜器与铭文综合研究》，待刊。

[117] 《淅川下寺春秋楚墓》，52、54、107、108页，图版二三-1，107页图八七。

[118] 南阳市文物考古研究所：《河南南阳春秋楚彭射墓发掘简报》，《文物》2011年3期，10页图八，7页图五-2。

[119] 安徽省文物管理委员会、安徽省博物馆：《寿县蔡侯墓出土遗物》，科学出版社，1956年，6页，图版三。

[120] 尹俊敏、刘富亭：《南阳市博物馆藏两周铭文铜器介绍》，《中原文物》1992年2期，87～90页；徐俊英：《南阳博物馆征集一件应国铜器》，《文物》1993年3期，93、94页，93页图一；又《南阳博物馆征集的应国铜器盖及晚商铜觚》，《华夏考古》1994年2期，111、112页，111页图一。

[121] 徐少华：《南阳新出彭射墓铜器及有关问题论析》，"陕西韩城出土芮国文物暨周代封国考古学研究国际学术研讨会"论文，上海博物馆，2012年13～15日。

[122] 容庚：《商周彝器通考》，大通书局，1973年，下册，图97。

[123] （宋）吕大临、赵九成：《考古图》《续考古图》《考古图释文》，中华书局，1987年影印明程士庄泊如斋刻本，18、19页。

[124] 关于该器年代，可参见张政烺：《邵王之諻鼎及簋铭考证》，《中研院历史语言研究所集刊》第八本第三分，第371～378页；刘彬徽：《楚系青铜器研究》，305、306页。

[125] 自名为"盂鼎"者在西周铜器铭文中即已多见，如西周中期之卫鼎（集成5.2616）、瘐鼎（集成5.2742）等，晚期之大鼎（己伯鼎，集成5.2806～2808）、史宋鼎（集成4.2203）等。春秋时期，字体各异的这种器名也见于楚、蔡、吴、鄀、胡、宋、郑等国的器物（参见李零：《楚国铜器类说》，69～78页；李零：《论楚国铜器的类型》，《入山与出塞》，288页。春秋早期郑国的子耳鼎亦自名为"盂鼎"，上引李零文未予指出）。过去有学者认为，"鼾"为楚盂鼎的专称，如"鼾"是升鼎的专称（参见刘彬徽：《楚系青铜器研究》，112页；张亚初：《殷周青铜鼎器名、用途研究》，285页），从彭子射盂鼎的自

名作“盂”来看，似未必。

［126］ 刘彬徽认为，此器铭文的“应侯之孙”应理解为应国之子孙后代，其族人已是楚国人，当系楚物（刘彬徽、刘长武：《楚系金文汇编》，494页）。李学勤亦云，丁儿是已在楚地的应君后裔，并不意味应国那时仍然存在（李学勤：《东周与秦代文明》，上海人民出版社，2007年，322页；又《应监甗新说》，《江西历史文物》1987年1期，23页；又《探寻久被遗忘的周代应国》，《文史知识》2010年11期，14页）。

［127］ 武汉市文物商店：《武汉市收集的几件重要的东周青铜器》，《江汉考古》1983年2期，36、37页，图版八-1。

［128］ 刘彬徽：《楚系青铜器研究》，328页；徐少华：《论近年来出土的几件春秋有铭邓器》，《古文字研究》第25辑，中华书局，2004年，194～198页。

［129］ 同［127］。

［130］ 刘彬徽：《楚系青铜器研究》，328页。

［131］ 王海文：《故宫博物院所藏楚器》，《江汉考古》1986年4期，29、30页；吴镇烽：《商周青铜器铭文暨图像集成》，上海古籍出版社，2012年，4卷，360～362页，02165号。

［132］ 刘节：《寿县所出楚器考释》，《古史考存》，人民出版社，1958年，108～140页；楚文物展览会：《楚文物展览图录》，1、2，北京历史博物馆，1954年；吴镇烽：《商周青铜器铭文暨图像集成》，上海古籍出版社，2012年，5卷，133～138页，02359、02360号。

［133］ 刘彬徽认为，“繁鼎”“鐈鼎”“沰盜”等称谓皆是箍口鼎之异名，其中称“繁鼎”者较早（参见刘彬徽：《楚系青铜器研究》，114、115页），与我们的意见有共同之处。

［134］ 李零：《楚鼎图说》，31～36页。

［135］ 李零：《论楚国铜器的类型》，《入山与出塞》，288、289页。

［136］ 刘彬徽对李零认为鼾“只是深腹鼎的一种别称”的看法（《入山与出塞》，289页）亦提出质疑，参见刘彬徽：《楚系青铜器研究》，113、114页。

［137］ 李零：《楚鼎图说》，31～36页。

［138］ 李零：《论楚国铜器的类型》，《入山与出塞》，289页。

［139］ 郭氏云，匋鼎者，盖高脚之鼎，《说文》：“鐈，似鼎而长足。”盖此类。参见郭沫若：《两周金文辞大系图录考释》，科学出版社，1957年，169页。

［140］ 张亚初：《殷周青铜鼎器名、用途研究》，287页。

［141］ 刘彬徽：《楚系青铜器研究》115、117页。

［142］ 李零：《楚鼎图说》，31～36页；又《论楚国铜器的类型》，《入山与出塞》，289页。

［143］ 自名为“宕铊”的游孙癸鼎虽无准确的足高数据可供计算以对比，但从该鼎器形（图三-3）及发掘报告的相关描述（发掘报告云，该鼎弧腹内收，圜底较平，高蹄足内敛。参见襄阳市文物考古研究所：《余岗楚墓》，50页）来看，亦可作为这方面的证据。另外，楚子戠咎鼎从器形（图三-4）来看，足亦较高。

［144］ 李零：《写在前面的话——读〈张政烺论易丛稿〉》，《张政烺论易丛稿》，中华书局，2011年。

附表一 “繁”“𪔅”“鐈”鼎自名登记表

<table>
<tr><th colspan="2">自名</th><th>器名</th><th>时代</th><th>国别</th><th>出处</th></tr>
<tr><td rowspan="21">繁</td><td rowspan="2">繁鼎</td><td>以邓鼎</td><td>春秋中期偏早</td><td>楚</td><td>《淅川下寺春秋楚墓》，8页图5</td></tr>
<tr><td>與子具鼎</td><td>春秋中期偏晚</td><td>楚</td><td>《文物》1994年3期，39页图五七，40页图五九</td></tr>
<tr><td rowspan="18">（食）
繁</td><td>倗鼎（乙M2：43）</td><td>春秋中期偏晚</td><td>楚</td><td>《淅川下寺春秋楚墓》，105页图85-4</td></tr>
<tr><td>倗鼎（乙M2：47）</td><td>春秋中期偏晚</td><td>楚</td><td>《淅川下寺春秋楚墓》，105页图85-2</td></tr>
<tr><td>楚子趌鼎</td><td>春秋中期偏晚</td><td>楚</td><td>集成4.2231</td></tr>
<tr><td>爰子䢼鼎</td><td>春秋中期偏晚①</td><td>楚</td><td>集成4.2239</td></tr>
<tr><td>宋儿鼎</td><td>春秋中期偏晚</td><td>陈</td><td>《中原文物》2012年5期，19页图一</td></tr>
<tr><td>庚儿鼎1</td><td>春秋中期偏晚</td><td>徐</td><td>集成5.2715</td></tr>
<tr><td>庚儿鼎2</td><td>春秋中期偏晚</td><td>徐</td><td>集成5.2716</td></tr>
<tr><td>王子启疆鼎</td><td>春秋晚期前段②</td><td>楚</td><td>三代③11.28.4（11.28.5重出）</td></tr>
<tr><td>仲义君鼎</td><td>春秋晚期前段</td><td>楚</td><td>集成4.2279</td></tr>
<tr><td>邓公乘鼎</td><td>春秋晚期前段</td><td>楚</td><td>集成5.2573</td></tr>
<tr><td>乙鼎</td><td>春秋晚期前段④</td><td>楚</td><td>集成5.2607</td></tr>
<tr><td>扬鼎</td><td>春秋晚期前段</td><td>楚</td><td>汇编⑤229</td></tr>
<tr><td>宽儿鼎</td><td>春秋晚期前段</td><td>楚?</td><td>集成5.2722</td></tr>
<tr><td>曾孙无諆鼎</td><td>春秋晚期前段</td><td>曾</td><td>集成5.2606</td></tr>
<tr><td>养子曰鼎</td><td>春秋晚期前段</td><td>养</td><td>《中原文物》2006年5期，8页图一</td></tr>
<tr><td>蔡大师鼎</td><td>春秋晚期前段</td><td>蔡</td><td>集成5.2738</td></tr>
<tr><td>析君述鼎</td><td>春秋晚期后段</td><td>楚</td><td>汇编356</td></tr>
<tr><td>瘳子鼎</td><td>春秋晚期后段</td><td>楚</td><td>《楚简楚文化与先秦历史文化国际学术研讨会论文集》，684页</td></tr>
<tr><td>（食）钣</td><td>弢孙宋鼎</td><td>春秋晚期前段</td><td>楚?</td><td>《保利藏金——保利艺术博物馆精品选》，138页</td></tr>
<tr><td></td><td>行繁</td><td>彭子射繁鼎⑥</td><td>春秋中期偏晚</td><td>楚</td><td>《文物》2011年3期，8页图六-2</td></tr>
</table>

续表

自名		器名	时代	国别	出处
𪔂	（食）	王子昃鼎	春秋中期偏晚	楚	集成5.2717
		倗鼎（乙M1：65）	春秋中期偏晚	楚	《淅川下寺春秋楚墓》，57页图46
		倗鼎（乙M1：66）	春秋中期偏晚	楚	《淅川下寺春秋楚墓》，56页图45
		倗鼎（乙M2：42）	春秋中期偏晚	楚	《淅川下寺春秋楚墓》，108页图88-4
		倗鼎（乙M2：44）	春秋中期偏晚	楚	《淅川下寺春秋楚墓》，108页图88-2
		倗鼎（乙M2：46）	春秋中期偏晚	楚	《淅川下寺春秋楚墓》，108页图88-3
		倗鼎（乙M2：48）	春秋中期偏晚	楚	《淅川下寺春秋楚墓》，108页图88-1
	𪔂（盂）	彭子射盂鼎⑦	春秋中期偏晚	楚	《文物》2011年3期，7页图五-2
		丁儿鼎盖	春秋晚期前段	楚	《中原文物》1992年2期，89页图9
		蔡侯申𪔂鼎	春秋晚期前段	蔡	集成4.2216
	𪔂	𫊸侯之孙陈鼎	春秋晚期前段	楚？	集成4.2287
	餗釪鼎	宋君夫人鼎盖	春秋晚期前段	宋	集成4.2358
	𪔂鼎	申公之孙无所鼎	春秋晚期后段⑧	楚	
鐈	（食）鐈	镐鼎	春秋晚期前段⑨	楚	集成4.2478
		邓子午鼎	春秋晚期后段	邓	集成4.2235
		盅子𦕼鼎盖	春秋晚期后段	曾	集成4.2286
	鐈鼎	楚王酓前鼎	战国晚期后段	楚	集成5.2623
		楚王酓忎鼎	战国晚期后段	楚	集成5.2794
		楚王酓忎鼎	战国晚期后段	楚	集成5.2795

注：① 该器年代，集成定为战国，吴镇烽定为战国早期（参见吴镇烽：《商周青铜器铭文暨图像集成》，上海古籍出版社，2012年，第3卷，334页，01671号），均失之过晚。其铭文的“子”字与养伯受瑚（集成9.4599）的“子”及“孙”字所从之“子”、养子伯受铎（《中原文物》1997年4期，12页图11.2）、中子鬓缶（集成16.9995）的“子”字写法相近，而与前者更为接近，养伯受诸器的年代为春秋中期偏晚，中子鬓缶的年代为春秋晚期前段。“食”字的写法，与楚子趑鼎（集成4.2231）、子季嬴青瑚（集成9.4594）等铭文的“食”字写法类似，而与前者更加接近，楚子趑鼎的年代为春秋中期偏晚，子季嬴青瑚的年代为春秋晚期前段。因此，综合分析，该鼎的年代，可能以定在春秋中期偏晚较妥。

② 刘彬徽：《楚系青铜器研究》，322页；邹芙都：《楚系铭文综合研究》，96、97页。

③ 罗振玉：《三代吉金文存》，中华书局，1983年。

④ 该器文字风格与养子曰鼎铭文（《中原文物》2006年5期8页图一）类似，其中“期”字写作[illegible]，为典型的春秋中晚期写法。其年代集成定为春秋晚期，故将其改作春秋晚期前段。

⑤ 巴纳、张光裕：《中日欧美澳纽所见所拓所摹金文汇编》，艺文印书馆，1978年。

⑥ 同出三件，同形同铭。

⑦ 同出两件，同形同铭。

⑧ 徐少华：《彭器、彭国与楚彭氏考论》，《古文字与古代史》第二辑，中研院历史语言研究所，2009年，279～302页。

⑨ 该鼎铭文字体较工整，与裦鼎（集成5.2551）、子季嬴青瑚（集成9.4594）等颇似，后二器年代皆为春秋晚期前段，因此，该鼎年代，亦当与其相去不远。

附表二 “石沱”与“繁”“鼾”“鐈”器物演变及对照表

	繁鼎					石沱			鼾鼎		鐈鼎		
	Ⅰ A式	Ⅰ B式	Ⅰ C式	Ⅰ D式	Ⅱ型	Ⅰ A式	Ⅰ B式	Ⅱ型	Ⅰ A式	Ⅰ B式	Ⅰ A式	Ⅰ B式	Ⅱ型
春秋中期偏早		 以邓鼎						 钟伯侵鼎  仲嬭董鼎					
春秋中期偏晚	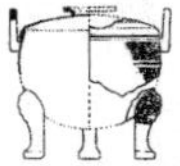 倗鼎（乙M2：43）  楚子�鼎  彭子射繁鼎		 宋儿鼎	 庚儿鼎	 與子昃鼎	 游孙癸鼎  楚旒鼎			 倗鼎（乙M1：65） 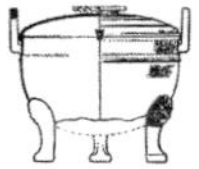 倗鼎（乙M2：44）  彭子射盂鼎				

续表

	繁鼎					石沱			鼾鼎		鐈鼎		
	ⅠA式	ⅠB式	ⅠC式	ⅠD式	Ⅱ型	ⅠA式	ⅠB式	Ⅱ型	ⅠA式	ⅠB式	ⅠA式	ⅠB式	Ⅱ型
春秋晚期前段	 邓公乘鼎  养子曰鼎  瘳子鼎		 弢孙宋鼎  曾孙无諆鼎  宽儿鼎			 褱鼎			 蔡侯申鼾鼎  丁儿鼎盖	 鈇侯之孙陈鼎  宋君夫人鼎盖			
春秋晚期后段							 邓尹疾鼎  楚子諆咎鼎				 邓子午鼎[①]	 盅子𦖞鼎盖	

续表

	繁鼎					石沱			鼾鼎		鐈鼎		
	Ⅰ A式	Ⅰ B式	Ⅰ C式	Ⅰ D式	Ⅱ 型	Ⅰ A式	Ⅰ B式	Ⅱ 型	Ⅰ A式	Ⅰ B式	Ⅰ A式	Ⅰ B式	Ⅱ 型
战国晚期后段													楚王酓前鼎[②] 楚王酓忎鼎 楚王酓忎鼎

注：① 该鼎与盅子𦿗鼎盖同为收集而来，收藏时两者合为一器（参见武汉市文物商店：《武汉市收集的几件重要的东周青铜器》，36、37页）。刘彬徽云由铭文知非为一人之器（刘彬徽：《楚系青铜器研究》，328页）。案：铭文内容与书体风格皆与盖殊异，是分为二器无疑。

② 此鼎失盖，王海文所云此鼎之盖（王海文：《故宫博物院所藏楚器》，29、30页）应系集厨鼎盖，唐兰、熊海平等早已指出，参见刘彬徽：《楚系青铜器研究》，357、366页。

附表三　“繁”“石沱”“鼾”及“鐈”之度量对照表

自名	型式	器名	通高/（厘米）	口径/（厘米）	腹深/（厘米）	足高/（厘米）	重量/（千克）	备注
繁鼎	ⅠA式	倗鼎（乙M2：43）	约44	39		19.8	14.9（残重）	
		倗鼎（乙M2：47）		约37.5			14.25（残重）	
		楚子趄鼎	24.5	21	14.2		3.74	
		彭子射繁鼎	38.9	31.7-32	24.1			
		邓公乘鼎	26.6	21.4	16.8		4.4	
		养子曰鼎	34	27.5				
	ⅠB式	以邓鼎	32.8	25			9	
	ⅠC式	宋儿鼎	25（器）	23.5（腹径）				
		弢孙宋鼎	26.5	26			3.52	
		曾孙无諆鼎	35.2	29.2			7.155	
		宽儿鼎	41.3	28.3		10		据《善斋》
	ⅠD式	庚儿鼎1	43	48				
		庚儿鼎2	43	48				
	Ⅱ型	與子具鼎	25.5	23.8（腹径）				
石沱	ⅠA式	游孙癸鼎	27.4	25.3				
		楚旐鼎	30.6	28				
		裹鼎	32.4	28.8			8.24	
	ⅠB式	邓尹疾鼎	23	20	13.9		3.1	
	Ⅱ型	钟伯侵鼎	32.7	25.7	21.3			据《颂续》
		仲嬭董鼎	33.1	23.2			6.52	
鼾鼎	ⅠA式	倗鼎（乙M2：42）	约50	52.5		21	26.7（残重）	
		倗鼎（乙M2：44）	45	46（盖径）		19	19.4	
		倗鼎（乙M2：46）		46.5（盖径）		22	27.95（残重）	
		倗鼎（乙M2：48）	约50	53		22	35.5（残重）	
		倗鼎（乙M1：65）	45.6	47.5		16	25.8	

续表

自名	型式	器名	通高/（厘米）	口径/（厘米）	腹深/（厘米）	足高/（厘米）	重量/（千克）	备注
鼾鼎	ⅠA式	倗鼎（乙M1：66）	45	57.5		16	22.13	
		彭子射盂鼎	42.8	43.2-43.4	24.8	17		
		蔡侯申鼾鼎	69	62	38	36		
		丁儿鼎盖	6.5	32				
		王子昃鼎	34.3	34.3	28.3			据《考古图》①
	ⅠB式	宋君夫人鼎盖	6.7	23.3			1.03125	据《考古图》
鐈鼎	ⅠA式	邓子午鼎	27	23.1	17	11		
	Ⅱ式	楚王酓前鼎	59.3	46.6			53.8（含集厨鼎盖）	
		楚王酓忎鼎	53	45.5	28			
		楚王酓忎鼎	51.8					

注：① 《考古图》《续考古图》《考古图释文》，18页。

北方地区出土先秦铜铙初探

任晓琳
（山东省石刻艺术博物馆）

铙又称执钟，是先秦时期的一种青铜打击乐器（图一），东汉许慎于《说文解字》中说："铙，小钲也"，"柄中上下通"[1]。《周礼·地官·鼓人》："以金錞和鼓，以金镯节鼓，以金铙止鼓。"铙是在行军中使用的青铜乐钟。

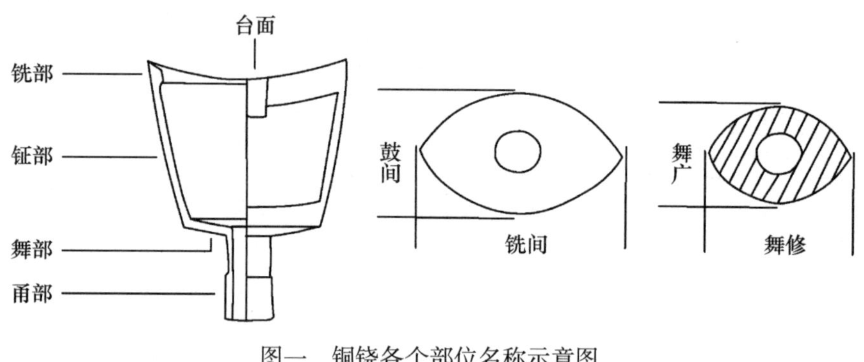

图一　铜铙各个部位名称示意图

考古发现中的北方地区出土铜铙以河南最多，共有16处；山东出土地点有5处，分别是青州苏埠屯、滕州前掌大、滨州惠民大郭、沂源东安、威海环翠区；此外还有陕西宝鸡竹园沟1处。

根据考古发掘资料不难看出，南方地区发现的铜铙多单个出土于山坡或湖河，祭祀的用途较明显，形体较大；而北方地区发现的铜铙多成组出土于贵族墓葬，形体较小。根据北方地区出土铜铙（以下简称北方铜铙）的形制及出土背景，本文试对其发展规律做初步探讨。

一、北方铜铙的类型学分析

北方铜铙的形制大同小异，在商末到周初这一段时间，变化并不明显，之前一些学者曾就殷墟出土的铜铙单独做过讨论。

李纯一先生在《中国上古出土乐器综论》中根据铜铙（庸）发音体的长短，将铜铙分为短体和长体两个基本型，再因甬的形制不同分为三式，每式又根据甬上部分的有无再分a、b二式。在铙的分类问题上，李纯一先生把铙首先放入乐器的范畴中，把铙的发音部位形制不同作为首要分类标准，再从其演奏方式所体现的部位甬入手，继续分小类[2]。这样分类极具建设性，但是忽略了铙的年代问题，李先生对铜铙所分的式，是再进一步细化的分类，没有从铙的年代入手，并不是严格意义上的考古类型学分类。

方建军先生把殷墟出土的铜铙分为钲面饰梯形双粗阳线弦纹铙、兽面纹铙及甬部有旋、干、环等结构的铙三型。这样分类从铙的外部形制入手，抓住了铙分类的重点要素，但是从类型学的角度看，存在分类标准不统一的问题[3]。

向桃初先生在对南方铜铙的研究中提到，殷墟铙大致归纳为兽面纹和素面凸线框纹两类，其中兽面纹又细分为“羊角兽面”和“牛角兽面”[4]。不过向先生在文章中只是对此作捎带讨论，没有详细分析。北方铜铙多成套出土，各套形制基本相同，因此就形制来说个例并不是很多，分型太细则分式实例太少无法排队，难以看出规律。

本文在前人的研究基础之上，按照类型学的方法，根据北方铜铙纹饰上的显著区别，将其分为A、B两型。

A型　方框纹铙。铙体钲面仅饰凸线纹方框，铙体呈梯形。甬部有的有箍，有的无箍。鼓部除妇好墓铙之外皆有台面。

B型　兽面纹铙。铙体钲面饰浅浮雕兽面纹。甬部皆有箍。鼓部皆有台面。

已知22处出土地点的26组铙中，墓葬年代清晰的共有21组，还有5组墓葬年代较模糊。

在北方铜铙分型的基础上，根据铜铙年代的先后关系，将A、B型铜铙分别分式。对分式过程中的个例，以及传世品中形制特殊但对分式来说较重要的铙，将单独分析。

A型　方框纹铙。根据年代、形制不同，分为五式。

Ⅰ式：鼓部无台面，甬部末端有箍，形制较小。

此式铙仅有殷墟妇好墓一组，5件铙通高分别为14.5、11.6、12.7、9.5、8.1厘米，铣间分别为10.5、9.1、8.7、8、5.3厘米，皆无台面（图二）。年代为殷墟二期早段[5]。

Ⅱ式：鼓部有台面，甬部末端有箍，形制较Ⅰ式大，铣口外侈。

河南安阳郭家庄东南M26的1组铙，3件通高分别为21.6、17.4、15厘米，铣间分别为16.8、14.4、11.6厘米，鼓部皆有台面，甬部末端有箍（图三），年代为殷墟二期晚段[6]。

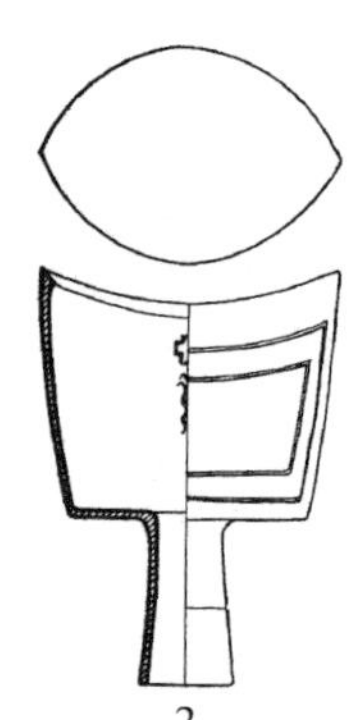

1　　2

图二　殷墟妇好墓铜铙

1. 839：1-5Z　2. 839：1

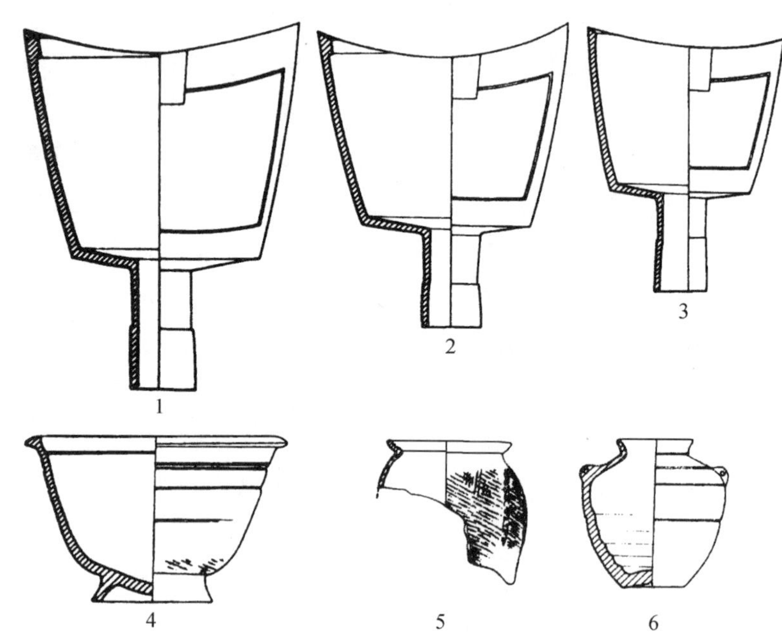

图三　安阳郭家庄东南M26铜铙及陶器

1～3. 铜铙（M26：36、M26：32、M26：33）　4. 陶簋（M26：1）　5. 陶鬲（M26：4）　6. 陶罍（M26：6）

河南温县小南张村的3件一组铙，通高分别为20.5、17、14.5厘米，铣间分别为17、14.5、12.5厘米，鼓部皆有台面，甬部末端有箍（图四）。年代为殷墟三期[7]。

Ⅲ式：鼓部有台面，甬部有箍，铣口末端内敛。

河南安阳高楼庄M8的一组铙，现仅存2件，通高分别为16.5、11.2厘米，铣间分别为12.4、8.5厘米，虽锈蚀严重，鼓部的台面、甬部末端的箍仍可见（图五），年代为殷墟三期[8]。

Ⅳ式：鼓部无台面，两铣较短、几乎与钲面平，铣间小，形制较大，甬部呈直筒

图四　温县小南张铜铙

图五　安阳高楼庄M8铜铙

状、无箍。

河南安阳大司空M51出土的3件一组铙，鼓部皆无台面，甬部无箍、上下径相同。通高分别为22.5、20.4、17厘米，铣间分别为15、12.1、10厘米。两铣短，铣间较小。方框纹分左右两区，中间出现有钲间（图六）。年代为殷墟四期[9]。

Ⅴ式：鼓部无台面，两铣长且尖锐，铙体较窄、形制小。

该式铙仅有山东省威海市环翠区M1出土的2件一组，形制纹饰大小相同。两铣尖，铣口弧度大，通高只有12.6厘米，铣间9.1厘米。钲部上端及甬部皆有一小圆孔（图七）。年代为西周中期[10]。

B型　兽面纹铙。铙体钲面饰浅浮雕兽面纹。铙体呈合瓦形。甬中空与内腔相通，甬部皆有箍。鼓部皆有台面。按照墓葬年代和器形纹饰变化，分为四式。

Ⅰ式：铣口外侈，铣间较大，形制较小，兽面纹眼眶内眼珠浑圆凸出，钲部宽扁，甬部有箍。

图六　安阳大司空M51铜铙

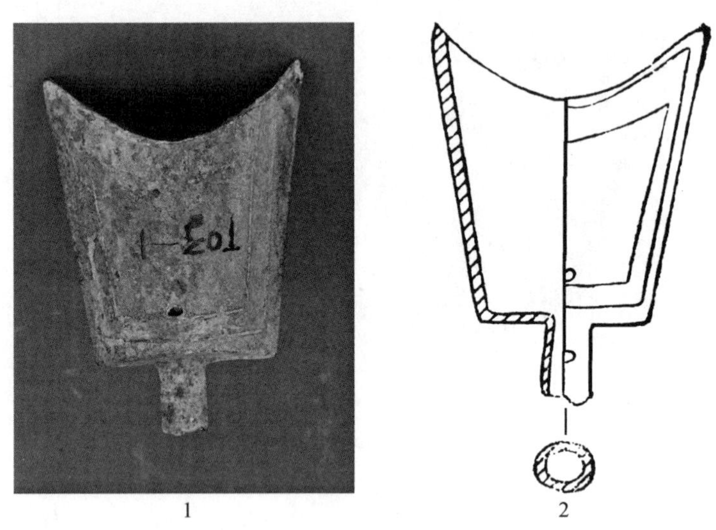

1　　2

图七　威海市环翠区M1铜铙（M1：4）

1. 照片　2. 线图

河南安阳花园庄M54出土的3件一组铙，通高分别为17.6、14.4、12.3厘米，铣间分别为14.2、11.8、9.6厘米（图八）。年代为殷墟二期晚段[11]。

河南安阳大司空M663出土的3件一组铙，通高分别为17.5、14.8、12.2厘米，铣间分别为14、11.5、9.4厘米，钲高分别为10.5、8.3、6.7厘米（图九）。年代为殷墟二期晚段[12]。

Ⅱ式：铣口内敛，铣间较小，钲体较Ⅰ式长，兽面纹眼眶内眼珠浑圆凸出，甬部有箍。

殷墟戚家庄M269出土的3件一组铙，两铣较短，铣口内敛。通高分别为18.4、13.5、11.5厘米，铣间分别为13.1、10.5、9.1厘米，钲高分别为9.8、8.2、6.5厘米（图

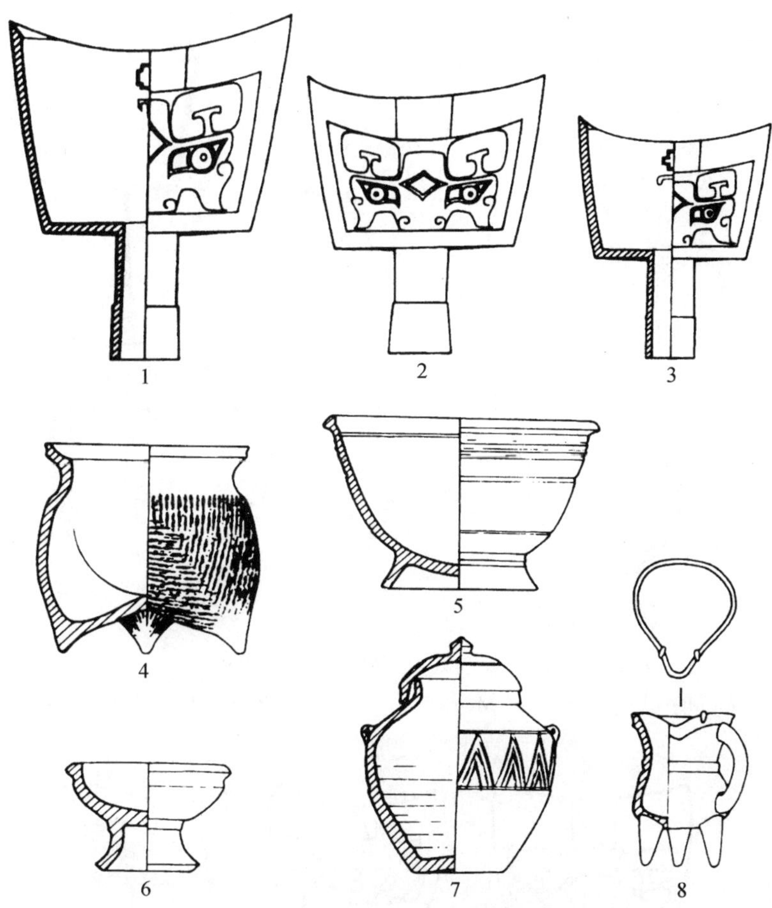

图八 安阳花园庄M54铜铙及陶器

1～3. 铜铙（M54：119、M54：108、M54：199） 4. 陶鬲（M54：8） 5. 陶簋（M54：42） 6. 陶豆（M54：19） 7. 陶罍（M54：164） 8. 陶爵（M54：25）

一〇）。年代为殷墟三期[13]。

Ⅲ式：铣口内敛，铣间小，钲体较长，兽面纹之兽眼只剩眼眶，甬部有箍。

殷墟郭家庄M160出土的3件一组铙，两铣较长，铣口内敛。通高分别为25、20.5、16.9厘米，铣间分别为18.3、15、12.1厘米，钲高分别为13.6、11.4、9厘米（图一一）。年代为殷墟三期晚段[14]。

山东青州苏埠屯M8出土的3件一组铙，两铣长，铣口内敛。通高分别为21、17.5、15厘米，铣间分别为15.5、12.8、10.1厘米（图一二）。年代为殷墟三期后段[15]。

河南安阳殷墟M699出土的3件一组铙，通高分别为20.6、17.7、14.5厘米，铣间分别为15.6、12.4、10厘米，钲高分别为11.9、9.6、7.4厘米（图一三）。年代为殷墟四期早段[16]。

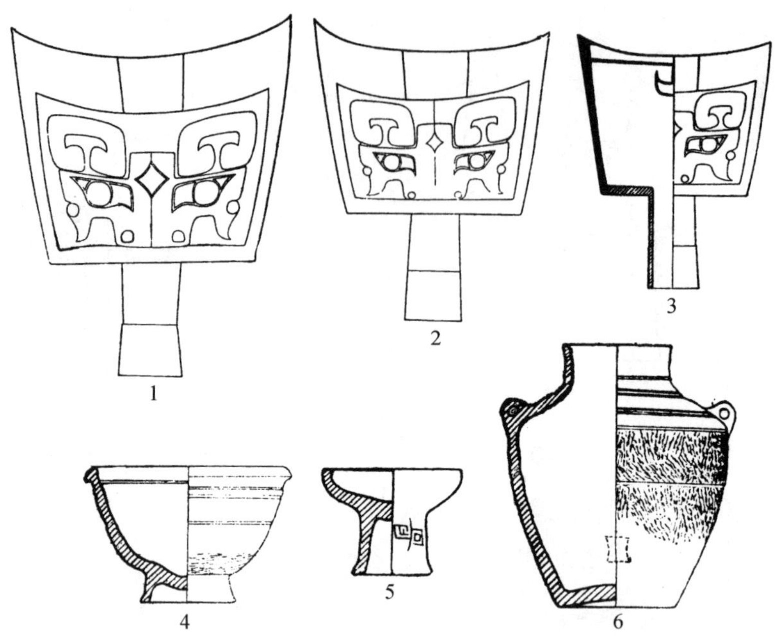

图九　安阳大司空M663铜铙及陶器

1～3. 铜铙（M663：4、M663：2、M663：1）　4. 陶簋（M663：11）　5. 陶豆（M663：7）
6. 陶罍（M663：10）

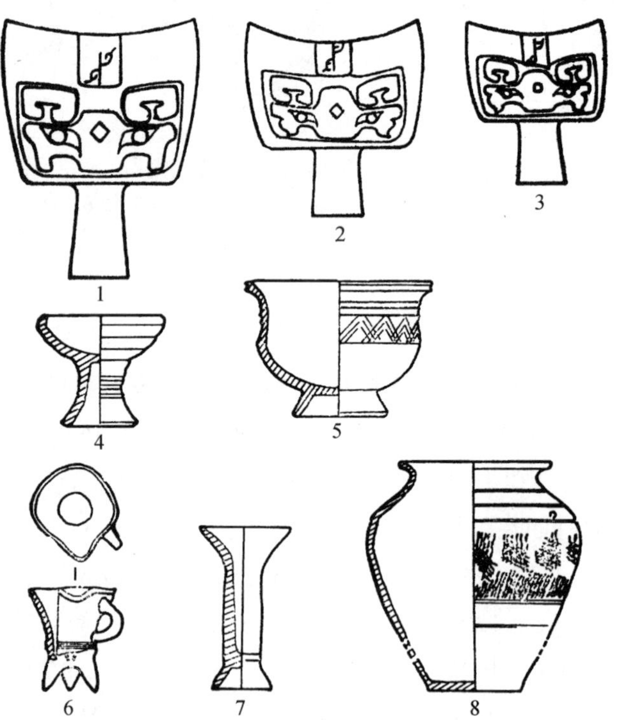

图一〇　殷墟戚家庄M269铜铙及陶器

1～3. 铜铙（（M269：45、M269：46、M269：47）　4. 陶豆（M269：54）　5. 陶簋（M269：53）
6. 陶爵（M269：52）　7. 陶觚（M269：55）　8. 陶罐（M269：81）

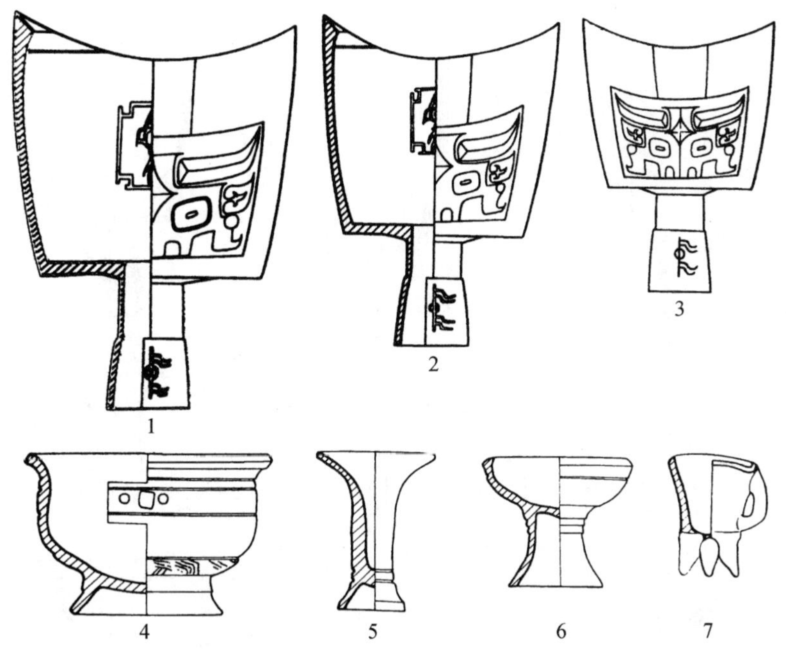

图一一　殷墟郭家庄M160铜铙及陶器

1～3. 铜铙（M160：41、M160：23、M160：22）　4. 陶簋（M160：3）　5. 陶觚（M160：4）　6. 陶豆（M160：2）　7. 陶爵（M160：1）

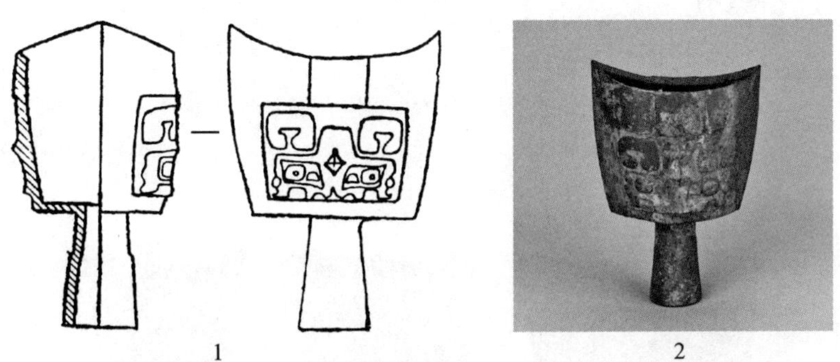

图一二　青州苏埠屯铜铙（M8：28）

1. 线图　2. 照片

河南安阳大司空M312出土的3件一组铙，通高分别为18、15.5、13.9厘米，铣间分别为14.3、12.0、11厘米，钲高分别为10.5、8.8、7.5厘米（图一四）。年代为殷墟四期[17]。

Ⅳ式：钲体较前几式不同，呈较方的梯形，鼓部窄，铙体较高，甬部较前两式皆有变形，钲面方框线条平直，较有棱角，框内兽面纹庄严规整。

河南鹿邑太清宫长子口M1出土的B套铙，3件通高分别为19、17.6、16.4厘米，铣间分别为16.9、15.3、14.2厘米，甬长分别为8、7.2、7.1厘米。铣口外侈。钲面大，

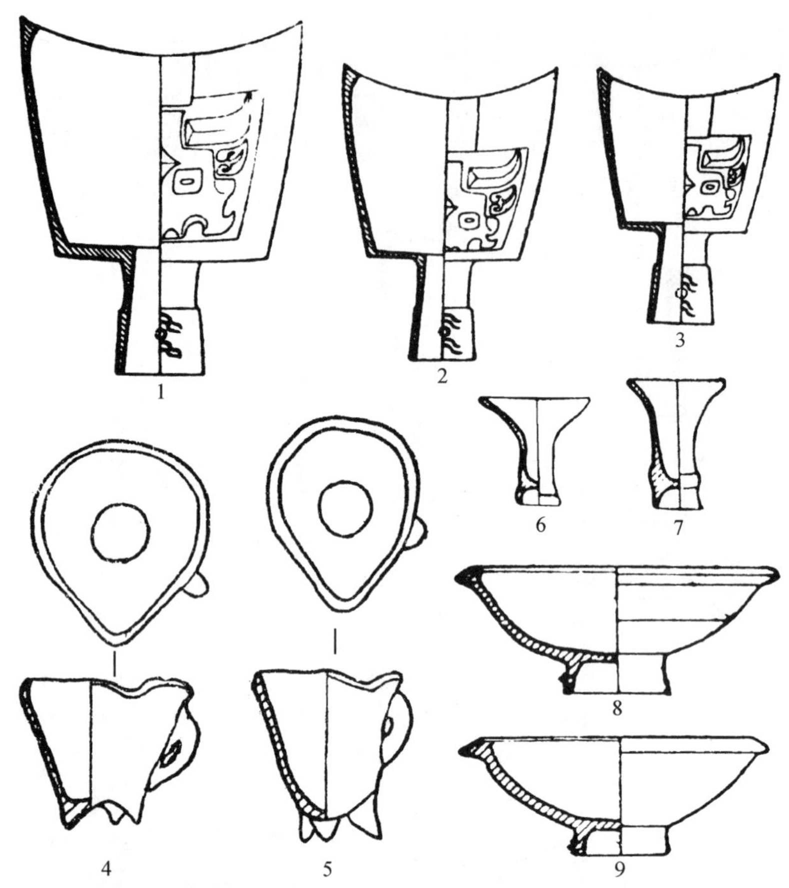

图一三　安阳殷墟M699铜铙及同墓地陶器

1～3. M699铜铙（大、中、小）　4、5. Ⅶ式爵（M461：2、M408：1）　6、7. Ⅶ式觚（M461：1、M408：2）　8、9. Ⅳ式盘（M461：4、M408：3）

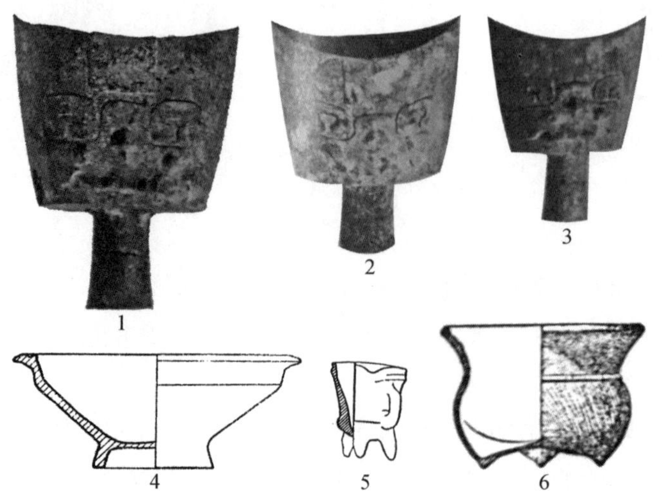

图一四　安阳大司空M312铜铙及同墓地陶器

1～3. M312铜铙（大、中、小）　4. Ⅰ式陶盘（M58：1）　5. Ⅱ式陶爵（M50：1）　6. Ⅱ式陶鬲（M5197：4）

鼓部小。钲面兽面纹较前两式不同，中间菱形纹饰变繁复，线条变细。甬部细长，无箍，可直接手持，不能插木柄（图一五）。年代为西周初期[18]。

陕西宝鸡竹园沟M13出土的1件铜铙，通高19.5、甬长8、铣间14.4厘米。铣口外侈。甬较细长，末端有箍，甬部有干（图一六）。年代为西周初期[19]。

图一五　鹿邑太清宫长子口M1铜铙

1～3. A套编铙（M1∶145、M1∶166、M1∶151）　4～6. B套编铙（M1∶152、M1∶153、M1∶149）

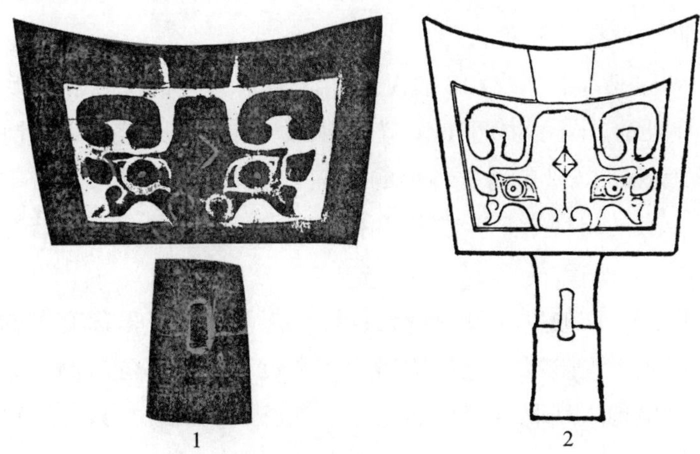

图一六　陕西宝鸡竹园沟铜铙（BZM13∶9）

1. 拓片　2. 线图

二、分期与年代

据上文对北方铜铙的分型定式，我们分别归纳北方A、B型铙的发展演变规律。

A型铙出现较早，起初形制较小，甬部无箍、鼓部无台面、铣口侈，后逐渐发展为甬部有箍、铣口末端内敛、鼓部有台面，发展到末期已不多见，仅有东传入东夷地区结合当地文化因素出现的小铜铙。

B型铙较A型铙出现稍晚，从最初的侈口、兽目浑圆凸出，发展为铣口末端内敛，兽眼形状也有改变，到末期钲部较方正，甬部形制也有了较多样的变化。

通过考古类型学的分型定式，北方铜铙的发展脉络清晰可见（图一七）。根据铙各个发展阶段的不同特征，将各式铜铙作分期讨论。

北方铜铙一期包括A型Ⅰ式、Ⅱ式及B型Ⅰ式铙。此期是北方铜铙发展的早期阶段。北方铜铙一期又分早晚两段，早段只有A型Ⅰ式铙，晚段包括A型Ⅱ式、B型Ⅰ式铙。一期A型铙此期最早的为妇好墓铙，形制小，无台面，铣口侈，到北方铜铙一期后段，A型铙逐渐有了鼓部台面、甬部的箍等结构，但铣口仍然为侈口。B型铙稍晚于A型铙出现，在北方铜铙一期阶段最大的特点是侈口、兽面双目眼珠浑圆凸出，B型铙在此期已有鼓部台面和甬部的箍。

北方铜铙二期包括A型Ⅲ式、Ⅳ式和B型Ⅱ式、Ⅲ式。此期是北方铜铙发展的成熟阶段。北方铜铙二期分早晚两段，早段包括A型Ⅲ式和B型Ⅱ式铙，晚段包括A型Ⅳ式和B型Ⅲ式铙。A型铙在此期铣口末端开始收敛，到此期晚段A型铙的铣部已经很短，几乎与钲面相平，此期早段的铙仍有台面和箍，到此期晚段鼓部台面消失，甬部的箍亦不见。B型铙在此期铣口皆内敛，兽面纹的兽目由一开始的双目圆凸演变为只剩眼眶，鼓部皆有台面，甬部皆有箍。

北方铜铙三期包括A型Ⅴ式和B型Ⅳ式。此期是北方铜铙发展的晚期阶段。北方铜铙三期分早晚两段，早段为B型Ⅳ式铙，晚段为A型Ⅴ式铙。A型铙在此段早期几乎不见，直到该期晚段出现有地方特色的小铙，铙体瘦短，两铣尖。B型铙在该期甬部皆有较大变化，有的出现干，有的不再有箍直接呈圆管状，鼓部皆变小，铙体钲部较方正。

北方铜铙一期到三期的发展过程可见，铙口末端内敛、甬部有箍的结构为北方铜铙成熟的形制，而到较晚阶段，铙在传播、演变过程中各部位形制有新变化。方框纹铙较兽面纹铙稍早出现，到北方铜铙的二、三期已不多出现，只有东夷地区出现形制变化较大的方框纹小铙，兽面纹铙成为北方铜铙发展的主流。

除此之外，演变过程中北方铜铙的编列也发生了变化，从早期的一般为3件一组

分期		A型铙（方框纹）	B型铙（兽面纹）	年代
北方铜铙一期	早段	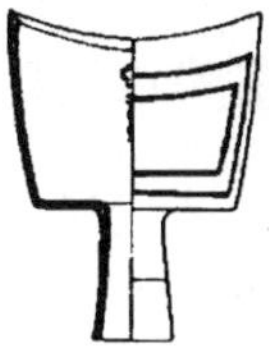 1　Ⅰ		殷墟二期
	晚段	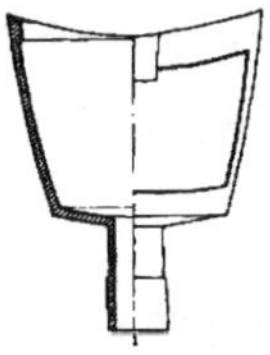 2　Ⅱ	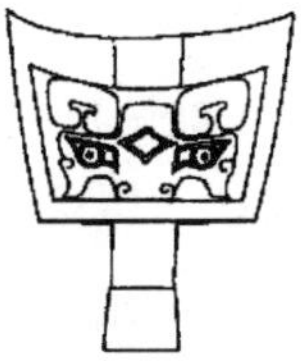 3　Ⅰ	
北方铜铙二期	早段	 4　Ⅲ	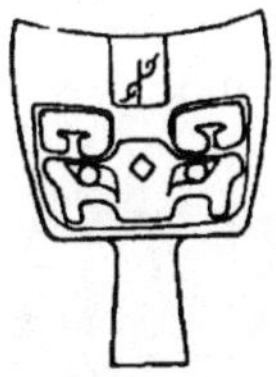 5　Ⅱ	殷墟三四期
	晚段	 6　Ⅳ	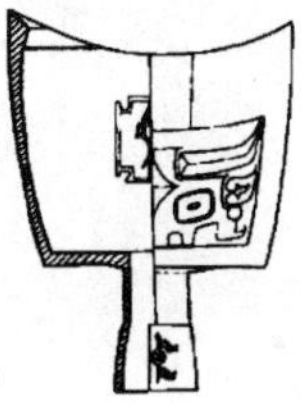 7　Ⅲ	
北方铜铙三期	早段		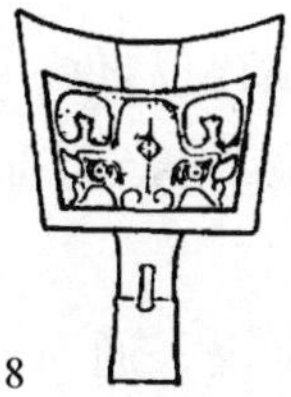 8 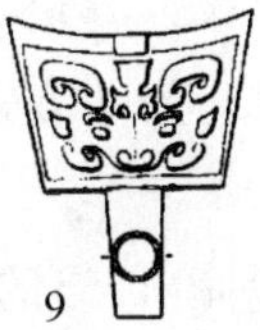　9　Ⅳ	西周早期
	晚段	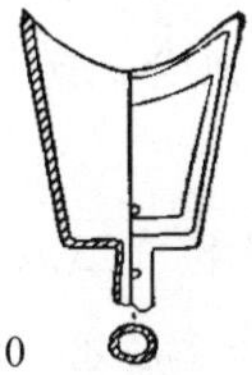 10　Ⅴ		

图一七　北方铜铙分期图

1. 殷墟妇好墓839：1　2. 安阳郭家庄东南M26：36　3. 安阳花园庄M54：108　4. 河南安阳高楼庄M8　5. 殷墟M269：46　6. 安阳大司空村M51　7. 安阳郭家庄M160：41　8. 宝鸡竹园沟BZM13：9　9. 鹿邑太清宫长子口M1：149　10. 山东省威海市环翠区M1：4

（仅有妇好墓为5件一组），到西周早中期有所变化，宝鸡竹园沟出现一例单个出土的铙，威海环翠区出现形制相同、大小一致、成双出土的一组铙。

在北方铜铙的分型定式和分析过程中，有一些墓葬年代和铜铙年代不符的个例。

河南鹿邑太清宫长子口M1出土的A套铙，两铣皆内敛，与商代铙形制相似。通高分别为24.5、19.5、15.2厘米，铣间分别为18.6、15、12厘米，甬长分别为8.4、6.3、5.4厘米（图一五）。墓葬年代为周初。这3件铙，前两件纹饰相同，兽面纹兽目只剩眼眶；后一件小铙纹饰变化较大，兽面纹双目浑圆凸出，铣部末端内敛，与北方铜铙二期BⅡ式铙形制相近，推测此件小铙铸造年代相当于北方铜铙二期，而前两件较大的铙或为此件小铙的仿制品，以求3件成编。

河南洛阳林校车马坑出土的3件一组铙，鼓部无台面，甬部末端有箍。通高分别为21、19.8、17.5厘米。两铣短，铣间小。钲部方框凸弦纹纹饰几乎接近鼓部末端（图一八）[20]。车马坑年代为西周初期，而此3件铙与北方铜铙二期A型Ⅲ式铙形制相似，推断铙的铸造年代相当于北方铜铙二期。

图一八　洛阳林校西周车马坑铜铙

山东滨州惠民大郭铙，现存仅1件，通高11.4、铣间9.4厘米，饰凸线方框纹，铣口较侈（图一九），为北方铜铙二期A型Ⅲ式铙的特点，推断年代为殷墟二期晚段到殷墟三期[21]。

河南安阳殷墟M765的3件铙，通高分别为18、14.5、12厘米，铣间为13.2、10.7、9.5厘米（图二〇）[22]；河南安阳西北岗侯家庄M1083的4件铙，通高分别为17.9、15.1、12.7、12.4厘米（图二一）[23]。这几件铙，形制小，铣口侈，为北方铜铙一期B型Ⅰ式铙的特征，推断年代为殷墟二期晚段。

河南安阳大司空M288的3件铙，通高分别为17.8、15.9、13.5厘米，铣间分别为13.4、12.1、9.8厘米（图二二）[24]；山东滕州前掌大墓地的4件铙M206：128、M206：129、M222：12、M213：65，通高分别为15.2、20.8、17.7、20厘米，铣间分别为11.4、16.9、12.8、15.6厘米（图二三）[25]；山东沂源东安的3件铙，通高分别为

图一九　山东惠民大郭铜铙

图二〇　安阳殷墟M765铜铙

图二一　西北岗侯家庄M1083铜铙
（RO1085～RO1088）

图二二　安阳大司空M288铜铙

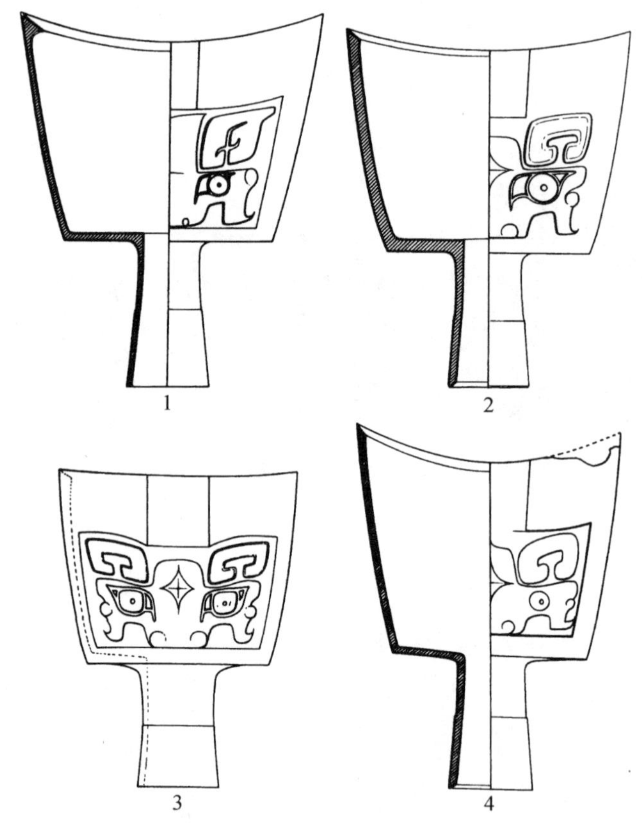

图二三　滕州前掌大铜铙

1. M206：129　2. M213：65　3. M206：128　4. M222：12

23、19.8、15.9～16.4厘米，铣间分别为17.9、15、11.4厘米[26]（图二四）。这几件铙，形制较大，铣口内敛，铣间较小，为北方铜铙二期B型Ⅱ式、B型Ⅲ式铙的特征，推断年代为殷墟三、四期。

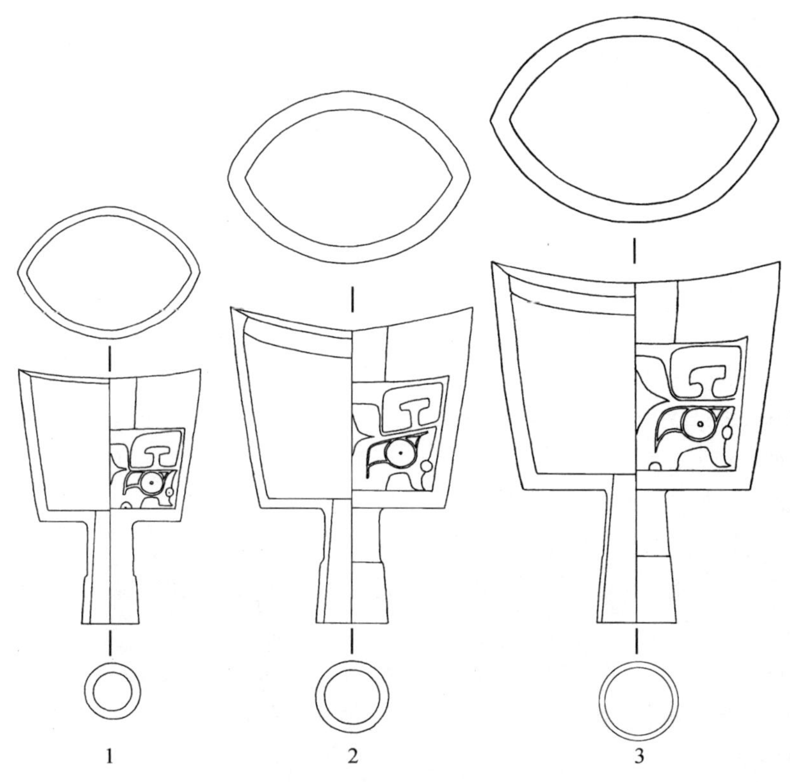

图二四　沂源东安铜铙

三、北方铜铙用途分析

北方铜铙多出土于等级较高的墓葬中，同出器物常见车马器或兵器，其军器及礼器用途明显。

同时，铜铙也是一种乐器，北方铜铙分纯铜、铜锡合金、铜锡铅合金、铜铅合金四类，与《考工记》记载“六齐”之“钟鼎之齐”相吻合[27]，更符合其乐器功能；而南方铜铙是由含量高达92%～98%的纯铜制成[28]，与其明显的祭祀功能相符合。铜铙发展到殷墟四期，其铣口逐渐内敛，应该也是应其演奏功能需要，减小铙体的振幅，而使敲击铙的声音更加清脆。根据测音，大部分北方铜铙都具有双音的功能，但根据其音程关系，这些编铙的侧鼓音可能在音乐实践中未被使用[29]，或许当时一钟双音只是被认识到，而没有开始大规模的实践。

值得注意的是，铜铙发展到西周早期最后一期，山东省威海市环翠区M1出土的两件铜铙，其形制与山东章丘明水镇小峨眉山出土的两套句鑃（简报中称铙形器）[30]及山东潍坊滨海大家洼街道出土的一套句鑃[31]极为相似，只是尺寸略小，而于山河之间批量出土的句鑃主要功能便是祭祀。此时编钟发展到有成熟的演奏音程，似乎也看到了早期北方铜铙一钟双音的影子。相关研究还有待更多的考古发现。

注　释

［1］（汉）许慎：《说文解字》，中华书局，1963年，296、297页。

［2］李纯一：《中国上古出土乐器综论》，文物出版社，1996年。

［3］方建军：《河南出土殷商编铙初论》，《中国音乐学》1990年3期。

［4］向桃初：《从殷墟出土铜铙看南方铜铙的年代》，《考古与文物》2010年2期。

［5］中国社会科学院考古研究所：《殷墟妇好墓》，文物出版社，1980年，228页。

［6］中国社会科学院考古研究所安阳工作队：《河南安阳市郭家庄东南26号墓》，《考古》1998年10期。

［7］杨宝顺：《温县出土的商代铜器》，《文物》1975年2期。

［8］《中国音乐文物大系》总编辑部：《中国音乐文物大系（河南卷）》，大象出版社，1996年。

［9］赵青云、赵世纲：《1958年春河南安阳市大司空村殷代墓葬发掘简报》，《考古通讯》1958年10期。

［10］郑同修、隋裕仁：《山东威海市发现周代墓葬》，《考古》1995年1期。

［11］中国社会科学院考古研究所安阳工作队：《河南安阳市花园庄54号商代墓葬》，《考古》2004年1期。

［12］中国社会科学院考古研究所安阳工作队：《安阳大司空村东南的一座殷墓》，《考古》1988年10期。

［13］安阳市文物工作队：《殷墟戚家庄东269号墓》，《考古学报》1991年3期。

［14］中国社会科学院考古研究所：《安阳殷墟郭家庄商代墓葬——1982年-1992年考古发掘报告》，中国大百科全书出版社，1998年，70～125页。

［15］山东省文物考古研究所、青州市博物馆：《青州市苏埠屯商代墓发掘报告》，《海岱考古》（第一辑），山东大学出版社，1989年。

［16］中国社会科学院考古研究所安阳工作队：《1969～1977年殷墟西区墓葬发掘报告》，《考古学报》1979年1期。

［17］马得志等：《一九五三年安阳大司空村发掘报告》，《考古学报》，1955年9册。

［18］河南省文物考古研究所、周口市文化局：《鹿邑太清宫长子口墓》，中州古籍出版社，2000年。

［19］卢连成等：《宝鸡㺇国墓地》，文物出版社，1988年。

［20］洛阳市文物工作队：《洛阳林校西周车马坑》，《文物》1999年3期。

［21］山东惠民县文化馆：《山东惠民县发现商代青铜器》，《考古》1974年3期。

[22] 王子初：《中国音乐考古学》，福建教育出版社，2004年，114页。

[23] 黄宽重：《来自碧落与黄泉：历史语言研究所文物精选录》增订一版，中研院历史语言研究所，2002年。

[24] 刘新红：《殷墟出土编铙的考察与研究》，中央音乐学院2004年硕士学位论文，16页。

[25] 中国社会科学院考古研究所：《滕州前掌大墓地》，文物出版社，2005年。

[26] 沂源县文物管理所：《沂源东安古城》，文物出版社，2016年。

[27] （清）阮元校刻：《十三经注疏·周礼注疏》，中华书局，1980年，277页。

[28] 曹玮：《商代晚期洞庭湖及其周边地区的祭祀模式》，《湖南省博物馆馆刊》2016年1期。

[29] 张伟：《殷墟出土乐器调查与分析》，《交响——西安音乐学院学报（季刊）》2010年29卷1期。

[30] 常兴照、宁荫棠：《山东章丘出土青铜器述要兼谈相关问题》，《文物》1989年6期；宁荫棠、王芳：《山东章丘小峨眉山发现东周窖藏铜器》，《考古与文物》1996年1期。

[31] 郎剑锋、赵守祥：《山东新见青铜句鑃初识》，《东南文化》2016年5期。

汉代夹纻胎漆器的分类与分期

杨小博[1]　吴双成[2]

（1. 山东省水下考古研究中心；2. 山东省文物保护修复中心）

夹纻胎是以一层麻布或多层相黏麻布支撑器物外形的漆器[1]，亦称“布胎”或“脱胎”。最早发现于长沙左塘三号墓[2]，至汉代其技术和数量均臻于顶峰。洪石[3]等学者从文献及考古发现的角度探讨夹纻胎的命名和内涵，但系统研究尚未展开。近年来，科技考古的兴起为夹纻胎漆器研究提供了新视角。如吴双成对海曲墓地[4]夹纻胎漆器的结构分析，金普军等[5]对盱眙夹纻胎漆器的科学检测等。部分学者从科技角度的分析和检测，既拓展了夹纻胎漆器的研究范围，也为其保护提供了科研依据。然而以考古学文化角度对汉代夹纻胎漆器的研究依然阙如，本文拟从考古类型学分析夹纻胎漆器的发展历程。

一、考古发现与分布

据统计，汉代发现夹纻胎漆器559件（截至2018年），散布于95座墓葬，分布范围广泛，集中在江苏扬州、湖南长沙及山东潍河以东地区。

（一）主要墓地分析

1. 海曲墓地[6]

位于日照西郊十里堡村西南约1.5千米处，村西北1千米处为汉代海曲县故城，故称为海曲墓地。发现墓葬86座，漆器500多件，夹纻胎漆器123件。M106随葬夹纻胎类型以奁盒和耳杯为主，多为五子或七子奁盒。墓主为海曲县官员，年代在西汉中期。

2. 临沂汉墓 [7]

位于山东临沂南郊（现位于城区内），墓葬封土呈东西对峙，分别称为银雀山和金雀山，计清理墓葬15座、漆器120多件，夹纻胎漆器10件，主要为盘，另有少量耳杯、奁等。

3. 邗江姚庄 [8]

位于江苏扬州市邗江县（今邗江区，下同）甘泉镇姚庄村，为夫妇合葬墓。发现夹纻胎漆器25件，有奁、盒、耳杯及盘等器类。汉广陵国夫妇合葬墓，年代为西汉晚期。

4. 杨寿乡墓地 [9]

位于江苏邗江县杨寿乡李岗村，发掘墓葬2座，随葬漆器近50件，夹纻胎漆器8件，有耳杯、盘等。该墓为汉广陵国王陪葬墓，年代为新莽时期。

5. 大云山汉墓 [10]

位于江苏盱眙县马坝镇云山村，南距汉代东阳城遗址1千米，主墓3座、陪葬墓11座。M1、M2为异穴同茔墓，为西汉江都王墓。M2、M9、M10随葬夹纻胎漆器有74件，器形有奁盒、耳杯、盘及卮等。M2墓主为第一代江都国王后。

6. 东阳墓地 [11]

位于江苏盱眙县马坝镇东阳古城东南，墓葬180余座。M1、M30的夹纻胎漆器发现较多，有奁盒、耳杯、樽等。M1漆器刻纹上有“东阳庐里巨田侯”，墓主为侯爵。

7. 陈墩汉墓 [12]

位于江苏宿迁市泗阳县三庄乡夫庙村，墓葬1座，随葬漆器约有40件套，2套奁为夹纻胎。墓地为西汉泗水国王陵及陪葬墓区，墓主为女性，年代在汉昭宣帝之间。

8. 风篷岭汉墓 [13]

位于湖南望城县星城镇银星村，往南约3.2千米为西汉三石戍城址，南约6千米为西汉早期长沙国王陵区。夹纻胎漆器36件，有耳杯，少量盒等。墓主为某代长沙王后。

9. 马王堆汉墓 [14]

在湖南长沙市东郊五里牌外，离市中心约4千米，墓葬发掘3座。夹纻胎漆器发现30件以上，以耳杯、奁盒及盘等为主。M1为轪侯夫人墓，M2、M3为轪侯及其儿子的墓。

10. 沅陵虎溪山[15]

位于湖南沅陵县城关镇西。墓葬1座，清理各类遗物1500余件，发现耳杯、奁、盆、盘、卮等有夹纻胎。墓主为吴阳，长沙王吴臣之子，属西汉早期侯爵。

11. 三角圩汉墓[16]

位于安徽天长县安乐公社北冈大队，发掘27座墓，随葬漆器有耳杯、奁盒等夹纻胎数量较多。年代在西汉中晚至东汉早期。

12. 擂鼓台[17]

位于湖北襄阳市市区南门外凤凰山山腰小岗上。墓葬1座，发现的盘、奁等多为夹纻胎。

（二）其他发现

除上述地区外，在巨野红土山[18]、莱西岱墅[19]、日照大古城[20]、沂水龙泉站[21]、连云港[22]、邗江胡场[23]、徐州翠平山[24]、盐城三羊墩[25]、仪征烟袋山[26]、长沙[27]发现较多。在霍山县[28]、阳原[29]、满城[30]、清镇[31]、大连前牧城驿[32]、长冶分水岭[33]、北京大葆台[34]、浑源毕村[35]、武威磨咀子[36]、南京六合岗[37]、阜阳双古堆[38]、杞县许村岗[39]、绵阳永兴[40]、成都[41]、重庆临商路[42]、南昌[43]、广州[44]、青岛土山屯[45]等地也有零星发现。

二、分类、分期

（一）分类与命名

夹纻胎漆器较木胎漆器数量少，但发现类别基本涵盖了各种器形。这里对数量较多的耳杯、奁盒、盘等进行类型学分析。

1. 耳杯

发现150件，可分型139件。根据装饰纹样不同分为五型。

A型　25件。杯底椭圆圈内饰云气或神兽纹，据装饰位置的不同分三个亚型。

Aa型　20件。器底及腹内外壁布满纹饰。沅陵虎溪M1T：54 ，口微敞，斜弧腹，平底，双长弧形耳。髹黑漆朱彩。器表及内壁针刻云气纹，器内口沿下针刻几何纹。器底刻“沅五十三”。长16.2、宽12.6、通高4厘米（图一，1）。

Ab型　1件。器底及器内壁布满纹饰。沅陵虎溪M1T：101，口微敞，弧腹，平底，双长弧形耳。髹黑漆朱彩。器内壁针刻云气神兽纹。长17.3、宽12.6、通高4.6厘米（图一，2）。

Ac型　4件。器底及外壁布满纹饰。邗江姚庄M102：97，呈椭圆形，圆弧腹，饼足。髹酱紫漆、朱漆，口沿，内底饰弦纹、涡纹、齿纹，腹上朱绘二方连续的变体朱雀纹；内间饰变体兽纹。长14、宽10.6、高4厘米（图一，6）。

B型　4件。器底有椭圆形纹饰内部无纹，腹部内外侧有纹饰。武威磨咀子M62（缺号），双耳镶鎏金铜壳，耳杯外口沿朱绘涡纹，腹部有四对凤鸟及流云纹，耳背面饰几何纹。底刻隶书款识。长15.6、高4.5厘米（图一，7）。

C型　44件。器底饰龙纹或神兽纹，侧面为素面。据装饰位置的不同分三个亚型。

Ca型　12件。底面椭圆形，外饰纹饰。邗江盱眙大云山 M2 ：175，椭圆形口，弧腹，平底。耳正面饰一对动物纹。内腹壁饰弦纹、朱漆点、云气纹等。内底纹饰分内、外两区。外区饰弦纹、朱漆点纹与篦纹组合。内区饰神兽纹4组，两两对称分布。口径18.4、连耳14.5、底径长10、宽 4.9、通高 4.2 厘米（图一，3）。

Cb型　30件。椭圆形内饰神兽纹，腹内壁皆素面。据纹饰变化可分二式。

Ⅰ式：27件。连云港海州侍16：3，椭圆形口，弧腹，平底。外口边与耳边饰弦纹、点纹。内底纹饰分内、外两区。内区中心饰云气纹，两侧饰对称的神兽纹。长径15.6厘米（图一，8）。

Ⅱ式：3件。邗江姚庄 M102：99，椭圆形，圆弧腹，底内凹，饼足。口沿饰弦纹、涡纹；内底一周饰条纹、涡纹，内间饰朱绘变体兽纹。长14、宽11、高4厘米（图一，9）。

Cc型　2件。底部饰大卷云纹。盱眙大云山M10：113，椭圆形口，弧腹，平底。中心饰几何纹，边缘饰弦纹两道。外腹壁饰弦纹、几何云气纹。中心饰花草云气纹两组，对称分布。口径14.9、耳宽13.8、底径4.8、高3.9厘米（图一，4）。

D型　31件。器底饰卷云纹，腹部内外为素面。邗江姚庄M102：57，口沿处饰针刻纹，内间饰涡纹；口沿内壁饰针刻条纹和朱绘涡纹；内底饰条纹、涡纹。底心饰一针刻云气纹。耳外沿饰针刻条纹和变体云气纹，杯耳背面刻有“工野”。长16、宽13.2、高4.8厘米（图一，5）。

E型　35件。素面。

大前牧城驿M802：26 A，呈椭圆形，圆弧腹，圜底，饼足。素面无纹。口长12.8、高4厘米（图一，10）。

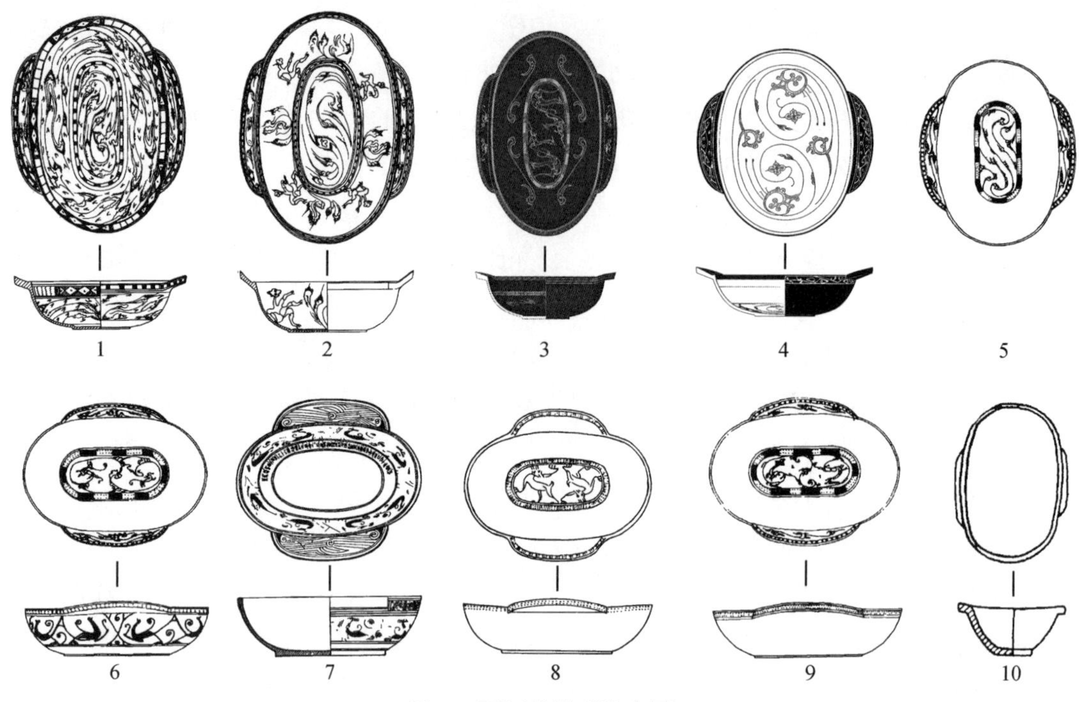

图一　耳杯的类型演变图

1. Aa型　2. Ab型　3. Ca型　4. Cc型　5. D型　6. Ac型　7. B型　8. Cb型Ⅰ式　9. Cb型Ⅱ式　10.E型
［1、2. 沅陵虎溪（M1T：54 、M1T：101）　3、4. 盱眙大云山（M2 ：175、M10：113）　5、6、9. 邗江姚庄（M102：57、M102：97、M102：99）　7. 武威磨咀子（M62出土）　8. 连云港海州（侍16：3）　10. 大前牧城驿（M802：26A）］

从上述类型学分析，笔者将夹纻胎漆耳杯的发展划为三个阶段：第一阶段为西汉早期，纹饰遍布耳杯内外壁，填塞较满，以沅陵虎溪吴侯墓M1为代表。第二阶段为西汉中期，纹饰逐步规范化，耳杯中心出现圆形界格，但不统一，主要装饰为神兽或夔龙纹，如盱眙大云山M1、连云港海州侍其繇墓的发现。第三阶段为西汉晚期至新莽时期，纹饰较规范，中心部位的圆形界格固定。耳杯装饰以卷云纹、素面为多，如邗江M102。无论早晚阶段，耳杯均分布于以邗江及成都为中心的区域内。

2. 奁盒

大奁内的小盒一般被称为盒。在随葬品中，奁大多与盒共同出土，呈群组分布。奁和盒形状相近，为方便分析，笔者将含子盒的奁列为一类，其他的也均称为奁盒。奁盒205件，可分型定式者172件。根据奁盒形状不同和体积，分为七个大型。

A型　20件。圆形，多子奁盒，成套出现，内含3～9个小盒，一般底为木胎，腹部及盖部为夹纻胎。小盒亦多为夹纻胎。据奁盒内部结构不同可分为四个亚型。

Aa型　13件。单层圆形多子奁盒。泗阳陈墩M1棺：3、M1棺：4，由盖与身组成。盖顶正中贴银柿蒂纹，上嵌5颗红玛瑙。盖面、侧面和盖身用金银箔分层贴饰，图案有羽人、神兽、飞禽、仙人折芝及各类云气纹等，主题纹饰下贴一周菱形纹。身与盖纹饰及图案基本相同。盒内放5件子奁。盖高11、直径17.5厘米，身直径16.6、高9.3厘米（图二，1）。

Ab型　3件。双层圆形多子奁盒。据奁盒内部纹饰的不同和演变可分二式。

Ⅰ式：2件。长沙马王堆M1：443，以“信期绣”绢夹袱。盖和器壁均为夹纻胎，底为木胎。器身分上、下两层，有盖。器表髹黑褐色漆，上贴金箔。盖面及器身绘云气纹。下层在胎底凿9个凹槽，放9个子奁。上层高12.5、下层高7、通高20.8厘米（图二，2）。

Ⅱ式：1件。海曲M106：2，圆筒状，直口，方唇，直壁，平底。分上下两层，上层镜奁。下层放置5件子盒。器表镶嵌三周带状银釦。弧顶盖，盖顶中心饰银质柿蒂纹，其外镶嵌一周带状银釦，银釦内外各以朱、绿色漆绘云纹及鸟纹、兽纹；盖顶周缘以朱漆绘一周三角形云纹带。口径15.4、底径15.4、通高12.4厘米（图二，5）。

Ac型　3件。双层圆形奁。据奁盒内部纹饰的不同和演变分二式。

Ⅰ式：2件。长沙马王堆M3：北155，双层、穹形顶。盖顶用白色凸起线条勾边，内勾填红、绿二色云纹。边缘二周由菱形纹、波折纹组成装饰带。盖和下层的外壁，上层口沿均用相同的方法绘油彩云纹，下层近底部饰一圈几何花纹。下层内置一铜镜。口径24.1、通高16.9厘米（图二，3）。

Ⅱ式：1件。天长三角圩M1：20，盖穹形顶，中镶银质柿蒂纹。盒内隔成马蹄形，隔盒与内盒共底。纹饰以云气纹为主，几何纹、禽兽纹为辅。通高12.8厘米，盖11.8、直径13.8厘米，身直径12.2、高9.9厘米（图二，4）。

Ad型　1件。圆形耳杯奁。天长三角圩M1：176，盒身内隔成大、中、小三个耳杯形。装饰以云气纹、兽面纹为主，几何纹为辅。壁厚0.3～0.5、通高14、外径25.8、身直径25、高8.5厘米（图三，8）。

B型　5件。长方形，多双层。

长沙马王堆M3：北162，盝顶形盖。外髹黑漆，内髹红漆。分两层，盖及器身外壁饰云气纹。长48.5、宽25.5、通高21厘米（图二，8）。

C型　65件。圆形盒。5件纹饰不明。据奁盒内部纹饰的不同和演变可分二式。

Ⅰ式：10件。长沙马王堆M1：441-5，盖里外中心均针刻云气纹，并加朱绘点纹，盖边缘及器身近底处针刻几何纹。直径12、高8厘米（图二，6）。

Ⅱ式：50件。天长三角圩M1：150，外髹黑漆，内髹朱漆。盖穹形顶，中镶银质柿蒂纹银箔。饰云气纹为主，几何纹、禽兽纹为辅。通高6.8、壁厚0.15、盒身直径7、

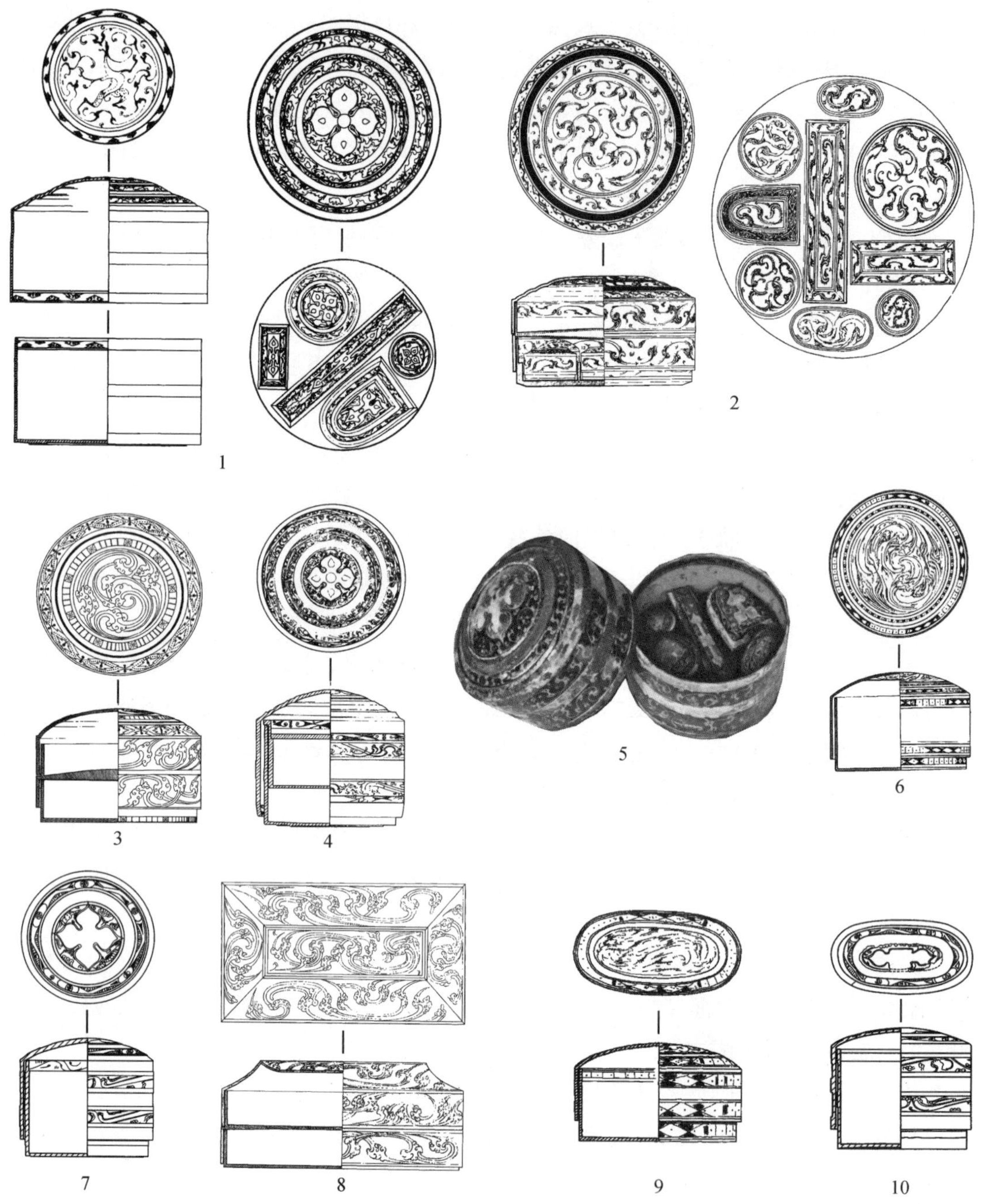

图二　奁盒的类型演变图（一）

1. Aa型　2. Ab型Ⅰ式　3. Ac型Ⅰ式　4. Ac型Ⅱ式　5. Ab型Ⅱ式　6. C型Ⅰ式　7. C型Ⅱ式　8. B型　9. D型Ⅰ式　10. D型Ⅱ式

［1. 泗阳陈敦（M1棺：3、M1棺：4）　2、3、6、8、9. 长沙马王堆（M1：443、M3：北155、M1：441-5、M3：北162、M3：159-15）　4、7、10. 天长三角圩（M1：20、M1：150、M1：302）　5. 海曲墓地（M106：2）］

高5.6厘米（图二，7）。

D型　15件。椭圆形盒。据奁盒内部纹饰的不同和演变可分二式。

Ⅰ式：3件。长沙马王堆M3：159-15，盖顶锥画云气纹，外圈，壁上下及奁身外壁近底部各一锥画几何纹。长径8、短径4.2、通高5厘米（图二，9）。

Ⅱ式：12件。天长三角圩M1：302，盖穹形顶，中部镶银质柿蒂纹银箔。饰以云气纹为主，几何纹为辅。通高6.2厘米，盖高5.2、盖长径7、短径3.7厘米，身长径6.6、短径3.2、高5.1厘米（图二，10）。

E型　42件。方形盒，一件残，据奁盒内部结构不同可分为两个亚型。

Ea型　35件。长方形盒。据奁盒内部纹饰的不同和演变可分二式。

Ⅰ式：9件。沅陵虎溪山M1T：85，方唇，直口，平底。髹红漆。通体针刻云气纹。长21.8、宽5.4、高3.9厘米（图三，1）。

Ⅱ式：26件。望城风篷岭M1：145，平底，口沿、中部、底部均有银釦加固，饰凤、虎等各类金箔。盖顶中央嵌金柿蒂纹，有嵌玛瑙等物的圆孔。长8、宽3.6、高6.7厘米（图三，2）。

Eb型　7件。方形盒。据奁盒内部纹饰的不同和演变可分二式。

Ⅰ式：1件。天长三角圩M1：252，平底，内髹朱漆，外髹黑漆。盖中饰云气纹和怪兽，身外壁饰云气纹。通高8.8厘米，盖高7.2、盖边长7厘米，身边长6.2、高7.5厘米（图三，4）。

Ⅱ式：6件。日照海曲M106：1-1，直口，方唇，直壁，平底。内髹红漆，外髹黑褐漆。盖顶饰银柿蒂纹，并衔一圆环。器身饰柿蒂纹。口长5.8、宽4.8、底长4.9、宽4、通高9.2厘米（图三，3）。

F型　21件。马蹄形盒。据奁盒内部结构不同分二型。

Fa型　19件。据奁盒内部纹饰的不同和演变可分二式。

Ⅰ式：5件。霍山M1：6，盖呈盝顶式，盖面朱绘云点纹，器表朱绘菱形纹、弦纹和点纹、长7.3、通高6.5厘米（图三，6）。

Ⅱ式：14件。青岛土山屯M8：23-1，盖顶饰三瓣柿蒂纹，绘云气纹和变体几何纹。盖长8.6、宽6.6、高5.9厘米，盒身长8.1、宽5.9、高5.3厘米（图三，7）。

Fb型　2件。天长三角圩M11：2，由盖和盒身组成。内髹朱漆、外髹棕漆。盖顶绘简化云气纹和几何纹。盒身长7.5、宽5.1、高5.2厘米（图三，5）。

G型　4件。异形盒。天长三角圩M1：3，月牙形，通高6厘米，方盒长6.5、宽3.2、高3.4厘米，月牙长12.1、宽4、高2.5厘米（图三，9）。天长三角圩M1：178，横剖面呈耳杯形，扁宽，直壁，平底变形内凹。外壁饰云气及几何形纹。长15.6、宽11.8、高5.5厘米（图三，10）。

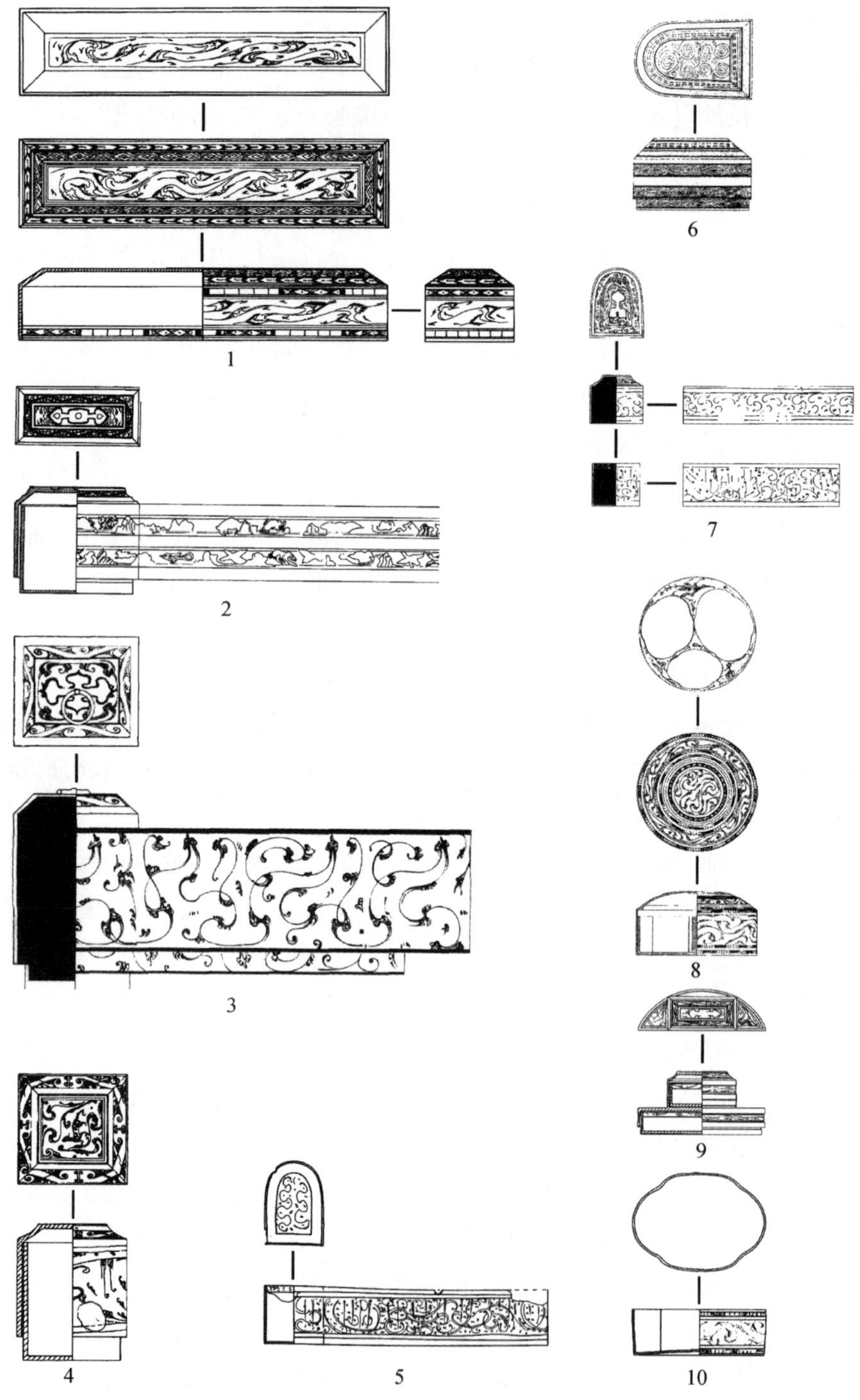

图三　奁盒的类型演变图（二）

1. Ea型Ⅰ式　2. Ea型Ⅱ式　3. Eb型Ⅱ式　4. Eb型Ⅰ式　5. Fb型　6. Fa型Ⅰ式　7. Fa型Ⅱ式　8. Ad型　9、10. G型
［1. 沅陵虎溪山（M1T：85）　2. 望城风篷岭（M1：145）　3. 日照海曲（M106：1-1）　4、5、8～10. 天长三角圩（M1：252、M11：2、M1：176、M1：3、M1：178）　6. 霍山（M1：6）　7. 青岛土山屯（M8：23-1）］

奁盒多流行于西汉中期，至东汉早期不见，以圆形和方形数量最多，马蹄形和椭圆形次之。各类奁盒的花纹装饰差异较大。如西汉早期奁盒盖顶的装饰以卷云纹为主，而西汉中后期多为柿蒂纹或变形的四叶纹。这一装饰风格的变化，体现了银釦技术的发展和人们对此类装饰题材的偏爱。

3. 盘

发现152件，其中107件可分型。根据盘内主体纹饰的不同可分四个大型。

A型　43件。漆绘神兽纹，据纹饰特点和位置不同分两个亚型。

Aa型　10件。盘底中部及外壁饰神兽纹。盱眙大云山M2：163，敞口，斜沿，弧折腹。内壁髹朱漆，底髹黑漆。底部三组对称神兽云气纹，中心饰一神兽。沿面及外沿髹弦纹、梳齿纹等，盘外上腹髹饰神兽云气纹。外底针刻铭文。口径27、底径11.3、高5.8厘米（图四，1）。

Ab型　33件。盘底中部及内壁饰神兽纹。据纹饰形态分二式。

Ⅰ式：30件。盱眙大云山M2：162，敞口，斜沿，弧折腹，大平底。通体髹黑漆。沿面及外沿饰弦纹、篦纹及朱漆纹。盘内饰三组对称神兽纹，内壁饰对称神兽云气纹，外底刻铭文。口径26.6、底径11.2、高6厘米（图四，2）。

Ⅱ式：3件。邗江宝乡M104：28，敞口，平沿，鎏金铜釦边，深折腹，平底。内腹无纹、上部绘四组勾连云纹。内底髹黑漆，以一圈针刻菱形几何纹和褐漆点纹组成的纹饰勾边，中部饰三组云纹，每组以一熊状兽为主体。外腹满绘四组连续云纹（图四，3）。

B型　19件。盘底或内壁绘卷云纹或凤鸟纹，据纹饰特点和位置不同可分四个亚型。

Ba型　6件。盘底及内壁饰凤鸟或卷云纹。长沙马王堆M2：南26，折壁，平底，平沿外折，腹部较深。通体髹黑漆。底及内壁饰卷云纹。口径26.4、底径10.8、通高6厘米（图四，4）。

Bb型　5件。盘底饰卷云和凤鸟纹。天长三角圩M19：88，敞口，内斜沿，方唇，浅折腹，矮假圈足。口沿及腹外壁上部饰卷云纹，内底饰卷云和凤鸟纹。口径14.9、腹径13.8、通高2.3厘米（图四，5）。

Bc型　6件。盘底饰卷云纹。望城风篷岭M1：106-1，髹酱褐漆。内壁上部及外壁折沿下方各有一条带状纹饰，云气纹和四点纹之间用竖线分隔。内底边缘绘两道弦纹，中间绘云气纹。外壁素面无纹。口径11.5、底径6.1、高2.2厘米（图四，6）。

Bd型　2件。盘底饰柿蒂纹，周边嵌云纹。东阳小云山M1：76，器内髹红漆，余髹褐漆，上腹部内、外壁均有银平脱的兽形图案，间饰朱色流云纹、弦纹，器底内部饰银平脱柿蒂纹。口径22、底径12.5、通高3.2厘米（图四，8）。

C型　43件。素面。泗阳陈墩M1边箱：57，盘浅，宽折沿，折腹，假圈足。口径15、底径6.1、通高3厘米（图四，9）。

D型　2件。盘底火焰纹。邗江宝女墩M104：26，敞口，平沿，鎏金铜釦边，浅直腹，平底。除内底外圈髹朱漆，其余部分为黑漆地，外腹火焰状云气纹。内底纹饰菱形

图四　盘的类型演变图

1. Aa型　2. Ab型Ⅰ式　3. Ab型Ⅱ式　4. Ba型　5. Bb型　6. Bc型　7. D型　8. Bd型　9. C型

［1、2. 盱眙大云山（M2：163、M2：162）　3、7. 邗江（M104：28、M104：26）　4. 长沙马王堆（M2：南26）　5. 天长三角圩（M19：88）　6. 望城风篷岭（M1：106-1）　8. 东阳小云山（M1：76）　9. 泗阳陈墩（M1边厢：57）］

纹、篦纹、褐漆点纹相隔纹饰，中部为三等分的卷云纹，每组12个针刻火焰状云纹。中心有一小孔。外底隶书“中官”二字，口径26.4、底径24、高2.5厘米（图四，7）。

盘以A型、C型最多，其次是B型，主题纹饰为神兽纹、卷云纹及凤鸟纹，辅之以各类斜线三角纹。漆盘多见于西汉中期，C、D型盘多流行在西汉中后期，东汉不见。

4. 其他器类

除上述耳杯、奁盒及盘外，还见有盆、碗、盂、卮、壶、匜、樽、洗8类计44件，数量较少，以酒器为主。

盆　2件。沅陵虎溪山M1N：5，敞口，方唇，折收腹，平底。口沿针刻几何纹一周，器内近口沿处针刻几何纹和神兽纹一周，盆内锥画神兽纹和云气纹一周，内髹黑漆并施彩绘。口径27.7、底径11.4、高6.3厘米（图五，1）。

碗　12件。盐城三羊墩M1：1，外髹黑漆，内髹焦茶色漆。口沿外针刻菱形纹，底内针刻S形双线。口径12、底径5.3、高5厘米（图五，2）。邗江姚庄M101：128，敞口，尖唇，圆鼓腹，饼足。针刻云气、神兽纹。直径11.6～14.2、高5.5～6厘米（图五，3）。

盂　2件。东阳小云山M1：174，口微敞，卷沿，弧腹，平底。内涂红、外涂褐漆。口径26.8、底径14.8、高10.8厘米（图五，4）。

壶　2件。邗江姚庄M101：248，直口，圆鼓腹，平底，上有套盖。内髹朱、外髹褐漆。外针刻六道几何纹带，腹部为如意勾云纹。盖侧及沿面各针刻一道几何纹带。口径4.2、腹径8、底径4.5、通高7厘米（图五，5）。

匜　5件。阜阳双古堆M1：2，椭圆形，底部中绘云纹，里外边绘象鼻纹。长径33、通高6厘米（图五，6）。

樽　7件。盱眙东阳M30：25，圆形，内外通髹黑漆，外壁底部绘云气纹和弦纹。器身中部两侧饰三熊形足。口径9、通高7.2厘米（图五，7）。盱眙东阳M30：20，外髹黑漆，盖面中部饰一周凹弦纹圈带。器身素面。外壁中部一侧饰一铜鋬手。简报称卮，当为樽。通高12.3、盖径2.5、器身11.3、高10.9厘米（图五，8）。

洗　1件。天长三角圩M19：25，外髹黑漆，内髹朱漆。卷沿、方唇，浅腹、腹部置二对称铜铺首衔环。腹外部上侧饰云气纹、几何纹等，间饰2组怪兽。内底饰云气纹和三怪兽，兽尾卷成弧线三角。口径27.4、腹径26.5、足径14厘米、器高12.4（图五，9）。

卮　13件。长沙马王堆M1：207，外髹黑漆，内髹红漆。有盖，盖顶有铜质圆环。器身锥画云气纹、神人及龙。口径9、通高10厘米（图五，10）。

这些器类，酒器居多，出现于西汉早期，至西汉中晚期数量趋多，类型渐丰富。

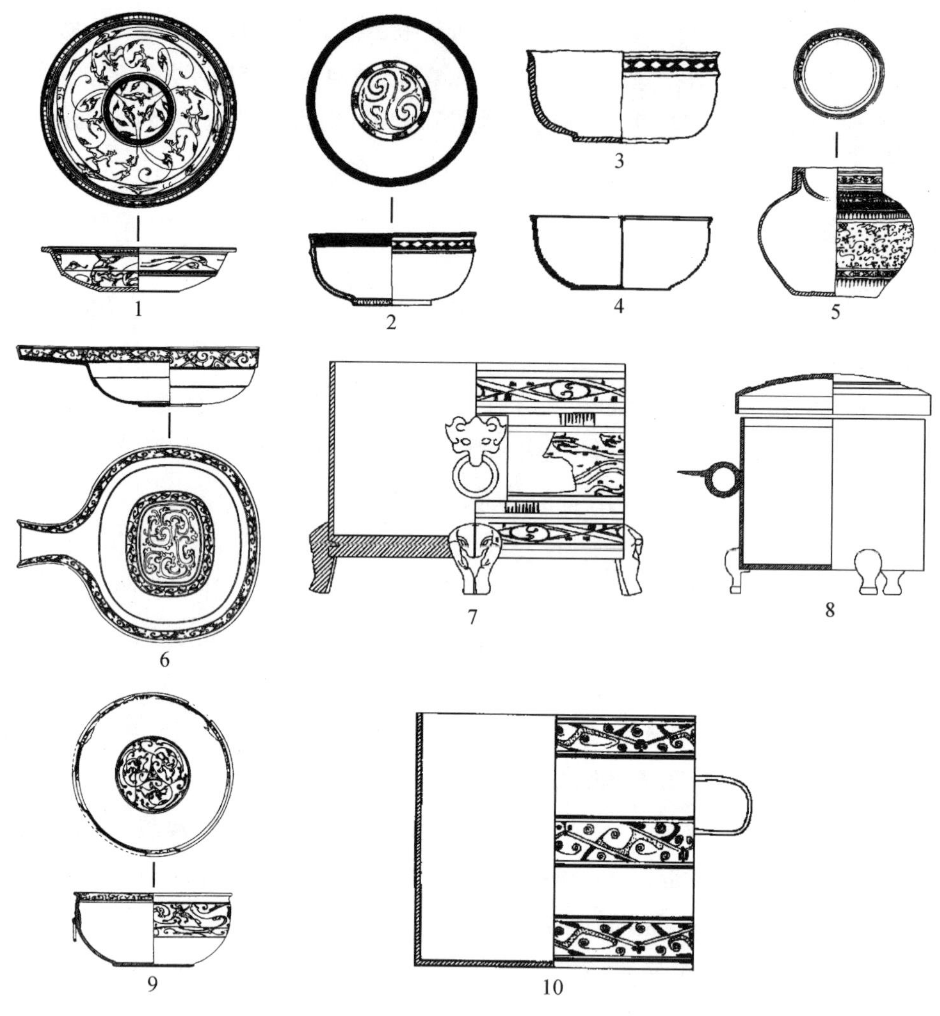

图五　其他类型

1. 盆　2、3. 碗　4. 盂　5. 壶　6. 匜　7、8. 樽　9. 洗　10. 卮

［1. 沅陵虎溪山（M1N：5）　2. 盐城三羊墩（M1：1）　3、5. 邗江姚庄（M101：128、M101：248）　4. 东阳小云山（M1：174）　6. 阜阳双古堆（M1：2）　7、8. 盱眙东阳（M30：25、M30：20）　9. 天长三角圩（M19：25）　10. 长沙马王堆（M1：207）］

（二）分期与分布

据上述分析，结合墓葬情况，可将汉代夹纻胎漆器的发展分为三个阶段（下表；附图）。

第一阶段，西汉早期，相关墓葬25座，占墓葬总数的26.32%。器类相对较少，主要为耳杯、奁盒、盘、卮等，发现数量占夹纻胎漆器总数的10.6%。分布于长沙、沅陵及安徽阜阳等地。

第二阶段，西汉中期，相关墓葬17座，占墓葬总数的17.89%。出土夹纻胎漆器发现数量占其发现总数的54.66%，涵盖目前所见夹纻胎漆器的一半以上。器类除常见的耳杯、奁盒、盘等外，还有碗、樽等新器形，可知这一时期漆器制作水平有较大提高。分布范围有所扩大，天长、盱眙大云山、小云山及日照海曲墓地为集中分布区域。

第三阶段，西汉中期偏晚至东汉早期，相关墓葬53座，占墓葬总数的55.79%。器类丰富，发现有壶，随葬夹纻胎漆器发现数量约占其总数的34.74%。分布范围进一步扩大，北至大连，西至武威均有出土；盱眙、邗江仍为集中区，临沂、莱西等地区亦发现较多。东汉早期之后，夹纻胎漆器开始衰落，此时随葬漆器的数量与质量也逐步下降。

主要器类分期表

器类 类型 阶段	耳杯	奁盒	盘
第一阶段	Aa型，Ab型	Ab型Ⅰ式，Ac型Ⅰ式，B型，C型Ⅰ式，D型Ⅰ式，Ea型Ⅰ式，Eb型Ⅰ式，Fa型Ⅰ式	Aa型，Ba型
第二阶段	Aa型，Ca型，Cb型Ⅰ式，Cc型，E型	Aa型，Ab型Ⅱ式，Ac型Ⅱ式，Ad型，B型，C型Ⅱ式，D型Ⅱ式，Ea型Ⅱ式，Eb型Ⅱ式，Fa型Ⅱ式，G型	Aa型，Ab型Ⅰ式，Bb型，Bc型，Bd型，C型
第三阶段	Ac型，B型，Cb型Ⅱ式，D型，E型	Aa型，C型Ⅱ式，D型Ⅱ式，Ea型Ⅱ式，Eb型Ⅱ式，Fa型Ⅱ式，Fb型，G型	Ab型Ⅱ式，Bc型，C型，D型

综上，汉代夹纻胎漆器集中分布于江苏、山东及其周边地区，尤以今江苏盱眙和邗江地区最为丰富。江苏盱眙和邗江为汉代广陵国所在地，是当时制造和使用夹纻胎漆器的中心区域。夹纻胎耳杯在安徽地区分布较少，多见于邗江、盱眙及临沂等地，而奁盒则多分布于盱眙和邗江，这又反映出其分布的地区差异。

三、生产、使用及交流等问题

洪石将汉代漆器的生产和管理分为官营、民营两类。官营的蜀郡和广汉郡工以制造“乘舆”器为主，同时生产釦器[46]。结合铭文，漆器生产除官营外，地方诸侯也有从事。此种情况也从侧面反映出西汉初年实行的郡国双轨制。汉代漆器分布地域广，反映出当时官私手工业基础雄厚，经济实力较强。夹纻胎漆器并非当时主流产品，与其他胎体相比，器别、数量相对较少。

西汉早期擂鼓台出土夹纻胎漆盘与马王堆M2的Ba型盘，在器物纹饰、尺寸大小方面相似度极高，但墓主身份差别较大，前者为下层官吏，后者为侯王。但此种情况不常见，漆器多发现于较高级墓葬中。至西汉中后期，随葬夹纻胎漆器的习俗逐渐流行，如四川成都M15出土的耳杯就与江苏盱眙大云山M10的一致，其器形纹饰、尺寸大小基本相同，即前文所分的Cc型耳杯。上述跨区域流行的漆器，当为官营手工业集中生产，之后再进行分配和赏赐。

山东、江苏及安徽等地漆器大部分产于当地，其中夹纻胎漆器生产又多集中在汉代广陵国。它的范围大致相当于今江苏南部偏西一带和安徽东南与江苏交界处。如天长三角圩的漆器，陈振裕认为来自于广陵国东阳郡[47]。

汉代上至诸侯王下至普通士大夫阶层，均有随葬夹纻胎漆器的习俗，但在西汉早期多随葬于诸侯王墓，仅极个别小型墓葬有发现。到西汉中晚期，才遍及于以汉广陵国为中心的各等级墓葬中。可见，随葬夹纻胎漆器，有一个由上而下、由早及晚的扩散过程。精美少见的酒器如卮等，大多仅见于大型诸侯王墓，反映墓主身份高贵。

西汉晚期至东汉早期，随着郡国并行体制的废除，从体量上普通士族墓随葬更多，且分布地域也更广。如贵州清镇、邗江姚庄M102，以及邗江杨寿乡宝女墩M104，均有夹纻胎漆器发现。这其中釦器均含蜀郡或广汉郡工字样，当是主产地。据此，一般釦器类的夹纻胎产品来自蜀郡或广汉郡工，而未刻铭的则可能为本地仿制。

从南部盱眙、邗江北上经日照、青岛，最后在北京、辽宁一带随葬夹纻胎漆器的墓葬集中，表明其广泛分布于环黄、渤海间。且这些地方漆器不仅数量多，类型丰富，而且器形也接近。故笔者认为这一区域当有一条海上交通线。白云翔以日韩发现的铜剑和铜镜为研究视角，认为中国古代的青铜工匠可能有两次东渡[48]，是从黄海—渤海—黄海的海上之路过去的。不同物质文化的交流，间接论证了汉代这条海上交通线的存在。从长江入海口沿海岸线北上，在中韩日之间同属一个大的环黄渤海交流圈。

四、结　　语

本文对汉代墓葬中的夹纻胎漆器进行研究，器类有耳杯、奁盒、盘、盆、碗、樽、卮、壶、盂、匜、洗11类。这其中以耳杯、奁盒、盘的数量最多，类型最丰富。在制作技术和装饰手法上，夹纻胎漆器与一般漆器大体相同，除本身胎体不同外，奁盒装饰上经常使用银釦、铜釦或金釦等。本文把耳杯分成五型，奁盒分为七型，盘分为四型。其他各类发现少，未分型。

结合夹纻胎漆器墓葬情况，可将汉代夹纻胎漆器的发展分为三个阶段：第一阶段，西汉早期，一般为诸侯王或列侯墓随葬较多。第二阶段，西汉中期，仍以诸侯王及列侯墓为主，但普通士大夫的墓葬中也开始流行。第三阶段，西汉中期偏晚阶段至东汉早期，以普通士大夫墓随葬为主，流行范围更广。西汉早中期更为精美，数量和类型也更为丰富。在此之后汉代漆器的生产逐步走向衰落。

以广陵国为中心的江苏和安徽部分地区当为汉代生产和消费夹纻胎漆器的核心区，其周边的山东等地使用夹纻胎漆器的习俗可能受其影响。此外发现的夹纻胎地点，多在江苏、山东的东部沿海地区，据此推测，在汉代沿环黄渤海地带，当有一条重要的海上交通线。

附记：本项目受国家文物局文物保护科学和技术研究重点课题（20120210）资助。

注 释

[1] 吴双成、蔡友振：《浅谈漆器的分类及夹纻胎漆器的特点》，《海岱考古》（第五辑），科学出版社，2012年。

[2] 湖南省博物馆等：《长沙楚墓》，文物出版社，2000年。

[3] 洪石：《战国秦汉漆器研究》，文物出版社，2006年。

[4] 吴双成：《山东日照海曲墓地出土夹纻胎漆器初步分析》，《文物保护与考古科学》2012年24卷1期。

[5] 金普军等：《江苏盱眙出土夹纻胎漆器的测试分析》，《分析测试学报》2008年27卷4期。

[6] 山东文物考古研究所：《山东日照海曲西汉墓（M106）发掘简报》，《文物》2010年1期。

[7] 山东省博物馆等：《临沂银雀山四座西汉墓葬》，《考古》1975年6期；临沂市博物馆：《山东临沂金雀山九座汉墓》，《文物》1989年1期。

[8] 扬州博物馆等：《江苏邗江姚庄101号西汉墓》，《文物》1988年2期；扬州博物馆等：《江苏邗江姚庄102号汉墓》，《考古》2000年4期。

[9] 扬州博物馆等：《江苏邗江县杨寿乡宝女墩新莽墓》，《文物》1991年10期。

[10] 盱眙县博物馆：《江苏盱眙大云山江都王陵M9、M10发掘简报》，《东南文化》2013年1期。

[11] 盱眙县博物馆：《江苏东阳小云山一号汉墓》，《文物》2004年5期；南京博物院：《江苏盱眙东阳汉墓》，《考古》1979年5期；《江苏盱眙东阳汉墓群M30发掘简报》，《东南文化》2013年6期。

[12] 江苏泗阳三庄联合考古队：《江苏泗阳陈墩汉墓》，《文物》2007年7期。

[13] 长沙市文物考古研究所等：《湖南望城风篷岭汉墓发掘简报》，《文物》2007年12期。

[14] 湖南省博物馆等：《长沙马王堆一号汉墓》，文物出版社，1973年；《长沙马王堆二、三

号汉墓发掘简报》，《文物》1974年7期；《长沙马王堆二三号汉墓》，文物出版社，2004年。

［15］ 湖南省文物考古研究所等：《沅陵虎溪山一号汉墓发掘简报》，《文物》2003年1期。

［16］ 安徽省文物工作队：《安徽天长县汉墓的发掘》，《考古》1979年4期；安徽省文物考古研究所等：《安徽天长县三角圩战国西汉墓出土文物》，《文物》1993年9期；《天长三角圩墓地》，科学出版社，2013年。

［17］ 襄阳地区博物馆：《湖北襄阳擂鼓台一号墓发掘简报》，《考古》1982年2期。

［18］ 山东省菏泽地区汉墓发掘小组：《巨野红土山西汉墓》，《考古学报》1983年4期。

［19］ 烟台地区文物管理组：《山东莱西县岱墅西汉木椁墓》，《文物》1980年12期。

［20］ 日照市博物馆：《山东日照市大古城汉墓发掘简报》，《东南文化》2006年4期。

［21］ 山东省文物考古研究所等：《山东沂水县龙泉站西汉墓》，《考古》1998年8期。

［22］ 南京博物院等：《海州霍贺墓清理简报》，《考古》1974年3期。

［23］ 扬州博物馆等：《江苏邗江县胡场汉墓》，《文物》1980年3期；扬州博物馆等：《江苏邗江县胡场五号汉墓》，《文物》1981年11期。

［24］ 徐州博物馆：《江苏徐州市翠屏山西汉刘治墓发掘简报》，《考古》2008年9期。

［25］ 南京博物院等：《江苏盐城三羊墩汉墓清理报告》，《考古》1964年8期。

［26］ 南京博物院等：《江苏仪征烟袋山汉墓》，《考古学报》1987年4期。

［27］ 中国社会科学院考古研究所：《长沙发掘报告》，科学出版社，1957年；湖南省博物馆：《长沙汤家岭西汉墓清理报告》，《考古》1966年4期；《长沙象鼻嘴一号西汉墓》，《考古学报》1981年1期；长沙市文物考古研究所等：《湖南长沙望城坡西汉渔阳墓发掘简报》，《文物》2010年4期；《湖南长沙风盘岭汉墓发掘简报》，《文物》2013年6期。

［28］ 安徽省文物考古研究所等：《安徽霍山县西汉木椁墓》，《文物》1991年9期。

［29］ 河北省文物考古研究所等：《河北阳原三汾沟汉墓群发掘简报》，《文物》1990年1期。

［30］ 中国社会科学院考古研究所等：《满城汉墓发掘报告》，文物出版社，1980年。

［31］ 贵州省博物馆：《贵州清镇平坝汉墓发掘报告》，《考古学报》1959年1期。

［32］ 旅顺博物馆：《辽宁大连前牧城驿东汉墓》，《考古》1986年5期。

［33］ 山西省文物管理委员会：《山西长治分水岭古墓的清理》，《考古学报》1957年1期。

［34］ 大葆台汉墓发掘组：《北京大葆台汉墓》，文物出版社，1989年。

［35］ 山西省文物工作委员会：《山西浑源毕村西汉木椁墓》，《文物》1980年6期。

［36］ 甘肃省博物馆：《武威磨咀子三座汉墓发掘简报》，《文物》1972年12期。

［37］ 南京市博馆等：《南京六和李岗汉墓M1发掘简报》，《文物》2013年11期。

［38］ 安徽省文物工作对、阜阳区博物馆等：《阜阳双古堆西汉汝阴侯墓发掘简报》，《文物》1978年8期。

［39］ 开封市文物管理处：《河南省杞县许村岗一号汉墓发掘简报》，《考古》2000年1期。

［40］ 四川省文物考古研究所、绵阳市博物馆：《绵阳永兴双包山二号西汉木椁墓发掘简报》，《文物》1996年10期。

［41］ 四川省文物管理委员会：《成都东北郊西汉墓葬发掘简报》，《考古》1958年2期。

［42］ 重庆市博物馆：《重庆市临江支路西汉墓》，《考古》1986年3期。

［43］ 江西省文物工作队等：《南昌市京家山汉墓》，《考古》1989年8期；江西省文物管理委员会：《江西南昌老福山西汉木椁墓》，《考古》1965年6期；江西省文物考古研究院、北京师范大学：《江西省南昌西汉海昏侯刘贺墓出土漆木器》，《文物》2018年11期。

［44］ 广州市文物管理委员会、广州市博物馆：《广州汉墓》，文物出版社，1981年。

［45］ 青岛市文物考古研究所、黄岛区博物馆：《山东青岛土山屯墓地的两座汉墓》，《考古》，2017年10期。

［46］ 洪石：《战国秦汉时期漆器的生产与管理》，《考古学报》2005年1期。

［47］ 陈振裕：《天长三角圩西汉漆器群研究》，《天长三角圩汉墓·附录一》，科学出版社，2013年。

［48］ 白云翔：《从韩国上林里铜剑和日本平原村铜镜论中国古代青铜工匠的两次东渡》，《文物》2015年8期。

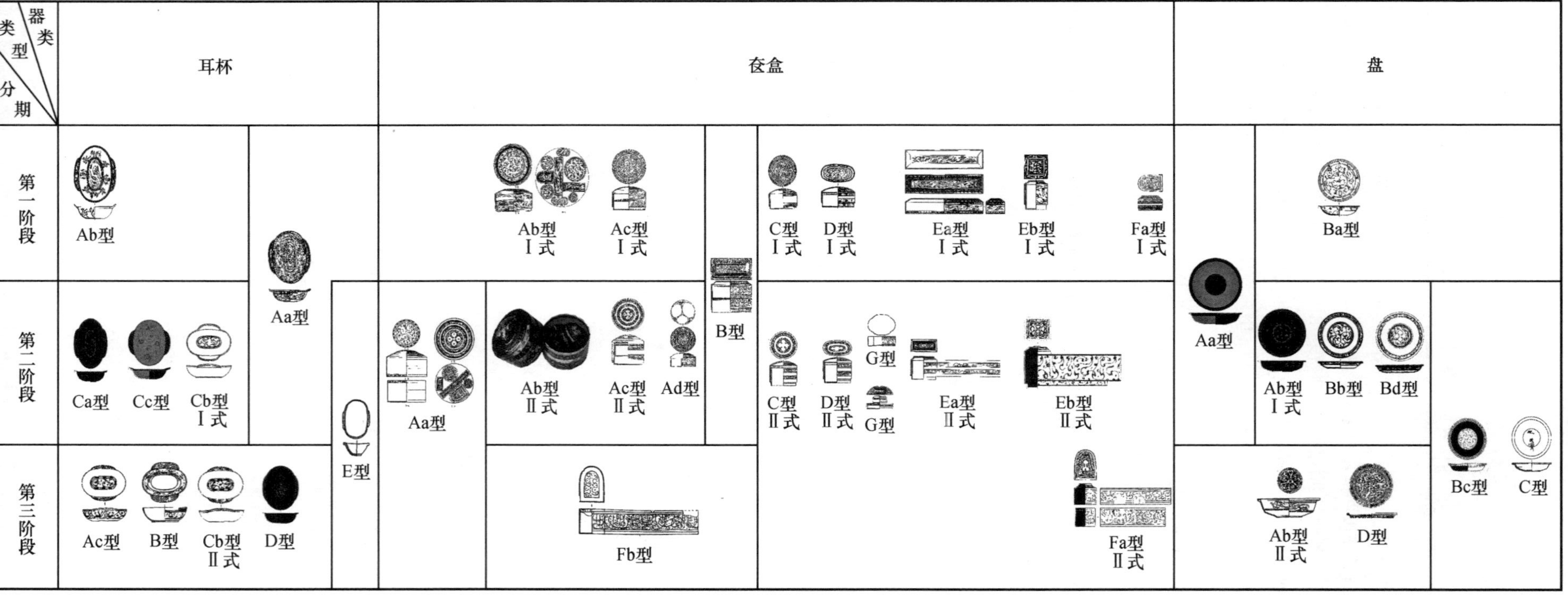

器类
类型
分期
耳杯
奁盒
盘
第一阶段
第二阶段
第三阶段
Ab型
Aa型
Ca型
Cc型
Cb型 Ⅰ式
Ac型
B型
Cb型 Ⅱ式
D型
E型
Ab型 Ⅰ式
Ac型 Ⅰ式
Aa型
Ab型 Ⅱ式
Ac型 Ⅱ式
Ad型
Fb型
B型
C型 Ⅰ式
D型 Ⅰ式
Ea型 Ⅰ式
Eb型 Ⅰ式
Fa型 Ⅰ式
C型 Ⅱ式
D型 Ⅱ式
G型
G型
Ea型 Ⅱ式
Eb型 Ⅱ式
Fa型 Ⅱ式
Aa型
Ba型
Ab型 Ⅰ式
Bb型
Bd型
Ab型 Ⅱ式
D型
Bc型
C型

附图　主要器类分期图

北魏马鸣寺碑考略

燕晴山
（东营市历史博物馆）

据民国七年（1918年）《乐安县志》记载[1]，马鸣寺碑最初发现于今山东省广饶县大王镇后屯村，是北魏时期有关佛教文化的重要石刻，现为国家一级文物（图一）。碑文佛经用语较多，内容丰富，详细记载了根法师的高尚品格和对佛教的贡献得到后人的高度评价。

一、马鸣寺碑与马鸣寺概况

马鸣寺碑呈圭形首，高167、宽87、厚21厘米。断为五块，破损严重，字迹多处缺失。额上顶竖阴刻“马鸣寺”三字，临下正书阳刻“魏故根法师之□□”，碑文皆为阴刻魏体楷书，镌刻极为精细，字体刚劲，粗犷有力，字径约3厘米，共30行，满行22字，共约600字。今虽已剥蚀严重，但仍显示出魏书之风采。参考馆藏清末《马鸣寺碑拓片》补充部分损失文字。其碑文如下：

师讳□□□□□□子之孙也法师□□□□禀五□□□□□□□/生知□□□于韶岁洁行与白雪争光温穆与鲜云竞润爰自弱年英声早集/孝敬天然曾闵无以愈其性敏悟冠时颜冉罕得比其高尧昂孤上如长林之/出层云婉顺迎矜若清泉之入巨壑湛湛然泾渭不能浑其津灼灼乎泥泽莫/能弊其辉墙岸崇峻可闻而不可见器韵坚广可钻而不入故使行逾素德逾/深志弥著业弥远于是骞举拔俗夆虑法山之顶凤转去尘缔诚灭影之域识/火钧之弗康了化成之怀心遂能讨□三乘机御十地大夏闲居授讲后生四/方慕义云会如至虽鸠公之存灞西未得方其辐凑朗上之在汶北曷以加其/归市若夫八关之夜立论之际法师渊□凌发风机独远判冲微于百氏之中/裁疑滞于一揽之内理与妙共长辞与玄同远兴难则众席裘气复问则道俗/雷解音清调逸雅有义宗至如课已追真造次弗爽禅念求道终生莫辍割宝/营

图一　马鸣寺碑照片

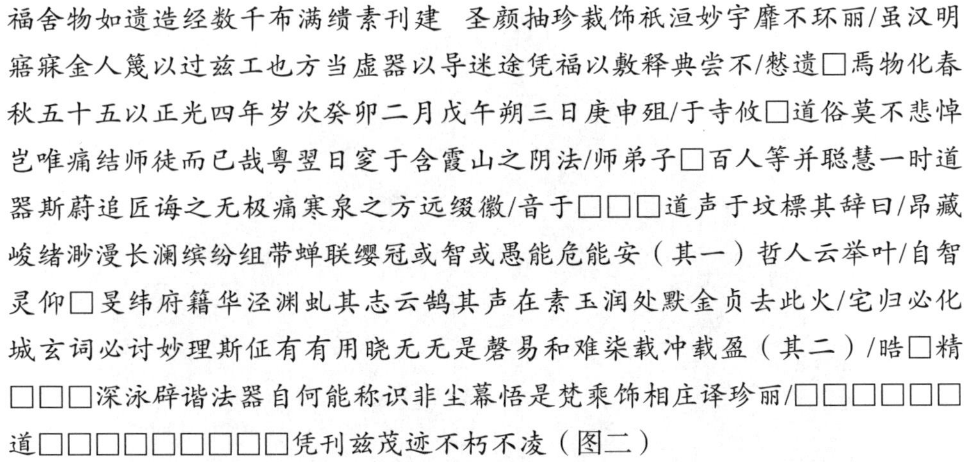
福舍物如遗造经数千布满缋素刊建 圣颜抽珍裁饰祇洹妙宇靡不环丽/虽汉明寤寐金人箴以过兹工也方当虚器以导迷途凭福以敷释典尝不/憖遗□焉物化春秋五十五以正光四年岁次癸卯二月戊午朔三日庚申殂/于寺攸□道俗莫不悲悼岂唯痛结师徒而已哉粤翌日窆于含霞山之阴法/师弟子□百人等并聪慧一时道器斯蔚追匠诲之无极痛寒泉之方远缀徽/音于□□□道声于坟標其辞曰/昂藏峻绪渺漫长澜缤纷组带蝉联缨冠或智或愚能危能安（其一）哲人云举叶/自智灵仰□旻纬府籍华泾渊虬其志云鹄其声在素玉润处默金贞去此火/宅归必化城玄词必讨妙理斯征有有用晓无无是磬易和难柒载冲载盈（其二）/晧□精□□□深泳辟谐法器自何能称识非尘幕悟是梵乘饰相庄译珍丽/□□□□□□道□□□□□□□□□凭刊兹茂迹不朽不凌（图二）

马鸣寺位于今大王镇后屯村，始建于北魏太平真君二年（441年），原名大梵寺，后改为天王寺，北魏正光年间又改名为马鸣寺，是南北朝时期颇有名气的佛教寺院，香火兴盛。历史长河中，马鸣寺几度被毁，又几度重修。关于最后一次被毁没有文献明确记载，民间传说纷纭，但主要有两种说法最切合实际：一是明初洪武年间因为涉嫌对抗朝廷，被明朝军队毁掉；二是大约在清道光年间，马鸣寺由一个叫三合法师的主持，由于管理不善，僧徒胡作非为，危害乡里，民众气愤难忍，于是放火焚毁马鸣寺。

20世纪80年代初，马鸣寺旧址所在地地势仍略高于四周。后随着地方经济发展，部分土地被工厂占去。又因省道323建设取土，以及土地平整、机械化耕种等，马鸣寺旧址逐渐被夷为平地。

二、根法师生平事迹

根法师不见于传世文献，姓氏与祖籍不详。但碑文明确记载北魏正光四年（523年）二月三日殂于寺中，享年五十五岁，第二天葬于含霞山北麓。由此推知，根法师生于北魏皇兴二年（468年）。据碑文描述，根法师自幼天姿聪慧，品行高尚，穷其一生追求佛法，弟子众多，其名堪与鸠摩罗什、僧朗等高僧齐名。他一心向佛，授讲后生、造经数千、刊建圣颜、祇洹妙宇等，成就斐然，为佛教发展与传播做出了不可磨灭的贡献。

图二　马鸣寺碑拓片

三、马鸣寺碑有关问题及看法

马鸣寺碑在此以前由于碑文缺失严重和佛教用语较多，一直无人通读，所以后人只在意其书法艺术，未深究其内容和出处。通读后笔者发现有许多疑点，现提出以就教于学界同仁。

（一）马鸣寺碑之身份

马鸣寺碑原名为“魏故根法师之□□”，由于“之”后面的字被毁掉，就根据额上阴刻“马鸣寺”三字命名为“马鸣寺碑”。后人认为这是根法师的墓碑，或是立在马鸣寺院内纪念根法师的纪念碑。民国二十四年《续修广饶县志》中关于马鸣寺碑的记载，也称“马鸣寺碑”为“故根法师碑”[2]，且认为立于马鸣寺中无疑。但通读碑文后，笔者发现碑文前半部分是叙述逝者姓名、籍贯、生平事迹的志，后半部分是用韵文对死者进行悼念和赞颂，并概括全篇的铭。其形制、格式完全按照墓志铭的形式镌刻。

1974年在山东省青州市云峡河乡井亭村出土的隋开皇六年（586年）《朱神达墓志铭》，从形制和碑文格式上与之完全一致[3]。约2002年在河南安阳出土的东魏元象元年（538年）《慧光法师墓志》又名《魏故昭玄沙门大统墓志铭》[4]，虽然形状与马鸣寺碑不同，且碑文开头略有差别，然内容格式几乎如出一辙。

据《宋书·礼志二》记载：“汉以后，天下送死奢靡，多作石室石兽碑铭等。建安十年（205年）魏武帝以天下凋弊，下令不得厚葬，又禁立碑。晋武帝咸宁四年（278年），又诏曰：此石兽碑表，既私褒美，兴长虚伪，伤财害人，莫大于此，一禁断之。其犯者虽会赦令，皆当毁坏。”[5]在如此严厉的行政命令下，当时盛行的墓碑只得从地面上消失，转入圹内，因在魏晋墓葬考古发掘中，人们常可见到竖立的碑形墓志，这种墓志，在南北朝隋唐时期仍有少量遗存。罗振玉先生《石交录》卷三评曰：“晋人志墓之文皆植立藏中，至六朝始平放，然仍间有植立者，若魏延昌四年（515年）之皇甫驎、孝昌二年（526年）之李谋、普泰元年（531年）之贾瑾诸志，仍是植立如碑式。至元氏诸志中，若永平四年（511年）元侔志亦然。”[6]所以，马鸣寺碑是墓碑或纪念碑的可能性不大，而极有可能是碑形墓志铭。

（二）“魏故根法师之□□”的“之”后“何”字及去除分析

从碑首阳刻“魏故根法师之□□”这几字的空间布局来看，“之”字后有二字的空间，不少专家认为这是在灭佛运动时被破坏掉的，后面可能是一个字“碑”或“墓”，也可能是2个字“墓碑”。在一些刊物或网络上见到不少关于马鸣寺碑的文章，其中作者都是写成“魏故根法师之碑”“魏故根法师之墓”或“魏故根法师之墓碑”。

上文中已分析此碑极可能是墓志铭，那么“魏故根法师墓志铭”这8个字最合适，从内容和的空间上来看，也应该是最合适。可是“师”后是“之”字而非“墓”字，非常清楚，未有改动痕迹，所以“魏故根法师墓志铭”是不正确的。如果是7个字应是“魏故根法师之铭”或“魏故根法师之志”，如果是8个字是“魏故根法师之志铭”或“魏故根法师之墓志”这样更合适。

不管“之”字后面几个字，都认为这是在灭佛运动中此碑遭到破坏时被敲掉的，在此之前未有人质疑。试想灭佛运动一定是粗暴的、随意的，不管前不顾后的乱锤砸掉。但经仔细观察，确有一种抹去痕迹，并且去除仔细、干净，不经细看无法看出的痕迹，只是当初是二字还是一字很难确定。所以这绝对不是随意、粗暴的破坏，更像是出于某种原因，有人刻意、细心地去除掉，而不伤及周围其他字体和边框。

（三）“马鸣寺”三字存在的疑点

马鸣寺碑自清朝中期发现，就引起世人重视，其书法水平受到康有为、梁启超等不少名家很高的评价。但是经细细观察之后不难发现，额首竖刻的“马鸣寺”三字与其他字大相径庭，排列不够整齐，上下错位严重。从书法艺术看，与下面碑文相差甚远，没有其他字会有的神韵。通过对比不难发现，这绝非同一人所刻。

马鸣寺碑可能是碑形墓志铭埋于地下墓中，而非立于地表之上。只是在灭佛运动中墓被破坏，从地下挖出。等后来佛教再次兴盛时，又被信徒寻得置于马鸣寺中，为了协调统一或出于某种避讳，后人把“之”后面的字去掉，另在碑首刻“马鸣寺”三字，让它更好地与马鸣寺融于一体。由此推断，“马鸣寺”三字与其他碑文不但不是出自同一人之手，也非同一时间段所刻，极可能是后来将其重新立于马鸣寺时另刻。

（四）“含霞山”今指何处

碑文明确记载：“以正光四年岁次癸卯二月戊午朔三日庚申殂于寺。攸□道俗，莫不悲悼，岂唯痛结师徒而已哉？粤翌日窆于含霞山之阴。”其中所说“含霞山”在青州《故朱府君墓志铭》中也提到：“朱神达隋开皇六年（586年）十月廿五日葬于广固城之南，函霞山之左。”[7]两者去世相差63年，山名音相同，只是“含”“函”一字之差，所指应为同一山。今虽已没有此山名，但经山东大学宗教、科学与社会问题研究所教授李森考证，函霞山就是今天的云门山。

根据文中所述根法师殂于寺，第二天便葬于含霞山之阴，时间短促，根法师生前所在寺庙与含霞山相距不远，不然一两天之内不能到达。其次“含”“函”同音，可写为函霞山。由此肯定，所葬之处“含霞山”就是现在的青州“云门山”。

（五）根法师与马鸣寺的关系

从以上几点来看，根法师生前所在寺庙是否为马鸣寺很难确定，碑文中只记载根法师殂于寺，而未提及哪个寺庙，不管他生前是否在马鸣寺，根据以上推断，根法师所在的寺庙不会离含霞山太远，也就一两天的路程。那么根法师生前所在寺庙有两种可能：一是根法师生前确实在马鸣寺；二是根法师生前在青州附近的其他寺庙。

第一种情况根法师生前确实在马鸣寺。其旧址处于平原地带，离之最近的含霞山就在南部青州境内，与后屯村直线距离有30千米左右，按照正常步行速度一天内足以到达。其次青州在北魏时期就是佛教兴盛之地，有著名的龙兴寺，是山东地区的中心寺院，一心向佛的根法师生前嘱托弟子，死后葬于龙兴寺附近，也在情理之中。

第二种情况是根法师并非马鸣寺僧人，而是在青州附近其他寺庙。结合疑点三“马鸣寺”三字如若是后刻上去的，那就很难确定根法师生前与马鸣寺有直接关系。虽然第一种情况也合理，但是假设根法师生前是在当时的龙兴寺，死后就近埋葬。后来灭佛运动时，根法师墓被破坏，墓志铭被挖出，等佛教再次兴盛后，根法师原来所在寺庙已被破坏，信徒们只好把碑立到当时正兴盛的马鸣寺中，并随之刻上“马鸣寺”三字，这样既纪念根法师，也借根法师之名提高马鸣寺的地位，从情理和字迹改动上似乎更讲得通。

笔者认为，根法师生前所在寺庙难以确定，没有足够的证据说明他生前一定是在马鸣寺。不管根法师生前是否在马鸣寺中，但马鸣寺碑起初是埋于含霞山北麓根法师墓中是肯定的。在灭佛运动中根法师墓遭到破坏，墓志铭被挖出，置于野外无人问津。后来佛教再次兴盛，由于根法师名望极高，信徒重新搜寻其遗物，为其立碑纪念。如若根法师生前的确为马鸣寺僧人，将其重新立于马鸣寺也无可厚非。如若生前非马鸣寺僧人，当找到其墓志铭时，根法师原来所在的寺庙已经不存在，而此时的马鸣寺香火兴盛、规模较大，信徒于是把它新立于马鸣寺中。这样既纪念根法师，也借根法师之名提高马鸣寺的声誉，两全其美。

不管出自哪种可能将墓中的墓志铭立于马鸣寺中，地下之物重立于地上总让人感觉不妥，为与马鸣寺更加协调，或者出于某种风俗和避讳，只好去除“之”字后面的字，另在首部刻“马鸣寺”三字，使之成为马鸣寺的一部分，与马鸣寺融为一体。久而久之，马鸣寺碑也就成了根法师墓志铭约定俗成的名字。

四、马鸣寺碑的流传经历

民国二十四年《续修广饶县志》载：“此碑出土已久而时显时晦，变迁亦不一次。”1902年10月，博平训导宋其端将其叔父宋世滋所藏“马鸣寺碑”拓片手装成册并为之作跋时写道：“十余岁时得之叔祖世滋公者也，藏之箧中几五十年。”[8]宋其端（1848～1915年），字伯庄、一字墨庄，今广饶县大王镇杨庄村人，光绪二年（1876年）举人。在其十余岁时也就是1858年，正是咸丰八年；上推50年，是嘉庆十三年（1808年）。由此可见，马鸣寺碑最早引起人们的注意应是在嘉庆十三年。

民国二十四年《续修广饶县志》中还记载了清同治年间，时任乐安县令赵国华下令将马鸣寺碑移至县治书院保存，被大王桥庄人闻讯后将它藏起，但在搬运过程中不小心将其跌断为三块。清光绪二十年（1894年），知县曾启埙得知此碑下落后，强行将碑移置原处。

直到1933年，由王西村学校工作人员把碑运到院里，让学生临摹碑文，练习书法。1937年，日军攻陷广饶城。次年8月，日军占领王西小学并作为据点。1939年7月，广二区武工队放火烧毁学校，石碑被掩埋在废墟中。20世纪40年代某年冬天，青州有几人赶马车来到大王，趁夜偷偷用马车把石碑运走，被村民及时发现，追至青州阳河村将其夺回，但在争夺过程中马鸣寺碑从马车上跌落，将本已断为三块的马鸣寺碑又摔断成五块，运回后将它存放于后屯村公所。1951年，建后屯完小时被垒砌在屋山墙上。直至1980年，后屯完小被拆除后，石碑被存放在后屯村委大院西屋。1981年，此碑被山东省文物部门收藏。

五、马鸣寺碑的学术价值

马鸣寺碑为形制特殊的圭首碑形墓志，魏体楷书，是目前我国魏碑中保存较好的珍贵石刻。字体结构紧凑，书法精到，点画丰满，浑厚有力，如棉裹铁，转角方折，捺笔饱满，以其卓绝的书法艺术得到金石学家、书法家的偏爱。不但有很高的书法和艺术价值，还具有重要的历史、文物价值，对研究北魏时期佛教文化及其兴衰史提供了实物资料。

附记：文章写作期间，得到山东省石刻艺术博物馆杨爱国、山东省文物考古研究院何德亮、东营市历史博物馆荣子录和赵金四位老师的大力帮助。在此表示衷心感谢！

注　释

[1] 民国七年《乐安县志》，卷之二，古籍志，四页。

[2] 民国二十四年《续修广饶县志》卷廿五，艺文志，金石考证二。

[3] 李森：《考释青州出土的两通隋代墓志》，《华夏考古》2009年3期，86页。

[4] 赵立春：《邺城地区新发现的慧光法师资料》，《中原文物》2006年1期，69页。

[5] 梁沈约：《宋书》中华书局，1974年。

[6] 转引自赵超：《中国古代石刻概论》，文物出版社，1997年，41页。

[7] 同［3］。

[8] 同［2］。

潍坊博物馆藏《义葬墓志铭》考论

刘文涛
（山东省文物考古研究院）

《义葬墓志铭》刊于唐广德元年，系早年出土，志石今藏潍坊市博物馆碑廊内。墓志高36、宽60.5、厚9.5厘米，墓志呈横扁方形，右半部斜向断裂，志文略有残损（图一、图二）。志文行楷书，文28行，每行字数不等。为方便叙述，录原文如下，“□”表示残损不辨之字，“▨”表示原文空格，“」”表示另行，凡碑别字和繁体字均改作规范简体字。

义葬墓志铭并序，」大唐受命百卌年，七帝相承，光于四海，远方贡献，」重译来仪。▨▨我圣文武应道皇帝，一登太极，四」纪有余，天下晏然，八方无事。至天宝十五载，两蕃频差，禄山镇遏范阳，狂胡不顾重恩，窃弄神器。▨天子□」食，诸侯奔驰。中原丧乱，死伤遍野。禄山既殁，思明继踵」，自河南北，涂炭颇多。忠臣义士，有死于名前；立功成劳，无辞」于苦节。大军之后，有阙耕耘，仓廪既空，人皆饥馁，诗人致叹，道殣目击，有比乱麻。赖▨▨我广平王圣武龙」飞，威临八表，四夷慕化，□祲云消。平卢淄青节度□」使侯尚书忠贞贯古，勇义超群，扫逆除氛，有征无战。」十将、左金吾卫大将军、赐紫金鱼袋、上柱国摄北海县令，即」广平郡宋侯晃之裔也。自隋唐历叶二百余年，继第相」传，公侯不绝。惟忠惟孝，乃武乃文，德化普及于幽明，抚字」无遗于一物。睹邑里之破坏，见枯骸之狼藉，以斯感怆，亲」收葬焉。首春兴功，冬中毕事，属秋有▨赦，复令埋祭。」宋公先举，悬合▨▨天心，父母之恩，孰能如此，其致墓也。选」高固于县城之南，建大墓于营丘之北，东临白水，西枕青」山，灵柩既多，男女合杂，各归房户，共为一墓。衣冠服饰，」车马牛羊，什物器玩，悉宋公之自费，无赋敛于他人。」以广德元年岁次癸卯十一月庚子朔廿五日甲子葬」事毕矣。恐桑田改变，劫火消融，人移代迁，□知攸□，」爰命石

图一　义葬碑照片

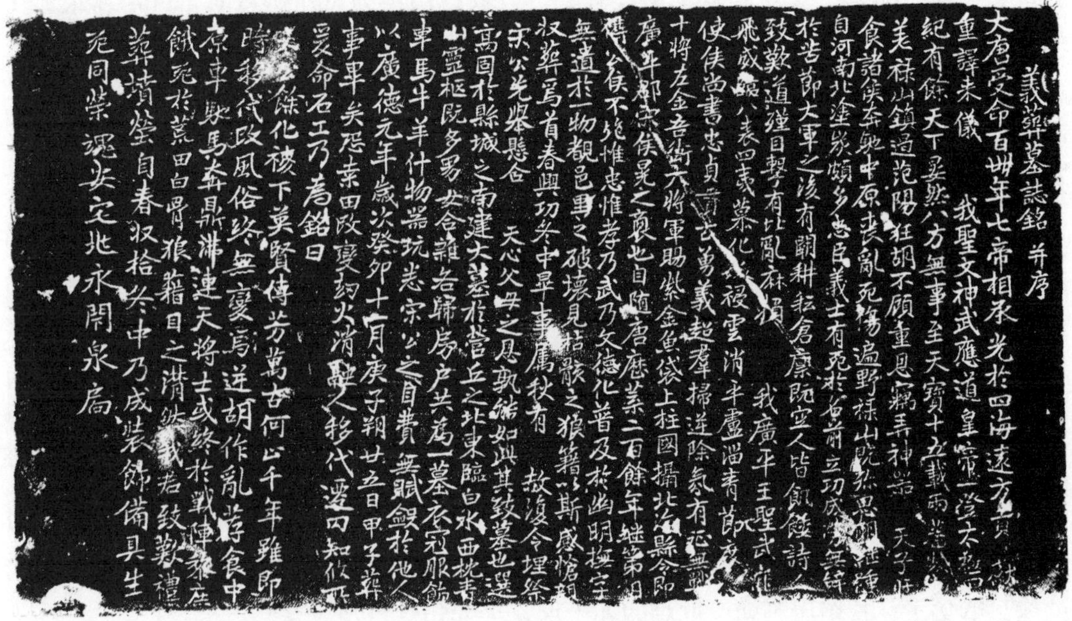

图二　义葬碑拓片

工，乃为铭曰：」

太公余化，稷下英贤；传芳万古，何止千年。虽即」时移代改；风俗终无变焉。逆胡作乱，荐食中」原；车驰马奔，鼎沸连天。将士或终于战阵；黎庶饿死于荒田。白骨狼藉，目之潸然。我君致叹，礼」葬坟茔；自春收拾，冬中乃成；装饰备具，生」死同荣。魂安宅兆，永闭泉扃。」

志文主要记载了安史之乱对当时造成的深重灾难，重点是北海县周边死伤遍野，尸骨狼藉，当时的北海县令宋公上应敕诏，下恤民心，收敛骼胔，妥善义葬，义葬的时间、地点、经过都记载详细。志文中多处记载能补证史载，本文拟就上述内容做进一步考论。

一、关于安史之乱造成的影响

志文中对安史之乱记载详细，战乱之始，战乱之中，战乱过后，都着墨丰富，多能补史。如战乱之始，志文载："至天宝十五载，两蕃频差，禄山镇遏范阳，狂胡不顾重恩，窃弄神器。天子□食，诸侯奔驰。"安禄山本为营州柳城胡，自"天宝三年代裴宽为范阳节度使、河北采访使，仍领平卢军[1]。虽屡受皇恩，一路升迁，但此狂胡不顾重恩，窃弄神器。于范阳起反兵。神器此处代指国家皇位、政权。《三国志》中载："操子丕，载其凶逆，窃居神器"[2]，其义与上述相同。安史之乱爆发后第二年，叛军围攻长安，天子大臣奔蜀避难，新旧唐书皆有详载。唯志文中记载安史之乱爆发时间与史载稍有不同，《新唐书》载："（天宝十四年）十一月，安禄山反，陷河北诸郡。"[3]而志文中所载天宝十五载，笔者推测或为战乱延及当地的时间，或为取其约数。

又如战乱之中，志文载："中原丧乱，死伤遍野。禄山既殁，思明继踵，自河南北，涂炭颇多。忠臣义士，有死于名前；立功成劳，无辞于苦节。"至德二年，安禄山被安庆绪、李猪儿等杀害，其子安庆绪袭伪位。再至"乾元二年正月朔，筑坛，（史思明）僭称大圣周王……兵四出寇河南"[4]。使大河南北，遍遭涂炭，前后历时八载。志文中提到的战乱中涌现出的忠臣义士，史籍中多有记载，如殉命于叛军之手的颜杲卿父子，扶李唐王朝于危难的郭子仪、李光弼等将领。

再如战乱后，志文载，"大军之后，有阙耕耘，仓廪既空，人皆饥馁，诗人致叹，道殣目击，有比乱麻"。志文所载，应是整个中原地区的普遍现象，《新唐书》载："（战乱后期）洛阳诸郡人相食，城邑榛墟"[5]，可与志文记载相对读，可见战乱之惨烈。叛军所至，烧杀抢掠，涂炭生灵，叛军过后，仓廪皆空，白骨遍野。志文中载之“诗人致叹”，哀咏当时战乱惨况的诗句，流传至今的依旧不胜枚举。

关于北海县境所遭战乱的影响，志文载：“睹邑里之破坏，见枯骸之狼藉，以斯感怆，亲收葬焉。”可知当时的北海县境，破坏严重。此次义葬的群体有因战而亡的将士，有饥馑冻饿而亡的黎民，现虽不能确考是战乱中哪一次战斗所致，但当时北海县为战乱付出了巨大牺牲却是肯定的。

二、关于志文所载的“义葬”

义葬即对曝之于外的无主尸骨进行掩埋。埋葬的公墓称为义冢，又称“义阡”[6]。关于义葬，据文献载周代即有，如《礼记·月令》载：“孟春之月……毋聚大众，毋置城郭，掩骼埋胔，是月也。”[7]以后再如东汉永寿元年六月桓帝诏“被水死流失屍骸者，令郡县鉤求收葬”[8]。到北魏宣武帝正始三年四月，曾诏令“掩骼埋胔，古之令典……今或有孤老馁疾致死，暴露沟堑者，洛阳都尉依法棺埋”[9]。以上史籍记载可知，唐代以前，国家政府已经关注并组织处理无主尸骸的问题。

唐代对义葬的记载较多，如贞观十九年太宗亲征高丽，班师途中，“诏集战骸葬柳城，祭以太牢”[10]。安史之乱后期，宝应元年，朝廷下“瘗京城内外暴骨”[11]的诏令。本志文中又载“属秋有赦（敕）”，此次瘗埋敕诏，颁于广德元年秋，史书中无载，可补史缺。以上记载都属于国家行为。唐代个人行义葬之举的也有记载，如《唐国史补》载：“大历初年，关东人疫死者如麻。荥阳人郑损，率有力者，每乡为一大墓，以葬弃尸，谓之乡葬。翕然有仁义之声。”[12]本志文所载的义葬，先是县令宋公见无主散骸，心存不忍，欲亲收葬焉。首春兴工后，至秋有赦，而最后义葬的费用又是宋公自费，故这次义葬是个人行为与国家行为相统一，是较为特殊的一次。

关于安史之乱后北海县出现义葬墓，笔者考虑至少有两个原因：首先此地在安史之乱之时，发生过多次大规模战斗。当时，淄青地区作为主战场的侧翼，战略位置十分重要，战乱起初，安禄山谋士何千年劝其“使蔡希德、贾循以兵二万绝海收淄、青，以摇江淮”[13]，此计虽未被采纳，但足以说明淄青地区的重要性。战乱爆发后，屡有战事涉及此地，如“上元二年二月乙亥，青密节度使尚衡破史朝义兵，斩首五千余级”[14]，“六月甲寅，青密节度使能元皓败史朝义将李元遇”[15]。如此多的战事，很容易让此地尸横遍野，骼胔狼藉。

再者，战后朝廷屡颁瘗埋诏令，地方主政者体恤民情，多行“仁政”。朝廷有诏，一则是尊崇儒家道义，再即标榜施仁，以得民心。县令宋公，出身名门，素养较高，倡导义举，悬合天心。节度使侯尚书“初领淄青，甚著声称，理兵务农，远近美之”[16]。此外，出于对尸腐多产瘟的考虑，尽快埋葬，隔绝瘟疫，也是客观原因之一。

关于这次义葬的具体位置，因墓志早年出土，记载不详。志文中载墓葬的地理位置："葬于县城之南，营丘之北，东邻白水，西枕青山。"这里的县城应指北海县，唐北海县城位于今潍坊老市区潍城一带 。"营丘原为太公所封之处，隋开皇六年于故城置县，属潍州。大业八年因贼陷具废。唐武德二年复立营丘县，至九年，州县又废。"[17]墓志刊刻之时，并无营丘县，但营丘县治所营丘故城尚存。故城中心位置在今昌乐县马宋镇古城村周围，营丘故城确定，南面坐标点可明确。白水应指白浪河，白浪河源于昌乐县境，蜿蜒北流，穿潍坊市区，自潍坊寒亭区入莱州湾。据前辈学者考论，在今昌乐至潍坊市区南境这段河道，数千年来，基本未变[18]。故白浪河西岸西去这一坐标点也能确定。西枕青山，在三个坐标点能确定的范围内，距离最近，最突兀的山体就是浮烟山。由此可知，义葬墓的大体位置就是在这四点之内范围不大的区域内。当然，更为准确的具体位置，还有待科学的考古勘探与发掘来解决。

三、志文所载人物考略

志文中记载有两位平定安史之乱的重要人物，广平王与侯尚书。广平王为代宗李豫。"（李豫）年十五（开元二十八年）封广平王。禄山之乱，京城献贼，从肃宗募兵灵武，以上为天下兵马大元帅。"[19]可知李豫在平定安史之乱，尤其是在平乱前期，是重要的中枢指挥，后终得平乱功成，顺利登基。平定叛乱，当是李豫人生中浓墨重彩的一笔。故此志刊于广德元年，虽是李豫当朝之时，但下属官吏们论及平定安史之乱，仍以广平王称之。至于广平王平叛之时，是否率军到过淄青地区，正史中未有详载，本志文也未明言。那志文中费此笔墨来记述，笔者认为撰文者有拍马之嫌，极力地歌颂当朝圣主的英明神武，与后面的"圣武龙飞，威临八表，四夷慕化，□祲云消"是为异曲同工。

侯尚书为侯希逸，"原为平卢节度使，与叛军屡有战争，后率军二万余人且行且战，自平卢至达青州。朝廷任其为平卢、淄青节度使"，"宝应元年与诸节度同讨袭史朝义，平乱后，加检校工部尚书。赐封图形凌烟阁"[20]。由此可以确定侯尚书即侯希逸。墓志刊刻之时，正是侯希逸春风得意之际，史载此时之侯希逸"初领淄青，甚著声称，理兵务农，远近美之"[21]。此与志文中所载的"忠贞贯古，勇义超群，扫逆除氛，有征无战"基本相合。

主持此次义葬的宋公，名讳无载，稽考困难。志文载其为广平郡宋侯晃之裔也。《新唐书·宰相世系表》载："楚有上将军义，义生昌，汉中尉，始居西河介休。十二世孙晃，晃三子，恭、畿、洽，徙广平利人。"[22]由上知，宋晃之子徙迁广平，应该是诸子共尊其父为宋氏广平开宗。宋晃，生活于十六国之际，前燕慕容皝二年，

“燕王分兵讨诸叛城皆下之……封抽、宋晃、游泓奔高丽”[23]。前燕慕容儁二年，“高句丽王钊送前东夷护军宋晃于燕，燕王儁赦之，更名曰活”[24]。活之子恭，“（任）尚书、徐州刺史。慕容儁徙邺，恭始家于广平列人焉”[25]。具体时间，据史书载为光寿元年十二月乙巳[26]。前燕国都自蓟迁邺，宋晃一族随迁至广平郡。上述乃宋公之祖传略。

唯志文载宋晃为宋侯晃，侯或为爵位，宋晃官至前燕中书监，史籍不载其爵。侯爵或因开宗广平，后世追封。宋公因不载名讳，只有从志文所载宋公勋爵来看，“左金武卫大将军为正三品”[27]。赐紫金鱼袋，唐“景云中，诏衣紫者鱼袋以金饰之，（开元以后）百官赏绯字、紫，必兼鱼袋，谓之章服”[28]，“上柱国为勋爵，视正二品”[29]。而县令为正七品，摄为代理之意，尚不及正式之职。一个七品小吏却有如此高的勋爵，应该是或有功绩，或出身高贵。志文载宋公祖上“继第相传，公侯不绝”，广平宋氏在有唐一代，高官辈出，玄宗贤相宋璟即宋晃之十一世孙，北海县令宋公与宋璟有无亲缘关系，还有待更多资料加以详考。

四、小　结

通过上述考论分析，主要收获有三：一是墓志中关于安史之乱的记载多能证史籍之信，尤其是对战乱后北海县的记载，更能补史缺。二是对义葬及北海县出现义葬的原因和埋葬地点进行了浅考，为浮烟山周边地区在唐代历史文化研究方面增添了一件较有分量的出土材料。三是关于侯希逸与宋公的记载，也能补安史之乱及之后一段时期统辖北海县的藩镇将领及地方官员的研究之缺。当然上述考略粗浅，志文中尚有许多历史信息有待进一步挖掘。此外，志文的书法灵动飘逸，许多字形与右军尺牍中字形相近，颇有二王遗风，期待众学者专家再做进一步探究。

注　释

［1］（北宋）欧阳修、宋祁：《新唐书》卷二二五上《安禄山传》，中华书局，1975年，6412页。

［2］（晋）陈寿撰，（刘宋）裴松之注：《三国志》卷三二《先主传第二》，中华书局，1959年，889页。

［3］（北宋）欧阳修、宋祁：《新唐书》卷五《玄宗本纪》，中华书局，1975年，150页。

［4］（北宋）欧阳修、宋祁：《新唐书》卷二二五上《史思明传》，中华书局，1975年，6430页。

［5］同［4］，6432页。

[6] （清）张廷玉等：《明史》卷一五七《郭敦传》，中华书局，1974页，4290页。
[7] 王文锦译解：《礼记译解·月令第六》，中华书局，2001年，198页。
[8] （刘宋）范晔撰，（唐）李贤等注：《后汉书》卷七《桓帝本纪》，中华书局，1965年，301页。
[9] （北齐）魏收：《魏书》卷八《世宗本纪》，中华书局，1974年，202页。
[10] （北宋）欧阳修、宋祁：《新唐书》卷二二十《东夷高丽传》，中华书局，1975年，6194页。
[11] （北宋）欧阳修、宋祁：《新唐书》卷六《代宗本纪》，中华书局，1975年，168页。
[12] （唐）李肇：《唐国史补》上卷，上海古籍出版社，1979年，22页。
[13] 同[1]，6417页。
[14] （北宋）司马光：《资治通鉴》卷二二二《唐肃宗上元二年》，中华书局，1956年，7113页。
[15] 同[14]，7114页。
[16] （后晋）刘昫等：《旧唐书》卷一二四《侯希逸传》，中华书局，1975年，3543页。
[17] （北宋）乐史撰，王文楚等点校：《太平寰宇记》卷十八《河南道潍州》，中华书局，2007年，365、366页。
[18] 孙敬明：《潍坊古代文化通论》第六章，齐鲁书社，2009年，240页。
[19] （后晋）刘昫等：《旧唐书》卷十一《肃宗本纪》，中华书局，1975年，267页。
[20] 同[16]。
[21] 同[16]。
[22] （北宋）欧阳修、宋祁：《新唐书》卷七五上《宰相世系五上》，中华书局，1975年，3356页。
[23] （北宋）司马光：《资治通鉴》卷九八《晋成帝咸康四年》，中华书局，1956年，3021页。
[24] （北宋）司马光：《资治通鉴》卷九八《晋穆帝永和五年》，中华书局，1956年，3100页。
[25] [北齐]魏收：《魏书》卷三十三《宋隐传》，中华书局，1974年，773页。
[26] （北宋）司马光：《资治通鉴》卷一百《晋穆帝升平元年》，中华书局，1956年，3167页。
[27] （北宋）欧阳修、宋祁：《新唐书》卷四八《百官志四上》，中华书局，1975年，1279页。
[28] （北宋）欧阳修、宋祁：《新唐书》卷二四《车服志》，中华书局，1975年，526页。
[29] （北宋）欧阳修、宋祁：《新唐书》卷四六《百官志一》，中华书局，1975年，1189页。

北宋罗仲宣墓志考释

李宝军[1]　李瑞兴[2]

（1. 山东省文物考古研究院；2. 淄川文物事业服务中心）

罗仲宣墓志1975年出土于山东淄博市淄川区[1]，现藏于淄川博物馆忠亲王祠，墓志内容一直未曾刊布，其神道碑文见于相关金石著作，今将墓志拓片与神道碑文对读，试做考释，或可从中窥探宋代碑志之传统。

一、墓志释文

罗仲宣志为青石质，正方形，边长约64厘米，因镶嵌于墙，厚度不详，失盖，墓志四周装饰一圈缠枝草叶纹（下图）。志文楷书，共26行，满行26字，凡578字，现将志文誊录如下：

宋赠卫尉卿罗君墓志铭并序/

汲郡张祐甫撰/

清源王旨书并篆盖/

君讳仲宣，字有章，其先因职命氏，源流相继，族望之来远矣。今占籍/

高密，是为诸城人也。曾王父、王父浩，皆舍仁竦义，映于一乡。父巨/

源，以经行修明，晦迹里闬，潜德延曜，人翕推美；夫人王氏，服勤妇道，/

称之六亲，俱享年七十而终。君雅性夷淡，薄于声利，端慤有大诚，尝/

曰：吾家世清白，不好聚蓄财货，观夫贤者多财，则损其志；愚者多财，/

则益其过，富者，众所怨也。吾既不能立身处世干以禄，又不能贪财/

损志招其怨。于是聚书讲道，孜孜焉蚤暮笃子以文。俾今之子孙扬/

名显亲，祖先之叶不坠者，皆君积仁累行，教育训导之致也。明道二/

年寿终于家，后以子贵，自廷尉评，七赠卫尉卿。夫人孙氏，以义睦姻/

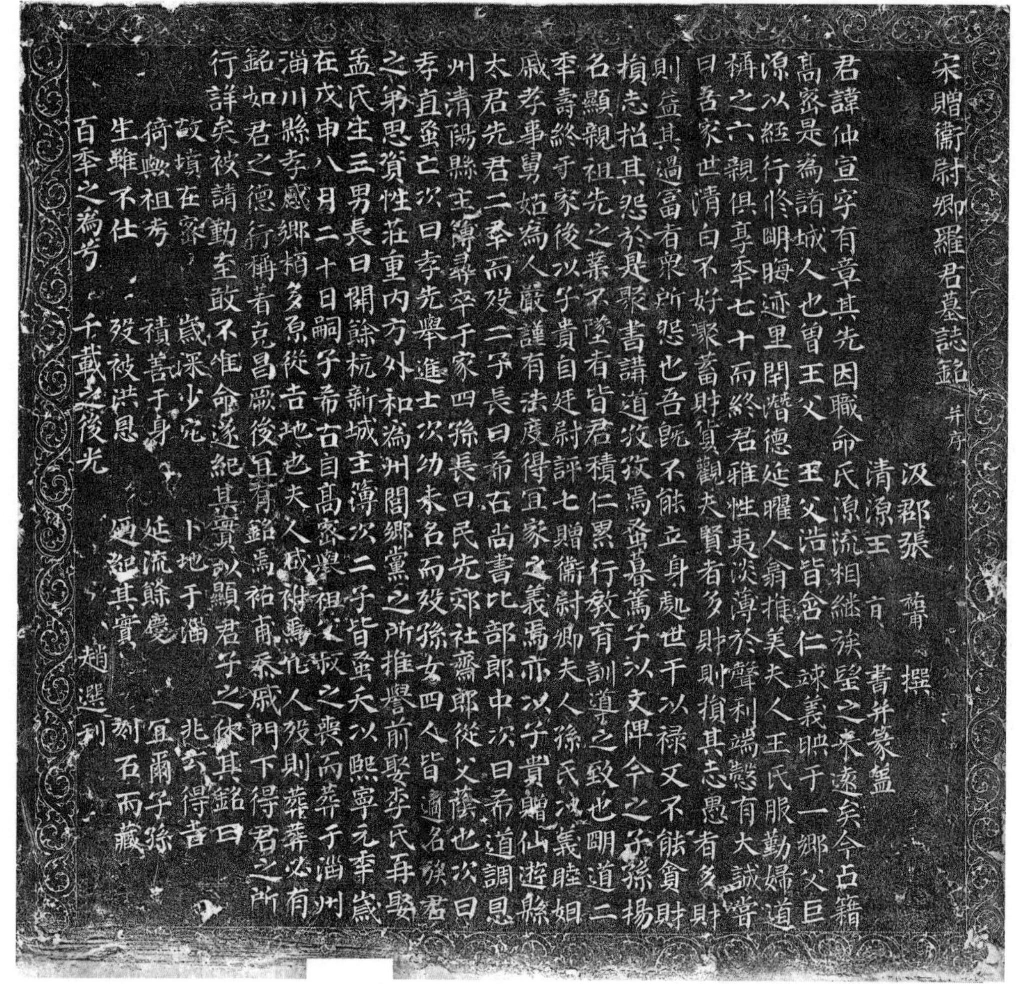
宋贈衛尉卿羅君墓誌銘 并序
汲郡張[illegible]撰
清源王[illegible]書并篆蓋
君諱仲宣字有章其先因職命氏源流相繼族望之來遠矣今占籍
高密是為諸城人也曾王父　王父浩皆含仁𬋷義映于一鄉父巨
源以經行修明晦迹里閈潛德延曜人翕推美夫人王氏服勤婦道
稱之六親俱亨年七十而終君雅性夷淡薄於聲利端慤有大誠嘗
曰吾家世清白不好聚蓄財貨觀夫賢者多財則損其志愚者多財
則益其過富者衆所怨也吾既不能立身顯世干以祿又不能貧財
損志招其怨於是聚書講道教為蚤暮篤子以文俾今之子孫揚
名顯親祖先之業不墜者皆君積仁累行教育訓導之致也明道二
年壽終于家後以子貴自廷尉評七贈衛尉卿夫人孫氏以義睦姻
戚孝事舅姑為人嚴謹有法度得宜家之義焉亦以子貴贈仙遊縣
太君先君二年而殁二子長曰希古尚書比部郎中次曰希道調恩
州清陽縣主簿尋卒于家四孫長曰民先郊社齋郎從父蔭也次曰
孝直蚤亡次曰孝先舉進士次幼未名而殁孫女四人皆適名族君
之弟思資性莊重内方外和為州閭鄉黨之所推譽前娶李氏再娶
孟氏生三男長曰開餘杭新城主簿次二子皆蚤夭以熙寧元年歲
在戊申八月二十日嗣子希古自高密舉祖父叔之喪而葬于淄州
淄川縣孝感鄉栢多原從吉地也夫人咸祔焉凡人殁則葬葬必有
銘如君之德行稱著克昌厥後宜有銘焉祐甫忝戚門下得君之所
行詳矣被請勤至敢不唯命遂紀其實以顯君子之休其銘曰
敞墳在[illegible]　歲深少宅　卜地于淄　兆云得吉
猗歟祖考　積善于身　延流餘慶　宜爾子孫
生雖不仕　殁被洪恩　迺紀其實　刻石而藏
百年之為考　千載之後光　趙選刊

罗仲宣墓志拓片

戚，孝事舅姑，为人严谨有法度，得宜家之义焉，亦以子贵，赠仙游县/太君，先君二年而殁。二子，长曰希古，尚书比部郎中；次曰希道，调恩/州清阳县主簿，寻卒于家。四孙，长曰民先，郊社斋郎，从父荫也；次曰/孝直，蚤亡；次曰孝先，举进士；次幼未名而殁。孙女四人，皆适名族。君/之弟思资，性庄重，内方外和，为州闾乡党之所推誉，前娶李氏，再娶/孟氏，生三男，长曰开，余杭新城主簿；次二子皆蚤夭。以熙宁元年岁/在戊申八月二十日，嗣子希古自高密举祖父叔之丧而葬于淄州/淄川县孝感乡柏多原，从吉地也，夫人咸祔焉。凡人殁则葬，葬必有/铭，如君之德行称著，克昌厥后，宜有铭焉。祐甫忝戚门下，得君之所/

行详矣，被请勤至，敢不唯命，遂纪其实，以显君子之休，其铭曰/

故坟在密　岁深少冗　卜地于淄　兆云得吉/

猗欤祖考　积善于身　延流余庆　宜尔子孙/

生虽不仕　殁被洪恩　乃纪其实　刻石而藏/

百年之为兮　千载之后光　赵选刊/

二、罗仲宣神道碑考证

宋代凡勋庸道德之家必树碑立志，以表厥生前之美，死后树碑立志乃当时通行于士大夫阶层的做法，罗仲宣也概莫能外。除墓志外，嘉靖二十五年《淄川县志》[2]、乾隆四十一年《淄川县志》[3]《山左金石志》[4]《济南金石志》[5]《全宋文》《宋代传状碑志集成》[6]等均收录了其神道碑文，诸书所收内容略有差异[7]，以《山左金石志》较为详备。罗仲宣之子罗希古在请托他人撰碑时就云“吾父虽生不见知于世俗，而殁乃见褒称于……天子虽昔无一命，而今乃官列二品，为善之报，亦可亡（无）憾矣。唯是墓隧之间……今得有碑以昭示后世”[8]，明确揭示了“既使人为铭纳诸圹中，又使它人为铭植之隧外”[9]的时代风尚。

罗仲宣神道碑之立缘起元丰八年（1085年）宋哲宗即位封赏推恩大臣，彼时罗仲宣被追赠为金紫光禄大夫。碑立于元祐三年（1088年），今已不存，《山左金石志》说“碑高五尺七寸，广二尺四寸，字体一寸”，折合当今计量单位即高约1.82、宽约0.77米，《济南金石志》云“此碑正书二十三行”，神道碑文体卓荦，乃宋碑之出色者。

罗仲宣卒时赠卫尉卿，官阶为从五品，“在甲令，五品而上立神道碑”[10]，按说没有资格竖立神道碑，但元丰八年加赠为正二品的金紫光禄大夫，达到立碑条件。神道碑形制为“蟠首、龟趺”，这也是这一时期神道碑的普遍形式。

《山左金石志》云罗仲宣神道碑在“淄川县南十里道旁”，宣统三年续《淄川县志》[11]则明确说在县南十里苏王庄东大道旁，苏王庄即今淄川苏王村，同志又云罗潜以下四世俱葬诸城，后迁葬淄州城南苏王庄巽隅，宣统三年时墓上翁仲及神道碑尚存。罗仲宣墓早年被列入山东省第一批文物古迹保护单位名单，记载信息简略，仅云“原淄川城南十里，有碑”[12]，可见20世纪50年代时神道碑尚存。20世纪80年代第二次文物普查时神道碑已毁佚，封土亦已夷平，墓地已为村庄覆盖矣。罗仲宣原葬高密，墓志也说“故坟在密”，其子罗希古于熙宁元年举祖、父、叔之丧而葬时并未将他们归葬祖茔，而是另立新茔，葬于淄州淄川县孝感乡柏多原。罗希古之所以如此，是因为其当时“家于淄”，畏“岁深少冗”，故“卜地于淄”。清人王培荀在《乡园忆旧录》中说“淄邑七里菴有罗成墓，石虎犹存，石人半身埋土中。坟小而碑甚巨，字虽残阙，大略可读”[13]。清代淄川县所辖范围内未有名七里菴者，疑即七里店。又乾隆四十一年《淄川县志》云“罗希古墓，邑南七里店西，有碑”，此处墓主应是罗希古，时人岁久讹传为小说中的罗成。今七里店村西侧即为苏王村，苏王村、七里店一带应是墓志中提到的柏多原，该处为孝妇河阶地，属于山前冲积地带，地势较高，这一带应是罗氏家族的族葬地。

罗仲宣墓志撰者为张祐甫，据神道碑知张祐甫为罗仲宣的孙女婿，故墓志云“忝戚门下”。

关于神道碑的撰者和书丹者，《山左金石志》仅云撰者王口中，书丹者苏口口，邵奎篆额，刊刻者徐口口，但收录的碑文却说“属（嘱）于里人王积中”，《寰宇访碑录》曰“王口中撰，苏口口正书”[14]，《济南金石志》则明确记载为王积中撰，苏企书丹，邵奎篆额，苏从礼刻。《济南金石志》脱胎于《山左金石志》，撰刻者记载如此清楚，或别有所本，或据碑文内容辑补。

撰者王积中，神道碑称其为“里人”，可知应为淄州本地人士。王积中流传下来的作品还有《吴昭明墓志》，该志葬于天圣十年，署“乡贡进士王积中书并篆”[15]。宋人王明清在《挥尘录》中说“先大父大观初从郎曹得守九江，自乡里汝阴之官……会王彦昭涣之出帅长沙，令作乐语，以燕犒之。时有王积中者，知名士也，以特起为佥书节度判官，且俾预席”[16]。清同治十年（1871年）《番禺县志》卷十五《建置略二》布政使司署条下云“元符二年经略使柯述拓而正之，求南汉铁柱尚存其四，因置前楹，而别建经略抚厅于其西，其属通判、司理参军、司法参军、司户参军皆列属于内。淄川王积中有《修造记》”[17]，同书卷二十三《古迹略一》载《修造记》云“绍兴四年夏六月，朝议大夫柯公以秘阁经略南海……作始于秋八月，成于元符二年春二月己卯……公乃图其状，书其事，遣使走京师，求记于积中，积中从公之游，实有年矣”[18]，此处绍兴四年当为绍圣四年之误，很可能是与同卷所载的折彦质修葺清海军门事相混。

综诸史实，王积中应是当时的知名文人，活跃于宋哲宗、徽宗时代，元祐三年即已是乡贡进士出身，但前途多蹇，直到大观初年才得做幕职。同为里人，又在京师，王积中应与罗希古相交甚厚，故罗希古请托为其父作神道碑文时，王积中因“辱知于中散公甚厚乃不能辞”。

《宋会要辑稿》记宋神宗熙宁三年（1070年）考试官有“大理寺评断官邵奎”[19]，熙宁六年有“太子中舍徐育、邵奎”[20]，神道碑立于元祐三年，此时的邵奎已外任“朝奉郎通判淄州军州兼管内劝农事护军赐绯鱼袋”。神道碑书丹者乃“承议郎新差知大名府元城县事武骑尉苏企”，宋神宗更定官制时，选人官称未定，名实混乱，元符二年刑部尚书邓洵武曾言：“吏部选人，自节、察判官以至簿、尉，凡七等，有带知安州云梦县事而为河东路转运司勾当公事者，有河中府司录参军而监楚州盐场者，有瀛洲防御推官知大名府元城县事、为濮州学校教授者，淆乱纷错，莫甚于此”[21]，苏企恐怕就属于此种情况。

刻石者苏从礼，所刻作品尚有绍圣三年（1096年）的《仇公著墓志铭》、大观四年（1110年）的《宋比邱奉囗尊胜经幢》[22]，苏从礼应是活跃于淄青一带的刻石匠人，刻石生涯至少二十余年。

王积中所撰神道碑述罗仲宣事迹远比墓志详细，更是添加了其不乐仕途、喜读嗜善、孝亲睦族等内容，文中特别提到罗巨源去世后，罗仲宣庐于墓侧，昼夜号哭不止，毁瘠以终其丧，如此描述，使得罗仲宣整个人物变得鲜活生动，极具文学性。这些细节并非王积中所能全部了解，神道碑文提到“谨状其行实之一二以告子”，行实又称行状，是专记死者世系、籍贯、生卒年月、生平事迹的文章，一般由死者亲属撰写，时人如范仲淹、宋祁、司马光等均据行状为他人撰写墓志铭或神道碑，罗仲宣神道碑应是王积中以罗希古撰写的行状为素材加工润色而成。

三、罗仲宣世系考索

墓志云罗仲宣字有章，神道碑均云粲臣，嘉靖二十五年《淄川县志》云字燦德，未知何是，古人往往多字，有可能两个都是。神道碑载罗仲宣卒于景祐元年（1034年）十一月六日，墓志云卒于明道二年，两者抵牾，《宋史》卷十《仁宗本纪》载明道二年十二月 “丁巳，诏明年改元”[23]，可见并非于当年改元，且神道碑晚出，此事当以墓志为准。

罗仲宣神道碑因后立，在记述自身世系上较墓志要详细，如墓志仅记祖、父两代姓名，于曾祖名讳有阙，神道碑记“光禄公讳仲宣字粲臣，密州诸城人，曾祖潜，祖浩，父巨源”，墓志仅载至罗仲宣孙辈四人，以后世系不详，神道碑则云孙三人，早夭者未列入，神道碑又列“曾孙二人，长曰居正，次曰安祖”。如此，碑志记载了罗仲宣上下三代世系，通过碑志合载知罗仲宣一族的世系为：

罗潜——罗浩——罗巨源
- 罗仲宣
  - 罗希古
  - 罗希道
  - 孙：罗民先、罗孝直、罗孝先
  - 曾孙：罗居正、罗安祖
- 罗思资
  - 罗开
  - ?
  - ?

以上诸人除罗希古外史籍无载。今人罗光洲先生曾撰写了自己的单线谱系，谱系中列自罗士信至光洲先生本人共四十五世，其中云希古子民先、孝直、孝先，民先子居正、安祖，并列居正以下世系[24]，不知据何，权作参考。

罗潜、罗浩、罗巨源、罗仲宣均不仕，至仲宣子罗希古、希道时方出仕，根据碑志可以勾勒出罗希古的仕宦轨迹：罗希古以经术获第，曾任大理审刑官，明道二年（1033年）见任海州朐山尉，皇祐三年（1051年）登朝，熙宁元年（1068年）尚书比部郎中在任，之后的官职碑志没有记载。《续资治通鉴长编》卷二二二云："（熙宁四年四月）庚辰……罢虞部郎中阎绶知济州，以都官员外郎、权发遣盐铁副使马默代之，仍令京东转运、提点刑狱具析所见新知济州罗希古庸懦，不可临郡事状以闻。御史知杂事邓绾言'希古初未到官，监司素不识面，而违制擅举绶以代希古，乞推劾'故也。"[25]《长编》注引《日录》云："绶与提点刑狱孔宗翰尝为交代，故宗翰自提点改知蕲州，改知蕲州，疑坐此，当考。"从上引史料看罗希古知济州时间似乎不长，后因孔宗翰不详内情，举阎绶而代之。神道碑云"出贰雄藩典名城"，似指此事。

罗希古在元丰八年（1085年）因宋哲宗即位而迁为中散大夫，同样的事例还见于贺仪墓志，贺仪原任司农少卿，"元丰官制行，改朝议大夫，遂求致仕。今上登极，进中散大夫"[26]。

《山左金石志》说罗希道"调思州清阳主簿未赴而卒"，这里思州应是恩州之讹，罗希道虽调恩州清阳县主簿但寻卒于家，仕宦不显。仲宣孙辈罗民先曾任光州军事判官，孝先任应天府宁陵尉，曾孙居正、安祖，皆太庙斋郎，希古以下诸人的仕宦履历止于元祐三年，其后不可知。

罗仲宣墓志所载虽不见于史籍记载，但却为我们提供了历史的另一种细节，可补史志之不足。自北朝以来，罗氏世为山东著族，代有人出，英杰辈见，其族先后迁徙于济南（齐郡历城）、诸城、淄博之间，后播迁至省内多数地区，罗仲宣墓志的发现，对于研究罗氏历史及地方文化多有补益之处。

注　释

［1］任相宏、张光明、刘德宝主编：《淄川考古：北沈马遗址发掘报告暨淄川考古研究》，齐鲁书社，2006年，20页。

［2］淄川博物馆、淄博聊斋艺术发展公司：影印嘉靖二十五年《淄川县志》卷下，广陵书社，2009年。以下所引均不单独注出。

［3］淄川博物馆、淄博聊斋艺术发展公司：影印乾隆四十一年《淄川县志》卷七，广陵书社，2009年。以下所引均不单独注出。

［4］（清）毕沅、阮元：《山左金石志》卷十七，《石刻史料新编》（第一辑）第十九册，台北新文丰出版公司，1982年，14634、14635页。以下所引均不单独注出。

[5] （清）冯云鹓：《济南金石志》卷三，《石刻史料新编》（第二辑）第十三册，台北新文丰出版公司，1982年，9867、9868页。以下所引均不单独注出。

[6] 曾枣庄、刘琳主编：《全宋文》第117册，上海辞书出版社、安徽教育出版社，2006年，256、257页；曾枣庄主编：《宋代传状碑志集成》第五册，四川大学出版社，2012年，2167页。

[7] 《淄川县志》仅简略叙述碑主事迹，《山左金石志》收录有神道碑全文，《济南金石志》则节录碑文，《全宋文》《宋代传状碑志集成》均据《济南金石志》收录了神道碑文。

[8] 同［ 4 ］，1982年，14634页。

[9] （宋）司马光著，李文泽、霞绍晖点校：《答孙察长官书》，《司马光集》卷六二，四川大学出版社，2010年，1284页。

[10] （清）范能濬编集，薛正兴校点：《宋故乾州刺史张公神道碑》，《范仲淹全集》上，凤凰出版社，2004年，258页。

[11] 淄川博物馆、淄博聊斋艺术发展公司：影印民国九年《淄川县志》卷九，广陵书社，2009年。

[12] 文化部文物管理局：《全国各省、自治区、直辖市第一批文物保护单位名单汇编》（内部资料），文物出版社，1958年，126页。

[13] （清）王培荀著，蒲泽校点：《乡园忆旧录》，齐鲁书社，1993年，440页。

[14] （清）孙星衍、邢澍：万有文库第二集七百种，商务印书馆，1935年，259页。

[15] 北京图书馆金石组：《北京图书馆藏中国历代石刻拓本汇编》，中州古籍出版社，1989年，第三十八册，79页。

[16] （宋）王明清：《挥尘录》，中华书局，1961年，239页。

[17] （清）李福泰、修史澄等：同治十年《番禺县志》影印本，台北成文出版社，1967年，154页。

[18] 同［17］，280页。

[19] 刘琳等：《宋会要辑稿》，选举一九，上海古籍出版社，2014年，5628页。

[20] 同［19］，5629页。

[21] 同［19］，职官五六，4541页。

[22] （清）段松苓：《益都金石记》卷三，《石刻史料新编》（第一辑）第二十册，台北新文丰出版公司，1982年，14856、14858页。

[23] （元）脱脱等：《宋史》，中华书局，1977年，197页。

[24] 罗光洲：《山东历城士信公世系》，《中华罗氏通谱》第一册，中国文史出版社，2007年，3130页。

[25] （宋）李焘：《续资治通鉴长编》，中华书局，1995年，5411页。

[26] 韩明祥：《济南历代墓志铭》，黄河出版社，2002年，74页。

元山东提刑按察使陈祐诗刻考

张立明[1]　吕宏伟[2]　苏　飞[3]

（1. 德州市文化旅游发展与文物保护中心；2. 德州市博物馆；3. 陵城区文博苑）

元代陈祐[1]诗文刻石现存德州市陵城区人民公园内，该诗刊刻于元至元八年（1271年），诗刻正面为正方形，长58、宽58、厚10.5厘米，青石质。石刻共20行，前10行刊刻陈祐诗文两首，共112字，字体为行书；后10行为宋景祁跋注，共266字，字体为楷书。诗刻总计378字。另外，诗文第二行空白处刻有清道光二十六年（1846年）沈淮小字题跋，共62字[2]（图一）。

此诗刻最早被收录于清乾嘉时期的《山左金石志》中[3]，书中录文完整，但未见拓片；拓片则被收录于《北京图书馆藏中国历代石刻拓本汇编》[4]（图二）。陈祐诗刻保存完整且包含丰富的历史信息，尚未见研究，本人略作小考，请教于方家。

一、诗刻录文

北疃南庄几老翁，力田还与子孙同。仓箱岁计[5]」西成后，水土」君恩北望中。磁甓瓦盆轰夜饮，村箫社鼓贺」年丰。醉归不记匡床卧，月上颓垣草屋东。」飘萧双鬓似飞蓬，朴野中存太古风。雨宿云耕」为出处，麦秋蚕月见穷通。雍熙自入」唐虞化，隐约能谈禹稷功。马首不知缘底」事，洗杯来寿使君公。」至元七载冬十一月二日节斋陈祐，按部」过此，乃书《老农》二诗于平原之廨舍。」嘉议大夫、山东东西道提刑按察使陈公庆甫，家世古赵，为河」南道总管既久，又以洛邑为家焉。性沉毅果断，不惑政事之名，」浮于文学，好作古文字，至于诗，皆擴拾所见之实，其荡心溺志，」浮淫无据之语，不作也。探其源委，皆从体国忧民处所发出，故」其动于中，形于言者，非黼黻王猷，则《箫》《勺》人情者也。公行按，」因书此诗于公馆，州牧黄侯彦文、同知德州事金台阎侯巨川、」德州判官古兖马侯颐之暨长史渤海马君国宝聚而言曰」：“公之忠爱乃见于诗，诗之质厚有章其化，而楮

图一　陈祜诗刻照片

墨不可以恒久。”」于是召匠刊石，庶永其传。呜呼！人之所以附青云之士，岂无所」用其心哉？至元八年三月上旬，州学教授长平宋景祁跋。

二、相关考释

1. 陈祜生平事迹

碑刻所刊《老农二首》诗歌的作者为时任山东提刑按察使的陈祜。陈祜，字庆甫，赵州宁晋人，今邢台市宁晋县人。《元史》有传，载：“岁癸丑，穆王府署祜为其府尚书……王既分土于陕、洛，表祜为河南府总管”[6]，至此，陈祜步入仕途，成为地方政府的重要官员。在任职河南期间，他上疏奏请免去了征西军数百家的部分税赋，又提出二十余条惠民政策，全部得到朝廷采纳，后分陕、洛为河南西路，陈祜任

图二　国家图书馆藏陈祐诗刻拓片

总管。对于这段仕途经历碑刻亦有记载，曰：“（陈祐）为河南道总管既久，又以洛邑为家焉。”碑、史互证，可证史之实。而后陈祐又任南京路治中，所到之处实心实政，深受当地百姓爱戴。

《元史》载：“六年，置提刑按察司，首以祐为山东东西道提刑按察使。”[7]据史书记载，元至元六年（1269年）置四道按察司，分别为山东东西道、河东山西道、山北辽东道、河北河南道，陈祐即被任命为山东东西道提刑按察使。据默书民先生考证，此时山东东西道提刑按察使所管辖的范围包括河间、济南、大名、东平、益都等路[8]。元初德州属东平路，故德州应在陈祐的管辖范围之内。正是在此任职期间，陈祐“按部过此，乃书《老农》二诗于平原之廨舍”。平原，即指平原郡，据《旧唐书》载："德州，汉平原郡。隋置德州，又为平原郡"[9]，至元代，此地仍称德州，州治设在安德县（今德州市陵城区），此处称其为"平原"，实为沿用其旧称。

碑文载：（陈祐）"性沉毅果断，不惑政事"，此句是对陈祐为人、为官品格的概括与总结。《元史·陈祐传》中记载了这样一件事，曰："时中书、尚书二省并立，世祖厌其烦，欲合为一，集大臣杂议之，祐还朝，特命预其议。阿合马为尚书平章政事，欲奏升中书右丞相安童为太师，因罢中书省，惧祐有异议，许进祐为尚书参知政事以啗之。及入议，祐极言中书政本，祖宗所立，不可罢；三公古官，今徒存其虚位，未须设。事遂罢。阿合马怒其忤己，除祐佥中兴等路行尚书省事。"[10]由上述可知，陈祐面对阿合马许诺的参知政事一职并不动心，反而从国家利益出发，晓之以大义，从而得罪于权臣阿合马，被远调外地。陈祐为官期间，辅佐王室，体恤百姓，深得朝廷与百姓的信任，后经新昌时被盗匪杀害，百姓闻之"请留葬会稽"[11]，朝廷"诏赠推忠秉义全节功臣、江浙等处行中书省左丞，追封河南郡公，谥忠定"[12]。由此也可见陈祐的官品与口碑。碑文中用"皆从体国忧民处所发出，故其动于中，形于言者，非黼黻王猷，则《箫》《勺》人情者也"之句来形容陈祐，确实不为过也。

2.《老农》诗考

按碑文可知，元至元七年（1270年）陈祐过安德县时写二诗于官舍，再结合此碑所刊刻的两种不同字体，我们有理由推测，此碑右侧10行诗文，很有可能是陈祐笔迹。此推测也得到了诗刻后文的印证，载："而楮墨不可以恒久，于是召匠刊石，庶永其传。"如果此推论正确，则此诗刻便成为目前为止所发现的唯一一件保存有陈祐笔迹的碑刻文献资料。

另外，清代学者顾嗣立所编《元诗选》中并未有陈祐之名，而钱熙彦编录、道光年间刊印的《元诗选补遗》一书中收录了陈祐诗11首，其中包括此碑所镌刻的《老农二首》。有论者认为，《元诗选补遗》一书中多位元代诗人及其作品并非编录者钱熙彦所收集，而是钱氏利用了顾嗣立遗稿，这种说法得到了中华书局编辑部的认可，在中华书局所出版的《元诗选补遗》序言中提到："同时我们认为，虽然《补遗》没有序跋凡例等文字可以说明其资料来源，虽然《补遗》收录的二十八家与顾氏未刻的六十余家数量不符，但我们仍然相信，钱熙彦在'编次'《补遗》时，很可能大量利用了顾氏秀野草堂遗留下来的《元诗选》资料，包括其六十余家未刻稿本。"[13]而陈祐便在其中，也就是说陈祐所作《老农二首》并非最早录于清晚期的《元诗选补遗》中，而是收录于康熙时期顾嗣立之遗稿中。这说明陈祐的诗作流传较为广泛，而且其文学性、艺术性都得到了顾嗣立的认可。

3. 诗刻的文学价值

陈祜所作两首诗皆为七言律诗，又都以《老农》为题。第一首诗描写了陈祜在乡村的所见所闻，首联使用“北疃”“南庄”二词表示村庄，使人在开篇便知其写作的背景，随后“几老翁”三字点明了此诗的主题——老农，首联第一句“北疃南庄几老翁”交代了地点、人物，让人一目了然。颔联中“仓箱”一词本出自《诗经·小雅·甫田》中“乃求千斯仓，乃求万斯箱”之句，后常比喻庄稼获得丰收，此句中“西成”亦指庄稼成熟。颈联描写了乡民庆祝丰收的热闹场景。尾联“月上颓垣草屋东”，诗中有画，画中有诗，与“大漠孤烟直”有异曲同工之妙。

第二首诗意境则更为深远，其首联“飘萧双鬓似飞蓬”一句中以飞蓬比喻飘萧的双鬓，形容头发蓬乱，而在后句中对这种状态给予积极的评价，即“朴野中存太古风”，这是对农人劳动生产生活的肯定；此句中“飘萧”二字在《元诗选补遗》中作“飘潇”[14]，而在其他各版本中皆与诗刻相同。颔联用“雨宿”“云耕”“麦秋”“蚕月”四个词语表达了对农人辛勤劳动的尊敬之情。颈联更多地表现了对盛世的期盼与赞扬，其中不乏褒扬之词，如“雍熙”，形容社会和乐生平，句中更是用“唐虞”“禹稷”来表达对现实社会的颂扬。尾联“马首不知缘底事，洗杯来寿使君公”是借用了苏轼的名篇《罢徐州，往南京，马上走笔寄子由五首》中的诗句“洗盏拜马前，请寿使君公”。众所周知，苏轼曾任徐州知州，此句描写了苏轼离开徐州时百姓送行的场景，对比诗人自身，陈祜数年前也曾任职地方总管，在任期间“申明法令，创立孔子庙，修比干墓，且请于朝著于祀典。及去官，民为立碑颂德”[15]。可见陈祜是以民生为本，以苏轼自比，以诗文言志。

总观此诗两首，虽然语言朴实，但意境深远幽长，既表达了诗人豪爽洒脱的情怀，又体现了作者心系百姓的政治抱负。此二首诗歌，是元诗的优秀代表。

三、结　　语

陈祜诗刻是德州现存唯一一件元代诗刻，所刻《老农二首》为此诗已知的最早版本。题跋详细介绍了此诗来历、作者官职、诗人政绩、勒石成因等问题，对于研究元诗的传承具有重要的意义。此外，就书法艺术而言，前10行诗文以行书刊刻，笔力遒劲，潇洒灵韵；后10行题跋则镌刻以楷书，笔画略显拘谨，有唐楷遗风。

此碑另有清人题跋一处，以小字楷书刻于第二行下空白处，作为补充，特录文如下：

陈公庆甫，名祜，赵州宁晋人，能诗文，有《节斋集》，此诗为行按部所作，州牧黄公彦文等」刻之石，今移嵌厅事壁间，俾垂永久。道光二十六年岁次丙午桐乡沈淮识。

注　释

[1] 陈祜，其名存异，《元史》（中华书局）载为陈祐，另有文献载为陈祜，本文以石刻为准。

[2] 见后文。

[3] （清）毕沅、阮元：《山左金石志》卷二十一《陈庆甫诗刻》，嘉庆刻本。

[4] 北京图书馆金石组：《北京图书馆藏中国历代石刻拓本汇编》第四十八册《陈祜诗刻并跋》，中州古籍出版社，1997年，51页。北京图书馆即今国家图书馆。

[5] 石刻此二字损泐，根据《北京图书馆藏中国历代石刻拓本汇编》补出。

[6] （明）宋濂：《元史》卷一百六十八《陈祐传》，中华书局，1976年，3939页。

[7] 同[6]，3940页。

[8] 默书民：《元代的山东东西道辖区考析》，《中国史研究》2007年第3期。

[9] （后晋）刘昫：《旧唐书》卷三十九《地理二》，中华书局，1975年，1509页。

[10] 同[6]，3940页。

[11] 同[6]，3941页。

[12] 同[6]，3941页。

[13] （清）钱熙彦：《元诗补遗》出版说明，中华书局，2002年，2页。

[14] 同[13]，31页。

[15] 同[6]，3940页。

明许彬墓志考

魏　国[1]　于　勇[2]

（1. 泰安市文物考古研究所　2. 宁阳县博物馆）

许彬墓志，20世纪60年代末在今宁阳县鹏达丝绸有限公司院内出土，现藏于宁阳县博物馆。墓志一合，青石质，方形，志石长65、宽60、厚13厘米。志文阴刻楷书，字径1厘米，57行，满行56字，计2824字（图一）。志盖残，右上部缺失，长、宽、厚

图一　明许彬墓志拓片

同志石，上刻篆书6行，每行5字，现存22字，“□□□议大□□□尹礼部□□郎兼翰林院学士致仕东鲁许先生神道碑”（图二）。现将墓志标点断句如下（“」”表示转行），并作考证分析。

图二 明许彬墓志盖拓片

一、墓志录文

明故正议大夫、资治尹、礼部左侍郎兼翰林院学士、致仕东鲁许先生墓志铭。

赐进士第、嘉议大夫、太常卿兼翰林侍读、兼经筵讲官、直文华殿兼修国史青齐刘珝撰文。

赐进士第、朝列大夫、国子祭酒、前翰林修撰兼修国史河东邢让书丹。

赐进士及第、翰林侍读学士、奉训大夫、经筵官兼修国史古吴陈鉴篆额。

成化三年十二月十五日，东鲁许先生卒于正寝。邑有司以讣闻于朝，」上遣山东藩司官即其家致祭。而翰林学士大夫洎六部诸省官相知者相聚哭，武官自侯伯而下相知者亦相聚哭，门生亲属、都人之素慕先生」者亦相聚哭。惟珝也哭之恸，何也？珝以晚进无庸受先生知，汲引奖进，如恐不及。面责也，不以为嫌，心爱也，出于真诚。终始如一，诸谗毁者」不能间。於乎！恸哉！而今后尚谁知珝邪？其子奎文阁典籍越以与珝有姻连，奉训导陈奎状来乞铭以掩诸幽。於乎！珝曷敢铭先生邪？又何敢不铭」先生邪？辞虽不斐，谊弗可辞。阅状。先生讳彬，字道中，别号养浩，门下士私号东鲁先生。其先居徐州砀山麻城村，高祖仙又徙丰县之钓台。」仙生信，信生成，成娶夏邑张氏，生仲德府君。府君，先生父也。值元季兵乱，播迁者五六年。既定，乃定居于兖之宁阳南白里南河之涯，遂占籍」焉。太考以先生贵，赠通议大夫、太常寺卿。妣张，赠淑人；府君封翰林检讨，赠通议大夫、太常寺卿。妣张，封孺人、赠淑人。先生未生之前，母淑人」梦吞月华。觉，以告府君。府君曰："吾家积善好施，非一世矣，岂生子当以文鸣乎？"及生，果面方口阔，风骨秀异，言动自异于群儿。识者曰："昌许门」者，必此子也。"稍长，从乡先生学。终日端坐读书，无嬉戏态。有疑即问，先生为析之，即开悟。一日语府君曰："吾非若子师，可遣游邑庠，以图远大。"」故府尹王公贤，以邑庠生捕蝗里中，适府君携先生至。府尹公一见大异之，时年十三，遂荐入邑庠，同受《诗经》于毘陵宋先生参，参自以为得」先生虽获拱璧不逮也。会先生左掖下生一疮，半载弗愈，参忧形于色。叹曰："天宁丧我邪？"既愈，喜甚。先生家素贫，母淑人尝脱簪珥以资笔札。」先生益感奋，刻苦于学。时年二十即与府尹公同领永乐辛卯乡荐，名在前列。明年会试不偶，入国子监，从祭酒胡俨先生学。胡先生每见其」所作，辄曰："天才！天才！"每听其讲书，辄曰："许某至，容易理会，不知何处得来？！"岁乙未，果登进士第，选入翰林为庶吉士。历任检讨、编修、修撰，与修」仁庙、宣庙实录。书成，俱蒙锡赉。正统丁卯，福建乡试，聘京学教官为考官。校官以它故，弗往。礼部为闻于上，特诏先生往莅其事。是」科，号称得人。戊辰，闻府君丧，先生即奔讣。归，哀毁踰礼。寻有诏夺情，累乞终制，不许。已巳，升大理寺少卿。未几，转太常。八月间，」英庙被留虏廷。景泰元年，虏酋悔过。遣使赴京议和，且要大臣迎驾。佥以虏情莫测，必须慎选有学识大臣往觇虚实，公论以为无踰于先生。」先生曰："主辱臣死，此岂计身家时邪！"遂同都指挥马政深入虏境蹈虎狼口，凡三往返。喻以天道祸福、彼此曲直，虏遂悟，乃奉驾以还。」英庙在途中赐以良马，又撤御馔赐之。曰："此圣母手自制，念卿劳苦，故特与之。"奉上圣皇太后及景泰帝书，敕群臣免朝。及祭阵亡官军」文，皆命先生为之。归，升太常卿。故诰辞有曰："当虏使之求和，推诚心与决议，折其强梗，得乃实情。致，迎复于銮舆，用，超迁于卿长。"盖」纪实也。寻充正使，册封秦邸。王素熟先生之名，称老先生而不名。凡所锡赉，皆辞不受，王益贤之。天顺丁丑，英庙复辟，首进礼部左」侍郎兼翰林院学士、文渊阁视事，赐白金、楮币、靴帽、犀带、织金袭衣。先生既执政，输诚秉公，侯伯中有以迎复为功而升秩不惬意者，再三干」先生，欲佞进。先生戟手詈之曰："尔戮得几人？何功？"其人惭而退。每为英宗言："陛下当弃过录材，如王竑、宋杰、曹泰、商辂、王伟，才皆可」用，不宜置之散地。昔唐太宗不罪王珪、魏征，而反录用之，辅成贞观之治，此前代明验也。石亨恃功骄恣，权倾内外，陛下当如宋太祖杯」酒释六藩镇之权，则功臣皆获老死牖下。今陛下宠亨太过，恐非保全之道。"英庙心知其所言甚当，而不欲显露。未几，亨果败。王竑」诸君子相继召用，人皆服先生先见之明也。初，亨闻先生言，恨之甚。乃内结太监吉祥共挤之，遂调南京礼部侍郎。中道，复左迁陕西参政。抵」任，又复以事系狱，遂乞骸骨，致仕归甲。皇上嗣登宸极，知先生为权奸所谮，首诏复其官。时府尹公亦致仕在家，县尹翟弁以先」生与公出处皆同，且绯袍金带，苍颜华发，会必联坐，出必联驾，乡人望之以为神仙。后生小子闻其风者，无不感慕兴起。弁乃于县治南朝元」观故址建二老堂，暇日请二老率僚友燕游其间，引觞赋诗，笑谈竟日。成化丁亥夏，府尹公殁，先生往哭之。至冬十二月，监生杨寿忽梦至宝」相寺，见府尹公朝服执笏端立，时越在侧。问故，答曰："伺令尊先生也。"明日适寺僧辽饮，抵暮，不醉而归。夜五鼓，卒。厥明，颜色如生，识者以为尸」解。卒之日，无远近老稚，皆奔走哭吊，至庭不能容。兖州守宋玺命有司塑二老像于堂中，以遂乡人崇奉之意。距其生则洪武壬申十二月三」日，得寿七十有六。配张氏，由孺人进封淑人。翊尝登堂再拜，静庄慈懿、容止闲雅、母仪妇道、无愧礼宗。先先生十六年卒，先生自制墓铭。侧室」何、黄、王、刘，刘先卒。子男七：长超，宣德壬子乡进士，早卒。配齐氏，守节不二，诏旌贞烈。次越，博学能文，诗多唐人警句。母丧，庐墓，有野雉驯」扰之祥。治丧不用浮屠，一遵文公家礼，人称孝子。娶孔氏，宣圣孙。超、越，张所出也。次起，聪明善属文，天顺丁丑进士，亦早卒，何所出也。次赴，以荫」补国子生，黄所出也。次趣、次赳、次趑，王所出也。女五：故都御史贾公谅子俊、虎贲左卫指挥张胜、济州卫指挥申广、南陵县尹孔公玘、待选」监生孔谙。其婿二孔，皆宣圣孙。孙男五：奎、庚、箕、轸、亢。孙女七：长适医官古淳，次适京卫指挥陈祥，次许聘神童韩智，次许聘翊之季子鎡，次许」聘郡人张纶之子铨，余未行。於乎！先生质直倜傥，襟度宏阔，待人虽和，少所许可，事物之来必归于正。人见其外，而不知其内之所守者，不可以」势力回。终其身，未尝有憸行，未尝害一人。孝友忠信出于自然，此先生为人也。其于天下之书无所不读，天下之理无所不究，旁至夷狄之」语无所不详。下笔为文，如云行雨施，丰赡雄伟，数千百言，不烦思索，顷刻立就。虽不蹈袭前人一言，而自不外乎前人法度，有《东鲁先生文集》」行于世。其为诗，浑厚和平，音调响亮。其佳句置之唐音中，人不能辨。京都之寺观释道、世家屏障、四方之士大夫，无不有先生诗。外至夷人如」高丽使臣，亦皆市先生之诗而归。有《东鲁先生诗集》《续集》行于世，此先生之制作也。平居极俭约。至于宗族、乡党婚姻丧葬未举，即周给之，倾」囊不吝。族中子弟如许聪、许睿、许英、许逊、许震、许让，咸衣食之教育之有成。有向用者，有已仕者。亡弟女淑诚适士人张雄，侄女淑洁、淑真适」监生鹿麒、杨寿，皆厚其资妆遣之，此先生之仁族也。他如监生续庆、刘信、长山刘祉客死于京师，皆给棺以敛，且厚赙其子孙，此先生之恤孤」也。四方士子从游于门者甚众，其知名今都御史王越、孙祥，侍郎沈义，通政殷谦，主事张祥、倪颙，御史齐让，校官刘志、郁升、陈宁，此先生之育材」也。在翰林四十余年，海内人士以文为请者，日集于庭，力麾之而弗去。一篇之出，人人知所宝爱。晚年与政事，即能化逆虏、排权奸。不幸而为」所挤，非先生之不幸，世道之不幸也。一进一退，无弗合礼。诗书庆泽，裕于后人。以故进士、孝子、节妇萃于一门。其生也，人敬爱之；其死也，人哀」慕之。终始哀荣，死无遗憾，此先生之事君齐家又可以概见矣。珝悲恸之余，不能一一书，但即当今士大夫盛传数事以序于前。九泉之下，诚负先生。越卜以今年四月初八日奉柩启张淑人之窆，合葬于邑城东二里杏冈之原，从先兆也。不可以不铭。铭曰：

许出南徐，载迁于丰。前作后绍，庆源斯宏。元季兵兴，聿离桑梓。避乱徙兖，定居于此。楙毓文儒，聪明盖世。百子六经，咸齐其哉。浩乎其学，」邃乎其文。秋闱春榜，拔萃超群。拜官词林，词益曼衍。纂述编摩，用昭彤管。奉常出佐，令闻孔扬。三使北虏，卒定扰攘。」当宁论功，特进卿长。凤诰龙章，荐膺褒赏。英皇复辟，命代王言。宗伯之亚，学士之尊。忠言谠论，日陈于上。摧彼权奸，心寒胆丧。鲁不旋踵，」谗谤并生。未参西陕，已调南京。先生曰嘻，直道难久。乞休归来，与鹿豕友。」今上御极，首复旧官。腰犀衣紫，皓首苍颜。邦有耆长，如璞在石。山林草木，光辉润泽。溘然云逝，人孰不悲？泰山摧颓，士林畴依？峨峨杏冈，允矣佳丽。」刻铭藏幽，昭示来裔。

根据志文，许彬墓志由明成化年间任内阁首辅的刘珝撰文，书丹和篆额者分别为明成化年间前后任国子监祭酒的邢让和陈鉴。志文洋洋洒洒2800余字，记载了许彬家世、生平及明英宗时期“土木之变”“夺门之变”中与之相关的人物和事件。志文中对许彬为人、育材等方面给予了高度评价，表达了沉重的哀悼之情。此外，志文记载了当时许多中高级官员的姓名、职衔及历史事件，可补文献记载之缺。

二、许彬生平事迹

许彬，字道中，别号养浩，又称东鲁先生。山东宁阳人。《明史》有传。许彬祖籍安徽砀山，其祖父许成为避元末战乱，携家迁居宁阳（今宁阳县东庄镇东庄村），后迁至宁阳城东杏岗村。许彬少年时刻苦于学，十三岁“荐入邑庠”学习。明永乐九年（1411年）考中举人，永乐十三年（1415年）考中进士，次年授为翰林院庶吉士。不久被任命为检讨，又升为修撰，参与编修明仁宗朱高炽、宣宗朱瞻基两代帝王的实录。正统十二年（1447年），去福建主持乡试，号称“得人”。正统十四年（1449年），彬父去世，告假归家治丧。欲守庐三年，英宗不允，特下诏命许彬进京叙职，升为大理寺少卿，随后转任太常寺少卿兼翰林待诏，并提督四夷馆，负责祭祀礼乐、译书之事。是年七月，瓦剌首领也先兵分四路向明朝进攻，主力直逼大同。英宗在太监王振的蛊惑和挟持下，不顾臣僚劝阻，决意率五十万大军亲征。由于王振贻误军机，闻敌怯战，明军在土木堡（今河北怀来境内）被瓦剌军包围，英宗被俘，史称“土木之变”。明代宗朱祁钰即位，改年号为景泰。景泰元年，英宗北还，明廷议大臣往迎，危难之时，许彬毅然请行，曰：“主辱臣死，此岂计身家时邪！”到达宣府见到英宗，按照英宗的授意，为其撰《罪己诏》和土木之役阵亡将士祭文，为英宗赏识。英宗安全回到京师后被奉为太上皇。为褒扬许彬迎驾之功，代宗升他为太常寺卿，掌礼部祭祀。景泰末年，石亨等人谋划解救出被禁锢八年的英宗。寻求许彬帮助，许彬为石亨推荐徐有贞，遂成其事，拥英宗登基，改景泰八年为天顺元年，史称“夺门之变”。英宗复辟后，许彬“进礼部左侍郎，兼翰林院学士。入直文渊阁”[1]。官至正三品，与徐有贞共掌国事。许彬曾向英宗建议，推举重用王竑等人才，对恃功骄恣的石亨等人解除其权。许彬以此得罪石亨等人。徐有贞罢相后许彬为内阁首辅，未及两月因遭石亨、曹吉祥谗毁排挤，贬南京礼部右侍郎，尚未到任，再贬陕西参政。许彬抵达陕西后即辞官归家。英宗天顺八年（1464年），恢复许彬官职“礼部左侍郎仍致仕”[2]。成化三年（1467年）十二月，许彬“卒于正寝”。成化十三年（1477年）三月，赠“礼部尚书”[3]。

许彬学养深厚，文笔华赡。志云：许彬为文“如云行雨施，丰赡雄伟”。为诗“其佳句置之唐音中，人不能辨”。著有《东鲁先生文集》《东鲁先生诗集》，今均佚。《宁阳县志》保存有许彬部分诗文。

志云：许彬为人“孝友忠信出于自然”，列举了其“仁族”“恤孤”“育材”等方面的事例，高度评价“其生也，人敬爱之；其死也，人哀慕之”。

许彬生卒年月在《明史》《宁阳县志》等文献记载中不详，志云：许彬“成化三年十二月十五日……卒于正寝”，“距其生则洪武壬申十二月三日，得寿七十有六”。洪武壬申年应为洪武二十五年（1392年），由此知许彬生于洪武二十五年（1392年），卒于成化三年（1467年），享年76岁。许彬生卒年月当以墓志记载为准。

三、世系及葬地

墓志载：许彬高祖许仙，“仙生信，信生成，成娶夏邑张氏，生仲德府君。府君，先生父也”。许彬“子男七”，即许超、许越、许起、许赴、许趣、许赸、许趑。“孙男五：奎、庚、箕、轸、亢”。

由此，可以排出许彬这一支的世系：许仙—许信—许成—许仲德—许彬—许超、许越、许起、许赴、许趣、许赸、许趑—许奎、许庚、许箕、许轸、许亢。

志云：许彬祖父“以先生贵，赠通议大夫、太常寺卿”。父亲“封翰林检讨，赠通议大夫、太常寺卿”。由是知许彬的祖父、父亲皆未入仕。

志云：许彬长子许超“宣德壬子乡进士，早卒”。三子许起“天顺丁丑进士，亦早卒”。据清光绪十三年《宁阳续志》记载，许彬“子超举人、起进士高第，俱未仕卒”。墓志与记载相符。

志云：许彬次子许越为“奎文阁典籍”。奎文阁，位于曲阜孔庙内，是一座有着上千年历史的藏书楼阁。“典籍”负责管理书籍典章，“奎文阁典籍”为曲阜孔府衍圣公的下属官员。

志云：许彬四子许赴“以荫补国子生”，后以恩荫任“怀庆府通判”[4]。

据清光绪十三年《宁阳续志》记载，许彬第五子许趣，岁贡生，成化年间任“徐州判”[5]。

志云：许彬次子许越“卜以今年四月初八日奉柩启张淑人之窆，合葬于邑城东二里杏冈之原，从先兆也”。可知，许彬与夫人张淑人墓地在宁阳城东二里杏冈村，即今宁阳鹏达丝绸有限公司的位置。许彬安葬时间应在成化四年（1468年）四月。清光绪十三年《宁阳续志》载，许彬祖父许成“葬东庄河南”。根据墓志和文献记载，许彬家族墓地在宁阳有两处。

四、墓志中涉及的历史人物

撰文者刘珝（1426～1490年），字叔温，号古直，山东青州府寿光县阳河里（现青州市高柳镇阳河村）人。《明史》有传[6]。明英宗正统十三年（1448年）进士，历官编修、吏部左侍郎，擢吏部尚书，加太子少保、文渊阁大学士，后加太子太保，进谨身殿大学士，位居阁老。弘治三年（1490年）病逝，谥文和。著有《青宫讲意》《古直先生文集》等。

志云：许彬次子许越“与珝有姻连”，许彬孙女中有“许聘珝之季子鎡”者。由此可知，许越之女嫁给了刘珝的三儿子刘鎡，刘珝和许越为儿女亲家。这应是许越请其为父亲许彬墓志撰文的原因。墓志在刘珝著述中未见收录，可补缺佚。

书丹者邢让，字逊之，襄陵（今山西襄陵）人。《明史》有传。十八岁考中举人，入国子监。为李时勉所器，与刘珝齐名。正统十三年进士。改庶吉士，授检讨。成化二年超迁国子祭酒。五年擢礼部右侍郎。成化七年，以国子监生月钱为会馔费中饱私囊，将公钱占为己用，皇上下旨会审，“与后祭酒陈鉴、司业张业、典籍王允等，俱得罪坐死”[7]。国子监生们纷纷请求代邢让、陈鉴二人受罪，朝廷复议，免其死罪，赎为民。史载，邢让“负才气，词翰亦清劲”[8]。

根据《明史》记载，邢让成化五年“擢礼部右侍郎”，墓志中邢让的官职未署此职衔，此铭书丹当在成化四年。

篆额者陈鉴，字缉熙，直隶长洲县（今苏州）人。正统十三年进士。英宗复位后奉使朝鲜。成化三年，编修完成《英宗实录》，陈鉴进侍读学士，成化四年，主持应天府乡试，后接任邢让为国子监祭酒。成化七年，以前任邢让用会馔钱事，牵连下狱。遂与邢让一同被判处死罪。后免官为民。陈鉴“善笔札至临模古人真迹殆不可辨”[9]，其书法劲健奇古，被视为当代珍品。著有《方庵集》。

根据史载，陈鉴是在邢让成化五年“擢礼部右侍郎”后接任国子监祭酒一职的，墓志中陈鉴的官职未署此职衔，也再次印证墓志铭篆文确在成化四年。

志盖撰文书写为“神道碑”，而未书“墓志铭”。据清光绪十三年《宁阳续志》记载，许彬墓碑由“国子监祭酒陈鉴撰文”[10]，此志盖篆额或用其碑文替代。

志云：许彬“入国子监，从祭酒胡俨先生学”。

胡俨（1360～1443年），字若思，南昌人。《明史》有传。洪武年间考中举人，任华亭教谕。建文元年，荐授桐城知县。明成祖时，以翰林检讨直文渊阁，迁侍讲。永乐二年累拜国子监祭酒。重修《明太祖实录》《永乐大典》《天下图志》，皆充总裁官。洪熙时进太子宾客，仍兼祭酒。居国学二十余年，“以身率教，动有师法”“世以为知人”[11]。后退休回乡。通览天文、地理、律历、卜算等，尤对天文纬候学有较深造诣。同时擅长书画，著有《颐庵文选》《胡氏杂说》。正统八年（1443年）去世，终年八十三岁。

志云：许彬与“故府尹王公贤，……同领永乐辛卯乡荐”。

王贤，字惟善，山东宁阳人。永乐九年（1411年）中举人，授鄢陵教谕，尽忠职守，课士有方，户部尚书张睿、礼部侍郎兼翰林学士薛瑄，皆出其门下。任职期满后，擢任户科给事中，进光禄寺少卿，再迁顺天府尹，官至正三品。任职时不畏权贵，执法严明，多行善政，吏民爱戴。任职长达十五年，至七十三岁才得致仕。英宗曾赞叹说：“府尹如贤者，何可得哉！”[12]退休还乡后十年，卒于家，年八十三。

据许彬《故处士王友直行状》记载，王贤次女“许妻彬之子起”[13]。由此知，王贤次女嫁给了许彬的三儿子许起，王贤和许彬有姻亲。

志云：许彬“遂同都指挥马政深入虏境蹈虎狼口”。

马政，原名马哈麻，为撒马尔罕人，回族。其父亦剌思明洪武年间入附中原。景泰元年五月，明廷议大臣往迎英宗北还之事，为探明真实情况，明代宗命“太常寺少卿许彬、锦衣卫都指挥同知马政往审虏使言”[14]。明英宗复辟后，天顺元年（1457年）正月，因功升为“后军都督佥事”“带俸仍为通事，出使瓦剌”[15]。据史载，马政及其家族成员多次担任明朝出使瓦剌的使臣，为沟通明朝与瓦剌的关系做出了一定贡献。

志云：“亨闻先生言，恨之甚。乃内结太监吉祥共挤之。”

“亨”为石亨（？～1460年），陕西渭南南志道里（今渭南市临渭区）人。《明史》有传[16]。明朝将领，官至太子太师，封忠国公。早年抗击瓦剌，颇有战功。后于景泰八年（1457年）发动“夺门之变”，拥立明英宗朱祁镇复辟，得以权倾朝野。天顺四年（1460年），石亨大肆培植党羽，干预朝政，被明英宗罢职，得罪死于狱中。后又以家属不轨，下诏狱，坐谋叛律斩，没其家资。

“太监吉祥”为曹吉祥（？～1461年），永平滦州人。《明史》有传[17]。明代权宦。曾隶属于王振门下，参与出征兀良哈。1452年，参与分管京营，累官至司设监太监。后来又与大将石亨等密谋，率兵迎明英宗复辟。天顺初年，奉命总督三大营。1461年，曹吉祥的嗣子曹钦举兵叛乱，曹吉祥被英宗设计逮捕，事后被磔刑处死。

志云：“兖州守宋玺命有司塑二老像于堂中，以遂乡人崇奉之意。”

宋玺（1418～？年），字廷玉，陕西咸宁（今属西安市）人。正统十年（1445年）乙丑进士。明万历二十四年《兖州府志》载，宋玺“成化二年”任兖州府知府。

志云：许彬与王贤“同受《诗经》于毘陵宋先生参”。

宋参，毘陵（今江苏常州）人。明洪武年间为宁阳县教谕。博学善教，尤邃于

《诗》，兼通毛郑之说。时邑人顺天府尹王贤、翰林学士许彬，方为诸生，参各授以《诗经》，谆谆启迪，惟恐弗及。“后二公皆以儒术显名当世，参之力居多焉。”[18]《宁阳县志》旧志记载宋参为“昆陵”人，有误，应为“毘陵”人。毘陵，又称毗陵，西汉置县。西晋置毗陵郡，治于毗陵县。西晋末，惠帝元康元年“以毗陵郡封东海王世子（司马）毗，避毗讳，改为晋陵”[19]。毗陵县一并改为晋陵县，今为江苏省常州市。《宁阳县志》旧志将“毘”误为“昆”，应以墓志为准。

志云：“奉训导陈奎状来乞铭以掩诸幽。”

陈奎，明天顺年间任宁阳县训导，清光绪十三年《宁阳续志》有载[20]。生平事迹不详。

志云：“县尹翟弁……乃于县治南朝元观故址建二老堂。”

翟弁，字文冕，泾阳（今陕西泾阳）人。明天顺年间，由举人任宁阳县知县。任职时“礼贤兴学，剔弊锄奸，吏惮其威，民乐其业。祀名宦”[21]。

志云：许彬长女嫁“故都御史贾公谅子俊”。

贾谅（1387～1439年），字子信，祖籍博平县人。《明史》有传[22]。明永乐年间，由乡举入太学，选侍皇太孙说书。因侍读有功，被永乐帝擢升为刑部给事中。宣德年间任右副都御史。任职期间敢于直言，不避权贵，秉公执法，刚直不阿，受到廷臣交口称誉。正统四年（1439年）奉命征剿芒砀山一带盗患，旗开得胜，在返京途经德州时卒于客邸，时年52岁。其子贾俊，方志无载。

志云：许彬第三女嫁“济州卫指挥申广”。

申广，《明故封太淑人申母许氏墓志铭》中有载，“安远将军、济州卫指挥同知，妻许氏，前阁老礼部尚书兼翰林院学士道中先生第三女”[23]。与许彬墓志记载相符。

志云：许彬孙女七人，第三孙女“许聘神童韩智”。

韩智，字愚夫，滋阳（今济宁兖州区）人。五岁能书大字，以奇童荐入翰林。弘治三年（1490年）进士，授礼科给事中，累至工科都给事中，负责规谏、稽察等事。任职十余年，其所陈说，如“正心、任贤、爱爵赏、节财用之类，多见采纳”[24]。韩智平常手不释卷，学问渊博，著有《澹菴稿》。

志云：许彬第四孙女“许聘珝之季子鎡”。

刘鎡（1457～1490年），墓志撰文者刘珝的三儿子，成化十六年（1480年）举人，未出仕。成化二十一年，受万安刘吉陷害，与父刘珝一同回乡。弘治三年，与父同月卒。

墓志记载了以许彬家族为中心的姻亲11家，其中，大多为官宦之家，有卫指挥武官3家，如长女嫁 “故都御史贾公谅子俊”， 其余分别嫁“虎贲左卫指挥张胜、济州卫指挥申广、南陵县尹孔公玘、待选监生孔谙。其婿二孔，皆宣圣孙”。许彬孙女7人中“长适京卫指挥陈祥，次许聘神童韩智，次许聘（刘）珝之季子鎡”。他们与许彬家族联姻，可谓门当户对，由此可知当时武官家庭与文官家庭联姻的情况，以及高门大族相互联姻的社会风气，是封建社会讲究门第婚姻制度的真实反映。

五、结　语

综上所述，许彬墓志记载了许彬家世、生平及发生在明英宗时“土木之变”“夺门之变”中与许彬有关的人物和事迹，为研究许彬家族历史和明史提供了珍贵的石刻文献资料。墓志由明成化年间任内阁首辅的刘珝撰文，文采华美，对许彬为人、育材等方面给予了高度评价，表达了对许彬离世的哀悼之情。墓志书丹和篆额者分别为明成化年间先后任国子监祭酒邢让和陈鉴，他们的书法劲健，具有较高的艺术价值。志文涉及当时许多中高级官员的姓名、职衔及历史事件，具有比较重要的历史和学术价值。

注　释

［1］（清）张廷玉等：《明史》卷一百六十八·列传第五十六许彬传，中华书局，1974年。
［2］《明宪宗实录》卷九。
［3］《明宪宗实录》卷一百六十四。
［4］（清）黄恩彤等：《宁阳续志》卷九·荫叙录，光绪十三年重刊本。
［5］（清）黄恩彤等：《宁阳续志》卷九·选举。
［6］（清）张廷玉等：《明史》卷一百六十八·列传第五十六刘珝传。
［7］（清）张廷玉等：《明史》卷一百六十三·列传第五十一刑让传。
［8］（明）焦竑：《国朝献征录》卷之三十五·礼部左侍郎刑让。
［9］（明）焦竑：《国朝献征录》卷之七十三·吴宽《朝列大夫国子祭酒陈公鉴墓志铭》。
［10］（清）黄恩彤等：《宁阳续志》卷十·金石。
［11］（清）张廷玉等：《明史》卷一百四十七·列传第三十五胡俨传。
［12］（明）焦竑：《国朝献征录》卷之七十五·姚夔《顺天府尹王公贤墓志铭》。
［13］宁阳史志办公室：《许彬史料集》，中国文化出版社，2016年，115页。
［14］《明英宗实录》卷一百九十二废帝郕戾王附录第十。
［15］《明英宗实录》卷二百七十四。
［16］（清）张廷玉等：《明史》卷一百七十三·列传第六十一石亨传。
［17］（清）张廷玉等：《明史》卷三百四·列传第一百九十二·宦官一曹吉祥传。
［18］（清）黄恩彤等：《宁阳续志》卷十一·宦绩传。
［19］（唐）房玄龄：《晋书》卷十五志第五地理下，中华书局，1974年。

［20］（清）黄恩彤等：《宁阳续志》卷三·秩官表。
［21］同［18］。
［22］（清）张廷玉等：《明史》卷一百五十八·列传第四十六贾谅传。
［23］《明故封太淑人申母许氏墓志铭》正德二年（1507），《新中国出土墓志·北京一》，文物出版社，139、140页。
［24］（明）于慎行：《兖州府志》卷三十六·人物志，万历二十四年刻本，齐鲁书社影印，1985年。

1. 玉璇玑 Z750（M3：1）

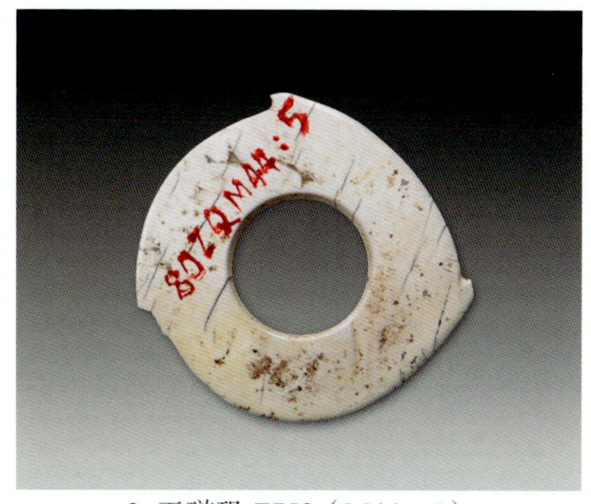

2. 玉璇玑 Z752（M44：5）

3. 玉璇玑 Z755（M46：9）

4. 玉璇玑 Z759（M75：49）

5. 玉镯 Z765（M84：5）

6. 玉镯 Z766（M16：4）

诸城前寨遗址大汶口文化玉璇玑、玉镯

图版二

1. 玉镯 Z767（M2：1）

2. 玉镯 Z768（M44：6）

3. 玉环 Z746（M52：1）

4. 玉环 Z748（M86：10）

5. 玉环 Z749（M46：10）

诸城前寨遗址大汶口文化玉镯、玉环

图版三

1. Z751（M25：4）

2. Z753（M26：12）

3. Z754（M13：7）

4. Z756（M75：50）

5. Z757（M47：1）

6. Z758（M25：5）

诸城前寨遗址大汶口文化玉环

图版四

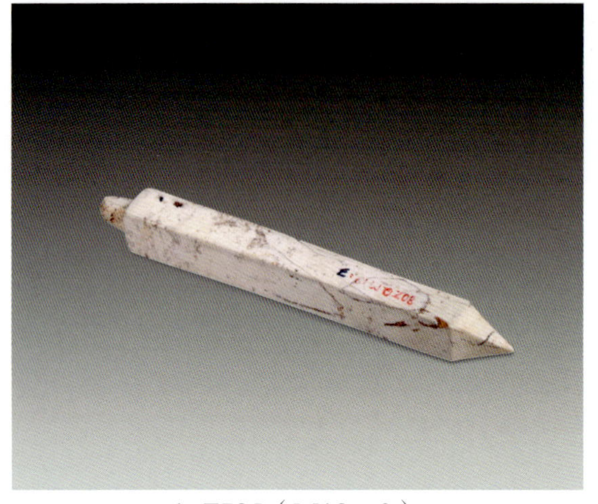
1. Z795（M18：3）

2. Z796（M60：17）

3. Z797（M89：1）

4. Z798（M56：1）

5. Z799（M86：11）

6. Z800（M46：8）

诸城前寨遗址大汶口文化玉锥形器

1. 玉筒 Z769（M60：21）

2. 玉璧Z760（M13：6）

3. 玉笄 Z794（TM）

4. 玉璜 Z847（M20：1）

5. 玉指环Z848（M61：3）

6. 玉方形器Z747（M26：13）

诸城前寨遗址大汶口文化玉器

图版六

1. Z821（M16：13）　2. Z822（M9：6）　3. Z823（M27：4）

4. Z826（M54：12）　5. Z828（M60：13）　6. Z830（M45：3）

7. Z831（M75：47）　8. Z833（M15：3）　9. Z834（M15：4）

诸城前寨遗址大汶口文化玉佩饰——玉管

图版七

1. Z843（M22：8）

2. Z849（M18：1）

3. Z851（M21：1）

4. Z853（M18：11）

5. Z854（M19：2）

6. Z855（M61：4）

7. Z819（T1①：1）

8. Z846（M68：2）

诸城前寨遗址大汶口文化玉佩饰——玉坠饰

图版八

1. Z842（M31：9） 2. Z836（M60：1） 3. Z837（M20：3）

4. Z838（M75：13） 5. Z839（M54：11） 6. Z840（M16：3）

7. Z841（M80：11） 8. Z844（M44：4） 9. Z845（M88：8）

诸城前寨遗址大汶口文化玉佩饰——玉坠饰

1. 遗址布方全景（南—北）

2. 遗迹全景（东—西）

临沭县东盘遗址全景

图版一〇

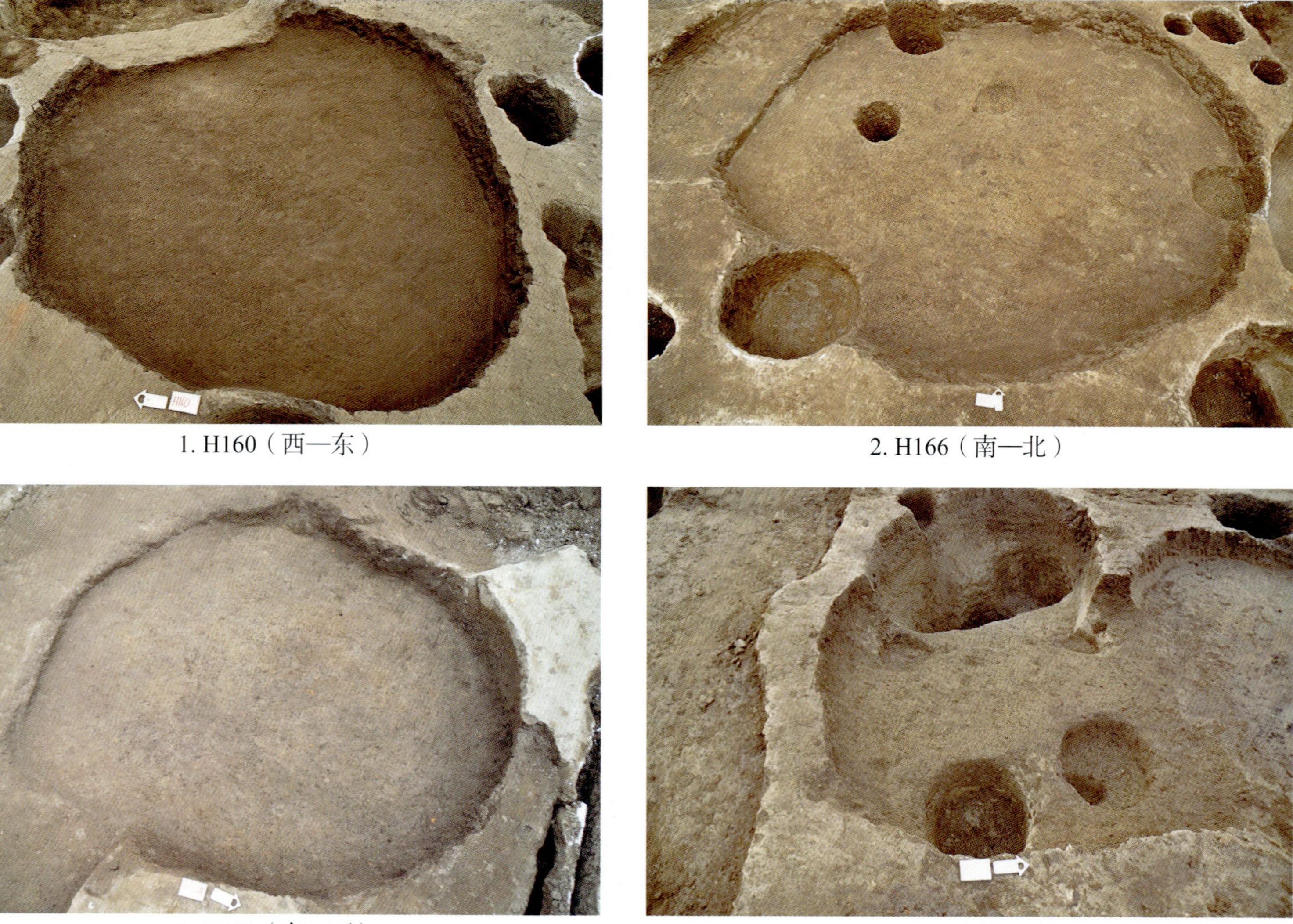

1. H160（西—东）

2. H166（南—北）

3. H168（东—西）

4. H165（东—西）

临沭县东盘遗址北辛文化遗迹

1. 鼎足

2. 陶片

3. 陶片

4. 陶鼎（H155：2）

临沭县东盘遗址北辛文化遗物

图版一二

1. F1（北—南）

2. 柱洞（TS09W22D1）

3. F2（西—东）

临沭县东盘遗址龙山文化房址F1、F2及柱洞

1. F3（东—西）

2. F4（清理前，北—南）

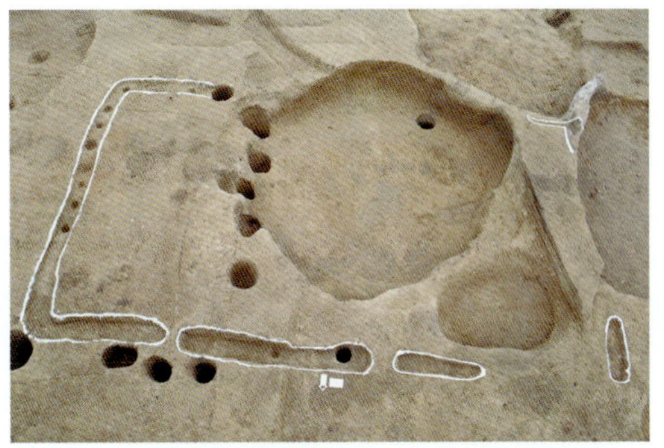

3. F4（清理后，北—南）

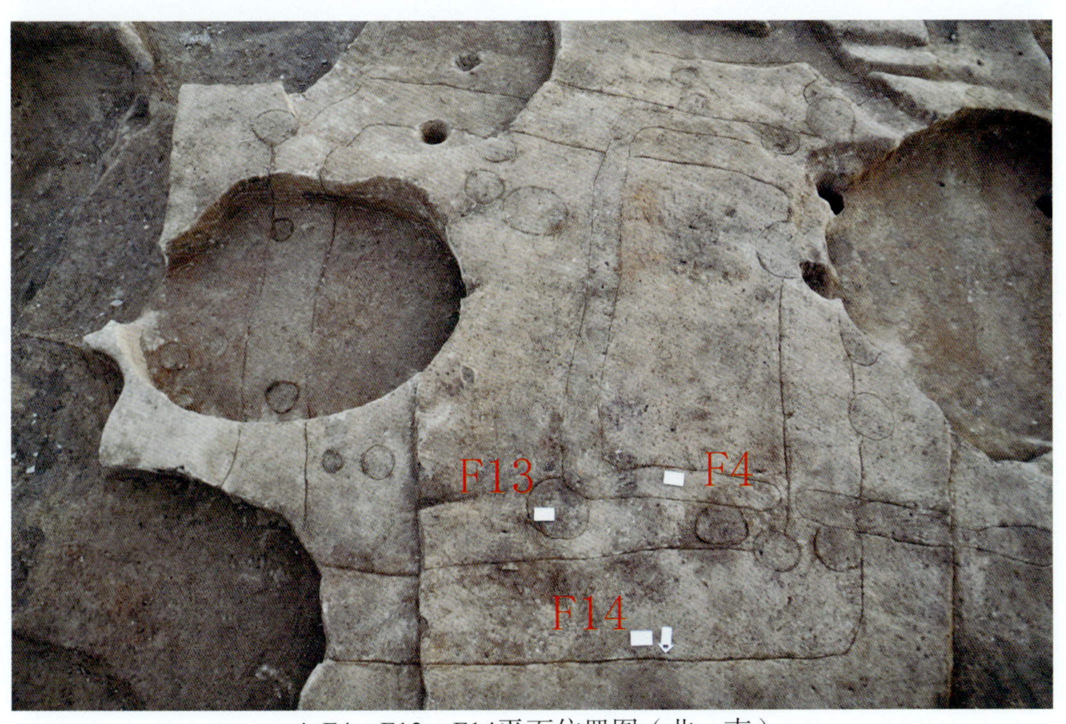

4. F4、F13、F14平面位置图（北—南）

临沭县东盘遗址龙山文化房址F3、F4

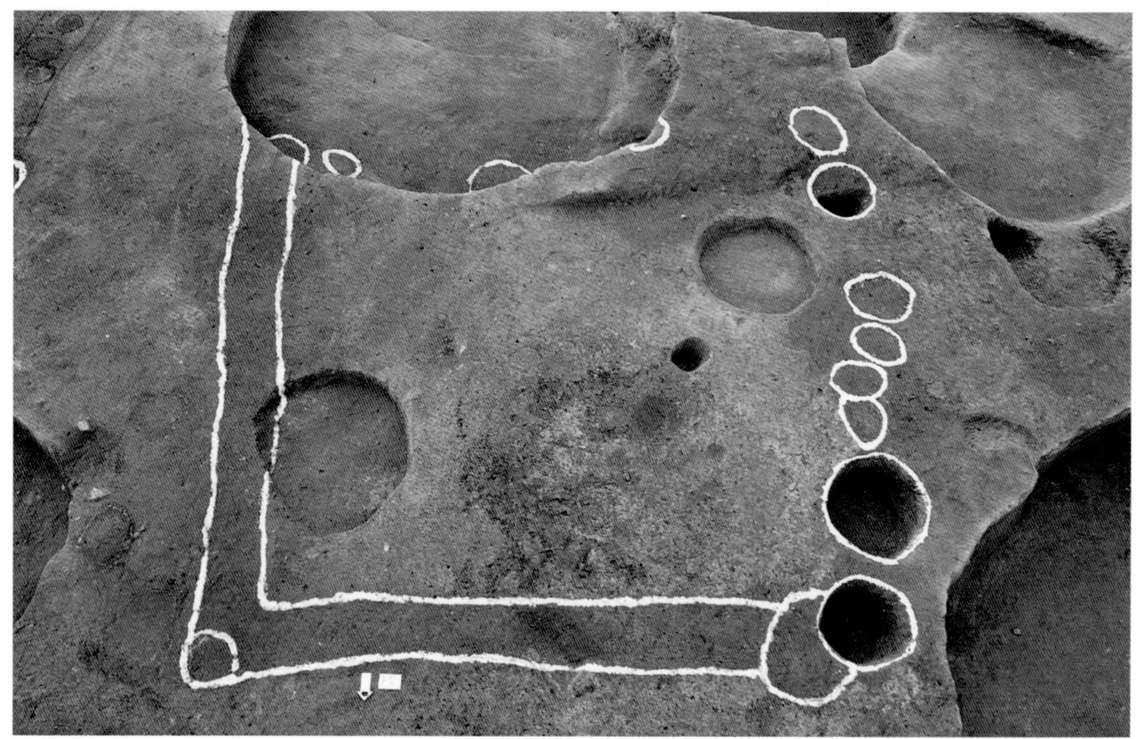

1. F5（清理前，北—南）

2. F5（清理后，北—南）

临沭县东盘遗址龙山文化房址F5

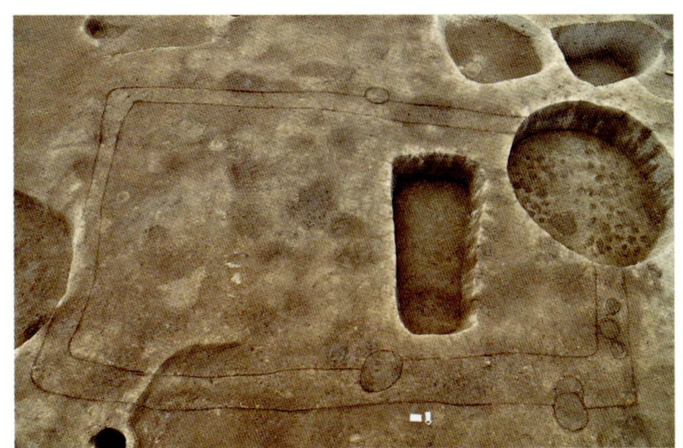

1. F7（清理前，北—南）

2. F7D11

3. F7全景（南—北）

临沭县东盘遗址龙山文化房址F7

1. F11（北—南）

2. F12（北—南）

临沭县东盘遗址龙山文化房址F11、F12

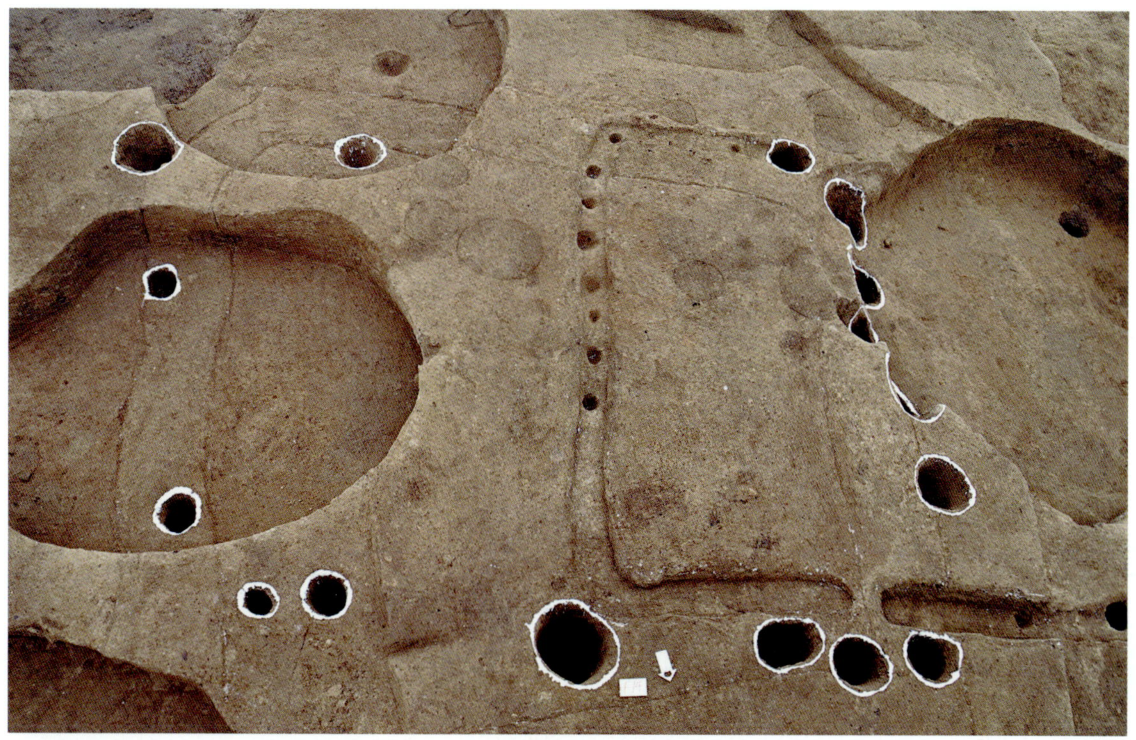

1. F13（北—南）

2. F14（北—南）

临沭县东盘遗址龙山文化房址F13、F14

图版一八

1. F22（北—南）

2. F24（北—南）

3. F27（北—南）

临沭县东盘遗址龙山文化房址F22、F24、F27

1. F30（东—西）

2. F41（西—东）

临沭县东盘遗址龙山文化房址F30、F41

图版二〇

1. M12（南—北）

2. M12随葬品（北—南）

3. M12猪下颌骨

4. M12觯形杯

临沭县东盘遗址龙山文化墓葬M12

1. M1（南—北）

2. M2（南—北）

3. M2随葬器物（东—西）

临沭县东盘遗址龙山文化墓葬M1、M2

图版二二

1. M3（西—东）

2. M9（西—东）

临沭县东盘遗址龙山文化墓葬M3、M9

图版二三

1. M4（南—北）

2. M5（南—北）

3. M7（南—北）

临沭县东盘遗址龙山文化墓葬M4、M5、M7

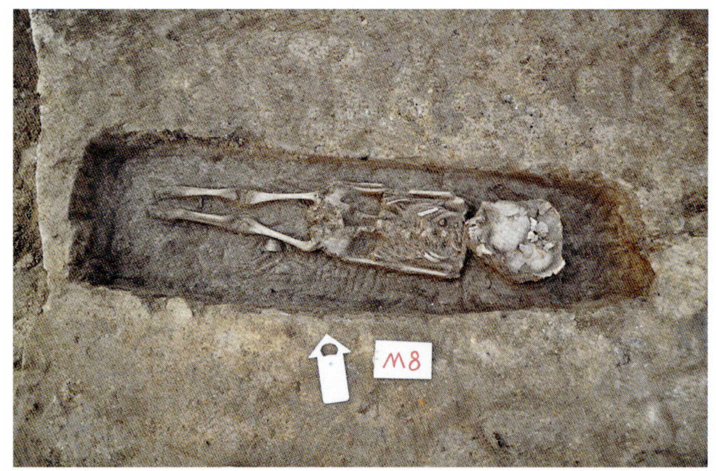

1. M8（南—北）

2. M10（南—北）

3. M10出土的贝壳

临沭县东盘遗址龙山文化墓葬M8、M10

1. M11（南—北）

2. M13（南—北）

临沭县东盘遗址龙山文化墓葬M11、M13

图版二六

1. H3上层（西—东）

2. H20（西—东）

3. H37（东—西）

4. H71（东—西）

临沭县东盘遗址龙山文化灰坑H3、H20、H37、H71

1. H115剖面

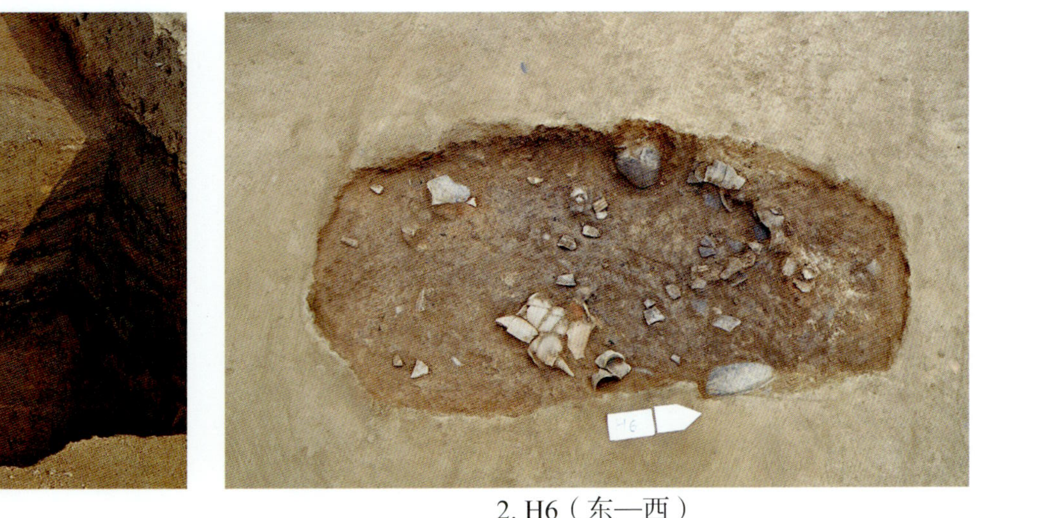

2. H6（东—西）

3. H26（南—北）

4. H144（东—西）

临沭县东盘遗址龙山文化灰坑H115、H6、H26、H144

图版二八

1. H9（东—西）

2. H34（东—西）

3. H79（北—南）

4. H88（北—南）

临沭县东盘遗址龙山文化灰坑H9、H34、H79、H88

1. H79堆积示意（南—北）

2. H79③层（北—南）

3. H79③层下（南—北）

4. H79底面（北—南）

临沭县东盘遗址龙山文化灰坑H79

图版三〇

1. M12：9

2. H20：4

3. H20：10

4. H60：3

5. H3②：1

6. H9：3

临沭县东盘遗址龙山文化陶鼎

1. M12：7

2. M12：7局部

3. H6：1

4. H144②：9

5. TS05W17①：1

6. 采：3

临沭县东盘遗址龙山文化陶鬶

1. M12：8

2. M3：1

3. M9：1

4. H20：9

5. H7：3

6. M2：1

临沭县东盘遗址龙山文化陶罐

1. 罐（H3①：1）

2. 罐（H3②：1）

3. 罐（H78：1）

4. 大平底盆（M12：6）

5. 大平底盆（H26①：3）

6. 匜形盆（H9：2）

临沭县东盘遗址龙山文化陶罐、盆

图版三四

1. 匜形盆（H16：3）

2. 匜形盆（H79③：7）

3. 匜形盆（H88：7）

4. 匜形盆（H107：2）

5. 匜形盆（H9：1）

6. 环足盆（H3①：9）

临沭县东盘遗址龙山文化陶盆

1. 环足盆（TS05W17①：3）

2. 环足盆（H106：1）

3. 环足盆（M2：6）

4. 瓦足盆（H36：1）

5. 盆（H28②：1）

6. 豆（M12：5）

临沭县东盘遗址龙山文化陶盆、豆

图版三六

1. 豆（M2：3）

2. 豆（H36：4）

3. 圈足盘（H26①：2）

4. 圈足盘（H36②：3）

5. 单耳杯（M2：7-2）

6. 单耳杯（H37：2）

临沭县东盘遗址龙山文化陶豆、圈足盘、杯

1. H65：1

2. H37：1

3. H144②：5

4. M2：7-1

5. H76②：4

6. H76②：4局部

临沭县东盘遗址龙山文化陶杯

图版三八

1. 杯（H26②：1）

2. 杯（M12：1）

3. 杯（H26②：2）

4. 觯形杯（M12：2）

5. 觯形杯（M12：4）

6. 觯形杯（M12：11）

临沭县东盘遗址龙山文化陶杯

1. 觯形杯（M12：12）

2. 觯形杯（M12：13）

3. 觯形杯（H73②：4）

4. 觯形杯（M12：10）

5. 盒（H79③：10）

6. 器盖（H107：8）

临沭县东盘遗址龙山文化陶杯、盒、器盖

1. H144②：6　2. H73①：1

3. H135②：2　4. H16：4

5. H81：1　6. H74：1

临沭县东盘遗址龙山文化陶器盖

1. 器盖（H9：5）

2. 器盖（H71②：1）

3. 陶铃（H11③：3）

4. 网坠（H120：2）

5. 陶拍（采：1）

6. 陶龟（H7：4）

临沭县东盘遗址龙山文化陶器

图版四二

1. 石斧（H16：1）

2. 石锛（H3①：10）

3. 石镞（H31①：1）

4. 玉凿（TS06W17①：1）

5. 玉坠（H143②：1）

6. 玉坠（H11③：1）

临沭县东盘遗址龙山文化石器、玉器

1. 骨铲（H96④：1）

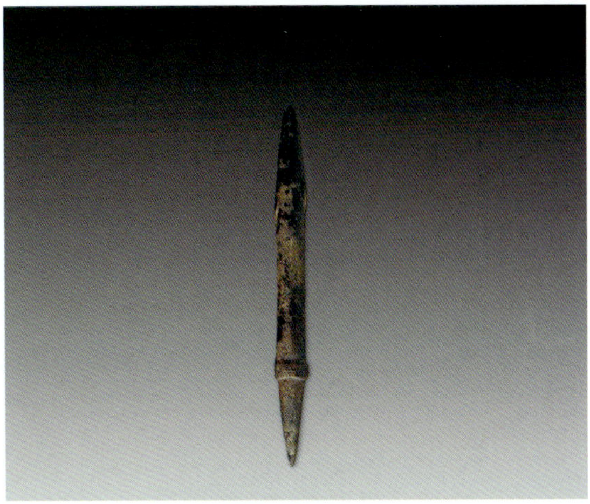

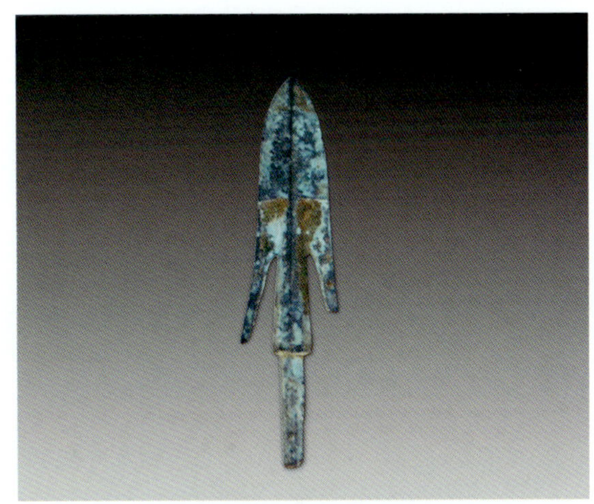

3. 骨镖（H58：1）

4. 铜镞（H175：1）

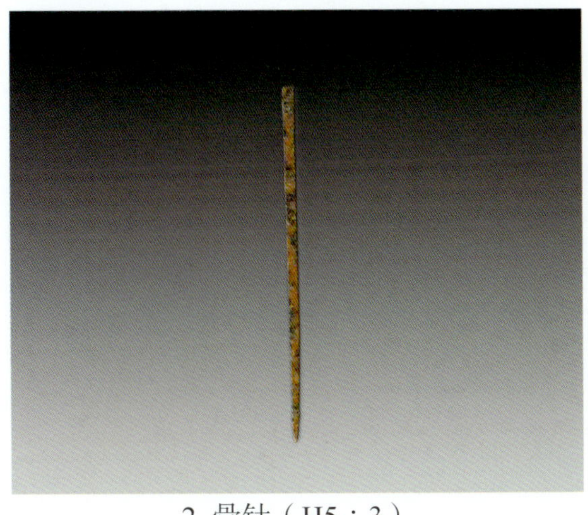

2. 骨针（H5：3）

5. 獐牙（H57：1）

临沭县东盘遗址骨器、铜镞、獐牙

1. Y1（南—北）

2. Y1俯视图（东—西）

3. Y1窑室

4. J1开口

5. J1开口细部

临沭县东盘遗址东周Y1及东汉J1

1. 木桶（J1：13）

2. J1出土的葫芦

3. 木勺（J1：14）

4. 木勺（J1：15）

临沭县东盘遗址东汉J1出土器物

1. M401全景（俯拍，上为北）

2. M401Q1上层陶礼器（南—北）

3. M401Q1下层动物骨骼（西—东）

淄博市永流墓地M401

1. 鼎（M401Q1：12）

2. A型豆（M401Q1：1）

3. B型豆（M401Q1：17）

4. 盖豆（M401Q1：7）

5. 壶（M401Q1：15）

淄博市永流墓地M401出土陶礼器

图版四八

1. 陶盘（M401Q1：6）

2. 陶盘（M401Q1：5）

3. 玉璧（M401G：1）

4. 玉璧残片（M401G：2）

淄博市永流墓地M401出土陶器、玉器

1. 05SYLNM1（东—西）

2. 05SYLNM2（东—西）

3. 05SYLNM3（东—西）

4. 05SYLNM4（东—西）

烟台市南沙子墓地05SYLNM1～M4

1. 白陶罐（05SYLNM1：1）

2. 平底罐（05SYLNM1：2）

3. 平底罐（05SYLNM1：3）

4. 贯耳罐（05SYLNM1：4）

烟台市南沙子墓地05SYLNM1出土陶罐

1. 05SYLNM1墓门门垛砖

2. 05SYLNM1楔形砖

3. 砺石（05SYLNM1：5）

4. 琉璃耳珰（05SYLNM1：6）

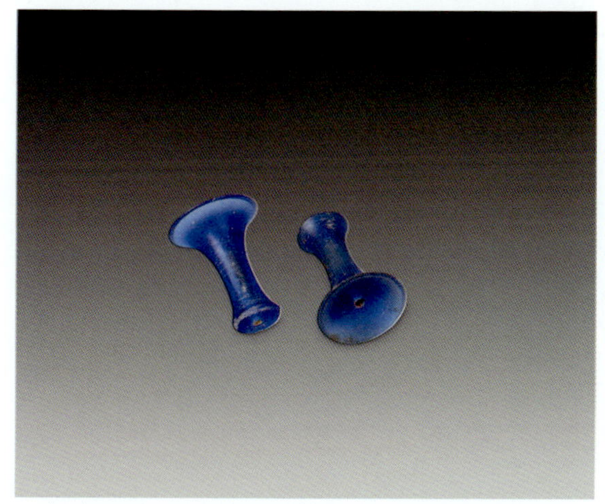

5. 琉璃耳珰（05SYLNM3：2、05SYLNM3：3）

6. 串珠（05SYLNM3：4）

烟台市南沙子墓地墓葬用砖及出土随葬品

图版五二

1. 陶贯耳罐（05SYLNM2：1）

2. 陶平底罐（05SYLNM2：2）

3. 铜镜（05SYLNM3：1）

4. 陶平底罐（05SYLNM4：1）

烟台市南沙子墓地出土器物

1. 10SYLSM2（西—东）

2. 10SYLSM3（东—西）

烟台市三十里堡墓地10SYLS M2、M3

图版五四

1. 10LSDZGM1（西—东）

2. 陶平底罐（10LSDZGM1：2）

3. 10LSDZGM2（东—西）

烟台市东轸格庄墓地10LSDZG M1、M2及出土陶罐

1. 05LSXZGM2（东—西）

2. 05LSXZGM3（南—北）

烟台市西轸格庄墓地05LSXZGM2、M3

1. 正视

2. 俯视

嘉祥县竹园汉墓正视、俯视照片

1. 前中室侧视（北—南）

2. 中后室地袱石画像（西—东）

3. 后室南侧室东壁白灰线刻壁画（西—东）

图版五八

1. 采：01

2. 采：03

嘉祥县竹园汉墓墓室采集白陶佛像

1. 采：02

2. 采：04

3. 采：05

嘉祥县竹园汉墓墓室采集白陶佛像

图版六〇

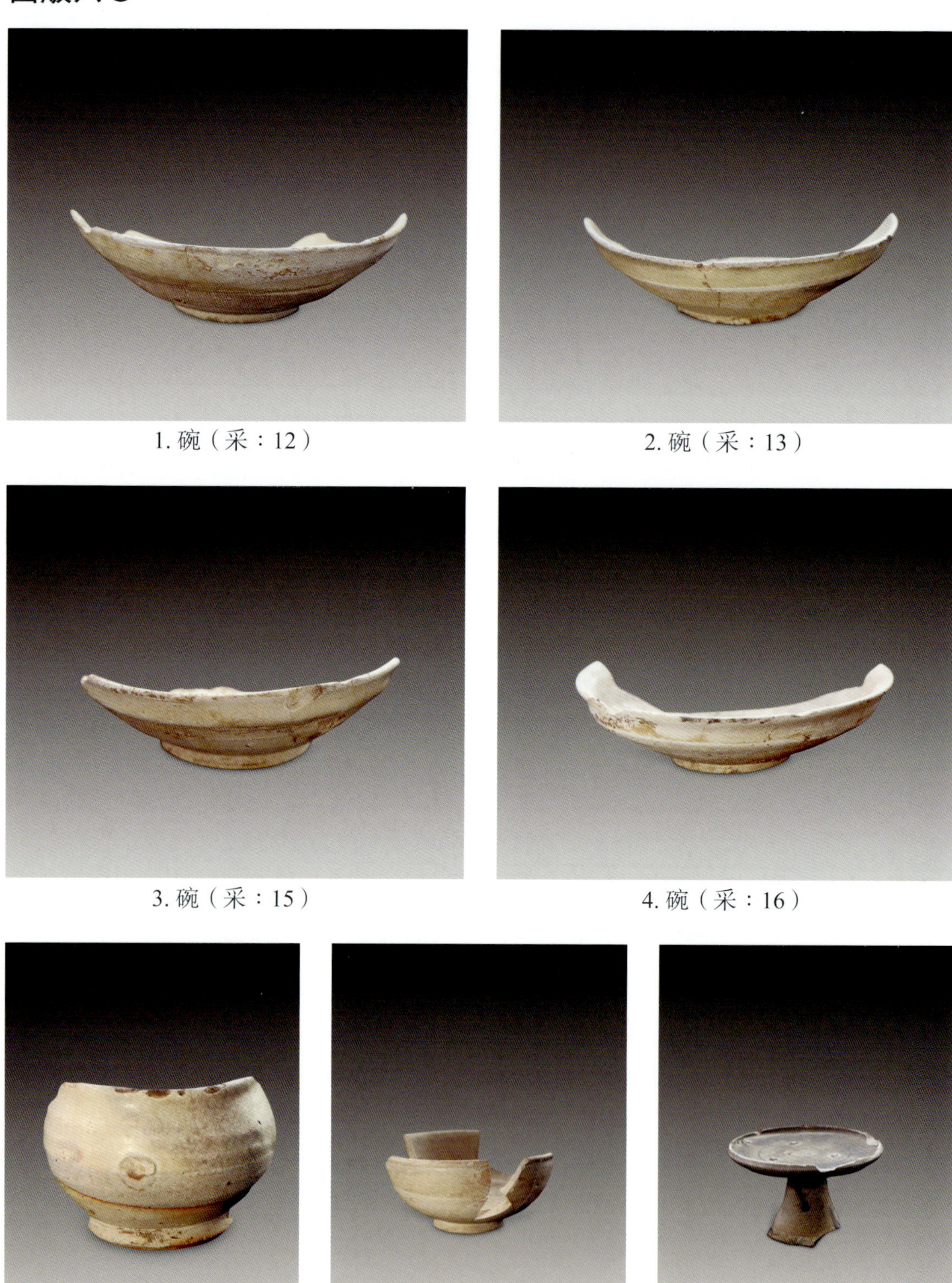

1. 碗（采：12）

2. 碗（采：13）

3. 碗（采：15）

4. 碗（采：16）

5. 罐（采：20）

6. 碗（采：18）

7. 豆（采：21）

嘉祥县竹园汉墓墓室采集瓷器

聊城市董桥墓葬M1俯视照片

图版六二

1. 瓷盏托（M1：1）

2. 瓷碗（M1：2）

3. 陶执壶（M1：3）

4.瓷罐（M1：4）

5. 铁釜（M1：5）

6. 铜镜（M1：6）

聊城市董桥墓葬M1出土器物

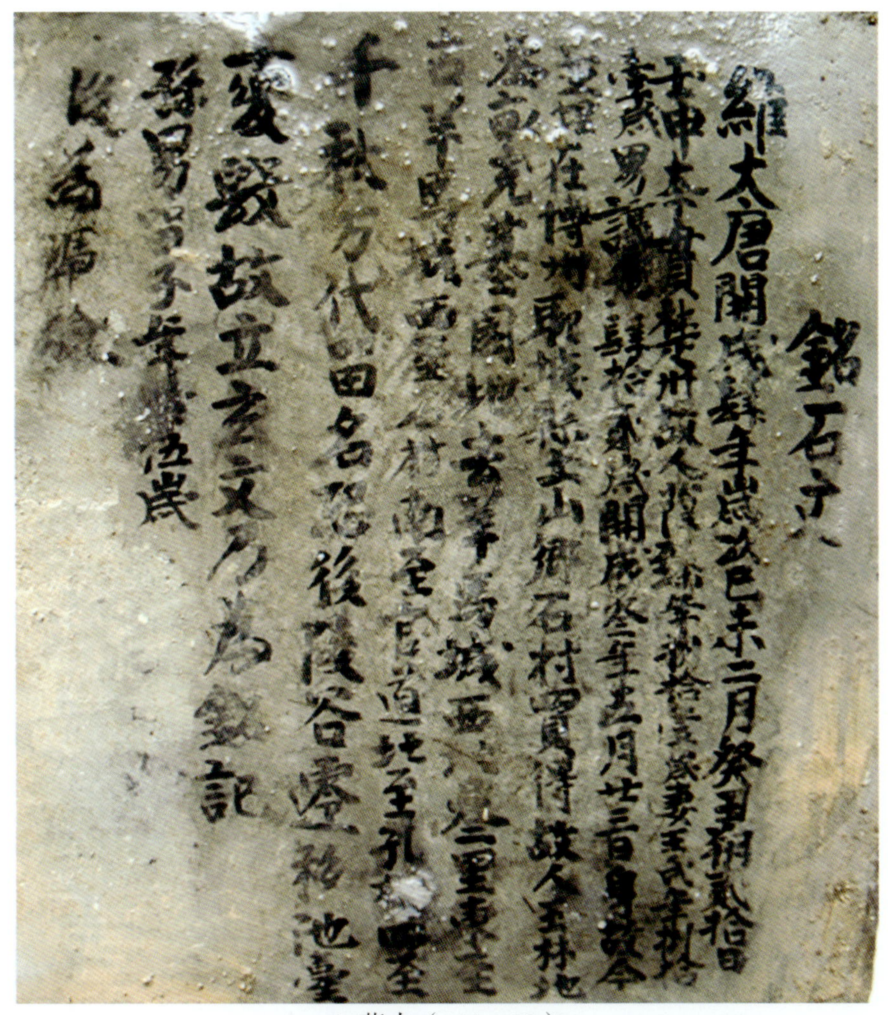

1. 墓志（M1：22）

2. 瓷碗（M2：1）

3. 瓷执壶（M2：2）

聊城市董桥墓葬M1、M2出土器物

1. 盆（TG1③：3）

2. 盆（TG1③：88）

3. 盆（TG1③：2）

4. 盆（TG1③：4）

5. 大型厚壁钵（TG1③：1）

6. 钵（TG1③：6）

埠下王家窑址TG1③层出土陶盆、钵

1. 钵（TG1③：7）

2. 钵（TG1③：8）

3. 臼形器（TG1③：5）

4. 小罐（TG1③：1）

5. 陶拍背面（TG1③：89）

6. 陶拍正面（TG1③：89）

埠下王家窑址TG1③层出土陶器

图版六六

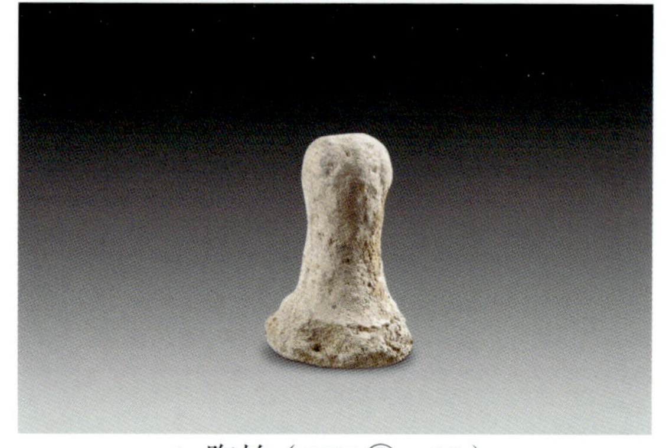
1. 陶拍（TG1③：20）

2. 把手（TG1③：22）

3. 纺轮（TG1③：21）

4. 小罐（TG1③：30）

5. Y2发掘现场

埠下王家窑址TG1③层出土陶器及Y2发掘现场

埠下王家窑址Y1

1. Y1火膛立面

2. Y1烟囱

3. Y1窑内堆积砖

埠下王家窑址Y1火塘、烟囱与窑内堆积砖

1. 白陶瓮（Y1：5）

2. 白陶瓮（Y1：6）

3. 火塘砖（Y1）

4. 窑室内塌落砖（Y1）

5. 陶钵（Y2：1）

埠下王家窑址Y1、Y2出土器物

1. Y2全景

2. Y2窑门

埠下王家窑址Y2

1. H1堆积

2. H2小罐出土现场

埠下王家窑址H1堆积及H2小罐出土现场

图版七二

1. 第Ⅰ发掘区

2. 第Ⅲ发掘区

广饶中南世纪城发掘区分布

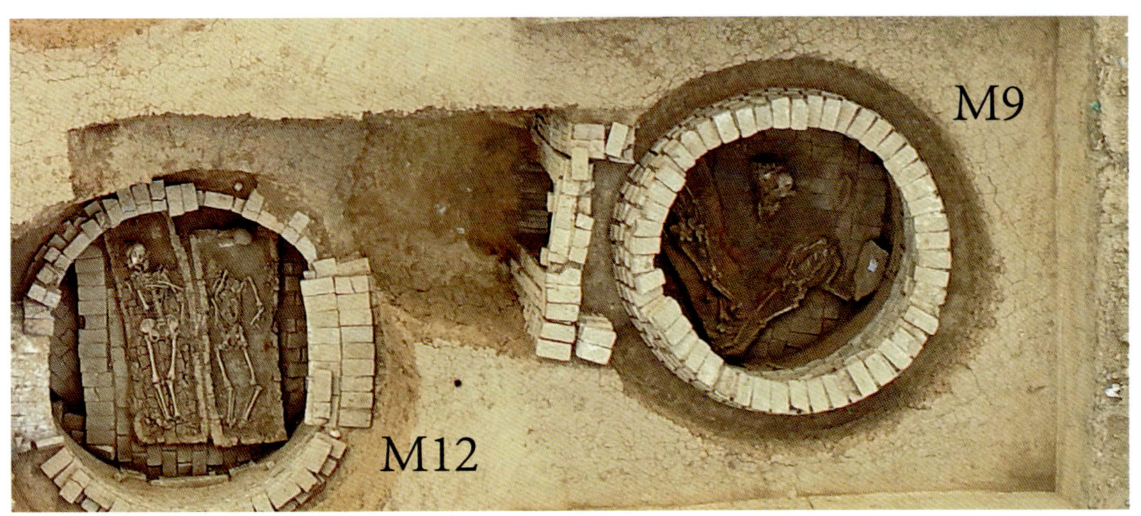

1. 墓葬平面

2. 墓门正视

广饶中南世纪城明代墓葬M9

图版七四

1. 墓室底部

2. 墓室中部砖雕

3. 墓室西壁砖雕

广饶中南世纪城明代墓葬M9

1. M10

2. M11

广饶中南世纪城明代墓葬M10、M11

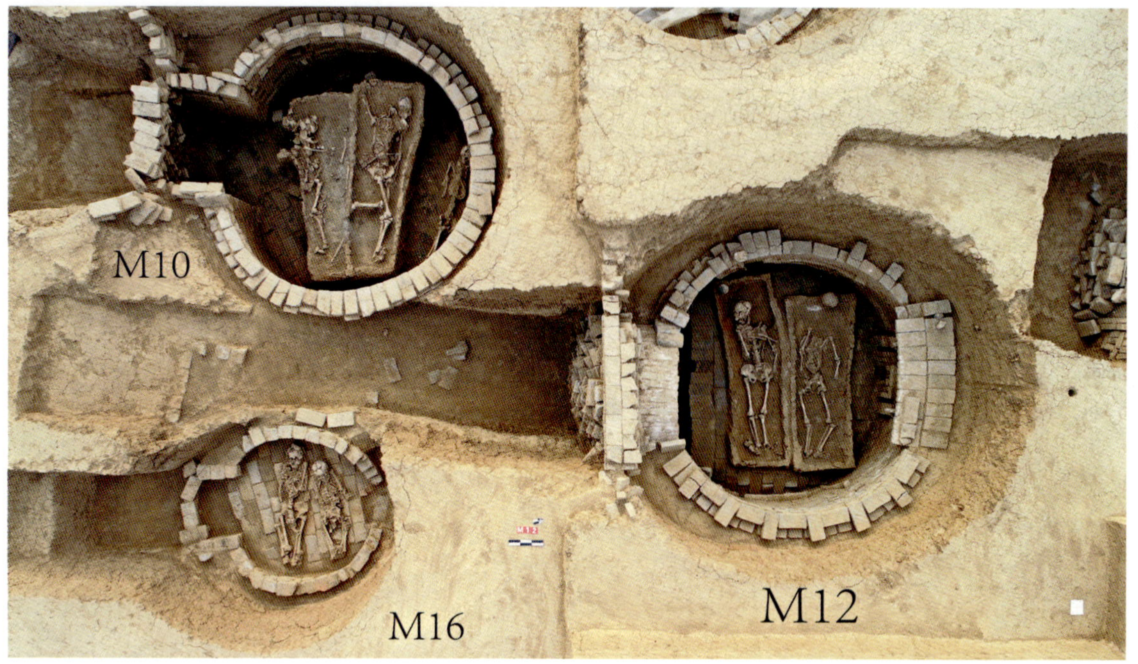

1. 墓葬平面

2. M12封门砖

3. 墓门

4. 墓室西壁砖雕之一

5. 墓室西壁砖雕之二

广饶中南世纪城明代墓葬M12

1. M13全景

2. 北壁砖雕

3. 西壁砖雕

广饶中南世纪城明代墓葬M13

图版七八

1. M14清理前

2. M14清理后

3. M15

广饶中南世纪城明代墓葬M14、M15

1. M2全景

2. M2南侧头龛

广饶中南世纪城清代墓葬M2

图版八〇

1. M3全景

2. 壁龛

3. 头龛

广饶中南世纪城清代墓葬M3

1. M5、M6

2. M7、M8

广饶中南世纪城清代墓葬M5～M8

1. M17、M18

2. M19、M20

广饶中南世纪城清代墓葬M17～M20

1. M21、M22

2. M25、M26

广饶中南世纪城清代墓葬M21、M22、M25、M26

1. M27、M28

2. M29、M30

广饶中南世纪城清代墓葬M27～M30

1. 缸（M9：1）

2. 瓶（M9：11）

3. 大碗（M9：8）

4. 碟（M9：3）

5. 四系罐（M9：7）

6. 盏（M9：4）

广饶中南世纪明代M9出土瓷器

图版八六

1. 罐（M10：5）

2. 罐（M11：7）

3. 罐（M11：8）

4. 缸（M11：9）

5. 灯（M11：1）

6. 灯（M12：2）

广饶中南世纪城明代墓葬出土瓷器

1. 瓷缸（M12：1）

2. 瓷碗（M12：3）

3. 铜镜（M13：1）

4. 瓷瓶（M13：2）

5. 瓷罐（M14：1）

6. 瓷碗（M14：2）

广饶中南世纪城明代墓葬出土器物

图版八八

1. 瓷罐（M15：1）

2. 瓷罐（M19：1）

3. 瓷罐（M8：1）

4. 瓷罐（M17：4）

5. 瓷灯（M5：2）

6. 铜锁（M24：2）

广饶中南世纪城明、清墓葬出土器物